갈등관리학 총서

공공갈등 관리 개론

INTRODUCTION TO PUBLIC CONFLICT MANAGEMENT

▶ 갈등영향분석
　 참여적의사결정
　 ADR 방법론과 실무

조성배 · 이승우 공저

우공출판사

『공공갈등관리 개론』을 펴내며

본서는 연구자가 박사학위 논문 및 각종 학회발표 및 연구 논문 등을 이론적 바탕으로 약 20여 년간 국내의 다양한 공공갈등 현장에서 얻은 각종 연구 조사 및 분석 결과, 공공정책 및 사업에 대한 갈등영향분석 및 조정 자료, 갈등관리시스템 및 매뉴얼 작성의 경험, 중앙정부·지자체·관련 기관의 갈등관리 강의 등을 통해 쌓은 전문적 지식을 바탕으로 작성하였다. 구체적으로는 공공갈등에 대한 기초 이론과 갈등관리의 3대 핵심인 갈등영향분석, 참여적 의사결정, 갈등조정의 실무적 활용을 목적으로 다양한 방법론과 관련 사례 등이 기술되어 있다.

국내에서 갈등관리를 이론적으로 기술한 첫 사례는 2005년 지속가능발전위원회가 발간한 '공공갈등관리의 이론과 기법'이 있다. 다만 나온 지 15년이 지났고 국내사회 및 실무환경의 변화 등이 있어 이를 국내 갈등관리 현장에서 그대로 적용하기에는 어려운 것이 사실이다. 또한 다양한 공공갈등 현장에서 갈등영향분석, 참여적 의사결정, 갈등조정 등 다양한 갈등관리가 진행되었으나 현장에서 갈등관리 담당자가 활용하기에는 어려움이 있으며, 아직 갈등관리 현장에 기반 한 실무적 활용을 중심으로 종합·정리한 책자는 아쉽게도 부족한 실정이다.

이에 본서에서는 2015년 집필한 갈등영향분석 개론을 기초로 지난 20년 가까이 실제 공공갈등 현안에 적용 사례와 다양한 갈등관리 경험을 바탕으로, 갈등 업무 담당자가 공공갈등 상황에서 갈등관리를 수행할 경우 최소한 이해가 필요한 이론 및 실무에서 적용할 수 있는 내용을 중심으로 크게 보강, 종합·정리하였다.

이와 함께 이해하기 쉽도록 공공갈등이 발생하는 주요 분야와 갈등관리 사례, 갈등영향분석·공론화 과정·조정 과정 등과 함께, 최근 사회변화에 따른 도시재생 및 농촌갈등과 국내외 사례, 기타 갈등관리시스템 운영 사례 등을 다양하게 수록하여 실무자가 공공갈등 발생에 적절한 대응법과 방법 활용이 가능하도록 하였다.

마지막으로 그간 국내 공공갈등을 해결하기 위해 헌신의 노력을 아끼지 않고 있는 국무조정실을 위시한 중앙정부 각 부처 및 산하기관, 광역·기초 지방자치단체와 여러 공공기관의 갈등관리 담당자 등에게 본서가 어려움을 해결하는데 도움이 되었으면 한다. 또한 갈등관리 분야를 연구하는 학자, 관심이 있는 학생 등에게도 국내 공공갈등에 대한 실무적이며 현실적 방안을 모색하는데 본서가 조금이나마 도움이 되기를 기대한다.

2022년 2월

조성배 · 이승우

차 례

제1장 갈등의 기초

제1절 갈등의 이해 ··· 3

1. 갈등의 의의 ·· 3
2. 갈등의 배경 ·· 3
3. 갈등의 원인 ·· 4
4. 갈등의 참여자 ·· 5
5. 갈등의 진행과정 ·· 8

제2절 공공갈등의 이해 ··· 9

1. 공공갈등의 의의 ·· 9
2. 공공갈등의 성격 ·· 11
3. 공공갈등에 대한 시각 ·· 14
4. 공공갈등의 발생 요인 ·· 18
5. 공공갈등의 유형 ·· 22
6. 공공갈등의 전개 과정 ·· 25
7. 국내 공공사업의 갈등 구조 ·· 31

제3절 갈등대응에 대한 이론적 접근 ·· 40

1. 갈등대응과 협치 ·· 40
2. 게임이론적 접근 ·· 42
3. 갈등의 대응 방법 ·· 46

제4절 국내 갈등관리의 현황과 법제도적 근거 ······················ 52

1. 국내 공공사업과 갈등관리 ·· 52
2. 국내 갈등관리에 대한 법·제도와 입법 상황 ···················· 59

- i -

제2장 갈등영향분석

제1절 갈등영향분석의 개요 ···································· 81

1. 갈등영향분석의 개념 ···································· 81
2. 갈등영향분석의 목적과 필요성 ···················· 84
3. 갈등영향분석의 특징과 분류 ························ 84
4. 갈등영향분석의 주요 내용 ···························· 90

제2절 갈등영향분석서 작성 과정 ························ 92

1. 갈등영향분석과정 ·· 92
2. 갈등영향분석서 작성 절차 ···························· 94

제3절 갈등분석 실무 ·· 105

1. 조사의 실시 ·· 105
2. 갈등분석의 실행 ·· 112
3. 갈등에 대한 평가 및 해결방안 제안 ············ 131

제3장 갈등예방과 해결 방법론

제1절 갈등예방을 위한 방법론 ·························· 145

1. 참여적 의사결정 도입 배경 ·························· 145
2. 참여적 의사결정 제도의 이해 ······················ 149
3. 참여적 의사결정의 도입과 운영 방식 ·········· 154
4. 참여적 의사결정의 주요 방법론 ·················· 158
5. 국내 상황에 맞는 기법 적용을 위한 고려 사항 ···· 170
6. 참여적 의사결정 실무 ·································· 180
7. 국내·외 공론화 제도화 사례 ······················ 196

제2절 갈등해결을 위한 방법론 ·· **204**

1. 대안적 분쟁해결의 개요 ··· 204
2. 대안적 분쟁해결의 주요 방법론 ······································· 210
3. 국내 공공갈등 해결을 위한 ADR 활용 ····························· 217
4. 갈등조정프로세스 실무 ·· 224

제3절 국내 갈등관리시스템 구축 사례 ····························· **232**

1. 서울시 갈등관리시스템 개요 ··· 232
2. 서울시 갈등관리시스템 구성과 운영 ································ 237
3. 시사점과 한계 ·· 247

제4절 사회변화에 따른 갈등 대응 ··································· **249**

1. 도시재생사업의 갈등관리 ··· 249
2. 농어촌마을지원사업의 갈등관리 ······································ 254

제4장 공공갈등관리 사례 고찰

제1절 갈등영향분석 사례 ·· **283**

1. 송전탑 건설: 밀양 송전선로 설치 갈등(2011년 기준) ·············· 283
2. 도시개발: 위례신도시 개발 갈등(2011년 기준) ······················ 289
3. 고속도로건설: 함양-울산간 고속도로 건설 갈등(2011년 기준) ········ 302
4. 댐건설: 영양다목적댐 건설 갈등(2014년 기준) ······················ 314
5. 발전소건설: 가로림만조력발전소 건설 갈등(2013년 기준) ············· 325
6. 공항개발: 동남권신공항 입지 갈등(2012년 기준) ···················· 337
7. 원전계속운전: 월성1호기 계속운전 갈등(2012년 기준) ·············· 346
8. 자원순환시설 설치: 은평광역자원순환센터 설치 갈등(2019년 기준) ······ 362

제2절 참여적 의사결정 사례 ································· **378**

    1. 국내 사례 ·· 378
    2. 해외 사례 ·· 391

제3절 갈등조정협의체 사례 ····································· **404**

    1. 국내 사례 ·· 404
    2. 해외 사례 ·· 410

제4절 사회변화에 따른 갈등 사례 ·························· **416**

    1. 주거환경개선사업 갈등 ·· 416
    2. 농촌 마을사업 갈등 ·· 422

부록

    1. 갈등분석의 연습 ··· 429
    2. 사회갈등영향평가의 개요 ·· 436
    3. 중재의 이해 ··· 444
    4. 조정과정 필수 양식의 예 ·· 449
    5. 갈등관리카드 양식 ·· 453
    6. 숙의토론에서의 준비 및 유의사항의 예 ·························· 455
    7. 공공정책 및 사업 추진절차에 따른 갈등관리 적용 예 ······ 456
    8. 국내 갈등관리 관계 법령 ··· 464

참고문헌 ··· **477**

제1장

갈등의 기초

제1절 갈등의 이해

1. 갈등의 의의

'갈등'(葛藤, Conflict)은 일반적으로 양립 불가능한 이해관계나 목표가 상충되는 상태를 의미한다. 이러한 갈등은 폭넓은 의미를 가지고 있는데 심리학적으로 개인 내부적인 상태[1]일수도 있고 자신과 밖과의 관계일 수도 있다. 본서에서 사용하는 갈등의 의미는 사람이나 집단 간에 어떠한 쟁점으로 인하여 충돌하거나 이러한 현상이 예상되는 모든 상황으로 한정한다[2]. 왜냐하면 본서에서 다루는 갈등은 소위 사회갈등 차원에서 정책이나 사업추진에서 벌어지는 공공갈등에 대한 갈등영향분석을 주제로 담고 있기 때문이다. 갈등과 비슷한 개념으로는 사람 혹은 집단 간 충돌로 표면화된 충돌 상태인 '분쟁'(Dispute)이 있다. 본서에서 사용하는 갈등은 이러한 분쟁을 포함한 개념이다. 즉 상대에 대한 불만과 스트레스 등과 같은 심적 상태인 '내적갈등'(Latent Conflict)과 표면화된 '외적갈등'(Manifest Conflict)을 모두 포함한다. 갈등의 정의에 관해서는 학자나 학문분야에 따라 다양한 견해가 존재하지만 '사람이나 집단 간', '충돌', '쟁점' 등과 함께 일정한 관계가 형성이 되어 있는 '상대'가 있어야 한다는 것을 공통적으로 지적하고 있다. 또한 대립하고 '충돌'하는 '쟁점'(Issues)이 있어야 한다는 것이다. 따라서 본서에서 사용하는 갈등을 정의하면 "의존관계에 있는 복수(複數)의 사람 또는 집단이 서로의 이해(Interests), 가치(Value), 목표, 감정 등으로 대립 또는 충돌하여 서로에게 부정적인 영향을 주고 있는 상태"라고 할 수 있겠다.

2. 갈등의 배경

갈등이 발생하는 근원적인 배경은 무엇일까. 갈등의 배경에는 차이, 욕구, 지각, 가치 등 4가지 요인이 작용한다. 첫째, '차이'(Difference)는 사회적으로 보면 나와 타인이 다른 것을 말하는데, 예를 들어 빈부 간의 차이, 정규직 비정규직 간의 차이, 남성과 여성의 차이, 이슬람과 기독교의 차이, 성격 차이 등을 들 수 있다. 그런데 '차이' 자체가 갈등을 일으키지는 않지만 사람들은 이런 차이가 정당하고 합리적이라고 느끼지 않을 때 차이를 수용하기 어렵게 된다. 다시 말해 차이가 '차별'(Discrimination)로서 느껴질

---

[1] 내적갈등(inner conflict)이라고 하며, 개인의 선택이나 가치의 충동 등으로 나타날 수 있는 심리적 갈등이다.
[2] 동양에서 갈등(葛藤)은 칡(葛)과 등나무(藤)가 서로 복잡하게 뒤얽혀 꼬여있는 것을 합성한 말이다. 서양에서 갈등(conflict)은 라틴어 conflictus의 과거분사형인 comfligere에서 유래되었다. 즉 com(together) 과 fligere(to strike)의 합성어로 서로가 부딪히는 상황을 의미하고 있다.

때 갈등은 발생하게 된다. 이러한 차이에 대한 대표적인 용어로 '상대적 박탈'(Relative Deprivation)이 있다.

둘째, '욕구'(Needs)는 '어떤 부족함을 생리적, 심리적으로 충족시키려는 정신 작용'으로 인간 생존과 생활에 필수적인 요소이다. 이는 두 가지로 대별되는데, 우선 본능과 같이 선천적인 것과 사회생활을 통해 경험해서 얻어진 후천적인 것이 그러하다. 예를 들어 음식물 섭취, 수면, 성욕 등과 같이 생명을 유지하고 종족을 보전하기 위한 것이 앞서의 좋은 예라면, 안전에 대한 욕구, 자존심, 성취욕, 소속감 등은 후자의 좋은 예라 할 수 있다[3].

셋째, '지각'(Perceptions)은 '감각기관을 통해 외부의 사물이나 자극을 의식하는 과정, 혹은 방식'으로 우리의 의식을 형성하는 기초라 할 수 있다. 즉, 사물을 받아들이는 과정과 방식은 사람의 신체적 특징, 경험, 학습 등에 의해서 영향을 받게 된다. 같은 상황을 인식하는 것도 그래서 사람마다 다르게 느낄 수 있는 것이다. 예를 들어, 같은 사물을 보고도 달리 느낄 수 있는데 붉은색에 대한 느낌은 사람마다 다를 것이다.

넷째, '가치'(Value)는 일반적으로 값어치라고도 하는데 그 사물이나 행위 등이 가지는 유용한 값을 말한다. 다시 말해 인간의 행위, 사물 및 기타 사상 등이 갖는 의미로서, 어떤 사물, 현상, 행위 등이 인간에게 의미 있고 바람직한 것을 말한다. 따라서 인간의 욕구나 관심을 충족시키는 것, 충족시키는 혹은, 충족시킨다고 생각되는 성질이라 하겠다. 가치는 경제학적으로는 재화의 유용성과 가격을 나타내는데 있어 경제활동의 원인과 활동의 결과를 설명하는 개념이기도 하다. 다양한 의미를 가진 가치는 인간의 관계나 관심대상에 따라 목표대상에 따라서 달라질 수 있는 속성으로 인식과 관련이 깊다. 왜냐하면 인식이 논리적으로 정형화·체계화 되어서 세상이나 사람을 보는 일정한 틀이 형성되고 이를 가치라고 부르기 때문이다.

이상의 4가지 배경요인 자체만으로 갈등이 야기되는 것이 물론 아니다. 이들 요인들이 제대로 해소되지 못하고 증폭되는 상황에서 어떠한 특정한 계기가 원인이 되어 갈등(혹은 분쟁)이 발생하게 된다. 다음은 이러한 상황을 만들어 가는 구체적 원인을 살펴보도록 하겠다.

3. 갈등의 원인

갈등이 발생하는 이유에 대한 대답은 단순하지 않다. 왜냐하면 다양한 배경요인도 있지만 그 자체만으로 갈등이 야기되는 것도 아니기 때문이다. 즉 갈등의 원인은 인간

---

[3] 욕구는 사회적으로 형성된 바람을 뜻하는 '욕망(desire)'과는 차이가 있다.

개개인이 가진 차이, 욕구, 지각, 가치가 모두 다양하고 각기 다르기 때문이기도 하다. 그러나 기존의 갈등 발생 사례를 토대로 갈등의 발생 원인들을 정리하면 다음과 같이 제시할 수 있다.

첫째, 갈등은 인간 심리와 행동과의 관련성이 깊고 이들이 사회화되는 과정에서 각자가 다르게 인식하고 대립된 상황으로 나타난다. 즉 인간자체가 가진 신체적 본능이 타인과 충돌되면서 발생되고 그것이 사회화를 통해 어느 한 커뮤니티 내 불변가치를 만들어 낸다는 점이다. 개인의 생존을 위한 투쟁이 타인에 대한 공격적 성향으로 발현되고 일정한 지역에 뿌리 깊은 지역 색으로 굳어질 수 있다. 이는 역사의 과정을 통하여 편협 적으로 지각되고 학습과 훈련으로 다져지며 공고해진다. 이렇게 형성된 사회화의 결과는 갈등의 원인이 될 수 있다.

둘째, 자신의 욕구가 상대방에 의해 좌절되었을 때 갈등으로 표출된다. 즉 자신이 기대하는 목표가 밖으로부터의 힘에 의해 좌절되었을 때 느껴지는 공허함, 좌절감, 상대에 대한 분노 등이 반복적으로 누적되면서 갈등을 야기하는 원인으로 작용하게 된다는 것이다.

셋째, 스스로의 기대와 상대방과의 비교를 통한 박탈감이 원인이 되기도 한다. 인간은 자신이 기대하는 가치, 실익이 상대와의 비교를 통하여 느껴지는 괴리감, 그리고 기대와 실제 능력사이의 차이에서 오는 박탈감이 존재한다. 이는 긍정적으로 보면 발전과 자기계발의 이유가 되기도 하지만 부정적으로는 자신을 비하하거나 상대를 부정함으로써 결국은 사회 안정을 해치는 중요한 요소로 작용하기도 한다. 즉, 인간이 상대방과의 관계를 통해서 최초에는 기본적 욕구차원에서 자신의 부족함을 인식하게 되고, 이것이 계속 진행되면서 사회가 공정 및 공평, 정의롭지 못하다는 인식으로 바뀌면서 사회에 대한 불만으로 바뀌어 나가게 되는 것이다. 이렇게 타인을 통해 느껴지는 상대적 박탈은 갈등을 야기하는 중요한 원인이다[4].

이상에서 언급한 갈등의 근본 원인들은 사실관계상, 가치, 욕구, 관계상, 구조상의 갈등 등으로 인과적 형태로 분리하는 근거로도 작용한다. 이에 대해서는 차후 자세하게 다루도록 하겠다.

4. 갈등의 참여자

갈등에 참여하는 사람 혹은 집단은 어떠한 갈등사안에 대하여 이해관계가 있거나 의

---

[4] 상대적 박탈에 대해서 최초로 언급한 심리학자 Runciman은 다음과 같이 정의하고 있다. A라는 자가 어떠한 X에 대하여 상대적 박탈을 느낀다는 것은 ① A가 X를 소유하고 있지 않으며, ② A는 상대가 X를 소유하고 있다고 인식하고 있고, ③ A는 X의 소유를 기대하고 있는 가운데, ④ A는 X의 소유가 가능하다고 인식하고 있을 때의 상태로서 정의하고 있다.

사결정에 중요한 역할을 하고 혹은 관심을 가지거나 하는 등의 차원으로 다양하게 분류될 수 있다. 여기서 앞으로 계속 사용되는 단어가 '이해관계자'(Stakeholder)이다. 이해관계자란 어떤 사실의 유무, 공사적행위에 의하여 발생하는 갈등상황에서, 그 이해관계의 직접 당사자(이해당사자라고도 한다)와 그것에 의해서 자기의 권리나 이익 등에 영향을 받는 자 또는 집단 모두를 의미한다. 일반적으로 이해관계자를 갈등참여자라고 할 수 있으며 이를 분류하는 방법은 갈등사안에 따라 다양한데 이를 정리하면 다음과 같다.

1) 1차이해관계자, 2차이해관계자, 3차이해관계자

1차이해관계자, 2차이해관계자, 3차이해관계자로 이해관계자를 나열식으로 분류하는 방식은 갈등에 대한 이해관계자를 나누는데 가장 일반적으로 사용하는 방법이다. 우선 '1차이해관계자'란 일반적으로 이해당사자를 말하며 갈등에 따라 직접적으로 영향을 받는 사람 또는 집단을 말한다. 이들은 갈등해결의 당사자이기도 하며 갈등전개에도 깊숙이 개입되어 있다. 또한 갈등을 야기한 정책이나 사업에 따라 가장 큰 수혜자가 되기도 하며 피해자가 될 수도 있다.

다음으로 '2차이해관계자'는 직접적인 관련은 적지만 이들의 결정에 중요한 역할을 하는 집단이다. 정치인, 공공기관, 시민환경단체 등이 대표적이며, 갈등을 통해 구체적인 물질적 이해관계는 없다고 하나 이를 통해 다른 가치를 창출하고 얻는데 관심을 가진다.

마지막으로 '3차이해관계자'는 갈등과는 큰 연관성이 없지만 그 사안 자체에 대하여 관심을 가지고 협력적으로 도움을 주는 사람 또는 집단이다. 예를 들어 관련전문가, 언론 등이 대표적이다.

2) 핵심이해관계자, 주변이해관계자

핵심이해관계자와 주변이해관계자과 같이 이해관계자를 갈등의 핵심 당사자를 중심으로 분류하는 방식은 앞서 복잡한 이해관계자 분류를 좀 더 확장시켜 2개로 단순화시킨 방법이다. 우선 핵심이해관계자는 앞서 설명한 1차이해관계자와 2차이해관계자를 포함한 용어이다. 일반적으로는 핵심이해당사자로 하여 설명하기도 한다. 왜냐하면 공공갈등의 경우 중앙정부, 지자체 등의 공적기관이 이해당사자가 되기도 하기 때문이다. 다음 주변이해관계자는 앞서 분류법의 3차이해관계자를 의미한다.

3) 직접이해관계자, 간접이해관계자, 부차적이해관계자

관여 정도인 직접이해관계자, 간접이해관계자, 부차적이해관계자로 분류하는 방식은 이해관계자를 보다 명확하게 구분하기 위해 사용하는 방법이다. 우선 '직접이해관계자'는 어떤 사업이나 정책결정에 따라 실제로 이루어지는 직접적인 영향을 받는 지역, 즉 예를 들어 직접적 보상의 대상이 되는 곳의 사람 혹은 집단을 의미한다.

다음으로 '간접이해관계자'는 그 결정에 의하여 간접적 영향을 받는 주변지역, 사람 또는 집단을 말한다. 마지막으로 부차적 이해관계자는 이를 둘러싼 공공기관, 전문가, 시민환경단체, 정치인 등을 말한다. 이러한 직·간접 이해관계자로 구분하는 것은 지역에 미치는 피해의 직·간접영향이 미치는 정도에 따라 나누는 것으로 그 미치는 지역에 해당하는 관계자로 구분하는 방식이다. 이러한 지역 구분과 관련한 주장으로 정책추진 등에 따라 특정지역에 얻는 수혜와 피해를 통해 나누어 보는 '수고권(受苦圈)·수익권(受益圈)론'이 대표적이다. 이는 공익적 목적으로 추진되는 공공정책 및 사업에 따른 공간적인 구분을 '공·사익의 균형'의 관점에서 나온 개념이다. 여기서 수익권은 '당사자가 그곳에 포함됨에 따라 어떠한 이익을 얻을 수 있는 기회를 획득하게 되는 일정한 사회적 권역'을 의미한다. 수고권은 "당사자가 그곳에 포함됨에 따라 어떠한 고통, 타격, 손해를 얻게 되는 일정한 사회적 권역"을 의미한다.

마지막으로 '부차적이해관계자'는 나열식 분류의 3차이해관계자와 거의 정의 상 차이가 없으며 갈등 해결에 긍·부정적 영향을 끼칠 수 있지만 실제 최종 결정은 할 수 없는 개인 혹은 집단을 의미한다.

4) 사안의 특성과 추진과정에 따라 복잡화되는 참여자 분류

최근에는 이러한 관여 정도에 따른 분류를 확장, 사안의 특성과 추진과정에 따라 분류하여 탄력적으로 적용하고 있는 상황이다. 보통 공공정책 추진은 그 과정이 점차 진행되는 가운데 구체화, 현실화 되는 것이 일반적이다. 즉 정책추진을 발표할 시기에는 공익 수혜자인 일반시민이었으나 사업이 점차 구체화되는 과정에서 특정지역과 당사자도 확정되어가고, 이들의 반발은 관련 정보를 입수하면서 시작된다. 또한 경우에 따라 사업추진에 따른 수혜, 피해여부가 지역 간 혹은 주민간의 갈등으로 확산되기도 하면서 이해당사자의 구분이 점차 모호해지고 있다. 최근에는 정보화의 확산으로 비선호시설의 경우, 간접이해관계자였던 주변이해관계자가 정책 혹은 사업초기부터 직접 개입하여 갈등의 당사자로서 활동하며 사안해결의 권능을 쥐는 경우도 늘고 있는 상황이다. 따라서 이제는 참여자의 분류도 사안의 특성과 사업추진과정에 따라 다양하게 확인, 살펴볼 필요가 있다.

5. 갈등의 진행과정

갈등자체가 가진 일반성과 개별적으로 갖는 특이성을 같이 가지고 있다. 일반성이란 흥망성쇠와 같은 생애의 패턴을 따른다는 점에 있다. 그러나 동일한 갈등은 존재하지 않는데 그 이유는 원인, 진행과정, 지속시간, 사회적 영향력에 차이가 있기 때문이다. 특히 갈등사안이 모두 제각각인 이유에는 갈등흐름이 가지는 일정한 패턴 속에서 그것이 얼마나 지속되고, 강도가 어느 정도에 따라 그 내용과 상황이 달라져 가기 때문이다. 일반적으로 갈등의 전개과정을 살펴보면, 갈등의 단계는 '갈등의 잠재기'(Conflict Generation and Latency), '갈등의 출현기(혹은 표출기, 표면화기)'(Conflict Emergence), '갈등의 심화기(혹은 확산기)'(Conflict Escalation), '갈등의 교착기'(Conflict Stalemate), '갈등의 완화기'(Cconflict Mitigation), '갈등의 해소 및 해결기'(Conflict Resolution), '평화건설 및 화해기'(Peace Building) 등 7단계로 구분할 수 있다.

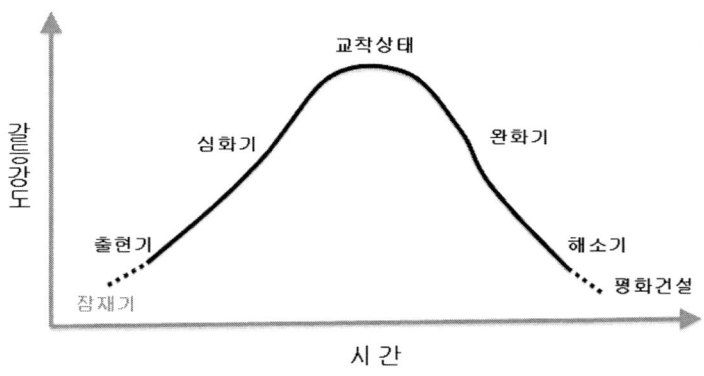

<그림 Ⅰ-1> 갈등의 일반적 전개과정

이상의 <그림 Ⅰ-1>은 갈등의 일반적 전개과정을 도식화 한 것이다. 모든 갈등이 이와 같은 단계를 거친다고 단정할 수는 없다. 왜냐하면 사안에 따라 어떤 갈등은 교착기와 심화기, 그리고 잠재기가 반복적으로 이루어지면서 보다 갈등이 고조된다. 또 어떠한 경우에는 심화기가 길어질 수도 있으며 곧바로 교착상태로 빠지기도 한다. 이처럼 각각의 단계에서 일어나는 내용에 따라서 갈등의 흐름은 다양하게 전개해 나간다. 일반적으로 국내 갈등은 전개과정에 있어 출현기와 심화기가 바로 연결되는 특징이 있다. 또한 해소기에서 평화건설까지 이어진 갈등사례가 많지 않은 특징도 가지고 있다.

다음의 절에서는 공공갈등을 중심으로 의의, 특징, 성격, 발생요인, 절차 등에 대하여 설명하도록 하겠다.

제2절 공공갈등의 이해

1. 공공갈등의 의의

1) 공공갈등의 의미

'공공갈등'(公共葛藤, Public Conflict)은 정책 목표와 추진을 둘러싸고 이해관계자간의 의견대립과 충돌, 혹은 그 발생 가능한 상황으로, 즉 정부(중앙정부, 지자체, 추진 산하기관 등)가 공중에게 공익을 제공할 목적으로 정책, 사업, 공사 등을 계획 혹은 시행하는 과정에서 다수 국민 혹은 해당 주민(시민)과 이해(利害), 가치(價値), 사실관계(事實關係), 제도(制度), 목적(目的) 등이 상호 충돌하여 사회가 그 영향을 받게 되는 현상을 말한다[5]. 그러나 공공갈등을 보다 명확하게 이해하기 위해서는 공공갈등이 가지는 특징을 이해할 필요가 있다. 본서에는 공공갈등의 특징을 크게 일반적 특징과 구체적 특징으로 구분하여 정리하여 설명하도록 하겠다.

2) 공공갈등의 특징

(1) 공공갈등의 대상과 범위

공공갈등의 대상은 중앙정부, 지방정부, 공공기관이 공공의 이익을 목적으로 수행하는 정책과 구체적인 사업이다. 그러므로 그 정책 혹은 사업주체는 공적(공공)기관이다. 공공갈등의 범위는 물리적 차원과 사회적 차원으로 크게 나누어 살펴볼 수 있다. 물리적 차원은 시간적, 공간적인 차원으로 구분할 수 있는데, 시간적 차원으로는 장기화의 가능성과 같이 사안이 단순한 논의로 끝낼 수 있는가의 여부이다. 그리고 공간적 차원은 갈등이 퍼지는 여파라고 할 수 있는데, 주변지역으로의 파급성과 관련된다. 다음으로 사회적 차원은 참여자 혹은 이해관계자의 구성의 복잡성, 다양성 등과 관련된다.

예를 들어 어느 그린벨트 지역에 광역추모(화장)시설을 건설하고자 한다. 그러나 그린벨트 지역이라는 이유로 이해관계자는 관련 지자체나 중앙정부, 시민환경단체, 지역주민 등이 다양하게 참여할 것이고 각자 다른 가치와 이해관계로 갈등은 복잡하게 전

---

[5] 민원은 행정적 처분에 대해 개인 혹은 법인, 단체가 현행 법제도하에서 행정적 처리를 요구하는 사안을 의미한다. 정책 혹은 사업 추진과정에서 마을단위의 집단민원이 발생할 경우에는 공공갈등이라 할 수 있다. 공공갈등에서 나타나는 대표적인 행동으로는 찬반 이해관계자가 관련 조직을 구성하고 집단의사를 관철시키기 위한 성명서, 집회, 시위, 소송 등이 있다.

개될 것이다. 또한 주변에 미치는 영향에 대해서도 혐오시설이라는 인식 때문에 주변 지역의 반발을 불러일으킬 수 있다. 이와 함께 화장장 필요성에 대한 찬반논란은 매장문화의 화장 문화로의 전환에 대한 사회전체적인 쟁점으로 이어질 수 있는 등 공공갈등은 범위 측면에서 시간, 공간, 사회적인 파급력을 보이는 특징을 가진다.

(2) 공공갈등의 참여규모

공공갈등의 규모는 작게는 참여인원수와 같이 얼마나 많은 사람들이 관심을 가지고 있는가 하는 점과 관련되는데, 크게는 그 참여단체의 규모나 크기로 판단할 수도 있다. 예를 들어 어느 한 시골 지역에 사익목적으로 한 OO회사가 대단위 휴양 및 치료기능을 위한 노인전용 전원주택단지를 회사가 가진 토지(일부 산지포함)에 건설하고자 한다. 병원은 물론 관련 시설이 포함되는 이 주택단지는 그러나 지역주민의 반발을 사고 있다. 또한 사유지라는 이유로 주변녹지파괴가 전개되면서 중앙 및 지역 환경단체가 특정 국내에서 보기 힘든 어떤 동물의 멸종 가능성에 대해서 반대하는 입장이다. 이러한 경우, 사안 자체는 '민민갈등'(민간주체 간)으로 볼 수 있으나 그 사안에 따른 인허가권이 그 지역 행정청이 관여하고 있고 그 영향에 따라 참여자 수도 더욱 늘어 수 있어 공공갈등으로 볼 수 있다.

(3) 복잡한 전개과정

일반적으로 공공정책은 정부, 지역주민, 시민환경단체, 언론, 기업 등이 참여하게 되는데 이들 가운데서 각 이해관계자가 가진 가치인식, 욕구 등에 따라서 갈등은 보다 복잡한 양상을 띠게 된다. 예로 이해관계자를 경제학적으로 보면 생산자로서 기업은 이윤최대화를 위하여, 정부는 국민전체에 대한 정책목표의 달성을 위하여, 소비자인 일반국민은 효용최대화를 꾀하는 것이 목표이다. 이러한 상이한 목표가 갈등을 복잡하게 만들고 이 결과는 공공갈등의 특징이 된다.

(4) 공공갈등의 표출방법

공공갈등은 일반적인 갈등과 같이 잠재적인 상황, 즉 불만의 상태가 계속되면서 어떠한 정책계획이 계기가 되면서 표출되는 특징을 가진다. 공공갈등이 표출되는 그 원인에는 사회적인 배경이 개개의 이해당사자 잠재적인 인식 속에 불만 등의 형태로 내재되어 있으며 그것이 이것이 표출되는 것이다. 이러한 것은 앞서 갈등의 배경에서 다루었던 상대적 박탈과 같은 심리적 인식과도 관련이 깊다. 예를 들어 다른 지역과 비교하여 불리한 상황에 놓여 있어 개발이 늦어지거나 되기 어려운 구조를 가진 지역이 있다. 이러한 토지이용제한지역은 일반적으로 토지의 '최유효이용'(Highest and Best Use)

이 쉽지 않은 곳이 된다. 타 지역과의 최유효이용의 차이에서 비롯된 박탈은 결과적으로 개발사업에서의 소외와 함께 지가하락을 야기하고, 게다가 주로 비용효과 면을 중시하는 공공정책의 주된 개발대상지역이 된다. 즉 기존에 개발제한이 이어지고 있어 상대적 박탈을 느끼고 있는 지역에 쓰레기처리시설 등의 주변에 부의효과를 야기한다고 인식되어지는 비선호시설시설의 입지지역으로 결정되는 경우, 그 지역 주민은 이것이 불만의 기폭제가 되어 표출하고, 과거의 묻혀두었던 불만요인들도 함께 제기되면서 쉽게 해결되기 어려운 형태로 갈등이 전개되어 갈 가능성이 높다. 이처럼 공공갈등은 여러 사회적, 제도적, 구조적인 요인이 잠재된 상태로 단지 표출된 사안만을 가지고 판단하는 것은 좋지 않다.

(5) 공공갈등과 이해관계

공공갈등의 당사자들은 필연적으로 이해관계를 갖는다. 이를 단순화하여 바라보면 찬성 측은 공공정책 등을 추진하는 공공기관의 결정에 따라 유무형의 이익을 얻게 된다는 점이며, 반대 측은 이와는 반대로 유·무형의 피해를 받게 된다는 점이다. 이는 갈등을 통해 이해관계가 복잡하게 되는 현재의 공공갈등의 현실을 바라보면 이해하기 쉬울 것이다. 2017년 공론화가 진행된 신고리5·6호기 사업을 예를 들어 보면 이 이슈는 단순히 중앙정부와 탈 원전을 주장하는 시민단체와의 갈등이라 할 수 없으며, 해당시설이 건설되고 있는 지역주민과 중앙정부와의 갈등이라고도 할 수 없을 것이다. 이러한 점은 신고리5·6호기 해당 시설을 바라보는 각자의 생각과 상호 이해관계와 실익에 따라 찬반의 입장도 다르게 나타나기 때문이다. 결국 정책추진의 방향성과 사업추진의 유무는 시민단체나 지역주민 등 찬반의 중심에 있던 이해당사자는 최종 의사결정에서 배제되었고 일반국민 만이 참여하는 공론조사 방식을 통해 최종 결정되기에 이르렀다. 이처럼 갈등사안을 단순한 찬반논리로 접근하는 것은 갈등을 이해하는데 도움이 되지 못하며 찬반의 이유를 구체적으로 파악하고 다양한 관점으로 접근하는 노력이 이루어져야만 문제해결에 한발 나아갈 수 있을 것이다.

2. 공공갈등의 성격

공공갈등은 정책이나 사업추진을 둘러싸고 해당 지역과 주변지역에 대한 이해관계와 그에 따른 대립이라는 상황이라는 점에서 몇 가지 주요한 성격이 드러난다. 특히 현재의 갈등이 환경문제나 지역공동체의 파괴 등과 관련한 것이 많은 가운데, 과거부터 꾸준히 제기되는 쟁점 중 하나가 핌피·님비현상과 관련된 갈등이다. 또한 최근에는 환경갈등, 지역갈등 등의 용어가 널리 사용되기도 하면서 이해하기 어려운 것이 사실이다.

따라서 본 항에서는 공공갈등이 지닌 성격을 앞서의 갈등 용어를 통하여 설명하도록 하겠다.

1) 핌피·님비 갈등

우선 갈등이 표출되면 님비갈등, 핌피갈등이 가장 많이 다뤄지게 된다. 여기서 '핌피갈등'(혹은 선호시설 갈등)은 핌피현상(PIMFY Syndrome, PIMFY; Please In My Front Yard)에 기인하는 것으로, 해당지역에 정의 효과가 있거나 앞으로 발생할 것으로 예상되는 선호시설 혹은 개발을 둘러싸고 주변 지역 내 혹은 지역 간의 갈등을 말한다. 즉 지역 내 편익증가가 예상되는 개발이나 시설입지를 둘러싸고 관련지역 혹은 각 집단이 경쟁·경합하여 자신들 지역에 이러한 시설 및 개발 등을 유치하려하는 활동하려 할 것이다. 이러한 활동을 가능하게 하는 이유에 대해서 '렌트시킹'(Rent-seeking)이라고 한다.

여기서 '렌트'(Rent)란 입지나 정부정책에 따라 발생하는 초과이윤 혹은 거대이익을 말하는데, 이러한 집단 혹은 개인의 이익추구활동이 렌트시킹이다. 이와 관련되는 시설로서 문화시설, 복지시설 등의 사회편익시설, 철도, 도로 등의 사회간접자본시설 등이 있다. 또한 지역개발로서는 재개발, 재건축 등 도시정비구역 지구지정 등이 대표적이다. 그러나 2010년대 초반 이들 특히 서울시내 추진되던 각종 재개발 등의 도시정비사업과 관련하여 실제 이익이 발생되지 못하고 오히려 재입주의 어려움, 추가비용부담문제, 세입자 문제 등이 부동산경기하락과 맞물리면서 이에 대한 찬반입장이 충돌하여 지방정부와 주민, 주민 간 갈등이 발생하였다. 이와 같이 요즘의 핌피갈등은 정책결정에 따라 앞으로 이 지역 내에 실익이 발생할 수 있는지에 대한 쟁점을 둘러싸고 지역주민 간의 갈등이 격화되고 있는 상황이다. 즉 전통적인 핌피갈등의 의미도 점차 변화하고 있다고 볼 수 있다.

다음으로 '님비갈등'(혹은 혐오시설 갈등)은 님비현상(NIMBY Syndrome, NIMBY; Not In My Backyard)에 기인하는 것으로, 해당지역에 부의 효과가 있거나 앞으로 발생할 것으로 예상되는 비선호시설 혹은 개발을 둘러싸고 주변 지역 내 혹은 지역 간의 갈등을 말한다. 님비현상은 공공갈등을 야기하는 전통적인 원인 중 하나이며 실제 우리 주변에서 가장 많은 갈등 중 대부분이 이 님비갈등이다. 이와 관련된 시설로는 쓰레기처리장, 하수종말처리장, 화장장, 변전설비 등이 대표적이다. 그러나 최근에는 사회간접자본시설과 관련하여 철도, 도로 등의 시설에 대하여도 소음이나 분진 등의 오염이 발생되고 지역에는 이익이 없다는 등의 이유로 해당 지역주민을 중심으로 반발이 발생하는 등 관련 공공갈등 발생이 늘고 있어 이제는 단순히 사업의 성격 상 구분으로 님비

인지 핌피인지로 구분하는 것은 쉽지 않다.

2) 환경갈등과 지역갈등

'환경갈등'(Environment Conflict)은 오랜 갈등의 이슈로 작용해 왔고 실제 대부분의 공공갈등에서 등장하고 있는 대표적인 갈등이다. 환경갈등은 시민의 환경에 대한 의식 변화와도 밀접한 관련이 있다고 볼 수 있다. 실제로 국내에서 1990년대부터 관련 이슈가 본격적으로 주목받기 시작하였고 정부와 환경단체가 첨예하게 대립되었다. 당시 환경단체나 종교인(단체) 등이 중심이 되어 문제가 제기되면서 정부와 환경단체 등의 대립이 주로 발생하였다. 그러나 국민의 환경에 대한 인식변화는 해당 사업 지역의 지역주민 및 지역시민단체의 관련 주장의 근거가 되면서 이제는 모든 지역, 사업과정에서 관련 갈등이 발생하고 있다. 따라서 최근의 사업주체는 보다 이러한 문제를 해결하기 위하여 보다 선제적이며 적극적으로 대응해 나가고 있는 상황으로 점차 바뀌고 있다.

일반적으로 '환경갈등'은 환경가치를 둘러싼 개인 혹은 집단 간 갈등을 말한다. 이에 대한 정의와 관련하여 Libiszewski(1982)는 이를 정치·사회·경제·윤리·지역적으로 분류된 구역에서의 충돌 또는 국가적인 이해관계와 자원의 초과이용 혹은 국가 간 이해 등에 따른 대립을 말하며, '환경악화'(Environmental Degradation)에 의해 발생된다고 설명하고 있다[6]. 또한 정회성·이창훈(2005)은 현재와 미래에 걸쳐 해당지역에서 인간의 환경권을 침해하고 자연환경을 파괴하는 사태를 둘러싼 당사자 간, 혹은 관련 집단 간의 의견대립이 발생하여, 서로 합의를 얻지 못하는 상태라고 정의하고 있다[7]. 여기서 이들 정의에서 공통된 사항은 환경갈등이 환경이라는 가치가 중심에 있고 이에 대하여 국가든, 지역이든, 집단이든, 개인이 되었든 그들 간의 환경을 둘러싼 의견충돌이라 한다는 점이다. 따라서 환경갈등은 실제로 주변지역으로의 파급성이 존재하므로 결과적으로 지역갈등을 야기하기 쉽다.

그리고 환경갈등과 더불어 지역갈등이라는 용어가 많이 사용되는데, '지역갈등'(Local Conflict)이란 공공정책이나 사업의 입지결정 등에 의해 이해관계가 다른 지역주민이 대립·충돌하는 것을 말한다. Barron(2008)은 특정지역 내 주민단체 사이에서 지역수준에서 벌어지는 폭력적·비폭력적인 분쟁이라고 주장한다[8]. 또한 주재복 외(2005)는 일

---

[6] Libiszewski(1982)는 환경갈등이 발생하게 하는 예를 다음과 같이 정리하고 있다.
  - 재생가능자원을 초과 이용하는 것(overuse renewable resources)
  - 환경용량을 뛰어넘는 것(overstrain of the environment's sink capacity (pollution))
  - 생물종이 살아가는 공간을 피폐하게 하는 것(impoverishment of the space of living)
[7] 정회성·이창훈, '환경갈등 현황 및 정책과제', 경제·인문사회연구회 협동연구총서, 2005.
[8] 주재복외 4인, '지역갈등의현황및정책과제', 한국여성정책연구원, 2005.

정한 목표달성이나 문제해결을 둘러싸고 지역의 정부기관, 단체, 주민 등 복수의 이해 당사자간에 발생하는 동태적인 상호관계로부터 기인하는 특정지역에서의 대립이라고 정의하고 있다. 이처럼 지역갈등은 관계성을 중심에 두고 이에 대하여 지역이라는 구체적 틀 속에서 바라보는 것이라 하겠다[9]. 정리하면, 앞서 살펴보았던 님비·핌피갈등은 이해를 중심으로 한 공공갈등의 성격이라면 환경갈등과 지역갈등은 가치와 관계 등이 중심이 되는 갈등이라 볼 수 있겠다.

이상, 공공갈등의 성격상 내용과 관련하여 살펴보았다. 공공갈등은 앞서 개발이나 정책 등에 따른 것이므로 그에 따른 분류가 다시 정리될 필요가 있다. 아래의 표는 공공갈등의 분류와 관련 정책 및 사업, 그리고 주요 쟁점을 기술한 것이다.

<표Ⅰ-1> 공공갈등의 구분과 관련 정책 및 사업

구분	갈등성격	주요 정책 및 사업	주요 쟁점
수자원 개발	지역갈등 환경갈등	· 댐 건설 · 하구언 등의 건설 · 보 건설	· 상수원보호구역지정 등 재산권 · 수몰과 강제수용 및 이주 · 환경파괴
도시시설개발 (환경기초)	지역갈등 환경갈등 님비갈등	· 하수종말처리장 · 쓰레기처리장(매립장) · 전력송배전시설(송전탑 등) · 화장장 등	· 부동산가치 · 정주가능성 · 위험성 · 환경오염
지역개발	지역갈등 환경갈등 핌피갈등	· 택지개발(신도시 건설 등) · 골프장 등의 건설 · 재개발, 재건축 등	· 부동산가치 · 정주가능성(재입주) · 환경파괴(주거 및 생태)
SOC개발	환경갈등 지역갈등 님비갈등 핌피갈등	· 도로, 터널, 교각 등의 건설 · 철도관련 건설(변전소 포함) · 방사성폐기물처리장 건설 · 발전소 건설(산업공단 등)	· 환경파괴 및 오염 · 소음 및 분진 등의 발생 · 정주가능성 · 부동산가치 등

3. 공공갈등에 대한 시각

1) 역기능적 시각

체제의 유지에 주안점을 두는 사회학에서는 갈등을 체제의 유지를 위협하는 존재,

---
[9] 한국에서의 지역갈등은 영호남간의 갈등과 같이 의도적으로 만들어진 갈등과 같이 또 다른 의미를 가지기도 한다.

또는 사회적 비용으로 보고 그 역기능적 측면을 강조한다. 갈등을 '질병'에 비유하고 사회체제에 대한 위험요소로 보고 있는 입장의 특징은 갈등 그 자체를 문제시 여긴다. 즉 갈등이 나타나게 된 원인이나 갈등 해결의 결과보다는 갈등의 존재 여부에 초점을 맞추고, 갈등이 존재하는 경우 그것을 불가피한 것으로 받아들이기보다는 해결해야 하고 해결할 수 있는 문제로 받아들이려 한다. 그러나 이러한 입장에 있어서 갈등의 해결은 종종 갈등의 해소이기보다는 갈등의 와해가 된다.

갈등을 역기능적으로 보는 태도는 또한 모든 권위주의적 체제에 공통된 특징이다. 권위주의적 체제는 개별화와 분열을 비난하고 전체화와 조화를 강조한다. 갈등이 존재하면 그 원인이 어디에 있는지를 묻기보다는 '체제수호'라는 미명 하에 시급히 갈등을 제거하려 하며, 그 결과 더욱 심화된 잠재적 갈등을 유지한 채 외적인 평온을 유지한다. 그러나 이러한 평화는 강제력이 약화되는 순간 걷잡을 수 없는 갈등의 폭발로 바뀌어 버린다. 그리하여 강제와 혼란이라는 극단적인 과정을 되풀이하게 된다. 이러한 생각의 토대위에서 사회의 질서 및 균형에 관심이 있고 사회질서와 균형을 깨는 갈등의 부정적인 측면을 경험적인 근거로 Burton and Dukes(1986)는 갈등의 역기능을 다음과 같이 기술하고 있다[10].

첫째, 행정지연과 사회에너지의 낭비(비용)를 초래한다. 양적으로 증가하고 질적으로 다양하게 표출되는 사회 갈등은 국민생활과 밀접한 정책결정과 집행을 지연시키고 기타 국민의 생활에 필요한 시설의 건설 등의 부지선정을 둘러싼 갈등은 공사 지연을 가져온다. 둘째, 사회 안정과 국민통합을 저해한다. 갈등이 장기화되거나 극단적 양상을 보인다면 국민통합을 저해하고 국민과 정부 간의 불신을 조장한다. 셋째, 다수의 힘으로 문제를 해결하려는 경향은 민주적 기본질서를 파괴한다. 지역이나 공통의 이익을 근거로 한 집단들의 지나친 요구와 집단이기주의 경향은 집단의 힘으로 밀어붙여 문제를 해결하려는 성향으로 발전하여 법치주의의 원칙이 무시될 우려가 있는 것이다. 넷째, 아무리 건전한 갈등이라도 그 정도가 통제 불가능한 것이면 정치, 사회적 위기로 몰고 갈 수 있다. 결국은 서로 자신의 주장만 내세우고 적대감을 높여 행정에 대한 불신을 초래한다.

2) 순기능적 시각

갈등의 역기능적 측면만을 강조하는 태도와 달리 갈등이 사회에 대해 순기능적 역할도 한다는 사실도 살펴볼 필요가 있다. 갈등의 순기능적 측면[11]은 다음과 같이 요약될

---

[10] John Burton and Frank Dukes, Conflict: Practices in Management, Settlement and Resolution, New York: St. Martin's, Ombudsmanry, 1986, p. 21.

수 있다.

　첫째, 집단 결속의 기능이다. 어떤 집단이나 사회든지 바깥 집단과의 갈등을 통해서만 '자기 정체성'(Self-identity)을 가질 수 있다. 뿐만 아니라 이미 형성된 사회에 있어서도 그 사회의 정체성이 위기에 봉착한 경우 이를 해결하고 사회적 결속을 강화하기 위한 수단으로 외집단과의 갈등이 의도적으로 선택되기도 한다. 또한 자연계의 입자가 인력과 척력을 통해 균형을 이루듯이 사회도 갈등관계를 통해 균형을 유지하는 것이다.

　둘째, 집단 보전 기능이다. 갈등은 병 자체가 아니라 병이 존재한다는 사실을 알게 해주는 증상이다. 따라서 병은 있으되 갈등이 없다면 사회의 병소(病巢)는 지각되지 않은 채 축적되어 마침내 그 사회를 붕괴시키고 말 것이다. 갈등과 사회의 관계는 통증과 신체의 관계에 비유될 수 있다. 통증은 고통스럽기는 하지만 그로 인하여 신체를 방어할 수 있는 안전판 역할을 하는 것이다.

　셋째, 사회화 기능이다. 갈등은 일종의 게임 상황과 같다. 사회 구성원들은 갈등을 통하여 사회생활의 규범, 규칙, 제도 등을 만들어내며, 지속적으로 기존의 규범이나 규칙들을 새로운 것으로 대체해 간다. 따라서 '사회가 있는 곳에 갈등이 있다'고 말 할 수 있으며, 갈등은 인간을 사회생활의 범주로 끌어들이는 사회화 기능을 하는 것이다.

　넷째, 의사결정 보완 기능이다. 인간의 합리성이 불가피하게 제약되어 있다고 가정할 때, 한 사람이 결정권을 독점하고 있는 상황보다는 보다 많은 주장들이 상호 경쟁하는 상황에서 더 좋은 의견이 나올 수 있다. 따라서 갈등은 사회적으로 보다 나은 의사결정이 이루어지는 데 순기능적 역할을 한다.

　다섯째, 진보에의 추진력이다. 갈등은 인간이나 사회에 자극제로서 기능한다. 외집단과의 갈등은 사회에 긴장감을 불어넣어 주고 이를 극복하기 위한 노력을 촉진시킨다. 따라서 갈등은 진보를 일으키는 추진력이라 할 수 있다. 갈등이 없다면 그 사회는 진보에의 유인이 없으므로 정체되고 말 것이다.

　이러한 갈등의 순기능적 시각은 갈등을 사회생활에 있어서 불가피한 현상으로 받아들이고 있으며 갈등의 존재 자체에 초점을 맞추기보다는 갈등이 가져오는 사회적 귀결이 무엇인가에 초점을 맞춘다. 이러한 순기능적 시각을 '갈등이 언제나 사회에 순기능적이다'라고 이해하는 것은 오해이다. 그것은 갈등이 언제나 사회에 역기능적인 것만은 아니라는 점을 지적하고 있을 뿐이다.

---

11) John Burton and Frank Dukes, Ibid, p. 22.

3) 역기능-순기능의 관계

갈등이 사회에 대해 순기능적이냐 역기능적이냐는 이분법적으로, 또는 절대적인 것으로 말할 수는 없다. 이에 대한 판단은 다음 표와 같이 관점, 기능, 방법, 초점 등 구체적인 경우에 따라 달라진다.

<표Ⅰ-2> 갈등의 기능상 비교

역기능	구분	순기능
· 갈등은 역사의 산물	관점	· 갈등은 역사 변동의 원동력
· 평형상태의 상실과 부조화 등 갈등의 역기능 강조	기능	· 사회발전/통합을 위한 구조적 필연성 등 갈등의 순기능 강조
· 갈등은 제도적, 권위적, 강압적 방법으로 관리, 통제, 해소 가능	방법	· 갈등은 합리적이고 공정한 과정을 통해 해결, 변화 가능
· 법과 질서	초점	· 절차와 상호작용
· 갈등이 없거나 가시적 갈등이 나타나지 않는 사회	건강한 사회	· 갈등이 평화적 건설적 동력으로 전환되는 제도와 문화가 있는 사회

갈등에 대한 평가가 이렇듯 불확정적인 이유는 아래와 같은 사정에 기인하는 것이라 볼 수 있다. 첫째, 갈등이 역기능적이냐 순기능적이냐는 그 갈등이 일어나는 상황 또는 사회구조의 성격에 따라 달라진다. 예를 들어 적과 교전 중인 상황에서 내부갈등이 일어나면 그것은 매우 역기능적인 결과를 초래할 것이며, 어려운 문제가 주어진 상황에서 여러 사람들이 해답을 제시하고 설득하는 과정에서 일어나는 갈등은 보다 나은 해답의 발견에 도움이 될 것이다. 둘째, 갈등이 역기능적이냐 순기능적이냐는 보는 사람의 관점에 따라 달라진다. 즉 갈등은 해석되어지는 것이라 할 수 있다. 예를 들어 노사갈등을 사용주 측에서는 산업평화를 해치는 것으로 역기능적으로 보는데 비해 근로자 측에서는 보다 형평성 있는 분배를 실현함으로써 사회적 화합을 촉진시킬 수 있는 계기로 순기능적으로 해석하는 경우가 있을 수 있다. 셋째, 대부분의 갈등은 순기능적 측면과 역기능적 측면을 동시에 가지고 있다. 따라서 갈등을 무조건 방치해 둔다거나 무조건 통제(와해)하는 것은 문제가 있다. 즉 갈등으로 인해 발생하는 사회적 비용을 최소화하기 위해서는 갈등의 순기능적 귀결을 최대화하고 역기능적 귀결을 최소화하는 노력이 필요하다 하겠다. 이러한 노력을 갈등관리라고 할 수 있다.

일반적으로 갈등관리(Conflic Management)란 "갈등이 일정 수준 이상으로 악화되는 것을 방지하고, 갈등으로 인해 야기되는 유리한 결과를 최대화하고 불리한 결과를 최소화함으로써, 궁극적으로 갈등의 해소를 용이하게 하는 과정"이라 할 수 있다. 이러한 공공갈등에 대한 관리를 행정부에 대한 요구로 재 기술한다면 "사회적 갈등의 통합 또는 제도화를 통한 적절한 정책의 산출"이라 할 수 있을 것이다[12]. 갈등관리는 역기능적이고 파괴적인 갈등을 완화 내지 해소시키고, 갈등의 순기능적이고 건설적인 측면을 촉진시키기 위한 제반 활동을 의미한다. 갈등 발생의 근본원인은 관련 집단들이 부정적인 외부효과를 가급적 피하고 긍정적인 외부효과를 향유하고자 함에 있으므로, 효율적인 갈등관리란 결국 정책을 둘러싼 편익과 비용의 배분문제, 즉 외부효과의 내재화에 다름 아니다. 정의 외부효과가 커질수록 배분을 둘러싼 갈등이 발생할 수 있으나, 갈등의 양상은 부의 외부효과와 관련된 갈등보다는 온건하다. 반면 부의 외부효과가 클수록 갈등의 정도는 비례하여 증가한다.

4. 공공갈등의 발생 요인

1) 일반적 요인

공공갈등의 일반적인 발생요인을 살펴보면 우선, 사회전반의 민주의식의 고취와 참여욕구의 증대와 관련된다. 자본주의경제에 대한 회의감과 '협치'(Governance)의 세계적 흐름, 참여와 숙의민주주의 등의 정치적 발전과 관련된 시대적 요구와 더불어, 시민 스스로 자신의 목소리를 정책추진과정에 직접 표출하고자 하는 적극적인 행동으로 나타나게 되었다. 이를 위해 시민들은 직접참여를 통하여 사안에 접근하고 의사결정하며, 또한 해결을 요구하는 등의 행동으로 분출하고자 한다. 이러한 상황은 특히 우리나라에서도 중요한 전환점을 가져온다.

국내에서는 1987년, 민주주의에 대한 열망이 전국으로 확산되었고 6.29선언을 통하여 대통령 직선제 등의 실시로 이어졌다. 이 사건은 우리 사회 내 직접민주주의의 씨앗을 뿌리게 된 계기가 되었다. 이후 우리사회는 급격한 사회 변화를 맞이하였고 지방자치제도의 시행은 풀뿌리 민주주의의 기틀을 마련하게 된다. 그리고 15년 뒤 현재, 기존의 '하향식 결정방식'(Top down)이 아닌 '상향식 정책결정'(Bottom up)이라는 새로운

---

[12] 갈등은 반드시 역기능적인 것만은 아니며, 갈등을 보는 시각은 주관적인 것이므로 객관적 사실과 반드시 부합된다고 할 수도 없다. 즉 객관적으로는 별로 역기능적이지 않은 갈등이 매우 역기능적으로 보일 수도 있고 그 반대의 경우도 가능하다. 이러한 인지상의 오류가 발생할 경우 갈등에 대한 대응은 잘못된 귀결을 증폭시키는 결과를 가져오게 되어 매우 큰 비용을 지불하게 될 것이다. 따라서 어떤 행위주체의 갈등에 대한 입장을 평가할 때에는 사실적 측면과 그 행위주체의 인지적 측면을 동시에 고려하여야 정확한 이해가 가능해질 것이다(대통령자문 지속가능발전위원회, 2005).

파고를 뛰어넘어 이제는 지역 주민이 중심이 되고 그들의 의견을 중요하게 여기며 의사결정의 주요 근거가 되는 사회로 진입하고 있다. 그러나 현재 우리나라의 관련 법·제도는 시민의 의식수준 향상과 세계적 추세를 따라가지 못하는 것이 현실이다. 기지의 사실과 같이 기존의 많은 공공사업 및 정책 결정은 정부(혹은 공공기관) 주도로 이루어져 왔다. 더욱이 지역에서 발생하는 갈등에 대하여 해당 이해관계자의 의견을 적극적으로 구하는 등의 시민참여는 법·제도적으로 구비되고 있지 못한 것이 현실이다.

따라서 항상 공공갈등이 발생하는 곳에는 시민참여의 수준이라는 논쟁과 절차성이 주요 쟁점으로 되어 왔다. 지방자치제도가 어느 정도 정착하면서 많은 부분이 분권화가 이루어지고 있다. 그렇지만 아직은 다양한 이해관계자들이 자율적으로 참여하고 의견을 개진하고 또 다른 대안을 만들어 내는 방법에 대하여 해당 과제를 추진하는 일선 공무원이나 정치인 등이 이를 쉽게 받아들이지 못하고 현 제도에 기대어 해결하기를 원하는 상황이다. 따라서 시민참여의 필요성과 제도화의 필요성에 대해서는 논의되고 있으나 실제로 적용에는 어려움이 있는 것이 사실이다. 특히 중앙정부와 지자체 간의 권한과 기능이 중첩되는 경우가 많고, 토지이용, 사회간접자본시설, 환경관련정책, 환경기초시설 등과 관련해서는 중앙정부는 물론 인근 지자체와의 관계에서 시민참여는 더욱 어렵게 느낄 수 있다. 이 요인은 사회적 시대변화와 갈등 간의 상관관계를 보여주는 주요한 내용으로 우선 고민하여야 할 것이다.

다음은 이해관계자 각자가 가지고 있는 차이의 존재를 인정하지 못해 생기는 신뢰상실이다. 일반적으로 갈등은 이해관계자간에 어떠한 계기나 이유로 관계가 파열되고 이에 따라 신뢰가 점차 상실됨에 따라 쟁점에 대한 논의가 제대로 이루어지지 못하여 갈등이 심화단계로 접어들게 된다. 이러한 근본적 이유는 개개인이 가지고 있는 가치관이나 이념 등에 대한 타인과의 생각의 차이가 존재하기 때문이다. 따라서 어떠한 사안을 두고도 다양한 해석을 하게 되며 피해의 이익에 대한 각기 다른 판단과 입장을 들어내게 되는 것이다. 그러나 입장의 충돌은 근원적으로 자신의 욕구의 발로로서 실익의 차이에 의한 것이다. 이러한 입장 차이에 따른 갈등 상황이 지속되는 경우 신뢰가 깨지게 될 가능성이 높다. 결국 이해당사자간의 자기주장의 정당성에만 힘을 쏟고 상대와의 차이를 인정하지 않게 된다면 합의를 어렵게 한다. 이처럼 상대와의 차이를 인정하지 않고 신뢰성이 균열이 생기면 갈등이 장기화되게 만들며 그 상황이 고착화 되면서 해결하기 힘든 상황으로 전개되는 것이다. 그러므로 서로의 신뢰성 상실은 갈등의 심리적인 차원의 문제를 가지는 주요 요인으로서 파악하여야 한다.

마지막으로는 환경에 대한 의식변화와 삶의 질 등을 고려하는 가치관의 변화가 있다. 20세기 후반 들어 가장 큰 우리사회의 변화로는 환경단체의 등장이라 할 것이다. 경제가 고도성장을 하게 되면서 시민사회가 고도화되고 의식수준이 향상되게 된다. 이러한 사회변화는 자신의 개인적 욕구가 어느 정도 만족되면서 사회와 주변 환경에 대한 관심으로 이어지게 된 것과 맥락을 같이한다. 특히 자기 주변에 대한 관심의 증가는 혐오시설과 같이 자신의 이해와 직접적인 관련성이 있는 것부터 과거에는 경제발전의 일등공신으로서 추앙받던 SOC 사업 등에 이르기 까지 다양한 사안에 대하여 환경파괴, 현재가치와 미래가치에 대한 논쟁, 현세대가 장래세대에 물려줄 가치에 대한 논의인 '세대 간 형평성'(Generational Equity) 등 금전과 시간을 초월한 다양한 논의를 갖게 한다. 또한 수치중심의 양적 성장에서 소외되어 온 것이나 사람에 대한 관심, 질적인 면으로의 시선 변화 등은 우리가 살고 있는 사회가 보다 나은 모습으로 성장하였으면 하는 바람이 생긴다. 그것이 최근 공정사회, 복지사회건설 이라는 새로운 시대적 화두에 대하여 보다 깊숙하게 고민하는 하는 계기가 되기도 한다. 이처럼 환경에 대한 의식변화와 가치관의 변화는 과거에 우리가 사회모두의 이익, 즉 '최대다수의 최대행복'이라는 공리주의적 파레토 최적을 위하여, 자신의 시선을 넓혀 우리사회 모두가 행복해 지기 위해서는 무엇이 필요한지 고민하게 되는 가운데 발생한 갈등의 요인으로 볼 수 있을 것이다.

2) 특수적 요인

앞서 알아본 일반적인 갈등요인을 보다 심화하여 요인을 살펴보면 크게 경제적, 정치적, 기술적, 사회·심리·문화적 요인으로 구분할 수 있을 것이다.

우선, 비용과 편익의 배분과 같은 경제적 요인이 있다. 공공시설이 입지하게 되면 공익과 사익의 불균형이 발생할 수밖에 없다. 만약 관련 지자체가 이와 관련한 요인으로 지금의 갈등상황을 이해할 경우, 해결 논의과정에서 지자체간 해당 시설(특히 혐오시설의 경우)에 대한 맞바꾸기(빅딜)를 주요 의제로 삼기도 한다. 실제로 혐오시설은 일반적으로 해당지역 주민에게는 재산상의 손실, 환경오염, 공해발생, 지가하락과 같은 부의 외부효과의 발생가능성이 높아지므로 이에 대한 주민반발이 발생 할 수밖에 없다. 특히 기존 가치에 대한 하락이 예상되는데 대한 개인적·사회적 편익은 이를 그 지역에 살고 있는 사람, 이용자 등은 물론, 직·간접적인 피해 양상에 따라서도 차이가 발생하게 된다. 이는 기존에는 직접적으로 영향을 받는 사람에 대한 보상이라는 관점에서 많이 논의 되었지만, 최근에는 간접적으로 영향을 받는 집단이 갈등의 핵심이해당사자로서의 활동이 늘고 있어 관련 해결방법에 대하여 다양한 논의가 가능한 상황이다.

둘째, 기술수준에 대한 불신과 기술적인 결함 등 기술적인 요인이다. 시설 설치에 반발하는 지역주민 혹은 시민·환경단체 등은 해당 시설의 안전성과 기술적 결함에 의한 문제발생가능성 등의 부정적 효과에 의문을 가지게 되며 주요 쟁점으로 자리 잡게 된다. 또한 시설의 운영과정에서 벌어질 수 있는 문제 등도 제기되는 쟁점중의 하나이다. 이처럼 시설 설치가 그 자체에 대한 불안은 물론 그것이 가지고 있는 피해가 직접적이고 재산 가치나 개인의 건강을 해칠 수 있다는 점에서 심각하게 받아들일 수 가 있다. 그러므로 기술수준에 대한 불신과 결함 등에 대한 갈등요인은 갈등이 발생할 경우 필수적으로 살펴보아야 하는 주제라 할 수 있다.

셋째, 의사결정 과정의 합리성과 투명성 결여 등 정치적 요인이다. 시설은 그 지역의 장이나 상위기관에 의해서 결정되는 것이 보통이다. 그러나 사업자체가 갈등을 필수적으로 야기할 수밖에 없기 때문에 그 결정이나 과정이 정치적인 논리로 결정될 가능성이 높다. 이 경우 지역의 이해당사자의 참여는 더욱더 배제될 수 있으며 그러한 것은 제도적 미비와도 결부되어서 행정절차로서 문제를 단기간에 해결하고 사업을 착공하려 하는 것이 보통이다. 기존의 이러한 방식을 하향식 계획(DAD; Decide- Announce-Defend)이라고 하는데, '결정하고-공표하고-설득하는' 이런 방식은 문제를 최소화시킬 수 있고 대의민주주의에서 가장 효과적이라고 판단되었기에 기존에 공공정책 의사결정법에서 지배적으로 사용되어왔다. 그러나 그 결정이 대리인의 정치적 결정이 되고 절차의 합리성과 투명성이 결여가 문제화 되면서 이 결정과 관련된 이해관계자는 결정과정을 불신하게 되고 정책이행의 필요성의 문제라기보다는 정치인 개인의 이유에 집착하게 되어 건실한 대화와 소통이 이루어지기 어려워질 가능성이 높다. 따라서 의사결정 과정의 합리성·투명성 결여의 요인은 갈등을 증폭하게 되는 주요 요인으로 확인하여야 한다.

넷째, 심리적·문화적 거부감 등 심리·문화적 요인이다. 갈등이 발생할 경우 항상 제기되는 문제가 이 심리적·문화적인 거부감이다. 예를 들어 화장장이나 납골당을 살펴보면, 우리문화가 가져온 삶과 죽음은 물론 함께 하지만 그 장소의 구분을 명확히 해온 것이 사실이다. 즉 집 앞에 무덤을 쓰지 않으며 조금 거리가 되는 곳에 분묘를 설치하는 것이 보통이었다. 시대가 변하면서 화장이라는 방식이 널리 퍼져가긴 했지만 화장을 하고 분골을 하여 뿌린다는 것 자체에 대하여, 자신이 살고 있는 주변에 이러한 시설이 설치된다는 것을 쉽게 납득하고 받아들이기 어려운 것이 사실이다. 즉 환경적 측면도 있지만 죽음에 대한 두려움이라는 심리적인 압박감이 주변에 관련 시설을 설치를 둘러싸고 갈등을 빚는 주요한 요인으로 작용하게 되는 것이다. 이 문제는 그 지역의 문화와 삶의 방식, 그리고 심리적 영향이 복합적으로 작용하여 만든 산물이므로 단지 그것이 좋고 나쁨의 구조로 판단해서는 안 되며, 이에 대한 이해를 통한 접근이 필요하다.

5. 공공갈등의 유형

공공갈등의 유형을 이해하는 것은 갈등을 이해하는데 있어 어떠한 방식으로 갈등구조가 형성되고 해결되는지를 알아보는데 있어 중요한 기초적 사고를 갖게 해준다는 것에 그 의미가 있다. 일반적으로 유형분류는 갈등주체 및 갈등원인에 따라 구분할 수 있다.

1) 주체에 따른 분류

일반적으로 공공갈등의 주된 주체는 공공기관이라 할 것이다. 왜냐하면 공공기관이 추진하는 정책 혹은 사업이 발단이 되어 이에 주민, 시민환경단체가 반발하기 때문이다. 주요 공공기관으로는 중앙정부, 지방정부, 공사·공단 등의 공공단체가 있다. 또한 기업의 경우도 경우에 따라서 주요 이해당사자가 될 수도 있다. 여기서는 이해당사자를 중심으로 하여 갈등구조를 분류하도록 한다.

<표Ⅰ-3> 공공갈등의 주체에 따른 분류 및 구체적 사례

주체에 따른 분류	주요 내용	구체적 사례
중앙정부 내	행정부내의 갈등	· 국토부-문화관광부 예) 울주반구대암각화
중앙정부-지자체 간	중앙정부 정책에 대한 지자체의 반발	· 국토부-경상남도/충청남도 등 예) 4대강살리기
중앙정부-지역주민 간	중앙정부 정책에 대한 지역주민의 반발	· 국토부-강원도 철원군 등 예) 한탄강댐 건설
중앙정부-시민단체 간	중앙정부 정책에 대한 시민환경단체의 반발	· 국토부(수공)-환경운동연합 예) 영월동강댐 건설
지자체 간	지자체간의 정책에 따른 갈등	· 전라북도 군산-김제-부안 예) 새만금간석지행정구역재조정
지자체-주민 간	지자체 정책에 따른 주민의 반발	· 경기도 부천시-주민 예) 부천화장장건립
지자체-시민단체 간	지자체 정책에 따른 시민단체의 반발	· 전남 순천시-시민단체 예) 순천 정원박람회
공공단체(공사)-주민 간	공공단체 사업에 따른 주민 등의 반발	· 한전-주민 예) 밀양송전탑 등

2) 공공정책 및 사업별 분류

공공정책 및 사업별 공공갈등의 분류는 실제 갈등이 발생하는 단위에서 파악하는 분류방법이다. 일반적으로 공공갈등은 정부의 정책추진과정과 사업추진과정에 따라 갈등이 발생하는데 환경기초시설의 설치, 각종 구역지정, 국책사업 추진 등이 대표적이다. 예를 들어 환경기초시설의 경우에는 각종 폐수, 오수 처리장, 쓰레기소각장 및 매립장, 화장장 등이 대표적이며 관리주체가 지자체이므로 이들과의 해당지역 주민간의 갈등이 주로 발생하게 된다.

다음으로 구역지정은 군사시설보호구역, 그린벨트 각종 자연보호를 위한 법적 토지규제를 말하며, 이에 따른 재산권에 미치는 영향에 따라 해당 지역주민 등과의 갈등이 발생하는 것이 일반적이다. 국책사업은 국가정책에 의거하여 추진되는 사업으로 간척사업, 댐건설사업, 신도시건설, 철도·도로 및 항만·공항건설, 군 기지건설 혹은 이전·통합, 각종발전소, 방사성폐기물처리장, 송전선로 및 변전시설 등이 대표적이다. 이밖에 지자체 정책에 의거 추진되는 각종 민간투자사업도 그 추진과정에서 주민 등과의 갈등이 발생하는 경우 공공갈등의 유형에 포함된다고 할 수 있다.

<표Ⅰ-4> 공공갈등의 정책·사업유형에 따른 분류

구분	대표적인 사례
환경기초기설 관련 갈등	· (폐수, 오수, 분뇨, 하수 등)각종 처리장, 화장장 · 쓰레기소각장/폐기물처리장/ 매립지 등
구역 지정과 행위 제한에 따른 갈등	· 생태/경관보전지역, 습지보호지역, 자연공원, 특정도서, 백두대간, 야생동식물보호구역, 산림유전자보호구역, 4대강 수변지역 지정 · 그린벨트, 군사시설보호구역 등
국책사업 관련 갈등	· 방조제/간척사업, 댐건설 등의 수자원개발 · 대규모 택지개발, 신도시건설 등 주거안정화를 위한 개발 · 철도 및 도로건설, 항만·공항, 군기지건설, 방폐장/핵폐기물처리시설 · 발전소, 송전선로, 변전소 등 전원시설 등
기타 갈등	·민간 납골당, 골프장, 위락 시설, 축산단지, 재개발·재건축 등

3) 갈등원인에 따른 유형

앞서 갈등의 원인에 대해서 살펴보았듯이 가치, 욕구, 이해, 관계, 구조 등 다양한 요소가 관련된다. 여기서 이해와 가치간의 논쟁은 Aubert(1963)[13]가 처음 용어로 사용하면서 갈등을 구분하는 기초가 된다. Aubert는 이해와 가치를 둘러싼 분쟁에 대해서 자기와 타인의 이해의 충돌, 즉 이해의 차에 의한 가치분쟁이 일어나게 된다고 주장하며 그 연관성을 설명하였다. 이러한 주장을 수용한 Hirai(1980)[14]는 '이해분쟁'(Conflict of Interest)을 '재화가 희소할 때 예로 양자가 모두 이를 가지고 싶어 하지만 양자의 욕구를 만족시킬 수 있을 정도로 있지 못할 경우에 양자 간에 발생하는 갈등'이라고 정의하고 있다. 또한 '가치분쟁'(Conflict of Value)을 '가치 및 사실의 평가에 대해서 태도의 불일치로부터 발생하는 갈등'이라고 정의하고 있다.

갈등의 유형에 대한 Aubert의 가치분쟁과 이해분쟁에 대한 분류는 Moore(1989)[15]로부터 보다 구체화된다. Moore는 'Mediation'라는 저서에서 5가지 유형으로 정리하고 있는데, 왜 갈등이 발생하는지, 그 해결에 방해물은 무엇인지 확인하고 갈등을 관리 또는 해결하기 위한 지표로서 이러한 갈등유형 구분을 이용할 수 있다고 주장하였다. 또한 조정자가 갈등 현상을 평가하고 합의형성에 효과적으로 개입하기 위해서도 이를 구분하여 정리할 필요가 있다고 설명하고 있다. Moore의 5가지 갈등 유형은 다음과 같다.

첫째, '사실관계갈등'(Data Conflicts)이다. 사실관계갈등은 객관적인 정보나 학습부족에 의한 이해부족 혹은 해석의 차이로부터 발생하는 갈등이며, 정보부족, 데이터의 해석 등이 원인이다. 이러한 갈등을 해결하는 방법에는 제3자의 개입을 통한 객관적인 자료 및 사실의 증명, 공동조사 등이 있다.

둘째, '이해관계갈등'(Interest Conflicts)이다. 이해관계갈등은 개인 또는 집단의 욕구의 차이로부터 발생하는 갈등으로, 한정적인 지위, 심리적인 이해관계, 절차상 이해관계 등이 원인이다. 이러한 갈등을 해결하는 방법에는 공정한 배분시스템, 합리적 의사결정제도 등이 있다.

셋째, '구조적갈등'(Structural Conflicts)이다. 구조적갈등은 심리적 상황과 제도, 사회적구조 등 이해당사자의 내부·외부적 상황의 영향으로부터 발생하는 갈등으로, 소유권·자원배분과 관련된 불공평, 지리적·물리적·환경적 제약 등이 원인이다. 이러한 갈등을 해결하는 방법에는 제도 개선과 새로운 문화 창출을 위한 교육과 훈련 등이 있다.

---

[13] Aubert, V. "Competition and Dissensus; Two Types of Conflict and of Conflict Resolution," TheJournalofConflictResolutionVol.7(1),pp.26-42, 1963.
[14] 平井宜雄, 『現代不法行為理論の一展望―現代民法学の課題』, 一粒社, 1980.
[15] Moore, C. The Mediation Process: Practical Strategies for Resolving Conflict, Jossey Bass Publishers, 1989.

<표Ⅰ-5> 공공갈등의 원인에 따른 유형

갈등의 유형	주요 내용	주요 원인
사실관계 갈등	· 사건, 자료, 언행에 대한 사실해석의 차이 예) 댐건설에 있어 홍수발생가능성	· 정보의 부족, 오역 · 관련사실에 대한 인식의 차이 · 데이터의 해석, 평가수준의 차이
이해관계 갈등	· 한정된 자원이나 지위, 자원을 분배하는 과정 예) 개발에 따른 이득	· 내재적인 이해관계상의 인식 · 절차상, 심리적인 이해관계 · 한정적인 지위, 자원사용의 차이
구조적 갈등	· 사회, 정치, 경제구조와 왜곡된 제도, 관행, 관습 등 예) 상수원보호구역의 지정	· 부정적인 상호작용 · 관리·소유권, 자원배분의 불공평 · 지리적, 물리적, 환경적 제한 · 시간의 제약
가치갈등	· 가치관, 신념, 세대, 정치관, 종교, 문화의 차이 예) 터널사업과 도롱뇽 멸종	· 사고, 행동의 평가기준의 차이 · 본질적으로 양립할 수 없는 가치목표 · 생활양식, 이데올로기, 전통 등의 차이
상호관계 갈등	· 불신, 오해, 편견 등 관계 이상 예) 정부에 대한 정책 불신 등	· 감정, 오해, 고정관념, 편견 · 커뮤니케이션 부족 · 부정적인 행동의 반복

넷째, '가치갈등'(Value Conflicts)이다. 가치갈등은 가치관과 이념, 종교, 문화 등의 인식의 차이로부터 발생하는 갈등으로, 생활양식, 이데올로기, 종교 및 사고, 행동의 평가기준의 차이 등이 원인이다. 이러한 갈등을 해결하는 방법에는 의견수렴, 다문화에 대한 이해, 환경 및 생태에 대한 교육 등이 있다. 다섯째, '상호관계갈등'(Relationship Conflicts)이다. 상호관계갈등은 상호간의 관계가 부정적, 일방적, 혹은 단절된 상태로부터의 갈등으로, 서로간의 역할, 책임, 권한 등에 대한 입장차이, 소통 부족, 고정관념, 인식차 등이 원인이다. 이러한 갈등을 해결하는 방법에는 의견을 표출할 수 있는 참여 방안의 모색 등이 있다.

6. 공공갈등의 전개 과정

1) 공공정책·사업추진과 갈등 과정

공공갈등은 일반적으로 정부로부터 관련정책이나 계획발표가 있은 후, 표면화되기 시작한다. 그러나 그 전에도 개발소외, 불만 등으로 인하여 잠재적 갈등상태일 가능성도 있다. 이러한 상황전개는 결국 표면화 이후 쟁점을 다양하게 만들고 심화시키는 요인이 된다. 그러나 여러 인위적인 노력을 통하여 교착상태가 완화기로 접어들고, 당사자의 이해 혹은 강행처리를 통해 사건을 종결시키는 것이 일반적인 갈등의 과정이라 하겠다. 이를 크게 4단계로 정리해 보면 다음과 같이 구분해 볼 수 있다.

첫째, '공공갈등의 정책 혹은 사업계획의 공표와 이에 대한 이해당사자의 반발' 단계이다. 이 전에는 앞서 다양한 정보수단을 통해 관련 사안에 대해서 부정적인 반응을 보여 왔으나 직접적인 행동으로 나서지 않은 상태였다. 그런데 언론이나 공공기관의 공식 발표 등을 통해 알려지면서 해당지역에서 반대하는 당사자들을 중심으로 반대대책위가 꾸려지고 이를 구체적인 행동(집회·시위 등)을 통해서 드러내는 것이다.

둘째, '반대 측의 반발 확산과 찬성 측의 등장으로 인한 갈등심화' 단계이다. 반대 측 주민의 반발이 있지만 공공기관은 법적·행정적 절차를 따라 주민설명회나 공청회와 같은 의견청취과정, 필요에 따라서는 환경영향평가 등을 실시하여 그 계획의 타당성을 갖추어 나간다. 그러나 주민은 의견수렴과정이나 구체적인 이해득실, 가치의 차이 등으로 다양한 쟁점이 형성되게 되며 갈등은 복잡화된다. 게다가 찬성측은 물론 다양한 이해관계를 가진 주변인(전문가, 주변지역 주민, 시민단체 등) 등이 등장하면서 갈등은 더욱 심화된다. 보통 찬반 주민(시민단체 등)측 모두는 시위와 같은 물리적 대응이 주로 이루어지지만, 폭력사태 등에 의해 고소·고발 등이 발생하기도 한다. 공공기관도 반대 측에 대한 이해를 구하는 설득, 시민참여방법 등을 통해서 해결을 꾀하려고 한다.

셋째, '반발의 확산 및 교착' 단계이다. 이제는 반발은 더욱 확산되어 더 이상 대화가 이루어지기 어려운 교착상태에 빠지게 된다. 이때의 특징으로 다양한 조직들이 일원화되거나 하여 행정소송 등의 법적대응을 추진하게 된다. 공공기관의 경우도 대화를 더 이상 진행하기 어렵다고 판단하고 강행처리를 결정한다.

넷째, '갈등의 종결' 단계이다. 결국 교착상태이후에는 사업의 취소·중지·보류와 같은 결과가 있을 수 도 있으며, 반대로 사업이 계속되는 것으로 결정 나는 등, 갈등은 종결되게 된다. 그러나 우리나라의 공공갈등은 일반적으로 사안에 대한 해소일지는 모르나 궁극적인 갈등해결로 끝나는 경우는 드물다.

이처럼 공공갈등의 과정에서 갈등종결단계는 단지 현재의 갈등사안만이 해소된 것이므로 갈등사안에 따라 계속 환류 될 수 있으며, 이 사안에서의 감정 등이 다음의 갈등 발생에 주요한 잠재적 요인으로서 작용하게 된다.

2) 공공갈등의 전개과정

이상에서 설명한 일반적인 갈등과정과 공공정책·사업추진에 따른 공공갈등 전개과정을 종합하여 살펴보면 다음과 같다.

공공갈등 영역에서 전개과정에서의 각 단계별로 구분토록 하는 요인을 예를 들면 '지속기간', '강도', '사회적인 영향력' 등이 대표적이다. 먼저, '지속기간'은 갈등의 잠재기로부터 해소·해결까지의 전체 시간을 의미한다. 다음으로 '강도'는 갈등의 세기를 의미하는데 이는 과학적·기술적으로 측정할 수 있는 방법은 없지만 여러 상황을 통해 이해할 수 있다. 예를 들어 집단시위가 계속되고, 폭행과 같이 수위가 올라가는 등의 폭력발생여부, 대화패턴 및 재개여부, 고소·고발 등이 늘어나는 경우가 갈등의 강도를 유추하게 하는 좋은 사례라 할 수 있을 것이다. 그러나 이처럼 표면적으로 나타나는 행위나 행동만으로 갈등의 강도를 측정하는 것은 한계가 있다. 마지막으로, '사회적 영향력'은 갈등이 미치는 파급성을 말하는데, 개인 내에서부터 가정 차원을 넘어 마을, 지역, 그리고 국가 전체에 이르기도 한다. 이 경우 갈등은 그 규모나 범위와도 관련되는데, 예를 들어 영월 동강댐 건설의 경우는 중앙환경단체와 중앙정부와의 갈등으로 시작되었지만 점차 지역주민, 언론이 합세하면서 수환경에 대한 전 국민이 관심을 높이기도 했다. 이는 과거 고속철도 천성산 터널공사 갈등에서도 마찬가지였다. 처음에는 지율스님으로 시작했으나 온 국민의 관심을 받게 되었고, 이에 대한 찬반논쟁이 거세졌다. 부안 방사성폐기물처리장 입지, 밀양 송전탑 설치, 제주해군기지 건설 등의 갈등과 같이 그 초반에는 갈등양상이 크지 않았지만 점차 개인이나 마을, 그리고 지역을 넘어 전국적인 이슈로 확대되었다. 이처럼 갈등은 일반적인 흐름은 가지지만 그 지속기간이나 강도, 사회적 영향 등에 따라서 더욱 복잡해지기도 하고 그 단계가 단축되기도 하는 등 각각 독특한 특성을 갖고 있다는 점을 이해하여야 한다. 다음은 공공갈등의 전개과정의 각 단계별로 그 내용과 특징을 구체적으로 살펴보도록 하겠다.

첫째, 공공갈등의 잠재기이다. 이 단계는 아직 공공갈등이 외부로 표출되지 않고 잠복하고 있는 상태를 말한다. 이 상태에서의 갈등의 주요 요인으로는 차별과 차이, 소외, 불평등, 불만, 역사적 경험, 인식, 가치, 욕구 등이 있다. 이 단계에서의 특징으로는 갈등이 예상되는 공공정책이나 사업이 계획·수립되었으나 아직 일반시민, 지역주민들에게까지 알려지지 않았거나, 일부 알려졌을 지라도 담당 기관이 사업추진을 공식적으로 확정하지 않아 이해관계자의 반발이 구체적으로 드러나지 않은 상태의 특징을 보여준다.

둘째, 공공갈등의 출현기이다. 잠복되어 있던 공공갈등이 밖으로 표면화되는 것을 말하는데, 이 상태를 '분쟁'(Dispute)이라고도 한다. 일반적으로 표출이 되는 이유는 이미 누적된 불만이 있는 상태에서 자연스럽게 나타날 수도 있고 어떤 사건이 계기16)가 되기도 한다. 특히 정책 및 사업의 공식발표, 관련 계획의 중대한 변경과 피해 예상 지역

---

16) 사건이 촉발은 '격발'(Trigger Effect)로 표현하기도 한다.

(혹은 이해당사자)의 확정 등의 특정 계기로 표면화되는 특징이 있다.

셋째, 공공갈등의 심화기이다. 공공갈등의 심화확산은 갈등의 범위가 넓어지고, 강도 또한 강해지면서 점차 심각한 상황으로 사회적 공론화가 진행하는 단계이다. 보통 갈등심화는 자연스럽게 확산되기도 하지만 누군가의 의도에 따라 만들어 지는 경우도 있다. 공공갈등을 심화시키는 요인으로는 상대방에 대한 도덕성이나 정체성에 대한 문제제기, 폭력 행위, 논쟁거리의 증가, 세계관 및 가치관의 차이 충돌 등이 있다. 예를 들어 법적 소송제기나 집회 등에서의 폭력 행사 등의 세간에 이목을 집중하기 위한 방법 들을 사용하여 쟁점에 대한 주도권을 확보하거나 현 상황을 유리한 상태로 이끌어내기 위해 갈등을 의도적으로 심화확산시키기도 한다. 이 단계에서는 집회 및 시위가 격화되고 상대방에 대한 공격하는 등 감정적 대응도 점차 늘며, 쟁점이 복잡해지고 이해당사자 이외의 참여자가 늘어난다. 또한 당사자들은 서로에게 상대방의 일방적인 양보를 요구하는 경향이 있다. 이밖에 공공갈등으로 사업비는 물론 찬반의 이해당사자 모두가 관련 활동에 몰입됨에 따라 사회적 비용도 급격히 상승하게 되는 특징이 있다.

넷째, 공공갈등의 교착기이다. 갈등이 최고조에 이르러 상호 물러나지 않는 팽팽한 평행선을 걷고 있는 단계이다. 이해당사자 서로는 대화나 협상이 없는 등 더 이상 상황변화는 일어나지 않은 채 갈등 고조로 인한 찬반 양측의 사회적 비용만 발생시키며 긴장상태가 계속된다. 이 상황에서는 이들 긴장에 따른 비용을 감당할 수 있는 능력이나 지도자의 역할이 중요하다. 예를 들어 정부와 지역주민 간 갈등이 있는 공공사업추진 과정의 경우, 보통 교착상태에 접어들게 되면 대화가 단절되면서 반대 측은 소송 등의 법적 절차를 진행하고, 다른 한쪽은 보상 및 공사 등 행정절차를 진행하면서 이해당사자 서로가 팽팽한 긴장관계를 갖게 되는 상황이 그런 단계의 전형적 모습이라 할 것이다. 이러한 교착상태가 장기화 되면 그에 따른 과도한 에너지가 투입되므로 찬반 양측의 비용 증가 등이 문제가 되어 다양한 불만들이 발생하기 시작한다. 그러면 내부에서는 이러한 문제를 해결하고자 하는 욕구가 나타나게 되고 새로운 문제 해결 방법에 대한 요구가 증가하기 시작한다.

다섯째, 공공갈등의 완화기이다. 이 단계에서는 교착상태에 따른 여러 문제와 이를 해결해야 한다는 목소리가 점차 늘면서 이해당사자가 모여 인위적인 해결 방법을 모색하는 것이 일반적이다. 또한 갈등의 강도 또한 점차 약화되는 시기로 이를 위해서는 당사자는 물론 중립적인 인물 또는 양측으로부터 존경받는 인물이나 집단으로 부터의 노력을 통해 태도를 변화시키고, 해결방법에 대한 발상의 전환도 함께 이루어져야 한다. 일반적으로 교착기와 완화기 사이에서는 이러한 중립적인 역할을 하는 전문가, 사회지도층 등이 역할을 하게 되고 갈등해결을 위한 다양한 방법(갈등조정, 합의형성 등)

을 모색, 적용하게 된다.

여섯째, 공공갈등의 해소·해결기이다. 일반적으로 '해소'(Settlement)란 갈등이 궁극적인 원인은 사라지지 않았지만 쟁점화 된 현안 만을 해결하는 것을 말한다. 이처럼 하나의 갈등현안의 해소로 회복기로 접어든 상태가 갈등 해소기이다. 앞서의 다양한 인위적인 해결 노력과 합합의형성 절차 등의 진행을 통해서 이 단계에 진입하게 된다. 그리고 그러한 현안해소가 모여 궁극적으로는 상호간의 용서와 화해를 통해 '해결'(Resolution) 과정으로 진입해 나아가는 것이다. 즉 상대방에 대한 불만과 분노를 거두고 서로를 용서하고 함께 나아갈 길을 모색하는 화해의 단계로 이어져야만 갈등은 치유되고 종결될 수 있는 것이다. 이러한 단계를 '갈등해결'(Conflict Resolution)이라고 한다. 예를 들어 부안방사성폐기물처리장 입지갈등 사례에서 정부는 경주시를 최종 방사성폐기물처리장(이하 방폐장) 입지로 선정하였으나 그 선정과정에서 부안의 갈등, 정부와 반대주민, 찬반 주민간의 갈등은 반대주민의 의사만이 수용된채 찬성 주민은 배제되었다. 겉으로는 부안으로 선정되지 않아 정부와의 갈등은 해소되었지만 부안지역 주민 간 찬반 논쟁은 해소되지 않았다. 결국 그 지역 내 주민갈등으로 심화·확산되면서 지역 공동체 파괴 위기에 까지 내 몰렸다. 이러한 상황을 해결하기 위해 사회적 지도자 등 각계각층의 노력을 통하여 부안 공동체 회복과 갈등 치유가 수년간 시도되었고 이제 주민갈등도 점차 해소·해결기로 접어들고 있는 상태이다. 다만 아직 부안공동체의 완전한 회복에는 적지 않은 시간이 투여되지 않을 수밖에 없다고 생각된다. 이처럼 짧은 2~3년간 부안에 방폐장 입지선정 갈등이 지역공동체에 미친 영향에서 알 수 있듯, 현재 공공정책이나 사업 추진 과정에서 찬반논쟁이 주민 간 갈등에서 자칫 공동체 파괴가 우려되는 경우에서도 이를 야기한 정부의 구체적인 사후관리 활동이나 관련 지원 등은 미흡한 실정이다. 이것이 이론과 달리 공공갈등의 해결 단계로는 쉽게 넘어가지 못하는 이유라 할 수 있다.

마지막으로는 평화건설기이다. 공공갈등의 각 쟁점과 사안들이 해소되고 갈등 해결을 위한 노력을 실천하게 되면서 평화형성 단계로 진입하게 된다. 평화건설(평화형성 혹은 정착기)은 단순히 단기적 회복에서 얻어질 수 있는 단계가 아니며 상호간의 오랜 기간의 노력과 신뢰형성을 통해 이루어질 수 있는 단계이다. 예를 들어 우리나라와 일본의 갈등과 같이, 국가를 넘어 국민 상호간의 용서와 화해를 바탕으로 오랜 기간의 신뢰관계 형성이 해결을 위한 노력임을 볼 때, 그 단계로의 진입은 쉽지 않은 일임을 이해할 수 있을 것이다.

지금까지 공공갈등의 전개과정의 각 단계와 특징을 알아보았다. 다음에서는 공공갈등의 전개과정과 특징 및 현상, 이에 따른 주요 갈등관리 방안 등을 정리하였다. 여기서의 갈등관리 방안에 대한 구체적 설명과 이해는 제2장, 제3장에서 참조하기 바란다.

<표 I-6> 공공갈등의 전개과정과 단계별 주요 특징

갈등 전개과정	주요 특징 및 현상	주요 갈등관리 방안
잠재기	- 공식 발표 이전으로 사회적 공론화 이전 - 정책사업추진에 대한 긍정적 보도 - 이해관계자 일부 우려 확인, 집회, 시위 등은 미전개 - 과거 유사 정책(사업) 추진 시 갈등발생 사례 존재	- 갈등관리계획수립 　· 해당 정책사업에 대한 갈등예방 해결 계획 - (예비)갈등영향분석 　· 갈등예방 목적 - 참여적의사결정 　· 전문가, 일반시민 참여 중심 　· 방향성 선정 공론화 등
표출기	- 찬반 현수막 게시 - 성명서 및 기자회견 발표 - 1인시위 및 집단화된 집회시위 - 찬반 대책위 등 조직화 시도 및 결정 - 찬반 관련 언론보다 다수 발생 - 부정확산 사실 및 유언비어 등 확산	- (본)갈등영향분석 　· 예방/해결 목적 - 참여적의사결정 　· 일반시민, 당사자 등 참여, 　　방향성 혹은 결정 공론화) - 갈등대응방안 검토 　· ADR 방식 등, 협상 등
심화기	- 지자체, 지역정치인 등 다수 찬반의견 표출 - 찬반 세력 규모화 및 연대조직 형성 - 양 진영간 물리적 충돌, 고소고발전 - 대규모 항의시위, 천막농성, 업무방해 등 발생 - 중앙 언론 등에서 주요 이슈로 보도화 - 일부 당사자의 극단적 선택	- (본)갈등영향분석 　· 갈등해소 목적 - ADR 방식 선정 및 추진 　· 조정 등 제3자 방식 선정
교착완화기	- 힘의 교착상태로 협상분위기 증대(집회시위등 감소) - 행정당국의 수세로 몰리는 상황(국민적 관심사) - 반대진영의 이탈, 분열 등 - 전문가 등 갈등해결 촉구 등의 의견서, 성명서, 기자회견 등	- (본)갈등영향분석 　· 갈등해소/해결 목적 - 합의형성 추진 　· 갈등조정협의체 등
해소기	- 협상 분위기 고조 및 언론보도 - 합의형성 진행 및 기대감 고조 - 합의안에 대한 각 진영 내부 찬반 갈등	- 공동체 회복 방안 마련 　· 합의형성완료 후 갈등관리 　　계획 수립
해결 평화형성기	- 내부 찬반 주민 간 일부 갈등 - 찬반 공동체간 회복 등 관련 보도 - 지속가능한 민관 협력을 위한 방안 모색 요구	- 백서 제작 　· 당사자 증언록 등 - 관련 발전협의체 　· 구성, 조직화운영 지원 　· 공동체 회복 지원

7. 국내 공공사업의 갈등 구조

1) 공공사업 갈등의 역사적 고찰

울산, 여천 산업단지, 온산 산업단지 갈등으로 대표되는 1970~80년대 공공사업 갈등은 주로 정부의 대단위 중화학 공업단지 조성에 따라 지역주민이 대기 및 수질오염의 피해에 노출되어, 국가를 상대로 보상을 요구하는 형태의 갈등이 주를 이루었다. 따라서 갈등의 주요 이해관계자는 사업을 추진하는 중앙정부와 피해주민으로 구성되고, 일부 시민운동세력이 주민 생존권 사수 차원에서 결합하였다. 갈등의 유형은 피해보상을 요구하는 이해갈등의 측면이 강했다.

1990년대 들어서 대규모 사회기반시설 확충의 필요성이 제기되었다. 또한 1987년 6월 항쟁 이후 시민의 민주주의에 대한 요구가 폭발적으로 증가하고, 환경단체를 비롯한 시민운동세력이 형성되면서 갈등의 쟁점과 이해관계자의 유형이 다양화된다. 정부의 일방적인 사업 진행으로 피해를 입은 주민들의 피해보상 요구는 여전하였으나, 새만금 간척사업, 양월 동강 댐 건설사업, 안면도 핵 폐기장 건설 사업에서 드러난 것처럼, 생태계 보전, 환경오염 피해, 위해에 대한 안전성 확보 등과 같은 주제가 갈등의 주요 쟁점으로 자리 잡게 되었다. 정부와 피해주민 외에 환경단체가 갈등의 주체로 성장하였으며, 공공사업을 추진하는 정부에 맞서 지역주민과 환경단체가 연합하는 경우가 많았다. 갈등의 유형 역시 다양화되어 개발과 생태계 보전이 맞서는 가치갈등, 피해 또는 오염 여부의 규명과 관련한 사실관계 갈등이 주를 이루었다.

공공사업을 둘러싼 갈등은 정보화, 지자체 정착, 주민의식의 성장 등과 맞물려 거의 모든 공공사업에서 갈등이 발생하고 있다. 갈등의 쟁점이 1970~80년대 주민 피해보상, 1990년대 환경과 생태계 파괴에 대한 주장을 넘어, 사업의 필요성 자체에 대한 타당성 시비가 끊이지 않고 있다. 또한 행정절차상의 형식주의, 비밀주의에 대한 문제 제기가 갈등의 주요 쟁점으로 등장하고 있다. 지자체와 지역주민의 권리의식이 신장되면서, 현안에 따라 중앙정부와 지자체가 대립하고, 지역주민이 이해관계에 따라 갈등의 주체로 조직적으로 참여하게 된다. 이와 함께 공공사업과 관련하여 조직 내 갈등이 심화되는 현상을 보이기도 한다. 정부 내에서도 국책사업을 추진하는 국토부와 환경영향평가를 담당하는 환경부 간의 갈등이 빈번해지고, 공공사업이 추진되는 해당지역 주민도 찬반진영으로 나뉘고, 환경단체 내부에서도 노선에 따른 분화 양상을 보이고 있다.

갈등의 유형 면에서도 이전보다 훨씬 더 다양해졌다. 이해갈등과 사실관계 관련 갈등뿐 아니라, 공공사업의 추진절차와 관련하여 사업의 필요성, 타당성, 적정성 여부가 갈등의 주요 쟁점으로 등장하였으며, 사회적 합의에 의한 의사결정 요구가 점점 더 높아져 가고 있다.

(1) 갈등의 주요 쟁점과 주체

1970부터 1980년대까지의 공공사업 갈등이 피해 입증과 이에 따른 보상 문제가 주요 쟁점이었다면, 1990년대 이후 공공사업 갈등은 피해 보상 뿐 만 아니라, 사업의 필요성, 타당성, 적정성 등과 같이 사업구상 단계, 사업결정 단계와 같이 계획 과정과 관련된 내용으로 쟁점이 확산되었으며, 사업추진 절차의 민주성, 주민의견 수렴 과정 등과 같은 행정절차상의 문제, 사업 자체의 사회적, 경제적, 환경적 타당성에 대한 문제가 갈등의 주요 쟁점으로 부각되었다. 갈등의 유형 면에서도 이해갈등을 넘어서 환경 훼손과 생태계 보전과 관련된 가치갈등의 측면, 행정절차상의 민주성 여부를 따지는 구조적 갈등의 측면, 객관적 사실 검증과 관련된 사실관계 갈등의 측면이 모두 나타나기 시작하였다[17].

갈등의 주체와 관련하여 주목할 만 한 점은 2000년대 이후 지방자치가 정착단계에 이르면서 지역주민의 권리의식이 신장되고, 정보 유통이 원활해지면서 공공사업과 관련하여 지방자치단체와 지역주민들의 목소리가 점차 커지고 있는 점이다. 중앙 중심의 운동에서 지방 중심의 운동으로 변화되면서 중앙에 있는 단체와 지역에 있는 단체 혹은 지역 주민조직 사이에도 갈등이 발생하고 있다. 공공사업이 진행되는 거의 모든 지역에서 이해득실과 가치에 대한 판단에 따라 다양한 지역조직이 만들어지고 있으며, 중앙 중심의 시민단체와 때로는 연대하고, 때로는 대립하는 복잡한 양상을 보이고 있다. 공공사업을 둘러싸고 정부 내 갈등도 주목할 만하다. 사업을 추진하는 정부와 사업의 수용자인 지방자치단체와의 갈등뿐만 아니라, 정부부처 간의 갈등도 빈발하고 있다.

아래의 그림과 같이 공공갈등의 진행은 초기의 민원갈등에서 점차 확대, 표출되면서 집단 갈등으로 발전된다. 즉 공공갈등이 우려되는 사안에 대해 민원초기에 적극 대처되지 못할 경우, 공공갈등은 일반적으로 갈등주체가 지역 중심에서 점차 중앙의 관련기관의 가세와 연대로 확대되며, 갈등조정은 지방정부에서 중앙정부의 노력과 역할로 종결되는 형태로 진행되고 있다.

---

[17] 개발시대에는 공공사업을 추진하는 정부와 이 사업으로 피해를 당한 지역주민이 갈등의 주요 주체였다. 1980년대 말부터 시민사회가 형성되고 성장하면서 전국적인 조직을 갖는 시민운동 세력이 형성되었으며, 특히 환경보전과 생태계 보호를 주요 이념으로 하는 환경단체가 빠른 속도로 성장하여, 갈등 상황에서 주요 이해관계자로 등장하였다.

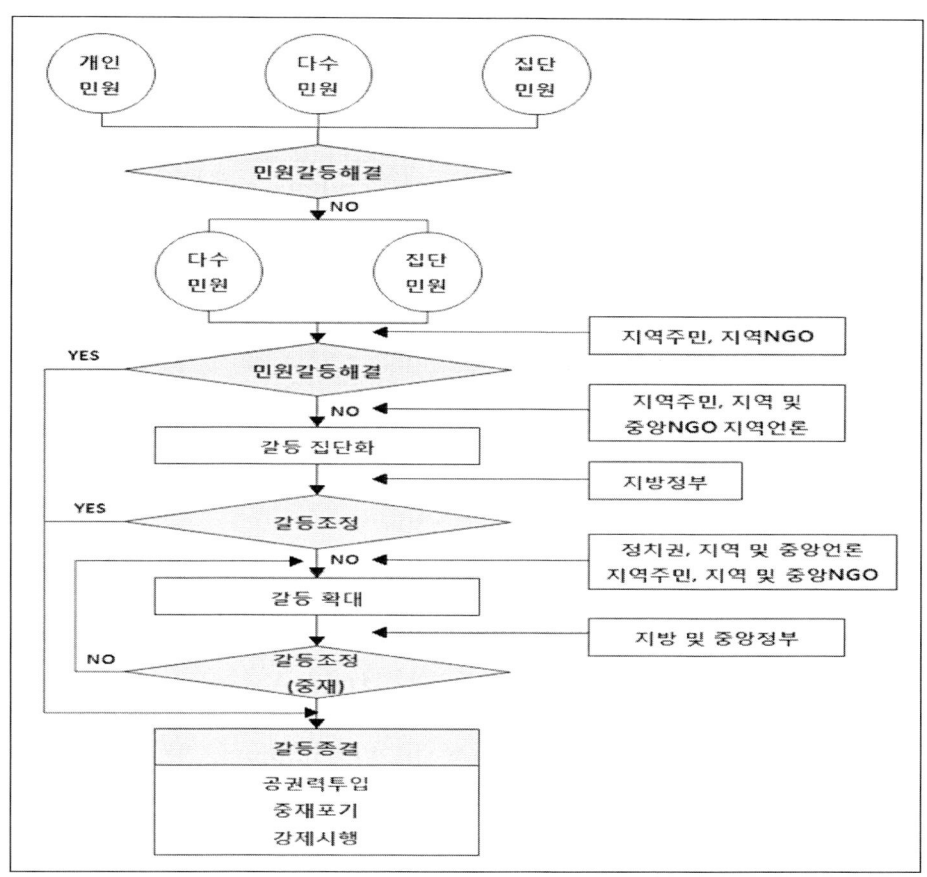

<그림 Ⅰ-2> 공공갈등의 진행 및 전개

(2) 갈등해결 시대로의 진행

권위주의 시대의 갈등 해소 방법은 권위를 가진 국가가 권력을 이용하여 갈등상황에 직접 개입하여 갈등을 해소하는 방식이었다. 온산에서 피해보상을 요구하는 주민들의 요구가 거세지자 당시 정부는 주민을 울산지역으로 소개시킴으로써 갈등을 해소하였다[18]. 공권력에 의한 갈등해소가 어려워지면서, 정부는 공공사업 관련 갈등 해소를 위해 다각적인 노력을 하게 된다. 정부가 직접 갈등 조정자로 나서는 경우이다. 한탄강 댐 건설 갈등으로 이해당사자 간 갈등이 심화되자 정부는 또 다른 정부기관인 지속가능발전위원회에 갈등조정 업무를 부여하게 된다. 갈등이 적정 절차를 통해 해결되지 않고 장기화되면

---

[18] 국가의 공권력에 의해 갈등을 해소하려는 방식은 최근도 계속되고 있으나, 안면도, 굴업도, 부안 방폐장 처리시설 유치과정과 영월댐 건설 갈등과정에서 보듯 공권력에 일방적인 강행이 한계를 드러내게 되었다.

서 갈등 해결을 법적 절차에 의존하려는 새로운 움직임도 나타나게 되었다[19].

당시 참여정부는 갈등해결을 위한 접근 방식에 있어서 기존의 힘에 기초한 접근 방식을 배제하고, 권리와 상호 이해에 기초한 접근 방식을 옹호하였다. 또한 공권력에 의한 일방적 해결보다는 법과 제도에 의한 합리적 해결과 사회적 합의에 의한 해결을 강조하였다. 이러한 정부의 갈등에 대한 인식 전환과 갈등 해결을 위한 노력은 주민투표에 의한 방폐장 갈등의 해결, 새만금건설, 천성산 터널 갈등의 법적인 해결, 시화지구 지속가능발전협의회의 성공적 운영 등의 성과를 낳은 원동력으로 작용하였다. 이후 갈등해결을 위한 관련 법제도 등이 정비되면서 다양한 공공정책 및 사업 등에서 갈등영향분석을 실시하고 있다. 그리고 정부 및 공공기관 등 추진주체는 공공사업 추진 시 갈등관리 등에 기초한 다양한 대응 방법을 문제 해결차원에서 활용하고 있다. 이하의 표는 각 시기별로 갈등의 주체와, 주요 이슈, 성격, 해결방식, 주요 사례 등을 정리한 것이다.

<표Ⅰ-7> 국내의 시기별 공공갈등과 주요 특징

구분	갈등주체	주요 이슈	갈등의 성격	갈등의 해법	대표적 갈등
권위주의 시대 (87년 이전)	중앙정부 피해주민	주민피해 저감	피해 주민의 이해 민원성 갈등	공권력	온산공단 오염사건
민주화 시대 (87'-'00전후)	중앙정부 중앙 단체 피해주민	사업 필요성 사업 타당성	국가 권위에 도전 가치 중심의 논쟁	법적 해결(소송)	새만금 건설 사업 천성산 터널 공사 부안 방폐장 건설
지방화 시대 (~현재)	중앙정부 지자체 지역주민 지역단체	주민의 이해 지자체 이해 사업 필요성	갈등복잡화 (이해, 가치등), 지방화 주민 및 지자체가 주도 이해갈등 부각	법에 의존 일부 협상과 합의	각종 환경 기초시설 시화호 고리1호기 밀양송전탑 가로림조력 제주해군기지 등
장래	소집단 개인	생활형 갈등 소집단 이해 정책가치와 미래	갈등성격의 종합화 지역 및 이해관계자 중심 삶의 질에 대한 요구 증대 삶의 의지 고조	사전적 참여 자율적 해결 협상과 합의 사회적 수용성	세대갈등 접목 ~ 사회갈등 양상

---

[19] 부안방사성폐기물처리장(원전수거물관리센터) 건립이 지역주민과 환경단체의 반발로 무산되자 정부는 주민투표제라는 합법적인 기제를 활용하여 갈등을 해소하고 방폐장 유치를 관철시키고자 노력했다. 시민사회 역시 새만금, 천성산 관련 법정소송에서 보여지듯 사법적 기제에 의존하여 자신의 의지를 관철하고자 노력해왔다.

2) 국내 갈등발생의 배경과 근본 원인

(1) 국내 갈등발생의 배경

1980년대 중반까지만 하더라도 우리나라는 공공사업의 추진을 둘러싸고 심각한 갈등이 발생하지 않았다. 한국 사회 내에서 1960대 초 권위주의 정권의 출범으로 인해 국가체제가 개발주도형 체제로 전환되고, 사회적 가치의 우선순위가 경제개발 및 산업화에 초점이 맞추어지면서 사회 각 분야에 걸쳐 갈등 요인이 잠재되고 내면화되어 왔다. 그러나 1980년대 중반 이후, 민주화 및 지방화와 더불어 그동안 잠재되어 왔던 제 갈등들이 사회 각 분야에 걸쳐 표출되면서 공공사업도 또한 대규모 국책사업을 중심으로 정치, 경제, 사회적으로 상당한 논란과 문제가 되어왔다. 즉, 그동안 중앙정부 중심으로 강력히 추진되어 왔던 각종 공공사업은 민주화 및 지방화로 인한 사회적 가치의 다양화, 개발목표의 다변화, 지방분권화 등으로 인해 추진동력이 종전에 비하여 상당히 약화되었다. 또한 일반 국민이 삶의 질에 대한 가치를 중요시하면서 환경보전에 대한 인식이 제고되었다. 이에 개발사업 추진에 따른 환경파괴 논란이 가열되어 사업추진이 어렵게 되는 등 공공사업 추진을 둘러싼 여건이 상당히 어렵게 되었다. 특히 공공사업 추진이 어려운 여건 중에는 대규모 국책사업 중 상당부분이 역대 정권의 공약사업으로 추진되면서 사업의 타당성과 정당성에 대한 논란과 함께 정권의 변동으로 지속적인 추진이 어렵게 되었다. 즉, 정치적인 목적으로 사업을 추진하여 사업결정 과정 및 사업 타당성에 있어서 합리성이 결여되고, 정권교체 과정에서 잦은 계획의 변경, 사업목표의 변질 등으로 사업의 지속성과 안정성이 저하되었다. 이처럼 공공사업 추진과 관련하여 발생한 갈등의 근본 원인을 살펴보면 다음과 같이 판단할 수 있다.

(2) 국내 공공갈등 발생의 원인

국내의 공공갈등이 발생하게 된 원인을 살펴보면, 첫째 개발 우선의 사업계획 수립에 대한 환경단체 등의 반발이다. 1960년대 이후 중앙정부 주도로 경제개발계획이 추진되면서 형성된 경제개발 우선주의적 지배이념이 사회전반에 걸쳐 확산되면서 사회적 가치의 우선순위가 경제개발 및 산업화에 초점이 맞추어져 1980년대 중반까지 이어졌다. 이 시기에는 개발논리로 인해 환경보전 등의 주장이 어려웠고, 설령 제기된다 하더라도 실제 정책에 반영되기가 어려웠다. 이러한 상황에서 개발 위주의 정책에 대한 반대 활동이 공공정책 결정과정에서 등장할 수 없었으며 당연히 '개발'과 '보존'을 둘러싼 갈등도 존재하지 않았다. 그러나 1980년대 중반 이후 민주화와 함께 헌법 개정과 1990년대 지방화시대에 돌입하면서 시민주권의식의 향상과 시민사회가 점차 성장하였고 그동안 제소리를 내지 못했던 환경단체들이 이러한 공공개발 사업에 문제를 제기하면서 제동이 걸리기 시작하였다. 개발 위주의 사업계획 은 환경단체들의 활동으로 도전을 받게 되면서 개발 우선적 지배이념에 균열이 생기기 시작하였다. 개발 우선적인 지배이념이 1990년대 들어서 한국 사회의 지배적 위치를 상실하고 환경보전에 대한 요구가 공공사업 정책결정 과정에 영향력을 발휘할 수 있는 상황이 조성되었다. 그러나 이러한 공공사업을 둘러싼 정책적 상황변화에도 불구하고 정부 등 공공기관의 규범체계와 공직사회 구성원의 의식 내면에는 아직도 과거의 권위주의적이고, 개발우선주의적인 요소가 잔존하고 있어 환경단체 등에서 빠르게 확산되고 있는 환경보전에 대한 욕구를 공공사업 정책결정 과정에서 수용하기에는 일정한 한계가 있었다.

둘째, 사업추진의 정당성의 미확보이다. 대규모 국책사업 등 공공사업 중에는 역대 정권들이 공약사업으로 제시함으로서 사업추진의 정당성이나 타당성에 대하여 충분한 검토는 물론 이해당사자와 사전 협의나 설명 없이 사업이 결정되는 경우가 많았다. 이렇게 사업이 졸속으로 결정되다보니 정권에 반대적인 입장에 있거나 사업추진 필요성을 제대로 인식하지 못하는 일반 국민이나 주민으로부터 사업의 당위성, 필요성에 대한 공감대를 형성하지 못하였고, 이해당사자들로부터는 막연한 거부감, 또는 기대심리 등으로 비합법적, 비합리적인 요구나 주장을 받게 되었다. 이러한 정치적, 심리적 요인들은 1987년 민주화가 진행되고 1995년 지방자치가 본격 시행되면서 지역에 대한 관심이 지역이기주의로 곡절되어 표출되었고, 가치배분에 대한 이해가 상충되어 나타나게 되었다. 그러나 이러한 갈등은 대부분 합리적인 근거가 결여되어 있으며, 잠재적 위험이나 손실에 대한 막연한 두려움, 지역 간 경쟁의식 등이 복합적으로 작용하고 있다. 여기에 환경단체 등 시민단체가 가세하면서 갈등이 더욱 증폭되어 왔다. 공공갈등이 지역이기주의 및 환경문제 등과 혼재되면서 관련 법제도는 부족한 상황에서 갈등표출의 일반적 형태는 평화적이고 정당한 방법이 아닌 물리적 행위를 동반한 비합법적인 집단행동으로 나타난 것이 많았다. 이와 마찬가지로 정부 측의 대응방식 또한 갈등의 동인을 제대로 이해하지 못하고 있고 제도적 접근도 거의 없어 근본적인 문제해결은 어려웠고, 자칫 잘못된 대응이 오히려 사안을 악화시키는 요인으로 작용하였다.

셋째, 사업의 지원 및 협조체계 부재이다. 1980년대 중반 이전의 추진된 공공사업은 중앙정부 주도하에 일사불란하게 강력한 추진력을 발휘할 수 있었지만, 민주화와 지방화와 더불어 사회 각 분야에서 그동안 잠재되었던 욕구가 분출되면서 사회 모든 분야에서 일방당사자에 의한 추진은 더 이상 어렵게 되었다. 특히 지방화시대 출범으로 인한 지방정부의 존재는 공공정책이나 사업이 더 이상 중앙정부만의 전유물이 될 수 없는 상황을 초래했다. 이러한 여건 속에서 특히 대규모 국책사업은 사업추진에 장기간이 소요되고, 추진 시 지켜야 할 관련규정이 많을 뿐만 아니라, 이해관계가 복잡하고 다양하게 얽혀 있는 것이 현실이다. 따라서 과거와 달리 지방화 시대에는 중앙정부 내 담당

부처의 힘이나, 공사, 공단 등 공공기관의 힘만으로 추진하기가 어려운 경우가 많아졌다. 그러나 중앙정부 상호 간, 중앙정부와 지방정부, 중앙정부와 공공기관 등 사업시행 주체, 지방정부와 사업시행 주체, 공공기관 상호 간의 유기적인 지원 및 협조 시스템은 이에 맞춰서 발전되지 못했다. 예로 영월 동강댐 건설 사업이나 새만금 간척사업의 경우에서 보듯, 자연환경의 변화로 환경피해가 우려되므로 계획수립 단계에서부터 개발사업 주관부서인 당시 국토해양부 또는 농림식품부와 환경보전 부서인 환경부, 개발대상지역인 강원도 등 지방자치단체와 사전에 충분한 협의가 필요함에도 불구하고 협의 없이 추진하여 사업추진 과정에서 공공갈등을 초래하였다.

넷째, 이해당사자 참여의 한계이다. 한국 사회가 민주화, 지방화, 다원화 등으로 공공사업추진 환경이 종전과 달리 많이 변화되었음에도 불구하고 정부 등 사업시행주체는 공공사업을 추진함에 정책결정 과정에서 주민, 전문가, 시민단체 등 이해당사자를 배제하거나 극히 형식적으로 참여시킴으로써 전통적인 방식을 답습하여 왔다. 따라서 공공사업 정책결정 과정에 있어서 이러한 모습은 공공갈등을 야기하는 주요 요인으로 작용하여 왔다. 즉 공공사업 정책결정 과정에서 주민, 전문가, 시민단체 등의 다양한 이해관계를 가진 당사자들이 사업구상 단계 또는 입안 단계에서부터 참여하지 못하고 사업시행 주체의 일방적인 발표에 의해 사업추진을 인지하게 되면 갈등의 강도가 클 뿐만 아니라 갈등이 증폭되어 상황을 더욱 어렵게 하는 경우가 많다. 또한 정책결정 과정에서 주민, 전문가. 시민단체 등의 참여 없이 정책이 결정될 경우 그 결정이 아무리 합리적으로 결정되었다 할지라도 이해당사자가 이를 수용하지 않거나 부정적인 시각을 갖고 있으면 사업추진 자체가 어려워질 가능성이 높다. 현행 이해당사자 참여제도로 공청회, 공람 등이 있으나 이는 전반적인 계획수립 절차상의 의견수렴 제도로 활용되고 있어 구체적인 갈등에 대한 사전 조정을 효율적으로 수행하지 못하는 실정이다. 정부 등 사업시행 주체의 입장을 이해시키고 주민 등 이해당사자의 의견을 수렴할 수 있는 제도적 장치가 부재함으로써 잠재적 갈등으로 자연해소가 가능한 부분까지도 현실적 갈등으로 표출되는 경우가 많고, 갈등이 현실적으로 표출되면 그것을 조정, 관리하기가 상당히 어렵다.

(3) 국내 공공갈등의 현주소와 변화된 요구

2021년 현재, 국내에서 발생하고 있는 공공갈등은 과거의 갈등양상과는 다른 모습을 나타내고 있다. 과거 사업화 단계에서 시공직전에 보상차원의 문제에서 협의체 등 실재 갈등당사자간 논의과정에 집중되었던 2000년대의 갈등과는 다르게 2010년대 대표적인 공공갈등으로 손꼽는 '밀양송전탑 건설', '용산재개발', '제주해군기지건설' 처럼 갈등이 장기화 되면서 관련 해당 정책의 필요성과 당위성, 계획수립 차원의 문제제기로 확대되고 사회적 문제로 전환되면서 다양한 이해관계자가 참여하는 등 막대한 사회적 비용을 초래하고 전국적 갈등으로 확산되었다. 또한 해당 사안이 관련 법·제도적 사안으로 번지면서 더 이상 해당지역 차원의 문제가 아닌 타 지역은 물론 일반 국민의 생활에 이르기 까지 영향을 미치는 현상으로 확장되었다. 실제로 예를 들어 밀양송전탑 건설 갈등은 그 해결을 위해 각종 제도를 도입하였는데 그 대표적인 것이 '송·변전설비 주변지역 보상 및 지원에 관한 법률'(이하 송주법)이었다. 그러나 그 제정과정에서 그 보상이나 소급적용 등의 범위에 대하여 논란이 발생하였다. 실제로 지역적으로 볼 때 당진지역의 경우, 기존 철탑(765, 345kV)에 대해서는 보상범위에 포함되지 않아 논란이 있었고 이후 추진하는 여러 송전탑 건설에도 크게 영향을 미치고 있는 상황이다[20]. 특히 밀양송전탑 반대주민들은 지속적으로 타 송전탑 건설에도 개입하는 등 이슈가 계속되기도 하였다. 또한 송주법은 매년 보상에 따라 관련 기금액 증가가 필요하고 향후 전기료인상 가능성도 있으므로 국민들의 공감대가 필요했으나 이러한 절차 없이 결정되었다는 논란도 있었다. 결국 송주법 실행에 따라 전기료 인상 등이 발생할 경우에 따른 '국민생활에 미칠 영향가능성'은 또 다른 잠재적 갈등이라 할 수 있다.

많은 공공갈등 등의 사례에서 볼 때, 공사가 진행되거나 종료되면 갈등관리가 종료되는 것으로 인식되는 상황에서 사후적 관리가 이루어지지 않는 점은 새로운 갈등을 초래할 수 있는 원인이 되고 있다. 특히 한번 갈등을 직간접적으로 경험하게 되면 정부기관에 대한 신뢰를 잃게 되는 상황에서 새로운 정책이나 사업추진은 더욱 어려워 질 수밖에 없다.

이처럼 우리 사회 내 공공갈등을 초래하는 국내 사회적 환경을 몇 가지 정리해 보면 다음과 같다. 우선, 공공기관의 결정과 권위가 쉽게 인정되지 않는 사회이다. 둘째, 공익보다는 사익을 더 중시하는 국민들이다. 셋째, 국가보다는 지자체, 지자체 보다는 사익을 더 중시하는 사회이다. 넷째, 공무원보다 훨씬 많은 정보를 생산하고 활용하는 시민(주민)의 등장이다. 다섯째, 절차가 합리적이고 공정하지 않으면 거부하는 사회이다. 여섯째, 자신이 관계된 문제에 대해 자신이 배제되는 것을 참지 않는 시민(주민)이다. 일곱째, 누구도 책임지려 하지 않는 사회, 즉 각자도생(各自圖生) 사회로의 진입이다. 이러한 상황을 국내 공공갈등 발생의 구조적 배경으로 정리하면 다음의 <표Ⅰ-8>과 같다.

또한 공공정책이나 사업이 갖는 추진목적, 절차, 의견수렴 등에 따른 변화된 상황과 요구를 정리하면 다음의 <그림Ⅰ-3>과 같다. 즉, 기존 방식이 공익실현에만 집중되어 있다면 이제는 공·사익의 균형차원에서 이루어져야 한다는 것이다. 또한 정부의 전문가

---

[20] 실제로 철도의 건설 및 철도시설 유지관리에 관한 법률에 의거 추진되는 송변전시설(154kV)의 경우에도 영향을 미쳐 철도관련 시설이 설치되는 경우 한전의 보상 사례로 사업추진의 어려움이 발생하고 있는 것이 현실이다.

중심에서 당사자 참여를 통한 결정이 이루어져야 한다고 주장한다. 이밖에 정보제공의 최소화에서 모든 정보를 공개하여야 하고, 일방적 관계에서 상호협력적인 관계로의 전환을 요구하고 있다.

<표Ⅰ-8> 국내 공공갈등 발생의 구조적 배경

구분	주요 내용
정부/정치 제도	· 관료의 권위주의화
	· 지자체, 지역의회의 주민 편향성(정치적 결정)
	· 지방의 자율성/책임성 취약, 중앙정부 중심의 의사결정
	· 중앙중심 권위주의, 일방적 통치와 이에 대한 반발
	· 정당과 의회` 기능이 취약성
	· 민주적 절차에 따른 의견수렴 제도의 취약
	· 갈등예방 및 해결 등의 기능(제도) 미약
사회변화	· 정보 수집력 및 발언력 상승
	· 주민들의 삶에 대한 욕구 상승
	· 국가주의, 공동체주의 쇠퇴
	· 개인주의적 태도 확산

	추진 목적	추진 주체	성과 평가	주민 의견	사업 필요성	정보 제공	진행 절차	갈등 인식	갈등 해결	주민 갈등
기존 방식	공익 실현	정부(지자체), 관련 전문가	적은 비용 신속 정확	참고 사항	초기 결정 포기 불가	필요한 경우 제한적 제공	정부(지자체 결정)	부정적(사회적 비용)	일방적 혹은 법적 해결	정부 방치 또는 회피
변화된 요구	사익과 공익의 균형	당사자 참여 필수	주민 및 당사자 만족도 중시	필수 조건	당사자 의견에 따라 검토가능	정보 공개 + 스스로 정보 생산 유포	정부 및 이해관계자의 합의	때때로 더 좋은 결과 위해 불가피	일방적 결정/해결 아닌 사회적 합의	정부가 공정한 조정자 역할

<그림Ⅰ-3> 기존의 공공기관 방식과 이에 대한 변화된 요구 간의 충돌

제3절 갈등대응에 관한 이론적 접근

1. 갈등대응과 협치

대부분의 공공갈등 과정에서는 지방정부-지방정부, 지방정부-주민, 중앙정부-지방정부, 지방정부-지방정부 등 제 공공사업을 둘러싼 이해당사자 간의 복잡한 상황 속에서 서로간의 충돌, 협력 등의 양상이 나타난다. 공공정책의 추진은 이처럼 복잡한 관계 속에서 수립되고 시행되기 때문에 이해관계자 간 서로 다른 입장 차이로 인한 의견 충돌이 발생할 수 있으며, 이를 해결하기 위한 적극적인 노력이 필요하다. 여기서 사회적 행위자 혹은 주체들이 결사체적인 관계를 맺어 상호조율하고 협력하는 방식의 통치 혹은 조절을 '협치'(Governance)라고 한다.

본 절에서는 공공갈등과 관련된 당사자 간의 상호발전을 위한 협력과 조정의 수단을 알아보기 위해 중앙정부, 지방정부, 주민, 시민단체 등 다양한 이해관계자들의 네트워크로 형성된 '협치'에 대해 알아보겠다.

1) 협치의 대두

'협치'는 어떤 사안에 대해 주관자의 일방적 수직적 의사결정이 아니라 다양한 이해당사자들이 실질적으로 참여하여 조정과 협력을 통해 의사를 결정한다는 개념에서 나왔다[21]. 기본 요소로는 다차원성과 복합성과 함께 자율성, 상호의존성, 파트너십, 네트워크 등을 갖는다. 2000년대 이전까지 정부는 특히 비선호시설의 정책결정과정에 DAD방식을 선호하는 행태를 보여 왔다. DAD는 정부가 나름의 기준에 따라 일방적으로 입지 대상 지역을 결정(Decide)하고, 사후에 공표(Announce)하면서 지역주민과 국민들을 대상으로 입지선정의 타당성과 필요성을 대변(Defend)하는 결정 방법이다. 이러한 정부의 의사결정 형태는 객관성과 합리성에 기초하여 그 실천논리를 개발해왔다.

이러한 소위 '합리적 계획'의 확실성은 그러나 점차 약화되고 있는 상황이다. 합리적 계획은 가치의 문제를 배제하는 것을 원칙으로 하지만, 현실적으로는 정책이나 계획과정에서 다양한 세력이 자신들의 이해와 가치를 투입하고 강제한다. 또한 합리적 계획에서의 인간은 합리적이고 이기적이라는 방법론적 개체주의에 기반하고 있지만 개인의 선호는 끊임없이 변화하고 불안정하다. 이에 기존의 전통적인 계획방식 즉, 합리적 계

---

21) 협치의 어원은 다스린다는 뜻을 가지는 그리스어 kubernan에서 비롯되었고 현재의 의미는 중세 프랑스에서 영주재판소의 지휘권을 가리키는 단어(gouvernance)에서 유래하였다(오승규, 2015)

획방식에 대한 대안으로서 '협력적 계획'이 등장하게 되었다. 이러한 협력적 계획도 그 당시에 이해당사자들 간 합의형성이 진행되었다고 해도 그 계획을 실행하는 과정에서 예측하지 못했던 상황이 발생하거나 주변 환경이 변화할 수도 있다. 따라서 여러 변화에 유연성을 갖고 대처해나가는 것이 필요하고, 그러기 위해서는 계획 수립, 사업 종료 이후에도 이해당사자들 간에 끊임없는 의사소통이 이루어져야 한다. 이를 위해서는 모든 이해관계자들이 참여하는 협치 체계를 초반부터 구성하여 실질적으로 의사결정과정에도 참여토록 함으로써 여기서 발생하는 의견을 수렴, 조정하고 합의를 이끌어내는 형태가 요구된다.

2) 협력, 그리고 협치에 대한 이론적 접근

'협력'(Collaboration)은 어느 한 조직 혼자서 이루어 낼 수 없는 결과를 달성하기 위해서는 뜻을 같이 하는 사람·조직 뿐 아니라 경쟁자 심지어 적과도 함께 일을 하는 것을 말한다. 경쟁자와 함께 일함으로써 그렇지 않았을 때 얻을 수 없었던 대안을 창조해 낼 수도 있다. 진정한 협력은 타협과는 다르다. 타협은 단지 제한된 자원을 공유하기 위해 다른 면을 얻는 것에 불과하다. 협력은 상생을 목표로 긍정적 대안을 만들어내는 것이다.

협력은 개념적으로 '참여'(Participation)와 '권한부여'(Empowerment)와 연관되어 있다. 그러므로 협치는 그 체계 내에서 참여와 분권을 강조하는 것이다. 협치는 서로 상이한 견해를 가지고 있는 다양한 이해관계자로 구성된 사회에서 필요하다. 그리고 협치는 갈등을 예방하거나 발생 이후에 해결을 위한 기제로도 적용할 수 있다. 협치를 통한 문제해결 방식은 협력적 질서 형성에 그 바탕을 둔다.

이처럼 협력을 강조한 협치는 중앙정부, 지방정부, 시민사회단체, 지역주민 등을 포함하는 각 행위주체들이 자발적으로 국가 및 지역 공동체에 야기된 문제에 대하여 상호협력에 바탕을 둔 문제해결방식이다. 여기에는 기본적으로 국가와 시민사회의 관계를 상호침투관계로 보는 입장이 있다. 이러한 입장은 정책영역에서 관련 주체들 간의 상호의존적 정책협조 가능성이 높다. '긍정적 협치'(Good Governance)는 정치학과 행정학에서 다루어지고 있는 개념으로, 민주주의, 시민사회, 시민참여 그리고 인간권리와 같은 개념들과 연관되어 있다. 이러한 긍정적 협치, 상호 연계되어 있는 협력을 강조한 협치는 정부와 개인이나 정당, 기업, 이익집단 등 제도 구성원 간의 긴밀한 협력관계를 말한다. 여기서 강조하는 협치는 지역 발전을 위해 관련 사안을 중앙정부, 지방정부, 지역주민, 시민사회단체 등을 포함하는 각 행위주체들의 참여와 파트너 십을 강조하며, 자발적·수평적으로 형성된 상호협력에 바탕을 둔 문제해결 방식이라고 볼 수 있다.

3) 사회적 합의를 위한 협치

중앙정부, 지방정부, 시민사회단체, 지역주민 간의 협력으로서 협치는 각 주체들이 가지고 있는 제도적 자원을 공유하고 상호 보완하는 가운데 공동의 목표를 달성하는 것으로 불안정한 과정이라 할 수 있다. 왜냐하면 참여 주체들 간에 자원, 정보, 권력의 정도가 다른, 즉 대등한 관계가 아니므로 이 과정은 근본적으로 '비대칭적이고 비민주적'으로 이루어질 가능성이 있다. 또한 대등한 관계를 가지고 시작했다 해도 상호 신뢰와 합의에 대한 책임과 이행이 담보되지 않으면, 협치는 공수표나 진배 없다. 따라서 협치가 성공하기 위해서는 참여자 간 '대등한 민주적 관계'가 형성되어야 하고 '신뢰와 책임'을 공유해야 하며, 합의된 것에 대한 '실천'이 전제되어야 하는 '긍정적 협치'여야 한다.

긍정적 협치를 성립시키고 지속시키는 전체의 틀은 바로 사회적 합의이다. 오늘날 협치가 요구되는 까닭에는 개별주체들이 가지고 있는 역량과 자원만으로는 최근 우리 사회의 복잡성의 문제를 해결할 수 없다는데 있다. 이 문제를 함께 풀어가기 위해서는 이해관계자들이 함께하는 방식과 절차, 그리고 그 결과를 따르고 수용하는 '사회적 합의'가 분명해야 한다. 긍정적 협치를 구성하는 '민주적 관계', '신뢰', '책임', '실천' 등의 조건들은 모두 협치 구조를 만들어 공동의 목표를 달성하자는 데 대한 사회적 합의가 분명할 때 쉽게 충족될 수 있는 것들이다. 사회적 합의는 공통의 목표, 공익, 사회적 가치 등을 전제 하고, 그 달성과 실현을 위해 참여하는 주체들이 서로 양보하고 협력하며 약속을 이행하는 '신사협정'이 뒷받침되어야 한다. 따라서 무엇을 함께 하기로 의견합일을 한 것도 중요하지만, 보다 중요한 것은 약속한 바를 지키고 실천하는 것이다. 사회적 합의된 것을 사회적으로 이행해내지 못한다면 사회적 합의는 무의미하고, 또한 복잡한 문제를 해결하는 방식으로 협치는 근본적으로 이루어질 수 없다.

협치와 사회적 합의는 이러한 점에서 서로 분리될 수 없다. 전자는 형식이라면 후자는 내용이라 할 수 있다. 또한 전자가 복잡성의 문제를 함께 풀어가는 방식에 관련된다면, 후자는 어떠한 문제를 어떠한 입장으로 풀고 결과를 어떻게 수용하고 책임질 것인가의 실체에 관련된다. 그래서 협치가 없는 사회적 합의는 구두선에 그칠 가능성이 많고, 반대로 사회적 합의가 없는 협치는 형식과 모양을 갖추는 데 그칠 가능성이 많다.

2. 게임이론적 접근

공공갈등 과정에서는 정책과 사업 추진을 둘러싸고 이해당사자들 간의 복잡한 상황과 환경 속에서 서로의 입장차이로 인한 의견 충돌이 발생한다. '게임이론'(Game Theory)은 이러한 갈등의 상황을 인식하고 판단하는 데에 유용하다고 판단된다. 게임의 특징은 한 쪽이 강경한 정책을 취하면 다른 한 쪽은 온건한 정책을 취하는 것이 유리하고 양 진영이 강경한 정책을 취하면 서로에게 불리하게 작용한다. 여기서는 공공사업 갈등과 관련된 당사자 간의 경쟁의식과 작용을 살펴보는데 유용할 것으로 판단되는 게임이론을 살펴본다.

1) 게임의 의미와 유형

'게임'(Game)이란 각 경기자(혹은 이해관계자)들이 상호작용을 통해 자신의 이익을 추구하고 있으나, 누구도 그 결과를 좌지우지 할 수 없는 경쟁적인 상황, 또는 전략적인 상황을 의미한다. '게임이론'이란 이러한 전략적 상호작용이 존재하는 게임의 상황에서 경기자의 전략 또는 행동이 초래하게 될 결과에 대한 모형을 세우고 그 모형화 된 게임에서 경기자의 전략적 행동을 이해하는 분석틀을 제공하는 학문이다. 즉 '게임이론'은 경쟁자·상대자가 어떠한 전략을 사용할지 모르는 상황에서 자신의 전략을 선택, 조정하는 의사결정 이론이다. 게임이론은 집단 간의 관계에 있어서 어떤 행동의 결과가 게임에서와 같이 참여자 자신의 행동에 의해서만 결정되는 것이 아니고 다른 참여자의 행동에 의해서도 결정되는 상황 하에서, 자기 자신에 최대의 이익이 되도록 행동하는 것을 분석하는 수리적(數理的) 접근법이다. 게임이론은 상충적이고 경쟁적인 조건에서 경쟁자 간의 경쟁 상태를 모형화 하여 참여자의 행동을 분석함으로써 최적 전략을 선택하는 것을 이론화한 것이다.

따라서 게임이론은 '상호의존적인 이해관계를 갖는 둘 이상의 개인들을 포함하는 사회 상황', 또는 '사회적 규칙과 자연적 법칙에 의해서 구성되는 사회상황에서의 상호의존적인 선택'에 관한 이론이다. 게임이론은 불확실한 상황을 다루는 것으로 게임이론의 주요 목적은 참여자 또는 의사결정자에 대한 특정한 합리성을 가정하여 이와 같은 상황을 확정적인 상황으로 전환하는데 있다. 또는 하나의 전략을 선택하는데 있어서 합리적인 기준이 무엇인지를 밝히는 데에 게임이론의 목적이 있다고 볼 수도 있다.

게임의 유형으로는 협조게임과 비협조게임, 정합게임과 비정합게임 그리고 동시게임과 순차게임 등이 있다. 대표적인 예로는 용의자의 딜레마 게임, 연인들의 다툼 게임 그리고 비겁자 게임 등이 있다. 공공사업 갈등과 관련된 갈등과정은 거시적으로 보았을 때 '2인 게임'(Two-person Game)으로 가정될 수 있다. 그리고 사업 추진자와 지역주민의 게임 상황은 서로의 행동을 규제하는 계약의 성립이 가능하여 서로 간의 보수를 증가시킬 수 있기 때문에 협력게임에 해당한다. 또한 이러한 상황의 게임은 어느 한 쪽이 먼저 행동을 취하고 다른 한 쪽이 이에 대응하는 형식으로 게임이 진행되는 것이 아니라 양측이 동시에 의사결정을 하는 형식으로 진행된다고 볼 수 있기 때문에 동시게임이다.

2) 게임이론의 기본적 가정

　게임이론에서는 게임에 참여하는 각 참여자가 자신의 목적 달성을 위해 택할 수 있는 전략을 일반적으로 두 개 이상 가지고 있으며, 상대방이 택할 가능성이 있는 전략이 어떠한 것들이 있는가도 알고 있지만, 상대방이 그중에서 어떠한 전략을 택하게 될 것인가는 알지 못한다고 가정한다. 그리고 이러한 가정은 게임의 참여자가 자신의 전략과 상대방의 전략에 대해 자신의 이익을 비추어 볼 수 있는 합리적인 능력을 가졌다는 것[22]을 가정하는 동시에 게임에 참여하는 사람들 사이에 상충되는 이익이 존재하고 자신들의 이익을 달성하기 위한 전략적 선호가 나타남을 가정함을 의미한다. 게임이론은 결과가 개인의 선호에 의해서만 결정되는 것이 아니라, 결정에 참여한 다른 행위자들의 선호와 개인 선택의 서로 다른 집합의 결과에 따라 이루어지는 집단적 선택상황에 대한 연구로서, 게임이론에서는 방법론적 개체주의와 동기적 합리성[23]을 지닌 의도적 행동을 이론 구성의 전제로 한다.

　게임이론에서는 관찰된 규칙성에 따른 일반화를 시도하는 귀납적 방법보다는 '공준된 규칙성'에 따른 연역적 방법을 취한다. 게임이론에서의 '공준된 규칙성'이란 행위자들의 목표 지향적 행동을 의도적 행동이라고 보는 것이며, 이것이 곧 합리적 행동이자 합리성의 본질이라고 본다. 그러므로 게임이론에서 의도적 행동이라는 합리성의 개념은 무작위성을 제거하기 위한 방법이라고 할 수 있다. 개인이 의도적 행동을 알아내기 위해 게임이론에서는 선호의 개념을 도입하는데, 선호에는 표시된 선호와 가정된 선호의 개념이 있다. 게임이론에서의 또 다른 중요한 특징은 방법론적 개체주의를 취하고 있다. 즉 모든 공공정책이나 공공선택은 개인의 집합적 선택을 통하여 결정된다는 개체주의적 입장을 취하고 있는 것이다. 이는 개인을 자신의 목표 지향적 행동인 자기이익 극대화의 모색을 위해 개인적으로 행동한다는 것이다. 또한 방법론적 개체주의란 사회 과정과 결과를 사람들의 선호와 선택의 견지에서 이해할 수 있다. 이때의 선호와 선택이란 가정된 선호와 이에 따른 논리적 선택이라는 것으로서, 개인에 따라 목표 지향적 행동이 다르기에 선호와 선택도 달라진다고 보는 것이다.

　방법론적 개체주의는 단지 개인의 선호와 선택에 의한 결과의 산출만을 가정하는 것은 아니며, 오히려 개인 간의 상호작용에 의한 결과에 초점을 맞추고 있다. 즉 방법론

---

[22] 여기에서 합리성은 의사결정론에서 논의되는 총체적 합리성(Comprehensive Rationality)이나 제한적 합리성(Bounded Rationality)과는 다르며, 미래의 불확실성이 존재하는 상황에서 자기의 이익을 극대화하고자 하는 개인 또는 의사결정단위 어디에서나 찾아볼 수 있는 것으로 가정된다(S. J. Brams, 1975).
[23] 동기적 합리성이란 사람들이 자신이 설정한 선호순위에 따라 어떤 논리적 일관성을 지니고 행동한다는 것을 의미한다(W. Riker & P. C Ordeshook, 1973).

적 개체주의의 입장을 취하지만, 이러한 개인의 선택이 집합적 선택에서 어떻게 작용하는가 하는 것이 게임이론의 주된 관심분야 중의 하나인 것이다.

게임이론의 선호는 개인에 기반을 둔 상호의존적인 선택을 전제로 한다. 따라서 게임이론에서 선호에 따른 선택의 맥락을 이해하기 위해서는 상호 배타적이고 망라 적이어야 하는 행동, 또는 대안, 자신의 행동을 하게끔 하는 목적인 결과, 행동과 결과의 논리적 관계이자 상호의존성과 갈등을 내포하는 자연 상태 등의 세 가지 중요한 개념을 전제하여야 한다.

3) 게임이론을 통한 통찰력 제고 - 대안적 갈등해결

게임이론은 결정상황에서 한쪽이 모든 것을 완전히 지배할 수 없는 상황을 주로 다루는 것으로 그러한 상황에는 분쟁, 갈등, 협력이 게재하는 광범위한 상황이 내재되어 있다. 그리고 게임에 참여한 사람들은 모두가 각자에게 가장 유리한 결과를 가져오려고 노력하지만 그러한 노력은 상대측의 존재 그 자체나 상대방의 노력에 종속된다는 것을 가정한다. 즉, 게임이론의 근저에는 사회구성원간의 상호존재성을 전제하고 있다. 그리고 이러한 상호존재성의 존재는 사회를 결정론적으로 바라보았던 견해의 수정을 요구하는 것이어서 어떤 면에서는 혁명적인 사고의 전환을 요구하고 있는 것이라고 보아도 무관하지 않다.

게임이론에서는 갈등상황을 사회구성원의 피할 수 없는 공존을 위한 생존방식으로 배치하여 갈등에 대해서 새로운 통찰력을 제고하여 준다. 게임이론은 합리적으로 행동하는 상대편을 의식하게 하여 줌으로써 자신이 상대방의 입장에 설 수 있는 기회를 갖게 하는 이점이 있다. 이러한 이점은 보다 지능적으로 행동하는 것이 무엇인지, 자신을 위한 행동에 대해 지능적으로 행동하는 다른 사람들이 어떠한 반응을 보일 것인가에 대한 사고를 가능하게 함으로써 자신의 행동이나 정책을 어떻게 세울 것인가에 대한 공식화 또는 형식화를 용이하게 한다는 장점을 가지고 있다.

이와 관련하여 갈등은 이해당사자 간의 직접적인 대면협상에 의해 해소하는 것이 바람직하지만 당사자 간 상호불신이 심하고, 이해관계가 첨예하게 대립되어 협상이 교착상태에 봉착하는 경우가 대부분이므로 협상과정에 사회구성원간의 상호존재성을 확인하기 위해 중립적인 '제3자가 개입하는 조정된 협상'(이를 줄여 '조정과정(Mediation Process)'이라고 한다)[24]이 필요하다. 이러한 제3자에 의한 조정은 갈등당사자 상호간의 협상과정을 통하여 해결하는 것이 가장 합리적이라고 할 수 있지만 갈등의 쟁점

---

[24] 조정된 협상은 중립적 개입자의 존재를 강조하면서 제3자의 조직을 활용하는 다른 형태의 합의적 접근방법을 구별하기 위하여 사용된 용어이다(L.Susskind & C.Ozawa, 1983).

과 이해관계가 복잡하고 이해당사자가 다양할 뿐만 아니라 참여자 간 해결 방안을 모색하기에 많은 장애요인으로 인해 해결이 어려운 상황이 다수 존재한다. 이를 해결하기 위해 조정과정이 필요한 데 조정은 협상의 산물임에 분명하나 협상이 잘 진행될 수 있게 하기 위해서 필요한 제3자로서, 이해당사자들이 스스로 갈등을 관리할 수 있도록 조력할 목적으로 협상에 참여하는 중립적인 개인 또는 조직을 말한다. 이러한 조정자의 개입을 통한 해결은 대안적 분쟁해결의 주요한 수단 중 하나이다. 이것은 갈등해결은 어렵지만 당사자를 설정하는데 제3자의 힘에 의해 당사자 자신이 해결의 주도권을 독립적이며, 중립적인 제3자의 조력으로 해결하여 당사자 간의 상호존재성을 인정하고 상생 혹은 승부를 걸기 위한 일종의 대안적 게임방식이다. 조정자는 게임의 규칙을 조정, 제시할 수 있는 권한을 가지고 있다. 다만 그 대안을 제시하여 결정하는 위치에 있지는 못하므로 '중재'(Arbitration)와 구별된다. 이처럼 조정자는 협상환경의 주요한 구성요소가 되므로 교착상태에 빠진 당사자 협상과정의 원활한 진행과 상호의 원만한 협상 결과 도출에 긍정적 영향을 미치는 중요한 역할을 수행한다. 여기서 조정자는 당사자 간의 신뢰가 담보되어야 한다.

이처럼 게임이론은 갈등상황을 분석 및 조정, 해결할 때 보다 정교한 정의나 조작화, 관련 방법들을 가능하게 한다. 또한 게임모형을 이용하여 정책을 형성, 입안할 경우 정책의 합리성 제고를 통한 정책의 성공도를 높여 줄 수 있는 이점이 있다. 그리고 규칙과 개인들의 유인구조와의 관계, 주어진 유인 구조 하에서의 개인들의 행동의 예측을 위해 필요한 상호선택 이론과 당사자 간의 상호존재성을 인정할 수 있는 대안적 갈등해결 방안, 갈등조정을 통해 갈등상황에 대한 논리적인 통찰력과 해결책을 얻을 수 있다.

3. 갈등의 대응 방법

갈등의 전개과정에서 여러 해결책을 모색하는 것과 같이, 갈등에 따른 다양한 상황, 쟁점, 이해관계자 등에 따라 그 접근방법도 다양할 수밖에 없다. 이는 갈등에 대한 이해뿐 만이 아니라 어떻게 적용하는가에 대해서도 차이를 가져온다.

1) 갈등의 일반적 대응 방법

(1) 갈등개입과 갈등종식

'갈등개입'(Conflict Intervention)과 '갈등종식'(Conflict Termination)은 제3자가 갈등상황에 개입하여 해결하고, 더 이상 악화되지 않도록 진정시키거나 안정적 국면으로 나가게 하는 접근방법을 말한다. 이 때 개입하는 제3자는 그 힘이나 권한이 이해당사자

보다 강해야만 가능하다. 그러나 이 방식은 일시적 해결책으로는 가능하나 궁극적인 해결책이 되지 못하므로 제3자의 부재 시 또 다른 갈등의 불씨를 제공할 가능성이 높다. 이를 위한 대안적 갈등해결 방식은 '중재'(Arbitration)가 대표적이다.

(2) 갈등타결

'갈등타결'(Conflict Settlement)은 전문성과 권위를 인정받는 제3자의 결정에 따라 갈등상황이 종결되고 해결책이 정해지는 접근방법이다. 이 방법은 법적제도나 협상방법을 통해 어느 정도 해결할 수 있는데 선고, 중재 등의 절차가 그러하다. 그렇지만 갈등이 갖는 구조적 상황을 고려하지 않는 해결방안이라는 점에서 갈등의 근본적 해결에는 한계가 있다.

(3) 갈등관리

'갈등관리'(Conflict Management)는 조직이나 사회, 국가 간의 갈등을 효과적으로 조율하고 소모적인 분쟁상황이 재발하지 않도록 통제하고 관리하는 접근 방법이다. 따라서 그 목표도 갈등이 무절제하게 표출되는 것을 막고, 조직, 사회 국가의 효율성을 극대화 하는 것이다. 이를 위해 관련 시스템과 그 운영에 전문성이 요구된다. 그렇지만 갈등을 관리나 통제의 대상으로 여기고 이에 대비하는 기능적 접근으로 말미암아 근본적 원인에 따른 해결에는 한계가 있다. 본서에서의 공공갈등 관리는 이러한 공공갈등에 대한 관리의 방식인 갈등영향분석, 참여적 의사결정, 대안적 분쟁해결(ADR)을 말한다.

(4) 갈등해결

'갈등해결'(Conflict Resolution)은 갈등을 통합적으로 이해하기 위해 깊이 있는 분석을 시도하고 갈등이면에 있는 원인과 상황을 파악하여 갈등을 해결하는 접근 방법이다. 이 방법은 타 방법과 달리 이해당사자를 해결의 주체로 등장시킨다는 것이다. 조정 등을 통해 합의를 이끌어 내는 과정 속에서 근본적인 갈등해결을 유도하는 것이다. 그렇지만 해결책에 초점이 맞춰지기 쉽고 원인과 과정이 정형화 되는 경향이 나타나는 한계가 있다.

(5) 갈등전환

'갈등전환'(Conflict Transformation)은 모든 갈등의 역학관계가 내외적 요소에 의해 끊임없이 변화된다고 본다. 따라서 갈등 해결과정이 이해당사자의 정채성과 힘의 역학관계의 변화에 따라 계속적으로 재정립 되는 과정을 겪게 된다. 따라서 갈등상황은 관계회복을 목표로, 지속적인 갈등해결과 여러 과정 속에서의 쟁점과 구조적 변화가 함께 이루어져야 한다. 따라서 합의가 되지 못하더라도 그 관계변화에는 도움을 줄 수 있다. 그러나 갈등현상을 실제 드러난 내용보다 통합적으로 파악하려는 시도로 이상적으로 흐를 수 있고 비현실적이라는 비판도 있다.

(6) 갈등예방

'갈등예방'(Conflict Prevention)은 갈등상황이 발생한 후에 대처로는 어떠한 방법을 사용할 지라도, 시간, 비용, 인력, 관계 등 많은 손실이 있을 수밖에 없으므로 결정 이전부터 갈등 유발 개연성이 있는 원인을 찾아 미연에 방지하는 접근 방법이다. 이를 위하여 정확한 분석과 예측을 통한 정책수립, 사전에 이해당사자 참여를 통한 해결 노력 등은 예방을 위하여 필수적이다. 그러나 자칫 잘못된 이해나 접근은 오히려 선의의 피해자를 양산할 위험성도 있어 관련 교육과 훈련이 확대되어야만 그 효과를 얻을 수 있다.

(7) 평화형성(평화건설)

'평화형성'(Peace Building)은 갈등 자체에 대한 문제 보다 그 해결의 초점을 평화적 결과를 생산하는 사회 환경 조성에 맞추고 있다. 따라서 현재의 사회구조와 문화가 변화되지 않고서는 갈등 해소는 어려우며, 궁극적 평화는 이루지 못한다는 것이다. 그러나 평화가 갖는 개념정립이 쉽지 않고, 사회변화가 이루어져야 하므로 기득권 반발을 부를 수 있다는 한계가 있다.

2) 갈등의 예방과 해결의 방안

(1) 일반적인 시민참여

'일반적인 시민참여'(Extensive Engagement)는 공공기관이 정책이나 사업을 설명하기 위해 필요한 정보를 제공하거나 정책을 형성함에 있어 일반시민의 의견을 수렴할 때 이용되는 방법이다. 주요 유형으로는 학습 및 정보제공 목적, 의견수렴을 위한 방법이 있다.

우선 학습 및 정보제공을 목적으로 하는 참여는 해당 주민들이 공공정책 및 사업의 내용에 관하여 전반적으로 인식할 수 있는 관련 정보를 제공하고, 그 이해를 돕도록 교육하는 것이 목적이다. 이 방법은 공공기관과 주민간의 상호적 의사소통이 없다. 따라서 주민으로부터 정책이나 사업에 영향을 미칠 수 있는 기회는 부여되지 않는다. 대표적인 방법으로, 전단, 홍보책자, 뉴스자료, 대중매체 광고, 인터넷 웹사이트 게시 등이 있다.

다음으로 의견수렴을 목적으로 하는 참여는 해당 주민들에게 관련정책이나 사업에 관한 정보를 제공하고 그 의견을 수렴하기 위한 목적으로 하는 방법이다. 이는 공공기관과 주민간의 상호적 의사소통이 일어나나 일방적 구조에 머물러 있어 문제에 대한 숙의는 일어나지 않는다. 대표적인 방법으로 공청회, 여론조사 등이 있다.

(2) 참여적 의사결정

'참여적 의사결정'(Intensive Engagement)은 이해관계의 여부, 전문성 유무와 상관없이 일반 시민을 공공의사결정에 참여하게 하여 합의를 통한 문제 해결 방법으로 '공론화' 과정이라고도 부른다. 공공기관, 전문가, 이해관계자, 일반시민 간의 토론, 논쟁 및 반박과정을 포함하는 상호학습을 통해 정책의 질을 향상시키고 민주적 정당성을 확보하는 것을 목적으로 한다. 공공기관은 시민참여에 의한 집중적인 숙의과정을 거쳐 형성된 논의들을 정책과정에 실질적으로 반영하여야 하며, 그것은 참여과정을 이용하는 공공기관의 목적, 정책 성격 및 단계에 따라 상이한 모습으로 나타날 수 있다. 참여적 의사결정은 시민참여에 의한 집중적인 숙의과정을 거친다는 점에서 일반적인 여론조사와는 차이가 있다. 그 방법론으로는 목적에 따라 크게 '여론 확인'과 '합의'로 나뉜다.

우선 여론 확인을 목적으로 하는 대표적인 참여방법으로는 '포커스 그룹'(Focus Group), '공론조사'(Deliberative Poll) 등 대표적이다. 포커스 그룹은 심층적인 여론을 확인하기 위해 특정 주제에 대해 소그룹 형태로 행해지는 토론을 말한다. 공론조사는 통계적 확률표집을 통해 다양한 계층의 국민을 대표할 수 있는 시민들을 선발하여, 선정된 이슈에 대한 정보를 충분히 제공하여 심사숙고하게 한 후, 이들의 의견을 조사하는 방법이다.

정책에 대한 합의를 목적으로 하는 참여방법으로는 '시나리오워크숍'(Scenario Workshop), '합의회의'(Consensus Conference), '시민배심원'(Citizen's Jury) 등이 있다. 시나리오워크숍은 지역의 정부나 의회가 지역발전계획 등을 입안하는 경우, 시민들을 포함한 폭넓은 이해관계자들이 토론을 통해 서로의 의견을 수렴하여 자신의 지역 미래상을 수립하는 기법이다. 합의회의는 전국의 다양한 집단에서 선발된 일반시민들로 시민참여단을 구성하여 특정주제에 대해 전문과들과의 질의응답을 거친 후 권고안을 발표하는 방식이다. 시민배심원제는 무작위로 선발된 시민들로 배심원단을 구성하고, 전문가 및 증인들의 증언을 듣고 해결책을 토론한 후 최종 결과를 정책권고안 혹은 합의안 형태로 공개하는 방식이다. 참여적 의사결정 방식을 정리하면 다음 <표Ⅰ-9>과 같다.

참여적 의사결정은 2017년 신고리5·6호기 공론화를 기점으로 중앙정부와 지방자치단체에서 정책결정 혹은 방향성 설정을 위해 적극 활용되고 있어 자세한 운영 방식과 절차 등은 후술하도록 하겠다.

<표 I-9> 참여적 의사결정의 주요 방법

방법		내용	목적
참여적 의사결정 (적극적 시민 참여)	포커스 그룹	심층적인 여론을 확인하기 위하여 특정한 주제에 대해 소그룹형태로 행해지는 토론. 공공기관의 목적에 따라 적합한 대상자를 의도적으로 선택하여, 심층적 의견을 수집하기 위하여 자료를 제공	공공정책과 관련하여 정책 수립시에 관련 문제에 대한 여론을 확인하기 위한 것
	공론조사	과학적 확률표집을 통해 대표성을 갖는 시민들을 선발하여 정보를 제공하고 이에 대해 토론하게 한 수 참여자들의 의견을 조사하는 방식	2차 의견조사를 통해 숙의를 거친 여론 즉 '공론(public judgement)'을 확인
	시나리오 워크샵	지역적 수준에서의 발전계획 입안과 관련하여 일련의 관련행위자들 사이의 토론을 통해 서로 의견을 수렴해 가는 조직화된 작업모임	참가자들의 비전과 견해를 확고히 발전시킨 후, 다른 참가자들과 공유하는 내용이 무엇이고, 공유하지 못하는 내용이 무엇인가를 밝혀냄.
	위원회 (전문가, 시민자문 등)	지역적 관심을 불러일으키는 문제에 대하여 전문가나 정부정책에 직접적으로 영향받는 사람들이 대표를 통하여 참여	시민들이 의사결정과정에 참하고, 상호 의견전달을 증진하고, 다양한 시민들의 전문지식을 활용하는 것
	규제협상	규제로 영향을 받는 이해관계자와 상호논의와 협상을 통해 규제내용에 대한 합의를 도출하여 이를 통해 작성된 대안을 규제기관이 수용하는 규제정책 결정방식	참여자들이 대표하는 이익에 대한 절충과 타협을 통해 합의를 이루는 것.
	협력적 의사결정	시민단체나 일반시민 등이 공공기관과 동일한 권한을 갖고 참여, 숙의과정을 통해 정책사업의 문제를 결정하는 방법. 가치갈등 보다 이해갈등에 적합	다수 당사자가 관련된 복잡한 갈등 특히 환경 및 공공정책의 분야에서 이해갈등에 관한 문제에 적용
	시민배심원	선별된 시민들이 특수한 정책 또는 결정문제 등 중요한 공적문제에 대해 전문가가 제공하는 지식과 정보를 바탕으로 4~5일간 숙의과정을 거쳐 결론을 도출하고 정책권고안으로 제출하는 방법	일반시민들이 공공정책의 결정에 참여하여 학습과 토론을 통해 사회적 목표로서의 공공선을 추구

(3) 대안적 분쟁해결

'대안적 분쟁해결'(Alternative Dispute Resolution, ADR)은 이해당사자들이 법원에 소송을 이미 제기하였거나 법적 소송의사를 밝힌 상태에서, 소송 결과에 대한 불확실성, 소송비용, 시간 지연 등을 고려하였을 때, 더 바람직한 해결책을 찾기 위해 시도하는 소송 이외의 대안적 절차이다. 대안적 분쟁해결의 유형으로는 '협상'(Negotiation), '조정'(Mediation), '중재'(Arbitration), '촉진'(Facilitation) 등이 대표적이다.

<표Ⅰ-10> 대안적 분쟁해결의 주요 방법과 특징

구분	협상	조정	중재	촉진
제3자의 개입	없음	있음	있음	있음
제3자의 중립성	–	필수	필수	필수
제3자의 범위	–	민간/공공	민간/공공	민간/공공
제3자의 선정	–	당사자합의	당사자합의	–
제3자의 역할	–	합의도출	결정	협의/조율
결정의 근거	당사자합의	당사자합의	증거자료/중재인 결정	협조/동의
결정의 구속력	동의 필요	동의 필요	구속력 있음	없음

우선, 협상은 해결하고 싶은 과제를 안고 있는 둘 이상의 이해당사자가 자신들의 문제를 해결하기 위해 논의하는 과정을 말한다. 다음으로 조정은 당사자들 간의 협상이 실패하고 의사소통의 끈이 끊어질 때 중립적인 제3자가 의사소통을 도와 당사자 간 협상과정에 관여하는 과정을 말한다. 문제해결의 제안이나 결정권은 당사자에게 있다. 이에 개입하는 제3자를 조정자라고 한다. 그리고 중재는 조정과 같이 제3자가 당사자 간의 의사소통을 돕고 이들에게 구속력 있는 결정을 제시하는 방법이다. 이에 개입하는 제3자를 중재자라고 한다. 마지막으로 촉진은 이해당사자들 간의 의사교환이 원활하게 일어나고 정보가 제대로 전달될 수 있도록 도와주는 과정이다. 이에 개입하는 제3자를 촉진자라고 한다.

제4절 국내 갈등관리의 현황과 법제도적 근거

1. 국내 공공사업과 갈등관리

1) 공공사업의 갈등 추이

1980년대 중반까지만 하더라도 우리나라에서는 공공사업의 추진을 둘러싸고 사업추진이 중단될 정도의 심각한 갈등상황이 발생하지 않았다. 그러나 이러한 상황은 국민의 존재가 국가발전전략을 수용하는 객체여서 문제제기가 어려운 사회적 분위기도 한 몫하였다고 본다. 사실 우리나라의 사회적 정세는 1960대 초 권위주의 정권의 출범으로 인해 국가체제가 개발주도형의 권위주의 체제로 전환되었고, 사회적 가치의 우선순위가 경제개발 및 산업화에 초점이 맞추어지면서 사회 각 분야에 걸쳐 다양한 갈등 요인은 표출되지 못하고 잠재되어 왔던 것이 사실이다.

그러나 1980년대 후반 이후, 민주화와 함께 지방자치제 실시 등을 계기로 그동안 잠재되어 왔던 제 불만들이 사회 각 분야에 걸쳐 여러 갈등으로 표출되었다. 이에 공공정책과 사업추진도 이러한 충돌을 더 이상 회피하기 어려웠다. 실제로 대규모 국책사업은 그 추진 과정에서 개인과 집단의 불만은 국가발전이라는 목표 아래 수면 아래로 가라앉아 있었다. 그러면서 중앙정부 중심으로 강력히 추진되어 왔던 각종 공공사업은 민주화 및 지방분권화 등과 같이 사회적 가치 변화, 개발목표의 다변화로 인해 추진동력이 상당히 약화되기 시작하였다. 그리고 일반 국민이 삶의 질에 대한 가치를 중요시하면서 환경보전에 대한 인식이 제고되었다. 그런 가운데 당시 국책사업의 상당부분이 중앙집권적 결정과 추진이 이루어지면서 사업에 따라 직접적 영향을 받는 지역주민이나 생태계 등에 미칠 영향을 우려하는 시민·환경단체 등의 반발을 샀다. 또한 대규모 사업 진행이 계속되는 가운데, 일부 사업은 당시 정권의 대선공약 혹은 지역 정치적 배려로 추진되면서 타당성을 둘러싸고 각종 논란을 불러일으키기도 했다.

이처럼 국내의 사회 내·외적 변화는 공공사업과정에서의 주된 갈등배경이 되어 왔고 그 내용도 점차 복잡해졌다. 예를 들어 과거의 경우에는 피해에 따른 보상이 주요 이슈가 되었다. 그러나 이후에는 사업의 필요성, 사업절차의 정당성, 환경 및 생태계에 미칠 영향, 삶에 미치는 영향, 공·사익의 형평성 등 이해의 문제에서 가치, 사실관계, 가치 등에 기반 한 다양한 이슈로 까지 확산되고 있다. 처음에는 사업리스크로서 갈등을 부정적으로 바라보던 관점에서, 이제는 공공사업을 추진할 경우 당연히 공공갈등이 발생하고 이를 적극적으로 대응해야 한다는 인식이 점차 늘고 있다. 그리고 이를 해결하기 위해서 어떻게 대처해야 하는지에 대한 관심으로 전환되고 있다. 즉 이제는 정부의 정책과 사업추진에는 적절히 갈등을 관리하는 것이 필요한 시대를 맞이하고 있다.

본서에서 사용되는 '공공갈등 관리'(Public Conflict Management)란 공공기관이 공공갈등으로 인한 부정적 효과를 저감하고 긍정적 효과를 극대화하기 위한 체계적 대응을 의미한다. 이러한 공공갈등 관리는 국내에서는 공공주체가 공익실현을 위한 정책과 사업 등을 추진하는 과정에서 발생하는 혹은 예상되는 갈등에 대응하는 주요한 방식으로 점차 자리 잡아 가고 있는 상황이다. 다음은 공공갈등 발생의 이유를 국내 공공사업의 추진 관점에서 시기적으로 살펴보도록 하겠다.

(1) 개발 우선의 사업계획 수립

1960년대 이후 권위주의적 정권이 출범하여 정부 주도로 경제개발계획이 추진되면서 형성된 경제개발 우선주의적 지배이념이 사회 전반에 걸쳐 확산되면서 사회적 가치의 우선순위가 경제개발 및 산업화에 초점이 맞추어지고 이러한 상태가 1980년대 중반까지 이어졌다. 이 시기에는 환경보전 주장이 어렵고, 설령 제기된다 하더라도 정책에 반영되기가 어려웠다. 이러한 상황에서 개발 위주의 정책에 대한 반대활동이 공공사업 정책결정 과정에서 등장할 수 없었으며 당연히 '개발'과 '보존'을 둘러싼 갈등도 존재하지 않았다. 그러나 1980년대 중반 이후 민주화와 지방화가 진행되고 시민사회 세력이 압축적으로 성장하면서 이와 동반하여 1990년대에 접어들어 환경단체들의 급속한 신장으로 개발 위주의 공공사업에 제동이 걸리기 시작하였다. 공공사업에 있어서 개발 위주의 사업계획 수립은 환경단체의 활동으로 도전을 받게 되면서 개발 우선적 지배이념에 균열이 생기기 시작하였다. 개발 우선적인 지배이념이 1990년대 들어서 한국사회의 지배적 위치를 상실하고 환경보전에 대한 요구가 공공사업 정책결정 과정에 영향력을 발휘할 수 있는 상황이 조성되었다.

그러나 이러한 공공사업을 둘러싼 정책적 상황변화에도 불구하고 정부 등 공공기관의 규범체계와 공직사회 구성원의 의식 내면에는 아직도 과거의 권위주의적이고, 개발 우선주의적인 요소가 잔존하고 있어 환경단체 등에서 빠르게 확산되고 있는 환경보전에 대한 욕구를 공공사업 정책결정 과정에서 수용하기에는 일정한 한계가 있었다.

(2) 사업추진의 정당성 미확보

대규모 국책사업 등 공공사업 중에는 역대 정권들이 공약사업으로 제시하여 사업추진의 정당성이나 타당성에 대하여 충분한 검토와 이해당사자와 사전 협의나 설명 없이 사업이 결정되는 경우가 많았다. 이렇게 사업이 졸속으로 결정되다보니 정권에 반대적인 입장에 있거나 사업추진 필요성을 제대로 인식하지 못하는 일반 국민이나 주민으로부터 사업의 당위성, 필요성에 대한 공감대를 형성하지 못하였고, 이해당사자들로부터는 막연한 거부감, 또는 기대심리 등으로 비합법적, 비합리적인 요구나 주장을 받게 되었다.

이러한 정치적 또는 심리적 갈등요인은 민주화가 진행되고 지방자치가 시행되면서 지역에 대한 관심이 지역이기주의로 곡절되어 표출되면서, 가치배분에 대한 이해가 상충되어 나타나게 되었다. 그러나 이러한 갈등은 대부분 합리적인 근거가 결여되어 있으며, 잠재적 위험이나 손실에 대한 막연한 두려움, 지역 간 경쟁의식 등이 복합적으로 작용하고 있다. 여기에 환경단체 등 시민단체가 가세하면서 갈등이 더욱 증폭되어 왔다. 이처럼 공공갈등이 지역이기주의 및 환경문제 등과 혼재되면서 갈등의 표출이 대부분 평화적이고 정당한 방법이 아닌 물리적 행위를 동반한 비합법적인 집단행동으로 표출되고 있다는 데 문제의 심각성이 있다. 이러한 대응방식은 갈등을 근본적으로 해결할 수 없었고, 오히려 증폭시키는 요인으로 작용하였다.

(3) 사업의 지원 및 협조체계 부재

1980년대 중반 이전 권위주의정권 체제 하에서 공공사업 추진은 중앙정부 주도하에 일사불란하게 강력한 추진력을 발휘할 수 있었으나 1980년대 중반 이후부터는 민주화 및 지방화와 더불어 사회 각 분야에서 그동안 잠재되었던 욕구가 분출되면서 사회 모든 분야에서 일방당사자에 의한 추진은 더 이상 어렵게 되었다. 특히 공공사업 추진은 더욱 더 중앙정부만의 전유물이 될 수 없는 상황에 처하게 되었다.

이러한 여건 속에서 공공사업 중에서도 특히 대규모 국책사업은 사업추진에 장기간이 소요되고, 추진 시 지켜야 할 관련규정이 많을 뿐만 아니라, 이해관계가 복잡하고 다양하게 얽혀 있다. 따라서 중앙정부 내 담당부처의 힘이나, 공사, 공단 등 공공기관의 힘만으로 추진하기가 어려운 경우가 많아졌다. 즉, 중앙정부 상호 간, 중앙정부와 지방정부, 중앙정부와 공공기관 등 사업시행 주체, 지방정부와 사업시행 주체, 공공기관 상호 간의 유기적인 지원 및 협조 시스템이 결여되어 왔다.

예를 들어, 영월 동강댐 건설 사업이나 새만금 간척사업의 경우에서 보듯이, 자연환경의 변화로 환경피해가 우려되므로 계획수립 단계에서부터 개발사업 주관부서인 건설교통부(현 국토교통부) 또는 농림식품부와 환경보전 부서인 환경부, 개발대상지역인 강원도 등 지방자치단체와 사전에 충분한 협의가 필요함에도 불구하고 협의 없이 추진하여 사업추진 과정에서 갈등을 초래하였다.

(4) 이해당사자의 참여 부족

한국 사회가 민주화, 지방화, 다원화 등으로 공공사업추진 환경이 종전과 달리 많이 변화되었음에도 불구하고 정부 등 사업시행주체는 공공사업을 추진함에 있어서 정책결정 과정에서 주민, 전문가, 시민단체 등 이해당사자를 배제하거나 극히 형식적으로 참여시킴으로써 전통적인 방식을 답습하여 왔다.

따라서 공공사업 정책결정 과정에 있어서 이러한 답습은 공공갈등의 주요 요인으로 작용하여 왔다. 즉 공공사업 정책결정 과정에서 주민, 전문가, 시민단체 등의 다양한 이해관계를 가진 당사자들이 사업구상 단계 또는 입안 단계에서부터 참여하지 못하고 사업시행 주체의 일방적인 발표에 의해 사업추진을 인지하게 되면 갈등의 강도가 클 뿐만 아니라 갈등이 증폭되어 상황을 더욱 어렵게 하는 경우가 많다. 또한 정책결정 과정에서 주민, 전문가, 시민단체 등의 참여 없이 정책이 결정될 경우 그 결정이 아무리 합리적으로 결정되었다 할지라도 이해당사자가 이를 수용하지 않거나 부정적인 시각을 갖고 있으면 사업추진 자체가 어려워질 가능성이 높다.

현행 이해당사자 참여제도로 공청회, 공람 등이 있으나 이는 전반적인 계획수립 절차상의 의견수렴 제도로 활용되고 있어 구체적인 갈등에 대한 사전 조정을 효율적으로 수행하지 못하는 실정이다. 정부 등 사업시행 주체의 입장을 이해시키고 주민 등 이해당사자의 의견을 수렴할 수 있는 제도적 장치가 부재함으로써 잠재적 갈등으로 자연해소가 가능한 부분까지도 현실적 갈등으로 표출되는 경우가 많고, 갈등이 현실적으로 표출되면 그것을 조정, 관리하기가 상당히 어렵다.

2) 공공사업의 갈등관리 필요성

공공갈등은 어느 사회에서나 일어날 수 있는 현상이지만, 갈등이 발생하였을 때, 이를 어떻게 관리하는가에 따라서 그 결과가 긍정 혹은 부정적 파급효과를 야기할 수도 있다. 공공갈등은 발생의 잠재력이 큰 반면에 이해관계자 등 모두가 만족할 만한 해결안을 마련하기가 쉽지 않다. 따라서 근래에는 갈등으로 인한 부정적 파급효과를 줄이고, 상호 협의를 유도할 수 있는 갈등관리에 대한 관심이 높아지고 있다. 갈등관리란 "역기능적이고 파괴적인 갈등을 해소 또는 진정시키고, 갈등의 순기능적이고 건설적인 측면을 촉진시키기 위한 활동"을 포괄적으로 지칭하는 말이다[25]. 공공사업과 관련하여

---

25) 갈등은 두 가지 이상의 목표의 추구로부터 발생하며, 하나의 목표성취는 다른 하나의 목표희생을 전제로 한다. 이러한 정책참여자간의 상호의존성으로 인한 정책의 공동결정영역의 존재가 정부사업에서 갈등을 야기하는 조건이 된다. 이러한 조건하에서 정책참여자간의 정책에 대한 관점의 차이 또는 이해관계의 차이로 인해 갈등이 야기되는 것이다. 갈등관리는 일반적으로 목표를 설정하고,

지역사회나 주민들의 요구에 부응하고 주민 상호 간의 갈등을 관리할 필요성은 증대하고 있다. 따라서 지역의 갈등관리 역량의 제고는 무엇보다도 중요시되고 있다. 공공사업과 관련된 성공적인 갈등 해결은 추진과정에 나타나는 갈등의 증상뿐만 아니라 묵시적인 원인(행동과 지각)들에서의 변화를 요구한다. 단순히 증상만을 취급하는 권력지향적인 전략을 포기하고, 참여적이고 분석적이며, 비강제적인 접근방법을 취함으로써 억압된 감정을 해소하고, 묵시적 가치들, 동기들을 표면화시키도록 한다.

갈등관리에서는 갈등의 역기능적인 측면보다는 순기능적인 측면을 강조하고 있다[26]. 실제로 표출되는 갈등은 소모적이고 파괴적인 양상을 나타내는 것이 사실이므로, 단기적인 해결책을 강구하는 경우가 많다. 그러나 단기간에 해결하려고 한다면 갈등관리 역량의 형성이나 갈등관리의 제도화에 실패할 가능성이 크다. 갈등관리의 목표는 갈등의 순기능을 극대화하고 역기능을 최소화하여, 이후에 유사한 갈등이 발생했을 경우, 갈등관리 역량을 제고하는 것이다. 성공적인 갈등관리는 갈등 당사자의 주체와 쟁점 등에 대한 갈등분석을 통하여 그 방향을 검토할 수 있다.

갈등관리는 상호적으로 수용 가능하고 지속적일 뿐만 아니라, 당사자들 간의 관계도 변화시킬 수 있는 해결책을 만들어 내는 것이다. 사회변화에 따라 빈번한 사회갈등 표출로 인하여 갈등관리가 필요하고 인식의 제고가 요구된다. 이러한 것들은 작금의 한국 사회가 정보화, 민주화 등에 따라 진행되어 온 현상으로 불가피한 결과인 것으로 판단된다.

<Ⅰ-10> 공공갈등 당사자별 분류

구분	일반적 분류			쟁점 중시 분류		
갈등 구분	개인간 갈등	집단간 갈등	복합갈등	공공갈등		사적 갈등
				민관갈등	관관갈등	
당사자	개인 대 개인	집단 대 집단	개인/집단/민관/국가대 국가	[이익집단, 주민] / [정부, 지자체, 공기업]	정부/정부 정부/지자체	-
				장기화 경향	조정용이	

그것을 효과적으로 달성하기 위해 조직활동을 합리적으로 체계화하는 행동과정을 의미하는 과정적 개념으로 정의된다. 따라서 갈등관리 역시 갈등의 효과성을 제고하기 위한 활동으로 정의할 수 있다 (신창현, 2003).

26) 갈등관리의 효과는 다음과 같다.
 · 적극적인 대응노력 및 관리활동 전개로 갈등의 부정적 효과 최소화
 · 갈등예방 및 해결을 통한 국가 정책 및 사업에 대한 국민 신뢰회복 및 증대
 · 조직적이며 체계적인 노력과 활동으로 갈등해결 가능성 향상

3) 국내 갈등관리의 본격화

1995년 이후, 지방자치화 시대가 본격화되면서 중앙정부 차원의 공공정책 및 사업추진은 기존의 시민·환경단체는 물론 지방자치단체(이하 지자체) 및 지역주민 등과의 분쟁을 촉발시켰다. 그 결과 사업이 장기화되고 이로 인한 부정적 효과 등이 계속되면서 이를 해결하기 위한 정부차원의 고민과 노력도 시작되었다. 예를 들어 강원도의 영월 동강댐 건설은 시민환경단체의 반발로 인한 사업 장기화 등으로 인해 2000년에 백지화 되었다. 또한 철원의 한탄강 댐의 경우 중앙정부와 지자체 및 주민 간의 갈등이 발생하였고 앞서의 사례를 교훈삼아 대통령자문 지속가능발전위원회와 총리실 등의 주도로 지역 주민참여에 기반 한 '합의형성과정'(Consensus Building)을 통해 해결 대안이 제시되면서 현재는 공사가 마무리 단계에 있다. 이러한 방식은 2007년 고리1호기 계속운전 여부에 따른 정부와 주민 간의 갈등에도 적용되어 협상과 합의를 통해 해결되기도 하였다. 이처럼 정부 주도의 협상, 합의형성 등을 통한 문제 해결책은 2008년에 들어 더 이상 이루어지지 못하는 가운데 밀양송전탑 건설 갈등 등에 한국전력과 같은 중앙정부 산하기관의 주도로 적극 활용되었으나 실패하기도 하였다. 이러한 실패와 성공의 결과는 관련 조직이 구성되는 등 제도적 보완과 중앙정부차원의 갈등관리를 체계화하는 계기가 되기도 하였다.

지자체 차원의 갈등도 지방자치화 시대의 돌입을 계기로 대부분 정책 및 사업과 관련한 권한 이관 등의 정책변화에 따라 본격적으로 발생하기 시작하였다. 예를 들어 '폐기물처리시설 설치촉진 및 주변지역지원 등에 관한 법률'(이하 폐촉법)과 관련하여 광역쓰레기 매립장 등의 건설, '장사 등에 관한 법률'(이하 장사법)에 따른 화장장 설치가 대표적이다. 실제로 제주도의 경우 2011년부터 2014년까지 봉개쓰레기매립장 확장과 신규 설치에 따른 해당 지역 주민과 지자체 간 갈등이 발생하였다. 그리고 부천시의 경우 2005년부터 2009년까지 화장장 설치를 둘러싸고 찬반 주민 간, 지자체와 반대주민 간, 지자체 간 극심한 갈등을 경험하였다. 앞으로도 지방정부의 역할과 권한이 점차 강화될 것으로 예상되는 가운데 정책 및 사업 추진과정에서 다양한 이해당사자간 충돌이 예상되고 있다.

국내의 갈등관리 등 문제해결을 위한 구체적인 움직임은 주민의 참여를 기치로 내세운 참여정부에서 부터라고 할 수 있다. 실제로 정권초기부터 부안사태를 시작으로 혐오시설 설치에 대한 지역주민투표 및 공모방식을 통한 문제해결방안을 도출하였고 지금은 해당방식을 보편적으로 이용하고 있다. 또한 법·제도적으로 살펴보면 2004년, 대통령직속 지속가능발전위원회 차원의 본격적인 갈등관리가 시작되었다. 그러나 관련 법제도의 필요성에 공감한 정부는 2005년 5월 27일 정부입법으로 '공공기관의 갈등관리에 관한 법률안'을 국회에 제출하게 되었다. 그러나 정무위원회 등의 논의과정에서 법 제정의 필요성과 갈등영향분석, 참여적 의사결정 등에 대한 이견이 발생하는 등, 결국 제17대 국회 임기만료로 폐기되었다. 그러나 공공갈등관리의 제도적 뒷받침 마련에는 공감하여, 해당 법률안의 일부 내용을 담아 '공공기관의 갈등예방과 해결에 관한 규정'(이하 갈등관리규정)을 대통령령으로 제정하고, 그 적용대상을 중앙행정기관으로만 한정하게 되었다. 이처럼 갈등관리규정이 2007년 2월 12일에 제정·시행되면서, 2015년 현재까지 중앙정부 및 지방정부차원의 다양한 갈등관리에 영향을 주고 있다[27]. 또한 국민의 기본적 권익보호 수준을 향상시키려는 취지에서 2005년 10월 '국민고충처리위원회의 설치 및 운영에 관한 법률'(현재 부패방지 및 국민권익위원회의 설치와 운영에 관한 법률로 개정, 이하 권익위법)이 시행되었고 집단민원 등 공공사업 추진에 따른 갈등발생에 따른 해결에도 일조하고 있는 상황이다[28].

이러한 법·제도에 따라 국토교통부, 산업통상부 등과 같이 공공갈등이 빈번히 발생하고 있는 정책과 사업을 추진하는 부처의 경우에는 갈등영향분석, 예방 및 해결대응, 관련 교육의 실시, 협의체 구성 및 운영, 전담자 혹은 부서의 지정, 갈등관리심의위원회 등을 포함하는 소위 갈등관리시스템을 구축하여 운영하고 있다. 또한 사업과정에서 발생하는 문제 중 일부는 국민권익위원회에서의 권고 등의 결정을 바탕으로 해결하고 있다. 또한 광역 및 기초지자체의 경우도 2007년부터 앞서의 법령을 근거로 한 조례를 제정하고 구체적인 조직을 구성하여 지원·운영하는 등 각종 노력이 진행 중에 있다. 구체적으로 살펴보면 2021년 현재, 이상의 두 법령을 토대로 광역지자체의 갈등관리 조례는 16곳[29]에서 운영 중에 있다. 기초자치단체는 2008년 시흥시를 필두로 2021년 현재 100개 지자체가 관련 조례를 운영하고 있다[30]. 또한 권익위법에 의거하여 합의제를 통해 운영 중인 광역지자체로는 강원도와 경기도, 서울시가 있다[31]. 그러나 지자

---

[27] 본 규정은 법률의 수권이 없이 제정된 대통령령으로 그 적용대상은 원칙적으로 중앙행정기관에 한정하고 있다. 지방자치단체와 공공기관은 이 규정과 동일한 취지의 갈등관리 제도를 운영할 수 있다. (갈등관리규정 제3조)
제3조(적용대상) ① 이 영은 중앙행정기관(총리령으로 정하는 대통령 소속기관 및 국무총리 소속기관을 포함한다. 이하 같다)에 적용함을 원칙으로 한다.
② 지방자치단체, 그 밖의 공공기관은 이 영과 동일한 취지의 갈등관리제도를 운영할 수 있다.
[28] 국민고충처리위원회는 1994년 4월 8일부터 국민의 권리보호 및 구제 등의 처리를 담당한 합의제 행정기관이었으나, 국가청렴위원회, 국무총리행정심판위원회 등의 기능을 합쳐 2008년 2월 29일 국민권익위원회로 통합되면서 폐지되었다. 본 기관은 관계법령 등의 마련으로 2005년 10월 국무총리 소속에서 대통령 소속으로 출범하게 되었다(조성배, 2013).
[29] 서울특별시, 부산광역시, 대구광역시, 인천광역시, 광주광역시, 대전광역시, 울산광역시, 세종특별자치시, 경기도, 충청북도, 충청남도, 경상남도, 전라북도, 전라남도, 제주도
[30] 자치법규정보시스템(www.elis.go.kr)에서 "갈등"을 검색어로 관련 조례를 검색한 결과(2021년 7월 기준), 총 116개 지자체가 갈등관리 조례를 제정한 상황으로 파악된다.

체의 경우 중앙정부와 달리 행정 조직차원의 대응, 갈등관리체계 등과 관련하여 갈등관리규정 자체가 중앙정부 이외의 지자체의 의무사항이 아니기 때문에 자치단체장의 의지가 없는 한 실제로 갈등해결까지 활용되기는 어려운 상황이다. 또한 권익위법을 모법으로 하여 조례를 구성하고 운영하고 있다고 하더라도 실제로 광역지자체와 기초지자체의 영역과 권한의 한계로 실질적 해결에는 한계가 있다.

특히 갈등관리규정은 중앙정부관할 정책 혹은 사업에 대한 갈등예방과 해결에 대한 내용을 담고 있으나 다양한 공공갈등과 종합적 대응이 어렵다는 한계에 대하여 계속하여 지적되어 왔다. 이를 해결하기 위하여 갈등영향분석 등을 의무화하고 갈등관리를 법으로 제정하려는 노력이 참여정부부터 박근혜정부에 이르기 까지 계속되어왔다. 이를 위해 모든 공공기관(지자체도 포함)이 갈등을 예방하고 해결을 도모할 수 있으며, 종합적으로 관리하게 하는 '갈등기본법'(갈등과 관련하여 제안된 모든 법안을 총괄하여) 제정을 추진하였다. 그러나 17대는 물론 18대, 19대, 20대 국회에서도 관련 법 제정이 이루어지지 못하고 모두 임기만료폐기 되었다[32]. 그리고 문재인 정부에 들어서 갈등관리기본법 제정을 위한 노력이 국무조정실을 중심으로 추진되고 있으나 아직 가시적 성과는 없는 상황이다. 이처럼 10여 차례 이상 참여정부의 지속가능발전위원회, 이명박정부의 사회통합위원회, 박근혜정부의 국민대통합위원회, 문재인정부의 국무조정실에 이르기 까지 정부의 국회차원에서 관련 기본법제도 수립에 노력하고 있지만 갈등영향분석의 의무화에 따른 공공정책 및 사업 범위, 추진지연가능성 등을 둘러싼 내·외부 반발 등에 부딪혀 법제화가 쉽지 않은 실정이다.

2. 국내 갈등관리에 대한 법·제도와 입법 상황

다음은 국내의 공공갈등 및 관리 등에 대한 관련 법제도를 고찰하는 한편, 2021년 현재 입법 상황 등을 중심으로 대하여 논하도록 하겠다. 국내의 대표적인 갈등관리 제도로는 앞서 설명한 바와 같이 '공공기관의 갈등예방과 해결에 관한 규정'이 대표적이다. 본 규정은 관련 정부차원의 갈등관리를 제도화하였다는 점에서 의미가 있지만, 앞서 언급한바와 같이 법률이 아니어서 제도적 위상면의 문제에서 비롯되는 다양한 문제

---

31) 권익위법에 의거, 국민권익위원회의 산하기구나 지방 특별행정기관이 아닌 별도의 조직으로 시민고충처리위원회를 도입하고, 구체적 내용은 자치단체가 조례로 정하도록 하고 있다. 2012년말 기준, '97년 부천시를 시작으로 광역지자체를 포함한 12개의 지자체가 관련조례를 제정·운영 중에 있다. 옴부즈만 명칭은 시민고충처리위원회가 가장 많으며 의사결정방식은 합의제와 독임제가 혼재되어 있다. (출처: 국민권익위원회, 지방옴부즈만 운영 가이드라인, 2014. 3.)
32) '공공정책갈등 예방 및 해결을 위한 기본법안'(권택기의원 등 16인)
 '사회통합을 위한 정책갈등관리법안'(임두성의원 등 10인)

가 있다. 예를 들어 여러 예방 및 해결방법의 활용이 권고 수준으로 임의적으로 활용되는 등 강제성이 결여되어 있고, 예산확보 및 조직구성의 어려움 등의 이유로 실질적인 갈등예방 및 해결의 역할에 한계가 존재한다.

이러한 법적 한계를 해결하고자 갈등관리기본법 제정을 추진하고 있지만 기존의 단기적 성과 및 추진지향 방식, 하향식 의사결정방식, 형식적인 시민 및 주민참여 및 관련 근거 법제도 미흡 등, 타 법과의 충돌 가능성, 기존 방식 고수를 원하는 보이지 않는 저항 등으로 인해 쉽지 않은 상황이다. 그러나 이제는 대부분의 공공정책 및 그 사업화 과정에서 갈등이 발생하고 상황이며 국민의 참여의지와 인식이 증가하고 있고, 이와 관련한 공감대도 점차 확산되고 있는 실정이다. 이에 따라 직접적 저항이 많은 기존의 사안 해소차원의 갈등해결관련 법제도 마련에서 사전부터 갈등을 저감하고 예방적 차원의 관리 방식에 대한 입법이 추진되고 있다. 즉, 갈등의 사전적 해결이라는 차원에서 '공론화' 방식이 바로 그것이다. 예를 들어, 2012년 8월 29일 의원발의 된 '국가공론위원회법안'이나 2016년 11월 11일 의원발의 된 '국책사업갈등조정토론위원회의 설립 및 운영에 관한 법률안'이 대표적이라 할 수 있다.

이밖에 공공갈등에 대한 기본법은 존재하지 않지만 주민참여, 갈등예방 등의 차원에서의 노력과 관련하여 개별 법령을 살펴보면 '행정절차법', '환경영향평가법', '도시교통정비촉진법', '국토기본법', '환경정책기본법', '공익사업을 위한 토지등의 취득 및 보상에 관한 법률', '군 공항 이전 및 지원에 관한 특별법', '중·저준위 방사성폐기물 처분시설의 유치지역지원에 관한 특별법', '전원개발촉진법', '폐기물처리시설 설치촉진 및 주변지역지원 등에 관한 법률' 등 다양하다. 또한 공공갈등의 사후해결기제로는 정부간 갈등의 경우 지방자치법에 의거한 '행정협의조정위원회'(제168조), '중앙분쟁조정위원회'(제149조), 지방분쟁조정위원회(제148조) 등이 있다. 또한 분쟁해결기구로 대표적인 기구로는 '환경분쟁조정법'에 의거하여 설치되어 있는 '중앙환경분쟁조정위원회', '지방환경분쟁조정위원회'가 있다[33]. 그리고 '부패방지 및 국민권익위원회의설치와 운영에 관한 법률'에 의해 설치된 국민권익위원회[34]가 있으며 지방자치단체에는 관련 조례설치에 따른 고충처리위원회(옴부즈만위원회) 등이 있다[35].

---

[33] 환경분쟁조정법 제4조(환경분쟁조정위원회의 설치)에 따라 환경부에는 중앙환경분쟁조정위원회가, 특별시·광역시 또는 도에 지방환경분쟁조정위원회가 각각 설치되어 있다. 본 위원회는 환경분쟁을 신속·공정하고 효율적으로 해결하여 환경을 보전하고 국민의 건강 및 재산상의 피해를 구제하는 것을 그 목적으로 하고 있다.

[34] 국민 권익 위원회의 업무로는 '고충 민원의 처리와 이와 관련된 불합리한 행정 제도 개선', '공직사회 부패 예방·부패 행위 규제를 통한 청렴한 공직 및 사회 풍토 확립', '행정 쟁송을 통하여 행정청의 위법·부당한 처분으로부터 국민의 권리를 보호하는 것' 등이다.

[35] 강원도사회갈등조정위원회(2012년), 경기도옴부즈만(2015년), 서울시민감사옴부즈만위원회(2016). 2021년 7월 현재, 자치법규정보시스템(www.elis.go.kr)에 의거하면(검색어; 옴부즈만)

1) 기존의 갈등관리 관련 법과 제도

(1) 공공기관의 갈등예방과 해결에 관한 규정(대통령령)

본 규정은 중앙행정기관의 갈등예방과 해결능력의 향상, 사회적 합의를 통한 정책 수용성 제고를 목적으로 2007년 2월, 중앙행정기관 등이 공공정책과 관련된 갈등을 체계적으로 관리할 수 있도록 갈등관리에 관한 표준절차인 '공공기관의 갈등예방과 해결에 관한 규정'(제19886호, 현 제21185호)을 대통령령으로 제정하게 되었다. 주요 내용은 다음과 같다.

우선 총칙에서는 갈등과 갈등관리에 대한 주요 용어에 대한 정의와 적용대상 및 책무에 대하여 규정하고 있다. 용어 정의와 관련해서는 제2조제1호에서 '갈등'이란 "공공정책(법령의 제정·개정, 각종 사업계획의 수립·추진을 포함)을 수립하거나 추진하는 과정에서 발생하는 이해관계의 충돌을 말한다."고 정의하고 있다. 갈등예방과 해결을 위한 구체적인 방법인 갈등영향분석에 대하여도 규정하고 있는데 제2조제2호에서는 갈등영향분석이란 "공공정책을 수립·추진할 때 공공정책이 사회에 미치는 갈등의 요인을 예측·분석하고 예상되는 갈등에 대한 대책을 강구하는 것"이라고 정의하고 있다.

<표Ⅰ-11> 갈등관리규정 상 '중앙행정기관의 책무'

구분	주요 내용
종합·전략적 갈등대응방안 구축 (제4조의 1)	· 중앙행정기관은 사회 전반의 갈등예방 및 해결 능력을 강화하기 위하여 종합적인 시책을 수립·추진
관계 규정 등의 수정 및 보완 (제4조의2)	· 중앙행정기관은 갈등관리 관련 법령 등을 지속적으로 정비
해결방안에 대한 모색 (제4조의3)	· 중앙행정기관은 신속하고 효율적으로 해결할 수 있는 다양한 수단을 발굴하여 적극 활용
역량강화 (제4조의4)	· 중앙행정기관은 소속 직원을 대상으로 갈등을 예방하고 갈등 해결 능력을 향상하기 위한 교육훈련을 실시하고 갈등관리능력을 기관의 인사운영의 중요한 기준으로 설정·반영

106개의 지자체(광역, 기초)에서 옴부즈만 관련 조례를 운영하고 있는 것으로 나타났다.

적용대상과 관련해서는 그 대상이 중앙행정기관 적용하는 것이 원칙이나 지방자치단체 및 그 밖의 공공기관이 동일한 취지의 갈등관리 제도를 운영할 수 있다고 제3조에서 규정하고 있다. 중앙행정기관의 책무에 대하여는 제4조에서 로서 관련 시책수립 및 마련, 관련 법령정비, 해결수단 발굴 및 활용, 교육훈련의 실시 및 관련 능력의 인사 상 중요한 기준으로 설정·반영할 수 있다고 하고 있다.

제2장은 갈등 예방 및 해결의 원칙으로 '자율해결과 신뢰확보의 원칙', '참여와 절차적 정의의 원칙', '이익의 비교형량의 원칙', '정보공개 및 공유의 원칙', '지속가능한 발전방안의 고려 원칙' 5가지를 규정하고 있다.

<표Ⅰ-12> 갈등관리 규정상 '갈등예방 및 해결의 원칙'

구분	주요 내용
자율해결과 신뢰확보의 원칙 (제5조)	· 갈등의 당사자는 대화와 타협을 통하여 자율적으로 갈등을 해결할 수 있도록 노력
	· 중앙행정기관의 장은 공공정책을 수립·추진할 때 이해관계인의 신뢰를 확보할 수 있도록 노력
참여와 절차적 정의의 원칙 (제6조)	· 중앙행정기관의 장은 공공정책을 수립·추진할 때 이해관계인·일반시민 또는 전문가 등 실질적 참여가 보장되도록 노력
이익의 비교형량의 원칙 (제7조)	· 중앙행정기관의 장은 공공정책을 수립·추진할 때 달성하려는 공익과 이와 상충되는 다른 공익 또는 사익을 비교·형량
정보공개 및 공유의 원칙 (제8조)	· 중앙행정기관의 장은 이해관계인이 공공정책의 취지와 내용을 충분히 이해할 수 있도록 관련정보를 공개하고 공유하도록 노력
지속가능한 발전방안의 고려 원칙 (제9조)	· 중앙행정기관의 장은 공공정책을 수립·추진할 때 지속가능한 발전을 위한 요소를 고려

제3장은 갈등의 예방을 위한 구체적 방법에 대한 사항을 규정하고 있다. 갈등영향분석의 실시근거 및 방법, 갈등관리심의위원회의 설치 및 운영, 위원회의 기능, 참여적 의사결정 방법 활용 등에 대한 내용이 포함되어 있다.

<표Ⅰ-13> 갈등관리 규정상 '갈등영향분석'

구분	주요 내용
실시 여부 판단 (제10조의 1)	· 중앙행정기관의 장은 공공정책을 수립·시행·변경함에 있어서 국민생활에 중대하고 광범위한 영향을 주거나 국민의 이해상충으로 인하여 과도한 사회적 비용이 발생할 우려가 있다고 판단되는 경우에는 해당 공공정책을 결정하기 전에 갈등영향분석을 실시
결과 보고 (제10조의 2)	· 갈등영향분석서를 작성하여 위원회에 심의 요청
필수 포함 내용 (제10조의 3)	· 공공정책의 개요 및 기대효과 · 이해관계인의 확인 및 의견조사 내용 · 관련 단체 및 전문가의 의견 · 갈등유발요인 및 예상되는 주요쟁점 · 갈등으로 인한 사회적 영향 · 갈등의 예방·해결을 위한 구체적인 계획 · 그 밖에 갈등의 예방·해결을 위하여 필요한 사항
환경영향평가법과 관련성 (제10조의 4)	· 중앙행정기관의 장이 「환경영향평가법」에 따른 전략환경영향평가 및 환경영향평가 또는 「도시교통정비 촉진법」에 따른 교통영향분석·개선대책 등을 실시하면서 이 영이 정한 갈등영향분석 기법을 활용한 경우에는 갈등영향분석을 실시한 것으로 봄

갈등관리심의위원회는 중앙행정기관의 갈등예방 및 해결 등과 관련한 갈등관리 사항을 논의 및 심의하기 위한 기구이다. 위원회의 주요 역할은 갈등영향분석 실시여부, 갈등해결방안, 종합적 시책 수립 및 추진, 다양한 해결수단 발굴 및 활용, 민간활동 지원, 관련 법령정비, 교육훈련 등의 사항을 심의한다(제13조).

<표 I-14> 갈등관리 규정상 '갈등관리심의위원회'

구분	주요 내용
설 치 (제11조)	· 중앙행정기관은 소관 사무의 갈등관리와 관련된 사항을 심의하기 위하여 갈등관리심의위원회를 설치
구성 및 운영 (제12조)	· 위원회는 위원장을 포함한 11인 이내의 위원으로 구성 · 중앙행정기관의 장은 소속 직원 또는 갈등의 예방과 해결에 관한 학식과 경험이 풍부한 자 중에서 위원을 임명 또는 위촉하되, 공무원이 아닌 위원이 전체위원의 과반수가 되도록 함 · 위원회의 위원장은 민간위원 중에서 호선하여 선출 · 위원은 중립적이고 공정한 입장에서 활동하여야 함
기능 (제13조)	· 종합적인 시책의 수립·추진에 관한 사항 · 법령 등의 정비에 관한 사항 · 다양한 갈등해결수단의 발굴·활용에 관한 사항 · 교육훈련의 실시에 관한 사항 · 갈등영향분석에 관한 사항 · 갈등의 예방·해결에 관한 민간활동의 지원에 관한 사항
심의결과의 반영 (제14조)	· 위원회의 심의결과를 공공정책의 수립·추진과정에 성실히 반영하여야 함

갈등영향분석 결과 이해관계자, 시민, 전문가 등이 참여하는 의사결정방법을 활용할 수 있으며, 특히 이미 갈등이 발생한 경우, 그 해결을 위하여 갈등조정협의회를 구성 및 운영할 수 있다고 규정하고 있다(제16조). 갈등조정협의회는 공공정책 및 사업추진과 관련하여 이해당사자간의 갈등을 합리적으로 조정하고 합의를 도출하기 위한 논의구조이다. 중앙행정기관의 장은 갈등해결을 위하여 필요하다고 판단되는 경우에는 사안별로 갈등조정협의회를 구성하여 운영할 수 있다고 규정하고 있다(제16조).

<표 I-15> 갈등관리 규정상 '예방 및 해결을 위한 구체적 방법'

구분	주요 내용
참여적 의사결정방법 활용 (제15조)	· 갈등영향분석에 대한 심의결과, 갈등의 예방·해결을 위하여 이해관계인·일반시민 또는 전문가 등의 참여가 중요하다고 판단되는 경우에는 이들이 참여하는 의사결정방법을 활용
갈등조정협의회 (제16조~제23조)	· 중앙행정기관장은 갈등해결을 위해 필요하다고 판단한 경우 사안별로 갈등조정협의회를 설치할 수 있음 · 중앙행정기관, 이해관계인, 전문가 등으로 구성하고 갈등해소를 지원·촉진하기 위한 중립적인 의장을 선임 · 협의회의 구성과 운영은 당사자 간 합의한 기본규칙에 따르며 협의결과문은 법령 등에 위배되거나 중대한 공익을 침해해서는 안됨

이밖에 제5장 보칙에는 '갈등관리 연구기관의 지정운영'(제24조), '갈등관리매뉴얼의 작성 및 활용'(제25조), '갈등관리실태의 점검 및 보고'(제26조), '갈등전문인력의 양성'(제28조) 등이 규정되어 있다.

(2) [총리령] 공공기관의 갈등 예방과 해결에 관한 규정 시행규칙

갈등관리규정에 의거하여 중앙행정기관의 갈등관리는 각 중앙부처가 소관정책에 따른 갈등을 책임 관리하는 것을 원칙으로 하고, 그 산하기관에서 실질적 관리를 하도록 하고 있다. 또한 국무조정실은 각 부처의 갈등예방 및 관리를 점검·지원하고 범정부 차원의 대응이 필요한 이슈를 조기에 발굴하고 대응하고 있다[36]. 국무조정실은 2008년부터 주요 예산사업으로 '공공기관 갈등관리 사업'을 지속적으로 추진하고 있다. 또한 '갈등관리규정' 제26조(갈등관리실태의 점검 및 보고)에 의거 매년 중앙행정기관의 갈등관리의 실태 등을 점검·평가하고 있다. 그 구체적인 방법에 대해서는 '공공기관의 갈등 예방과 해결에 관한 규정 시행규칙'(제847호, 이하 시행규칙)에 의거 규정하고 있다. 그 주요 내용을 정리하면 다음과 같다.

우선 적용대상으로는 갈등관리규정 제3조1항에서 총리령으로 정하는 대통령 소속기관(방송통신위원회) 및 국무총리 소속기관(국무조정실, 금융위원회)으로 하고 있다(시행규칙 제2조). 다음으로 갈등관리연구기관을 지정하여 운영할 수 있고(시행규칙 제5

---

36) 국무조정실, 공공기관의 갈등관리 매뉴얼, 2013.

조), 그 연구기관의 요건 및 지정기간, 지원 및 관리 등에 대한 내용 등(시행규칙 제6조~13조)을 규정하고 있다. 시행규칙 제15조에서는 관련 법령정비 등의 제도개선, 교육 및 홍보 등과 관련한 사항에 대한 심의·조정을 위하여 '갈등관리정책협의회'를 설치·운영하도록 규정하고 있다. 이밖에 시행규칙 제4조에서 갈등영향분석의 실시와 별개로 참여적 의사결정 방법을 활용할 수 있다고 규정하여 갈등예방 및 시급성에 따른 예외적 적용이 가능하도록 하고 있다.

<표 Ⅰ-16> 갈등관리 총리령의 '참여적 의사결정 방법의 활용 및 갈등관리 실태 점검'

구분	주요 내용
활용 (제4조)	· 갈등을 예방하고 신속하게 해결하기 위하여 갈등영향분석을 실시하지 않은 사안의 경우에도 참여적 의사결정 방법을 활용할 수 있음
갈등관리실태점검 (제14조)	· 국무조정실장은 중앙행정기관의 갈등관리실태 등을 점검하고자 하는 경우에 특별한 사유가 없는 한 미리 다음의 사항을 명시하여 관계 행정기관에 통지 - 점검사항, 점검일정, 점검자 인적사항 등 - 기타 점검에 필요하다고 판단되는 사항

<표 Ⅰ-17> 갈등관리 총리령의 '갈등관리정책협의회 구성 및 운영'

구분	주요 내용
갈등관리정책협의회 구성 및 운영 (제15조)	· 갈등관리정책협의회(이하 "정책협의회"라 한다)는 위원장 1명을 포함한 25명 이내의 위원으로 구성. 심의·조정사항은 다음과 같음 - 공공갈등 예방과 해결을 위한 법령정비 등 제도개선에 관한 사항 - 공공갈등과 관련된 교육·홍보에 관한 사항 - 위원장이 공공갈등과 관련하여 정책협의회의 심의가 필요하다고 인정하는 사항

2) 기타 갈등관리 관련 주요 법령

기존 공공갈등은 보통 물리적 영향을 주는 정책 및 사업시행과정에서 발생하고 있다. 예를 들어 대표적인 사안으로 국토교통부의 경우, 도로 및 철도건설, 댐을 위시한 수자원개발, 도시 및 주택단지개발, 산업단지 개발, 공항건설 등이 있으며, 산업통상자원부의 경우, 전원개발 등(발전소, 변전소, 송전선로 등)이 있고, 환경부의 경우 폐기물처리 시설(쓰레기매립장, 소각장 등) 등37)이 있다. 이와 관련되는 법제는 매우 방대하여 모두 다루기는 어려움이 있으므로 크게 절차관련 법제, 환경관련 법제, 국토계획 법제, 전원 및 관련 폐기물 시설설치 법제, 주변지역지원에 관한 법제, 고충민원 해소 법제 등으로 나누어 보도록 하겠다.

(1) 절차관련 법제

'행정절차법'이 대표적이다. 행정절차법은 행정절차에 관한 공통적인 사항을 규정하여 국민의 행정 참여를 도모함으로써 행정의 공정성·투명성 및 신뢰성을 확보하고 국민의 권익을 보호함을 목적으로 제정되었다. 이 법에는 행정행위(처분, 신고, 행정상 입법예고, 행정예고 및 행정지도 등)에 대한 국민의 의견제출 및 청문, 공청회, 입법예고 등 관련 규정을 포함하고 있다. 또한 당사자 의견청취와 관련하여 행정절차법 제2장 제1절에 의거, 행정청의 처분 시 청문의 실시(행정절차법 제22조제1항), 공청회의 개최(행정절차법제22조제2항) 당사자 등의 의견 제출 기회 등(행정절차법 제22조제3항)을 규정하고 있다. 그리고 행정절차법 제2장 제2절에 의거 당사자가 행정청의 처분 전에 관련 처분에 대해 관할 행정청에 서면이나 말로 또는 정보통신망을 이용하여 의견제출을 할 수 있도록 하고 있다(행정절차법 제27조제1항). 그 결과 제출의견에 상당한 이유가 있다고 판단될 경우 제출의견을 행정청이 반영할 수 있다(행정절차법 제27조의2). 이밖에 행정절차법 제2장 제3절(제38조~제39조)을 통해 당사자에게 관련 내용에 대한 통보 및 공고 등에 대한 사항을 구체적으로 규정하고 있다.

(2) 환경관련 법제

환경관련 법제로는 '환경정책기본법'과 '환경영향평가법'이 대표적이다. 특히 환경영향평가법에 의한 설명회는 요청에 따라 이루어지는 행정절차법에 의거한 공청회와는 달리 공공정책 및 사업 추진에 따른 공식적인 의견수렴절차로 여겨지고 있다. 따라서 추진주체는 당사자의 특별한 요구가 없는 경우 전략영향평가나 환경영향평가 초안 설명회와 사업설명회 등을 병행하여 개최하고 있다.

우선 환경정책기본법에서는 '국가환경종합계획'(환경정책기본법 제14조), '환경보전

---

37) 이밖에 보건복지부의 경우 장사시설(납골당, 화장장 등)에 대한 관할 부처나 실제 시행은 해당 광역 및 기초 지자체가 맡고 있다. 주민의견수렴에 대한 특별한 법규정은 없으나 최근 시설설치에 따른 지역(지자체) 간 갈등이 증가하면서 이를 해결하기 위하여 '장사등에관한법률' 제5조에 의거, "보건복지부장관은 제4항에 따라 보고받은 지역수급계획 중 지역간 장사시설의 수급조정, 장사시설의 공동설치 및 장사시설에 관한 지역간 갈등조정 등이 필요한 사항에 대하여는 관계 중앙행정기관의 장과의 협의를 거쳐 이를 확정하여야 한다."는 규정을 추가하였다(2015년 1월 28일 신설).

중기종합계획'(환경정책기본법 제17조), '시·도의 환경보전계획'(환경정책기본법 제18조)을 수립·변경 시 그 초안을 공청회 개최 등을 통해, 국민, 전문가 등의 의견을 수렴한 후 확정하도록 규정하고 있다. 다음으로 '환경영향평가법'의 경우, 개발기본계획[38]을 수립하려는 행정기관의 장은 해당 기본계획에 대한 전략환경영향평가서 초안을 공고·공람하고 설명회를 개최하여 해당 평가 대상지역 주민의 의견을 들어야 한다[39]. 또한 환경영향평가[40] 시에도 이를 준용하게 되어 있다. 다만, 대통령령으로 정하는 범위의 주민이 공청회의 개최를 요구하면 공청회를 개최하여야 한다(환경영향평가법 제13조제1항). 그러나 개발기본계획을 수립하려는 행정기관의 장이 책임질 수 없는 사유로 설명회나 공청회가 정상적으로 진행되지 못하는 등 대통령령으로 정하는 사유가 있는 경우에는 설명회나 공청회를 개최하지 않을 수 있다고 규정하고 있다(환경영향평가법 제13조 제3항)[41]. 이 규정 때문에 많은 공공갈등 현장에서 해당 설명회가 제대로 개최되지 않더라도 의견수렴 노력을 다한 것으로 되어 반대 측으로 부터 절차적 문제 제기를 하게 되는 원인이 되기도 한다. 또한 환경영향평가법 제14조에서 주민 등의 의견수렴 절차의 생략을 규정[42]하고 있지만 동법 제15조에서는 협의 내용을 통보받기 전에 개발기본계획 대상지역 등 대통령령으로 정하는 중요한 사항을 변경하려는 경우에는 의견 재 수렴하도록 되어 있다. 또한 환경영향평가 시 제25조, 제25조에 의거 주민의 견수렴을 규정하고 있다. 최근에는 사업 추진 시[43] 환경영향평가 관련 설명회 등의 과

---

[38] 국토의 일부 지역을 대상으로 하는 계획으로서 다음 각 목의 어느 하나에 해당하는 계획
　가. 구체적인 개발구역의 지정에 관한 계획
　나. 개별 법령에서 실시계획 등을 수립하기 전에 수립하도록 하는 계획으로서 실시계획 등의 기준이 되는 계획
[39] 환경영향평가법 제2조제1호 "'전략환경영향평가'란 환경에 영향을 미치는 상위계획을 수립할 때에 환경보전계획과의 부합 여부 확인 및 대안의 설정·분석 등을 통하여 환경적 측면에서 해당 계획의 적정성 및 입지의 타당성 등을 검토하여 국토의 지속가능한 발전을 도모하는 것을 말한다."
[40] 환경영향평가법 제2조제2호 "환경에 영향을 미치는 실시계획·시행계획 등의 허가·인가·승인·면허 또는 결정 등을 할 때에 해당 사업이 환경에 미치는 영향을 미리 조사·예측·평가하여 해로운 환경영향을 피하거나 제거 또는 감소시킬 수 있는 방안을 마련하는 것을 말한다."
[41] 이 경우 대통령령으로 정하는 바에 따라 설명회 또는 공청회에 준하는 방법으로 주민 등의 의견을 들어야 한다.
[42] 개발기본계획을 수립하려는 행정기관의 장은 다른 법령에 따른 의견 수렴 절차에서 전략환경영향평가서 초안에 대한 의견을 수렴한 경우에는 제13조에 따른 의견 수렴 절차를 거치지 아니할 수 있다.
[43] 환경영향평가법 제3장 제1절 제22조에 의거 환경영향평가의 대상으로는 다음과 같다.
　1. 도시의 개발사업
　2. 산업입지 및 산업단지의 조성사업
　3. 에너지 개발사업
　4. 항만의 건설사업
　5. 도로의 건설사업
　6. 수자원의 개발사업
　7. 철도(도시철도를 포함한다)의 건설사업

정이 갈등발생의 시작이 되는 것이 일반적이다. 따라서 주민의견청취가 어디까지나 환경영향에 관한 사안에 국한되지만 기타 이슈(생존권 등)에 대한 제기 등에 따라 다양한 성격의 갈등으로 심화되는 경우도 많다44). 따라서 환경영향이전의 지역 내 갈등이 심각할 경우 환경영향평가법 제14조 및 제25조에 의거하여 생략, 혹은 의견수렴절차를 거치지 않기란 쉽지 않은 것도 사실이다.

갈등관리규정 제10조제4항에서는 타 법률에서 "중앙행정기관의 장이 환경영향평가법 제9조 및 제27조에 따른 전략환경영향평가 및 환경영향평가 또는 도시교통정비 촉진법45)에 따른 교통영향분석·개선대책 등을 실시하면서 이 영이 정한 갈등영향분석 기법을 활용한 경우, 갈등영향분석을 실시한 것으로 본다."고 규정하고 있다.

(3) 국토계획 관련 법제

국토계획 관련 법제로는 '국토기본법'과 '국토의 계획 및 이용에 관한 법률'이 있다. 우선 국토기본법에서는 제11조제1항에서 국토교통부장관이 국토종합계획안을 작성하였을 시 공청회를 개최하여 일반국민과 관계 전문가 등으로부터 의견을 청취하도록 하고 있다. 또한 공청회에서 제시된 의견이 타당하다고 인정될 경우 국토종합계획에 반영하도록 하나, 국방상 기밀을 유지하여야 하는 사항으로서 국방부장관이 요청한 사항은 제외한다고 규정하고 있다. 국토의 계획 및 이용에 관한 법률에서도 제14조제1항을 근거로 하여 광역도시계획을 수립 혹은 변경 시, 앞서 공청회를 개최하고 주민과 관계 전문가 등으로부터 의견을 청취하여야 하며, 공청회에서 제시된 의견이 타당하다고 인정

---

8. 공항의 건설사업
9. 하천의 이용 및 개발 사업
10. 개간 및 공유수면의 매립사업
11. 관광단지의 개발사업
12. 산지의 개발사업
13. 특정 지역의 개발사업
14. 체육시설의 설치사업
15. 폐기물 처리시설의 설치사업
16. 국방·군사 시설의 설치사업
17. 토석·모래·자갈·광물 등의 채취사업
18. 환경에 영향을 미치는 시설로서 대통령령으로 정하는 시설의 설치사업

44) 실제로 가로림조력발전소 건설의 경우, 환경영향평가 초안 설명회가 찬반주민 간 갈등이 폭발하게 된 계기가 되었다. 또한 환경부는 환경영향평가법상 주민의견수렴 차원에서 해당 사업체에게 지역 내 갈등을 해소할 수 있는 방안을 업체 측에 비공식적으로 요구하기도 하였다. 이와 관련하여 환경영향평가의 범위, 주민의견수렴의 범위, 갈등조정 등의 합의노력과 환경영향평가의 관계 등 수용여부의 판단기준에 대한 논란도 있었다.

45) '도시교통정비촉진법' 제2조제5호, "교통영향분석·개선대책이란 사업의 시행에 따라 발생하는 교통량·교통흐름의 변화 및 교통안전에 미치는 영향을 조사·예측·분석하고 그와 관련된 각종 문제점을 최소화하기 위하여 수립하는 대책을 말한다."

될 경우 광역도시계획에 반영하여야 한다고 규정하고 있다.

(4) 전원 및 관련 폐기물처리 시설 설치 관련 법제

전원 및 관련 폐기물처리 시설 설치와 관련한 법제로는 발전소·변전소·송전탑 설치에 대한 전원개발촉진법, 관련 폐기물처리시설 등과 관련해서는 방사성폐기물관리법 등이 있다.

우선 발전소 등의 설치와 관련하여 전원개발촉진법이 대표적이다. 전원개발사업과 관련해 전원개발사업자는 실시계획의 승인 또는 변경승인을 받으려면, 승인을 신청하기 전에 사업시행계획의 열람 및 설명회를 통하여 대상사업의 시행으로 영향을 받게 되는 주민 등의 의견을 들어야 한다(전원개발촉진법 제5조의2)고 규정하고 있다. 그러나 "다른 법령에 따라 이미 주민 등의 의견을 수렴한 경우", "국방상 기밀을 지켜야 할 필요가 있는 경우", "실시계획의 사업면적 또는 선로(線路)의 길이가 100분의 30의 범위에서 변경되는 경우", "설치된 전원설비의 토지등을 취득하거나 사용권원을 확보하는 사업의 경우" 등의 예외규정을 두고 있어 갈등의 원인이 되고 있다. 전원개발촉진법시행규칙 제17조~제18조의4에서는 관련계획의 공고공람, 의견처리, 설명회 개최 등에 대하여 규정되어 있다. 그러나 여기에서도 타 법령과 마찬가지로 전원개발사업자가 시행규칙 제18조제3항에 따라 공고한 설명회가 개최 방해 등의 사유로 개최되지 못하거나 개최는 되었으나 정상적으로 진행되지 못한 경우에는 설명회를 생략할 수 있다고 되어 있어 갈등예방이나 적극적 해결을 기대하기는 어려운 실정이다. 시행기관인 한국전력 등은 이러한 문제를 해결하기 위하여 자체 내규를 마련하여 입지선정위원회의 운영을 통한 결정을 하고 있다. 한국수력원자력의 경우에도 방사성폐기물처리장 결정 이후 발전소 등의 설치와 관련하여 사전에 유치하고자 하는 지자체로부터 입지예정지를 공모 받아서 평가하는 등의 방식을 통해 갈등을 예방하고자 하고 있다[46]. 예를 들어 우선, '방사성폐기물관리법'의 경우 제6조의2(공론화)에서 공론화위원회의 구성과 운영방식 등[47])에 대하여 되어 규정되어 있고, 이를 근거로 정부는 2015년 현재 "사용후핵연료 공론화위원회"를 가동 중이다. 그리고 '중·저준위 방사성폐기물 처분시설의 유치지역지원에 관한 특별법'(이하 방폐장특별법)의 경우, 산업통상자원부장관이 방사성폐기물 처분시설의 유치지역 선정에 주민투표를 거치도록 하고 있으며, 이와 관련하여 해당지역 주민을 대상으로 설명회 또는 토론회를 실시하여야 한다고 규정하고 있다[48]).

---

[46]) 그러나 삼척원자력발전소 등과 같이 이미 원전 입지예정지로서 결정되었지만 지자체 장의 변경으로 재차 삼척시 자체 주민투표를 통해 설치 반대로 돌아선 경우도 있다. 이에 따른 결과에 대해 정부가 수용하지 않는다고 밝혀 법적 절차성 논란이 계속되고 있다.

[47]) "산업통상자원부장관은 기본계획 수립과정에서 사용후핵연료 관리 등 사회적 갈등이 예상되는 사항에 대하여 이해관계인·일반시민 또는 전문가 등으로부터 광범위한 의견수렴 절차를 거칠 수 있다."

(5) 발전소 등 주변지역 지원에 관한 법제

주변지역 지원에 관한 법제로는 발전소, 송전선로 및 변전시설, 댐, 군사기지, 폐기물처리시설 등의 건설 등에 따른 다양한 법률(특별법 포함)이 존재하고 있다. 그러나 위에서 열거한 사업들이 모두 이해당사자 의견수렴 조항을 포함하고 있는 상황은 아니다. 이중 대표적인 주변지역 지원 법제에서의 의견수렴 조항 등을 살펴보면 다음과 같다.

우선 '군 공항 이전 및 지원에 관한 특별법'(이하 군공항 이전 지원 특별법)의 경우, 군 공항 이전에 관하여 이전부지 선정계획이 공고된 지자체 장에게 국방부장관이 주민투표를 요구할 수 있다고 정하고 있다[49]. 이와 함께 이전부지 선정을 위한 군 공항 이전부지 선정위원회를 구성·운영할 수 있으나 시민이나 주민참여는 보장되지 못하고 있다(군공항 이전 지원 특별법 제6조).

다음으로 '폐기물처리시설 설치촉진 및 주변지역지원 등에 관한 법률'(이하 폐촉법)이 있다. 폐촉법 제2장 제9조(폐기물처리시설의 입지 선정)에 의거, 입지선정위원회를 구성하도록 되어 있다[50]. 또한 동법 제5항, 제6항에서 "입지선정위원회는 해당 지역에 거주하는 세대주의 과반수가 제1항의 입지선정계획에 따라 그 지역에, 폐기물처리시설의 설치를 원하는 경우에는 그 지역에 대하여만 제4항에 따른 입지 후보지 타당성 조사를 실시할 수 있다." 하고 있으며, 그 내용을 해당 지역의 주민에게 공개하여야 한다고 규정하고 있다. 이와 함께 폐촉법제13조에서 제11조의3 (폐기물처리시설 설치계획의 승인 등)에 의거 "폐기물처리시설의 설치·운영으로 인하여 그 폐기물처리시설의 주변지역 주민에게 피해가 발생할 것으로 예상되는 경우에는 이에 대한 대책을 마련하여야 한다."고 하고 있고, 이에 따라 예상되는 피해에 관한 분쟁이 발생한 경우 당사자는 '환경분쟁조정법'에 따른 환경분쟁조정위원회에 분쟁의 조정을 신청할 수 있다고 규정되어 있다. 이에 따라 쓰레기 매립장 등의 입지선정과정에서 지역주민들의 유치 신청, 해당 지역의 주민투표 등의 실시를 통해 최종 수용하도록 하고 있다. 이 과정에서 해당 지자체는 폐촉법에 의거한 지원기금의 조성, 주변영향지역에 대한 지원 등에 대해 설명하는 등의 역할을 하고 있다.

---

48) 방폐장특별법 제7조(유치지역의 선정 등) ① 산업통상자원부장관은 「주민투표법」 제8조에 따른 주민투표를 거쳐 유치지역을 선정하여야 한다.
49) 군공항이전지원특별법 제8조(이전부지의 선정) ① 국방부장관은 제7조에 따라 이전부지 선정계획이 공고된 이전후보지 지방자치단체의 장에게 「주민투표법」 제8조에 따라 주민투표를 요구할 수 있다.
50) 폐촉법9조3항, "폐기물처리시설 설치기관은 제1항에 따른 입지선정계획을 공고한 경우에는 지체없이 대통령령으로 정하는 바에 따라 주민대표가 참여하는 입지선정위원회를 설치하여 해당 폐기물처리시설의 입지를 선정하도록 하여야 한다."

'송·변전설비 주변지역의 보상 및 지원에 관한 법률'에서는 지원사업계획에 대하여 사업자는 매년 주민의 의견을 수렴하여 송·변전설비 주변지역에 대한 지원사업계획을 수립하도록 되어 있다(제7조).

(6) 고충민원 해소 법제

'부패방지 및 국민권익위원회의 설치와 운영에 관한 법률'(이하 국민권익위법)에 의거 국무총리 소속으로 국민권익위원회(동법 제11조~제31조)와 지자체와 그 소속기관의 경우 시민고충처리위원회를 둘 수 있다고 규정되어 있다(동법 제32조~제38조). 주요 내용으로는 고충민원의 신청 및 접수, 조사, 제도개선의 권고 및 의견표명, 권고이행 확인·점검(국민권익위법 제32조~제52조) 등이 있다. 특히 의견청취와 관련하여 국민권익위법 제29조에 의거, "공공기관에 대한 설명 또는 자료·서류 등의 제출요구 및 실태조사", "이해관계인·참고인 또는 관계 공직자의 출석 및 의견진술 요구"를 할 수 있다고 되어 있다. 특히 국민권익위법 제44조와 제45조에서 합의를 권고하거나 당사자의 신청 또는 직권에 의하여 조정을 할 수 있도록 되어 있어, 현재 많은 공공사업 추진과정에서 발생하는 갈등에 대하여 그 해결을 위해 활용되고 있다. 그러나 해당 법률에 따른 위원회 차원의 조정 등은 집단 민원 등 요구에 의해서만 가능하며, 갈등관리 차원에서 정책이나 사업에 대한 갈등의 예방적 조치 등은 본 법 취지나 제도상 거의 불가능하다는 점에서 한계가 있다.

3) 기타 논의되고 있는 갈등관리 관계 법령

(1) 법률안의 변천

국내의 갈등관리와 관련한 법률안은 2005년 5월 27일 정부가 '공공기관의 갈등관리에 관한 법률안' 제출이 그 시작이다. 그러나 이 법안은 제17대 국회(2004~2008) 임기만료로 폐기되었다. 참여정부는 한탄강 댐, 부안방폐장 등에 따른 계속되는 갈등으로 정부의 공공갈등관리에 대한 필요성에 대해서는 공유하였으나 별도의 법률 제정의 필요성에 대해서는 이견이 발생하였다. 실제로 행정절차법, 정보공개법, 환경영향평가법 등)의 주민참여 제도가 있었고 신제도의 실효성에 대한 의문도 존재하였다.51) 결국 정무위원회의 법안소위에서 계류되었고 제17대 국회의 임기만료로 폐기된 것이다. 이후 정부의 갈등관리의 필요성이 인정되면서 그 적용대상을 중앙행정기관에 한정하는 현행

---

51) 국회 정무위원회 수석전문위원 정순영, 공공기관의 갈등관리에 관한 법률안」 검토보고서, 2005.11. "실제 이 제정안이 예상하고 있는 공공기관의 정책갈등과 그 해결내용은 기존의 행정절차법이나 정보공개법과 그 내용이 유사하고 그 법상으로 해결할 수 있으므로 갈등의 종합적 관리란 측면에서 별도의 법을 제정하기보다 기존 법률을 보완·개선하는 것이 보다 바람직한 것으로 사료됨."

'갈등관리규정'이 대통령령으로 2007년에 제정되었다.

이후 이명박 정부에서는 의원입법이 추진되었다. 제18대 국회(2008~2012)였던 2009년 6월 18일 임두성의원이 대표발의한 '사회통합을 위한 정책갈등관리법안'(임두성의원법안)과 2010년 7월 1일 권택기의원이 대표발의한 '공공정책 갈등예방 및 해결을 위한 기본법안'(권택기의원법안)이 있었지만 결국 모두 임기만료로 두 법안 모두 폐기되었다. 이들 법안은 현 대통령령의 한계를 벗어나 지방자치단체 등도 공공정책 및 사업추진에서 발생할 수 있는 갈등에 대한 적극적인 노력이 가능하도록 하는 내용으로 구성되어 있었다. 차이가 있다면 임두성의원법안은 국가기관에 정책갈등심의위원회를 설치하여 갈등관리 등 관련사항을 심의하도록 하였고, 권택기의원법안은 갈등예방과 해결 관련 관리를 위한 총리실 산하 전담부서 설치를 규정하고 있다[52].

2012년, 밀양송전탑 등 일부 공공갈등이 극심한 상태가 지속되면서 첨예화된 공공갈등에 대한 해결은 물론, 앞서 정책추진 필요성 등에 대한 시민참여의 요구와 함께 참여적 의사결정과 같은 구체적 갈등예방을 위한 방식의 제도화가 함께 요청받는다. 이에 제19대 국회(2012~2016)에서는 앞서 제17대 국회부터 계속 입법화가 추진되고 있는 갈등관리기본법률안은 물론 앞서 논한바와 같이 국가정책 및 사업에 대한 갈등예방과 해결을 위한 토론기구 설립 및 운영을 주요 내용으로 하고 하는 법률안이 추진되면서 공론화 등의 정책추진에 따른 갈등예방방식을 마련하기 위한 법안이 별도로 추진된다. 기본법안은 김태호의원이 대표발의한 '공공정책 갈등관리에 관한 법률안'(2013.12.18)이며, 공론화법안은 김동완의원이 대표발의 한 '국가공론위원회법안'(2012. 8. 29)과 부좌현의원이 대표발의한 '국책사업국민토론위원회의 설립과 운영에 관한 법률안'(2013. 2. 4)이 있다. 그러나 이들 법안도 결국 임기만료로 폐기되기에 이르러 관련 법안은 제20대 국회로 넘어가게 된다.

제20대 국회(2016~2020)에서는 5개의 법안이 동시 다발적으로 상정된다. 2016년에는 박주민의원, 박정의원이, 2017년에는 신창현의원, 김관영의원, 김종희의원이 관련 법안을 제안하며 법안 통과 가능성이 높아보였다. 그러나 결국 모두 임기만료 폐기되면서 갈등관리에 대한 법안통과는 다음 제21대 국회의 숙제로 남게 된다. 다만 이 시기 갈등관리의 필요성에 공감한 지자체, 공공기관 등이 앞 다투어 조례, 지침 등을 마련 갈등관리에 대한 업무를 이행토록 하였고 그 과정에서 갈등관리심의위원회 등이 가동되면서 점차 갈등관리의 법제도화를 위한 분위기는 고조되었다.

현재 제21대 국회(2020~2024)에 들어서며 3개의 기본법안이 제안되어 심사가 진

---

52) 국회 정무위원회 수석전문위원 구기성, 사회통합을 위한 정책갈등관리법안(임두성의원 대표발의), 공공정책 갈등예방 및 해결을 위한 기본법안(권택기의원 대표발의) 검토보고서, 2010.9.

행되고 있으며 제17대 국회에서 정부입법이 이루어지고 난 뒤 15년 만에 다시 정부입법도 제안되어 심사가 진행되고 있는 상황이다.

<표Ⅰ-18> 갈등관리 관련 법안의 추진 경과

구분	제안일시	대표발의	법안 명	결과
제17대	2005년 5월27일	정부	공공기관의 갈등관리에 관한 법률안	임기만료 폐기
제18대	2009년 6월18일	임두성	사회통합을 위한 정책갈등관리법률안	임기만료 폐기
	2010년 7월1일	권택기	공공정책갈등 예방 및 해결을 위한 기본법률안	임기만료 폐기
제19대	2012년 8월29일	김동완	국가공론위원회법률안	임기만료 폐기
	2013년 2월4일	부좌현	국책사업국민토론위원회의 설립 및 운영에 관한 법률안	임기만료 폐기
	2013년12월18일	김태호	공공정책 갈등관리에 관한 법률안	임기만료 폐기
제20대	2016년10월25일	박주민	공공기관의 갈등 예방 및 해결에 관한 법률안	임기만료 폐기
	2016년11월11일	박 정	국책사업갈등조정토론위원회의 설립 및 운영에 관한 법률안	임기만료 폐기
	2017년 2월3일	신창현	공공기관의 갈등예방 및 해결에 관한 법률안	임기만료 폐기
	2017년 2월27일	김관영	공공갈등 예방 및 해결을 위한 법률안	임기만료 폐기
	2017년12월14일	김종회	공공정책의 갈등관리에 관한 법률안	임기만료 폐기
제21대	2020년 6월29일	박주민	공공기관의 갈등 예방 및 해결에 관한 법률안	심사중
	2020년 8월21일	송재호	갈등관리기본법안	심사중
	2020년12월24일	정 부	갈등관리기본법안	심사중

* 출처: 국회의안정보시스템(likms.assembly.go.kr), 검색일자 2021년 7월

(2) 갈등관리 법안의 입법화 과정에서의 두 축

① 갈등관리기본법안

갈등관리기본법안으로는 제17대 정부입법 좌절후 제18대 2009년 사회통합을 위한 정책갈등관리법률안(임두성의원 대표발의), 2010년 '공공정책갈등 예방 및 해결을 위한 기본법률안'(권택기의원 대표발의)을 필두로 2013년 '공공정책 갈등관리에 관한 법률안'(김태호의원 대표발의), 제20대 2016년 공공기관의 갈등 예방 및 해결에 관한 법률안(박주민의원 대표발의), 2017년 '공공기관의 갈등예방 및 해결에 관한 법률안'(신창현의원 대표발의), '공공갈등 예방 및 해결을 위한 법률안'(김관영의원 대표발의), '공공정책의 갈등관리에 관한 법률안'(김종희의원 대표발의), 제21대 2020년 '공공기관의 갈등 예방 및 해결에 관한 법률안'(박주민의원 대표발의) 등이 대표적이다. 이들 법안 모두 기존의 공공기관의 갈등예방과 해결에 관한 규정의 내용과 같이 그 대상을 국가기관, 지자체, 공공기관으로 하고 있고 갈등영향분석의 실시와 갈등조정협의회의 운영을 골자로 하고 있다. 다만 제안법안에 따라 갈등관리심의위원회의 역할 축소 혹은 삭제, 협의체 운영 등에 대한 벌칙규정 유무 등 약간의 차이가 존재한다.

② 국가토론회법안

다음은 국가의 정책 및 사업 추진 이전에 국민 등 이해관계자 적극적 참여를 바탕으로 한 사회적합의형성기구(혹은 공론화위원회 등)의 설치와 운영에 관한 법안인 국가토론회법안에 대한 것이다. 국가토론회법안은 제19대에 들어 2012년 김동완의원이 대표발의한 '국가공론위원회법안'(이하 김동완의원법안)과 2013년 부좌현의원이 대표발의한 '국책사업국민토론위원회의 설립 및 운영에 관한 법률안(이하 보좌현의원법안)'을 필두로 시작되었다. 이후 제20대 국회인 2016년에 박정의원대표발의한 '국책사업갈등조정토론위원회의 설립 및 운영에 관한 법률안'이 제안되었다.

앞서 2012년에 최초 제안된 두 법안을 살펴보면 다음과 같다. 김동완의원법안은 주요 국가정책사업에 대한 국민의견을 청취할 수 있도록 하는 상설기구인 '국가공론위원회'를 설치하도록 하고 있다. 국가공론화위원회의 적용 사업으로는 5,000억 이상 사업에 의무적으로 공공토론 개최여부를 검토하도록 하고 있다. 5,000억 미만 사업의 경우 국가공론화위원회위원장이 판단할 수 있도록 하되 이해당사자의 요청이 있을 경우에도 공공토론 적용 여부를 검토할 수 있도록 하였다. 공공토론이 종료된 다음, 국가공론화위원회는 종합평가서를 작성하고 정책추진자에게 전달하는 한편 이를 공개하나, 종합평가서에 담긴 정책권고안은 강제력 효력을 갖지 않는다고 규정하고 있다. 이밖에 위원회는 정책 종결 시까지 관련 내용의 모니터링 의무를 지며 정책과정에서 국민의견이 적절히 반영되는 지 감독하고 그렇지 않을 경우 정책추진자에게 국민참여를 보장하도록 권고 하고 있다53).

다음으로 부좌현의원법안은 국책사업이나 관련 사업계획의 수립 또는 시행의 공정한 수행을 위하여 '국책사업국민토론위원회'를 두도록 하고 있다. 본 위원회는 토론의 전 과정에 걸쳐 정보제공과 주민참여가 보장되도록 하고 토론을 실시하여야 한다고 판단한 국책사업에 관해서는 최소 4개월 이상의 토론기간(최대 12개월을 넘지 않는 범위)을 거쳐야 한다고 규정하고 있다. 국책사업국민토론위원회는 총사업비 5000억 이상의 국토개발 등에 관련된 사업에 대해서는 토론 실시여부를 전원위원회 회의를 통하여 결정할 수 있으며, 총사업비 5,000억 미만 500억 이상인 사업에 대해서는 위원회 위원 3인 이상의 요청이나 해당 부처 주무장관의 요청, 또는 사업과 관련이 있는 이해관계인의 요청에 따라 전원위원회 회의를 통하여 토론의 실시 여부를 결정할 수 있다고 규정하고 있다. 위원회는 토론 결과를 정리하여 30일 이내에 국가 등에 전달하여야 하며, 국가 등은 위원회로부터 토론 결과를 전달받은 날부터 14일 이내에 결과의 이행 여부를 위원회에 통지하여야 하고, 아니할 경우에는 그 이유를 첨부하여야 한다. 이밖에 매년 토론 개최상황, 결과 등에 대한 보고서를 작성하여 대통령과 국회에 보고해야 한다고 규정하고 있다54).

이러한 국가토론위원회법안들은 시민참여의 의식고조와 함께 정책수립에 대한 직접민주주의 실현이라는 시대적 분위기 변화에 맞물리면서 만들어진 산물이라고 생각한다. 이후 중앙정부는 2014년 방사성폐기물처리장 공론화, 2017년 신고리5·6호기 공론화와 같이 국책사업에 대한 시민참여를 통한 숙의토론이 진행되었다. 또한 이를 계기로 지방자치단체에서도 숙의민주주의, 직접민주주의 실현이 주요 과제가 되고 자치단체의 정책 혹은 사업추진과정에서 시민의 의견을 직접수렴·토론하는 공론장, 갈등을 해결하기 위한 시민공론화 등이 활발하게 진행되었고 지방의회에서도 관련 조례를 제정하는 등 관련 움직임이 계속되고 있는 상황이다.

이러한 분위기는 제21대 국회에서 정부입법과 함께 송재호의원이 대표발의한 '갈등관리기본법안'에서도 잘 드러나고 있다. 이들 법안은 앞서 이러한 두가지 축, 즉 현행 갈등관리 규정상의 내용을 담은 갈등관리기본법안과 국가토론회법안(공론화위원회 운영)의 내용을 모두 담고 있다. 이처럼 기존 갈등관리 규정에서 협의체 운영 등 해소차원에 집중했던 한계를 극복하고, 그간 미흡했던 예방차원의 방법인 '참여적 의사결정의 활용'에 대하여 구체적으로 기술함으로써, 첫 입법화 시도 후 10년이 지난 지금, 시민

---

53) 김동안의원대표발의, 국가공론위원회법안, 2012.8.29.
54) 부좌현 의원 대표발의, 국책사업국민토론위원회의 설립 및 운영에 관한 법률안, 2013.2.4.

참여와 숙의민주주의라는 변화와 시대정신에 걸 맞는 예방과 해결의 틀을 모두 담은 '갈등관리기본법'이 비로소 추진되고 있다는 점에 그 의의가 있다고 할 것이다.

4) 현재의 법제도 추진 상황과 제안

국내 갈등관리에 대한 법률이 처음 입법화가 추진 된 이후 20년이 가까워지고 있다. 입법화 초기 우리 사회에서 발생하고 있는 공공갈등은 물론 그 해결 방법론에 대한 이해와 부족한 상황에서, 갈등관리 제도를 도입하면서 많은 시행착오를 겪어 왔다. 그러나 그간 진행 되 온 갈등관리 교육은 물론 갈등영향분석, 협의체, 공론화 등 갈등관리에 대한 이해가 점차 확산되면서 중앙정부 및 지자체 차원에서 어느 정도 정착화 되기 시작했다. 중앙정부, 지자체는 물론 산하기관 내에서도 갈등관리 조직이 점차 구성·운영되는 등 그 외부적 성과도 나타나기 시작하고 있다. 특히 기존에 공공갈등을 경험한 공공기관은 더욱더 이러한 문제를 예방차원으로 끌어올리기 위해 노력 중이며 특히 과거 환경갈등의 대표적인 사례였던 고속철도 천성산 터널공사 갈등, 고속도로 사패산 터널공사 갈등과 같이 관련 제도의 미비로 인한 환경이슈에 따른 갈등은 점차 줄고 있는 상황이다. 또한 각종 댐건설, 행복주택건설, 방폐장 건설, 밀양송전탑 등을 계기로 중앙정부 및 산하기관은 법제도상 가능한 범위 내에서 이해당사자 의견 수렴제도의 신설, 보상제도의 개선 등 기존 법의 한계를 극복하고자 하는 노력도 나타나고 있다.

그러나 아직도 많은 기관에서 기본법 등의 미비로 인한 권한 한계로 갈등해결의 주체가 되기보다는 주 정책사업 부서에 협력차원에 머물거나 민원발생시 대응 방법 중의 하나로 보고 있어 관련 조직의 안정화는 제대로 이루어지고 있지 않은 것이 현실이다55). 특히 정책차원의 결정은 중앙정부에서 이루어지고 지자체는 이를 수행하는 형식이 되면서 갈등의 예방차원의 노력은 쉽지 않은 것이 사실이다. 그러나 제주도의 경우와 같이 중앙정부와 그 산하기관의 역할을 수행해야 하는 상황도 발생하고 있다. 실제로 제주도는 2000년대 중반 특별자치도가 되면서 정책결정에 따른 사회적 갈등을 예방하고자 사회협약위원회 제도를 도입하고 운영 중에 있다. 그럼에도 불구하고 관련 법제도가 없어 그 구체적 실현에는 어려움이 발생하고 있다. 특히 많은 지자체들이 앞 다투어 갈등관리규정에 의거하여 관련 조례를 제정하고는 있지만 그 규정자체의 한계로 인해 조례설치 후 그 실효성에는 의문이 제기되고 있는 상황이다.

이러한 상황은 다시 한 번 갈등관리에 관한 기본법 제정의 필요성을 더욱 요구하게

---

55) 서울시는 2012년 갈등조정담당관(1과 2팀)을 신설하여 9년간 운영해 오면서 여러 서울시 갈등을 예방, 해결하는데 역할을 수행해 오면서 갈등관리 모범, 성공한 조직구성 및 운영 사례로 알려졌지만, 지방보궐선거후 조직개편으로 2021년 6월 조직이 '갈등관리협치과'로 통합되고 고유 업무와 기능은 1팀으로 축소되어 관련법 제정의 필요성 등 논란이 되었다.

되는 근본적 이유가 되고 있다. 그러나 기존의 각 법령에서 주민참여, 주민설명회, 공청회, 주민투표 등에 관한 사항이 각 정책 및 사업에 특성에 따라 이미 규정되어 있고, 혹은 협의체 등의 설치에 따른 실효성의 의문, 사업추진의 어려움 발생 가능성 등의 이유로 제도화가 쉽지 않은 실정이다. 그러나 주민은 물론 일반시민의 참여 욕구가 나날이 증가되고 있고, 국민의 민주화 의식도 나날이 높아지고 있는 현 상황에서 이제 기존의 방식이 아닌 국민의 관점에서 바라보는 상향식 결정방안이 점차 힘을 얻고 있다. 즉 유럽 등 선진국의 정책결정과 같이 시민, 당사자의 참여와 숙의과정을 통한 문제의 해결이 현재 만연되어 있는 불신과 장벽을 깨는 열쇠로서 인식하기 시작한 것이다.

앞으로의 법제도의 개선은 이러한 미래지향적 공감대를 함께하는 가운데 이후 세대가 직면할 과제를 함께 고민하고 현 세대가 해결해야 할 가치를 충분히 고려하여 천천히 이뤄질 필요가 있다. 단순한 눈앞에 보이는 공공갈등만이 아니라 좀 더 사회적 갈등 차원에서 문제를 공유하고 함께 숙의할 수 있는 기회를 제공하는, 갈등을 당연한 것으로 받아들이고 좀 더 진전된 방향으로 가게 하는 기본적 토대로서 행정기관의 관리를 위한 법이 아닌 갈등의 원인을 해결해 나가는 법제도로서 완성되어 나아가야 할 것이다.

제2장

갈등영향분석

제1절 갈등영향분석의 개요

공공갈등관리는 일반적으로 갈등상황(혹은 예상)에 대한 조사분석, 갈등예방, 갈등해소 3가지로 나뉘는데, 이를 구체화한 방법론으로는 갈등영향분석, 참여적 의사결정, 대안적 분쟁해결이 있다. 국내에서는 갈등관리가 법제도상 강제화 되지 못해 임의적 판단으로 이루어지기 때문에 갈등이 발생한 다음 대응하는 것이 일반적이다. 이에 주로 대안적 분쟁해결 방법에서 '조정과정'을 활용하고 있는 것이 현실이다. 최근에는 예방책 마련이 필요성과 시민참여 요구가 늘어나면서 예방 방법론인 참여적 의사결정, 즉 공론화의 활용이 점차 늘고 있다. 이러한 상황은 단순히 문제 해결에 급급한 기존 국내 공공갈등관리에 정책적, 절차적 수용성을 높이는데 도움을 주고 해결방법의 다양성도 마련할 수 있다는 점에서 긍정적이다. 다만 이러한 예방과 해소책을 마련하기 위한 갈등영향분석이 사안추진에 시급성에 밀려 여타 환경영향평가, 교통영향평가와 같이 강제화 되고 있지 못한 점은 아쉽다. 갈등영향분석은 사안을 제대로 이해하고 이해관계자 간의 관계, 향후 예상되는 갈등, 그리고 대안마련에 이르기까지 앞서 제시할 수 있어 업무담당자가 앞으로의 정책·사업추진에 갈등대응을 위한 구체적 도움을 받을 수 있다는 점에서 의미가 있다. 또한 갈등이 발생하여 심화되었을 때에는 이해당사자 간의 신뢰관계 회복을 위한 첫 시도로서 활용될 수 있어 긍정적이다.

1. 갈등영향분석의 개념

1) 갈등영향분석의 의의

갈등영향분석은 공공정책 혹은 사업을 수립·추진할 때 공공정책이 사회에 미치는 갈등의 요인을 예측·분석하고 예상되는 갈등에 대한 대책을 강구하는 것을 말한다. 갈등영향분석의 목적은 갈등 예방 혹은 해결 방안을 찾는 것이다. 즉, 예상되는 갈등이나 현재 진행 중인 갈등을 보다 바람직한 방향으로 이끌어 내기 위한 방안을 고민하고 어떻게 하여야 할지를 찾아내기 위하여 실시한다. 갈등영향분석은 단순히 객관적 데이터를 얻는 것뿐만이 아니라 갈등해결을 돕고자 하는 공정한 제3자뿐만 아니라 이해당사자에게도 서로 자신들의 문제를 다른 시각에서 바라보게 되는 계기를 마련하게 된다. 또한 과정상 이들과의 신뢰관계를 구축하는 점도 중요한 의의라 할 수 있다.

갈등영향분석은 미국 'CBI'(Consensus Building Institute)의 Susskind 등에 의해 구체화 되었으며 주로 사회적 합의형성에 의한 공공갈등 해결에 활용되고 있다. 유사용어로는 상황분석, 갈등분석, 이해관계자 분석, 쟁점분석 등이 있다. 갈등영향분석의 기원은 1973년 미국 서부 워싱턴주 중부에 위치한 스노퀄미(Snoqualmie) 강 댐 건설부터이며 이후 규제협상의 수법으로서 활용(1980년대)되기 시작했다. 1990년대에 들어 SPIDR(Society for Professional In Dispute Resolution)에서 관련 지침이 정해지면서 보편화되었다. 이후 CBI에서 합의형성핸드북(Consensus Building Handbook)이 발간, 그 분석법이 Conflict Assessment 모델이다.

2) 국내의 갈등영향분석

우리나라에서의 갈등영향분석에 대한 법·제도적 근거는 2007년 '대통령령 19886호'에 의거 '공공기관의 갈등예방과 해결에 관한 규정'에 있다. 여기에서 갈등영향분석은 "공공정책을 수립 추진할 때 공공정책이 사회에 미치는 갈등의 요인을 예측 분석하여 예상되는 갈등에 대한 대책을 강구하는 것"으로 정의하고 있다. 즉 갈등이 우려되는 정책 혹은 관련 사업을 시행하는 공공기관은 추진에 따라 미치는 사회적 영향을 확인할 필요가 있으며 시기에 따라 갈등의 예방 혹은 해결을 위한 객관적인 분석이 요구된다. 일반적으로 이러한 일련의 조사 및 분석, 그리고 방안제안 등의 과정을 통틀어 '갈등영향분석'이라고 한다.

현재 갈등영향분석은 앞서 이야기한 대통령령이 갖는 법적 한계로 인해 공공갈등이 발생하는 주요 공공기관 등을 중심으로 최종의사결정자의 임의적 판단을 통해 추진되고 있는 실정이다. 다만 갈등관리심의위원회가 가동 중인 일부 기관에서는 이를 통해 결정 받아 추진 중이다. 갈등영향분석이 추진된 대표적인 사업으로는 도로, 철도, 댐, 신도시, 송전선로, 변전소, 발전소 등으로 대부분 사업화 과정에서 공공갈등이 발생하는 특징이 있다.

3) 갈등영향분석의 유사 용어

갈등영향분석은 연구자에 따라서 다양하게 불리고 있다. 혹자는 갈등분석이 주요한 내용을 점하고 있어 '갈등분석'(Conflict Analysis)이라고 부르기도 한다. 물론 현행 국내 법령에 의거해서는 '갈등영향분석'을 공식 명칭으로 사용하고 있다. 그러나 일부 학자들 가운데는 구체적으로 '영향'이라는 용어의 의미를 둘러싸고 이견이 존재한다. 실제로 외국에서는 '갈등평가'(Conflict Assessment), '쟁점분석'(Issue Analysis) 등으로도 불리우고 있다. 갈등영향분석과 갈등분석을 구분하자면 갈등영향분석 내 갈등에 대한 다양한 조사 및 분석방법이 활용되는데 갈등영향분석은 이러한 여러 갈등분석들의 총괄체를 의미한다고 할 수 있다. 그리고 갈등평가나 쟁점분석 등은 평가의 사전적 의미가 강조되거나 실제 문제에 대한 이견과 충돌을 중심으로 하고 있다[56].

갈등영향분석에 대한 용어들의 공통점은 '사전', '객관성', '갈등예방 및 해결방안의 도출', '일련의 과정'이라는 점이다. 따라서 갈등영향분석이든 갈등분석이든 그 내용이 가진 의미는 거의 동일하다고 볼 수 있다[57].

이와 비슷한 방법으로 '사회갈등영향평가'(Social Conflict Impact Assessment)가 있다. 이 평가방법은 "정부 정책을 대상으로 정책 수행과정에서 발생한 갈등에 의한 사회적 영향과 이런 정책을 계획하고 집행하는 과정에서 정부가 행한 갈등 예방 및 해결을 위한 노력과 정부의 갈등관리 역량을 평가하는 방법"으로 정의할 수 있다. 2021년 현재까지 국내에서는 정부차원에서 실시한 경우는 한 차례 정도이다[58]. 그러나 이 정의는 역사적, 학술적으로 정리된 개념이 아니고, 과제 실천을 위해 조작적으로 개념화한 것이다[59].

4) 갈등영향분석 결과의 활용

일반적으로 갈등관리차원에서 갈등영향분석의 결과는 정책이나 사업을 추진하기 전 기초자료로서 활용되며, 의사정책결정자는 이를 통해 향후 대책을 수립하는 한편 갈등사안을 어떻게 해결해 나갈 것인지 등을 결정하게 된다. 그리고 이 제안을 참조하여 예방 및 해결을 위하여 합리적인 사회적 합의구조를 구체적으로 설계하고 운영하게 된다. 사회적 합의형성에 대한 참여자는 각각의 이해관계를 가진 대표자가 참여하는 것이 보통이다. 따라서 본 분석을 담당하는 자는 그 과정과 내용 및 결과 등에 대하여 객관성과 불편향성의 유지하여 진단 및 평가를 하여야 하고, 객관적이며 사실관계에 입각한 보고서를 작성해야 할 의무를 갖는다.

이상의 여러 내용들을 정리·종합하여 본고에서의 갈등영향분석을 다시 정의하면 "갈등발생이 우려되는 정책 및 사업 추진을 둘러싸고, 시행 이전에 그 영향을 받을 것으로 예상되는 지역과 그 이해관계자(개인 혹은 집단)에 대해 객관적인 조사와 갈등분석 등의 절차를 통해 진단·평가하고, 그 결과를 토대로 향후 갈등예방 및 해결을 위한 방안을

---

56) 갈등영향분석은 학자에 따라 갈등영향평가로도 불린다. 갈등영향평가는 사회적 환경(이해관계자의 구성, 제도적 요인, 사회적 신뢰 수준, 불평등 정도 등)이 갈등 현상에 미치는 영향 정도를 평가하는 방법으로 국내 실행되고 있는 갈등영향분석과는 크게 차이가 없다.
57) 우리나라에서의 갈등에 대한 구조와 원인 등에 대한 개별차원의 분석은 '갈등영향분석'이라고 하기보다는 '갈등분석'으로 명명하는 것이 맞을 것이다. 따라서 본 서에서는 이런 개별 차원의 분석을 갈등분석이라고 용어를 정리하여 서술하였다.
58) 사회통합위원회·사회갈등연구소, 한국 사회갈등의 영향평가, 2010.
59) 사회갈등영향평가에 대한 주요 내용과 관련하여 본 책자의 수록범위를 벗어나 본문에는 수록하지 않았다. 책자 말미 <부록>에 설명하였으니 이에 관심 있는 독자는 참조하길 바란다.

제시하는 일련의 과정 혹은 행동계획(Action Plan)"이라고 할 수 있다. 갈등영향분석서는 이러한 과정과 결과를 기술한 보고서를 말한다.

2. 갈등영향분석의 목적과 필요성

1) 갈등영향분석의 목적

갈등영향분석의 목적은 갈등 예방 혹은 해결 방안을 찾아가는 것이라 할 수 있다. 즉, 예상되는 갈등이나 현재 진행 중인 갈등을 보다 바람직한 방향으로 이끌어 내기 위한 방안을 고민하고 어떻게 하여야 할지를 찾아내는 것이라 하겠다.

2) 갈등영향분석의 필요성

갈등영향분석은 분석을 행하는 그 시점의 갈등상황에 대한 종합적이며 객관적인 평가서이다. 그리고 그 내용이 차후에 행동계획으로 도출되기 위해서는 현 상황과 내용에 대한 상당한 깊이의 이해가 충분히 이루어져야 한다. 이를 위해 다음과 같이 갈등상황의 특징을 이해한 상황에서의 분석 필요성이 요구된다.

첫째, 갈등상황은 갈등구조와 진행에 많은 요소가 작용하면서 매우 복잡하게 전개되는 것이 일반적이다. 둘째, 갈등상황에는 많은 요소들이 밖으로 드러내지 않고 잠재되어있기 때문에 자칫 현 상황에 대한 오판과 오해의 가능성이 있다. 셋째, 갈등상황에서 당사자들은 일반적으로 감정적으로 대처하기 쉽고 상황을 객관적으로 보기 어렵다. 넷째, 갈등에 대한 객관적이고 합리적인 판단이 갈등 예방 및 해결에 도움이 될 수 있다는 판단과 경험을 통해서이다.

3. 갈등영향분석의 특징과 분류

공공사업에 대한 갈등영향분석은 그 관심사가 공공기관이 추진하는 정책 혹은 사업이다. 공공정책과 사업의 추진은 해당 지역과 사회공동체 등에 직·간접적인 영향을 미치게 된다. 그 지역사회 내에서는 그 추진에 대해 찬반이 존재하기 마련이고 이러한 충돌 중 대표적인 것이 사회갈등이다. '사회갈등'(Social Conflict)은 사회 내 사람(혹은 집단)과 사람(혹은 집단)들 사이에서 관심사를 둘러싸고 상호 충돌하는 상황을 말하며 인간관계에서 만들어지는 사회적인 현상이다. 기존의 경우, 공공정책 등과 관련하여 사전적으로 영향평가가 이루어진 것은 생태환경이나 교통과 같이 기술적인 경우[60]가 대부분이었다. 그러나 그곳에 살고 있는 사람 혹은 집단에 대해서도 그 추진에 따른 정.부의 영향에 대해서 관심을 갖게 되었고 그것이 갈등영향분석을 요구하게 된 시작이기도 하다.

이처럼 갈등영향분석은 일반적으로 한 번에 끝나는 환경영향평가나 교통영향분석 등과 같은 기술적 분석과는 다르다. 왜냐하면 사람은 동식물과 같이 본능적으로 살아가는 것이 아니고 사회를 꾸리고 이를 통해서 만족을 얻어가는 사회적 동물이기 때문이다. 따라서 위계에 따른 구조와 사회변화는 이해관계자의 반응과 행동을 다양하게 만들어 계측 불가능한 상태로 접어들게 한다. 즉 정책 혹은 사업추진의 변화에 따라 그 관계자에 대한 영향이 피드백 관계로서 상호 주고 받는다. 따라서 갈등영향분석은 한번이 아닌 사안변화에 따라 계속되는 핵심적인 특징이 있다.

1) 특징

갈등영향분석은 다음의 몇 가지 특징이 있다. 첫째, 갈등영향분석은 사안의 해결 권한을 갖는 자들의 합리적 의사결정에 도움을 주기 위한 도구이다. 그 '사안의 해결 권한을 갖는 자'의 대상에는 정책이나 사업 추진자만이 아니고 그 추진에 영향을 받는 자를 말하는데, 소위 이해당사자를 말한다.

둘째, 갈등영향분석은 분석이 종료되었다고 하더라도 정책 혹은 사업내용의 변화로 인해 또다시 영향을 미칠 것으로 예상될 경우 재차 실시할 수 있다. 일반적으로 한 번으로 끝나는 기존의 경제적타당성조사, 환경영향평가 등과는 달리 정책 변경에 따라 반복하여 실시될 수 있다. 즉 정책에 따라 갈등상황이나 내용, 이해관계자도 바뀔 수 있으므로 예방 및 해결방법도 재차 달라져야 한다.

셋째, 갈등영향분석의 궁극적인 목적은 갈등해결이므로, 만약 갈등이 계속되는 한 분석은 정책변경에 따라 계속되어야 하며 그 전후 결과도 계속 공유되어야 한다. 넷째, 갈등영향분석의 정해진 기간은 없다. 이해관계자의 수, 규모, 심화 정도등 갈등상황에 따라 다양하다. 그러나 일반적으로 사회변화상황을 감안할 때 착수 후 최소 2개월에서 최대 6개월 정도가 적당하다. 만약 과정 중에 분석 결과에 영향을 줄 수 있는 사건이 발생할 경우에는 이에 따른 재조사 및 분석이 요구된다. 이 경우, 의뢰자와 분석가 등이 논의를 통해 기간은 연장할 수 있다.

---

60) 전자의 경우 환경영향평가, 후자의 경우 교통영향평가

2) 분석 시기에 따른 분류

갈등분석은 한 번에 끝나는 것이 아니고 사안(정책 내용 등)이 변경될 때 의사결정자의 판단에 의해 계속하여 실시할 수 있다. 즉 갈등을 정책의 흐름에 따라 실시된다고 하면 정책(혹은 사업)결정 이전, 정책결정 직후, 정책종료 후 사후관리 차원에서 실행될 수 있다. 따라서 갈등영향분석은 다음과 같이 시기와 목적, 적용단계에 따라 크게 3가지로 분류할 수 있다.

우선, '갈등예방을 위한 갈등영향분석'이다. 일반적으로 정책이나 사업에 대한 계획이 확정된 이후, 이에 따른 분배형평성에 의거해 갈등발생이 예상되는 경우 그 가능성을 확인하고 이에 따른 대응방안을 마련하기 위한 목적으로 진행된다. 즉, 갈등예방을 위한 갈등영향분석은 앞으로 정책추진에 주요 영향을 받을 것으로 예상되는 관련 지역을 방문하여 이해관계자 등과 만나 관련 정책이 추진되었을 때의 반응을 진단하고, 평가를 통해 구체적인 갈등예방방안을 마련한다는데 의의가 있다.

다음은 '갈등해결을 위한 갈등영향분석'이다. 일반적으로 이 분석은 정책 혹은 사업 등이 발표되고 난 뒤, 이미 관련 지역에 갈등이 발생하여 진행 중인 경우 이러한 갈등을 해결 혹은 해소 할 목적으로 진행된다. 즉, 갈등해결을 위한 갈등분석은 갈등이 발생한 상황에서 그 사안에 반발 혹은 기대하는 각각의 이해관계자를 대상으로 한다. 주요 내용으로는 이해관계자에 대한 심층조사를 통해 갈등의 배경 및 원인, 이해관계자의 입장 및 실익, 주요이슈 등을 분석하여 갈등 해소 혹은 해결을 위한 구체적인 방안을 제안하는데 의의가 있다. 사후 대응 적 측면이 강하며 기존의 우리나라에서 진행되는 대부분의 갈등영향분석은 대부분 이에 해당한다고 해도 과언이 아니다.

마지막으로 '사후 갈등해결을 위한 갈등영향분석'이다. 일반적으로 이 분석은 정책 혹은 사업 등이 종결되고 난 뒤, 공공갈등이 종료된 이후 지역 공동체 파괴 등 이해관계자간 관계 파괴가 우려될 때 이를 해결할 목적으로 진행된다. 즉 찬반 갈등이 첨예하게 대립된 상황에서 특별한 대책 혹은 관리 없이 사업 등이 종료된 사안일 경우, 이 후 주민들 간의 관계갈등이 심화되어 공동체가 파괴된다. 따라서 본 분석은 이를 예방하고 궁극적인 공동체 복원을 꾀하기 위한 구체적 대안을 제안하는데 의의가 있다. 이는 분석자체가 갖는 의미보다는 객관적인 제3자가 찬반으로 분열된 이해관계자들과 신뢰를 형성하고 이들의 해결의지를 북돋거나 확인하는 과정을 통해 실체적 해결에 다가간다는 의미가 강하다. 따라서 분석서의 틀보다는 이후 구체적인 논의과정의 틀 구성, 이해관계자의 참여, 문제 해결 등에 집중된다. 종료된 이후에는 백서 작성이 이루어지는 경우가 많은데 국내에서는 부안방폐장 공동체 회복 백서[61]가 대표적이다.

이상과 같이 갈등영향분석은 시기적인 차이에 따라 이해관계자 혹은 이해관계자가 지명한(혹은 신뢰하는) 갈등전문가에 의해 이해관계자와 이슈 등이 파악된 상태에서 진행되며, 갈등 예방 혹은 해결을 위한 방안 선택이 목적인 것은 공통점이다. 그러나 단순히 현황파악이 목적인 경우에는 예비적 갈등영향분석을 이용한다. 예비적 갈등영향분석은 정책이나 사업에 대한 계획수립 전에 갈등발생가능성을 알아볼 목적으로 이루어진다. 즉, 예비적 갈등영향분석은 주요 이해관계자나 조정자가 갈등 현안에 본격적으로 개입하기 이전에 갈등의 원인, 주요이해관계자, 예상되는 갈등의 주요 쟁점, 협상 가능성 등을 대략적으로 파악하고 향후 접근 전략을 작성하기 위하여 내부적으로 실시하는 갈등분석이다. 예비적 갈등영향분석은 앞으로 정책추진에 주요 영향을 받을 것으로 예상되는 지역에 대한 기초조사와 함께 일부 핵심이해당사자 등과 접촉하여, 앞으로 관련 정책이 추진되었을 때의 반응을 알아보고 사전에 추진 가능성을 검토하는 등 현황파악에 의의가 있다. 또한 해당 공공기관이 정책 혹은 사업을 통해 갈등관리 수행을 제대로 했는지를 평가할 수도 있다. 이러한 경우 '사회갈등영향평가'[62]를 통해 이를 평가 한다. 사회갈등영향평가는 공공기관 행위와 역할에 대한 평가로서 앞서의 갈등영향분석과는 차이가 있다. 주요 내용으로 사후 해당 사안과 관련하여 공공기관에 역할 및 노력 등에 대한 이해관계자의 평가(인터뷰 및 설문), 전문가의 평가 등이 있고, 이를 종합 평가하게 된다. 즉 공공의 정책목표에 대하여 관련 공공기관의 정책활동(갈등관리) 결과를 사후 평가하여 보다 나은 갈등관리를 통해 궁극적인 사회통합을 이루는데 역할을 할 수 있도록 하는데 목적이 있다.

---

[61] 사회갈등연구소, 부안방폐장관련주민운동백서, 2010.
[62] 사회갈등영향평가는 '정부 정책을 대상으로 정책 수행과정에서 발생한 갈등에 의한 사회적 영향과 이런 정책을 계획하고 집행하는 과정에서 정부가 행한 갈등 예방 및 해결을 위한 노력과 정부의 갈등관리 역량을 평가하는 방법'으로 정의한다. 그러나 이 정의는 역사적, 학술적으로 정리된 개념이 아니고, 과제 실천을 위해 조작적으로 개념화한 것이다.

<표Ⅱ-1> 갈등영향분석의 적용시기와 목적에 따른 분류

구분	시기	목적	분석의 주요 내용	주요 적용 단계
예비적 갈등 영향분석	사업 추진 여부를 결정하는 단계	계획 중인 사업에 대한 갈등발생 가능성 진단	- 동일분야의 갈등 사례에 대한 조사 - 예상되는 사업의 주요 이슈, 주요 이해관계자 등에 대한 파악 - 갈등 가능성을 고려하여 계획 수립 - 갈등의 잠재적 요인에 대한 파악	(예비) 타당성조사 과정
갈등예방을 위한 갈등 영향분석	사업 추진이 확정되고, 갈등이 예상되는 경우	추진이 확정된 사업에 대하여 갈등 발생 가능성을 구체적으로 파악하고 예방방안 모색	- 핵심 및 주변 이해관계자 파악 - 예상되는 갈등 원인 분석 - 갈등 이슈 및 예상되는 쟁점 - 집단별 갈등 해결 방안 분석 - 갈등 예방 및 심화방지를 위한 제안	정책·사업 결정이 이루어지는 시점
갈등해결을 위한 갈등 영향분석	갈등이 이미 발생하여 진행 중인 경우	갈등 발생 이후 해소방안의 모색	- 갈등 발생의 배경 및 원인 분석 - 핵심 및 주변 이해관계자 파악 - 주요 입장 및 실익, 쟁점의 파악 - 집단별 갈등 해결 방안 분석 - 갈등 해소를 위한 방안 제안	갈등 발생 이후 (기본/실시/공사)
갈등해결을 위한 갈등 영향분석	갈등이 해소되었으나 이해관계자간 갈등이 계속되는 경우	사후관리적 측면에서의 해결방안의 모색	- 갈등이 계속되는 원인 파악 - 관련 이해관계자(주민 등) 파악 - 쟁점, 관계 파악 - 갈등 해결을 위한 방안 제안	정책 혹은 사업 종료 이후
공공기관 갈등관리 평가를 위한 사회갈등영향평가	해당 갈등이 사회에 미친 영향이 있는 경우 정책/사업 종료된 사안일 경우	공공기관의 갈등관리 수행에 대한 평가	- 핵심 및 주변 이해관계자 파악 - 예상되는 갈등 원인 분석 - 주요 갈등 이슈 파악 - 이해관계자, 전문가의 평가 - 갈등관리에 대한 평가	정책 혹은 사업 종료 이후

그러나 이러한 시기 이외에도 다양한 갈등발생이 있을 수 있으므로 추가적·지속적으로 분석이 이루어질 수 있다. 그 분석결과는 기존 갈등분석서에서 추가적 조사 및 분석 내용을 첨가, 수정할 수 있다. 그 내용은 과거의 갈등흐름과 연결되기도 하며 단독적인 사안일 수도 있다. 이처럼 지속적인 분석과 데이터 업데이트 작업을 통해 어느 쟁점이 어느 특정 시기에 어떤 이해관계자가 충돌하여 갈등이 발생하였는지를 객관적으로 확인·이해할 수 있다. 또한 축적된 데이터는 주요 시기별 흐름(Flow, 전개과정) 분석이 가능하게 하고 갈등해결에 단초를 제공할 수 있다는 점에서 그 의의가 있다.

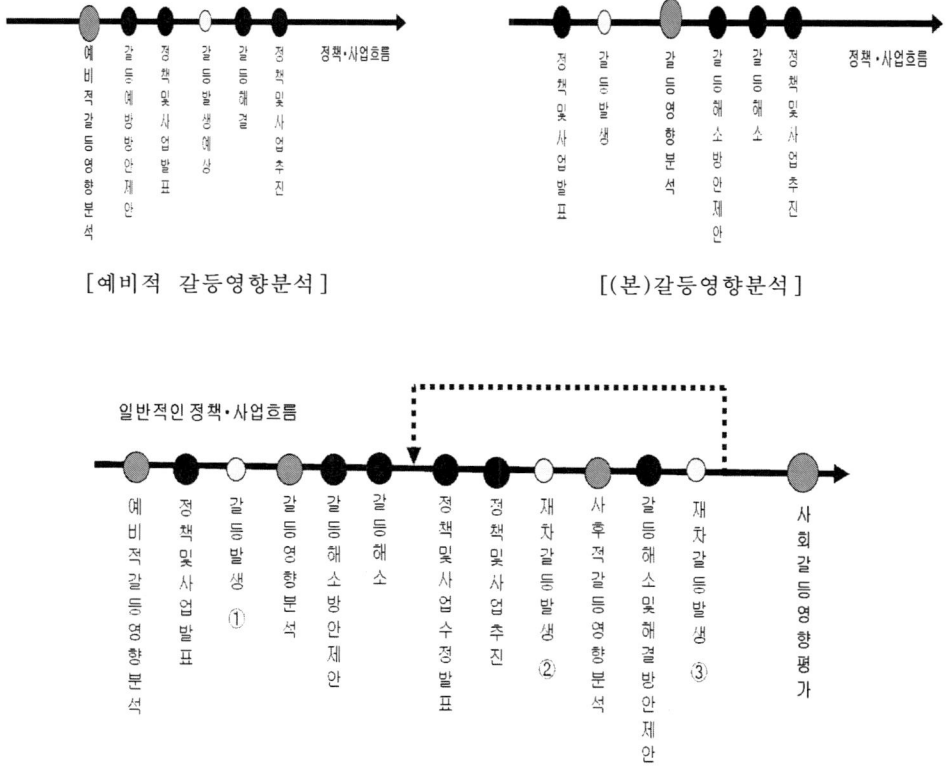

<그림Ⅱ-1> 정책 및 사업과정에서의 갈등영향분석, 그리고 사회갈등영향평가

4. 갈등영향분석의 주요 내용

1) 갈등영향분석의 내용

관련법 상 갈등영향분석의 주요 내용으로는 다음 표와 같다.

<표Ⅱ-2> 갈등관리 규정상 갈등영향분석의 내용

규정	주요 내용
제10조	- 공공정책의 개요 및 기대효과 - 이해관계자의 확인 및 의견조사의 내용 - 관련단체 및 전문가의 의견 - 갈등을 유발하는 요인 및 예상되는 주요 쟁점 - 갈등에 따른 사회적 영향 - 갈등의 예방, 해결을 위한 구체적인 계획 - 기타 갈등의 예방 해결을 위해 필요한 사항

갈등에 따른 영향을 분석하기 위하여 핵심적으로 포함되어야 하는 내용으로는 다음과 같다. 첫째, 갈등상황에 대한 파악이다. 둘째, 주요(핵심) 이해관계자와 주변 이해관계자의 확인 및 이들의 입장, 이해관계의 공통점과 차이점 확인하여 실제 원하는 바를 찾는 것이다. 셋째, 이해관계자 간의 관계, 갈등을 지속시키는 외부 환경을 확인한다. 넷째, 대화와 타협에 의한 갈등해결 의사와 능력을 확인한다. 다섯째, 합의절차의 장애요인과 합의 가능성을 확인한다. 여섯째, 갈등상황에 적합한 합의절차를 설계한다.

2) 갈등영향분석의 실시여부 판단

모든 갈등에 대하여 갈등분석을 실시하는 것은 시간적·경제적으로 어려움이 따른다. 따라서 주민생활에 중대하고 광범위한 영향을 주는 공공갈등 현안과 갈등의 경험 여부, 사회적 비용 발생 가능성이 높다고 판단되는 갈등 현안에 적용할 수 있다. 이는 관련 정책 및 사업의 과거 및 현재 갈등상황에 비추어 일반적으로 담당기관장, 갈등관련기구, 전문적 식견을 가진 갈등분석가의 정성적 판단에 따르는 것이 일반적이다.

<표Ⅱ-3> 갈등영향분석의 실시 판단 기준

구분	주요 판단 기준
주민생활에 중대하고 광범위한 영향을 주는 공공갈등 현안	· 혐오시설 등 주민 간 혹은 주민간의 갈등이 빈번히 발생한 사안일 경우 · 시설 근접으로 인해 일정 지역에 직간접적으로 피해가 예상되는 경우
과거에도 갈등이 발생하여 경험이 있어 공공정책 혹은 사업 추진에 크게 반응할 우려가 있다고 판단되는 현안	· 해당지역에 과거에도 수차례 갈등이 발생한 사례가 있음 · 갈등에 따른 관련 단체가 현재 운영 중인 경우
주민의 이해 대립이 과도한 사회적 비용이 발생할 우려가 있다고 판단되는 현안	· 공공정책 및 갈등과 같이 갈등으로 인한 사회적 비용이 과다하게 발생할 가능성이 큰 경우 · 과거의 비슷한 정책 혹은 사례 추진으로 갈등이 발생한 경우

3) 갈등영향분석의 실시자

갈등영향분석의 실시에 대한 결정은 최종 의사결정을 내릴 수 있는 기관의 장이 맡는다. 실시가 결정되면 갈등영향분석은 해당부서 담당자가 직접 실시하거나, 갈등영향분석 전문가에게 의뢰하여 수행케 하는 것이 일반적이다. 담당자가 직접 실시하는 경우는 내부 상황파악이 빠르며 협조가 순조롭다는 장점이 있지만 객관성과 공정성이 떨어지고 공신력이 떨어질 수 있다는 단점도 있다. 또한 갈등분석 전문가에게 의뢰하는 경우는 객관성과 공정성을 높이고 분석의 전문성을 확보하는 한편 신뢰관계를 구축하여 갈등해결의 중요한 제3지대를 마련할 수 있다. 반면에 관련 비용이 수반되어 예산마련이나 결정이 쉽지 않고 모든 사업에 적용하기 어려운 문제점도 있다.

갈등영향분석서는 공정성과 객관성을 유지하고 정확성과 명료성을 갖고 구체적으로 작성하여야 한다. 그 결과는 보고서로 제출하며 관련 내용은 관계자가 공유하여야 하지만 분석결과가 새로운 갈등을 야기할 수 있으므로 특별한 상황변화로 필요할 경우를 제외하고 분석서가 완성되기 전까지 비밀유지를 준수가 절대적이다.

제2절 갈등영향분석서 작성 과정

1. 갈등영향분석과정

1) 법적 근거별 분석단계

갈등영향분석과정에 대한 법제도적 근거는 다음과 같다. 갈등분석 프로세스는 추진 여부를 결정하는 단계를 시작으로 갈등분석서 작성 단계, 공람 및 수정 단계, 심의 단계, 갈등해결방안 제안 및 심의결과 반영 단계로 크게 나누어 볼 수 있다.

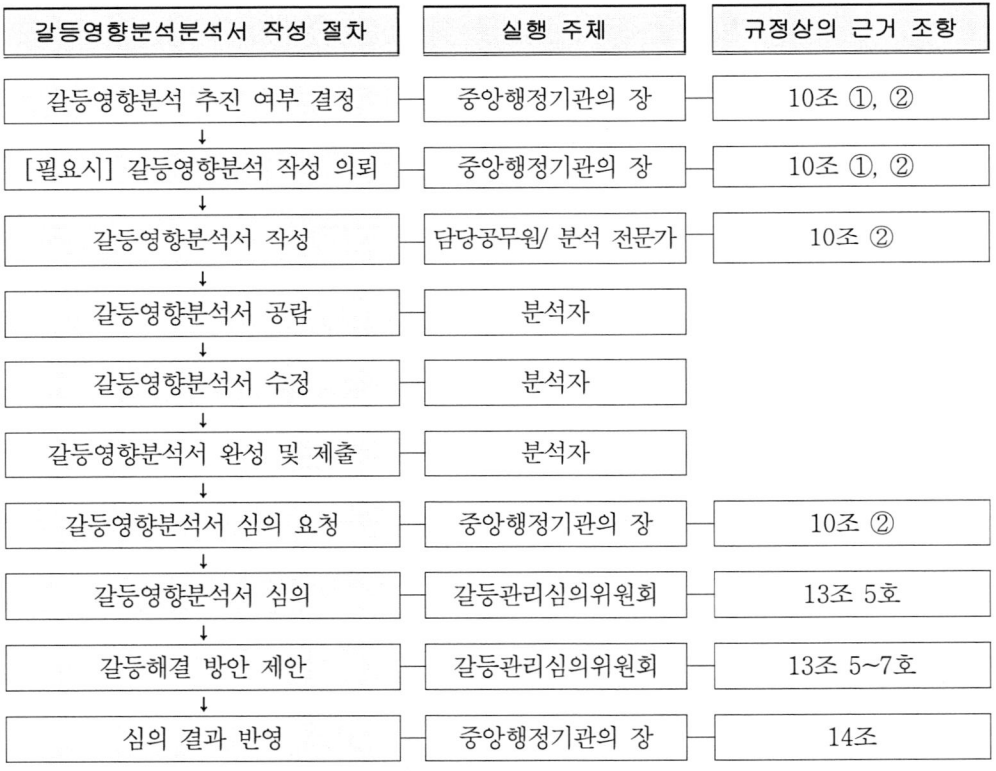

<그림Ⅱ-2> 갈등영향분석의 절차와 법적 근거

2) 사업추진단계에 따른 갈등영향분석의 내용

일반적으로 정책·사업단계별로 볼 때, 예를 들어 댐 건설과 같은 경우는 그 적용범위가 크고 댐건설 위치가 거의 확정적이므로 갈등이 정책형성과정에서 발생하는 것이 일반적이다. 그러나 도로 건설과 같은 경우에는 실제 설계과정에서 구체화되기 때문에 갈등발생이 사업과정에서 발생하는 것이 일반적이다. 이처럼 계획단계, 설계단계 따라 갈등영향분석의 실시도 달라질 수 있다.

일반적으로 갈등발생 유무에 따른 갈등영향분석의 주요 내용은 다음과 같다.

<표Ⅱ-4> 갈등이 발생하지 않았을 경우의 갈등영향분석

구분	주요 내용
정책계획 확정이전	· 예방목적의 갈등영향분석 등을 통해 갈등발생가능성 예상 · 환경적 영향, 종교시설 영향 등 가치차원 갈등 이해관계자에 대한 의견수렴 · 제안방안을 토대로 예방조치가 필요하다도 판단되면 관련 부서와 해결 모색
기본·실시 설계이후	· 설계단계에서 구체적 영향 범위와 실질적 이해관계자가 드러나게 됨. 이들을 대상으로 조사하고 해당 의견을 갈등영향분석서에 적극 반영 · 추진주체와 주민간 갈등이 예상 시, 해당 부서는 가능하면 제3자에게 의뢰하고 갈등발생가능성과 구체적 대응(예방해결), 설계방안 제시토록 함 · 분석 결과, 합의조정이 필요한 경우 이해당사자가 참여하는 협의체를 구성운영하고, 이해관계자간 자발적인 논의를 통한 합의형성도출에 노력 · 일반시민으로부터의 의견수렴과 협력이 필요한 경우 참여적 의사결정 추진

<표Ⅱ-5> 이미 갈등이 발생 한 경우의 갈등 갈등영향분석

구분	주요 내용
갈등해결 목적	· 갈등의 원인, 구조, 전개과정, 성격, 이해관계자 및 관계 등의 파악 · 갈등해결방안의 제안 · 필요시 중립적 제3자를 통한 추진(예산계획 수립)
사후관리 방안모색	· 주민 간 찬반갈등으로 사업이 장기화되어 공동체 파괴가 진행된 경우, 관련 부처는 이에 따른 지속적인 사후 갈등관리를 위한 방안 모색 · 주민 간 관계갈등 상황을 조사, 파악하고 이에 따른 회복방안 등 제안
사후갈등 관리운영	· 찬반 간의 첨예한 의견 대립으로 당사자 간 갈등해결이 어려운 경우에는 제3자가 개입을 고려하고, 대안적 분쟁해결방식을 선택. · 전담부서 차원의 행정적 지원. 실무부서 차원의 협의체 참여 등 필수

공공정책 및 사업단계상 갈등영향분석의 실시 시기를 일반화 하면 다음과 같다.

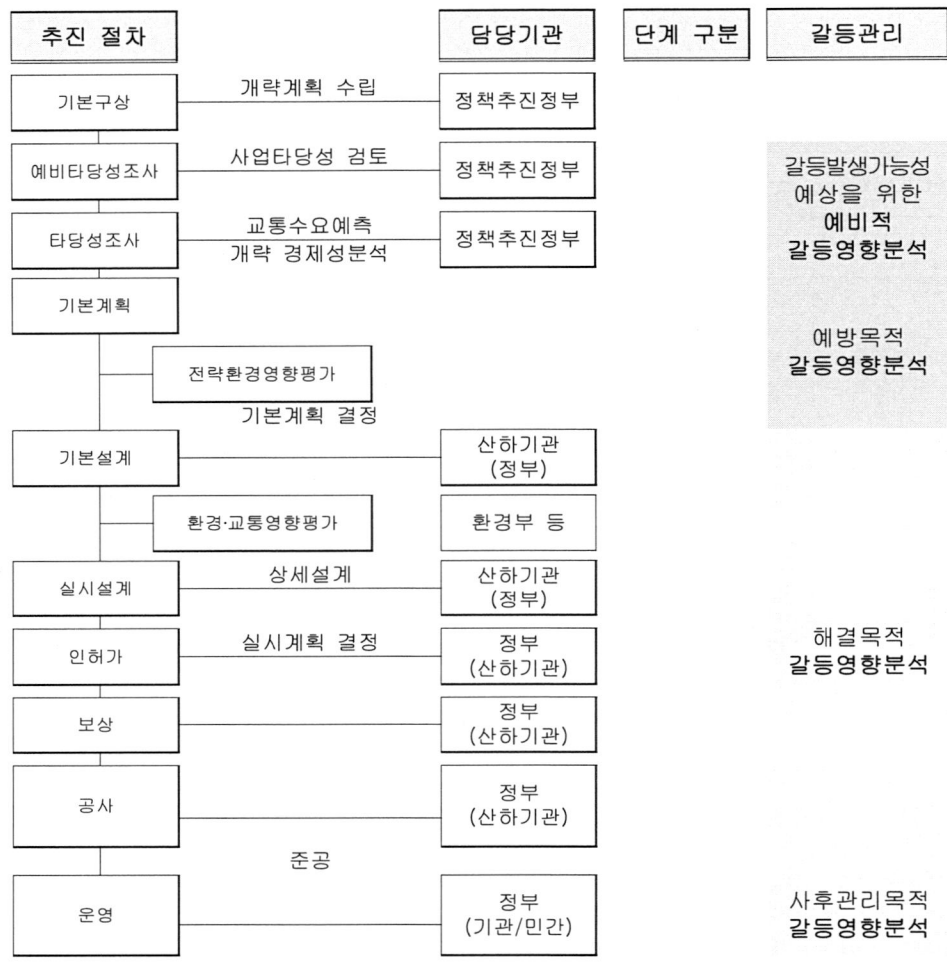

<그림 Ⅱ-3> 일반적인 공공사업 절차에 따른 갈등영향분석 시기

2. 갈등영향분석서 작성 절차

갈등분석서의 작성과정은 조사 및 정보수집 단계, 분석 단계, 갈등예측 및 해결방안 설계 단계, 갈등분석서 작성 단계로 이루어진다. 갈등영향분석서 작성 프로세스와 주요 내용은 다음과 같다.

<표Ⅱ-6> 갈등영향분석서 작성 절차

단계		주요 내용	주관자
1단계 (결정)	실시 결정	- 갈등관리심의위원회 심의 - 공공기관 장이 실시여부 결정 - 분석자 선정(용역시 계약서 작성) - 기초자료 제공	갈등 관리담당자
2단계 (조사)	기초조사	- 사업 개요, 갈등 개요 - 문헌을 통한 기초조사 - 대상지역 선정 - 이해관계자 분류	전문 갈등분석자
	조사준비	- 면담대상자 선정 및 목록 작성 - 질문목록 및 면담방안 작성 - 필요시 사전 연락을 통한 일정확정 - 협조 공문 발송 - 질문내용 준비	
	조사시행	- 갈등현황 조사 - 이해관계자 면담 진행 - 면담 결과 정리	
3단계 (분석)	원인 및 배경	- 갈등발생 배경 및 원인 - 과거 갈등경험 - 지역의 조건 등	
	갈등단계	- 갈등을 중심으로 한 일지 작성 - 갈등전개과정 분석	
	이해관계자	- 이해관계자별 입장과 실익 - 주요 쟁점 - 갈등의 유형(성격) - 갈등관계도(갈등지도 작성)	
4단계 (평가 및 제안)	진단 및 평가	[갈등잠재시] - 갈등발생가능성/강도/파장 - 갈등관리 필요성 [갈등표출시] - 긍정적, 부정적 요인/ 발생, 지속 요인 - 합의 가능 쟁점 분류 - 갈등계속 시 사업에 미칠 영향	

	예방 및 해결 방안 제시	- 대안적 예방 및 해결방안 모색 - 주요 해결절차 제시 - 해결 이후 관리 방안	
5단계 (제출)	갈등영향분석서 작성 및 보고	- 갈등영향분석서 작성 - 갈등관리 담당자에게 제출	
6단계 (실행)	회람 및 공유	- 부서 의견 수렴 - 실행을 위한 기간/예산 등 검토 - 갈등관리를 위한 계획 수립	갈등 관리담당자

1) 1단계: 시행 결정

담당자는 갈등분석에 대한 시행여부를 주관자(기관의 장)로부터 승인을 받는다. 만약 갈등사안의 성격과 내용에 따라 담당자가 직접 갈등분석을 시행하기 어려운 경우 주관자는 분석기관을 선정하여 위탁할 수 있다. 이때 담당자는 위탁한 전문기관의 분석가에게 관련 기초자료와 이해관계자에 대한 정보를 제공하여 관련 내용을 공유하여야 한다.

<표Ⅱ-7> 시행결정 단계에서의 담당자의 주요 업무

구분	주요 업무
시행결정단계	- 갈등영향분석 자체 시행 가능성 판단 - 분석이 어려울 시 분석기관에 위탁 - 분석기관과의 계약 체결 - 기초자료 및 관련 정보의 제공 및 공유 - 이해관계자에게 관련 분석기관을 소개

2) 2단계: 조사

(1) 기초 조사

정보수집 단계에서는 해당 갈등과 관련한 기초적인 자료 수집을 하는 단계이다. 일반적으로 관련 담당자로부터 자료를 취합하기도 하지만, 예를 들어 갈등이 발생한 경우에는 논문, 보고서, 신문기사, 성명서, 보도자료 등을 통해 갈등사안이 어떻게 알려지고 있는지도 조사할 수 있다. 이러한 결과를 정리하여 종합적으로 갈등사안이 현재 어떤 상황인지, 갈등흐름 등을 유추할 수 있다. 또한 이해관계자와 핵심이해당사자(단체)가 누구인지, 어떤 쟁점이 이들 간의 대립점인지, 그들 각자가 주장하는 바가 무엇인지도 표면적으로나마 이끌어 낼 수 있다. 보통 1~2주정도 진행되며 사안에 따라서 시간은 달라질 수도 있다. 이러한 기초조사 결과를 통해 갈등현황과 이해관계자 등에 대한 기본정보를 획득할 수 있다.

(2) 조사 준비

본 단계는 해당지역에 대한 이해와 해당 이해관계자에 대한 면접을 진행하기 전에 주요 대상이 되는 갈등 사안에 대한 충분한 정보를 파악하고, 관련 면접 계획을 수립하는 단계이다. 이 단계의 주로 검토되어야 할 사항으로는 다음과 같다.

첫째, 지역사회에 대한 이해이다. 즉 지역이 가진 문화와 역사 및 전통, 특징 등을 이해하는 것이다. 둘째, 관련 정책 혹은 사업에 따른 법과 제도를 파악하고 이해하는 것이다. 셋째, 갈등이 발생하고 이에 따른 찬반 주민운동이 전개되고 있다면 그 사회운동의 내용과 의미를 파악하는 것이다. 넷째, 이해관계자의 확인과 면접대상자를 선정하는 것이다. 즉 이해관계자 내에서도 관련 의사결정에 중대한 역할을 할 수 있는 사람 혹은 단체가 좋다. 다섯째, 이해관계자 간의 입장과 쟁점을 확인한다. 여섯째, 앞서 정리된 내용을 통해 이해당사자에게 질문할 면접지를 작성한다.

마지막으로, 가능 면담자에 대하여 면접여부를 물어보고 일정을 정한다. 갈등상황에 따라 면담이 불가능한 경우도 존재하지만 가능하면 만나기 가장 어려울 것이라고 예상되는 이해관계자로부터 시작하는 것이 좋다. 이해관계자 면담은 갈등 분석에서 중요한 조사과정이며 치우침이 없어야 하는 공정하고 객관적인 분석을 위한 시작이다. 따라서 계획된 가능한 모든 이해관계자와의 면담이 이루어져야 하고 그렇게 될 수 있도록 노력하여야 한다. 면담대상자는 면담과정이 자신을 드러내고 정보를 노출할 수 있다고 생각할 수 있으므로 분석자는 최대한 활동에 대한 신뢰를 가질 수 있도록 성실히 노력하여야 한다. 접근 방법은 상황에 따라 다르지만 형식을 갖춘 전화통화, 공문을 통한 사전 협조 요청 등이 일반적이다.

<표Ⅱ-8> 기초조사 및 준비단계에서의 분석자의 주요 업무

구분	주요 업무
기초조사 및 준비단계	- 지역사회에 대한 이해 - 지역의 역사와 전통, 문화 특징의 이해 - 관련 정책 혹은 사업에 대한 법과 제도의 파악 - 관련 찬반 주민운동 파악 - 이해관계자 확인과 면접대상자 선정 - 이해관계자의 입장과 쟁점의 사전 확인 - 면접 질문지 작성 - 면접 일정 결정 - 인터뷰 대상자에 대한 접근 방식 고려

(3) 직접조사를 갈등현황 파악

① 현장방문 및 갈등현황 조사

현장을 방문하여 갈등 가능성을 예측하거나 갈등이 발생한 경우 지역에 미친 영향을 파악하는 단계이다. 현장방문은 지역의 특성을 이해하는 시간이다. 따라서 조사의 대상은 지형적 특징, 지역구조, 공동체구성(연령), 찬반단체의 특징 등이다. 또한 갈등이 발생한 경우 현장에서 나타나는 활동모습도 파악하여야 하는 중요한 단서이다. 일반적으로 갈등현장에서 나타나는 공통된 모습은 찬반 플래카드, 리플렛, 표지판, 시위, 단체사무실의 존재 등이다. 특히 플래카드에는 다양한 이해관계집단이 포함되므로 놓쳐서는 안 된다. 만약 주민설명회 등의 개최는 집단의 의견을 파악하기에 좋은 기회이므로 참여하는 편이 좋다. 또한 해당 이해관계자가 취하는 활동에 대한 내용도 중요한 자료가 되므로 이에 대한 녹화 및 사진 촬영이 병행되어야 한다.

<그림Ⅱ-4> 다양한 관계자를 명시하고 있는 플래카드 및 표지판의 사례(골프장)

② 면담조사

이해관계자나 피면접자를 직접 면접조사 방식을 통하여 관련 정보를 직접 얻는 단계이다. 면담조사는 상황에 따라 주민간담회, 집담회 등을 통해서 이루어지기도 한다. 가능하면 처음에는 집단면담은 되도록 피하고 개별적인 만남을 통하여 면접을 진행하도록 한다. 왜냐하면 자신의 표면적인 입장을 주로 이야기 하게 되면 각 이해관계자의 실익을 제대로 이해하기 어렵기 때문이다. 면담 장소 및 시간에 대한 고려도 하여야 한다. 가능하면 이해관계자에게 의견을 구하고 편한 곳을 선정하는 것이 좋다. 또한 중요 이해관계자는 되도록 후반부에 만나는 것이 좋다. 왜냐하면 앞서 인터뷰과정에서 면담자가 이해할 수 있어 새롭게 질문할 내용도 있으며 앞서 인터뷰 과정에서 쟁점으로 부각되거나 드러난 여러 사실들을 중요 이해당사자를 통하여 직접 확인할 필요가 있기 때문이다.

인터뷰를 진행할 때에는 보조진행자를 수행하여 2인1조로 진행하는 것이 좋다. 가능한 한 녹취기를 사용하는 것이 좋으나 불필요한 오해를 방지하기 위해 가능한 한 상대의 허락 아래 다른 목적이 아닌 연구적 목적에서만 사용한다는 사실을 통해 동의를 받아야 할 것이다. 인터뷰 과정에서 모든 대화 내용을 기록할 필요는 없으나 핵심적인 내용이 빠지지 않도록 주의를 기울인다. 또한 상대가 취하는 반응 등도 상황을 이해하는데 큰 도움이 될 수 있으므로 관심을 가지고 체크하고 대응한다.

③ 설문조사

설문조사는 사회조사방법을 이용하며, 일반적인 상황과 이해당사자의 인식을 이해하는데 사용한다. 이 방식은 첨예한 대립으로 인해 인터뷰 조사를 통해서 일반화가 어려울 경우에 사용되므로 모든 갈등분석에서 해야 하는 것이 아니다. 설문방식은 일반적으로 이해당사자 모두에 대한 직접 대면조사법을 활용하는 것이 효과적이다. 그렇지만 갈등이 지역에 한정적이지 않고 광범위하거나 다양한 이슈를 담고 있는 사안일 경우에는 대면조사법은 어려울 수 있어 상황에 적절하게 대응하는 것이 좋다. 어디까지나 설문조사는 분석가의 생각이 개입되고 조사지 작성이 일률적이며 상황에 맞지 않는 질문이 존재할 수 있어 갈등을 해결하기 위한 직접적인 의견을 얻기에는 한계가 존재할 수 있다. 그러나 아직 갈등이 표면화·구체화 되지 못한 상황에서 예측을 위한 목적에는 도움을 줄 수 있다. 그렇다 하더라도 설문조사는 어디까지나 사안에 대한 지원하는 측면에서 추진되어야 할 것이다.

<표Ⅱ-9> 조사단계에서의 분석자의 주요 업무

구분	주요 업무
현지조사	· 현장을 방문하여 공동체 특징 형태 등을 파악 · 현장방문에서 갈등이 발생한 경우 나타나는 활동 및 내용을 파악
면담조사	· 면담은 관련 면담대상자와 직접 접촉함 · 면담 시 가능하면 중요이해관계자는 후반부에 만남 · 면담은 단체보다는 개별적으로 접촉 · 면담은 2인1조로 추진 · 면담 장소 및 시간 선택은 가능한 한 이해관계자의 희망에 의함 · 면담내용은 녹취기를 이용하되 최대한 허락을 받아 수행
설문조사	· 설문조사방식은 사안에 따라 달라질 수 있음 · 설문조사는 어디까지나 일반론을 이끌어내는 데 있음 · 설문조사는 해결보다는 예측을 위한 목적에 더 적합

3) 3단계: 갈등분석

분석 단계에서는 지금까지 진행된 조사내용에 대한 분석결과를 통해 알아낸 사실을 정리·요약한다. 이를 바탕으로 이해관계자의 입장과 실익, 그리고 의견이 일치하는 쟁점과 불일치하는 쟁점을 파악한다. 특히 이해관계자 사이에 의견이 불일치한 쟁점을 정리하는 것은 앞으로 논의·협의구조를 구성하는데 중요한 기초자료가 될 수 있다. 일반적으로 분석의 주요내용은 다음과 같다. 첫째, 기초현황에 대한 분석이다. 이 분석에서는 해당 정책이나 사업에 대한 개요, 갈등의 개요, 지역의 인문·사회적 특징 등에 대하여 분석한다. 둘째, 갈등전개과정에 대한 분석이다. 이 분석에서는 갈등의 흐름을 이해하고 예측하기 위한 단계이다. 일반적으로 각 이해당사자의 활동내역이 담긴 갈등일지와 설명으로 구성된다. 셋째, 이해관계자에 대한 분석이다. 면담조사 등에서 얻어낸 정보를 취합하여 주요 이해관계자가 누구인지, 각 이해당사자의 입장과 실익 등을 정리한다. 또한 이해당사자간의 관계에 대해서 파악하고 서로가 불일치하는 쟁점을 분석한다.

<표Ⅱ-10> 분석단계에서의 분석자의 주요 업무

구분	주요 업무
분석단계	- 조사된 결과를 바탕으로 개별분석 - 갈등이 진행된 상황일 경우 갈등전개과정 분석의 실시 - 녹취내용을 정리하여 각 인터뷰 대상자의 입장, 실익을 정리 - 이해관계자간 충돌하는 이슈, 사실관계의 파악 - 해당 지역이 갖고 있는 구조적 한계 등도 주요한 분석거리 - 과거 갈등경험이 지금 정책 혹은 사업추진에 미칠 영향 - 갈등의 성격 파악 - 주민(집단) 간 관계의 파악 등

4) 4단계 : 평가 및 제안

이 단계는 사전적 갈등예방과 갈등해결을 위한 목적에 따라 내용이 달라진다.

(1) 갈등에 대한 종합진단 및 평가

이처럼 갈등현안에 대한 분석결과를 종합 진단하여 갈등발생가능성, 사회적영향(파장), 예상강도 등의 기준을 통해 평가한다. 첫째, 갈등발생가능성이다. 분석결과를 종합하여 현 상황을 유지하는 경우 갈등이 발생할 가능성이 어느 정도인지에 대한 판단을 말한다. 둘째, 갈등의 강도이다. 이는 갈등이 발생하는 경우 이해관계자가 어떤 행동을 취할 것인지에 대한 반응의 정도를 말한다. 셋째, 사회적 파장이다. 갈등이 발생할 경우 사회적으로 영향을 미치게 되는 정도를 말한다.

(2) 갈등예방 및 해결방안 제안

갈등발생가능성이 있을 경우에 시행된 갈등분석에서 기술한다. 분석자는 앞서 갈등분석을 통해 예방을 위한 다양한 방법을 제안한다. 어디까지나 제안이므로 상세하고 구체적으로 작성하지는 않지만 발생에 따른 대응 매트릭스의 작성, 즉 갈등관리 방안을 제시하는 것이 좋다. 또한 정책 및 사업 결정이 해당 이해당사자와의 갈등을 야기할 수 있다고 판단되는 경우, 관련 의사결정자의 결정에 제언할 수 있는 의견을 덧붙일 수 있다.

(3) 갈등해결을 위한 구체적인 방법(합의형성과정) 설계

본 단계는 분석단계에서 갈등 해결이 가능하다는 판단을 내릴 경우에 진행할 수 있

다. 그렇지 않을 경우 현 시점에서 해결이 어려운 이유, 앞으로의 갈등전개과정 예측, 이해관계자의 활동 예상 등의 수준에서 마무리 짓거나, 의사결정자의 결정에 제언하는 수준에서 의견을 덧붙이는 것으로 종료한다.

갈등해결이 가능하다고 판단되면, 분석자는 해결의 목적을 제시해야한다. 이 목적을 달성하기 위해 합의형성의 다양한 기법 중에 해당갈등사안의 해결에 가장 적합한 기법을 제시한다. 합의형성을 위한 관련 회의(협의회 등)에 참여할 이해관계자를 제시해야 하며, 시간계획 및 회의 스케줄을 제안하고, 사전 규칙을 제안해야 한다. 기타 추진에 따른 예산 및 재원조달 방법에 대하여 방안을 제시하여야 한다.

<표Ⅱ-11> 진단 및 평가단계에서의 분석자의 주요 업무

구분	주요 업무
진단 및 평가단계	- 분석 결과에 대한 종합 진단 - 진단 방법은 정책 및 사업추진이 지역사회에 미칠 영향 가능성 - 갈등발생 가능성, 사회적 파장, 갈등 강도 등이 주요 내용 - 이미 갈등이 발생했을 경우는 전개과정상, 갈등해결의 장단요인 파악 - 진단결과 종합을 통해 갈등해결가능성을 평가 - 각 이해관계자별, 이슈별 해결방향의 제안 - 구체적 해결방식의 설계 - 해결 방식의 제안은 이전에 이해관계자의 이해가 필수

5) 5단계: 보고서 작성 및 제출

분석자는 지금까지 작성한 내용을 정리하여 관련 기관에 제출하고 관련기관의 장은 제출된 갈등영향분석서에 대하여 관련 법령에 의거 갈등심의위원회(혹은 관련 내부 심의기구)의 심의를 요청한다. 갈등영향분석서는 서론, 사업 및 갈등의 개요, 조사, 갈등분석, 진단·평가, 제안의 순서로 작성한다. 서론에는 분석의 경위, 주관기관, 분석자, 분석 목적, 조사 수행방법, 피면접자의 수, 조사 일시 등을 작성한다. 사업 및 갈등의 개요에서는 관련 정책 및 해당 사업과 갈등상황에 대해서 요약기술한다. 갈등분석에서는 피면접자로부터의 의견을 요약하여 서술하되, 각 분석방법을 활용하여 작성한다. 특히 이 과정에서 응답자의 비밀이 노출되지 않도록 주의한다. 진단 및 평가에서는 발견된 사실에 대한 분석자의 판단을 기술하고, 분석의 목적에 따라 평가한다. 마지막으로 제안에서는 현 갈등을 해결하기 위한 방안을 제시한다[63].

<표Ⅱ-12> 일반적인 갈등영향분석서의 형식

구분	주요 내용
서론	· 분석의 경위 · 주관기관 및 분석자 · 분석 목적 · 조사 개요(조사 수행방법, 피면접자의 수, 조사 일시 등)
개요	· 정책 및 사업의 개요 · 갈등의 개요
갈등분석	· 갈등의 맥락 분석 · 갈등의 전개과정 분석 · 갈등의 이해관계자 분석(입장 및 실익, 관계, 쟁점, 유형 등)
진단평가	· 갈등에 대한 진단 · 갈등해결 가능성 평가
제안	· 갈등예방 및 해결을 위한 방향성 및 전략 · 논의구조(ADR 등) · 이해관계자 구성방식 · 사전규칙 등의 제안

6) 6단계: 공유 및 해결방안 실행

갈등영향분석서 초안이 완성되면 분석자는 주관기관과 필요할 경우 피면접자에 배포하고 의견 청취한 후 수정 사항을 반영한다. 그 다음 해당 기관에게 제출하여 이후 합의형성 절차를 진행할 것인지 여부를 결정한다. 만약 주관자가 이해당사자와의 논의(협의, 협상)를 통한 해결을 진행하기로 결정한 경우, 담당자는 이해관계자들과의 전체회의 소집하여, 합의절차의 목적, 의제, 대표자, 진행계획, 조정자 등을 포함한 사전규칙에 대해 이해관계자들과 함께 결정한다. 또한 논의를 위한 예산의 확보와 외부 조정자가 필요한 경우 관련 계약을 체결한다.

---

63) 제안 내용은 갈등영향분석의 목적에 따라 달라진다. 예를 들어 예방을 목적으로 할 경우, 갈등 예방 방안 및 전략 등을 제시하는데, 참여적 의사결정 방식과 해당 절차에 대한 설계(안) 등을 제시하는 것이 일반적이다. 그리고 해결을 목적으로 할 경우, 현 갈등을 해결하기 위한 방안으로 ADR방식과 해당 절차에 대한 설계(안) 등을 제시하는 것이 일반적이다.

<표Ⅱ-13> 공유 및 실행단계에서의 분석자의 주요 업무

구분	주요 업무
공유 및 실행단계	- 해결 방안에 대한 이해관계자와의 공유 - 공유하는 방법은 설명회, 간담회, 보고회 등 다양한 방식을 활용 - 의견내용을 바탕으로 수정하고 그 결과를 최종안으로 확정 - 최종안은 각 기관 등의 갈등관리심의회(혹은 외부자문회의)의 최종의견 수렴 - 보고서 제작 및 각 이해관계자(인터뷰 대상자 등)에게 배포 - 이후 ADR, 참여적 의사결정 등 제안된 해결방안에 대한 구체적 실행

제3절 갈등분석 실무

갈등분석은 갈등영향분석과정에서 현재의 갈등상황을 파악하기 위해 이루어지는 각기 다양한 방법들의 집합체를 말한다. 갈등분석을 위해서는 조사가 필수적이다. 갈등분석은 조사결과를 바탕으로 현재 갈등상황 혹은 향후 (지역)사회에 미칠 원인과 배경, 지금까지의 갈등전개과정, 주요 이해관계자, 이들의 주장과 실익, 충돌하는 다양한 쟁점, 이들 간의 관계 등이 다면적으로 파악되기 때문이다.

본 절에서는 갈등분석에서 사용되는 다양한 방법들에 대하여 구체적으로 알아보도록 하겠다.

1. 조사의 실시

일반적으로 조사방법에는 간접방식과 직접방식이 있다. 간접방식은 직접대면하지 않고 인터넷, 신문, 성명서 등의 2차 자료를 통해 조사하는 방식이다. 직접방식은 주요 이해관계자를 사전에 파악하고 이들과의 심층면담을 통해 조사하는 방식이다. 이들 조사방식은 기본적으로 갈등상황을 파악하기 위한 목적을 위해 추진되는 것이 공통점으로 다음과 같이 이루어져야 한다.

1) 파악 방식

현재 해당 (지역)사회가 주목하고 있는 정책 혹은 사업에 대하여 갈등차원에서 어떻게 알려지고 있는지를 조사한다. 이를 위하여 갈등에 대한 조사는 기본적으로 육하원칙에 의거해 이루어지는 것이 일반적이다.

첫째, 갈등의 당사자(WHO)를 파악한다. 즉 정책 및 사업이 미칠 사회적 영향과 관련하여 갈등의 주체가 되는 사람 혹은 집단을 파악한다. 둘째, 갈등의 대상지(WHERE)를 파악한다. 즉 어느 지역(기초단위, 광역단위, 전국단위 등)에 영향이 미칠지를 파악한다. 셋째, 갈등이 언제 시작되었고 현재 어떤 일들이 벌어지는지(WHEN)를 파악한다. 즉 갈등이 발생상황을 파악한다. 넷째, 갈등이 발생하거나 그럴 가능성이 있다면 어떤 요인이 있는지(WHY)를 파악한다. 즉 갈등발생의 배경과 원인을 파악한다. 다섯째, 갈등이 무엇 때문에 발생하는지(WHAT)를 파악한다. 즉 갈등발생의 쟁점을 파악한다. 마지막으로 어떻게 문제가 확산되고 있는지 이를 해결하기 위해 어떤 노력이 있었는지(HOW)를 파악한다. 즉 갈등해결노력 등을 파악한다. 이처럼 갈등의 육하원칙에 의거한 조사는 갈등분석의 대상과 일치하므로 분석서 작성에 도움이 된다.

<표Ⅱ-14> 육하원칙을 통한 주요 파악되어야 할 내용들

구분	주요 내용
무엇(WHAT)	· 실제로 관심을 갖고 있는 이슈는 어떤 것인가? · 그 갈등은 무엇에 관한 것인가? · 갈등의 크기나 규모는 어느 정도인가? · 갈등 증폭 및 감소 요인은? · 갈등이 초래할 정치, 경제, 사회적 효과는 무엇인가?
언제(WHEN)	· 갈등은 언제 시작되었는가? · 갈등은 어느 국면(phase)에 있는가? · 최근에 갈등은 어떻게 발전하고 있는가?
어디(WHERE)	· 갈등이 발생한 지역은 어떤 지역인가? · 사람의 구성과 분포는 어떤가? · 주변지역과의 관계는 어떤가?
누가(WHO)	· 갈등 집단 사이의 관계는? · 연합(alliance)은 어디에서 나타나는가? · 누가 누구에게 영향을 미치는가? · 누가 양측 모두와 관계를 가지고 있는가?
왜(WHY)	· 왜 이런 갈등이 시작되었는가? · 갈등이 장기화된 원인은 무엇인가? · 이런 원인들은 갈등 과정에서 어떻게 발전되었는가? · 어떤 요인이 추가되었는가? · 갈등 해결을 위해서는 어떤 문제를 풀어가야 하는가? · 어떤 요인 때문에 갈등이 지속되는가?
어떻게(HOW)	· 최근 갈등은 어떤 방향으로 전개되고 있는가? · 갈등예방 및 해결을 위해 어떤 노력이 진행되고 있는가? · 갈등예방 및 해결 조치로 새로운 상황 전개가 가능한가? · 갈등 해결조치가 갈등의 전개에 어떤 영향을 미칠 것인가? · 새로운 전략에 대해 이해관계자들은 어떤 반응을 보이나?

2) 조사의 진행과정

(1) 기초조사

해당 사안이 (지역)사회에 어떻게 알려지고 있는지를 알아보기 위하여 취해지는 가장 일반적인 방법이다. 조사는 대부분 외부에 공개된 자료를 통해 이루어지는데 주요 자료로는 정부의 보고서 및 공식문건, 보도자료, 성명서, 신문기사, 방송프로그램 등이 대표적이다. 이 과정에서 다양한 사진, 영상 등을 확보할 수 있어 갈등상황에 대한 큰 그림을 그릴 수 있다. 기초조사는 크게 2가지로 나뉘어서 추진되는데 다음사안이 파악해야 할 주요한 내용이라 하겠다.

<표Ⅱ-15> 기초조사의 주요 파악내용

기초조사	주요 내용
해당 사안의 개요	· 사업개요 · 지역의 특징 · 갈등발생가능성, 사업의 영향력 등의 파악 · 신문보도 내용의 조사, 주요 예상 이슈, 예상 이해관계자 · 정부의 대응 상황 등
과거 갈등사례	· 해당 지역 내 과거 갈등발생 사례 조사 · 유사갈등 사례 조사

여기서 특히 추가되어야 하는 내용으로는 과거의 유사갈등사례에 대한 조사이다. 과거갈등은 충격에 대한 세대 간 공유가 이루어지므로 전쟁과 같은 역사적 분쟁사례도 포함되지만 모든 갈등사례를 대상으로 조사하기에는 한계가 있다. 그러므로 다음과 같은 제약조건을 두어 선정한다. 우선, 과거 갈등 사례의 경우, 해당 커뮤니티가 보통 5~10년 이내에 경험한 갈등사안이다.

<표Ⅱ-16> 과거 갈등사례 파악을 위한 주요 근거

구분	주요 내용
과거 갈등 사례	· 해당 지역 내 과거의 주요 갈등사례가 있는가? · 현재의 정책 혹은 사업추진에 부정적으로 미칠 가능성이 있는가? · 과거 갈등에 따른 조직이 현재도 존재하는가?
유사 갈등 사례	· 판단근거에 의거하여 비슷한 사례가 있는가? · 현재의 정책 혹은 사업추진에 부정적으로 미칠 가능성이 있는가? · 유사 갈등에 따른 외부조직이 현재에도 관련활동을 하고 있는가?

다음으로 정책 혹은 사업에 따라 발생한 공공갈등이어야 한다. 유사 공공갈등의 판단 근거로는 다음과 같이 제시될 수 있다.

<표Ⅱ-17> 유사 공공갈등사례의 판단 근거

구분	주요 내용
사업 형태의 유사성	· 사업 분야, 사업비 규모, 사업기간 등
이해관계의 유사성	· 이해관계자의 종류, 성향, 요구사항 등
당사자 정서의 유사성	· 지역적 특색, 중시 가치, 종래 피해의식 등

(2) 이해관계자의 선정

이해관계자는 크게는 정책 및 사업에 직접적 영향을 받게 되는 주체로서 문제 해결의 권능을 갖고 있는 이해당사자이다. 그리고 직접적 관련은 없으나 영향을 주는 주체인 외부이해관계자도 있다. 일반적으로 해당 정책 및 사업추진에 직간접적인 영향을 받게 되는 지역주민 등이 이해당사자이다. 정부 등은 사업주체로서 직접이해관계자인 이해당사자에 포함된다. 또한 사안에 관심을 갖고 문제 해결에 노력하는 각종 전문가, 언론, 갈등전문가, 시민환경단체 등은 외부이해관계자라 하겠다. 직접이해관계자도 정책 및 사업과정과 운용 시로 나누어 직접이해당사자, 간접이해당사자로 분리할 수 있다. 예를 들어 댐 건설의 경우 수몰지역을 직접영향의 주체, 이후 운용상에 영향을 받게 되는 주변지역을 간접영향의 주체라 할 수 있다. 이들 모두를 대상자로 선정하기는 현실적으로 어려우므로 다음의 사항을 확인하여 최종 면접대상자(혹은 집단 대표 등)를 결정하도록 한다.

<표Ⅱ-18> 대상자 선정을 위한 확인 사항

구분	주요 내용
대상자 선정시 확인사항	- 직·간접적 영향을 받거나 혹은 받게 될 당사자 대표로 이들의 이해를 대변가능한 자 - 해당 정책 혹은 사업으로 인한 갈등상황에 대한 내용을 잘 이해하고 있는 자(집단) - 다양한 쟁점에 대한 주요 행위 주체(집단) - 2인 이상의 이해당사자로부터 인터뷰를 해야 하는 사람으로 거론되는 자(집단) - 해당 정책 혹은 사업 실행 및 집행 등 추진여부에 권능을 가진 자(집단) - 해당 갈등 상황 및 전문지식을 잘 알고 있는 인사

이러한 이해관계자 분류과정을 통해 갈등상황에 대한 주요 대상자 파악과 선정이 이루어진다. 선정과정은 앞서 기초조사를 통해 파악된 주요 대상자 중 대표성 등을 확인하여 최종하게 된다. 이후 여러 다양한 방법을 통해 접촉(전화, 이메일, 편지, 공문 등)하고 해당 갈등영향분석에 대한 이해를 구하는 한편 인터뷰 조사 참여를 요청한다. 이 시기 일반적으로 가장 어려움을 겪는 것이 갈등영향분석에 대한 선명성에 대한 의심이다. 만약 정부기관이 추진할 경우 신뢰성의 문제가 제기되고, 외부 용역으로 추진될 경우는 사업비에 대한 의심으로 이어지기 때문에 사실관계에 대해서는 사전에 분명하게, 명확하게 설명되어야만 한다. 갈등영향분석은 기본적으로 심층면담과정이 포함되므로 이해관계자와 조사분석자와의 신뢰형성이 자연스럽게 이루어진다. 그러나 분석 막판에 오해가 발생할 경우 모든 노력들이 수포로 돌아갈 수도 있기 때문이다. 또한 대상자도 인터뷰 과정에서 추가될 수 있다는 점에 유의하여야 한다.

<표Ⅱ-19> 이해관계자 선정과 직접조사의 준비

구분	주요 내용
이해관계자 결정	• 장소, 일정(시간) 등은 대상자의 편의에 의해 결정
공식화	• 결정 내용에 대한 공문을 지역행정기관에 발송하고 확인. 또한 대상자 집단 사무실이 있을 경우에도 관련 공문을 함께 발송하여 공식화
대상자 확장	• 조사과정에서 추가 대상자가 포함될 경우 관련 정보를 취득하고 대상자 목록에 추가

(3) 질문 내용의 작성과 형식

이해관계자에 대한 인터뷰 일정이 정해졌다면 이들에 대한 각자 인터뷰할 질문내용을 작성하도록 한다. 질문의 내용은 갈등영향분석이 예방 혹은 해결목적에 따라 달라진다. 구체적으로는 다음과 같은 질문내용이 주로 포함된다.

<표Ⅱ-20> 목적별 갈등영향분석서 작성 시 인터뷰 조사과정에서의 주요 질문 내용

목적별 구분	주요 내용
예방차원	· 추진 정책에 대한 의견 · 단체에서 피면담자의 위상 및 경력 · 해당 정책 및 사업에 대한 이해도 · 해당 정책 및 사업으로부터 받을 수 있는 영향에 대한 인식 · 현재까지 상황의 전개과정에 대한 정보 · 다른 이해관계자에 대한 인식 · 문제 해결에 필요한 정보와 불확실성 · 향후 제안될 합의 형성 절차에 대한 참여 의사
해결차원	· 현 갈등 상황에 대한 의견 · 단체에서 피면담자의 위상 및 경력 · 해당 정책 및 사업에 대한 이해도 · 현재까지 상황의 전개과정에 대한 정보 · 해당 정책 및 사업으로부터 받을 수 있는 영향에 대한 인식 · 입장 및 주요 이슈 · 다른 이해관계자에 대한 인식 · 문제 해결에 필요한 정보와 불확실성 · 향후 제안될 합의 형성 절차에 대한 참여 의사

질문지는 개방형으로 작성하고 중립적인 가치를 훼손하지 않는 내용으로 작성한다. 일반적으로 질문내용은 1시간 내외 분량이 적절하며 초반부는 정책 혹은 사업의 추진자로부터 의견을 청취하고 후반부에는 핵심적인 이해당사자를 배치하여 갈등의 실제 원인을 구체적으로 파악할 수 있도록 하는 방식이 적절하다. 사전양해를 통해 녹취기 등을 사용하는 것이 좋은데 이는 분석과정에서 자신이 놓친 부분이 있는지 확인할 수 있기 때문이다.

<표Ⅱ-21> 질문지의 작성과 인터뷰 형식

구분	주요 내용
심층인터뷰 질문지	· 분석자는 실익에 기반 한 답변을 끌어내기 위한 질문지 작성 · 조사지는 보충적으로 활용, 상대방이 하려는 의견을 우선 청취 · 개방형 질문(open-question) 우선 활용하고 선택형은 지양
중립성 유지	· 중립적이며 가치를 훼손하지 않는 질문으로 작성 · 일편향적인 홍보 등의 금지
인터뷰의 형식	· 구체적인 의견을 청취하기 위해서는 1시간 내외가 적절 · 가능하면 후반부에 조직, 갈등의 핵심이해당사자 등을 배치 · 2인 1조가 바람직 · 녹취기 사용에 대해서는 사전 허락 필수

(4) 심층 면담조사의 수행

보통 인터뷰 조사는 심층면접방법을 사용하므로 가능한 한 인터뷰 전에 내용을 숙지하는 것이 좋다. 또한 질문에 대해 답변이 길어지고 다양한 내용으로 분화될 수 있으므로 여러 상황변화에 민첩하게 대응하고 그에 따른 질문내용을 바꾸는 등 유연한 대처가 필요하다. 또한 보통 1시간~1시간 30분정도 소요되는 것이 보통이므로 충분한 시간이 있으므로 우선 상대방의 의견에 귀 기울도록 노력하고 초반에 자신이 너무 주도하거나 말을 많이 하지 않도록 한다. 특히 선택형 질문은 최대한 자제한다. 이밖에 이미 갈등이 발생한 경우 인터뷰과정이 심화되면서 상대방의 기분상태가 감정적으로 불안하거나 격한 반응을 보일 수 있는데 이는 그만큼 불만이 많다는 증거이다. 사안에 따라 일부로 그러한 분위기를 연출하려는 의도를 갖고 하는 경우도 있다. 이에 대하여 조사자 스스로 감정적 상태가 되지 않도록 유의하고 그에 따른 직접적 판단을 하지 않도록 한다. 왜냐하면 자칫 편견을 가지거나 상황에 대하여 오판할 가능성이 있기 때문이다. 따라서 인터뷰 조사 시에는 다양한 의견을 듣는데 초점을 맞추고, 분석과정에서 종합적으로 판단하여야 한다. 만약 분석과정에서도 자료에 대하여 판단에 부족하다고 느낄 경우, 재차 방문하는 등 추가 조사를 수행할 수도 있다. 심층면담과정에서 조사자가 유의할 사항으로는 다음과 같다.

<표Ⅱ-22> 심층면담과정의 유의사항

구분	주요 내용
유의사항	- 질문 목록에 연연하지 말고 당사자가 원하는 점(실익)이 무엇인지 서서히 질문 - 질문자가 설명하지 말고 '왜 그렇죠?'와 같이 상대방이 답변할 수 있도록 함 - 면담직후 조사자 스스로 현 상황을 자의적으로 판단해서는 안됨 - 면담과정에서 상대방의 감정상태에 따라 스스로도 감정상태에 빠지지 않도록 유의 - 상대가 요구하는 시간과 장소에서 면담이 이루어질 수 있도록 함

2. 갈등분석의 실행

이제 본격적으로 갈등분석을 하도록 하자. 앞서 육하원칙에 의거하여 조사되었다면 갈등분석은 보다 효과적으로 이루어질 수 있다. 분석에 들어가기에 앞서 다음의 사항이 사전에 정리되어 있는지 확인할 필요가 있다.

<표Ⅱ-23> 효과적 갈등분석을 위해 사전확인 사항

구분	주요 내용
사전확인 사항	- 현 정책 및 사업취지 및 필요성 등에 대하여 이해하였는가? - 사업의 추진단계, 갈등 상황에 대하여 파악하였는가? - 사업 등이 미치는 물리적/사회적 영향범위, 파급력을 파악하였는가? - 신문보도 등을 통해 현재 사업 및 갈등과 관련한 내용을 파악하였는가? - 일지 초안을 작성하였는가? - 정부의 대응상황 등을 파악하였는가? - 지역사회가 갖는 사회적/ 물리적/ 전통적 특수성을 파악하였는가? - 이해관계자의 범위는 어디까지로 볼 것인가?

갈등분석은 크게 '갈등의 맥락', '갈등의 진행상황', '갈등의 관련된 사람 및 집단', '문제 사안' 등으로 나누어 볼 수 있다. 여기서 갈등의 맥락은 갈등의 원인과 배경을 의미

한다. 다음으로 갈등의 진행과정은 현재 갈등의 상황을 파악하는 것으로 앞서 1장에서 설명하였듯 잠재기, 표출기, 심화기, 교착기, 완화기 등이 있다. 다음으로 갈등의 관련된 사람 및 집단은 이해관계자로서 이들의 입장, 실익, 관계 등을 말한다. 문제 사안은 이해관계자간 쟁점과 갈등의 유형을 의미한다. 이처럼 갈등분석의 대상과 방법, 주요 내용 등을 정리하면 다음과 같다.

<표Ⅱ-24> 갈등분석의 대상과 주요 내용

분석대상	분석방법	주요내용	조사결과 활용 (육하원칙)
맥락	원인	· 법/제도, 계획발표 · 문제와 그 해결방법	HOW, WHY
	배경	· 사회적·경제적·문화적·정치적·물리적 배경 · 과거의 갈등발생 사례	WHERE, WHAT
진행상황	전개과정	· 잠재, 표출, 심화, 교착, 완화, 해소 등	WHO, WHEN
관련집단	입장	· 표면적 요구사항	WHO, WHAT
	실익	· 실제 요구사항	WHO, WHAT
문제사안	쟁점	· 이해관계자별 충돌의 근원	WHO, WHAT
	유형	· 가치, 이해, 관계, 구조, 사실관계	WHO, WHAT

1) 갈등전개과정 분석

(1) 정성적 방법

갈등이 이미 발생한 경우에는 '갈등전개과정 분석'(Conflict's Flow Analysis)이 이루어지는데 타 분석과정보다 가장 먼저 이루어지는 것이 일반적이다. 왜냐하면 갈등에 대해서 이해하기 위해서는 다양한 2차 자료의 수집이 우선되어야 하고 그 과정에서 일지 정리가 자연적으로 이루어지기 때문이다. 특히 정부계획이나 관련 사업발표로 인해 발생한 갈등은 이에 대한 다양한 절차상 내용이 언론에 유포된다. 또한 이에 대한 반발이 발생하였을 경우 관련 성명서, 집회 등이 신문 및 방송에 보도되거나 관련단체의 홈페이지에 게재되는 경우가 다반사이기 때문이다. 따라서 관련 자료를 수집하여 종합하여 일지작업화 하는 것은 현 갈등상황이 어떤 상태인지 확인하기 위한 가장 빠르며 효과적인 수단이 된다.

공공갈등의 전개과정은 일반적으로 갈등에 대한 심리학적 접근에 근거한다. 이에 따라 개인 간, 집단 간 사회갈등의 과정도 비슷하게 구성할 수 있다. 주요 단계로는 앞서 설명한바와 같이 '갈등의 잠재기', '갈등의 표출기', '갈등의 심화기', '갈등의 교착기', '갈등의 완화기', '갈등의 해소 및 해결기'로 구성된다. 앞서 제1장에서 설명한 바를 간단하게 요약하면 다음과 같다.

우선 갈등의 잠재기는 아직 표출되지 않은 휴화산과 같은 상태로 향후 갈등이 발생할 수 있는 가능성이 존재하는 상태를 말한다. 이 시기의 주요 요인으로는 인간적인 소외, 차이나 차별, 다양한 종류의 불평등, 불만, 역사적인 경험 등이 있다.

갈등의 표출기는 잠재되었던 갈등이 외부적 행동으로 표출되는 것을 말한다. 갈등의 출현에는 어떤 사건이 계기가 되기도 하고 누적된 불만이 계기가 되기도 한다. 보통 잠재기와 표출기를 분리하는 근거는 누적된 불만이 공개적으로 표출되는 성명서 발표, 반대집단의 형성을 통한 의견표명(집회, 시위 등)이 대표적이다.

갈등의 심화기는 갈등의 강도와 전술의 심각성이 증가하는 시기를 말한다. 갈등의 심화 단계는 의도적으로 진행되는 경우가 많은데 이는 이해당사자가 주의를 끌기 위해서 이루어진다. 또한 관련 정책 혹은 사업추진에 대해 심각하게 받아들이고 있다는 것을 보이기 위한 목적 혹은 상대를 제압하기 위한 의도에서도 이루어진다. 이 시기가 표출기와 구별되는 점은 이해관계자가 늘어나고 쟁점이 많아진다는 점이다. 특히 이해당사자 이외에 시민환경단체 등 외부이해관계자의 참여가 두드러진다. 또한 이해관계자가 늘면서 관계악화가 점차 시작되는 점도 있다. 이 시기가 되면 가치관의 차이가 두드러지며 지역 내 여론도 찬반으로 분리되기 시작하고 상대가 가진 약점(정체성, 도덕성 등)을 공격하시 시작한다.

갈등의 교착기는 갈등이 최고조에 이르러 어느 누구도 물러설 수도 없고, 앞으로 나아갈 수도 없는 막다른 상태를 의미한다. 이 시기에는 서로의 입장에 변화가 없고 평행선을 유지하게 되면서 어떤 효과도 없이 장기화되면서 엄청난 사회적 비용을 낭비하고 있는 상태를 말한다. 이 시기에 나타나는 주요 특징으로는 법적소송 등이 대표적이다.

갈등의 완화기는 교착상태에서 벗어나면서 갈등의 강도가 약화되는 시점을 말한다. 이 시기는 자연적으로 이루어지는 것이 아니라, 많은 인위적인 노력을 통해 이루어지는 것이 일반적이다. 즉 교착상태가 지속되면서 서로가 각종 피해가 쌓여가는 가운데 이를 해결하고자 하는 의지도 점차 나타나게 된다. 이때 자체 혹은 외부에서 다양한 문제 해결방안이 제시되면서 갈등이 점차 소강상태로 접어들게 된다. 이 시기에 나타나는 주요 특징으로는 주민협의체와 같은 합의형성과정 등이 대표적이다.

이러한 노력 끝에 갈등이 해결될 경우 해소기에 접어들게 된다. 해소기는 갈등의 궁극적인 해결과는 다른데 그 이유는 그 사안 자체에 대한 해소만이 이루어졌기 때문이다. 평화 형성 등 해결기로의 전환은 외부충격이 있기 전 기존상태로의 전환, 커뮤니티가 회복되었을 경우에만 가능하다. 예를 들면 우리나라와 북한과의 사이는 휴전협정을 맺어 갈등이 해소되었으나 상호의 다양한 문제 해결노력이 없이는 진정한 해결차원, 즉 평화형성기로 접어들기는 어렵다는 것이다.

국내 공공갈등 전개과정의 특징을 살펴보면 과정상 '잠재기'와 '출현기' 사이가 기간적으로 짧은 편이다. 또한 정책발표 후 찬반대책위 구성이 실제 갈등표출의 신호가 되고 있다. 특히 '출현기'에서 '심화기'로의 전개도 빨리 진행되는 특징이 있다. 이러한 과정변화는 추진 측의 대응과도 관련이 있지만 부차적이해관계자(시민·환경단체, 정치인, 종교단체, 학자)와의 연대 혹은 공동대응이 주된 신호가 되고 있다. 특히 환경, 생태자연 등의 '가치'에 영향을 주는 정책 및 사업일수록 갈등전개과정이 더욱 빨라지는 특성이 있다. 소위 가치갈등이 높은 사안일수록 기존의 '수평적 분배적 형평성'(현 세대 내 금전보상)을 위한 대책으로는 해결하기 어려워 결국 갈등이 장기화되는 경우가 많다.

이밖에 갈등의 전개과정은 단순히 상기에서 설명한 과정만이 계속되지 않고 정책발표에 따라 특히 잠재기, 표출기, 심화기 등이 계속하여 반복될 수 있다. 예를 들어 표출기 이후에 완화기로 접어들었다가도 재표출기로 전개될 수 있으며 곧바로 해소가 될 수도 있다. 앞서의 전개과정의 분류는 갈등분석의 가장 기본적 패턴임을 명심할 필요가 있다.

<표Ⅱ-25> 갈등전개과정 분석의 정성적 방법의 예

일자	주요 사건(일지작성 방식)	갈등 전개과정
2002. 11.05	· 국토부, 중장기댐개발계획 발표	잠재기
2003. 08.11	· 국토부, OO댐 타당성조사 발표	
2006. 05.14	· OO댐 지역내 반대주민, OO댐건설반대대책위 결성 · OO댐 지역내 찬성주민, OO댐 건설추진위원회 구성	표출기
2008. 08.22	· 환경운동본부, OO댐 건설운동에 동참 선언	심화기
2008. 12.21	· OO댐반대대책위와 지역내 반대시민단체와 연대 발표	
2009. 05.01	· OO댐추진위원회, 찬성서명운동 시작	
2009. 09.15	· 찬성집회 개최에 대하여 반대집회 개최	교착기
2009. 09.23	· 국토부, OO댐건설계획 추진에 대하여 지속추진 표명	
2009. 10.01	· 환경부, 정부의 댐건설계획에 우려 표명	
2009. 10.13	· 문화재청, OO댐건설계획에 따른 일부 문화재영향 가능성 제기	
2009. 10.23	· 국토부, 반대주민 및 타 부처 요구를 수용하여 협의체 구성 제안	완화기
2009. 11.06	· 찬반주민, 관계부처, 시민환경단체, 지자체 등 참여 확정	
2009. 11.13	· OO댐갈등조정협의회 구성을 위한 사전미팅 개최	재잠재기
2009. 11.29	· OO댐갈등조정협의회 1차 회의	
2009. 12.08	· OO댐갈등조정협의회 2차 회의	
2010. 12.12	· OO댐갈등조정협의회 3차 회의 결렬	재표출기
2010. 12.28	· 일부 반대주민, 보상안에 찬성하며 OO댐보상대책위결성	
2011. 02.05	· 반대주민 및 시민환경단체, 전면 백지화를 주장하며 108보 행진	재교착기
2011. 04.17	· 일부 지역사회단체, 댐건설에 찬성 입장 발표	
2011. 10.15	· 찬성주민, 반대주민 지역 축제에서 충돌	
2011. 11.15	· 반대주민, 관련 행정소송 재기, 주민간 고소고발	
2012. 01.10	· 정부의 댐건설 축소 발표. 주민의 요구안 수용제시	재완화기
2012. 05.25	· 지자체, 정부의 축소방안에 대한 찬반주민협의체 구성	
2012. 07.08	· 찬반주민협의체, 4차례 협의결과 합의안 도출 · 국토부, 주민협의체의 요구에 대하여 수용의사 밝힘	해소기

* 본 사례는 예시사례로 필자가 임의로 작성한 것으로 실제 단체와는 관련이 없음.

(2) 정량적 방법

일반적으로 갈등의 흐름을 분석하는 것은 정성적인 방법이 대부분이나 정량적 분석법이 있어 소개하도록 하겠다.

신문 등 보도자료를 통해 게재된 특징을 통해 시간대별 주요한 내용을 강도와 변화를 알아보는 정량적 기법으로는 '상대적이탈지수'(RDI ; Relative Deviation Index)가 대표적이다. RDI는 실제의 기사 게재 수와 기대 게재 수 빈도와의 차이를 요인마다의 기대 게재 빈도에 의해 기준화(표준화)하여 산출하는 지표를 말한다. 여기서 산출된 RDI의 대소관계를 비교하면 하나의 요인 내에서는 어느 출현 정도가 강했는지(또는 약했는지)를, 그리고 다른 요인과의 비교에서는 그 요인의 출현 정도가 강했는지(또는 약했는지)를 이해할 수 있다. 이러한 비교를 통하여 지역주민의 갈등과정의 변화를 확인이 가능하며 이를 통해 공공갈등의 전개과정에 대한 정량화가 일부 가능할 것이다.

RDI는 원래 Savage and Deutsch(1960)[64]가 제시한 국가 간 수출입 등의 쌍방향 데이터를 대상으로 하는 거래흐름분석에 기반 한 방법이다. 이를 정대연(1997)[65]은 이 방법에 신문기사, 성명문 등의 변화과정을 연도별로 알아보는 방법으로 응용하여, 단순한 기사 게재수의 비교로는 파악하기 어려운 요인간의 상대적인 강약관계 및 그 변화를 파악을 시도하였다. 그렇지만 정대연이 제기한 RDI 분석법은 이에 대한 수학적 증명이 자세히 언급되지 않아 본고에서 RDI 방법을 이론적으로 증명하고 그 활용 및 해석 조건 등을 설명하겠다. RDI 분석의 이론적 증명과 산출방법, 결과에 대한 해석을 정리하면 다음과 같다.

RDI를 산출하기 위해서는 모든 신문기사를 년 및 요인으로 구분한 행렬을 작성함으로써 시작된다. 이를 모식화 한 것이 (1)의 행렬 A이다.

(1)
$$A = (a_{ij}) = \begin{bmatrix} a_{11} & a_{12} & \ldots & a_{1N} \\ a_{21} & a_{22} & \ldots & a_{2N} \\ \ldots & \ldots & \ldots & \ldots \\ a_{K1} & a_{K2} & \ldots & a_{KN} \end{bmatrix}$$

행렬 A에서, 행의 수는 신문기사를 구분하는 요인의 수(i=1, …, K)를 나타내고, 열

---

[64] Savage, R. and K. Deutsch. "A Statistical Model of the Gross Analysis of Transaction Flows," Econometrica, Vol. 28(3), pp.551-572, 1960.
[65] 정대연, "사회과학방법론사전", 백의출판사, pp.375-376, 1997.

의 수는 분석기간내의 연수(j=1, ···, N)를 나타낸다. 즉, 어느 행 i의 요소에 대하여 열 j 방향에 전체의 합을 구하면 요인 i에 관한 전체 기사 수에 일치하게 되고, 어느 열 j의 요소에 대하여 행 i방향의 전체의 합을 구하게 되면, 그 해 j의 전체 기사수가 된다. 이를 수식으로 나타내 보면, 다음과 같다. 요인 i에 대한 전체 기사 수 (X_i)는

(2) $$X_i = \sum_{j=1}^{N} a_{ij}$$

이다. 이와 같이, 어느 해 j에 게재 된 전체기사의 수(Y_j)는

(3) $$Y_j = \sum_{i=1}^{K} a_{ij}$$

이 된다. 또한, 분석기간내의 전체기사의 수 (T)와 X_i, Y_j 와의 사이에는

(4) $$T = \sum_{i=1}^{K} X_i = \sum_{j=1}^{N} Y_j = \sum_{i=1}^{K} \sum_{j=1}^{N} a_{ij}$$

라는 관계가 성립된다.

다음으로, 전체기사 수 T가 점하는 X_i 와 Y_j 의 각각의 비율을, 요인 i 혹은 년 j에 기사가 게재된 확률로 나타내면, 그들은 각각 (5)식 및 (6)식으로 나타낼 수 있다.

(5) $$p_i = X_i / T$$
(6) $$q_j = Y_j / T$$

이 p_i 와 q_j 를 이용하여, 어느 해 j의 어느 요인 i에 관한 기사 게재 수 a_{ij} 의 기대치 $E(a_{ij})$ 는,

(7) $$E(a_{ij}) = p_i q_j T = X_i Y_j / T$$

으로서 구해질 수 있다. 또한, 기대 값 $E(a_{ij})$ 의 계산에서는 X_i 와 Y_j 의 독립성을 가정하고 있다.

a_{ij}에 대한 RDI는 (7)식의 기대 값 $E(a_{ij})$ 로부터 다음의 (8)식으로서 정의된다.

(8)
$$RDI(a_{ij}) = \frac{a_{ij} - E(a_{ij})}{E(a_{ij})}$$

(8)식에 의해 RDI를 행렬 A의 각 요소로 계산한 것으로 RDI행렬이 작성되게 된다.

여기서, $a_{ij} \geq 0$ 이므로, $RDI(a_{ij}) \in [-1, \infty)$ 이 된다. RDI의 수치는 다음과 같이 해석될 수 있다. $RDI(a_{ij}) = 0$ 일 때에는 요인 i에 관한 기사의 년 j의 게재 수 a_{ij} 가 기대되는 게재 수 $E(a_{ij})$ 와 같게 된다는 것을 의미한다. 한편, $RDI(a_{ij}) > 0$ 이라면 실제의 게재 수는 기대되는 게재 수보다도 많다는 것을 나타내며, $RDI(a_{ij}) < 0$ 의 경우에는 기대된 게재 수보다도 작다고 해석할 수 있다.

실제 사용 예로 한탄강 댐 갈등에 적용하여 확인해 보겠다. 한탄강 댐 갈등전개과정을 분석하기 위하여, 한탄강 건설계획이 발표된 2001년 1월1일부터 2007년 12월31일까지 대표적인 11개 중앙일간지에서 게재된 '한탄강 댐(기사검색)'과 관련한 기사 중 표본샘플 총 156개를 추출하였다. 그리고 이를 PCSD(2005)를 통한 요인의 분류기준에 따라 분류기준을 설정하였는데 분류기준은 다음과 같다.

- 분류기준1: 찬반 등을 통한 갈등대응
- 분류기준2: 정치 및 행정적 대응, 경제적 대응, 사회적 대응
- 분류기준3: 이해당사자(정부, 상류 및 하류지역, 환경단체)의 갈등 대응

등으로 표본샘플을 분류하였다.

이렇게 분류된 데이터를 각각의 연도에 대한 각 대응으로 정리하고, 이에 대한 기대 값과 빈도 값 사이에서의 RDI를 산출하였다. 그 결과는 다음과 같다.

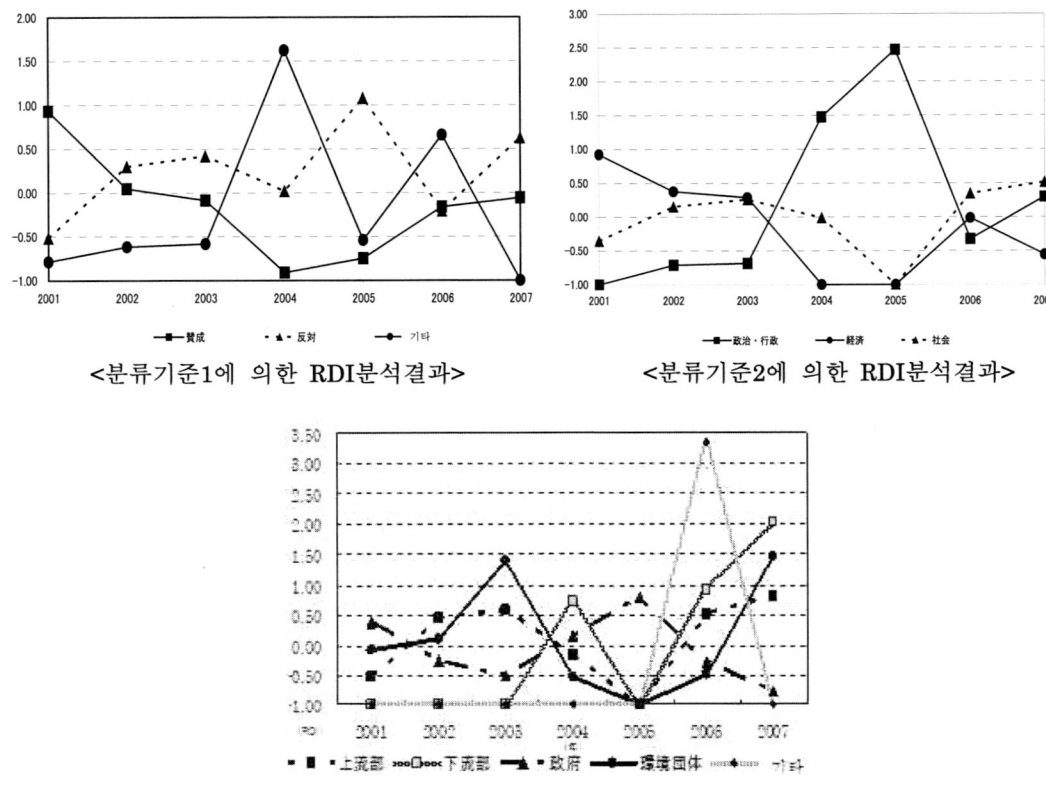

<그림Ⅱ-5> 한탄강댐 건설 갈등에 대한 RDI 분석결과의 예

이와 같이, 분류기준1, 2, 3을 통하여, 한탄강 댐 계획에 관한 갈등과정을 RDI기법을 통해 정량적으로 분석해본 결과,

- '2001-2003' 시기를 제1기인 '댐의 입지결정과 수용거부단계'
- '2004-2005' 시기를 제2기인 '주민반발에 대한 사업추진자의 대응단계'
- '2006-2007' 시기를 제3기인 '반발의 확산 및 조직화의 단계'

로 파악할 수 있었다.

2) 갈등의 맥락분석

'갈등의 맥락분석'(Conflict's Context Analysis)은 앞서 1·2차 자료 조사결과를 바탕으로 갈등발생의 원인과 배경(Background and Cause)을 파악하는 단계이다. 주로 파악되어야 하는 내용으로는 다음과 같다. 첫째, 갈등 해결을 어렵게 장기적, 구조적 원인

을 조사하여야 한다. 둘째, 갈등의 원인과 갈등을 지속시키는 요인을 구분하고 이를 파악하여야 한다. 셋째, 갈등 해결을 가로막는 요인과 갈등해결을 촉진 하는 요인을 찾아야 한다. 넷째, 갈등해소 촉진요인과 갈등해소 방해요인을 구별하고 이를 알아내야 한다. 마지막으로 시간 진전에 따른 갈등의 변화과정 추이(갈등전개과정 분석과 동일)를 파악하여야 한다.

(1) 갈등의 배경 파악

갈등의 배경은 반발하는 이해당사자의 삶의 형태, 조건과 관련된 사항으로 물리적, 경제적, 사회적, 정치적, 문화적 조건이 대표적이다. 또한 과거 혹은 역사적으로 집단적으로 공공갈등 경험을 보유하고 있거나 심리적 영향이 미쳤을 경우 현 갈등의 전개 방향 등을 이해하는데 중요한 근거가 될 수 있다.

<표Ⅱ-26> 갈등의 배경 파악을 위한 주요 내용

구분	주요 내용
지리적 특징	· 물리적 위치, 경계, 주변지역 등
인구학적 특징	· 남녀, 연령, 인구유출유입, 이동상황
역사적 상황	· 주요 사건, 갈등 경험
경제적 상황	· 경제상황, 직업, 생존기반 등
정치적 환경	· 주요 지도자, 지자체, 중앙정부와의 관계
문화적 특징	· 거주방식, 집성촌, 지역축제 등
사회적 특징	· 주요 단체, 시민환경단체의 역할, 관계 등

(2) 갈등의 원인 파악

공공갈등이 발생하였을 경우, 어떤 원인에 의해 갈등을 야기하게 되었는지 파악하는 것은 무엇보다 중요하다. 그러나 보통 갈등의 촉발 원인은 대부분 중앙정부의 이해당사자에 대한 의견수렴 없는 발표와 관련된다. 즉 불명확한 소문으로 이해당사자간 다양한 차원의 불만들이 가중되는 가운데 정부의 공식적인 발표가 기점이 되어 의견이 집단화되고 공동대응을 하게 되면서 표출하게 된다. 구체적으로는 의견수렴과 관련한 법제도의 한계, 각종 사업이 갖는 특성(님비, 핌피사업)과도 관련이 깊다.

<표Ⅱ-27> 갈등의 원인 파악을 위한 주요 내용

구분	주요 내용
법·제도적 차원	· 관련 법률(보상/토지수용/ 사업추진/ 행정절차 등 관계법령) · 각종 법정계획(댐건설중장기계획, 국가에너지기본계획 등)
정책·사업적 차원	· 비선호/선호: 전통적인 님비/ 핌피 사업 · 개발방식: 점개발/ 면형개발/ 선형개발
지역적 차원	· 지자체, 지역단체 등의 행위 · 기존 지역개발과의 연관성 등

3) 이해관계자 분석

'이해관계자 분석'(Stakeholder Analysis)은 갈등의 대상자의 주장, 실익은 물론 이들 간 쟁점을 비교하여 갈등해결가능성의 기초자료를 제공한다는 점에서 매우 필수적인 분석과정이다. 혹자는 갈등분석을 이해관계자 분석이라고도 하는데 그 만큼 표출된 당해 갈등의 해소방안을 모색하는데 어떤 분석보다도 중요하기 때문이다. 주로 파악되어야 하는 내용으로는 다음과 같다. 첫째, 갈등행위자와 이들의 분류이다. 둘째, 이해관계자간의 관계성이다. 셋째, 이해관계자별 입장과 실익의 파악이다. 넷째, 갈등의 유형(인과적 성격)의 파악이다. 다섯째, 이해관계자별 핵심적인 갈등 쟁점의 파악과 정리이다. 여섯째, 갈등 예방 및 해소 가능성 여부의 확인이다. 일곱째, 협력을 위한 파트너 선정이다.

<표Ⅱ-28> 이해관계자 파악을 위한 주요 내용

구분	주요 내용
입장 및 이해관계 (Position & Interests)	· 갈등당사자의 욕구, 입장, 이해는 무엇인가? · 그것들은 충분히 밝혀져 있는가? · 갈등으로부터 누가 이익을 얻고, 손해를 보는가?
태도와 능력 (Attitude & Ability)	· 목표 집단이 갈등에 어떤 태도를 갖고 있는가? · 그들은 갈등으로부터 어떤 영향을 받는가? · 그들은 일상생활과 경제활동에서 갈등에 어떻게 반응하는가? · 그들이 갈등에 관여하게 된 이유는?
갈등 해결의 역할 (Function)	· 그들은 갈등이 어떤 모습으로 해결되기를 원하는가? · 이해관계자가 갈등의 지속 혹은 해결을 위해 어떤 능력이 있는가? · 이해관계자가 갈등해결과정에서 어떤 역할을 할 수 있는가?

(1) 이해관계자 파악을 위한 4가지 분석법

이해관계자 분석은 다른 갈등분석과 비교하여 구체적인 갈등해결안 도출을 위해 결정적인 결과를 얻을 수 있다는 점에서 중요하다. 특히 심층인터뷰 등을 통해 얻어진 정보의 대부분이 이해관계자 분석에서 사용된다고 해도 과언이 아니다. 이해관계자는 앞서의 정리와 같이 갈등원인에 가까운 순서대로 분류하게 된다.

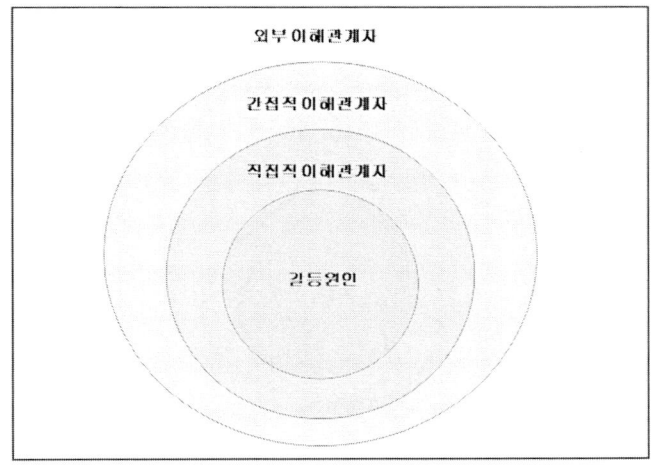

<그림Ⅱ-6> 이해관계자의 범주

갈등분석과정에서 이해당사자(직·간접이해관계자)와 외부이해관계자를 혼용해서 사용하는 경우가 많은데 이해당사자는 다음과 같이 기능성, 대표성, 책임성으로의 특징이 있다.

<표Ⅱ-29> 이해당사자의 특징에 따른 분류

구분	주요 내용
기능면	· 갈등을 직접 겪고 있는 사람 혹은 집단
	· 협상과정에 당사자로 참여
대표성	· 당사자 다수의 대표로 정당성 보유
	· 갈등을 지속 혹은 종결 시킬 수 있는 권능 보유
책임성	· 사업추진 여하에 따라 직간접 영향을 받는 주체
	· 보상의 대상

이해관계자 분석을 위해 다음과 같은 사항을 확인하여야 한다. 첫째 각 이해관계자의 입장과 실익의 파악이다. 입장(Position)이란 이해관계자가 원한다고 겉으로 표현하는 것을 말한다. 실익(Interests)은 이해관계자가 정말로 필요하거나 두려워하는 것으로 그들 행동에 동기부여 하는 것을 말한다. 또한 욕구(Needs)는 현재 표출되고 있는 입장에 대한 가장 내면적인 동기이며, 충족되어야 하는 것을 말한다. 보통 개인의 욕구를 파악하는 것은 매우 어렵다. 따라서 갈등분석에서는 입장과 실익을 파악하는 것이 보편화 되어 있다.

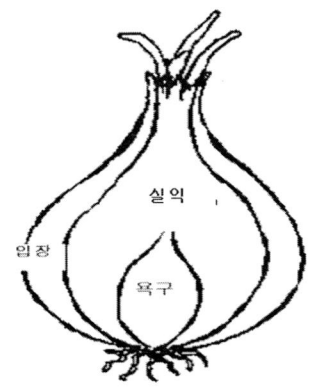

<그림Ⅱ-7> 이해관계자의 입장과 실익, 그리고 욕구

둘째, 이해관계자간 쟁점을 파악한다. 쟁점이란 이해관계자 간의 충돌하는 근본적 이유를 말한다. 보통 쟁점은 다양하며 한 가지 쟁점이 분화되어 다양한 하위쟁점을 형성하게 된다. 예를 들어 나무가 있다면 그 뿌리에 해당하는 것이 핵심쟁점이며 줄기에 매달린 열매가 하위쟁점이라 하겠다.

셋째, 이해관계자간 관계의 파악이다. 관계는 갈등을 해결하는데 주요한 열쇠로 작용할 정도로 최근 중요도가 높아가고 있다. 특히 다양한 요구에 근거한 집단의 등장, 각 단체 간의 주장과 충돌, 각 집단 간의 연대가 나날이 늘어가고 있는 현재의 공공갈등 현장에서 관계에 대한 파악은 절대적이다. 관계의 범주를 파악하는 방법은 2가지가 있는데 하나는 집단 간의 관계성(연합, 대립, 우호, 비우호 등)을 파악하는 것이고 또 하나는 각 집단이 갖고 있는 힘(Power)과 행동(Behavior)이다. 여기서 힘은 이해관계자 간의 상대적 파워의 크기, 파워를 키우기 위한, 갈등을 유지 혹은 해결하고자 하는 활동 등과 관련된다. 행동은 이해관계자가 갈등 사안을 해결 혹은 유지하기 위하여 어떠한 행동을 취했는가와 관련된다. 예를 들어 집회 및 시위, 연대활동(공동대책위 구성), 공동성명서 발표 등이 대표적이다.

넷째, 갈등의 유형을 파악하는 것이다. 앞서 도출된 이해관계자 간 관계와 쟁점으로부터 파악된 내용은 갈등의 근원적 원인을 찾는데 도움이 된다. 즉 어떠한 쟁점이 이해관계자 누구와의 관계에서 충돌이 되고 있는지 파악할 수 있다. 이 결과를 바탕으로 Moore(2003)가 제기한 5가지 갈등유형인 가치, 이해, 구조, 관계, 사실관계 측면에서 파악하게 된다.

이상의 분석들을 정리하게 되면 이해관계자간 쟁점 별 해결방안을 도출하는데 주요한 근거자료가 된다.

(2) 이해관계자 분석의 예

① 입장과 실익의 파악

인터뷰 조사 결과를 바탕으로 각 이해관계자별로 이해관계자가 표면적으로 주장하는 바(입장)와 실제 원하는바(실익)로 구분하여 정성적으로 정리하되 최종적으로는 다음의 예와 같이 매트릭스 형태로 작성하는 것이 바람직하다.

<표Ⅱ-30> 입장과 실익 매트릭스의 예

구분	이해관계자A (시민환경단체)	이해관계자B (거주자)	이해관계자C (거주자)	이해관계자D (거주자)	이해관계자E (추진기관)
입장	반대(백지화)	반대(백지화)	반대	조건부 찬성	찬성
실익	환경파괴 비용/편익	간접피해 가능성	토지보상	환경파괴	공익실현

② 갈등의 쟁점 분석

입장과 실익을 분석한 후 이들 간 충돌되고 있는 사안을 정리한다. 이를 위해 2단계로 나누어 쟁점을 분석, 정리한다. 우선 이해관계자간 쟁점을 파악한다. 인터뷰를 통하여 각 이해관계자들은 찬반에 대한 다양한 근거와 이유를 제기한다. 예를 들어 한탄강댐 건설에서의 이해관계자간 쟁점들을 살펴보면 핵심쟁점으로는 건설의 필요성이었다. 하부쟁점으로는 사업의 타당성, 환경파괴, 지역커뮤니티의 붕괴, 홍수조절능력, 주민의 참여가능성, 상수원보호구역의 지정가능성, 농작물피해가능성 등 다양하였다. 이를 이해관계자 및 쟁점별로 분리하여 정리하면 다음과 같다.

<표Ⅱ-31> 이해관계자 및 쟁점 별 매트릭스의 예(댐 건설)

주요쟁점	이해관계자A	이해관계자B	이해관계자C	이해관계자 D	이해관계자E
상위쟁점	댐건설 당위성	다목적댐으로의 용도변경	토지보상	환경파괴	댐건설계획
하위쟁점	홍수조절능력	상수원 보호구역지정가능성	이주대책	래프팅 사업 피해	협의절차

다음 단계는 각 이해관계자 별 핵심쟁점과 하위쟁점을 교차하여 쟁점에 대한 각 이해관계자의 의견을 작성한다. 이들 간의 쟁점 사항을 매트릭스로 정리하면 다음의 예시와 같다.

<표Ⅱ-32> 쟁점분석 결과의 예

상위쟁점	하위쟁점	이해관계자 A	이해관계자 B	이해관계자 C	이해관계자 D	이해관계자 E
쟁점1	쟁점1-1	의견1	의견1	의견1	의견1	의견2
	쟁점1-2	의견(1)	의견(2)	의견(1)	의견없음	의견(2)
	쟁점1-3	의견①	의견없음	의견①	의견②	의견없음
쟁점2	쟁점2-1	의견a	의견b	의견b	의견a	의견a
	쟁점2-2	의견Ⓐ	의견Ⓑ	의견없음	이견Ⓑ	의견없음
쟁점3 ...	쟁점3-1	의견㉠	의견㉠	의견㉡	의견㉠	의견㉡
	쟁점3-2	의견㈀	의견㈀	의견㈀	의견㈁	의견없음
	...	...	...	...	...	...

③ 이해관계자 간의 관계 파악

각 이해관계자와의 관계파악은 힘의 배분과 세력 배치를 알 수 있도록 하여 갈등 상황에서 이해관계자 간의 다양한 관계(연합, 대립, 우호 등)를 알 수 있으며 향후 상호관계를 풀어가는 방안을 마련하는데 도움이 된다. 관계파악에 주로 사용되는 방법으로는 갈등지도가 있다. 갈등지도는 이해관계자간의 쟁점과 관계를 알기 쉽게 도식화 한 것으로 이해관계자 간의 힘의 크기, 직·간접적인 관계, 영향력의 방향, 이들 간의 주요 쟁점 등을 주로 도식화 한다. 대립하는 관계에 대한 도식화의 예는 다음과 같다.

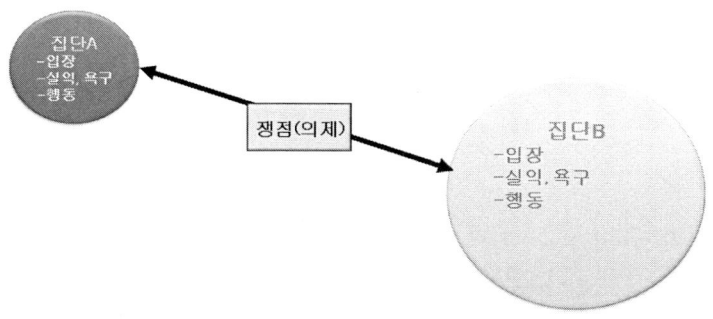

<그림Ⅱ-8> 대립되는 이해관계자 간 관계에 대한 갈등도식화의 예

위의 예시와 같이, 대립 이외에도 갈등지도에는 우호, 연합, 비우호가 함께 표시되는데 일반적으로 이를 표현하는 방법은 다음과 같다.

우선 '원'은 각 이해관계자를 표현하고, 원의 크기는 파워의 크기를 의미한다. 아래의 사례는 A집단과 B집단 간 파워의 경우 A가 B보다 큰 것을 알 수 있다.

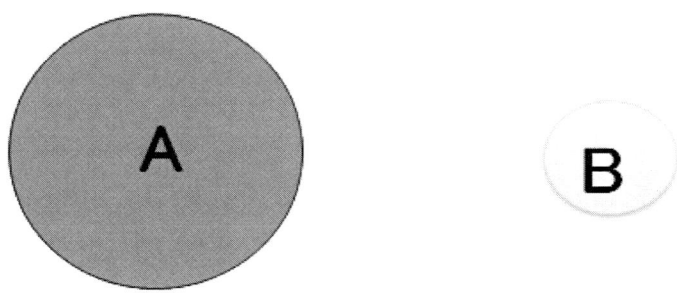

<그림Ⅱ-9> 이해관계자 A와 B의 관계에서 파워의 예

다음은 A와 B의 관계에서 우호적 관계를 나타내 보았다.

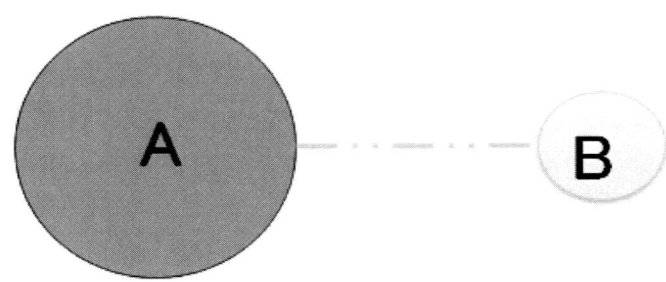

<그림Ⅱ-10> 이해관계자 A와 B간의 우호적 관계의 예

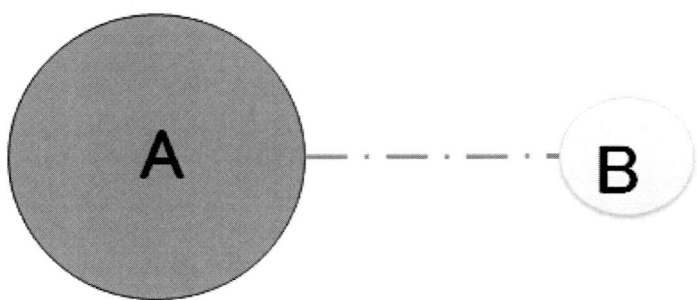

<그림Ⅱ-11> 이해관계자 A와 B간의 비우호적 관계의 예

A가 B에 영향력을 행사하고 있는 상황을 도식화 하면 다음과 같다.

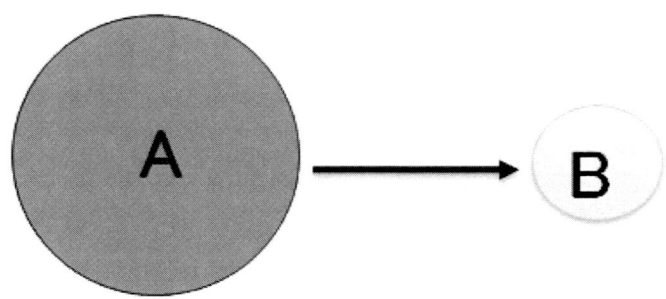

<그림Ⅱ-12> 이해관계자 A가 B에 영향력을 행사하는 경우의 예

A와 B간의 관계가 갈등상황임을 도식화하면 다음과 같다.

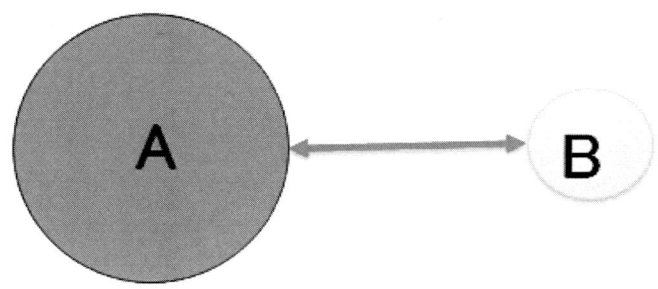

<그림Ⅱ-13> 이해관계자 A와 B간의 관계가 대립하는 경우의 예

이상의 관계도를 각 집단 간 입장과 핵심쟁점별로 A, B, C, D, E 등에 대한 관계로 나타내면 다음의 예와 같다.

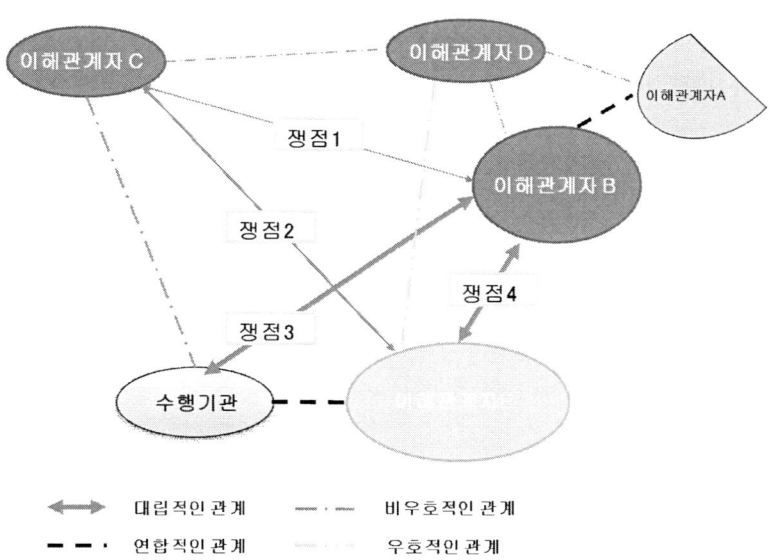

<그림Ⅱ-14> 이해관계자간의 관계를 알 수 있는 갈등지도의 예

④ 갈등유형(인과적 성격) 분석

갈등유형 분석은 이상의 과정에서 밝혀진 각 이해관계자간 대립되는 쟁점에 대하여 그 인과적 유형을 파악하는 단계이다. 갈등유형 분류표는 다음과 같다. '사실관계 갈등'(Data Conflicts)은 사건, 자료, 언행에 대한 사실해석의 차이에서 오는 갈등으로, 그 예를 보면 환경영향평가에서 환경단체와 추진주체 간 발생하는 생물개체수와 관련된 논란이 대표적이다. '이해관계 갈등'(Interest Conflicts)은 서로다른 욕구와 열망, 편익의 공유, 자원 사용에 따른 충돌 등에 따른 갈등으로, 피해자에 대한 적절한 보상차원에서 이해당사자와 추진주체 간 발생하는 것이 일반적이다. '구조적 갈등'(Structural Conflicts)은 규칙이나 절차, 역학관계, 자원의 배분과 통제권, 소유권, 불평등, 불균형, 지리적·물리적 제약, 시간 제약 등에 따른 갈등으로, 국내의 경우 군사시설보호구역, 개발제한구역과 같이 법제도 등의 제한으로 인한 이해당사자와 제한주체 간의 갈등이 대표적이다. '가치 갈등'(Value Conflicts)은 문화와 전통, 환경적, 종교적 신념 차이로 인한 갈등으로, 보통 종교단체, 시민환경단체와 추진주체 간 갈등이 많다. 국내의 공공갈등 사례에서 특히 이러한 유형의 갈등이 두드러지게 나타나고 있다. 다음으로 '관계 갈등'(Relationship Conflicts)은 오해나 고정관념, 편견 등으로 인한 갈등으로, 초반에는 상대에 대한 불만이나 오해에서 비롯되나 갈등이 장기화되면서 점차 감정적인 상태가 강하게 나타나는데 대부분의 국내 갈등이 장기화되면 해결이 쉽지 않은 이유가 이 갈등과 관련된다.

국내의 갈등유형은 과거에는 공공갈등이 발생하면 이해관계 갈등이 대부분이었으나 최근에는 사실관계 갈등과 가치갈등이 먼저 발생하는 양상을 보이고 있다. 특히 한국전쟁 등으로 인해 여러 토지이용제한과 이념적 충돌로 인한 구조적·관계 차원의 갈등이 내재되어 있는 것이 특징이다.

<표Ⅱ-33> 갈등의 인과적 성격에 따른 유형

구분	주요 내용
사실관계 갈등 (Data Conflicts)	· 사건, 자료, 언행에 대한 사실해석의 차이에서 오는 갈등 · 현상에 대한 정보 부족이나 해석상의 차이로 인한 갈등
이해관계 갈등 (Interest Conflicts)	· 한정된 자원이나 지위, 자원을 분배하는 과정에서 생기는 갈등 · 서로 다른 욕구, 열망, 편익의 공유, 자원 사용에 따른 갈등과 경쟁
구조적 갈등 (Structural Conflicts)	· 사회, 정치, 경제 구조와 왜곡된 제도, 관행, 관습 등으로 인해 발생한 갈등 · 자원의 배분과 접근, 규칙과 절차, 통제권, 소유권, 불평등. 시간 제약, 지리적, 물리적 구조 등
관계 갈등 (Relationship Conflicts)	· 불신, 오해, 편견 등 상호관계의 이상으로 생기는 갈등 · 고정관념, 당사나 사이의 나쁜 감정
가치 갈등 (Value Conflicts)	· 가치관, 신념, 세대, 정치관, 종교, 문화의 차에서 오는 갈등 · 문화적, 전통적, 사회적, 개인적 믿음

이상의 분석 결과를 통해 앞서 예시한 갈등상황에 대해 갈등유형별로 파악하면 다음의 예와 같다.

<표Ⅱ-34> 갈등의 유형분석 결과의 작성 예

주요쟁점		갈등유형	주요 이해관계자 관계		
쟁점1	쟁점1-1	사실관계 갈등, 구조갈등	A/B/C/D	VS	E
	쟁점1-2	사실관계 갈등, 구조갈등	A/C	VS	B/E
	쟁점1-3	이해갈등, 관계갈등	A/C	VS	D
쟁점2	쟁점2-1	사실관계 갈등	A/D/E	VS	B/C
	쟁점2-2	사실관계 갈등, 이해갈등	A	VS	B/D
쟁정3	쟁점3-1	사실관계 갈등, 관계갈등	A/B/D	VS	C/E
	쟁점3-2	관계갈등, 이해갈등	A/B/C	VS	D

3. 갈등에 대한 평가 및 해결방안 제안

분석결과를 토대로 '동향 및 해결가능성'(Dynamics & Resolution)을 파악하고, 이를 통해 해결 방안 등을 구체적으로 정리·제안하는 단계이다. 구체적인 내용은 다음과 같다.

- 현재까지의 갈등전개 및 방향성 등의 파악
- 갈등 예방 및 해결 조치의 파악
- 갈등해결 전략형성과 계획의 기준 마련
- 장·단기적 조치의 구별
- 각 조치 별 집행 시기 결정

<표Ⅱ-35> 갈등에 대한 진단과 평가의 주요 항목

구분	주요 내용
동향 파악	· 최근 갈등의 전개방향
	· 갈등의 증폭 요인
	· 갈등의 감소 요인
	· 갈등예방과 해결을 위한 구체적 노력 여부
	· 현재 법/제도/사업 등의 진행상황
갈등의 예상 및 해결 가능성 판단	· 예측 등의 노력으로 새로운 상황 전개 가능성 여부
	· 해소 및 해결 등의 노력으로 갈등전개에 어떤 영향을 미칠지에 대한 판단
	· 새로운 전략에 대한 이해관계자의 반응 예상

1) 갈등에 대한 진단

우선 이상에서 진행된 갈등분석과정을 통해 도출된 각각의 결과를 정리한다. 그 정리된 결과를 종합하여 갈등의 예방 혹은 해결이라는 목적에 부합할 수 있도록 진단한다. 진단을 위해서는 우선 최근 갈등은 어떤 방향으로 전개되고 있는지를 파악할 필요가 있다. 즉 분석자는 갈등의 맥락·전개과정·이해관계자 분석결과들을 정성적으로 각각 진단한다.

(1) 맥락분석 결과에 대한 종합 진단

갈등의 배경과 원인을 파악한 결과를 토대로 사례 갈등이 어떤 사안이 정책 및 사업 추진과정에서 영향을 미칠지 진단한다. 만약 갈등이 장기화되고 있다면 그 핵심적 이유를 기술한다.

(2) 전개과정분석 결과에 대한 종합 진단

갈등의 전개과정 상 현재 갈등상황의 위치를 파악한 결과를 통해 향후 갈등이 어떻게 진행될 가능성이 있는지 예상·진단한다. 전개과정분석은 일반적으로 해결을 목적으로 한 갈등영향분석에서 활용되나 여타 분석결과를 토대로 이후 진행이 예상되는 단계에 대한 진단도 가능하다.

(3) 이해관계자분석 결과에 대한 종합 진단

각각의 입장과 실익, 쟁점 등을 통해 앞으로 이해관계자들이 요구할 가능성이 있는 내용, 갈등유형, 이해관계자간 충돌 양상 등의 변화 가능성을 예상한다. 또한 주요 쟁점에 대한 일치점과 불일치점을 파악하여 현재 법제도내 해결 가능한 사안과 불가능한 사안을 도출한다.

2) 갈등에 대한 평가

(1) 갈등의 해결가능성 평가

일반적으로 갈등평가란 이상의 진단 결과를 토대로 갈등의 해결 가능성을 판단하는 것을 말한다. 주요 내용은 다음과 같다. 우선 분석자는 갈등해결을 위하여 현재 이해관계자의 상황과 여러 조건, 즉 법제도상 등의 긍정적·부정적 요인 등을 정리하여 한계 내에서 지금의 이해관계자의 의지로 문제가 해결될 수 있는지 정성적으로 평가한다. 일반적인 경우, 갈등해결의 방해조건을 예를 들면 다음과 같다. 첫째, 이해관계자 사이의 의견일치 내용이 없거나 다른 의견에 대해서도 서로 협의할 의도가 없는 경우, 혹은 서로 간의 입장차가 커 대안 마련이 어려울 경우이다. 둘째, 핵심적인 이해관계자가 참여를 거부하고 있거나 참여하지 않을 명분을 갖고 있는 경우이다. 셋째, 합의 형성에 필요한 시간을 확보하고 있지 못하고, 이해관계자의 시간부족에 의해 압박을 받는 경우이다. 넷째, 이해당사자들이 합의 형성 이외에 더 좋은 대안을 이미 갖고 있는 경우이다. 다섯째, 이해관계자 사이에 힘의 불균형이 큰 경우 혹은 대표성에 문제가 있는 경우이다. 마지막으로 합의 형성에 대한 사회적 압력이 존재하지 않는 경우이다.

그리고 평가내용은 갈등영향분석의 목적에 따라 달라질 수 있다. 예를 들어 예방목적일 경우는 정책 및 사업 추진과정에서 현 상황을 그대로 유지할 경우 향후 갈등 발생 가능성이 어느 정도인지를 판단한다. 또한 해결목적일 경우에는 지금의 갈등양상의 이후 진행 혹은 변화과정, 또는 새로운 갈등의 발생가능성 등을 판단한다.

<표Ⅱ-36> 목적별 갈등평가의 주요 내용

구분	주요 내용	평가의 결과
예방 목적	· 갈등의 발생 가능성 · 갈등의 예상 강도 · 갈등의 사회적 파장력	· 갈등발생가능성 등 평가 · 갈등관리필요성 등 제안
해결 목적	· 갈등의 심화 및 확산 가능성 예상 · 갈등해결의 긍정적/ 부정적 요인 · 정책/사업변경 시 현 갈등상황에 미칠 영향 · ADR 등 해결방안에 대한 이해관계자의 의견	· 해결가능성 평가 · 새로운 갈등 발생가능성 판단

(2) 갈등관리 필요성 평가

다음으로 갈등관리의 필요성이 있는지 여부를 평가기준을 통하여 판단한다. 경우에 따라 아래의 표에서 예시된 내용과 같은 정량적 지표를 활용하여 판단하기도 한다. 갈등관리의 필요성 평가는 일반적으로 실무부서에서 예방목적 혹은 예비단계의 갈등영향분석에서 사용되는 것이 일반적이다. 왜냐하면 현행 법제도는 갈등영향분석 실시를 의무화하지 않고 있기 때문에 갈등관리담당자 스스로가 이에 대한 실시 여부를 판단할 필요가 있기 때문이다. 따라서 갈등관리필요성 평가는 실무 담당자가 향후 갈등영향분석이나 관련 대책을 수립하기 위한 구체적 근거로서 유용할 것이다. 그러나 갈등관리필요성을 우선 당장 해결해야 하는 사안으로 오판해서는 안 된다. 왜냐하면 갈등관리필요성이 있다는 점은 현재의 갈등양상이 복잡하고 증폭되어 있다는 의미로 이를 해결하기 위하여 장기적이며 지속적인 관리가 이루어져야 한다는 의미도 포함되기 때문이다.

<표Ⅱ-37> 갈등평가 정량적 기준의 예

평가	기준		의미
갈등발생 가능성	가능성 낮음(저)	30% 미만	- 특별한 징후가 없는 경우
	가능성 보통(중)	30%~70% 미만	- 과거 갈등발생 빈도가 높았던 사례 - 집단적 불만이 고조될 경우
	가능성 높음(고)	70% 이상	- 플래카드 부착, 갈등
갈등강도	강도 약함(약)	30% 미만	- 불만 토로, 민원 혹은 청원 수준, 일시적 예상
	강도 보통(중)	30%~70% 미만	- 조직형성, 시위 및 농성 등이 예상 - 장기화되지는 않을 것으로 예상
	강도 강함(강)	70% 이상	- 조직형성, 시위 및 농성 등이 예상 - 장기화 예상
사회적 파장	파장력 작음(소)	30% 미만	- 영향력이 해당 지역의 마을, 리, 면 수준 예상
	파장력 보통(중)	30%~70% 미만	- 영향력이 광역시, 광역 지자체 차원 확산 예상
	파장력 큼(대)	70% 이상	- 영향력이 국가적 차원으로 확산 예상

이상의 평가기준을 근거로 다음에 예시한 갈등평가표에 적용하여 가중치에 따라 판정된 점수를 종합·환산하면 갈등관리의 필요성을 도출할 수도 있다. 평가표의 주요 구성으로는 '갈등발생가능성' 항목으로는 집단반발여부, 표출방식, 언론매체의 대응, 과거 갈등발생여부 등이 있다. '갈등강도' 항목에 대해서는 표출양태, 집단형태 및 연대, 찬반갈등여부, 갈등해결노력 등이다. '사회적 파장' 항목은 이해관계자 구성, 해결가능성과 범위, 신뢰여부 등이 포함된다. 이중 해결가능성이나 신뢰여부는 분석자 주관적 판단에 의거하여 판단한다.

평가방식은 다음과 같다. 3가지 항목은 각각 100점으로 구성되어 있다. 이들의 총합의 평균이 70%를 이상일 경우 갈등관리필요성이 높다고 평가할 수 있으나 30%미만일 경우 갈등관리 필요성이 낮다고 판단되어 관리의 후 순위로 결정할 수 있을 것이다. 그러나 위의 평가방식은 모든 갈등에 적용하여야 하는 것은 아니다. 왜냐하면 해당 갈등사안에 대한 과거 및 현재의 데이터가 충분할 경우 가능하기 때문이다. 따라서 분석자의 갈등관리수행 경험이 무엇보다도 중요할 것이며 그에 따라 예시한 평가표의 수정도 가능할 것이다.

<표Ⅱ-38> 갈등평가표의 정량적 기준의 예

항목	지표	주요 내용	판정(Y/N)	점수
갈등발생 가능성 (100)	집단반발 여부 (30)	- 찬성단체가 구성되었다(10)		
		- 반대단체가 구성되었다(20)		
	표출방식(30)	- 성명서 등 집단적 의견표명이 있다(10)		
		- 플래카드 등이 게첩되었다(15)		
		- 관련 지자체로부터 의견이 접수되었다(5)		
	언론매체 대응(25)	- 보도된 매체 수(3개 이상) (15)		
		- 보도된 횟수(3개 이상) (10)		
	과거 갈등발생 여부(15)	- 해당지역은 갈등발생의 경험이 있다(10)		
		- 해당사안은 갈등발생의 경험이 있다(5)		
	종합 판정			
갈등강도 (100)	표출 양태(30)	- 전화 등의 연락을 통한 반대의사가 있다(5)		
		- 공문 혹은 민원, 성명서 발표 등이 이루어졌다(5)		
		- 집회 및 시위가 발생했다(5)		
		- 물리적 충돌이 발생했다(5)		
		- 법적 소송 등이 진행 중이다(5)		
	집단 형태 및 연대(20)	- 마을 단위(5인 이상)로 구성되었다(5)		
		- 단체 간 연대가 진행되고 있다(15)		
	찬반간 갈등 여부(20)	- 찬반 주민 간 집회가 개최되었다(5)		
		- 찬반 주민 간 물리적 충돌이 발생하였다(5)		
		- 찬반 주민 간 소송전이 진행 중이다. (10)		
	갈등해결 노력(30)	- 갈등에 대한 해결방안이 어느 일방으로부터 제시된 적이 없다(20)		
		- 갈등 해결을 위해 별도의 재원이 소요되거나 소요될 것으로 예상된다(10)		
	종합 판정			

사회적 파장 (100)	이해관계자 구성 (50)	- 지역시민환경단체가 개입하고 있다(5)		
		- 중앙시민환경단체가 개입하고 있다(15)		
		- 기초지자체가 찬반 입장을 견지하고 있다(5)		
		- 광역지자체가 찬반 입장을 견지하고 있다(10)		
		- 정치인 등의 개입이 있다(15)		
	해결가능성과 범위(25) - 주관판단	- 갈등해결에 타 부서의 협조가 필요하다(5)		
		- 갈등해결에 정부 차원의 협조가 필요하다(10)		
		- 갈등해결에 법령 상 또는 제도적 변경이 필요하다(10)		
	신뢰여부(25) - 주관판단	- 반대측은 추진기관에 대하여 신뢰하지 않고 있다(15)		
		- 해결 위해 객관적/중립적인 제3자의 개입필요성이 있다(10)		
	종합 판정			

<표Ⅱ-39> 갈등관리필요성 평가기준의 예시

갈등관리 필요성		해석
필요성 높음 (상)	70% 이상	- 갈등발생가능성, 강도, 사회적 파장 가운데 한 가지라도 '고'/'강'/'대'일 경우 갈등관리의 필요성 높음 - 만약 갈등이 발생될 경우 장기화되며 사업추진에 심각한 영향을 줄 수 있으므로 이에 대한 조속한 대응전략 및 조치 필요
필요성 있음 (중)	30%~ 70% 미만	- 갈등발생가능성, 강도, 사회적 파장 가운데 한 가지라도 '보통'일 경우 - 향후 진행과정에 따라 갈등이 예상되므로 지속적인 조사 등을 통해 심화 가능성을 체크하는 등의 사전적 예방활동 추진
필요성 낮음 (하)	30% 미만	- 비정기적 갈등추이(모니터링) 조사 등의 실시

이상의 다양한 방법을 토대로 도출된 평가결과를 통해 향후 예방 및 해결방안을 제시할 수 있을 것이다. 또한 갈등 예방 및 해결 노력이 이후 갈등전개에 미칠 영향, 새로운 전략에 대해 각 이해관계자의 반응 예상 등도 기술한다.

3) 갈등관리를 위한 예방 및 해결방안의 제시

평가결과를 바탕으로 갈등 예방 및 해결에 필요한 기초적인 갈등관리 전략을 수립하게 된다. 우선 앞서 유형분석으로 도출된 결과를 토대로 각 쟁점별 갈등예방 및 해결방안을 제시한다. 다음으로 제시된 방법에 대하여 구체적인 설계안을 제안하게 된다. 설계 시 포함되는 내용으로는 논의 방식, 시기, 참석 예정자, 논의 주제 등이 있다.

(1) 쟁점별 해결 방안

쟁점별 해결방안은 갈등유형에 기반을 두어 도출하는데 그 일반적인 내용은 다음과 같다. 첫째, 이해차원의 갈등의 경우이다. 이 경우의 해결방안은 이해관계자간 협상을 통해 해결하는 것이 일반적이다. 대부분 공공사업 추진에 따른 주민소유 토지보상, 마을보상 협의 등이 주요 사례라 하겠다.

둘째, 가치차원의 갈등인 경우이다. 가치갈등은 환경가치 등과 같이 이해당사자 간 보상협상을 통한 해결이 어려운 내용이 대부분이다. 따라서 최대한 영역을 확장한 논의 방식, 사회적합의형성과정 등(공론화) 등의 방법을 통하여 해결하는 것이 바람직하다.

셋째, 사실관계 차원의 갈등인 경우이다. 사실관계는 사실을 바라보는 관점의 차이에서 발생하는 것으로 무엇보다도 공정성과 객관성이 중요하다. 따라서 이를 신뢰할 수 있는 제3자가 포함되는 조사기구 등을 구성·운영하여 그 결과 도출을 통해 수용하는 방법이 일반적이다.

넷째, 이해관계자 간 관계 문제가 갈등의 원인인 경우이다. 일반적으로 상호신뢰가 붕괴될 경우에 발생한다. 이를 위하여 우선 상대의 입장을 이해하고 인정하는 자세를 갖추고 상호 간 신뢰회복을 위한 노력과 문제공유를 통한 해결 노력이 필요하다. 이의 대표적인 방법이 상호의 신뢰와 존경을 받는 제3자의 개입을 통한 해결이 있다. 일반적으로 우리나라의 경우 우리사회의 신망이 두터운 종교인 등이 해당 사안에 개입하여 문제를 해결하는 경우가 많은 편이다. 용산참사의 해결 사례가 대표적이었다.

다섯째, 구조적 한계가 갈등의 원인인 경우이다. 실제로 우리사회의 갈등을 살펴보면 그 원인이 현행 정책이나 사업이 아니라 과거부터 그 지역, 혹은 지역사회의 구조적인 문제와 관련이 있는 경우가 많다. 이러한 이해관계자의 인식 공유는 보통 밖으로 드러나지 않기 때문에 사안에 대한 갈등해소를 위한 접근만으로는 쉽지 않다. 따라서 구조적 갈등이 결부된 경우에는 이를 해결하기 위한 갈등의 원인 주체 모두의 해결 노력이 필요하다. 예를 들어 2000년대 후반 이루어진 고리1호기 계속운전 관련 합의형성과정에서 그 자체 이외에도 발전소 주변에 가해진 개발제한구역에 대한 지역주민에 대한 보상이 대표적이다.

<표Ⅱ-40> 갈등유형별 갈등관리 방안의 예

구분	주요 내용
사실관계 갈등	· 설명회, 전문가토론회, 공동조사 등
이해관계 갈등	· 설명회, 협의체(협상, 조정), 실태조사 등
구조적 갈등	· 협의체, 실태조사 등
관계상의 갈등	· 신뢰회복을 위한 토론회, 설명회 등
가치 갈등	· 참여적 의사결정(공론조사, 합의회의, 시민배심원, 시나리오워크샵, 타운미팅)

(2) 이해관계자 종류에 따른 해법

이해관계자에 따라서도 해결방법은 달라질 수 있다. 우선 이해관계자가 비교적 동질인 경우에는 집단의 대표와 단순한 논의구조를 형성하여 협상을 진행하는 것이 바람직하다. 이때 협상 대상자의 대표성이 중요하다. 만약 이해관계자가 다양하고 이질적인 경우에는 이들의 대표가 참여하는 합의를 전제한 협의체 등의 구성을 통하여 해결한다. 이해관계자가 단일한 경우는 단일 집단과의 협상을 통해 해결하는 것이 바람직하다. 이하는 갈등평가에 따른 일반적인 형태의 갈등해소전략을 도식화 한 것이다.

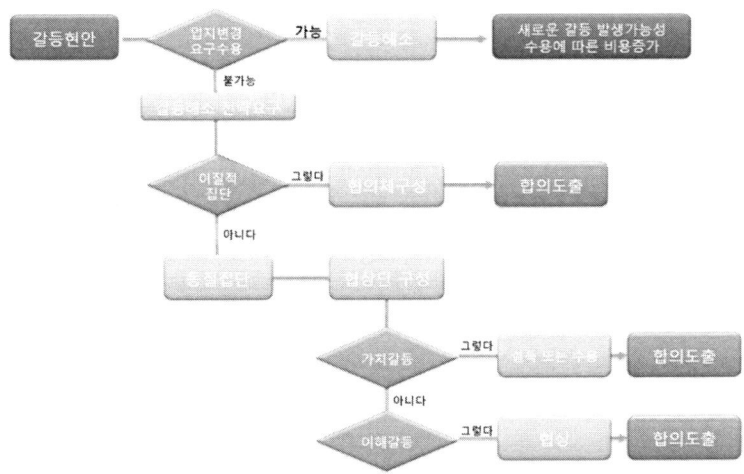

<그림Ⅱ-15> 해당 갈등현안에 대한 갈등관리 전략의 예

4) 실행계획의 작성 및 합의절차 제안

도출된 전략에 따라 참여적 의사결정 혹은 대안적 분쟁해결의 구체적 실행계획 수립과 관련하여, 해당 모임에 참여할 이해관계자, 시간계획 및 회의 스케줄, 사전 규칙 등을 제안한다. 가능하면 예산 및 재원조달 방법에 대하여 방안도 제시하는 것이 좋다. 주요 합의절차 제안 내용에 따른 검토사안은 다음과 같다.

<표Ⅱ-41> 실행계획에 포함되는 내용의 예

제안 내용	주요 검토 사안
갈등상황에 맞는 해결방식 제안	· 예방차원/ 해결차원 · 갈등유형에 따른 해결방식
갈등예방 및 해결방안 검토	· 참여적 의사결정(공론화 등), ADR 등의 제안
목표 설정	· 논의 조건 등의 부합
조직 형태 제안	· 이해관계자의 참여 범위와 규모 · 이해관계자(대표자) 선정 절차 제안
주요 의제 제안	· 시기적 검토 · 법률적 검토 · 쟁점의 심화성 여부에 따른 우선순위 선정
사전규칙 제안	· 참여자, 조정자, 주관자 등의 책임과 의무에 관한 규정 · 의사규정 규칙, 합의의 정의 · 회의 진행 규범(발언 시간 등) · 소위원회, 실무위원회 구성 여부
기타 제안 사항	· 운영시 필요한 내용(회의 기한, 예산안 등) · 중립적 조력자 활용 여부 제안(필요시)

(1) 해결방안의 모색과 합의절차의 목표 설정

분석자는 현 상황을 이해하고 제한된 범위 내에서 갈등의 예방 혹은 해결을 위한 방안을 제시한다. 갈등 예방차원에서는 참여적 의사결정방법이 일반적이며 갈등 해결차원에서는 대안적 분쟁해결 방법이 일반적이다. 이에 따라 분석자는 합의절차에 참여하는 사람 혹은 집단의 공동목표를 제시하여야 한다. 또한 그 목표가 달성 가능한 것인지 사전에 이해관계자로부터 확인이 필요하다.

<표Ⅱ-42> 목적별 갈등관리 방안 제안의 차이

구분	주요 내용	대표적인 갈등관리 방법
예방 목적	· 적합한 참여적 의사결정 수법 제안 · 논의구조에 참여할 이해관계자 범위 제안 · 시간계획, 장소, 방식 등에 대한 제안	· 참여적 의사결정 (공론조사, 시민배심원제, 합의회의, 타운미팅 등)
해결 목적	· 관련 해결 협의체 방안/구조 제안 · 참여할 이해관계자(당사자, 대표) 제안 · 시간계획, 장소, 사전 규칙 등에 대한 제안	· 대안적 분쟁해결 (갈등조정협의회, 협상위원회, 중재위원회, 공동조사위원회 등)

(2) 의제의 제안

갈등분석 결과 다양한 쟁점이 도출될 수 있는데, 쟁점들은 서로 연관되기도 하고 분리되어 있기도 하다. 또한 풀기 어려운 쟁점도 있으며 대화만으로도 충분히 해결 가능한 쟁점도 존재한다. 따라서 분석자는 이들 쟁점 중 우선순위, 즉 의제를 선정, 제시하여야 한다. 의제선정은 현 상황에서 해결가능성이 높은 쟁점으로부터 시작하는 것이 일반적이다.

(3) 조직 형태 제안

합의절차에 참여할 이해관계자 집단과 대표자에 대하여 제안한다. 찬반으로의 조합은 바람직하지 않으며 쟁점별로 참여하게 하는 편이 좋다. 따라서 참여 대표자의 숫자의 경우에도 찬반진영의 기계적 동수 구성은 바람직하지 않다. 특히 면담과정에서 참여여부 등을 묻게 되는데, 다양한 의견을 종합하여 유연하게 구성하는 편이 합의형성에 유리하다.

(4) 사전규칙의 제안

합의절차의 원만한 운영을 위해서는 사전에 참여자들이 지켜야하는 규칙을 정할 필요가 있다. 이는 회의기간, 운영방법, 의사진행 방법, 위원회 구성, 언론 대응, 회의록 작성 및 공개 여부 등 다양하다. 사전규칙을 마련하는 것은 합의절차에 대한 공정성과 투명성, 신뢰성 등을 보장하고 회의 진행시 다양한 돌발 사태를 예방하는 효과가 있다.

사전규칙은 참여자가 본격적인 합의절차가 진행되기 이전에 함께 논의와 합의 등을 통해 결정하는 것이 바람직하다. 따라서 분석자가 사전규칙의 내용에 대하여 구체적으로 기술할 필요는 없다.

(5) 기타 사안

분석자는 갈등분석 결과 도출된 이해관계자 및 쟁점, 그리고 해결방향성 등을 종합적으로 평가하여 예상되는 회의기간 및 횟수, 시기, 필요 예산, 조정자의 참여필요성 등을 제안할 수 있다.

이하는 갈등해결을 위한 목적일 경우, 조정과정에 대한 일반적인 진행과정의 예를 도식화 한 것이다. 논의순서나 기간, 횟수 등은 사안별로 다를 수 있다.

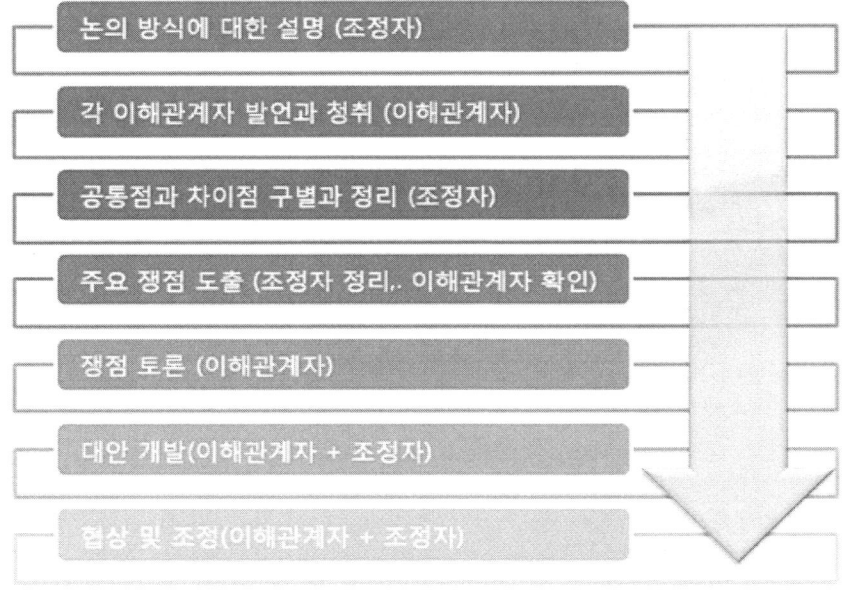

<그림Ⅱ-16> 갈등해결을 위한 논의과정의 예

다음 장에서는 최근 시민참여의 요구가 늘면서 점차 늘고 있는 갈등예방 방법으로 각광받고 있는 공론화 방법론과 갈등조정과 같은 ADR 기법 등에 대하여 자세히 알아보도록 하겠다.

제3장

갈등예방과 해결 방법론

제1절 갈등예방을 위한 방법론

최근 들어 우리는 '공론화'라는 용어를 TV, 뉴스 등을 통해서 쉽게 접하고 있다. 또한 어떤 사회적 이슈가 있을 경우 해당 문제를 '공론화'해야 한다고 이야기 하고 있다. 이처럼 공론화가 우리사회의 주요 문제해결의 방법으로 떠오르고 있는데, 국민들 사이에서 알려지게 된 계기는 신고리 5·6호기 공론화가 영향이 가장 컸다. 그 배경에는 2000년대에 들어 민주화, 정보화 진전에 따른 시민참여 욕구의 증대로 그간 공공갈등을 야기했던 기존 공공정책의 결정과정이었던 DAD(Decide, Announce, Defend) 방식을 지양하게 되고 보다 적극적인 시민참여형태인 EDD(Engage, Deliberate, Decide) 방식으로의 변화와 관련된다.

아무래도 기존 정책과제에 대해 전문가 중심의 결과 도출에서, 일반시민들이 한자리 모여서 숙의토론과정을 통해 '집단지성'을 발휘, 문제해결방안을 도출하는 과정으로 특히 직접적인 시민참여 방식이라는 점이 국민의 참여인식 제고와 함께 매력적으로 다가왔을 것이다. 이러한 사회적 변화와 시민들의 정책참여 열망은 여러 지방자치단체에서 공론화를 적극 활용하기 시작한다. 이는 과거 갈등이 발생한 후 문제해결을 모색하던 형태에서 정책이나 사업추진에 앞서 갈등예방차원에서 다양한 사람들이 모여 논의, 제안하는 형태로 점차 갈등해결방식이 바뀌어나가는데 큰 역할을 하게 된다.

제3장 제1절에서는 국내의 참여적 의사결정이 시작하게 된 배경과 주요 방법론, 국내외 활용 사례 등을 살펴보고 제2절에서는 갈등조정으로 일컬어지는 갈등해결 방법론에 대해서 살펴보도록 하겠다.

1. 참여적 의사결정 도입 배경

1) 시민참여의 배경과 요구의 확산

1987년 이후, 6차 헌법 개정에 따른 대통령 직선제 및 지방자치제의 시작으로 시민의 참여의식 점차 확산되기 시작한다. 여기에 개인주의·합리주의적 태도의 확산과 더불어 개인의 삶에 대한 욕구가 높아가는 가운데, 정보화 등으로 시민의 정보 수집력과 발언력 또한 강화되면서 기존 과거 중앙중심의 권위주의, 하향식 통치방식, 행정관료 중심의 의사결정과정에서 적극적인 시민참여와 절차적 정당성을 요구하는 목소리가 늘었는데, 이는 시민의 의식향상 및 역량증대, 알권리의 확대, 참여 요구확산, 절차적 정당성 대안모색 등을 엮는 민과 관의 새로운 관계가 요구와도 연결된다.

국내에서 시민의 정책에 대한 참여 요구가 폭발적으로 늘어난 시기는 이처럼 1995년 지방자치가 시작되고 난 이후로, 민원, 저항, 반발 등 행정수행과정에서 부정적 의견 표출의 행위가 본격화하고 이에 대한 대응방안이 모색되는 시기와 비슷하다. 또한 당사자의 의견수렴은 공공사업 추진과정에서 사업말미에 설명회, 공청회 등을 통해 이뤄지고 있는데 수동적 전통적 방식으로의 대응은 그 한계가 명확했다.

이를 해소하기 위해 제시된 '참여적 의사결정'은 공공정책에 대한 '시민참여'(Public Participation)라는 관점에서 비롯되었다. 여기서 시민참여는 '시민의 관심, 요구, 가치가 정부 정책결정에 결합되는 과정'으로 볼 수 있는데, 갈등관리에서의 시민참여는 공공정책의 입안 및 추진과정에서 예상되거나 나타나는 갈등상황에서 예방과 해결차원으로 이뤄지는 '합리적 의사결정' 과정에 관여하는 것에 있다. 시민참여의 형태는 '정보제공'(Inform the Public), '의견수렴'(Listen to the Public), '문제해결 관여'(Engage in Problem Solving), '합의개발'(Development Agreements) 등으로 구분할 수 있는데, 보다 적극적인 시민참여라는 점에서 볼 때 '문제해결 관여', '합의개발'의 관점을 강화한 것이 참여적 의사결정이다. 따라서 참여적 의사결정이란 "공공정책을 수립 추진 시 의사결정과정에 이해당사자나 전문가뿐만 아니라 일반시민의 참여를 통해 협의하여 합의를 추구하는 의사결정방식"으로 정의할 수 있다.

<그림Ⅲ-1> 시민참여와 결정 형태

2) 공공갈등의 해결 방법으로 활용

국내에 도입된 참여적 의사결정은 2000년대 초 참여정부가 들어서며 '상향식 의사결정'(Bottom-up)의 방법론중 하나로 주민의 직접참여에 대한 관심이 점차 증가하는 가운데 제시되었다. 전북 부안에서 추진되었던 방폐장 입지갈등 해소 및 입지선정방안으로 활용되면서 세간에 알려지게 되었다.

전국적으로 집단민원 및 주민반발로 공공갈등이 동시다발적으로 발생하는 당시 상황에서, 참여정부는 대응책의 일환으로 '갈등영향분석', '갈등조정협의체', '참여적 의사결정'이 주요 골간을 이루는 갈등관리 제도를 검토하고 있었다. 이에 적용 타당성을 확보하기 위해 주요 공공갈등사안에 적용하였고 그 대표적인 사례가 한탄강댐 건설 갈등, 부안 방폐장 입지선정, 서울-양양 민자고속도로 등이다. 여기서 부안방폐장 입지선정과 관련하여 참여적 의사결정의 일환으로 '주민투표'가 활용(2004년 2월 14일 경주시로 입지 최종 결정)되면서 전국적으로 알려지게 되었다.

이후 참여적 의사결정은 2016년 제정된 '공공기관의 갈등 예방과 해결에 관한 규정' 내 '갈등예방의 방법'으로서 지금까지 활용되고 있다. 특히 공공정책을 결정함에 이 결과를 충분히 고려하도록 되어 있고 여기에 참여자의 범위를 이해관계인·일반시민 또는 전문가의 참여를 적시하고 있어, 현재 전국적으로 유행하고 있는 '공론화'의 근거로서 널리 이해되고 있다.

[반대집회]

* 출처: '성난' 부안군민, 고속도로 점거 뒤 자진해산
(오마이뉴스: 20030812)
www.ohmynews.com/NWS_Web/View/at_pg.aspx?CNTN_CD=A0000138483

[주민투표]

* 출처: 투표 기다리는 부안, 여전히 무관심한 위도
(오마이뉴스: 20040210)
www.ohmynews.com/NWS_Web/View/at_pg.aspx?CNTN_CD=A0000168020

<그림Ⅲ-2> 부안방폐장 입지선정과 참여적 의사결정

3) 사후약방문(死後藥方文)보다 예방접종이 더 효과적

사업추진과정에서 주민대응은 설명회, 공청회 등이 있는데 이 방식은 어느 정도 사업이 결정되고 난 뒤 이해당사자의 의견수렴이 필요하거나 민원제기를 통해 진행되는 것이 일반적이다. 여기에 갈등관리규정이 제정된 후 10년간 공공기관의 갈등관리 또한

사업 방향이 어느 정도 결정된 기본설계 이후, 당사자 해결이라는 원칙 아래 효과적인 대응 방식으로 활용되어 왔다.

그러나 그리 대응할 수밖에 없었던 이유는 기존의 대응방식이 계속적으로 사업추진상 효율적이었다는 점, 임의규정으로서 갖는 갈등관리 제도상 한계로 활용에 적극적이기 어렵다는 점 등 복합적이다. 실제로 기존 갈등관리는 강제력이 없어, 대부분의 현업 부서에서 사업 후반부 '민원대응'에 주로 초점을 맞춰왔고 더 이상 사업추진이 불가능할 경우(당사자 민원이 규모화, 지속심화되는, 즉 사회적 논란으로 이어져야만)에 모색하는 방법 중 하나로 여겨져 왔다. 여기서 '갈등조정협의체' 는 이를 해결할 효과적 대응방안으로 인식되어 왔다.

갈등조정협의체는 당사자가 참여하는 합의형성을 주된 목적으로 하여 제3의 조정자가 협상, 협의를 중간에서 진행하는 형태로서 지금까지 많은 갈등해결과정에서 활용되어 왔다. 그러나 당사자가 정책과 사업추진에 따른 수혜자, 그리고 피해자 등의 범위가 정해지기 전, 정책·사업 타당성과 같은 계획수립단계에서 논의해야 하는 쟁점들이 이후 사업화 과정에서도 지속적으로 제기되었다. 즉 기울어진 운동장 문제, 사업추진을 전제한 협의체 운용 논란 등 논의의 한계가 있었다.

이러한 상황에서 2000년대부터 정보기술의 발전과 더불어, 국민의 알권리 및 참여욕구가 점차 늘어나는 등 사회적 인식이 변화되고 있다. 그리고 사업의 필요성, 절차적 타당성 등 계획수립 단계에서 쟁점 등에 대한 적절한 갈등해결 방법으로 참여적 의사결정은 기존 조정협의체의 예방적 기제로서 주목받게 되었다.

<그림Ⅲ-3> 한탄강댐 건설 갈등과 반대집회

* 출처 : '한탄강댐 검증단 거짓보고 규탄과 댐건설 철회 기자회견'(환경운동연합: 20061109) kfem.or.kr/?p=26698

2. 참여적 의사결정 제도의 이해

1) 참여적 의사결정의 근거 규정

참여적 의사결정의 근거는 '공공기관의 갈등예방과 해결에 관한 규정' 제15조(참여적 의사결정방법의 활용)를 근거로 삼고 있다. 이를 구체적으로 알아보면 갈등관리심의위원회는 갈등영향분석 심의의결과 갈등예방·해결을 위해 이해관계인, 시민, 전문가 등이 참여하는 의사결정방법, 즉 참여적 의사결정방법을 활용할 수 있고, 최종의사결정자는 이러한 결과를 정책결정에 충분히 고려하여야 한다고 되어 있어 현재 국내 법제도상 유일한 근거 규정이 되고 있다. 다만, 그 구체적인 방법론에 대해서는 구체적으로 규정되어 있지 못하여 현재 다양한 갈등상황에 따라 설계되어 운영되고 있다.

<표Ⅲ-1> 갈등관리규정상 참여적 의사결정

구분	규정상 내용
제15조 참여적 의사결정 방법의 활용	① 중앙행정기관의 장은 제13조제5호에 따른 갈등영향분석에 대한 심의결과 갈등의 예방·해결을 위하여 이해관계인·일반시민 또는 전문가 등의 참여가 중요하다고 판단되는 경우에는 이해관계인·일반시민 또는 전문가 등도 참여하는 의사결정방법을 활용할 수 있다.
	② 중앙행정기관의 장은 공공정책을 결정함에 있어 참여적 의사결정방법의 활용결과를 충분히 고려하여야 한다.

2) 참여적 의사결정으로서 공론화의 의미

최근 우리 사회에 쟁점화, 논란 등의 의미로 사용되고 있는 공론화는 이를 확인하는 방식에 있어 참여적 의사결정과 방법에 기초하고 있다. 다만 일반 대중들이 이해하기 쉽도록 표현되면서 이슈화, 문제제기라는 의미로서 받아들일 수 있어 그 활용과정에서 오해가 생길 수 있다. 따라서 본 책자에서는 앞으로 사용될 공론화 용어에 대해 보다 명확한 정의와 함께 시작하도록 하겠다.

우선 '공론'(公論)이란 사전적으로 "여럿이 함께 의논한다."는 의미를 갖는다. 그 여럿에 대해서 구체화 한 것이 공론화라고 할 수 있다. 공론화 용어에 대한 근원에 대하여 "해결해야할 사회적 이슈에 대해 다양한 시민들의 적극적인 의견 개진과 토론 과정을 통해 구성원들의 진정한 뜻을 찾아가는 일련의 공론형성의 과정이다"[66]는 김대영

(2005)의 주장으로부터 시작한다. 이를 갈등관리 차원에서 볼 때 "현재 혹은 향후 논란이 되고 있는 정책이나 사업에 관해 잠재적 이해당사자들에게 객관적인 정보를 제공하고 숙의과정을 통하여 이들로부터 보다 정확한 의견을 파악하는 방법"이라 할 수 있다. 김정인(2018)[67]은 공론화에 대하여 "특정한 시기에 어떤 사안(이슈)에 대해 여럿이 함께 모여 숙의와 학습을 통해 정제되고 합의된 의견을 형성하는 과정"이라 보았다. 또한 은재호(2018)[68]는 공론화는 "여럿이 모여 함께 의논하는 것"으로서 시민의 참여와 자유로운 토론을 통해 사회 이슈에 대해 최적의 해결대안을 모색할 수 있는 방법으로 정의하였다. 윤순진(2018)[69]은 공론화는 "숙의와 합의를 통해 사회의 공적 이익에 부합하는 공공의 의견을 도출하는 과정"으로 정의하고 있다.

이를 종합 정리하면, 이 책자에서 사용하는 '공론화'(公論化)란 "갈등이 예상되는 사안에 대하여 최종의사결정에 앞서 잠재적 이해관계자, 전문가, 일반시민 등의 다양한 의견을 숙의과정을 통해 수렴하는 공론형성 절차이다"라고 할 수 있다. 여기서 사용되는 용어인 '숙의'(熟議: Deliberative)란 "여러 사람이 모여 어떤 문제를 깊이 생각하여 충분히 의논하는 것"을 의미하며 최근 시민참여와 민주주의의 실현방법으로 주목받고 있는 숙의민주주의(Deliberative Democracy)의 주요 근간이 되고 있다.

3) 공론화의 특성에 따른 유형

(1) 시민참여 수준에 따른 공론화 유형

공공갈등 사안에 대한 공론화를 추진함에 있어 국내외 상황과 더불어 그 사안이 갖는 특징에 따라 대응 방식이 다양하다. 국내에서는 2005년 대통령자문 지속가능발전위원회에서 시민참여의 수준에서 공론화의 방법론을 구분한 것이 최초라 할 수 있다. 여기서 시민참여는 설명회 등 일방향의 정보제공과 의견수렴을 의미하는 일반적 시민참여와, 협의 및 숙의과정을 포함하는 참여적 의사결정으로 나누고 있다. 우선, 일반적(혹은 일방향) 시민참여는 '학습 및 정보제공', '정보제공 및 의견수렴'을 통해 이루어진다고 보았다. 이는 일반 시민이나 이해관계자에게 현안에 대한 정보를 전달하고 의견을 수렴하기 위한 목적으로, 기존 행정절차법이나 관계법령의 의견수렴에서 명시되고

---

[66] 김대영, 공론화와 정치평론-닫힌 사회에서 광장으로, 서울: 책세상, 2005
김대영, 공론화를 위한 청치평론의 두 전략: 비판전략과 매개전략. 한국정치학회보, 38(2), 2005, pp. 117-141.
[67] 김정인, 정책결정 과정에서의 공론화 적용 가능성에 관한 연구: 공론조사의 국가적 특수성, 대표성과 집합적 합리성을 중심으로. 정부학연구, 24(1), 2018, pp. 343-375.
[68] 은재호, 정책논단: 신고리 원전 공론화가 남긴 것: 평가와 전망. The KAPS, 52, 2018, pp. 18-31.
[69] 윤순진, 원자력발전정책을 둘러싼 사회갈등 해결을 위한 쟁점과 과제: 신고리 5·6호기 공론화에 대한 평가를 중심으로. 「경제와사회」, 118호, 2018, pp. 49-98.

있는 설명회, 공청회, 공람·공고가 대표적인 방법이다.

다음으로 참여적 의사결정은 적극적인 시민참여 방법으로 '참여와 협의', '숙의적 참여'로 구분하고 있는데 일반시민과 이해관계자들이 어느 한 장소에서 모여 함께 토론하고 상호간 의견교환과 학습을 통한 내용파악, 그리고 최종 의견전달 등 숙의과정과 합의를 도출하는 것이 목적으로 시나리오 워크샵, 시민배심원제, 공론조사, 합의회의 등이 있다. 그러나 이들 공론화 방법들이 시민배심원제와 같이 일반시민 중심의 참여가 이루어지는 경우도 있고, 합의회의와 같이 이해관계자 참여가 중심이 되는 경우도 있다. 이처럼 참여적 의사결정의 의 실제 적용은 실행하는 상황과 여건, 특성 등에 따라 다양하게 고려될 필요가 있다.

<표Ⅲ-2> 시민참여의 목적별 특징과 공론화 방법

참여유형	목적	특징	공론화 방법
일방향의 시민참여	학습 및 정보제공	· 정보제공 교육 · 일반시민의 의견수렴 기회 매우 적음	· 홍보책자, 영상, 뉴스자료 등 배포 · 대중매체 광고 · 인터넷사이트 운영 · 공공장소 자료 전시
	정보제공 및 의견수렴	· 정보제공 및 숙의없는 의견수렴 · 일반시민의 의견반영의 기회 적음	· 오픈하우스 · 설명회, 공청회 · 여론조사
참여적 의사결정	참여와 협의	· 시민여론에 대한 숙의 · 숙의 후 도출된 여론이 정책에 반영	· 포커스 그룹 · 공론조사
	숙의적 참여	· 이해관계자 중심 · 합의형성	· 시나리오 워크숍 · 규제협상
		· 일반시민 중심(이해관계자 배제) · 사회적 목표로 공공선 추구	· 합의회의 · 시민배심원제 · 플래닝셀
		· 참여자 구분 없음(다만 지역 단위) · 공동의 문제점과 개선안 공유	· 타운홀미팅

* 출처: 지속가능발전위원회(2005), '공공갈등관리의 이론과 기법'
  이강원·김학린(2020), '한국 사회 공론화 사례와 쟁점'을 바탕으로 재구성

(2) 공론화의 요건과 형태

현재 국내 공공갈등 사안과 관련하여 사용되는 공론화는 그 모델 선택과 관련하여 이강원·김학린(2020)은 사안의 범위와 참여자의 특성, 갈등의 발생유무, 공론화의 목적에 따라서 분류하고 있다[70].

첫째로 사안 및 참여자의 특성에 따른 분류로 이는 이해관계자 중심형과 일반시민 중심형으로 나뉜다. 우선 이해관계자 중심형은 이해관계자가 주도하는 형태로 이들의 결정과정에 일반시민의 의견확인을 통해 최종 공론을 모아가는 형태이다. 이러한 방식은 갈등이 발생한 상황에서 활용되어 대안적 분쟁해결의 확장형이라고도 부른다. 대구 군공항입지선정과정(2019)에서 활용된 공론화가 대표적이다. 일반시민 중심형은 일반시민이 의사결정자로서 활동하고 이와 병행하여 이해관계자의 의견을 참고하는 방식이다. 신고리56호기공론화(2017), 서울시 플랫폼노동공론화(2019) 등이 대표적이다. 이 방식은 갈등사안이 첨예하여 이해당사자가 결정하기 어려울 때, 아직 갈등은 발생하지 않았지만 예방대안을 모색할 때 유용하다.

다음 요건은 갈등발생의 유무로 발생 전과 후로 나뉜다. 갈등발생 전에는 의제에 대한 정확한 정보제공과 의견수렴을 중심으로 해당 정책의 방향성과 시민수용성 제고할 목적으로 진행하는 유형이다. 대표적으로 대학입시제도 개편 공론화(2019), 서울 쓰레기대책 공론화(2020)가 대표적이다. 갈등 발생 이후에는 일반시민 또는 다양한 이해관계자가 참여하는 공론화를 진행하여 갈등해결이라는 목표를 달성하기 위해 진행되는 유형이다. 방사성폐기물처리장 입지선정 공론화(2005), 울산 코스트코 공론화(2019) 등이 대표적이다.

마지막으로 공론화의 목적에 따른 것으로 의제발굴형, 옵션 선택형, 합의형성으로 나뉜다. 의제발굴형은 공론화를 시행하는 목적이 의제를 발굴하고 특정 의제에 대한 방향성을 모색하기 위한 일반시민이 참여하는 숙의형태로 서울 균형발전공론화(2018), 서울 플랫폼노동공론화(2019)가 대표적이다. 옵션선택형은 공론화의 목적이 해당 이슈의 찬반결정이나 정책의 가부결정을 위한 것으로 제주영리병원 공론화(2018), 신고리 56호기 공론화(2017)이 대표적이다. 마지막으로 합의형성형은 특정이슈에 대한 해결을 위하여 참여자들 간의 협의, 합의를 형성해 나가는 유형으로 국가교육과정 개정 공론화(2021)가 대표적이다. 갈등관리에 있어 옵션선택형은 결정의 편리성이 있으나 결과만을 집중하여 또 다른 갈등을 야기할 수 있는 한계도 있어, 앞으로의 갈등관리는 합의형성형이 시간이 걸리더라도 갈등을 보다 근본적으로 해결해 나간다는 의미에서 지향하여야 할 방식으로 생각된다.

---

[70] 이강원·김학린, '한국 사회 공론화 사례와 쟁점', 박영사, 2020.

<표Ⅲ-3> 최근 국내 참여적 의사결정의 요건별 유형과 사례

구분	유형 분류	주요 사례
사안·참여자 특성	이해관계자 중심	· 대구군공항입지선정과정(2019)
	일반시민 중심	· 신고리56호기공론화(2017) · 서울 쓰레기대책 공론화(2020)
갈등발생의 유무	갈등발생 이전	· 대학입시제도 개편 공론화(2019) · 서울 쓰레기대책 공론화(2020)
	갈등발생 이후	· 중저준위방폐장입지선정 공론화(2005) · 울산 코스트코 공론화(2019)
공론화의 목적	의제발굴	· 서울 균형발전공론화(2018) · 서울 플랫폼노동공론화(2019)
	옵션 선택	· 제주영리병원 공론화(2018) · 신고리56호기 공론화(2017)
	합의형성	· 국가교육과정 개정 공론화(2021)

(3) 코로나19에 따른 새로운 도전, 온라인 숙의

2020년 초, 국내에 코로나19의 창궐로 한자리에 다수의 참여자들이 모이는 행사가 방역수칙에 따라 100명, 혹은 50명 이내로 제한되면서 그간 참가자 수의 제한이 없이 진행되던 설명회, 공청회, 토론회 등의 행사가 열리지 못하게 되었다. 이러한 사회적 분위기는 참여적 의사결정에서 중요한 숙의과정도 영향을 받게 되어 다수의 사람들이 방역수칙 준수를 위해 한자리에 모이기 어려워지면서 온라인 숙의과정에 대한 관심이 높아졌다. 이에 중앙정부, 지방자치단체 등의 오프라인 토론이 진행되던 공론화도 이러한 방역수칙에 따라 온라인 숙의토론으로 수정되었는데 이에 대한 숙의 방식에 대해서 설명하고자 한다.

온라인 숙의는 기존 오프라인에서 이루어지던 숙의토론을 온라인 환경에서 진행하는 것이다. 온라인 숙의방식은 오프라인과 동일하나 인터넷망을 통한 화상통화 기술을 활용하여 다수가 자신의 기기와 화상통화 프로그램에 접속하여 논의하는 방식이다. 보통 ZOOM, 구글MEET 등의 화상통화 프로그램이 이러한 다중접속을 지원하는데 재택근무가 늘고 전체토의, 분임토의 등이 이뤄지면서 해당 프로그램의 기술도 이에 맞춰 개선되었다.

온라인 숙의가 원만히 진행되기 위해서는 각자의 인터넷 접속망의 속도가 원활하고 기기의 성능이 어느 정도 뒷받침되어야 한다. 온라인 숙의프로그램은 오프라인과 크게 다르지는 않지만 온라인에서 이뤄지다 보니 발제와 질의응답, 전체 공유는 전체 토론방에서 진행되고 퍼실리테이터 중심으로 분임토의가 각 조별로 치러지면서 논의가 점차 심화된다. 다만 오프라인에서와 달리 현장성을 살리기가 부족하여 장시간 토론은 쉽지 않아 토론시간은 40분에서 1시간 내외로 이뤄지고 전체 4~5시간 내로 진행되는 것이 일반적이다. 또한 참여자 숫자도 100명에서 최대 200명을 넘지 않는 범위에서 진행되는데 그 이상인 경우에는 기술적인 부분도 있겠지만 공유나 집중토론이 쉽지 않기 때문이다. 이를 보완하는 한편 일반시민에 대한 공개적 논의로 홍보 및 의제 확장성을 높이기 위하여 유튜브 등의 영상 공유 플랫폼을 사용하여 생중계 방식을 활용하기도 한다. 이렇듯 온라인 숙의 사례로는 서울쓰레기대책공론화(2020, 2021), 인천자체매립지조성공론화(2020), 국가교육과정개정 공론화(2021) 등이 대표적이다.

이러한 온라인 숙의방식은 앞으로도 코로나19에서 비롯된 비대면 사회분위기와 활용 편리성 등에 따라 더욱 각광받을 것으로 예상된다.

3. 참여적 의사결정의 도입과 운영 방식

참여적 의사결정에서 최종의사결정자는 갈등예방을 위해 '공공기관의 갈등예방과 해결에 관한 규정' 제15조에서 정한바와 같이 갈등영향분석에 대한 심의결과 갈등예방·해결을 위해 이해관계자, 일반시민, 전문가 등이 참여하는 의사결정방법을 활용할 수 있다. 일반적으로 참여적 의사결정은 사업이 어느 정도 진행된 가운데 이해당사자간 갈등을 해결하기 위한 ADR의 조정과정과는 달리 정책수립, 사업초반(예, 타당성 조사, 기본계획 수립 이전)에 추진과정에서 공공갈등이 예상되는 사안에 대해 예방을 위한 갈등관리 수단으로 사용된다. 최근에는 에너지, 기후환경, 노동, 경제, 문화, 통일 문제 등 다양한 분야에 걸쳐 공공정책 수립에 의견수렴 기법으로도 널리 사용되고 있으며, 일부 지방자치단체(인천광역시, 대구광역시, 울산광역시, 제주도 등의 광역자치단체와 목포시, 성북구, 공주시 등 기초자치단체[71])에서는 관련 조례 도입을 통해 그 도입과 운영 과정을 정하기도 한다.

1) 참여적 의사결정의 도입 절차

참여적 의사결정의 활용과 관련하여 구체적으로 살펴보면 다음의 도표와 같다. 우선 공공갈등이 예상되는 정책·사업 등에 대하여 예방차원의 갈등영향분석을 실시하고 그

---

71) 최근 2017년 신고리56호기공론화 이후, '제주특별자치도 숙의민주주의 실현을 위한 주민참여 기본조례'(2017.11.15.)를 필두로 각 지방자치단체에서는 '대구광역시 공공갈등 관리 및 조정에 관한 조례(2019.5.20.), '인천광역시 공론화 및 갈등관리에 관한 조례'(2021.4.9.), '울산광역시 민관협치 기본조례'(2021.3.18.) 등이, 기초단체의 경우, '목포시 공론화위원회 설치 및 운영 조례'(2021.7.12.), 서울특별시 성북구 민관협치 활성화를 위한 기본조례(2021.4.15.), 공주시 신바람 시민소통위원회 설치 및 운영에 관한 조례(2019.6.3.), 하남시 민관협치 활성화를 위한 기본 조례(2021.3.12.) 등이 제정되고 있으며 '민관협치', '숙의민주주의', '공론화', '소통', '시민참여', '갈등관리' 등의 용어를 혼용하여 조례명에 사용하고 있다.

결과를 토대로 갈등관리심의위원회의 심의를 통해 참여적 의사결정의 활용여부를 판단하게 된다. 만약 기존 행정절차인 설명회나 공청회 등의 방식이 아닌 숙의토론 등의 방식이 적용된 참여적 의사결정 활용을 선택하게 된다면 이를 통한 결과를 토대로 최종 정책·사업결정에 활용하게 된다. 일반적으로 이 방식의 도입 판단은 갈등이 우려되는 사안에 대해서는 이상의 중립적인 심의위원회를 통해 주민, 시민의견수렴을 보다 심화하여 의견을 이끌어낸 뒤 수렴함으로써 갈등 예방적 효과를 높이는데 의미가 있을 것이다.

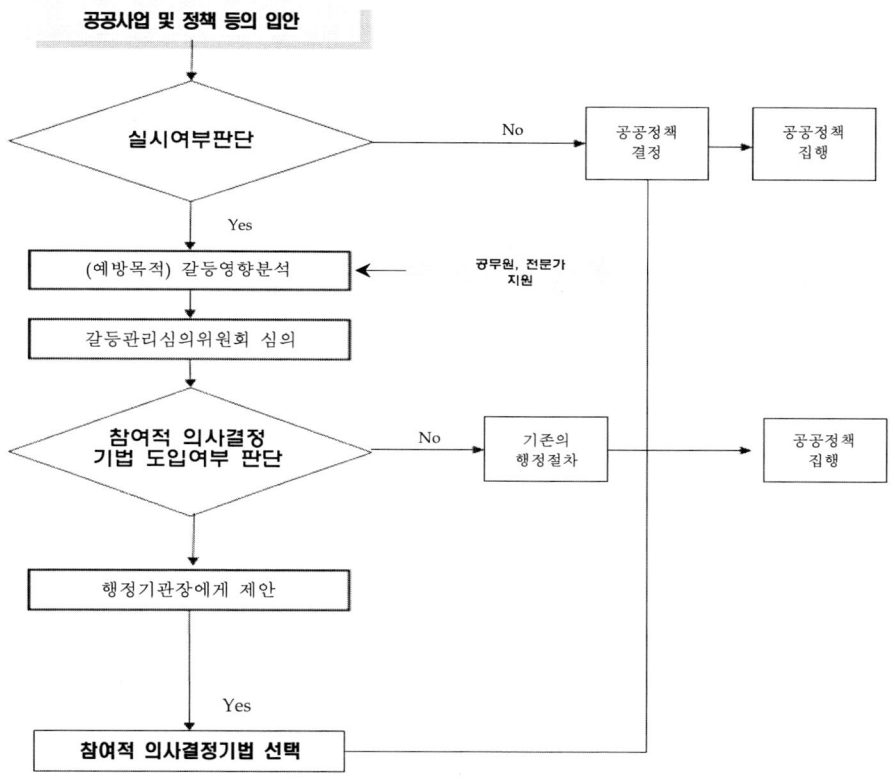

<그림Ⅲ-4> 일반적인 참여적 의사결정 도입 절차

2) 참여적 의사결정의 운영 절차

참여적 의사결정의 운영은 크게 사전 단계, 숙의 단계, 발표·제안 단계로 나눌 수 있다. 우선 사전 단계는 의제선정, 공론화위원회 구성, 숙의방식 설계 등이 이루어지는 단계이다. 의제선정은 여러 제시된 정책의제 가운데 최종 논의의제를 선정하는 것으로 이를 위해 10명 내외의 의제 및 절차(갈등 등) 관련 전문가, 시민 등으로 구성된 '(가)의제선정자문회의'(위원회)를 통해 정할 수 있다. 여기서 정해진 논의의제는 다시 숙의토론 과정에 적합한 세부의제로 다시 나뉘어져야 하는데 앞서 의제선정자문회의, 전문가자문단 등을 통해 구체적으로 제안될 수 있다. 이렇게 제안된 논의 의제안과 세부 의제안은 10명 내외의 관련 각계 전문가 등으로 구성된 '(가)공론화위원회(공론화추진단)'[72]을 통해 최종 확정된다. 공론화위원회는 이후 참여적 의사결정 절차 전 과정에 대한 설계와 운영 및 관리를 맡게 된다. 다만 갈등관리 차원에서 이 단계의 의제선정과 절차 설계의 제안은 갈등관리심의위원회에서 갈등영향분석을 통해 도출된 내용을 근거로 추진하는 것이 바람직 할 것이다.

다음 숙의단계는 숙의과정 참여자를 모집하고 숙의토론이 이루어지는 단계이다. 먼저 참여자 모집은 의제 내용과 공론화 방식에 따라 대상자 공모형, 대상자 무작위 선출 등의 방법을 통해 진행된다. 예를 들어 2017년 신고리5·6호기 공론화에서는 찬반갈등이 격화되고 있어 이해당사자를 그 모집대상에서 배제하고 일반시민(국민) 가운데 500명의 무작위 선출 방식을 택하였다. 2018년 학교생활기록부 개선 공론화의 경우에는 일반시민 이외에도 학부모, 학생, 교원, 대학관계자 등의 이해당사자를 참여단에 포함시키는 방식을 활용하기도 하였다. 이들 참여자들은 의제 관련 교육자료 등을 통해 사전학습이 진행된다. 또한 경우에 따라 의제관련 전문가토론회를 통한 의견수렴, 일반시민 여론조사, 참여자 사전 설문조사 등을 통해 의제에 대한 이해를 높이기도 한다. 이를 바탕으로 숙의토론이 진행되며 짧게는 양일에서 사전오리엔테이션을 포함하여 3일간 운영되는 것(전체 15시간 내외)이 일반적이다. 숙의토론은 의제관련 정책 설명회, 관련 전문가 발제 및 상호토론(전문가발제), 참여단 질의 및 전문가 답변(질의응답), 참여자 조별 토론(분임토의), 설문조사 등 그 의제 내용과 공론화 방식에 따라 사전에 최종 확정 설계된 방식에 따라 운영된다. 이 과정 중에는 최종의사결정자도 참관 등을 통해 참여함으로서 참여자 최종결정의 수용여부에 대한 우려를 불식시키는데 도움을 줄 수도 있다.

발표·제안단계는 숙의토론 분임토의 참여자들 간 논의된(협의된, 합의형성이 이루어진) 결과를 전체 참여자 토론을 통해 공유하고, 논의한 다음 최종 의사결정을 하는 단계이다. 이 단계에서 참여자들은 논의된 최종 결과의 수용여부를 확인하고 각자 서명함으로서 그 역할이 완료되며, 이러한 합의된 의견에 일부 이의가 있는 경우에는 기타 의견 등 부기사항으로 의견을 제시할 수 있다. 또한 참여자 설문조사를 통해 보완할 수도 있다[73]. 도출된 최종 시민 의견은 공론화위원회가 정리하여 최종의사결정자에게 제안, 권고 등의 내용으로 기자회견, 전달식 등의 형식으로 최종 결과를 발표하게 된다.

이처럼 참여적 의사결정 프로세스와 주요 내용을 정리하면 다음 도표와 같다.

---

72) 일반적으로 시민사회, 의제관련 전문가. 공론화·갈등전문가, 통계전문가 등으로 구성된다.
73) 공론조사는 숙의토론 참여자에 대해 사전 설문조사와 사후 설문조사를 통해 숙의성 여부를 판단하고 사후 설문조사 결과를 정책에 반영하는 최종의견으로 사용한다.

<표Ⅲ-4> 참여적 의사결정 프로세스와 주요 내용

단계	절차	주요 내용	비고
사전 단계	추진 적합성 판단	· 추진 공공정책사업의 갈등영향분석 대상 여부 판단	갈등관리심의위원회
	(예방) 갈등영향분석	· 정책사업 개요 · 직·간접적인 이해관계자, 전문가 등의 확인 · 예상 쟁점 파악 · 갈등해결을 위한 각종 대안 모색 및 제안	갈등전문가
	공론화 추진 여부 판단	· 참여적 의사결정 추진 여부 판단 · 숙의 의제 제안 및 결정	갈등관리심의위원회 (의제선정위원회)
	공론화 방식 결정	· 다양한 참여적 의사결정 방식 제시 · 어떤 기법 활용할 것인지 결정 · 공론화 관리 및 운영방식 결정	공론화위원회
숙의 단계	참여자 모집 및 숙의절차 설계	· 참여자(일반시민, 주민, 전문가 등) 모집 · 숙의토론 절차 설계 · 사전 교육, 홍보자료 등 제작 및 배포 · 의제 관련 전문가 토론회 개최 등 · 필요시 여론, 설문조사 실시	공론화위원회
	숙의절차 운영	· 참여자 숙의 및 합의절차, 관련 규칙 합의 · 참여자 간 의제 관련 숙의토론 · 결과 공유	참여자
발표 제안 단계	합의도출	· 합의결과 도출 · 최종 결과에 대한 수용 여부 확인 · 최종 합의안 작성 및 서명	참여자
	결과문 발표	· 시민참여 결과 및 의견수렴 결과 · 시민제안(권고) 등 최종 결과문 발표	공론화위원회
	집행확인 (모니터링)	· 합의안의 준수 여부 확인 · 필요시 추가적 의견수렴 절차 등 추진	관련 부서 (갈등관리심의위)

4. 참여적 의사결정의 주요 방법론

1) 합의회의

(1) 개요

'합의회의'(Consensus Conference)는 전국의 다양한 집단에서 선발된 일반시민들로 시민참여단을 구성하여 특정주제에 대해 전문가들과의 질의응답을 거친 후 권고안을 발표하는 방식으로 가치차원의 대립이 첨예한 쟁점에 대하여 공통된 인식을 모색하기 위한 공론화 방법 중 하나이다. 사회적으로 가치의 대립 등 논란이 되고 있는 과학기술, 환경 또는 사회윤리적인 이슈에 적용 가능하다.

그 기원은 1970년대 후반 미국 국립 보건원(National Institute of Health, NIH)이 처음으로 의료 및 전문가 패널 간의 조직 된 대화협의체에서 처음 사용되었다. 이러한 방식이 널리 알려지게 된 계기는 1986년 '덴마크 기술위원회'(the Danish Board of Technology, DBT)가 미국의 합의회의를 변형하여 사용하면서 부터이다. DBT는 새로운 과학기술의 사회적 영향을 중립적 입장에서 평가하는 기술평가기관이다. 덴마크 합의회의는 의료계에서 새로운 의료기술의 평가를 위한 의료 전문가 회의로 시작하게 되었다. 의료 전문가들로 구성된 회의체는 각자가 새로운 의료기술을 평가하기 위해 한자리에 모여 평가결과에 대한 의견을 수렴, 일반 시민과의 협의와 시민의 정책결정 참여를 강화하기 위한 방안으로 이러한 합의회의를 시행하게 되었다[74].

이처럼 논쟁의 여지가 있는 과학기술 의제에 대해 시민들이 전문가에게 질문을 하고, 전문가의 반응을 평가하고, 그 주제에 대한 합의에 이르기까지 이어가는 형식으로 사회적 논쟁이 되는 과학기술에 대해 전문적 지식을 지니지 않은 일반 시민들이 회의의 주도권을 가지고 논의하게 된다.

(2) 특징

합의회의 방식은 일반적으로 과학기술 정책이나 보건의료와 같이 전문성과 복잡성이 비교적 큰 가치갈등의 영역에서의 정책의제를 대상으로 하기에 적합한 공론화 방식이다. 합의회의를 통해 복잡한 가치차원의 의제에 대하여 전문가와 이해관계자 사이에 개방적인 대화를 하면서 과학자들과 대중 사이에 유용 한 연결고리를 만드는 데 도움이 준다.

---

[74] Jensen, C, B, Citizen Projects and Consensus-Building at the Danish Board of Technology: On Experiments in Democracy, Volume 48 issue 3, pp,221-235, 2005. 9.

보통 참여기관은 정부, 과학기술단체, 대학, NGO 등 다양하며, 주관 기관은 프로젝트 관리자를 두어 합의회의 준비과정을 총괄한다. 전문가 3~5인으로 구성되는 독립적인 자문위원회를 설치와 다양한 계층을 대표하는 일반시민들 중 10-16명으로 구성되며 준비기간은 약 6개월 정도로 본회의는 2박3일에서 3박4일 정도로 진행된다.

합의회의의 운영과 관련하여 퍼실리테이터가 그 역할 중심에 있다. 여기서 회의진행자는 중립적이고 전문적인 훈련을 받은 사람들로 구성하게 된다. 이들은 회의절차를 관리하는데 역할을 하게 된다. 또한 논의를 위한 공론화위원회 혹은 자문위원회를 구성하게 되는데, 이들은 회의절차의 관리는 물론 참여자선정, 자료집 검토 등을 맡게 된다.

본 방식은 합의회의에 참여한 숫자가 많지 않아 자칫 참여자 구성이 편향적으로 이루어질 경우 의견이 한쪽으로 치우치거나, 극단적 결과로 도출되어 합의결과가 왜곡될 가능성이 있다는 단점도 있다.

(3) 프로세스 운영

합의회의는 보통 3~4일 동안 진행되나 사전 준비에는 3~5개월이 소요되게 되는데 우선, 공론화위원회를 구성한 뒤 합의회의에 참여할 참여자를 선정한다. 합의회의는 무작위로 선정된 10~25명 정도의 참여자들로 패널을 구성하여 운영한다. 다음으로 이들에게 준비된 자료집 등을 통해 정보를 제공하여 정책 의제와 회의 절차 등을 이해하게 하는 등 사전학습과정을 진행한다.

본 회의가 시작되면 앞선 전반부 회의에서는 의제관련 전문가와 이해관계자들이 의제에 대한 발표를 진행하는 한편, 참여자들은 회의과정에서 만들어진 발표에 대해 질의하고 발표자 답변이 이어지면서 이해를 높이게 된다. 본회의 기간 동안 참여자들은 자체 회의를 통해 추가 질문을 만들기도 하고 서로 이해하기 어려운 부분을 확인하면서 숙의토론을 진행, 최종 권고 사항을 합의해가는 과정을 거치게 된다. 마지막으로 참여자들은 합의된 최종권고안이 담긴 보고서를 작성하고 최종의사결정자에게 제출함으로서 마무리 된다

<그림Ⅲ-5> 합의회의의 구성과 절차

2) 공론조사

(1) 개요

'공론조사'(Deliberative Poll)는 통계적 확률 표집을 통해 다양한 계층의 국민을 대표할 수 있는 시민들을 선발하여, 선정된 이슈에 대한 정보를 충분히 제공하여 심사숙고하게 한 후, 이들의 의견을 조사하는 방법이다. 다양한 정책 이슈에 대해 전문여론조사기관을 통해 시민들을 무작위로 표본을 추출하여 의견조사와 분석을 진행한다. 선발된 시민들 참여로 소집단 토론과 전체 토론 실시한다. 이때 전문 토론진행자(facilitator)나 갈등조정전문가가 진행자로 참여하는 것이 바람직하다. 기간은 보통 2~3개월 소요된다.

1988년 미국 스탠포드(Stanford) 대학의 공론조사 센터(Center for Deliberative Polling)의 J. Fishkin이 개발한 공론조사는, 유권자들에게 공공 정책에 관한 정보를 제공하며 여러 관점의 사람들과 정보를 논의하고 그에 따른 결과를 측정 할 수 있는 기회를 제공하며, 동시에 요구 사항을 충족시키기 위한 심의투표로서 개발되었다.

이는 여론조사가 사안에 대한 부족한 정보를 바탕으로 즉흥적·피상적 의견을 조사하는 것과 달리 공론조사는 충분하고 균형 잡힌 정보를 제공하고 숙의과정을 거쳐 변화된 의견을 조사하고 도출하는데 그 의의가 있다. 이처럼 공론조사는 여론수렴, 참여자의 성찰적 토론과 토의, 일정기간 동안의 충분한 학습 등이 이루어지며, 참여자들 각 개인의 의견을 설문 등을 통해 조사하여 수합하는 개별선호집합 방식을 활용한다.

(2) 특징

공론조사는 여론조사의 한계인 신뢰성과 정당성 부족의 문제를 숙의과정을 통해 보완한 것이다. 이를 위해 공론조사는 최소 2~3번 이상의 동일한 대상에 대한 의견조사를 진행하게 되는데 가장 마지막에 시행된 조사결과를 최종 결과로 삼게 된다. 이처럼 여타 공론화 방법과는 달리 여론조사 방식을 수차례 진행하게 된다. 최초 의견조사는 일반적인 여론조사 형식으로 대규모 표본을 대상으로 숙의가 이루어지지 않은 상태에서의 의견을 조사한다. 그리고 앞서 진행한 여론조사 응답자들 중 일부를 다시금 표본으로 숙의과정에 참여자로 전정하고 이들에게 충분한 정보와 숙의토론과정을 통해 최종 의견조사를 통해 공론을 확인하게 된다. 따라서 숙의 전과 이후의 의견 조사는 동일 설문내용으로 구성되어야 하며 이들 조사 간 통계적 유의미한 의견 변화를 확인함으로서 최종의사결정에 도움을 줄 수 있다. 이들 수차례에 걸친 의견조사 과정에서의 응답변화는 숙의과정이 제대로 이루어졌는지 평가하는데 도구로도 활용되기도 한다.[75]

공론조사가 갖는 장점으로는 첫째, 토론과 심의를 더 진지하게 시간을 가지고 할 수 있는 기회를 준다는 점이다. 기존 여론조사에 대해 시민들의 피상적인 의견을 조사한다는 지적이 있는데 이를 보완할 수 있다. 또한 새로운 정보에 대해 생각과 지식을 가지고 있는 사람들과 논의함으로서 편견을 줄이고 적절한 의사결정에 도움을 줄 수 있다. 둘째, 공론 조사는 다른 공론화와는 달리 참여자에 대해 표집 범위가 크고 무작위로 진행되어 의사결정자에 대한 대표성 문제에도 보다 자유롭다.

(3) 프로세스 운영

공론조사를 실행하기 위해서는 공론조사 참여자 모집, 설문조사 준비, 자료집 작성, 숙의토론 진행, 결과 도출 및 분석 등을 위한 공론조사에 관한 전문지식 등을 갖추어야 하는데 공론조사를 위한 각종 조직, 언론보도, 토론회 운영, 조사결과 발표 등 공론조사의 과정 전반이 원활하게 진행될 수 있도록 준비하여야 한다.

우선 일반 여론을 확인하기 위한 1차 의견조사를 진행한다. 이를 구성하기 위해 무작위 추출방식으로 전체 모집단을 대표할 수 있는 대표본을 구성하고 의제현안에 대한 지식, 인식, 선호를 조사하기 위한 여론조사를 진행한다. 이를 통해 공론화 참여자를 선정하게 되는데, 1차 의견조사에 응답한 표본들을 대상으로 성별, 연령, 지역 등을 고려하여 모집단을 대표할 수 있도록 의제의 파급력, 범위 등에 따라 보통 100~500명 정도의 참여집단을 선정한다. 보통 비례할당추출 방식을 사용하여 대표성을 확보하는 것이 일반적이다.

다음으로 참여자들에게 객관적인 정보를 제공한다. 갈등사안의 경우에는 찬반 양측 전문가들의 동의를 기반으로 작성한 자료집을 제공하는 것이 일반적이다. 자료집은 참여자들이 쉽게 이해할 수 있도록 준비하고 논의 의제에 대한 이해를 높이는데 도움이 될 수 있도록 구성되어야 한다.

세 번째로 참여자들의 숙의토론을 진행한다. 참여자들을 훈련된 퍼실리테이터가 있는 소규모 분임그룹에 무작위 배정, 각 조별 숙의토론을 실시한다. 소규모 분임토론 진행은 앞서 배포된 자료집 내용과 더불어 현장에서 각 의제별 전문가 발표를 통해 참여자들의 질의응답 등의 시간을 가짐으로써 논의의제에 대한 이해를 높여 숙의토론이 잘 이루어질 수 있도록 한다. 이후 모든 참여자와 의제 찬반 전문가 등이 참여하는 토론회를 실시하여 분임토의에서 논의된 결과를 공유한다.

---

75) 기존의 여론 조사는 특정 시점에서 시민들의 태도 조사에 그쳤으나, 공론 조사는 조사 내용에 대해 충분한 정보와 지식, 다른 사람의 의견을 청취한 뒤에 고려된 개인의 의견과 생각을 파악할 수 있다는 장점이 있음 (하동현·은재호·김주환. (2018). 서울 균형발전 공론화 프로세스 평가 보고서, 한국정책학회.)

네 번째, 참여자들에게 숙의토론을 통해 참여자들의 최종 의사를 확인하기 위하여 두 번째 의견조사를 실시한다. 2차 설문지는 1차 설문지와 동일하게 구성되며 이들 결과를 비교한다.

마지막으로 2차 의견조사결과인 최종 결과를 공식절차와 함께 매체를 활용하여 발표한다.

일반적으로 국내에서는 공론조사의 방식을 일부 수정, 숙의형 여론조사라고 부르고 있으며 공론화위원회와 같은 중립적 관리·운영기구를 설치하는 것이 일반적이다. 또한 찬반갈등이 있는 경우, 갈등조정을 위한 소협의체를 구성하여 운영하기도 한다(신고리 5·6호기공론화).

<그림Ⅲ-6> 공론조사의 구성과 절차

3) 플래닝 셀; 시민토의회

(1) 개요

시민토의회라고도 불리는 '플래닝 셀'(Planning Cells)은 무작위로 선정된 참여자들이 의제에 대한 해결책을 개발하기 위해 협력하고 협력의 결과물로 권고사항을 도출하여 의사결정자들에게 보고하는 기법이다. 독일의 부퍼탈(Wuppertal) 대학 시민참여 연구기관의 Peter Dienel이 개발하였으며 일종의 소규모 의회를 구성하여 무작위로 선발된 시민들이 주어진 계획이나 정책 문제들에 대해 숙의과정을 통해 대안을 제시하는 방법이다.

플래닝 셀은 특정 의제에 대해 제안하는 주민이 검토조직을 설치·운영하게 되며 현재 맨 처음 시작된 독일, 스위스, 미국, 일본 등의 지방자치단체의 종합계획 수립 시 활용하고 있다. 흡사 시민배심원제와 유사하지만 시민참여자가 무작위로 선발되고 복수(소집단)의 토의회(Cell)가 동시, 혹은 순차적으로 운영된다는 점에서 차이가 있다.

(2) 특징

플래닝 셀은 선출 대표가 시민의 이익과 가치를 대변하지 못한다는 인식에서 출발하였고 이러한 정부의 대응성을 향상시키자는 목표가 그 개발 동기였다. 플래닝 셀 운영은 정부기관에서 논의해야 할 의제를 공정하고 중립적인 기관에게 맡겨서 진행하게 하고 있다. 이를 위해 남성과 여성 1명씩 구성된 '절차감독관'(Process Steward)을 통해 플래닝 셀의 절차를 관리하고 회의를 진행하게 된다[76]. 본 방법은 참여자가 무작위로 선발되기 때문에 이들이 해당 사안에 대표성이 가질 수 있는지가 논란이 되는 의제(특정 지역과 사회 집단 간의 갈등이슈 등)에 대해서는 이 방법을 적용하기 어려운 점이 있다. 따라서 주요 의제로는 갈등요소가 적고 비교적 복잡하지 않은 사안에 적용하는 것이 적합하다. 플래닝 셀은 보통 5~6개의 소규모 집단 숙의토론 과정으로 진행되기 때문에 소극적인 시민들도 비교적 자유롭게 의견을 말할 수 있다는 장점이 있으나, 오히려 그렇기 때문에 특정 인물이 과도한 주도권을 갖게 될 경우 편향된 논의가 이루어질 가능성이 있는 단점도 있다.

(3) 프로세스 운영

플래닝 셀의 시작은 의제 주관기관이 플래닝 셀에 정책 문제를 위임하는 방식으로 시작된다. 이를 논의하기 위하여 우선 플래닝 셀 참여자를 구성하게 되는데 약 25명 정도로 무작위로 선정되고 정책 사안에 의해 직·간접적인 영향을 받는 사람들로 구성된다. 일반적으로 한 개의 의제별로 6~10개의 플래닝 셀이 운영되는데 모두 합쳐서 100명이상의 전체 플래닝 셀로도 진행될 수도 있다.

다음은 참여자에게 해당정책, 관련 동영상 등의 자료를 제공하여 의제에 대한 개요와 정보들을 습득할 수 있도록 한다. 또한 플래닝 셀에서 전문가나 관련단체에서 발표 등을 하여 참여자들과 질의응답시간을 갖고 다양한 이해관계나 이슈를 충분히 파악할 수 있도록 해야 한다.

이후 약 5일간 각 토의회 별 숙의가 진행되며 앞서 학습된 내용을 토대로 참여자들 간 숙의토론이 진행된다. 25인으로 구성된 플래닝 셀은 5명씩 5개의 소그룹으로 나뉘어 논의의 우선순위를 정하고 문제를 분석하고 해결 대안을 모색해 나간다. 이를 통해 각 토의회 참여자들은 다양한 권고안을 개발하고 전체 숙의토론에서 공유할 권고안을 제출, 선택하여 합의한다.

이렇게 도출된 각자의 권고안을 25명이 참여하는 전체 숙의토론에 제시되고 전체 참여자들은 각각의 제안된 권고안들을 숙지하고 전체 참여자들에 의해 권고안들에 대한 평가를 내린다. 그 결과에 대해 플래닝 셀의 진행자가 그 결과를 요약하는 최종 보고서

---

[76] Gastil, J., & Levine, P. (Eds.). (2005). The deliberative democracy handbook: Strategies for effective civic engagement in the twenty-first century (p. 308). San Francisco: Jossey-Bass.

를 작성하여 주관기관에 제출함으로서 마무리 된다.

<그림Ⅲ-7> 플래닝 셀의 구성과 절차

4) 시나리오 워크숍(Scenario Workshop)

(1) 개요

시나리오 워크숍은 미래를 예측할 수 없는 상황에서 미래의 시나리오를 작성하는 공론화 방법이다. 주로 미래의 발전상을 전망하고 평가하는 방법으로 관련 이해관계자 간의 밀도 있고 체계적 토론을 통해 미래에 대한 전망과 행동계획을 참여자 공동으로 작성해 나가는 방식이다.

일반적으로 20~30명의 참가자로 여기에는 시민, 정부, 전문가, 기업 등이 동일한 숫자로 구성된다.

(2) 특징

시나리오 워크숍은 주로 지역발전과 미래에 대한 대응, 지속가능한 발전 방향성 등을 통한 전략, 계획수립에 효과적이다. 국내의 대표적인 사례로는 교육부에서 2019년에 추진한 대입제도개편공론화가 있다. 해당 사례에서는 국민제안 열린마당에서 도출된 광범위한 논의 의제의 범위를 3개(대입전형 간 비율, 수시 수능최적학력기준 활용여부, 수능 평가방법)로 압축했으나 다양한 조합이 가능하기 때문에 의제설정에 시나리오 워크숍을 적용하여 추진하였다.

(3) 프로세스 운영

우선 논의할 의제를 정하고 이를 운영할 위원회를 구성하고 참여자를 선정한다. 참여자는 이해당사자(주민, 기업 등), 전문가, 정부 등 각 그룹별로 4~6명으로 구성한다.

이들 참여자들은 공동의 방향성을 수립하기 위한 워크숍을 계속하여 진행하고, 이를 통해 각 그룹별 시나리오를 작성하여 전체 토론회에서 공동의 시나리오를 선정, 수립하게 된다. 이를 통해 이러한 미래방향성과 실천계획을 주관기관에 전달함으로서 마무리 된다.

<그림Ⅲ-8> 시나리오 워크숍의 구성과 절차

5) 타운홀미팅

(1) 개요

'타운홀미팅'(Town Hall Meeting, 혹은 타운미팅)은 마을주민들이 직접적인 참여로 숙의토론과정을 거쳐 핵심 의제에 대해 스스로 결정하도록 하는 공론화 방법이다. 현재 사용되고 있는 타운미팅은 마을회의를 하듯이 자유롭고 거침없는 분위기에서 토론을 진행하는 형식의 회의를 말한다. 타운 미팅은 직접 민주주의의 한 형태로 우리 전통사회에서도 화백회의를 비롯하여 마을회의에서 일상적인 행태라고 볼 수 있다.

과거 식민지시대 뉴잉글랜드의 통치시스템과 관련이 되는데 마을사람들이 한자리에 모여 토론을 통해 마을의 법과 절차, 정책들에 대한 결정한 것에서 유래되었다. 이 방법이 효과적으로 활용되기 위해서는 그 주제가 타운홀미팅에서 논의 가능해야하기 때문에, 인구 수 백 또는 수 천 명 정도의 소규모 인구 공동체나 기초자치단체 단위에서 주민참여를 통한 의사결정에 적합하다고 할 수 있다. 해당 방식이 활용되었을 때는 마을 주민들이 모여 의사결정을 하였기에 그 도출결과에 대한 구속력이 있었지만 지금 타운홀미팅 혹은 타운미팅에서의 결정은 지역의 문제를 공유하고 참여자들이 함께 해결방안을 모색하는 형태로 진행되는 것이 일반적으로 구속력을 지니지는 못한다.

타운미팅은 토론 방식으로 진행되기 때문에 전문양성과정을 거친 회의 진행자를 활용하고, 토론에 참가한 참가자들이 모두 알고 있는 문제부터 개선, 즉 문제점은 이미 다 알고 있지만 해결되지 못한 사항들을 토론하는 것이기 때문에 참가들은 사전에 현안 과제에 대해 숙지하고 있어야 한다.

타운홀미팅은 '21세기 타운홀미팅'[77] 방식으로 확장, 개선되기도 하였는데 21세기

---

[77] C. Lukensmeyer는 1995년 아메리카스픽스(AmericaSpeaks)라는 비영리단체를 설립하고 IT기술을 접목시 켜서 21세기 타운홀미팅이라는 이름의 새로운 방식의 대중적 토론을 조직화함. 아메리카스픽스는 타운홀미팅 방식을 대규모 사회적 의제의 의사결정에 적용하고자 했음. 정치적으로 중립을 지키며, 자신들의 삶에 영향을 미치는 공적 의사결정과정에 시민들을 참여케 함으로 써 미국 민주주의를 되살리는 것을 목표로 하고, 정책결정자들과 일반 시민들 사이의 연계를 제도화할 수

타운홀미팅은 참여자들의 다양한 의견을 수렴하고 핵심 쟁점에 대한 심도 있는 숙의를 진행하기 위해 IT 기술 등 다양한 수단들을 활용하였다는데 그 차이점이 있다.

(2) 특징

타운홀미팅은 기존의 마을설명회나 공청회가 가진 일방향성을 해소하는데 도움이 된다. 따라서 다른 공론화 방식과 달리 참여의지가 있는 일반시민 누구나 참여하는 방식으로 참여자수를 특정하지 않아 폭넓은 참여 확장성을 가지고 있다. 즉 참여의 구분이나 한계가 없고 지역주민이 지역사회의 문제에 대하여 해결방안을 함께 논의하고 문제해결방안을 집단지성을 통해 도출한다는 점에서 장점이 있다. 다만 결정내용이 확정적일 경우 그 참여자 대표성 논란을 가져올 수 있고 참여가 쉬운 만큼 탈회도 자유롭기 때문에 숙의집중성도 하락하여 결과도출이 특정 참여자의 의도가 반영될 우려가 있는 점은 단점이다.

국내 시민공론화 중 대부분의 참여자 공모형 방식이 이 방식을 따르고 있는데 이로부터 도출된 결과가 구속력을 지니지 않음에도 주요 핵심 정책이나 사업 추진과정, 갈등사안에 대한 의사결정에 적용하는 것은 바람직하지 않다.

21세기 타운홀미팅 등 최근에는 숙의토론 과정에서 즉석으로 진행되는 전자투표 방식도 도입되고 있어 IT 기술의 접목을 통한 의제형성, 대안 마련 등이 과거 보다 손쉽게 진행되어가고 있다.

타운홀미팅이 기존토론 방식과의 차이는 다음과 같다. 첫째, 권위있는 소수 혹은 전문가 아닌 다수 대중에 의한 논의가 이루어진다는 점이다. 둘째, 중립적이고 공정한 퍼실리테이터를 두고 있으며 이를 통한 균형있는 진행이 이루어진다는 것이다. 셋째, 무차별 난상토론이 아니라 일정한 절차에 의한 체계적 논의가 진행된다는 점이다. 마지막으로 직접민주주의 방식, 즉 다수결이 아닌, 참여자의 집단 지성에 의한 합의를 도출한다는 점이다. 일반적으로 진행 단계는 퍼실리테이터의 회의진행 아래 '주제선정', '현황 파악', '문제점 도출', '원인 분석', '대안 도출' 순으로 진행된다. 주제에 따라 3~4시간 이내로 토론이 진행되는 것이 바람직하며 한차례 혹은 수차례에 걸친 타운미팅을 통해 보다 구체적인 대안모색이 가능한 특징이 있다.

있는 숙의적 공공협의의 전국적 기반을 만들고자 했음. 아메리카스픽스는 워싱턴 D.C. 시민참여예산 책정, 오하이오 북동부지역 재생사업, 뉴욕 그라운드제로 재건축, 뉴올리언즈 허리케인 카트리나 재해복구, 캘리포니아 의료보험 개혁 등 지역단위의 이슈들은 물론 연방 차원의 사회보장제도, 재정균형 등의 이슈들을 타운홀미팅 방법을 통해 토론함으로서 미국의 주요 한 사회적 이슈를 해결하는데 기여하였다고 평가됨(Zinn 2008). 그러나 운영 및 재정상의 문제로 2014년 1월 활동을 중단함(www.americanspeaks.org, 2014).

(3) 프로세스 운영

우선 준비단계에서는 의제를 선정하고 이에 따른 쟁점을 구체화하기 위해 여론조사, 토론참가자 모집, 퍼실리테이터 교육, 장소 선정 및 기술 실무적 점검 등이 진행된다. 참여자 모집은 해당 의제에 관련된 지역이나 집단의 인구분포 등을 감안하여 모집하게 되는데 해당 의제에 관심을 갖고 참여를 희망하는 모든 사람에게 공유할 목적으로 진행되는 만큼 참여자 규모에는 제한을 두지 않는다. 참여자에게는 의제와 관련한 자료를 사전에 제공함으로써 토론에 참여하는 사람들이 충분하게 숙의할 수 있도록 예비지식과 정보를 제공하여야 한다.

다음으로 숙의토론으로 다른 공론화와는 달리 하루를 넘기지 않으며 보통 3~4시간을 진행하게 된다. 또한 참여자 수도 제한이 없으며 조별 10~12인 정도가 참여하는 원탁회의 방식으로 진행된다. 정해진 토론규칙에 따라 각 조는 동일한 순서와 논의주제를 가지고 토론하게 된다. 경우에 따라서 조별 주제를 달리하여 할 수도 있다. 각 조별 토론 내용과 결과는 퍼실리테이터를 통해 정리되는데 경우에 따라 참여자 가운에 이를 도와주는 별도의 서기를 임명하거나 두 명의 퍼실리테이터로 회의를 진행함으로서 그 결과를 작성하고 공유할 수 있도록 거치한다. 이에 대한 조별 발표 및 공유과정을 통해 최종의 대안을 모색하게 된다. 21세기 타운홀미팅에서는 이러한 과정을 IT기술을 통해 본부로 취합하여 분석팀이 이를 실시간으로 분석, 그 결과를 전체 공개함으로서 공유하고 다음 주제에 대한 토론을 진행하게 된다. 숙의토론의 마지막에서는 자신의 휴대폰을 활용한 '무선전화투표'(Keypad Polling) 방식을 통해 특정 제안들에 대한 투표를 실시하는 것이 일반적이다. 이처럼 21세기 타운홀미팅은 회의 결과가 즉각적으로 도출되기에 최종의사결정자는 해당 행사에 참여하는 것이 좋다. 그리고 그 결과에 대한 입장을 밝히는 과정을 거치면 그 공론화 과정의 절차적 정당성을 부여하는 잣대가 되기도 한다. 토론회 종료 이후에는 행사 책임자는 관련 결과보고서를 작성하여 의제 의사결정자에게 제출함으로서 마무리 된다.

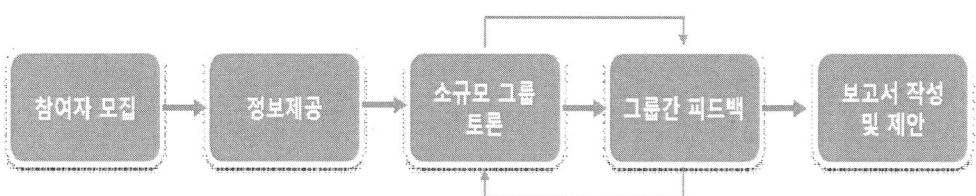

<그림Ⅲ-9> 타운홀미팅의 구성과 절차

6) 시민배심원제(Citizens' Jury)

(1) 개요

시민배심원제는 1971년 미국의 N. Crosby가 개발한 방식으로서, 1974년 미국 제퍼슨센터(Jefferson Center)가 '국가의료보건계획에 관한 시민배심제'를 실시한 이래 조세개혁, 폐기물관리, 수질문제, 생명윤리의 문제 등에 관한 시민배심제 프로그램을 개최하면서 세간에 널리 알려지게 되었다.

시민배심원제는 선발된 소수의 시민들이 중요한 공공의제에 대하여 관련 전문가가 제공하는 정보와 지식을 바탕으로 숙의과정을 거쳐 결론을 도출, 정책권고안으로 제출하는 방식이다. 참여자(배심원)들은 참여하는 몇 일 간 쟁점에 대한 정보와 함께 선정된 증인으로부터 광범위한 의견을 청취하게 된다. 배심원들은 이렇게 모아진 정보를 함께 공유하여 이에 대한 각자의 의견을 나누는 한편 숙의토론하고, 필요 시 주최측에 추가 정보를 요구할 수도 있다. 숙의과정이 종료되면 배심원이 해당 의제에 대한 최종 의사결정(권고 등)을 하게 된다. 이러한 점은 공론조사와 비슷하나 참여자의 숫자가 소수라는 점이 다르다.

(2) 특징

시민배심원제는 이해당사자가 아닌 일반 시민의 의견을 공공정책에 반영하고 사회적으로 중요한 공공 문제에 대한 여론 형성을 목적으로 활용된다. 그러나 소수의 제한된 인원의 참여로 진행되어 대표성 확보가 다른 공론화보다는 쉽지 않다는 한계를 가진다. 따라서 시민배심원제는 소수의 구성원(30-40)이 논란이 되는 의제에 대한 집중적인 토론과 숙의를 통해 의사결정을 하는 점에서 여타의 공론화 방식 보다 다음의 3가지 원칙이 매우 중요시 된다[78]. 첫째는 대표성이다. 그 결과에 대해 정책결정자가 수용하는 것 외에 이로 인한 갈등의 이해당사자 또한 수용하여야하기 때문에 참여자의 대표성은 무엇보다도 중요하다. 보통 일반시민 가운데 무작위선발이 원칙으로 선발과정에 의혹이 있어서는 안 되며 그것은 성별이나 연령 등 가치 차원의 문제보다도 더 우선된다. 두 번째는 숙의성이다. 시민배심원제를 활용하는 이유는 정책·사업 수행기관의 목표 달성을 위해 해당 의제에 대해 합리적이며 합당한, 공정한 결과가 나와 이를 활용하기 위해서이다. 갈등 사안의 경우 이해당사자 상호간 힘의 불균형, 정보나 지식의 차이 때문에 갈등이 발생하게 된다. 그래서 이를 해결하기 위해 마련된 시민배심원제에서 배

---

[78] Graham Smith, Corinne Wales, Citizens' Juries and Deliberative Democracy, Volume: 48 issue: 1, 2000, pp. 51-65.

심원들은 이를 해소하기 위한 숙의과정에서 공익추구와 이들 당사자 간 상호이해를 증진하는 역할을 하게 된다. 그렇기에 그 숙의과정은 이해당사자들의 고민도 충분히 고려되어야 하고 숙의과정이 종료 후 공식적으로 결과에 대해 보도하는 것도 중요하다. 세 번째는 시민참여이다. 참여자에게 자유롭고 능동적으로 참여할 수 있는 기회를 부여하고 이들의 적극적 참여를 보장함으로써 그 성과를 더 높일 수 있다. 참여자들은 이를 통해 그 과정에 적극적으로 임하게 되고 관련 의제와 결정과정에 보다 관심을 갖고 집중하기 위해서는 시민정신이 중요한 필수 조건이다.

이처럼 시민배심원제는 사안에 대한 이해관계자의 입장 차가 분명하고 대립이 강한 의제나 사실관계 차원에 대한 논쟁사안 등에 적합하다고 할 수 있다. 다만 앞서 3가지 원칙에서 보듯이 논의 안건에 대한 명확한 이해와 충분한 지식이 없을 경우 잘못된 의사결정이 내려질 수 있으므로 참여자 선정과 그 운영과정 등의 원칙 유지에 충분한 노력을 들여야 할 것이다.

(3) 프로세스 운영

보통 배심원제가 운영되는 기간은 1주일 이내로 진행되며 1일 미만으로 진행될 수도 있다. 그러나 기간이 너무 짧으면 숙의의 질이 떨어질 가능성은 물론 권고 내용에 대한 질적 저하를 야기할 수 있어 기간은 충분히 숙의하고 제안할 수 있도록 설정해야 할 것이다.

우선 공정한 운영관리를 위해 공론화위원회를 구성한다. 그리고 시민배심원단을 소규모로 지역사회와 의제와 관련된 인식을 공유할 수 있는 20~30명 정도로 구성하고 무작위로 선정한다. 구체적으로 무작위 전화설문을 통해 관련 의제에 대한 추가정보를 받기로 동의한 응답자 200~300인으로 시민배심원단 풀(Pool)을 구성하는 것이 일반적으로 여기서 30명 이내로 최종 배심원단을 구성하게 된다. 참여자 수가 많으면 깊이 있는 토론·숙의과정에 어려움이 발생할 수 있으므로 너무 많은 수의 배심원단 운영이 되지 않도록 한다. 또한 이에 앞서 시민배심원단을 지원하고 의제에 대한 자문을 할 전문가와 이해관계자로 구성된 자문단을 구성하는 것이 좋다. 자문단은 시민배심원단의 숙의에 도움을 줄 수 있는 각종 정보와 증거들을 제시하는 역할을 하게 되는데 10명 내외가 좋다. 가능한 한 이해관계자는 배제하는 것이 좋지만 갈등상황 혹은 이해관계자 요구에 따라 동수의 이해관계자를 참여시킬 수 있다. 또한 배심원단이 직접 자문위원을 선정할 수도 있지만, 일반적으로 공론화위원회에서 자문위원을 선정할 수 있다. 자문단에서 제공하는 각종 정보와 내용이 숙의과정의 결과에 중요한 영향을 주기 때문에 여러 사실관계와 각 주장들이 객관적으로 제시될 수 있도록 구성해야 한다.

다음으로 배심원단에게 관련 본 제도와 의제에 대한 정보 등을 제공하고 증인채택 및 청문을 통해 의견을 수렴하는 단계이다. 다른 공론화와는 달리 시민배심원제는 배심원단에게 사전 오리엔테이션 등을 개최하여 배심원제의 진행 절차와 앞서 숙지해야 할 사항들, 그리고 의제에 관한 정보를 제공하는 것이 좋다. 정보제공의 과정에서는 단순한 자료집 배포는 물론 설명회, 공청회, 전문가토론회의 방식을 준용할 수도 있다. 이러한 경우 자문단에 소속된 혹은 추가로 선임된 전문가들로부터 관련 발표를 듣고 분임토의를 통해 질의하는 방식이 일반적이다. 자문단은 의제에 대한 배경과 관련 개요 정보를 제공하는 제3의 갈등전문가, 이해관계자, 의제의 전문성을 가진 전문가로 구성된다. 특히 의제전문성을 가진 전문가는 이해관계자가 주장하는 바에 대한 근거를 제공하는 사람들이기도 함으로써 관련 정보(혹은 증거)를 제공할 수 있어야 하며 배심원들은 이러한 의견을 듣고 질문 받게 되는 주체가 된다. 이후 이러한 근거를 바탕으로 배심원단의 숙의토론이 진행된다. 배심원들은 제공 받은 정보를 심도 있게 논의, 숙의해나가고 일련의 권고안 작성 혹은 배심원단 전체의 의사결정을 하게 된다. 숙의토론과정에서 의견들이 복잡하고 결정 안건의 수를 줄일 필요가 있을 시, 권고문에 대한 합의 혹은 투표방식을 활용하여 결정할 수도 있다.

마지막은 최종결정단계이다. 합의 혹은 투표를 통해 결정된 권고안, 혹은 집단적 최종의사결정안을 확정하는 단계이며 70% 이상의 동의로서 가결되거나 사안에 따라 그 동의율은 배심원단의 의견에 따라 변경될 수 있다. 배심원단이 이러한 의사결정의 결과나 권고안에 동의하지 않을 수도 있는데, 이때에는 이에 대해 동의하지 않은 배심원들이 소수의견을 보고서로 제출할 수도 있다.

<그림Ⅲ-10> 시민배심원제의 구성과 절차

5. 국내 상황에 맞는 기법 적용을 위한 고려 사항

1) 국내의 공론화 실시와 우려

2017년 이후 수년간 국내의 참여적 의사결정 방법으로 활용되고 있는 그간 공론화 사업을 살펴보면, 국민의 정책결정과정에 적극 참여할 계기와 숙의민주주의 확산에 도움을 주었고 공공정책추진에 대한 사회적 수용성을 높이는데 기여했으며, 특히 정부 정책에 대한 국민적 신뢰가 높아졌다는 점에서 긍정적 평가가 가능할 것이다.

현재 우리 사회에서 불고 있는 공론화는 신고리 5·6호기 해결과정에서 워낙 강력한 효과를 발휘한 나머지, 본래 갈등예방을 위한 목적에서 수행되는 것이 일반적이었음에도 불구하고 이제는 갈등 상황에 대한 해결방법으로 활용되거나 그렇게 인식되고 있는 것이 사실이다[79]. 물론 신고리 5·6호기 사례와 같이 정책이 결정되어 벌어진 오랜 갈등을 해소하고 사회적 수용성을 확보함으로써 향후 사업추진에 공론화 방식 활용이 도움이 된다면 신중하게 검토 활용도 물론 필요할 것이다.

다만 그 과정에서 여러 논란이 있는데 다음과 같다. 첫째, 정책결정자의 책임회피 수단으로의 활용에 따른 우려이다. 둘째, 사안에 대한 적용의 적절성 검토 없이 무분별한 공론화 활용의 논란이다. 셋째, 공론조사 기법의 획일적 적용의 문제이다. 넷째, 시민참여단 운영과 예산의 적절성 논란이다. 다섯째, 공론화의 결정의 수용여부 문제이다. 여섯째, 대표성, 공정성, 숙의성 등으로 대표되는 공론화 원칙의 준수와 관련한 논란이다.

이러한 논란들은 우리나라에서의 공론화 활용이 결국 갈등사안과 같이 해결이 필요한 사안이 논의의제가 될 수밖에 없는 현실에서 나타나는 여러 문제들을 보여준다. 그러기에 참여적 의사결정을 국내에 현실에 맞게 적합한 형태로 활용할 수 있으려면 무엇보다도 다음과 같은 점들이 검토되어야 할 것이다.

우선 갈등 사안을 공론화 할 경우, 이해당사자나 일반시민의 참여 여부가 논란이 되기도 하는데, 지금까지 우리나라의 대부분의 공론화 과정에서 참여자는 이해당사자는 물론 일반시민 들이 참여하는 형태로 진행되고 있다[80]. 이에 이해당사자들은 굳이 이해관계가 없는 일반시민이 과연 합리적 결정을 할 수 있는지를 지적한다. 실제로 그 참여자 범주의 경우 해당 영향범위 여부로 판단하기도 하는데, 예를 들어 어느 지역의 쓰레기처리장 문제는 그 지역에서 직·간접 영향권이 있는 마을 혹은 거주자인지, 아니면 그 마을의 거주자를 제외한 그 지역의 일반 시민으로 하면 되는 것인지, 아니면 전혀 연고가 없는 타 지역 시민들로 참여자를 구성해야 하는 것인지 쉽게 결정내리기가 어려울 것이다. 그럼에도 불구하고 이해당사자 간 해결이 어려운 특정 갈등사안의 경우에는 일반국민 참여로 중립적이며 공익적 관점에서 합리적인 대안제안으로 해결할 수도 있을 것이다. 그리고 갈등사안에 대한 공론화는 그 의제에 대한 적합성 여부를 확인하

---

79) 신고리5,6호기, 제주영리병원, 광주제2철도공론화 등은 사업결정 후 추진과정에서 공론화 진행
80) 신고리5·6호기 공론화, 서울공론화는 이해당사자를 배제한 일반국민 만이 참여하였다. 다만 서울공론화는 갈등사안이 아니었기에 문제가 없었으나 신고리의 경우에는 갈등사안이었기에 이해당사자 배제가 논란이 되었다. 기타 대부분의 공론화 사례에서는 일부의 이해당사자가 참여하는 형태로 진행되었다.

는 것도 중요하지만 이를 활용할 경우 결국, 그 결과에 대한 수용 여부가 공론화 시행 전에 반드시 확보되어야할 필요성이 있다. 공론화는 이미 정해진 결과에 대한 사회적 확인이 아니며 그 결과에 대한 수용성이 전제되어야 한다. 만약 그것이 어려운 경우에는 해당 의제에 대한 공론화를 해야 할 필요가 없으며 자칫 공론화로 인한 불신과 갈등을 전보다 더 심화될 수 있기 때문이다.

다음으로 공론화가 제대로 운영되기 위해서는 참여자의 대표성, 절차적 공정성, 논의의 숙의성 등이 매우 중요한 원칙이다. 그러나 이러한 원칙들이 그 수행과정에서 잘 지켜지지 않고 있는 경우가 많다. 실제로 많은 공론화 추진과정에서 이들 원칙으로 비롯한 논란들이 발생되면서 공론화 이전 보다 더 갈등이 심화되는 경우도 있는 상황이다. 최근에는 직접민주주의의 일환으로 여겨져 소위 시민숙의참여 조례의 형식으로 공론화가 일부 지자체에서 이슈화라는 의미로 활용되거나 시민이 참여하는 정책결정과정으로 이용되면서, 본래 공론화의 여러 원칙들이 제대로 지켜지지 않는 등의 문제도 발생하고 있다. 이들 과정에서 주어진 의제에 대한 공론화 적절성, 참여자의 대표성, 충분한 숙의성 등이 여전히 공론화가 종료된 이후에도 논란이 되고 있고, 특히 소수가 모여 정책을 결정한다는 점은 결국 과거 행해진 '체육관 선거'라는 간접민주주의에 지나지 않는다는 비판도 받고 있는 것이 현실이다.

공론화에서는 여기에 참여하는 사람들의 대표성을 어떻게 확보하는가가 사실 무엇보다도 중요하지만 그 설계과정에서 한정된 공론화 기간, 부족한 예산, 윗선의 결론 도출 요구, 객관적 정보 확보의 어려움, 참여자 선발을 위한 개인정보 활용의 문제 등 여러 가지 이유로 절차가 단순화되기도 편의에 따라 수정되면서 여기서의 원칙은 단어에 지나지 않는 것이 되기도 한다.[81] 해당 이슈에 맞는 공론화 기법을 잘못 사용함으로써 결국 공론화 수행과 결과 자체가 새로운 논란과 갈등을 야기하고 있는 것이다.

따라서 앞으로 참여적 의사결정과 관련하여 공론화 과정을 추진할 경우에는 이상에서 언급한 여러 논란들을 줄이고자 하는 노력이 필요하다. 공론화의 대상이 되는 논의 의제의 적절성, '정책수용'(의사결정수단) 혹은 '정책반영'(의견수렴)과 같은 목적성 등이 검토되고, 이에 따른 적절한 참여자 선정, 관련 기법의 검토 및 적용 혹은 수정, 공정한 절차 수행, 고도의 숙의성 등을 고려하여 공론화 설계가 이루어져야 할 것이다. 다음은 앞서 설명한 공론화 기법들에 대해 국내에 상황에 적용하기 위해서 수정, 고려해야 하는 점 등을 정리해보고자 한다.

---

81) 공론화 원칙은 그 기준을 얼마만큼 노력해야 달성하는 가도 논란이다. 일부 기초지자체에서 행해진 공론조사방식을 표방한 공론화 사업의 경우, 각각 진행된 토론회에 참여자가 모두 달랐고 일부 토론회는 아예 숙의토론 없이 설문조사만 내기도 하였다. 그리고 각 토론회에서 진행된 설문조사 결과를 통합하는 방식을 사용하기도 하였다. 즉 결과 발표이후 대표성, 공정성, 숙의성 등의 논란을 가져올 수밖에 없었다.

2) 공론화 기법에 대한 국내 적용 시 고려할 사항

현재 국내의 참여적 의사결정에서 숙의에 기반 한 형태로서 제시되고 있는 주요 공론화 기법과 이에 대한 활용 목적과 규모, 참여자, 진행방식 등의 특징을 정리하면 다음과 같다.

<표Ⅲ-5> 참여적 의사결정(공론화)의 주요 기법과 특징 정리

구분	합의회의	공론조사	플래닝 셀	시나리오 워크숍	타운홀미팅	시민 배심원제
목적	정책수용	정책수용	정책반영	정책반영	정책반영	정책수용
의사 결정 단계	정책결정82)	정책결정	의제형성	정책기획	의제형성	정책결정
갈등 여부	갈등사안	갈등사안	-	-	-	갈등사안
숙의 방법	·숙의토론 ·합의형성	·숙의토론 ·설문조사	·숙의토론 ·해결대안	·숙의토론 ·정책방향 제안	·집단토론 ·우선순위 제안	·토론/회의 ·합의형성
규모	10~20명	100~800명 (1,000명 이상 가능)	소 그룹 (5명 단위) 100~500명	역할별 그룹 (4~6인/4~5개)	제한 없음 (100~1000명)	15~25명
주최	운영위원회	공론화 위원회	운영위원회	운영위원회	운영위원회	독립기관
기간	3개월 (행사 3~4일)	1~6개월 (행사1~2일)	1~2개월 (행사 5일)	1~2개월 (행사 1~2일)	1~2개월 (행사 1일)	1~2개월 (행사 4~5일)
의사 결정 행위자	숙의토론 참여자	숙의토론 참여자	소그룹별 토론참여자	역할그룹별 토론참여자	토론참여자	시민배심원
참여자	당사자+일반시민	선발 일반시민	선발 일반시민	선발 일반시민+당사자	누구나	선발 일반시민
진행 방식	전문가 패널과 심층토론	쟁점별 전문가 질의응답과 토론	소그룹토론/전체토론	시나리오 기반 토론	반복적·발전적 소규모/집단토론	배심원 회의 청문

---

82) 시민참여는 다음과 같은 의사결정단계에 따라 달라지며 보통, 의제형성, 정책기획, 정책결정, 정책집행, 정책평가로 구분된다. 위에 열거한 공론화 방식은 의제형성, 정책기획, 정책결정 단계에서 주로 활용된다. 먼저 의제형성은 중요하고 시급하게 다루어져야 하는 문제가 무엇인지에 관한 의견수렴 등을 이끌어내기 위한 단계로 가능한 한 다양한 시민들의 관점을 반영할 수 있는 참여방식을 선택한다. 다음 정책기획은 정책대안을 개발하는 단계에서 전문지식과 풍부한 경험을 바탕으로 한 분석과 종합을 위한 단계이다. 정책결정은 여러 정책대안들을 비교하여 의사결정을 내리는 단계이다.

참여적 의사결정은 어디까지나 정책추진에 대한 다양한 의견을 확인하는 쌍방향 절차라는 것을 잊어서는 안 된다. 갈등사안에 많이 활용되고 있지만 사업이 이미 어느 정도 추진되거나 일정궤도에 올라 당사자가 명확하게 된 경우에는 활용을 자제하는 것이 좋다. 그럼에도 활용을 추진할 경우 다음과 같이 기법별로 주로 검토·고려할 사항이 있다.

(1) 합의회의

합의회의는 합의형성을 통해 정책을 수용하는 방식이고 갈등이 있는 사안에서 활용될 수 있기 때문에 일반시민은 물론 이해당사자도 참여가 가능하다. 보통 20여명 정도로 소수 자원자가 참여하는 형태로 합의형성이 진행하기 때문에 대표성 여부가 논란의 대상이 될 수 있다. 또한 당사자가 배제되지 않고 소수로 운영되기 때문에 자신의 의견이 배제될 가능성이 있거나 이들 참여자 혹은 집단에 대한 정당성에 대한 신뢰가 낮을 경우 참여하지 못한 당사자들의 강한 반발을 초래 할 수 있다. 이를 해소하기 위해서는 적절한 수준의 대표성 확보가 필수적이다. 우선 해당 의제와 관계하는 모든 사람들이 관련 사실을 알 수 있을 정도로 폭넓고 충분한 정보전달이 이루어져야 한다. 그리고 참여하고자 하는 의사를 가진 지원자에 대한 선발 방식에 대해서도 공개모집과 무작위 선발 등을 통해 특정의 이해가 포함되지 않도록 하는 방법도 고려될 필요가 있다. 물론 이해관계가 있는 참여자 선발과 관련하여 관련 단체의 추천을 받아 선발하는 것도 가능하나 이들이 그들 집단 가운데서도 대표성을 인정받는 절차도 감안해야 할 것이다.

다음으로 합의형성이 제대로 진행되기 위해서는 숙의과정의 합리성 확보가 성공의 주요한 요소가 된다. 숙의과정이 진행되면 참여자들은 합의에 대한 다양한 압박(특히 기한적)이 있을 경우 회장 분위기에 휩쓸려 자신의 의지에 관련 없이 수용 혹은 합의 의사를 표명하는 경우가 있고 이러할 경우 이후 번복할 가능성도 높다. 따라서 숙의과정에 참여하는 사람들이 합의 압박을 받지 않고 충분히 자신의 의견을 자유롭게 피력하며 토론할 수 있는 분위기와 환경을 만드는 것이 중요하다. 따라서 합의하지 않는다고 참여자를 회의장에서 이탈하게 만들지 않고 이들의 의견을 존중하는 방법을 찾는 것이 필요하며, 필요시 소수의견 등으로 제시할 수 있도록 열어놓고 최종 합의에 동의하지 못하는 이유도 명시할 수 있게 함으로써 의견들이 배제되지 않는 유연한 합의형성이 되도록 노력해야 할 것이다.

이밖에 합의형성과정과 관련하여, 참여단을 이원화 하여 운영하여 이해를 높이는 방법도 있을 것이다. 예를 들어 우선 이해당사자 집단과 일반시민 집단으로 구분하고 쟁점 토론 시 이들이 먼저 토론하도록 하고 이에 대한 일반시민의 질의와 답변 등의 과정을 통해 사안에 대한 이해와 숙의가 충분히 이루어질 수 있도록 하는 것이다. 이러한 경우 이후 해당 의제에 대한 충분한 이해를 바탕으로 참여자간 상호 토론이 가능함으로써 보다 합의형성에 도움이 될 수 있을 것이다.

(2) 공론조사(숙의형 여론조사)

우리나라는 공론조사 방식을 그대로 활용하기 어려워 국내 상황에 따라 일부 절차와 내용을 수정한 숙의형 여론조사 방식을 활용하고 있다. 숙의형 여론조사는 참여인원 규모가 크며, 과학적 확률표집 방식을 통해 참여자를 선정하기 때문에 '대표성'이 중요한 논쟁거리가 된다.

보통 이해당사자가 참여하지 않는 방식으로 보통 일반시민 1,000명[83])을 대상으로 여론조사를 시행하여 이들 가운데 참여의사를 묻고 숙의토론 참여자를 다시 선발하는 방식으로 운영된다. 따라서 일반시민을 대상으로 하는 점에 있어 무작위성에 기반하므로 대표성은 타 기법보다 높은 편이다. 다만 찬반이 극명한 갈등사안의 경우 여론조사 결과도 영향을 받으며 이들 가운데 찬반의 의견을 가진 시민을 제외하고 입장이 중립적인 사람들로 토론에 참여자로서 선발하지는 않는다. 이에 일부는 찬반의 입장이 있는 사람들이 객관적일 수 없고 결국 '기울어진 운동장'에서 토론이 이루어지므로 이를 통한 최종 결과를 수용할 수 없다는 주장을 하기도 한다. 실제로 신고리5·6호기 공론화에서도 이러한 논란이 있었고 숙의성을 높이기 위한 한달 간의 학습과정, 2박3일간의 숙의토론과정, 그리고 최초 여론조사에서 최종 여론조사에 이르기 까지 일부 변화는 있었지만 그 입장의 간극은 유지되었다는 데에서 이러한 논란은 가중되었다. 다만 참여자 모두 충분히 숙의가 되었고 어떤 결과가 나와도 수용하겠다는 의견을 밝히면서 숙의과정의 정도는 높았다는 평가도 있다.

또한 갈등사안의 경우 이해관계자 참여 요구가 높은데 이들을 배제하고 최종 결론을 내리는 것에 대한 반발이 있다. 즉, 일반시민이 아닌 갈등 당사자, 이해관계 집단이 참여하지 않았는데 최종결정의 대표성을 확보하였다고 할 수 있는가 하는 점이다.

그래서 이해당사자간 갈등해결의 가능성 여부가 이해관계자의 참여 여부를 판단하는데 도움이 될 것이다. 일반적으로 갈등 당사자 간에 협의를 통해 해결이 가능한 경우에는 굳이 공론화 특히, 공론조사 방법을 택할 필요는 없다고 생각한다. 따라서 숙의형 여론조사는 사회적·공익적 가치가 높은 정책으로써 그 내용을 쉽게 이해하기 어려우나 찬반양론으로 결정을 내리기 쉽지 않은 사안, 당사자 간 갈등이 존재하나 양자 협의로 해결이 쉽지 않지만 여타의 법제도적 방법이 없는 사안 등이 이해관계자 배제 원칙에

---

[83]) 실제 응답자를 의미하며 정해진 것은 아니다.

의거 추진이 가능할 것이다. 그럼에도 찬반 양론이 존재하는 만큼 일반시민의 학습과 숙의성을 강화하기 위해서라도 이들에게 전달될 양질의 정보를 어떻게 확보하는가, 찬반양론의 당사자의 의견을 충분히 받기 위한 관련 의제, 쟁점사항 등을 협의할 이해당사자 조정·소통협의체 등이 공론화위원회 별도로 필요할 것이다. 이들 협의체에서 활동하는 자는 각 이해관계자 그룹에서 대표하는 자 혹은 추천받는 자들로 구성하여 자료집 작성, 각종 공식 의견의 작성 및 전달, 질의답변 등 토론회 구성 및 운영 등 여러 쟁점을 합의하여 숙의토론 과정에 제공될 수 있도록 하여야 할 것이다. 특히 일반 시민들에게 제공될 자료집 등이 중요한데 찬반 양측의 의견 분량, 어조 등이 동등하게 수록될 수 있도록 하여야 한다. 결국 참여자의 인구통계학적 대표성만이 아니라 논의 의제에 대한 여러 입장이 존재할 경우 이에 대한 각각의 의견의 대표성도 충분히 확보해야 한다.

끝으로 공정하고 객관적인 정보관리와 유통관리, 이를 통한 충분하고 폭넓은 홍보방안 모색 등이 필요하다. 이해관계가 첨예한 사안의 경우에는 공론화과정 이전부터 그 진행과정에 걸쳐 각자의 이해를 최대한 전달, 주장하기 위해 다양한 형태의 정보왜곡과 여론조작이 이루어지기도 하고, 심지어 가짜뉴스 등이 살포되기도 한다. 이러한 내용들은 토론이전부터 일반시민에게 왜곡된 정보로 잘못된 판단을 하는데 기여하게 되는 물론, 자칫 여론을 왜곡시킬 수 있다. 특히 토론 참여자들도 해당 사안에 대한 관심도가 급증하는 가운데 이들 자료들을 통해 숙의토론 과정에서 자신의 의사결정에 참조하는 것이 당연하다. 따라서 공정한 의사결정 결과를 이끌어내기 위한 공론화 과정에 부정적 영향을 미칠 수밖에 없다. 따라서 해당 방식을 활용하고자 하는 추진 주체는 일반 시민에게도 정확하고 객관적이며 중립적인 사실 정보를 충분히 제공하기 위한 다양한 노력이 이루어져야 할 것이다.

(3) 플래닝 셀

플래닝 셀은 국내에서 적용한 사례가 그다지 없지만 '시민보고서'를 공식적으로 정책의사결정자에게 전달·제출하는 형태는 많이 있어 왔다. 그렇기에 여타의 공론화 과정에서 숙의로 도출된 시민들의 다양한 의견을 시민보고서로 담고 제시하는 점에 대하여 관련 행정절차가 공식화되는 것이 바람직 할 것이다. 시민보고서에서는 특정 의제에 대해 어떤 사람들이 숙의과정에 참여 토론하였고, 논의 쟁점과 구체적 해결 대안 등의 결과와 제안 등이 포함될 수 있다. 그렇다면 행정은 이러한 시민들의 의견과 제안을 어떻게 수용하고 반영하는지 하는 절차를 공식화할 필요가 있다는 것이다.

일반적으로 국내 공론화 과정에서의 숙의토론은 각 그룹별 퍼실리테이터의 주관 하에 참여자 10명을 기준으로 일정 시간 소규모 토론이 진행된 뒤 이를 총괄 퍼실리테이터가 전체적으로 의견을 종합, 공유하고 이후 절차를 밟는 형태로 진행되고 있다. 따라서 자칫 시간에 쫓겨 토론과정에서 각자 충분히 사안을 이해하지 못하고, 특정인에 의해 주도되거나 대립상황이 발생하는 경우 등 숙의가 잘 이루어지지 못할 수도 있다. 그러할 경우 종합 정리·토론에서도 특정인과 특정의견이 주도되는 결과 도출이 우려되기도 한다. 이에 반해 플래닝 셀은 각 그룹별 5명 내외로 자유롭게 토론하는 형식을 취하고 있어 타 기법보다 숙의성 강화에 도움이 될 수 있다. 그러나 이들에게 각자의 논의의제를 부여할지, 아니면 전체 의제로 부여할 지는 검토할 여지가 있다. 따라서 의제에 대한 각 소규모 집단 별 논의과정과 결과 도출, 전제적 공유와 집단적 숙의심화 등을 위한 방안 등을 고려할 필요가 있을 것이다.

또한 이러한 방식은 최근 불고 있는 기초지방자치단체의 조례에서 주민공론장, 민관협치공론장 등[84])과 같이 지역주민이 참여하는 일상화된 공론화에 적절한 방법일 수 있다. 이와 같이 각 마을단위, 아니면 이해당사자 단위 등으로 소수화 하여 기존 사회적 논쟁의 공론화만이 아니라 일상적인 주민참여 수단으로 활용이 가능할 것이다. 즉 주민들이 참여하는 일상적인 공론화 수단으로 플래닝 셀이 유효하며, 이를 위해 행정은 소수의 심화숙의된 의견을 수렴하여 지역 혹은 특정 정책의 방향성을 모색해 나가는 절차와 지원제도 마련이 필요하다.

또한 플래닝 셀은 특정 정책에 대한 시민들의 의견을 사전적으로 파악하는데 초점이 있으므로 정책의 방향성, 정책실현을 위한 여러 대안 설정, 아이디어 모집 등에 강점이 있다. 따라서 이를 독자적으로 운용하기 보다는 국내 다른 여러 방식을 혼합하여 정책판단을 위한 자료수집 창구로도 활용할 수 있을 것이다.

(4) 시나리오워크숍

시나리오워크숍은 과학기술의 발달, 기후위기 등 특정 사실이 사회에 미치는 영향을 미리 예측하고 대응함으로써 긍정적인 효과의 극대화 및 부정적인 영향을 최소화하는데 목적이 있다. 국내에서는 2001년 과학기술기본법에 의해 의무화된 이후, 한국과학기술기획평가원(KISTEP)이 매년 전문가 중심형과 시민참여형을 절충 기술영향평가 실시하여 활용 중이지만 시민참여단은 15명 정도에 불과하여 형식적인 수준이라는 비판이 있다[85]). 실질적으로 공론화 절차로 알려지게 된 계기는 2018년 대입제도개편 공

---

84) 부산광역시 북구 공론장 구성 및 운영에 관한 조례(2021.12), 춘천시 시민주권 활성화를 위한 기본조례(2021.02), 기타 기초자치단체 주민자치회 설치 조례, 민관협치활성화 기본조례 등에서 (주민) 공론장 구성과 운영에 대해 규정하고 있다.
85) 한국정책과학학회, 공론화 해외사례 분석 및 운영 매뉴얼 마련, 2021.1

론화 과정에서 활용되면서 부터이다.

국내의 시나리오워크숍의 활용은 미래예측, 비전과 전망 개발, 행동계획 및 실행 아이디어 등은 관련된 중장기 발전계획에 적용이 가능할 것이다. 현재 진행 중인 도시, 복지, 교통, 주택, 경관, 에너지 등의 법정·비법정 계획 수립에는 대부분 전문가를 중심으로 의사결정이 이루어지고 있고 시민은 공청회, 설명회 정도의 참석으로 머물고 있다. 따라서 적극적으로 일반시민의 참여를 통해 의제를 발굴하고 이에 대한 시나리오 워크숍을 활용하고 필요한 경우 제도적 보완방안을 검토할 필요가 있다. 또한 정책 기획단계에서 시민들의 의사를 보다 적극적으로 확인·반영하기 위한 노력 중 일환으로 정책사안의 각 의제별 구체화에 활용하는, 사전 공론화 방식으로도 의미가 있을 것이다.

시나리오 워크숍은 일반시민은 물론 이해당사자가 참여하여 특정 의제의 미래 방향성을 모색하는데 그 목적이 있으므로 참여 당사자의 선정에 있어, 해당 집단의 시각, 입장 등을 반영한 구성원의 대표성 확보가 고려되어야 할 것이다.

(5) 타운홀미팅

타운홀미팅은 '월드카페'(World Cafe) 토론[86]과 같이 소규모테이블을 중심으로 쉽게 숙의에 접근할 수 있는 방법이다. 일반적으로 정책추진을 위한 예산 편성의 순위 등을 선정할 때 많이 사용하는데, 의제에 대한 현황, 문제점, 해결을 위한 아이디어 구상과 공유, 우선순위 선정 및 정책제안 등으로 숙의토론이 진행되는데 갈등사안 보다는 함께 문제를 공유하고 적절한 대안을 모색하는데 도움이 되는 기법이다. 국내에서 활용된 대표적인 사례로 2017년 5월 일반시민 3,000명이 참여한 '서울 미세먼지 시민 대토론회'[87] 등이 있다.

그러나 위의 예의 경우처럼 참여인원에서 알 수 있듯이 다양한 사람들이 특별한 제

---

[86] 월드카페는 보통 12명에서 1,000명이 넘는 사람들이 함께 아이디어를 도출 공유하는 토론방법으로 4~5명 단위로 팀을 구성하여 대화를 시작, 참여자들이 서로 대화를 이어감으로써 많은 사람들이 함께 대화하는 방법이다. 1995년 캘리포니아에서 Brown과 Issacs의 집에서 학자들과 함께 자발적이고 친밀한 소규모 테이블 토론으로 시작되었다. 사람들은 중간에 멈추고 테이블을 옮겨다니며 토론이 지속되었고 이렇게 공유된 의견을 정리하여 집단지성을 확인할 수 있다고 생각하였고 이후 발전시켜나가 다음의 최소 7가지의 기본원칙을 정립하였다.
(1) 환경을 설정하라. (2) 편안한 공간을 만들어라. (3) 모두가 관심을 가질 만한 질문을 연구하라. (4) 모두가 기여하도록 격려하라. (5) 다양한 관점을 교류하고 연결하라. (6) 패턴, 통찰력, 심도 있는 질문을 찾기 위해 잘 들어라. (7) 공동의 발견을 거두고 나누어 가져라.
[87] 2017년 5월 27일 하루 동안 광화문 광장에서 온라인 신청을 비롯해서 학회, 시민단체, 자치구, 교육청 등 여러 경로를 통해 모집된 참가자를 10명 단위 250여개의 원탁 테이블을 중심으로 숙의토론이 진행되었고 사전 설문조사, 관련 현황 발표, 의제별 토론, 실시간 토론내용의 공유, 실시간 모바일 설문조사 등을 통해 정책 제안이 이루어졌다.

한 없이 자유롭게 참여할 수 있다는 점에서 대표성, 공정성, 숙의성 등의 확보가 필요할 것이다. 즉 기법 상의 여러 특징과 같이 여론조사보다 폭넓은 토론을 통한 의견수렴이라는 점에서 정책추진의 당위성을 일부 보완한 것이지 대표성이나 공정성을 담보하지는 못하기 때문에 한계가 있다. 따라서 이를 보완하기 위해 절차적 독립성을 어느 정도 확보하는 것이 바람직하다. 예로 의제선정절차, 이를 추진할 주체(운영위원회 혹은 공론화위원회)와 토론회 참여자 선정의 공정성, 참여자의 역할, 숙의토론의 공정한 진행, 논의된 결과의 공유와 참여자가 인정할 만한 과제 도출 등이다. 특히 대규모 참여로 타 기법보다 짧게 토론회가 이루어지는 만큼 충분한 숙의성 확보를 가져올 수 있는 방법을 고려해야 한다. 그렇기에 의제가 가능하면 대부분이 이해할 수 있는 사안이어야 하고 설명되는 정보의 비대칭성을 해소하기 위한 노력(예로 사전 온라인 학습과 자료 제공), 각 테이블별 전문 퍼실리테이터 배치, 빠른 의사결정을 위한 관련 기술의 활용(모바일 설문) 등도 검토되어야 할 것이다.

이밖에 타운홀미팅 과정과 결과가 직접 참여하지 않는 사람들에게서도 공정하다고 판단되도록 하는 노력도 필요할 것이다. 일반인들의 관심을 높이기 위한 홍보는 물론, 실시간 영상매체를 통한 중계나 최종결과의 공개 등이 그것이다. 또한 객관적이고 중립적인 사람들로 구성된 검증단(전문가, 일반시민 등) 등을 통해 평가하도록 함으로써 도출된 정책제안 결과에 대해 비참여자들의 정책수용성을 높이는데 도움이 될 것이다. 다만 정책, 예산 사용의 우선순위 등이 의제로 될 경우 결국 이를 집행할 담당 공무원도 그 폭이 수용 가능한 범위이어야 하기 때문에 해당 부서의 담당자 등이 위원회 등의 적극 참여하여 충분한 설명과 이해를 도울 수 있도록 하여야 한다.

(6) 시민배심원제

시민배심원제는 일반시민으로부터 참여자를 선발, 정책 결정과정에 참여시키고자 할 때 활용하는 방법으로 국내의 공론화 과정에 많이 사용되지는 못한 기법이다. 왜냐하면 갈등사안의 경우 2-30명의 참여자가 결정하는 것에 이들 대표성에 대한 논란과 우려가 존재하기 때문이다. 실제로 2004년 울산 북구에서 음식물자원화시설과 관련한 시민배심원제 활용의 경우가 그러했고 갈등은 결국 해소되지 못했다[88]. 해당 울산 북구청

---

88) 2005년부터 음식물쓰레기 직·매립 금지로 울산 북구청은 지렁이사육퇴비방식으로 운영되는 음식물자원화시설을 중산동에 건립하기로 한다. 그러나 이는 과거 음식물자원화 시설 철회 입장을 밝힌 적이 있어 결정을 번복한 것으로 중산동 주민과 북구청, 시공사 간의 갈등이 폭발한다. 이에 북구청장은 공사를 중단하고, 문제해결을 위해 '시민배심원제'를 주민 측에 제안, 논란 끝에 결국 주민(비대위)들은 시민배심원제를 수용한다. 2014년 12월 1달간 진행된 시민배심원제에는 북구청과 주민대표 양측에서 1명씩의 간사를 포함한 실무지원팀을 구성, 울산 지역 시민단체 활동가 39명, 성직자 6명으로 총 45명이 참여하였다. 최종결정은 투표로 이루어졌고 그 결과 성원 41명 중 '건설'은 31표, '건설중단'은 9표를 받아, '음식물자원화 시설을 건립하라'는 시민배심원단의 최종 권고안이 도출되

운영 사례에서 같이 당사자 참여가 배제될 수 없는 갈등사안에 배심원제를 활용한 것이 문제였다. 물론 이해당사자의 배심원단 추천은 배심원단 진행당시 결과에 대한 주민 수용성을 높이는데 장점이 있지만 오히려 사회적 논란이나 갈등 재 폭발·확산에 영향을 미쳤다는 비판도 있다[89].

법원에서 활용되는 배심원제에서도 이해당사자가 참여하지는 않고 공정성과 객관성을 유지하기 위해 노력하는데 이를 당사자가 참여하는 방식으로 결정하고자 한 것은 공론화를 오용한 결과라 할 것이다. 따라서 시민배심원제를 활용하고자 하면 해당 의제의 적절성을 검토할 필요가 있다. 또한 배심원의 대표성을 무엇보다 강화하여야 할 것이다. 지역차원의 문제라면 지역의 인사나 관계자를 배제하여야 한다.

또한 시민배심원제의 경우 참여자들에 대한 독립성과 대표성이 보장될 경우, 이들이 여타 공론화위원회와 같은 역할을 할 수 있으므로 이들을 통해 최종 의사결정방법(동의, 합의절차)이나 절차 등을 정하도록 하는 방법도 고려될 필요가 있을 것이다.

6. 참여적 의사결정 실무

참여적 의사결정에 대한 다양한 기법과 절차가 제시되고 있지만 국내 갈등관리 차원에서의 공론화 절차는 아직 표준화되고 있지 못하다. 이를 위해 본서에서는 갈등의제에 대한 공론화 절차를 다음과 같이 사전단계(의제발굴, 의제선정 및 추진단 구성), 공론화 단계(공론화 방식 설계, 숙의토론), 발표단계(결과발표, 사후관리) 3단계로 구분하고 이에 필요한 행정절차와 구체적 방법 등을 설명하고자 한다.

제안하는 해당 절차는 약 6개월을 기준으로 설계되었으며 그 구성과 운영은 강제적이지는 않고 논의 의제, 상황, 예산 등에 따라 그 내용에 가감이 있을 수 있다. 다만 의제선정, 숙의과정, 제안발표의 기본 틀은 크게 훼손되지 않고 진행되므로 향후 공론화 기법을 활용할 경우 참조하기 바란다.

었고 2005년 8월 시설은 준공되었다. 그러나 그 이후 주민들의 반발과 민원이 계속되었고 결국 갈등해결에는 실패한 사례로 남겨져 있다.
89) 한국정책과학학회, 공론화 해외사례 분석 및 운영 매뉴얼 마련, 2021.1

제3장 갈등예방과 해결 방법론

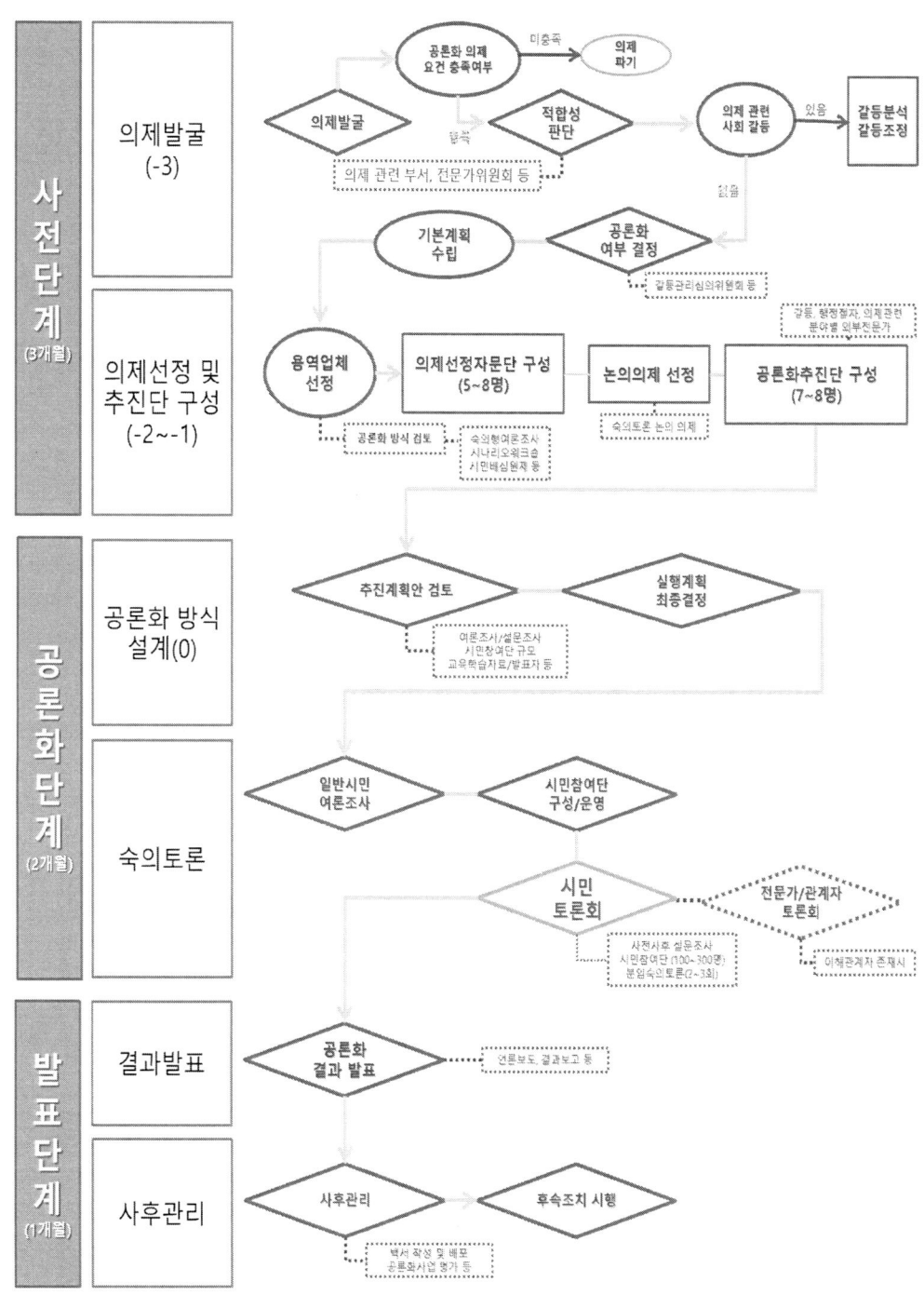

<그림Ⅲ-11> 갈등의제에 대한 공론화 각 단계별 검토사항과 실무

1) 사전 단계(약 3개월)

(1) 의제발굴

의제발굴은 크게 다음의 절차를 통해 검토하게 된다. 의제발굴의 첫 단추로 당해 의제들을 확인·확보하는 방식은 3가지로 구분할 수 있는데 먼저 일반국민·이해당사자 요청을 통한 방식이다. 일반국민이나 이해당사자 청원은 최근 국민(주민)의 해당 문제에 대한 해결 요구와 같은 민원요청, 청와대나 최근 지자체 자체적으로 운영 중인 청원사이트 등의 요건에 따른 요청, 기타 법·조례·기타 제도에 따른 청원방식과 요건에 따른 요청 등을 통해 확보하게 된다. 둘째, 해당 기관장 혹은 관련 정책 추진부서의 요청이다. 일반적으로 정책추진과정에서 갈등이 우려되거나 혹은 발생한 경우 기관장의 관심사가 되거나 해당 부서는 문제 해결을 위한 여러 가지 대응 방안을 검토하게 된다. 이에 대해 당해 해결 과제가 되는 경우에는 협의 후 공론화 의제로 선정할 수 있으며 이는 기관 사정에 따라 단일 혹은 복수의 의제로 제안되는 것이 보통이다[90]. 셋째, 자체 이슈화될 의제군의 확보이다. 일반적으로 갈등문제는 언론, 학계 등을 통해 관심을 유발하게 되고 당해 주요 이슈화로 되는 경우가 많다. 그래서 공론화 추진 전에 그해 예상되는 쟁점들 가운데 의제화 가능한 다양한 사례들을 자체적으로 확인하는 것이다.

다음 단계는 전문가위원회를 통한 적합성 검토이다. 전문가위원회는 조례에 따라 운영되는 공론화위원회, 갈등관리심의위원회, 협치위원회와 같은 유사 위원회 구조 등을 통해서, 보통 이루어진다. 혹은 자체 해당 과제를 폭넓게 검토하기 위한 가칭 '의제선정 사전자문위원회'(이하 자체 자문위원회) 등의 구성과 운영을 통해 이루어진다[91]. 이러한 전문가위원회는 해당 과제를 논의의제로 올려 당해 추진되는 의제를 발굴, 제안 받게 된다. 혹은 자체 자문위원회를 통해서는 전문가를 중심으로 수 명이 모여 검토하게 된다. 이처럼 공론화를 추진하고자 하는 기관이 앞서 설명한 여러 경로를 통해 의제와 그 내용을 확인하고 적합성 여부를 검토하여 이중 적절한 의제 2~3가지를 압축하여 정하게 된다. 일반적으로 공론화의제를 선정하기 위한 적합성은 다음과 같은 요건의 검토가 필요하다. 우선 갈등의 심화되어 양자 간 법적 소송이 전개되고 있지 않은지 하는 점이다. 소송이 전개 될 경우 이미 법적 해결이 추진되고 있으므로 의제선정에서 배제

---

[90] 경우에 따라서는 조례설치를 통해 이루어지기도 한다. 최근 제정된 '경기도 공론화 추진에 관한 조례'(2022-01-06 조례 제 7286호, 이하 경기도 공론화 조례)는 공론화위원회의 기능을 기존의 '민관협치위원회'에서 대행토록 되고 있으며, 공론화 의제선정과 관련해서는 도시사가 갈등의 예방과 해결방안 마련 등을 위해 관련 의제에 대해 위원회에 공론화를 제안할 수 있도록 되어 있다. 또한 의제선정에 있어 해당 현안 또는 정책에 대해 공공성, 이해관계인에 미치는 영향력의 범위 및 정도, 도의 중장기 재정부담 수준, 그 밖에 도민의 삶에 미치는 영향 등을 검토하여 선정하도록 하고 있다.

[91] 경기도 공론화 조례에서는 이를 위해 필요한 경우 전문가 자문단을 한시적으로 운영하도록 하고 있다.

하는 것이 옳을 것이다. 둘째, 공론화 추진을 통한 해결 가능성이다. 갈등관리의 방식 중 공론화는 예방을 통한 선제적 대응과 해결이 그 목적이므로, 공론화 추진이 오히려 갈등을 유발하거나 확산, 심화시킬 가능성이 높은 사안이라면 다른 갈등관리 방식(갈등영향분석, 갈등조정 등) 검토하는 것이 낫다. 셋째, 국가 및 주민 안전, 국가 안보를 위해 기밀보호가 필요한 사항인지 여부이다. 넷째, 추진기관의 재정이나 예산범위내 해결가능성이 있는 의제인지 여부이다. 다섯째, 의제가 추진기관의 관리 범위 내에 이슈인지에 대한 여부이다. 여섯째, 긴급한 결정이 필요한 사안 등이다. 국민의 안전을 위협, 국가 안보와 관련되는 의제 등은 충분한 숙의를 통해 결정되는 공론화의 의제로는 적합하지 않다[92].

그리고 이러한 요청 혹은 제안된 공론화 의제에 대한 전문가 검토가 완료되면 최종 의사결정자의 확인과정을 통해 최종 핵심의제를 확정하고 관련 수행계획(기본계획 등) 수립을 추진한다[93]. 이후 해당 결과는 여러 방식(홈페이지, 보도자료 등)을 통해 알린다.

<표Ⅲ-6> 의제발굴을 위한 확인 사항

구분	주요 확인 사항
의제 확인·확보	① 일반시민·이해당사자 요청
	② 기관장부서 요구
	③ 자체 조사 및 제안
적합성 요건 확인	① 의제안의 법적·소송전 관련 여부
	② 공론화 추진으로 갈등발생·심화확산 여부
	③ 국민안전과 안보에 위협, 기밀사항 여부 등
	④ 해당 의제에 대한 예산확보, 재정 부담능력 등
	⑤ 의제가 미치는 범위가 해당 기관의 관리 범위 내 여부
	⑥ 기타 시급성으로 긴급결정을 요하는 사항 여부 등

(2) 의제선정 및 추진단 구성

공론화 핵심의제가 선정되면 이에 대한 구체적인 논의의 각 의제를 확인·검토하는 단

---

[92] 그 과정에서 필요시 현장 조사 등도 가능하다.
[93] 제안된 의제가 복수일 경우에도 최종 의제는 하나로 확정하게 된다. 기본계획 등 관련 추진계획의 추진은 기관의 예산상황 등에 따라 수립시기의 전후가 달라질 수 있다. 여러 제반 상황 변화에 다라 변경계획 수립도 필요할 것이다.

계로 넘어간다. 사안에 따라 이해당사자 그룹의 대표가 참여가 필요할 수 있다. 이를 위해 전문가 등이 참여하는 (가칭) 의제선정자문단이 운영되는데 여기에는 갈등전문가, 해당 의제 전문가 등 9명 이내로 구성, 3~4차례 회의를 통해 해당 의제의 세부의제를 정리하게 된다. 일반적인 사안과 달리 확정된 의제가 갈등사안일 경우 숙의토론회 시 논의될 각 주제가 문제해결과정에서 매우 중요하므로 회의의 횟수는 보다 늘어날 수 있다. 또한 이 과정에서 본 숙의과정 이외의 다양한 토론회, 설명회 등이 제안될 수 있다. 세부의제에 대해서는 공론화 목적을 달성할 수 있는 내용이고 숙의토론 시 충분한 논의가 가능한 의제 등이어야 할 것이다.

이와 함께 주어진 핵심의제에 대한 과제를 해결하기 위해서 수립된 계획에 따라 자체 수행되거나 외부 용역 등을 통한 수행이 진행된다. 외부 용역을 통한 수행인 경우, 관련 절차에 따라 업체를 선정이 이루어지고[94] 이후 해당 주체는 의제선정자문단 회의 등은 물론 이후 이루어지는 모든 회의에 참석하여 적극적인 공론화 실행계획 설계를 검토, 추진하게 된다.

숙의토론회에서 논의될 각 의제가 어느 정도 정리되면 해당 공론화과정의 운영관리를 중립적, 객관적으로 수행할 (가칭) '공론화추진단' 구성이 추진된다. 공론화추진단은 학계, 갈등조정, 행정절차, 논의의제, 통계, 관련 시민사회 등 제 분야의 전문가 10명 이내로 구성된다[95].

<표Ⅲ-7> 의제선정 및 각종 추진단 구성을 위한 확인 사항

구분	주요 확인 사항
의제선정	① 토론회 시 충분한 논의 가능성 여부
	② 공론화 목적의 달성 여부
	③ 기타, 논의를 위한 충분한 자료 확보 등 여부
각 추진단 구성과 운영	① 의제선정자문단 구성 및 운영과 적절성
	② 공론화추진단 구성 및 운영과 적절성
	③ 참여위원 중 의제에 대한 관련 직접 이해당사자 여부

---

94) 일반적으로 공론화 분야가 여론조사와 함께 되는 경우가 많아 갈등관리전문기관과 여론조사업체의 공동수행으로 용역이 진행되는 경우가 많다. 다만 일반시민 여론조사 등이 제외되는 경우에는 공론화 경험이 풍부한 갈등관리전문기관이 추진하는 것도 바람직하다.

95) 공론화추진단 위원은 의뢰한 정부나 이해관계자 등으로 부터 영향을 받지 않고 중립적 입장과 태도를 견지해야한다.

2) 공론화 단계(약 2개월)

(1) 공론화 방식 설계

당해 공론화 추진의 운영과 관리를 맡게 되는 공론화추진단은 조직 구성 후 3개월 전후로 의제 확정, 방식 설계, 여론조사, 공공토론, 최종제안 발표 등의 공론화 절차를 관리하게 된다. 이들의 업무 중 가장 중요한 업무 중 하나는 숙의 내용을 확정하는 것이고 이에 따른 공론화 방식을 설계하는 것이다. 공론화추진단의 업무를 구체적으로 살펴보면 다음과 같다. 첫째, 앞서 전문가위원회를 통해 최종 제안 된 숙의 주제, 세부 의제의 확정이다. 둘째, 공론화 원칙[96]과 운영기법(실행계획)의 결정이다. 셋째, 공론화 과정 전반에 대한 운영·관리이다. 넷째, 숙의토론에 참여하는 참여자 모집방식 확정과 이들의 관리이다. 다섯째, 숙의토론 참여자에게 사전 학습용으로 배포될 자료집, 교육용 자료(영상물 포함) 등에 대한 검토와 결정이다. 여섯째, 최종 숙의토론 결과(제안, 권고 등)문 작성 및 보고이다. 일곱째, 기타 홍보·언론대응 방안 검토 및 확정 등이다.[97] 이밖에 공론화 방법에 따라 추가되는 업무도 존재한다. 예를 들어 시민, 일반국민(시민)에 대한 여론조사 등이 추진될 경우 이에 대한 조사지 검토와 방식의 확정이다. 그리고 토론 참여자에 대한 설문조사가 필요한 경우 이에 대한 조사지 검토와 확정이다. 기타 본 숙의토론 전에 다양한 전문가 토론회, 설명회, 공청회 등이 개최될 필요가 있을 경우 이에 대한 부분도 검토될 수 있다.

공론화 방식은 공론화를 통해 얻게 될 결과를 중심으로 구분된다. 즉 공론화의 추진 목적과 대상정책의 추진단계에 따라 달라진다. 우선 추진 목적은 의사결정인지 아니면 충분한 의견수렴인지에 따라 다르다. 의사결정인 경우에는 공론화 대상 의제에 대한 시민(국민, 지역주민)의 지지를 끌어내기 위한 것이 주요 목적일 것이다. 이는 위정자의 정책결정을 대신하는 절차이므로 참여단의 대표성, 절차적 공정성 확보가 무엇보다도 중요할 것이다. 그리고 의견수렴의 경우에는 공론화 대상 의제에 대한 시민(국민, 지역주민)의 이해를 높이는 것이 주요 목적일 것이다. 이는 기존에 이루어져 왔던 홍보나 여론조사, 일방향 설명회, 공청회 등 보다는 양질의 의견수렴 결과를 도출하게 되어 해당의제에 대한 충분한 이해와 전문지식의 공유가 이루어지게 되므로 다양한 참여자와 숫자와 논의의 숙의성이 무엇보다도 중요할 것이다.

---

96) 참여자의 '대표성', 토론과정의 '숙의성', 절차적 '공정성', 공개 '투명성' 등을 들 수 있다
97) 경기도 공론화 조례에서는 (1)공론장 운영 방식·절차 설계에 관한 사항. (2)공론장 참여자 구성에 관한 사항. (3)공론장 공개 및 홍보에 관한 사항. (4)공론화와 관련한 도민 여론 수렴에 관한 사항. (5)정책권고안 도출 등에 관한 사항. (6)그 밖의 공론장 운영에 필요하다고 인정되는 사항 등을 제시하고 있다.

또한 정책추진 단계에 따라서도 공론화의 방식과 논의 내용이 달라질 수 있다. 정책추진 단계는 의제형성, 정책기획, 정책결정, 정책집행, 그리고 정책평가 단계가 있다. 일반적으로 공론화는 의제형성에서 정책결정에 이르는 단계에서 많이 활용된다. 여기서 공론화 기법의 설계는 이러한 공론화의 목적과 정책추진 단계에 근거하여 공론조사, 합의회의, 타운홀미팅, 시나리오워크숍, 시민배심원제 등과 같은 방식 중 선정하여 현 의제와 현실 상황에 맞추어 설계가 진행되게 된다. 여기서 시민참여의 수준에 따른 적절한 방식도 함께 검토되어야 한다[98].

이상의 과정을 통해 최종 공론화 기법이 결정되었다면 숙의토론에 참여한 참여단을 모집하여야 한다. 참여단 모집과 공공토론의 운영 방식 등은 결정된 기법에 따라 조금씩 다를 수 있으나, 본서에서는 공론화의 원칙 중 대표성, 공정성, 숙의성 등을 주요 원칙으로 삼아 설명하도록 하겠다.

참여자의 대표성을 강화하기 위해서는 일반시민의 경우 그 관련 집단의 대표자인지 확인되어야 한다. 일반국민, 시민이 참여하는 공론화는 이들의 대표성은 무작위추출을 통해 확보하는 것이 일반적일 것이다. 그리고 이해당사자가 존재할 경우에는 그 집단으로부터 대표자임을 부여받는 절차가 필요할 것이다. 일반 국민(시민)의 경우에는 지역, 세대, 성별 등에 따라 공정하게 선발하되 가장 보편적인 방법은 해당 의제에 대한 여론조사(1,000~2,000명)를 실시하여 이에 참여의사를 확인하고 다시 무작위추출을 통해 얻어내는 것이다. 주민투표의 방법 등은 시민(주민) 모두가 대표로서 의사결정에 참여하므로 이는 관련 법령이나 선거관리위원회의 도움을 받으면 된다. 그러나 일부가 숙의토론에 참여하는 현재의 보편화된 공론화 방식에서는 100~500명 이내의 숙의토론 참여자를 선발하는데 여론조사가 적절하다고 본다[99].

또한 논의의제에 따라 필요한 경우 전문가토론회, 주민설명회 등을 개최할 수 있는

---

98) 시민의 참여수준은 다음과 같다. 첫째 정보제공은 단순히 시민에게 정부 정책에 대한 정보를 제공하는 것이다. 보통 정보공개, 공람공고, 정책홍보, 설명회 등의 방법을 통해 이루어진다. 둘째, 의견수렴은 정책 문제와 대안에 대한 정보들을 제공 받으며 이에 관한 의견을 제시하는 것이다. 공청회, 진정, 민원, 여론조사 등이 있다. 셋째, 자문 협의이다. 이 참여수준은 제공 받은 정책 주제에 관한 정보를 바탕으로 정부관계자와 협의하여 정책조언을 제공하게 된다. 보통 소수의 시민, 관련 전문가들이 중심이 되어 운영되므로 자문위원회, 각종 협의논의기구 등의 방법이 대표적이다. 넷째, 공동결정은 공공기관 및 외부 전문가, 일부 이해당사자들과 함께 정책 대안을 준비하는 작업에 참여하여 공동으로 결정하는 것이다. 규제협상, 공동조사, 합의회의, 시나리오워크숍 등이 대표적이다. 다섯째, 시민(혹은 주민) 결정은 시민들이 직접 의사결정을 하는 것을 말한다. 대표적으로 주민·국민투표, 시민배심제, 공론조사 등이 대표적이다. 일반적으로 자문 협의에서 시민결정까지의 시민참여 수준이 참여적 의사결정의 범위로 보고 있다.
99) 참여자 숫자는 의제, 지자체의 예산사용 범위, 공론화 방식 등에 따라 달라지나 보통의 경우 국가단위는 500명, 광역자치단체 이상은 250~300명, 기초자치단체는 100~200명 규모로 보고 있다. 최근 온라인 공론화는 기술적 한계에 따라 100명 내외로 실시하고 있는 상황이다.

데 갈등사안의 경우에는 해당 지역, 이해당사자가 존재하므로 참여자 이외의 많은 사람들의 의견을 수렴하기 위한 적절한 방법을 선택하면 될 것이다.

<표Ⅲ-8> 공론화추진단 업무와 공론화 방식 설계를 위한 확인 사항

구분	주요 확인 사항		
공론화추진단 업무	① 공론화 원칙과 기법의 결정(설계/실행계획 확정)		
	② 숙의주제 및 세부의제의 확정		
	③ 숙의토론 참여자 모집방식 확정 및 관리		
	④ 교육·학습·홍보자료의 검토 및 확정		
	⑤ 최종 결과문 작성 및 보고		
	⑥ 기타 전반 운영·관리, 여론·설문조사 및 내용 확정		
공론화 논의 내용과 방식 검토	① 공론화 목적	· 의사결정(대표성, 공정성)	
		· 의견수렴(숙의성)	
	② 정책추진 단계	· 의제형성(미래 대응과 대안창출)	
		· 정책기획(특정 이슈 해결)	
		· 정책결정(특정 정책추진 여부)	
		· 정책집행(특정 정책수행 방식)	
		· 정책평가(특정 정책수행 평가)	
	③ 공론화 기법 참고	· 의제형성: 타운홀미팅, 플래닝셀 등	
		· 정책결정: 공론조사, 시민배심원제	
		· 정책기획: 합의회의, 공론조사 등	
		· 정책집행: 시나리오워크숍 등	

이밖에 공론화 추진을 위해서는 다음과 같은 준비도 앞서 필요할 것이다. 예를 들어 해당 의제의 최종적 의사결정을 도와줄 객관적이고 충분한 자료의 확보, 이러한 의제에 다양한 의견을 제시해줄 전문가나 관련 단체의 확보, 계획상 제시된 기한 내 완료 가능성, 참여자 모집, 관련 기관(부서, 단체)과의 협조, 숙의용 학습자료 및 발제·토론자 섭외, 숙의토론회 장소 섭외, 전용 홈페이지 구축과 홍보방안 모색 등의 토론을 위한 다양한 준비가 이루어져야 할 것이다. 특히 기한 내 완료가능성은 논의될 각 세부의제 검토에서 충분히 확인될 필요가 있으며 찬반 갈등이 있거나 우려되는 의제에 대해서는

관련 단체의 참여 여부 등도 검토되어야 한다.

공론화 설계와 그 추진에 필요한 사항을 정리하고 토론회 개최 시기 등을 정하고 난 뒤, 공론화추진단을 통해 구체적인 추진계획 수립을 최종 확정한다.

<표Ⅲ-9> 숙의토론 이전의 주요 업무 확인 사항

구분	주요 확인 사항		
준비 사항	① 해당 의제에 관련한 전문가(단체)의 확보		
	② 계획된 기간 내 공론화 추진 가능성		
	③ 의사결정을 위한 충분하고 객관적 정보의 확보		
	④ 해당의제 관련 부서(단체)와의 협력체계 구축		
	⑤ 참여단 모집(공모/여론조사 등을 통한 무작위선발)		
	⑥ 숙의용 학습(영상)자료, 발제·토론자 등 섭외 등		
	⑦ 숙의토론회 장소 섭외		
	⑧ 기타 전담 홈페이지 구축과 각종 홍보 방안 모색		
	⑨ (갈등 유무에 따라) 관련 찬반단체 대표자 선임		
(필요시) 여론조사 실시	① 여론조사 실시 여부(0회~2회)		
	② 여론조사지 검토		
	③ 조사대상자의 경우 세대별·지역별·성별 등 안배		
	④ 기타 여론조사 실시 시기 등		
(필요시) 전문가토론회 등 실시	① 전문가 토론회	· 전문가 집단 토론	
		· 이해당사자, 전문가 토론	
	② 주민 설명회	· 지역별 일반 주민대상	
		· 권역별 일반 주민대상	
		· 이해당사자 집단 대상	
	③ 기타 의견수렴	· 온라인 의견수렴(홈페이지 활용)	
		· 오프라인 의견수렴(길거리 의견수렴)	

(2) 숙의토론

숙의토론회가 개최되기 진행되기 전 최소 1개월~3주전에는 이미 참여자가 확정되어야 하며, 이들에게는 이미 앞서 준비된 숙의용 학습자료를 배포하여야 한다[100]. 배포 방법에는 전용 홈페이지를 통해서나 참여자 이 메일 이외에도 우편배송 등이 검토될 수 있다. 이들 참여자에게는 필요한 경우 해당 숙의토론회의 참여자임을 확인하는 기관장 명의에 위촉장 등을 제작할 수도 있다. 학습과정은 신고리 5·6호기 공론화의 경우와 같이 참여자의 학습여부를 온라인으로 직접 확인하고 수행하지 않은 참여자에 대해 따로 교육을 실시할 수도 있으나 예산범위에 따라 다양하고 적절한 방법을 검토할 필요가 있다.

숙의토론회의 전체토론과 분임토의로 분리되는데, 각 분임토의에 참여하는 인원은 퍼실리테이터 1명을 포함 10~11명 단위로 하는 것이 적절하며[101] 10~50개 분임조까지 다양하다. 그리고 앞서 퍼실리테이터에 대한 교육이 이루어져야 하며, 필요한 경우 참여자에 대한 숙의토론 개최 1~2주전 오리엔테이션을 개최할 수도 있다. 오리엔테이션에서는 공론화의 취지, 목적, 방법, 참여단의 역할 등을 소개하고 사전 학습자료 등을 공유하는데 이용하기도 한다.

숙의토론의 개최 횟수나 토론 시간 등은 방식에 따라 차이는 있으나 보통 1~3회 정도로 4시간~8시간 정도 진행된다. 숙의토론의 세부의제별로 보면 첫 토론회에서 현 상황에 대한 이해, 문제제기 등이 주가 되며, 다음 토론회는 대안모색, 마지막 토론회는 해결 방안 및 제안 등으로 진행된다. 그리고 각 토론회에서의 형식은 발제와 발제에 대한 전문가 토론, 1차 분임토의, 전체 질의응답, 2차 분임토의 등의 순으로 진행된다. 여기에서 사회 진행은 전체토론을 위한 퍼실리테이터, 분임토의를 위한 퍼실리테이터로 분리되며, 전체토론의 퍼실리테이터는 토론회에서 발언권 및 발언시간, 진행 방식 등 토론 규칙이 잘 이루어질 수 있도록 해야 할 것이다. 분임토의의 퍼실리테이터는 각 조별 논의 결과를 정리하고 전체 퍼실리테이터에게 신속하게 전달하여 전체토론 등이 진행될 수 있도록 하는 역할을 잘 수행하여야 한다. 최근에는 숙의토론 과정이 온라인으로 생중계되기도 하는데 이에 따라 토론회 참여자 이외의 일반인들의 다양한 의견수렴도 가능하므로 이를 위한 질의 및 의견취합과정도 필요할 수도 있다[102].

계속되는 토론과정을 통해 그 숙의성 정도를 파악하기 위해서는 해당 의제에 대한

---

[100] 가능하면 토론회 시 발제자의 발표자료가 포함되면 좋다. 앞서 시행된 여론조사 결과, 전문가토론회나 설명회 개최 결과 등도 좋은 자료라 할 수 있다.
[101] 온라인 숙의토론에는 한 토론집단 당 5~7명 단위가 적절하다.
[102] 관련 홈페이지 운영을 통한 의견수렴, 온라인 생중계 플랫폼 내 의견에 대한 취합 및 정리 등

사전 조사 실시를 통한 의견 결과와 사후 조사 실시를 통한 의견 결과를 비교할 필요가 있다. 이를 위해서는 참여자에 대한 설문조사를 숙의토론회 이전과 숙의토론회 종료 시 각각 1번씩 최소 2차례 이상 실시함으로써 그 참여자의 의견 변화정도를 통해 확인할 수 있을 것이다. 이를 이용하는 공론화 기법은 공론조사(숙의형여론조사)가 대표적이나 다른 여타의 기법에서도 활용이 권장할 만하다[103].

<표Ⅲ-10> 숙의토론을 위한 단계별 확인 사항

구분	주요 확인 사항
숙의토론회 이전	① 숙의토론 참여자 확정
	② 학습자료(자료집, 동영상 등) 배포
	③ 토론회 발제자 확정 및 발표자료 확보
	④ 관련 홈페이지에 자료집 등 탑재
	⑤ 퍼실리테이터 확보 및 사전 교육 실시 등
	⑥ (필요시) 참여자 위촉장 등 제작
	⑦ (필요시) 오리엔테이션 개최 여부
숙의토론회의 운영	① 토론회 운영방식 확정(전체·분임토의, 토론규칙 등)
	② 토론회 횟수 및 전체·분임토의 시간
	③ 토론회 참여자의 수와 제반 비용 등
	④ 온라인 생중계 및 의견수렴 방식
	⑤ (필요시) 토론회 사전·사후 설문조사 실시 여부

앞서 설명한 내용을 중심으로 숙의토론회 구성을 예로 설명하면 다음과 같다.

---

[103] 공론화의 경우 숙의결과를 도출하게 되는데, 참여자의 다양한 생각을 정리하는 것이 쉽지 않아 앞서 여론조사, 다회 차의 설문조사 등을 실시하면 이들의 최종 의견을 정리할 수 있고 공론화 의뢰자나 참여자, 일반시민 누구라도 이해하기 쉽기 때문이다.

<표Ⅲ-11> 숙의토론회 구성의 예

시간		내용	비고
09:30~10:00	30'	<등록> 사전 설문조사 실시	교육영상 시청
10:00~10:20	20'	<개회식> 환영사, 위촉증 전달, 일정소개 등	기관장 배석
10:20~10:35	15'	<여는 마당> 인사 및 소감나누기	분임토의
10:35~11:30	55	<주제발표> 해당 의제 관련 주제 발표 - 필요시 여론조사·전문가토론회 결과 설명 <주제토론> 해당 주제 발표에 대한 각 이해관계자 주체간 토론	
11:30~12:20	50'	<1차 분임토의> 분임별 대표질문 도출 - 토의규칙 : 느낀점(15'), 질문(25'), 투표(10')	조별대표 질문1
12:20~13:30	60'	점 심	대표질문 선정
13:30~14:40	70'	<질의응답> 시민참여단 대표 질의 및 발표·토론자 답변	발표 및 토론자
14:40~14:55	15'	휴 식	-
14:55~16:25	90'	<2차 분임토의> - 토의규칙 및 해당 의제 확인 (20') - 해당 의제 숙의토론('50) - 조별토의 공유(20')	
16:25~16:40	15'	휴 식	-
16:40~18:00	80'	<3차 분임토의> - 해당 세부의제 1(30') - 해당 세부의제 2 및 기타 토의('30) - 기타 공유(20')	
17:00~18:25	25'	<평가 및 소감 나누기> 사후 설문조사/만족도 조사 실시	2차 토론회 시
18:25~18:30	5'	<폐회> 향후일정 안내104)	-

* 설문조사 등과 함께 토론회를 1일 1회 실시할 경우의 예이며, 일반적으로 2차례 이상 토론회를 실시하게 되므로 해당 구성은 어디까지나 토론회 구성에 참고용으로 봐주길 바람

---

104) 이후 2차 토론회를 실시할 경우 사후설문조사 및 만족도 조사는 해당 2차 토론회에서 실시

3) 발표 단계(약 1개월)

(1) 결과발표

공론화추진단은 숙의토론회가 종료 후 1개월 이내에 그간 설계에 따라 추진된 공론화 단계에서의 각 절차와 토론회 내용을 마무리하고 보고서를 작성한다. 보고서 내용에는 다음과 같은 주요 내용들이 포함된다. 첫째, 공론화 의제이다. 의제선정 절차와 본 의제에 대한 공론화의 적합성 등이 주요 정보이다. 필요한 경우 법·제도적 근거 등도 포함한다. 둘째, 참여자의 모집과 구성원의 특성이다. 참여자의 대표성 등이 주요 내용으로 본 의제를 숙의하기 위해 어떤 사람들이 몇 명이 모여서 해당 결과를 도출했는지에 대한 정보이다. 셋째, 공론화 절차에 대한 내용이다. 전문가위원회(공론화위원회), 의제선정과정, 전문가토론회, 여론조사, 숙의토론 등 결과를 도출하기 위한 수행 절차에 대한 공정성에 대한 내용이다. 넷째, 참여자 숙의토론의 결과이다. 숙의토론의 논의된 의제와 결과 등의 정보로써 숙의성에 대한 내용이다. 다섯째, 공론화추진단의 종합된 제안 혹은 권고이다. 여론조사나 전문가토론회 등은 물론 참여자의 숙의토론을 통해 도출된 결과를 토대로 한 공론화추진단의 제안 혹은 권고 사항이다. 여섯째, 공론화에 대한 참여자들의 만족도와 평가이다. 이는 참여자들의 숙의토론회 참가와 토론과정에 대한 만족도를 말하며, 전체토론분임토의, 퍼실리테이터, 도출결과 등은 물론 운영전반에 대한 만족도를 포함한다.

공론화 발표문은 제안권고문과 그 세부내용을 포함 3~5장 이내로 작성하는 것이 일반적이며 필요한 경우, 관련 각종 절차 및 논의 결과 등을 부가적으로 첨부하는 방식으로 구성된다. 결과 발표는 공론화추진단 위원, 정책 관계자, 숙의토론 참여자 등이 주도되어 해당 정책의 최종 의사결정자에게 전달하는 방식으로 추진된다. 경우에 따라서는 추진된 공론화에 대한 절차적 공정성을 높이기 위해 절차 내 관련 전문가위원회의 위원 등도 함께 동참하는 것도 의미가 있을 것이다. 이후 최종 결과문 등은 언론브리핑, 보도자료, 홈페이지 게재 등이 이루어지고 해당 정책 담당부서 등에 결과가 전달된다.

(2) 사후관리

공론화가 마무리된 이후에는 전 과정에 대한 평가, 백서 제작, 결과가 관련 정책 등에 대한 적용에 대한 모니터링 추진, 해당 부서와의 협조·협력을 통한 지속적인 갈등관리가 이루어진다.

우선 해당 공론화 과정 전반에 대한 평가를 통해 미비점을 보완하고 개선하여 차후 공론화 과정에 적용을 검토한다. 평가는 외부 전문기관에 사업 초반부터 평가 모니터링을 의뢰하여 추진한다. 이러한 평가 기준에 검토하기 위해해서는 기존 연구에서의 공론화 성공조건을 살펴볼 필요가 있는데 다음과 같다. 앞서 연구기관 및 연구자를 통해 본 공론화의 성공조건을 살펴보면 공통적으로 대표성, 독립성, 숙의성, 투명성, 공정성 등이 거론되고 있고 이러한 내용들이 평가의 지표로써 활용될 수 있을 것이다.

<표Ⅲ-12> 공론화의 성공 조건

구분	주요 내용
사용후 핵연료 공론화 TF팀	· 민주성, 책임성, 도덕성, 진정성, 독립성, 숙의성, 회귀성, 투명성
신고리 5·6호기 공론화 위원회(2017)	· 참여의 포괄성, 대표성, 정보공개 투명성, 객관성, 참여자의 평등성, 성찰성, 숙의성, 공론화 주관기구의 독립성, 중립성
신고리 5·6호기 공론화 검증위원회(2017)	· 법적·제도적 정당성, 조사의 대표성, 숙의과정의 공정성 및 내실성, 소통과정의 투명성
정정화(2011)	· 참여주체의 대표성, 참여범위의 포괄성, 심의과정의 소통성, 심의 절차의 공정성, 합의결과의 성찰성, 합의결과의 지속성
은재호(2017)	· 참여의 포괄성, 대표성, 숙의의 평등성, 성찰성, 절차의 투명성, 공정성

* 출처: 서울특별시, 2020 서울 공론화 프로세스 평가 용역, 2020.

본서에서 제시하는 예는 최근까지 2번에 걸쳐 평가가 진행되어 보완이 이루어진 서울공론화에서 활용된 평가지표 사례를 다음과 같이 제시하니, 향후 관련 공론화 평가를 진행 할 경우에 참고하길 바란다.

<표Ⅲ-13> 공론화 평가지표의 예

구분	평가대상		평가지표	평가내용
의제형성	의제유형		방향성	· 동원형 or 외부주도형
			포괄성	· 선택형 or 공론형성형
공론화활동	추진체계설계	추진기구	전문성	· 공론화추진단 구성원 · 이해관계자 및 전문가
			독립성	· 법적요건 및 성격, 법적 타당성
			공정성	· 운영절차의 공정성 · 참여자 선정의 공정성
		시민참여단	대표성	· 표본 타당성
	숙의활동	숙의자료	명료성	· 정보의 명확성, 균질성
			숙의가능성	· 양질의 자료
		시민토론회	숙의성	· 숙의효과
	소통활동	소통구조	투명성	· 홍보 및 소통플랫폼 활용도, · 공론화 과정과 자료에 대한 접근성
		소통행위 상호성	참여성	· 참여단의 참여정도 · 일반 시민의 참여정도
			대응성	· 추진기구의 반응성 · 추진기구의 반응성 · 참여자 상호간 반응성
공론 결정			수용성	· 최종결과에 대한 의사수용 정도 · 공론화 전 과정에 대한 만족도

* 출처: 전게서, 2020.

다음으로 공론화 전반에 대한 내용을 수록한 백서의 제작이다. 백서는 크게 2가지로 구분할 수 있는데, 하나는 책자본이고 다른 하나는 영상본이다. 책자는 공론화의 의제의 선정 이유, 선정과정, 공론화 추진을 위한 설계, 각종 관련 위원회 구성과 운영, 관련 회의내용 및 자료, 학습자료, 숙의토론, 관련 설명회, 전문가 토론회, 여론조사, 설문조사, 결과문, 만족도 조사결과, 언론보도 내용, 숙의토론에서의 참여자의 의견, 홈페이지나 홍보물 등 모든 분야를 총망라하여 수록한다. 영상본은 10분 내외로 공론화 과정에 대한 영상스케치로서 향후 관련 교육 자료로도 사용할 수 있어 유용할 것이다. 이들은 자체 관련 교육용 자료로서 가치는 물론, 타 기관의 공론화 추진과 관련 분야의 활용에도 도움이 될 것이다.

셋째, 결과에 따른 지속적인 모니터링 등을 통한 갈등관리이다. 본서에서 설명한 공론화는 어디까지나 공공갈등을 예방하기 위한 갈등관리의 일환으로 추진되는 쌍방향 참여적 의사결정의 방법론 중 하나이다. 따라서 공론화를 통해 이루어진 해당 의제의 선정과 결과에 대한 대응은 예방차원의 갈등관리를 위한 선제적 조치이다. 그러기에 이후 갈등관리 담당자는 이러한 결과가 해당 정책이나 사업 추진에서 유효하게 작용할 수 있도록 지속적인 모니터링이 필요하며, 해당 부서와의 협조와 협력체계를 계속 이어가야 할 것이다. 기존 공론화 사례에서는 아쉽게도 갈등관리 부서 주도로 추진되지 못하고 있고, 관련 태스크 포스 팀 등을 통해 해당 과제의 단기적 해소를 목적으로 추진되고 있어 지속가능한 관리 부분이 미약하거나 제대로 이루어지고 있지 못하는 것이 현실이다. 또한 결국 정책과 사업추진 자체는 해당 부서의 업무이기에 이러한 타 부서의 모니터링은 물론 갈등관리는 현실적으로 어려움이 있는 것도 사실이다. 다만 향후 공론화와 같은 참여적 의사결정이 어느 정도 법·제도화와 함께 정착화 되어 전담인력 및 전담부서를 통해 운영되면 이러한 사후관리도 보다 체계적으로 이루어질 수 있을 것으로 판단하여 제시하였다.

<표Ⅲ-14> 발표 단계에서의 확인 사항

구분	주요 확인 사항
최종 발표문 구성	① 공론화 의제와 선정절차, 적합성
	② 참여자 모집과 구성원의 특성
	③ 공론화 절차
	④ 숙의토론의 결과(참여자 의견)
	⑤ 공론화 추진단의 최종 제안(권고) 사항
	⑥ 참여자의 만족도와 평가
발표의 형식	① 최종의사결정자에게 보고 및 전달 방식
	② 추진단 주도 기자회견 방식
	③ 추진단 회의에서 결정 및 관련 보도자료 배포
사후관리의 내용	① 공론화 과정 평가
	② 백서(책자, 영상 등) 제작
	③ 지속적인 모니터링 추진

7. 국내·외 공론화 제도화 사례

프랑스에서는 일찍이 참여적 의사결정 방법을 정부정책의 추진을 위한 사전 의견수렴과정으로 적극 도입하여 운영 중에 있는데 CNDP의 제도적 운영 사례와 더불어, 국내 서울특별시에서도 사안해결을 위한 임시적 공론화 운영이 아닌 지속적으로 갈등예방 차원으로 도입·운영하고 있는 서울공론화 사례를 소개한다.

1) 프랑스 CNDP

(1) 설립 배경과 구성

프랑스는 1950년대부터 1980년대 초반까지 경제성장 개발과 성장을 내세워 사회간접자본 건설 등 대규모 국가사업이 일방적으로 추진되면서 공공갈등이 발생하게 된다. 이러한 배경에는 1970년대부터 진행된 환경운동으로 개발우선 패러다임에 대한 비판이 고조되었기 때문이다. 이를 해결하기 위하여 공공정책 결정 과정에 시민참여를 제도적으로 보장함으로써 갈등해결 방안을 모색하자는 의견이 형성되게 된다.

이에 따라 1995년 '바르니에 법'(Loi Barnier)이 제정되면서, 국책사업 심의과정에 공공토론 형태로 대중 참여원칙을 보장하게 된다. 그리고 원자력발전소, 철도, 공항, 항만 건설, 고압송전선 설비 같은 중요 국가사업 결정에 앞서 공공토론 과정을 법적 의무절차로 삼았다. 이를 구체적으로 운영·관리하기 위해 환경개발부 산하기구로 CNDP (Commission Nationale du Débat Public, 이하 CNDP)가 1997년에 설치되는데, 2002년부터 독립행정기구 승격되었다.

CNDP는 국민의 권익보호와 조율이라는 업무분야를 담당하고 대통령이 회장을 임명하고 있는 독립행정기구이다. 또한 행정부 수반이 바뀌어도 중도 해임이 불가능하도록 임기가 보장되어 있으며 위원장 1명, 부위원장 1명, 공공과 민간분야에서 대표자를 각각 임명하여 총 21명으로 구성되어 있다[105]. 각 위원의 임기는 5년으로, 1회 연임이 가능하며 위원장과 부위원장 등은 상근직으로 소정의 보수가 지급되고, 기타 위원들은 수당을 지급받고 있다. 또한 중립적 운영을 위해 위원들이 개인적으로 연관된 사업 또는 자신의 직무와 관련된 사업 토론 또는 조정절차 에 참여하지 못하도록 되어 있다(프랑스 환경법 L.121-5조).

---

[105] 2020년 현재, 회장 Chantal JOUANNO (부회장 Floran AUGAGNEUR, Ilaria CASILLO), 환경분야 담당 대표 Agnès POPELIN(자연환경), Jean-Pierre BOMPARD(인류와 생물다양성)

(2) CNDP 기능과 원칙

CNDP는 정부 및 지방자치단체에서 추진하는 대규모 사업의 계획수립 단계에서부터 대중의 의견수렴이 이루어질 수 있도록 대중 참여방식을 결정하여 공공토론회를 구성, 운영하고 있다. 필요시 토론의 효과를 높이기 위하여 각종 전문자료를 보충하여 토론장에서 이해당사자와 일반 시민이 골고루 의견을 제시할 수 있도록 발언 기회의 형평성을 유지하고 있다. 이후 토론 결과를 종합하여 정책·사업 담당자에게 전달함으로써 사업주체가 그 토론 결과를 고려하여 사업의 지속이나 변경 여부를 결정하도록 권고하고 있다.

CNDP는 공정한 토론 진행을 위해 다음과 같은 원칙을 정하고 있다. 우선 중립성이다. 위원회는 토론 과정에 자체 의견을 개진할 수 없도록 되어 있다. 이러한 중립적 입장을 유지하기 때문에 토론회를 조직하고 진행하나 그 운영과정의 역할만을 담당하고 다른 입장이나 의견을 첨가하고 유도하지 않도록 하고 있다. 다음으로 형평성이다. 이는 모든 참여자의 동등한 발언권을 의미한다. 다음 근거에 기반 한 주장이다. 어떠한 찬반의견에도 반드시 그 의견의 근거를 제시하여 한다는 원칙이다. 마지막으로 투명성이다. 이는 보통 4~6개월간 진행되는 공공토론을 진행한 후, 토론 결과를 모두 종합하여 보고서를 작성하게 되는데 이때 CNDP의 자체의견을 반영할 수 없고, 개진된 모든 의견을 첨삭 없이 보고한다는 것이다. 따라서 최종 보고서는 일반 시민에게 모두 공개되는 원칙을 삼고 있다.

(3) 대상 사업

공론화의 의무 대상으로는 원자력발전설비의 신규 건설, 사업비 3억 유로 이상의 도로 건설, 총 연장 40km 이상 철도건설, 사업비 1억 유로 이상의 비행장 건설 및 확장, 400kV 이상 총연장 10km 이상 송전선로 설치 사업, 직경 500mm 이상 총연장 200km 이상 송유관 건설 사업 등이다.

이상의 사업비 규모에 따른 의무 대상은 아니나 공익성 정도와 사업 영향력을 감안하여 국가와 사회에 큰 영향을 미치는 일정규모 이상의 민간사업 등이 가능이 대상이다. 이에 관련한 정책·사업추진자 혹은 국회, 지방의회, 시민사회 단체 등이 자발적으로 신청하는 경우에도 가능하다.

(4) 공공토론회의 운영과정

첫째, 토론회 일정의 수립단계이다. 공공토론회를 위한 조직이 결정된 후 사업계획에 대한 상세 자료를 수집한 뒤, 4개월에 걸쳐 토론회 일정으로 설계된다. 여기서 참여자 의견수렴이 충분치 않을 경우 CNDP는 토론기간을 2개월 연장이 가능하다. 둘째, 토론회 개최와 의견수렴단계이다. 논의 사안에 따라 다를 수 있지만 토론회는 일반적으로 20~40회 정도 개최되며 소수의 의견일 지라도 모든 의견을 수렴할 수 있도록 토론회가 진행된다. 찬성 및 반대의견 간 찬반투표로 진행되는 것을 막기 위해 CNDP는 맹목적인 찬성과 반대의사 발표에 대하여 발언을 금지하고 있다.

셋째, 결과 공표단계이다. 참여자의 다양한 의견을 종합하여 첨삭 없이 정리한 CNDP 최종보고서는 보통 정책·사업추진자에게 통보되나 이를 반영해야만 하는 법적 구속력은 갖지 못하고 있다. 다만 토론 결과가 비록 법적인 구속력이 없다고 해도 토론 과정을 청취한 사업자는 보다 합리적인 방향으로 당초의 추진계획을 변경할 만큼 공공 토론회에 대한 신뢰를 얻고 있다. 그리고 해당 결과를 통보받은 추진자는 3개월 이내 사업 지속여부와 변경 사항을 결정하여 발표하고 CNDP에도 통보함으로써 마무리된다.

[프랑스 CNDP와 공공토론1]
출처: Commission nationale du débat public (CNDP)
www.flickr.com/photos/cndpdebatpublic/26826390679/

[프랑스 CNDP와 공공토론2]
출처: Commission nationale du débat public (CNDP)
www.flickr.com/photos/cndpdebatpublic/37885901384/

<그림Ⅲ-12> 프랑스 CNDP의 공공토론 사례

2) 서울특별시의 서울공론화 사업

서울공론화는 사회적 이슈와 갈등이 예상되는 정책 사안에 대하여 시민들이 참여하는 숙의토론과정인 공공토론을 통해 정책의 방향성과 가이드라인을 정하기 위한 목적인 사업으로, 기존의 특정 이슈해결에 활용되던 참여적 의사결정을 국내 최초로 갈등예방차원의 재정사업으로 도입하여 추진 중이다.

(1) 추진 개요

기존 갈등관리는 사업추진과정에서 갈등발생시 사안 해소차원에서 진행되는 것이 일반적으로 갈등심화로 인해 지역사회에 부정적 영향과 관련 사회적 비용이 늘고 있는 실정이었다. 2017년 신고리5·6호기공론화 이후, 지자체별로 시민공론화의 확산과 더불어 시민의 참여욕구가 늘고 있는 가운데, 서울시에서도 추진과정에서 갈등발생이 우려되는 사안의 경우 예방차원의 선제적 갈등관리를 위한 공론화를 추진하였다. 이처럼 서울 공론화는 점차 정책 참여에 대한 시민의식이 고조되면서 서울시 차원의 보다 적극적인 갈등예방관리 방식으로 사전적 대응을 토대로 한 체계적 관리 방식이 제기 되면서 추진하게 되었다.

서울공론화는 '서울특별시 공공갈등 예방 및 조정에 관한 조례' 제3조와, 제11조의 공공갈등의 예방과 해결을 위해 참여적 의사결정 방법의 활용 근거에 의거 예산사업으로 추진하고 있다[106]. 이를 통해 참여자 대표성과 절차·운영의 공정성을 바탕으로 한 공공토론을 통해 갈등이 예상되는 시정, 사회적 의제 등에 대하여 선제적 정보공개와 시민참여에 기반 한 숙의절차를 마련함으로서, 관련 시정 및 사업추진의 절차적 정당성 및 주민수용성 등을 확보하는데 도움을 주기 위함이다. 또한 갈등발생 전 단계부터 갈등관리를 적극적으로 수행함으로서 갈등예방 효과 증대하는데도 그 목적이 있다.

(2) 서울형 공론화의 특징

일반적으로 서울공론화는 서울시의 갈등예방 모델 중 하나로 시민 관심이 높은 주요 사업이나 현재 또는 장래 이슈가 될 수 있는 사안을 의제로 선정, 숙의토론을 통해 대안을 도출하는 의제발굴형 방식이다. 이를 위해 2018년에 서울시 지역균형발전 주요과제와 정책 우선순위를 도출하기 위한 '서울 균형발전 공론화'를, 2019년에는 디지털 플랫폼 경제 가속화에 따라 발생하고 있는 플랫폼노동과 이들의 권익보호 등을 위한 '서울 플랫폼노동 공론화', 2020년에는 2025년 이후 예정되어 있는 직매립 금지와 수도권 매립지 논란 등에 따라 '서울 쓰레기대책 공론화'가 진행되었다.

추진 방식은 전문가 자문 등을 통해 최종 논의 의제를 선정하고 절차 관리를 위한 공론화추진단이 해당 공론화과정을 관리, 운영토록 하고 있다. 이후 여론조사 등을 통한 일반 시민 의견수렴과 이를 통해 최종 시민참여단을 선발하고 이들을 2~3차례의 숙의토론을 실시하여 여기도 도출된 최종의견과 이를 시장 등에 제안하는 형태로 진행된다. 보통 이는 기존의 이슈화 이후 추진되는 공론화 방식과는 다르기에 '서울형 공론화'

---

[106] 서울특별시 공공갈등 예방 및 조정에 관한 조례 제3조, 제11조
- 제3조(시장의 책무) 공공갈등을 신속하고 효율적으로 해결할 수 있는 다양한 공공갈등 해결방식을 발굴하여 적극 활용해야 함
- 제11조(참여적 의사결정방법의 활용) 공공갈등의 예방·해결을 위하여 당사자 또는 전문가 등이 공공정책의 결정과정에 직접 참여하는 의사결정방법을 활용할 수 있음

(숙의형 여론조사 기법 활용)라고 부르고 있다.

[2018 서울균형발전공론화]

[2019 서울플랫폼노동공론화]

<그림Ⅲ-13> 서울공론화 사례

* 출처: 서울특별시, 2018 서울 균형발전공론화 결과보고서, 2018.
서울특별시, 2019 서울 플랫폼노동 공론화 결과보고서, 2019.

서울형 공론화는 목적에 따라 다음과 같이 구분하여 추진되었다. 먼저 정책의 지침 및 방향성 제시를 위해 추진되는 의제발굴형 공론화이다. 본 방식은 사회적 이슈 등 당해 주요 의제를 선정하여 추진하고 의제선정과정과 의제에 대한 시민숙의로 지침, 방향성 등 제안이 그 목적이다. 다음으로 앞서 논의된 의제를 보다 구체적으로 논의·제안하기 위한 의제심화 공론화이다. 본 방식은 정책·사업추진과정에서 추가 의견수렴이 필요한 경우 추진되며 주요 의제에 대한 추가 시민숙의를 통해 구체적 대안 등 제안이 그 목적이다. 2021년에 추진된 서울 광역자원회수시설 주민수용성 관련 공론화라 할 수 있다. 마지막으로 정책결정 공론화는 제안하고 있는 관련 부서 등의 요청으로 정책결정이 필요하다고 판단될 경우 추진하는 방식으로 추진 여부 등을 숙의에 기반 한 결정과정을 통해 최종 권고를 그 목적으로 하고 있다. 2019년에 광화문광장 조성과 관련한 공론화가 해당 범주에 든다.

<표Ⅲ-15> 서울형 공론화의 범주와 활용

개요 \ 목적별	지침 및 방향성 제시		의사결정
	의제발굴	의제심화	정책·사업수용
특징	•의제 최초 논의 시	•추가 논의 필요 시	•추진 여부 판단
과제기간	•장(장)기 과제	•중기 과제	•단기 과제
의제선정	•자체, 관련 부서 협의	•부서 협의	•부서 요청
공론화 기법	•합의회의 •타운홀 미팅 •숙의형 여론조사 등	•시나리오 워크숍 •숙의형 여론조사 등	•공론조사 •시민배심원제 등
참여자 범위	•일반시민	•전문가 혹은 이해관계자	•일반시민 혹은 이해당사자
고려사항	•의제 관련 다양한 의견 도출	•구체적 시나리오 도출 •의견수렴 및 방안모색	•가능한 구체적인 대안 도출 및 선택 가능하도록 설계
우선가치	•개방성 - 가능한 다양하고 많은 시민 참여 •포괄성 - 의제의 포괄성	•전문성 - 가능한 타당한 시나리오 도출할 수 있는 전문성 •명료성 - 시나리오 구체성과 명료성	•투명성 - 참여자 선정 및 운영과정 전반에 대한 투명성 •대표성 - 참여자의 대표성
공공토론 사례	•균형발전, 플랫폼노동, 쓰레기대책	•광역자원회수시설 수용성	•새로운 광화문광장 조성

* 출처: 서울특별시, 서울특별시 갈등관리 매뉴얼, 2020. 재수정

(3) 서울 공론화 운영 체계

서울 공론화는 사전단계, 공론화 단계, 발표단계 총 3가지 단계로 구성되며 총 6개월 정도로 운영되고 있다. 사전단계는 의제발굴과 의제선정 및 추진단 구성을 주로 내용으로 하는데 보통 3개월 정도 소요된다. 공론화단계는 공론화방식을 설계하고 시민참여단이 참여하는 숙의토론으로 구성되는데 약 2개월 정도 소요된다. 여론조사 등을 실시하고 이를 통해 시민참여단을 구성하여 운영하게 된다. 발표단계는 숙의과정인 시민토론회 등을 통해 도출된 결과를 정리하여 발표하고 이에 대한 사후관리가 진행되는 단계이다. 일반적으로 정책의 방향성 제안이 도출되기 때문에 이에 관계하는 해당부서에게 전달되고 관련 후속조치를 확인, 관리하게 된다. 이를 정리하면 다음의 그림과 같다.

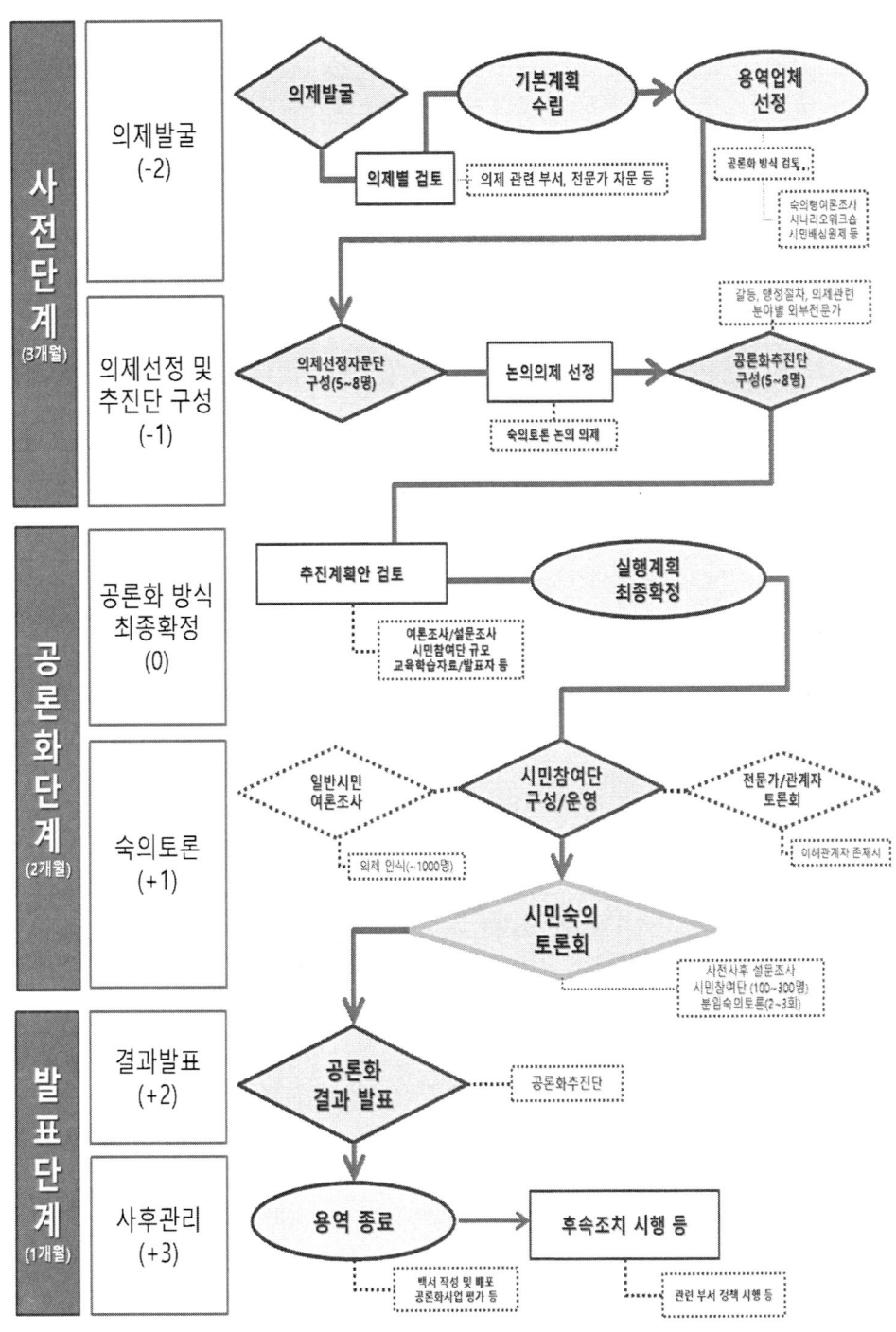

<그림Ⅲ-14> 서울형 공론화 운영 체계도

(4) 서울 공론화의 의의와 시사점

서울 공론화는 갈등관리 조례에 근거, 서울시 현안에 대하여 시민들의 참여와 집단지성을 활용한 숙의과정을 통해 그 방향성과 대안을 모색함으로서 향후 예상되는 갈등에 적극 대응코자 하는 선제적 갈등관리 프로세스라 할 수 있다. 지방정부 최초로 매년 예산 배정을 통한 과제 수행으로 사업추진의 안정성과 선제적 정보공개와 논의로 시민들로부터 시정 신뢰성을 확보할 수 있는 특징이 있었다. 또한 이를 통해 정책과 사업추진 초반, 그 방향과 과제를 둘러싼 논의과정에 시민의 자발적 참여를 보장하는 열린 공론화를 지향함으로서 상향식 의사결정을 위한 실천적 토대를 제공한다는 의미를 가지고 있었다.

서울공론화가 갖는 시사점을 정리하면 다음과 같다. 첫째 갈등관리 제도 본연의 취지에 맞는 참여적 의사결정의 적극적 활용이다. 지자체 차원 정책 추진에 따라 예상되는 갈등에 대한 사전 대응 조치로써 활용할 수 있으며, 시민의 의견을 근거로 해당 정책을 추진함으로써 이후 주민수용성 향상하는데 도움을 주었다. 둘째, 숙의민주주의 도입과 온·오프라인 공유로 시민참의 의미 및 결과적 합리성 강화이다. 온·오프라인의 의견이 충분히 공유될 수 있도록 하여 본래 '공론화' 의미에 더욱 접근하였다. 그리고 수차례의 충분한 숙의토론과정으로 해당 의제에 대한 이해도를 높이고 결과의 합리성도 강화되었다. 셋째, 공론화 과정에서 의제선정을 통한 공정성과 지속가능성 확보이다. 중립적인 의제선정자문위원회를 통해 의제를 결정함으로서 의제선정의 공정성 확보되었고 매년 예산사업으로 반영하여 연례적으로 진행함으로서 공론화사업의 지속가능성 담보할 수 있었다.

제2절 갈등해결을 위한 방법론

1. 대안적 분쟁해결의 개요

1) 대안적 분쟁해결의 역사

우리 전통사회에서는 가족 간 혹은 이웃 간에 갈등이 있을 경우 우선 집안 어른이나 동네 원로가 갈등 당사자의 말을 듣고 서로 화해할 수 있도록 분위기를 조성하거나 새로운 해결방법을 제안함으로써 해결하였다. 만약 갈등정도가 심하거나 가족이나 마을 차원에서 해결되지 않는 경우 지방 관청에 가게 되는데 그곳에서도 지방행정관리가 사법적 심판을 내리기 앞서 당사자 간 양보와 이해를 통해 갈등을 해결하도록 종용하고 때에 따라서는 해결 대안을 제시하기도 하였다. 이처럼 우리 내 전통사회에서의 문제해결도 이러한 대안적 분쟁해결이 많이 이루어졌다고 할 수 있다.

현대사회에 들어와 갈등 혹은 분쟁을 사법적 권한을 갖는 법관에 의해 강제적으로 해결하지 않고 제3자를 통해 이해당사자간의 협력과 협의로 해결하고자 하는 제도화 노력은 1960년대 미국에서 시작되었다. 미국은 1960년대에 이르러 개인의 권리를 보호하는 새로운 법안의 도입과, 차별 및 불평등에 대한 관용이 낮아지면서 많은 사람들이 소송제기가 늘게 되었다[107]. 이러한 변화들의 결과는 미국 법정에 관련 사건의 급증을 초래하였다. 결과적으로 법정제도가 이러한 사건들로 인해 과부하에 이르게 되고, 소송지연과 절차적 문제를 양산하게 되었다. 여기서 조정 등의 절차는 이러한 법원 시스템의 과중한 부담을 경감시키는데 도움을 주었다. 우리나라에서도 1990년대 이후 민주화로 시민의 권리가 신장되고 여성, 환경, 인권, 노동 등 각 분야별 시민운동이 활성화되고 이에 따른 다양한 종류의 갈등이 표출되면서 환경분쟁조정위원회, 노동분쟁조정위원회 등 각 분야의 갈등을 조정하고 중재하기 위한 제도적 장치가 만들어지기 시작하였고 관련 분쟁조정 제도는 점차 늘고 가고 있다.

2) 대안적 분쟁해결의 필요성

공무원 혹은 공공기관 종사자 등 업무 담당자는 하루를 멀다하고 민원, 분쟁에 마주하고 있다. 업무와 사업추진 과정에서 분쟁이 발생하는 것이 당연한 사실이다. 갈등은

---

[107] 1964년의 민권법(The Civil Rights Act of 1964)은 "인종, 성별, 국적에 따른 공공시설 및 취업에서의 차별"을 불법화하였다. 이와 같은 법령은 사람들에게 잘못된 대우들에 대한 보상을 추구할 새로운 근거를 제공하였다. 동시에, 여성운동과 환경운동이 성장하였으며, 새로운 법정 사건의 주최자가 되었다.

실제 삶의 한 부분으로 맞물려 있다. 문제는 이를 어떻게 관리하는가이다. 당장은 회피할 수도 있겠으나 언제든 다시 찾아올 수 있다. 그리고 이에 적극 맞설 수도 있겠지만 그러기에는 비용과 시간이 많이 들 뿐만 아니라, 자칫 상호간의 좋은 관계를 해칠 수도 있다. 담당자는 상사든 고위직 누구로부터 최종결정을 얻어 해결할 도 있겠지만, 그것 또한 비용과 위험을 감수할 수밖에 없는 것이 현실이다.

최선의 해결책은 각각의 이해당사자들 사이에서 합의를 이루는 것이다. 하지만 어떻게 해야 그 합의에 다다를 수 있을까? 여기서 '대안적 분쟁해결'(ADR, Alternative Dispute Resolution)이 그 물음에 대한 답변이 될 수 있다. ADR은 업무담당자에게 상호 간 합의에 도달하는 방법을 제공한다. 이 방식은 비생산적인 갈등 혹은 개인적인 원한으로 상실되는 에너지를 줄이고, 상호간 합의를 이끌어내는데 유용하게 사용될 수 있다. 그리고 이들 간의 약속 이행과 공동 목표에 대한 충실성을 확보하고, 법적 소송 및 지연 비용 등을 줄이는데 유용할 수 있다.

일반적으로 촉발된 갈등을 일컫는 '분쟁'은 항상 최소 두 명(조직) 이상의 이해당사자와 관련되는데, 각 이해당사자는 자신들의 목표를 달성하는 데 최선의 노력을 한다. 이 상황이나 정황의 성격상, 그들은 서로를 목표 달성에 대한 방해물이라고 본다. 따라서 서로는 분쟁에 휘말리게 된다. 여기서 어떤 종류의 해결 노력이 없는 경우 이해당사자는 서로를 반대자, 혹은 '적'으로 간주하는 시점으로까지 악화된다. 소통과정과 내용은 왜곡되고 서로를 사람이 아닌 고정관념으로 인식하게 된다. 그리고 각 이해당사자의 확대되는 공격적 행동은 상대방 공격에 대한 상대적 반응으로 정당화되기에 이른다. 이렇게 서로가 극단으로 치닫게 되면 대부분의 이해당사자는 당연히 다른 한 편이 지더라도, '이기기' 위해 투쟁하게 되기 마련이다. '승패'를 위한 싸움을 하게 되는 것이다. 혹자는 '제로 섬 게임'이라고 하는 데, 그 이유는 획득하는 모든 것(돈, 지위, 권력, 권위 등)이 반드시 다른 누군가에게는 피해가 되기 때문이다. 이처럼 분쟁 발생은 상호 파괴적으로 진행되는 것이 일반적이다. 구성원들이 공동의 목표를 갖고 있더라도 상호협력을 방해하게 되며 관계파괴는 강한 분노와 스트레스를 일으킬 가능성이 높다. 갈등은 피할 수 없는 것이라 할지라도 반드시 극단적인 분쟁으로 끝낼 필요는 없다. 사실 잘 대응하기만 하면 갈등도 상호에게 유익할 수도 있기 때문이다. 갈등이 가져오는 긍정적인 내용은 다음과 같다.

첫째, 갈등은 해결이 필요한 문제를 찾아낸다. 둘째, 갈등은 해결 모색의 계기를 가져오고 관계의 안정성에 위협을 줄이고 변화를 이끌어 낸다. 셋째, 갈등은 문제에 대해 생각하는 방식을 변화시킬 수 있다. 넷째, 갈등은 우리나 상대에게 무엇이 중요한지에 대한 자신의 목적을 명확히 하는데 도움을 줄 수 있다.

이처럼 갈등의 긍정적 결과를 도출하기 위해서는 갈등을 관리, 대응하는 방식에고, 여기서 업무담당자는 갈등이 상호 파괴적으로 진행되지 않도록 잘 관리하는 것이 매우 중요하다.

3) 대안적 분쟁해결의 개념

ADR은 재판 등에 의한 강제적인 분쟁해결방법에 대한 대안으로, 독립적인 제3자 도움 아래 각각의 이해당사자가 갈등해결프로세스에 직접 참여하여 상호 수용 가능한 합의를 도출해 내는 절차를 말한다. ADR은 본질적으로 합의에 따라 조정하는 다양한 접근 기법을 총칭하며, '대화'(Dialogue)와 '협상'(Negotiation), '촉진'(Facilitation), '조정'(Mediation), '중재'(Arbitration), '옴부즈맨'(Ombusman)등이 활용된다.

조정을 위한 주된 아이디어는 해결대안을 제시하는 것 이외에도, 전반적 갈등조정프로세스를 수정하고, 이를 이해당사자들에게 보다 도움이 되도록 만드는 데 있다. 조정 등 해결방식의 도입은 갈등조정프로세스를 참여자들에게 있어 보다 적절하게 만드는 하나의 방법이라 하겠다. 조정과 같은 여러 ADR 기법은 공식적인 '사법체계'(Justice System)를 대체한다는 의미는 아니며 이해 당사자들이 다양한 프로세스 가운데 선택할 수 있는 행정(법적)절차를 보완하는 데 있다.

공공기관이 ADR을 사용할 때는 '상호 수용 가능한 결정'에 도달하려는 노력이라 할 수 있다. 법적 소송이나 행정 절차같이 '승패'의 결과를 초래하는 적대적인 절차에 대한 대안적 해결방법이라 하겠다. ADR은 그 과정을 구성함에 파괴적인 요소를 최소화하고 갈등의 건설적인 사용에 도움을 주며, 모든 이해당사자가 만족하고 수용할 수 있는 합의에 도달할 수 있도록 고안된 이론 및 절차, 기술의 적용과 관련되어 있다. '윈·윈' 해결책을 얻기 위해 사용하는 ADR 방법은 '이해(실익)기반'으로, 대부분의 사람들에게 익숙한 '입장 중심'과는 차이가 있다. 다음에서는 이 두 접근방법을 비교하고자 한다.

4) 대안적 분쟁해결의 접근방법

(1) 이해 기반 접근

이해에 기반 한 접근은 각자의 필요와 상호 이해를 긴밀히 충족시키기 위한 이해당사자들의 협력에 관한 것이다. 문제해결을 위하여 어느 입장에서 다른 입장으로 옮겨가기보다 조정자는 구체적인 해결방안을 알아보기 이전에 실익을 파악하는 공동의 문제해결 접근방식을 추구한다. 실익을 파악한 후, 협상자는 어떤 하나의 입장을 주장하기보다 모든 실익을 충족시킬 수 있는 다양한 대안을 공동으로 모색한다. 이해당사자는 상호 간에 내놓은 여러 옵션들 중에서 해결책을 선택한다. 이러한 접근은 상호 협력과 필요 충족, 그리고 협상의 조건을 확대하기 위한 이해당사자간 노력을 강조하여 상호 모두에게 더 이익이 되는 현명한 결정이 되도록 한다.

(2) 입장 중심적 접근

입장 중심적 접근은 합의에 도달하기 위해 일련의 주장들(특정 이해나 필요를 충족시키기 위한 대안적 해결)을 다른 쪽 이해당사자에게 보여주는 협상 전략이다. 최초로 혹은 드러난 입장은 협상과정에서 이들이 바라거나 예상하는 최대한의 이익으로 나타난다. 이후 입장에서는 상대에게 그보다 덜 요구하고, 그러한 입장을 옹호하는 당사자는 보다 적은 이익을 얻게 된다. 합의는 참여자들의 입장이 모여 서로 수용할 만한 범위에 이르면 이루어진다.

이해기반과 입장중심 접근의 차이는 단순히 절차적 차이에만 있지 않다. 아래 표와 같이 이들은 분쟁해결 방법과 관련하여 구조적으로 다른 사고방식을 반영하고 있다. 왜, 상호 수용 가능한 합의를 이끌어내기 위해 노력하는가. 그것은 이해당사자들은 결정과정에 참여하여 결과를 바꿀 수 있다고 생각하면 다르게 행동하기 때문이다. 즉 자신들의 참여가 의사결정의 결과에 변화를 가져온다고 느낄 때, 사람들은 더욱 진지하고 협력적으로 참여하게 된다. 그리고 해결이 발생되는 과정을 제어(혹은 지휘)할 수 있다고 생각할 때, 사람들은 대안을 더욱 자발적이며 진지하고 책임감 있게 고려하고 평가하게 된다. 참여나 결정에 이르는 과정이 공정했고, 모든 당사자가 결정에 영향력을 행사했다고 생각하면, 사람들은 제안된 해결책과 그 이행에 훨씬 더 전념하게 된다.

<표Ⅲ-16> 대안적 분쟁해결의 각 접근방식에 잠재한 사고방식

이해(실익)기반 접근의 사고방식	입장 중심 접근의 사고 방식
• 자원은 제한적이지 않다. • 합의를 위해 모든 참여자의 실익이 드러나야 함 • 입장이 아닌 실익에 중점 • 이해당사자들은 모두가 동의가능한 목표나 공정한 기준 모색 • 참여자는 다수의 만족스러운 해결이 가능하다고 생각 • 참여자는 반대자가 아닌 협력적인 문제 해결자 • 사람과 현안은 별개의 것. 단지 실익을 철저히 따질 뿐, 사람은 존중 • 윈·윈 해결의 모색	• 자원은 제한적 • 반대편 참여는 자신들을 괴롭히는 반대자 • 한 쪽의 승리는 다른 쪽의 패배를 의미 • 목적은 이길 수 있는 한 이기는 것 • 양보는 약하다는 뜻 • 내 해결책이 올바른 해결책 • 항상 방어적

<표Ⅲ-17> 대안적 분쟁해결에서 사용되는 주요 방법

특징	협상	조정	중재	판결
자발성 여부	자발적	자발적 비자발적인 경우도 있음(강제 조정)	자발적	비자발적
구속력 유무	동의가 있다면 계약의 형태로 강제 가능	동의가 있다면 계약의 형태로 강제 가능, 법원명령에 합의(agreement)가 포함되기도 함	구속력있음 제한된 근거 하에서 재심 가능	구속력 있음 항소 가능
제3자	제3자의 조정자 없음	당사자들에 의해 선정된 외부 조정자	당사자들에 의해 선정된 의사결정자 (때로는 전문가인 경우도 있음)	일반적으로 분쟁 주제에 대한 전문적 지식이 없는 제3의 중립적 의사결정자에게 부과됨
공식성	대체로 비공식적이고 비구조적임	대체로 비공식적이며 부분적으로 구조적임	소송보다는 절차상의 공식성이 약함, 절차상의 규칙과 실체법(substantive law)이 당사자들에 의해 설정될 수 있음	미리 결정된 엄격한 규정에 의해 공식화되고 강하게 구조화됨
절차적 성격	증거, 주장, 이해관계 표현에 제약이 없음	증거, 주장, 이해관계 표현에 제약이 없음	양측이 각각 증거와 주장을 제시할 기회를 가짐	양측이 각각 증거와 주장을 제시할 기회를 가짐
결과	상호 합의가능한 합의한 모색	상호 합의가능한 합의한 모색	때로는 합리적 입장에 따라 주된 결정이 이루어지며, 때로는 입장없이 타결됨	합리적 입장이 주요 결정을 지지, 입장 없이 타결되는 경우는 거의 없음
지향	미래 지향적	미래 지향적	과거 지향적	과거 지향적
민간/공공	민간영역	민간영역	법률적 검토가 이루어지지 않는 범위에서 민간영역	공공영역

5) ADR 활용의 장점

ADR을 활용할 경우의 이점은 다음과 같다.[108]

첫째, 해결과정에 대한 자발적 참여이다. 이해당사자들은 ADR 절차와 관련하여 소송 등 제3의 의사 결정자가 관여하는 여러 방법에 비해 보다 나은 해결 가능성이 있다고 생각하여 ADR을 선택하며 어느 누구도 ADR 절차 참여를 강요하지 않는다. 둘째, 참여와 활용에 대한 자율성과 해결과정 촉진이다. ADR 절차는 형식에 치우치지 않고 참여하는 이해당사자들이 협의하여 활용할 수 있기 때문에 그 규칙 등이 합의될 경우 해결과정이 빠르게 촉진될 수 있게 한다. 셋째, 비 사법적 결정이다. 최종결정이 제3의 의사결정자에게 위임되는 것이 아니라 참여하는 이해당사자들에게 맡겨진다. 이는 이해당사자들이 과정과 결과를 더욱 지배하고 예측할 수 있음을 의미한다. 넷째, 참여자(담당자)에 의한 조절과 제어이다. ADR 절차는 참여자 혹은 조직의 단·장기간의 목표 및 특정 해결 옵션에 대한 긍정적, 부정적 영향을 평가하는데 최선의 위치에 있는 자의 손에 그 결정을 맡기게 된다. 이는 조직의 니즈를 가장 잘 아는 사람에 의해 결정이 이루어지는 것을 의미한다. 다섯째, 절차의 기밀성이다. ADR 절차는 상호 협의에 따라 기밀 보장이 가능하며 이해당사자들은 가능한 해결 대안(옵션)을 검토하여 참여를 결정할 수 있다. 따라서 이 과정에서 각 이해당사자가 제공하는 자료는 반대 측으로부터 역으로 사용될 위험성은 적다하겠다. 여섯째, 해결의 유연성이다. ADR 절차는 제3자가 결정하는 해결 방식보다 이해를 더 잘 충족시키는 정교한 맞춤형 해결방안을 모색할 기회를 제공한다. ADR은 이해당사자가 누가 옳고 그른 지를 판결하는 것이 아니라 오히려 각자의 의사 결정자가 실행 가능하며 수용할 수 있는 해결대안의 개발에 중점을 두는데 특징이 있다. 또한 논의에 따른 가능한 타결 범위 내에서 쟁점 사안에 대한 보다 큰 유연성을 제공한다. 참여자는 편협한 법적 근거에 따른 사법적 판결절차에 구속되지 않고, 분쟁의 잠재적 동인을 제기하는 가운데 적적한 상호 원원을 위한 해결책을 개발함으로써 상호간 이익을 확장할 수 있다. 일곱째, 시간과 비용의 절약이다. 기존 방법은 법정자료 확보에 상당한 지연을 초래하지만, ADR 절차는 몇 년간의 법정소송 과정의 시간을 허비하지 않고 신속한 해결 기회를 제공한다. 또한 ADR 절차는 전반적으로 소송보다 저렴하다. 중립적인 제3자(조정자)의 비용은 변호사의 선임비용보다 적게 든다. 즉 불필요하거나 부적절한 소송에 따라 초래되는 공적비용을 줄이는데 도움을 줄 수 있다.

---

[108] Christopher Moore and Jerome Delli Priscoli, Alternative Dispute Resolution(ADR) Procedures, US Army corps of Engineers, 1989.

2. 대안적 분쟁해결의 주요 방법론

1) 개요

미국의 '행정분쟁조정법'(Administrative Dispute Resolution Act), '협상에의한규칙제정법'(Negotiated Rulemaking Act), '민사사법개혁안'(Civil Justice Reform Act) 등은 갈등의 자율적 해결과 조정을 목적으로 다양한 ADR 활용 수단을 제시하고 있다. 현재 미국의 공공기관에서 현재 활용되거나 활용하도록 권고하고 있는 대표적인 ADR 방법을 살펴보도록 하겠다.

ADR은 다양한 방법이 있으며 광범위하게 사용되는 포괄적 용어이다. ADR은 구조·형식성의 정도, 중개자(중재자나 조정자와 같은) 참여 방식, 이해당사자의 직접 참여의 정도에 따라 다양하게 존재한다. 다음은 공공기관에서 사용하는 일반적인 분쟁 해결 기법의 종류를 보여준다. 어떠한 분쟁은 어떠한 외부의 도움이나 논의, 협상 없이 이해당사자들 간에 직접적으로 해결 될 수 있는데 이는 '독립적 절차'(Unassisted Procedures)에 해당한다.

독립적 절차에 의한 효과가 입증되지 않을 때에는 제3자의 도움을 통하여 합의를 도출할 수 있다. 이를 '제3자의 도움'(Third Party Assistance)이라고 한다. 이들 방법 중에 일부는 '절차'에 도움을 주는 것이 있으며, 참여자 간의 소통이 원활히 이루어 질 수 있도록 도와주고 이해당사자들이 공정하다고 여기는 구조를 설정하는 것은 물론, 갈등해결을 유도하는 절차를 제안한다. 다른 기법들도 공정한 해결을 위한 결정과정에 도움을 주는 것과 관련이 있다. 모든 '제3자의 도움'은 의사 결정권을 이해당사자에게 맡기고 있다. 문제해결은 쌍방 합의에 의해 이루어진다. 이러한 방법으로 분쟁이 해결되지 않을 경우, 행정 법원이나 법정을 통한 해결을 의미하는 '제3자에 의한 의사결정'(Third-Party Decision Making)을 통해 이루어진다. 그리고 '갈등예방'(Dispute Prevention)은 본격적으로 분쟁으로 전환되기 전에 서로간의 대립되는 의견을 논의하고 소통과정을 개선하는 장치의 제공을 통해 사전에 갈등을 예방하기 위해 만들어졌다. 구속적 중재를 제외하고, 모든 ADR 과정은 이해기반 접근을 활용한다. 이들 접근법은 이해당사자들이 가능한 쌍방의 이익을 모색하도록 장려하고, 상호간 합의달성을 위해 마련된 원칙과 절차를 따른다. 경우에 따라서는 각 기법 간 결합할 수도 있다.

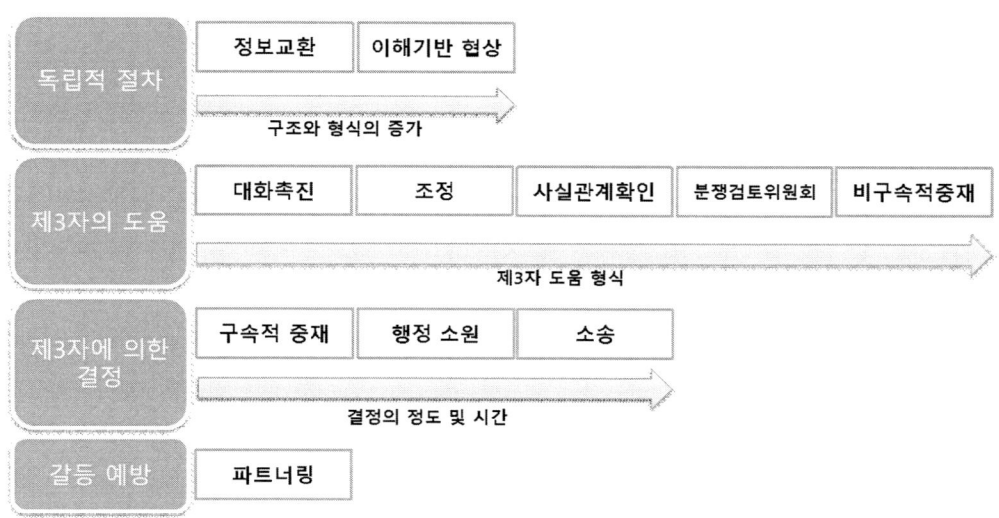

<그림Ⅲ-15> 미국의 분쟁해결의 방법적 구분

2) ADR 기법에 따른 주요 방식

(1) 독립적 절차

대부분 갈등이 발생하면 사람들은 각자가 만나 쟁점을 논의하고 문제를 해결하여 별다른 도움 없이 스스로 해결하는 것이 일반적이다. 하지만 이러한 방식이 항상 성공하는 것만은 아니다. 실제로 이러한 논의 과정은 참여한 이해당사자 서로가 양극단으로 치닫게 되면서, 결국 상대를 불공정하고 비합리적이라고 확신하는 것으로 끝나는 경우가 많다. 이러한 상황에서는 보다 구조화된 방법이 필요하다. 공공기관에서 자주 사용되는 기법으로는 정보교환 회의와 이해기반 협상이 있다.

① 정보교환 회의(Information Exchange Meetings)

정보교환 회의는 이해당사자들이 상호 정보를 공유하고, 각자의 쟁점과 실익, 입장 및 동기에 대한 인식을 확인하여, 사례의 사실관계를 둘러싸고 벌어지는 불필요한 갈등을 최소화 하려는 과정을 말한다. 일반적으로 정보교환 회의는 회의 동안 합의에 이르기 위한 공식적인 노력은 없다는 양해에서 시작되었다. 이 점은 참여자들에게 보다 개방적이고 참여에 따른 부담을 줄여 준다. 정보교환 회의는 보통 생산적인 문제 해결이나 협상의 첫 번째 단계로서 시도되는 것이 보통이다.

② 이해기반 협상(Interest-Based Negotiation)

이해기반 접근 원칙은 모든 ADR 기법에 포함되어 있으나, 이해기반 협상의 경우에도 당사자 간 합의 도출로 이어질 수 있는 절차 중 하나이다. 이 방식은 입장 중심적 협상과는 차별되고 조직을 대표하는 책임 있는 이해당사자들 간의 공식적인 협상이라 할 수 있다.

(2) 제3자의 도움

대부분의 ADR 기법은 분쟁해결에 전문적이며 중립적인 제3자의 도움과 관련된다. 제3자는 논의 이슈에 관해서는 전문가가 아닐 수도 있지만, 해결에 기여하는 절차를 마련하는 점에서는 전문가이다. 해결에 영향을 미치지만 제3자는 이해당사자간의 협력 방법이 합의나 실패에 상당한 영향을 미치는 것을 인식하고 이해당사자들 간 협력 방법 구성에 집중한다. 이밖에 ADR 절차는 모든 이해당사자에게 구체적 현안에 대하여 중립적인 상담을 제공하는 기술 전문가로서 제3자를 활용한다. 여기서 말하는 기술 영역에는 과정을 도와주는 기술부터 시작하여 실질적인 결과를 얻기 위한 상담을 제공하는 기술의 영역까지 다양하다. 다음의 제3자 도움 기법은 과정에 집중하는 기법들부터 시작하여, 결정의 본질에 점차적으로 참여하는 기법들에 이르기 까지 다양하다.

① 대화촉진(Facilitation)

대화촉진은 문제해결 회의와 그 수행과정에서 논의 중인 쟁점이나 현안에 대하여 편견이 없는 전문가의 도움과 관련된다. 대화촉진은 사업회의와 같은 분위기와 구조를 가지며, 이해당사자 간 공동으로 제안된 의제에 대해 논의한다. 이에 대한 사회자인 퍼실리테이터는 모든 이해당사자가 경청하고 있는 지, 회의가 정상적으로 궤도에 오르는 지를 확인하고, 문제해결에 이르는 데 유용한 방식을 제안한다. 일반적으로 대화촉진자는 대화촉진 방식에 상당한 영향권을 갖고 있지만, 도출되는 결정 요지에 영향을 미치는 것은 인정되지 않는다. 대화촉진자는 경우에 따라 협력적 문제 해결을 지원하기도 한다.

② 조정(Mediation)

조정은 이해기반 협상에 대한 제3자가 참여하는 방식이라고 설명할 수 있다. 이해당사자들은 협의과정을 설계하고 서로가 수용 가능한 해결로 안내 할 조정자(Mediator)를 선택하게 된다. 조정자는 해당 해결과정에 대하여 권고할 수는 이지만 문제해결 과정과 그 결과에 대한 중요한 결정을 하는 사람은 바로 이해당사자 스스로이다. 조정자의 존재는 이해당사자들이 정보를 공유하고 잠재된 문제를 제기하며 감정을 드러내는

데 '안전한' 환경을 창출하는데 있다. 성공적인 조정자는 이해당사자 자신들 및 서로에게 자신감을 갖게 하고, 이후에는 이러한 제3자 없이 합의을 이끌어 내는 협상이 진행될 수 있게 한다.

③ 사실관계 조사(Fact-Finding)

사실관계 조사는 지식이 고도로 전문화된 과학적, 기술적 혹은 사업상 분쟁에 사용될 수 있다. 이해당사자들은 진상 조사자 혹은 독립적 조사관 등으로 활동할 수 있는, 주제와 관련한 제3의 전문가를 선정한다. 그리고 이들 전문가는 보고서를 제출하거나 각 ADR 과정에서 조사 결과를 발표한다. 분쟁과 관련된 사실의 결정이나 법적 쟁점사항이 중점 되며 그 조사의 중심은 대부분 갈등의 초기에 맞춰진다. 그러나 사실관계 조사는 법적 사실이나 견해가 일치하지 않을 경우, 언제라도 실시될 수 있다. 보고서 발표나 증언 이후, 이해당사자들은 이후 협상을 통해 협의과정을 계속하거나 관련 조사를 더 수행토록 요구하기도 한다.

④ 미니 재판(Mini-Trial)

미니 재판은 실제 재판이 아니고, 합의를 통한 문제해결의 구조화된 양식이다. 양 이해당사자들의 대리자나 변호사 등은 불과 몇 시간에서 하루에 이르는 시간을 갖고 분쟁 당사자들의 대표 앞에서 관련 '사건'을 발표한다. 사건 발표 후, 각 대표들은 쌍방의 합의를 도출하기 위한 협상을 시도한다. 각 대표들은 '중립적인 자문가'를 두어 협상을 돕게 하는 데, 중립적 자문가의 역할은 이해당사자 대표에 의해 결정된다. 중립적인 자문가는 단순히 협상을 주도하는 역할을 할 수도 있고, 발표된 사건의 기술적 혹은 법적 가치에 관하여 주관적인 분석을 제공하는 기술 전문가가 될 수도 있다.

⑤ 분쟁검토위원회(Disputes Review Board)

이 방식은 특히 대형 건설사업과 관련된 소송해결에 도움이 된다. 분쟁해결의 큰 어려움은 이해당사자가 그들 입장의 장점을 주장할 수 있는 객관성을 상실한다는 점이다. 여기서 분쟁검토위원회의 가치는 충분한 자격을 갖춘 기술 전문가가 분쟁사안에 대하여 객관적 평가결과를 제공하는 것이라 하겠다. 기관과 계약자 양쪽은 자격을 갖춘 기술 전문가를 해당 위원회에 지명하고, 지명된 기술 전문가들은 양 이해당사자가 수용할 수 있는 제3의 위원을 선발한다. 그들은 분쟁이 발생될 경우 해당 위원회에 참석하게 된다. 위원회의 의견은 당사자와 최종 해결책을 두고 협상하는 것과 관련 된 자문에 해당한다. 보통 분쟁검토위원회의 의견은 매우 영향력 있으며 시의성 있는 분쟁 해결에 유용하다.

⑥ 비 구속적 중재(Non-Binding Arbitration)

비 구속적 중재에서 이해당사자는 권고를 제안한 중립적 중재자에게 자신들의 입장을 주장한다. 이 후 이해당사자는 이러한 권고를 자유롭게 수용 혹은 거절할 수 있다. 여기서 중재자(Arbitrator)는 이해당사자 간 합의에 따라 공정하고 객관적이며 식견이 있다고 여겨져 선발된 변호사, 판사, 갈등전문가 혹은 분쟁 이슈와 관련한 전문가이다. 중재 청문회는 형식에 구애되는 정도에 따라 차이가 있다. 일부 청문회의 경우는 상대적으로 비형식적으로 이해당사자들 간의 상호 작용을 허용한다. 또 다른 청문회의 경우는 반대 심문과 마무리 진술의 기회가 주어지는 준 사법적인 것이다. 또한 중재자는 소송의 정당성을 입증하기 위한 부가적인 조사도 수행한다. 비 구속적 중재에서 중재자는 실체적 사항에 대한 의견과 적절한 해결 방식을 제시하기도 하지만, 그러한 의견은 어디까지나 자문적인 성격에 지나지 않는다. 합의과정에서 협상을 이루는 것은 여전히 이해당사자들의 몫이다. 그러나 중재자는 중립적이면서 사건의 기술적 가치를 검토할 수 있는 자격을 갖고 있기 때문에, 중재자의 의견은 매우 영향력 있고, 이해당사자들이 합의에 이를 수 있도록 촉진할 수 있다.

3) 제3자 의사 결정

ADR 기법은 제3자에 의한 대안적 의사 결정이라 할 수 있다. 제3자 의사결정에의 '구속적 중재', '행정 법원', '소송'에서, 보통 구속적 중재만이 ADR기법으로 고려되는데, 그 이유는 그 기법만이 상호 협력을 통해 선택되기 때문이다. 즉 이해당사자의 사전 합의에 따라 중재자는 구속적 결정을 한다.

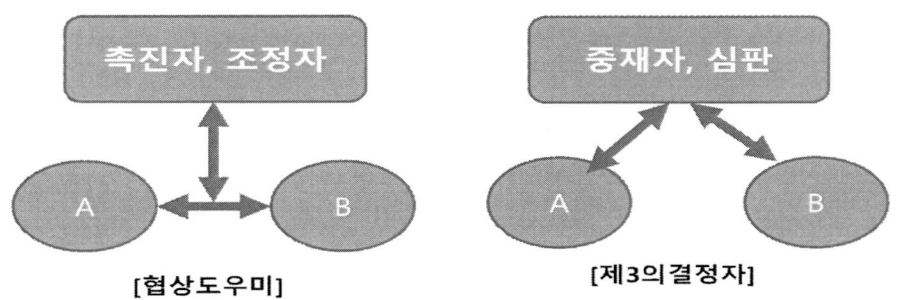

<그림Ⅲ-16> 협상 도우미 방식과 제3자에 의한 결정방식 비교

4) 갈등 예방

갈등이 확산된 후 해결을 도모하려고 노력하는 것 보다 최선의 방법은 예방이다. 일반적으로 갈등예방은 소통 개선과 관련되는데 각 상호 집단 혹은 사람과 공고한 인적 관계를 형성하고, 갈등 발생 전에 쟁점을 상호 제기 할 수 있는 절차를 확립하는 것이 그러한 예이다. 여기서 '파트너링'(Partnering)은 기관에서 가장 많이 사용하는 분쟁해결 기법이다.

파트너링은 계약 이행과정에서 주로 사용해온 갈등예방 기법으로 파트너링의 우선 목표는 상호 적대적 관계를 보다 협력적이고 조직 기반적 접근으로 변화시키는데 있다. 일상적으로 계약이나 합의가 체결되고 난 뒤 각 계약자는 파트너링에 참여자로서 초빙된다. 이들은 공통의 목표를 정의하고, 소통과정을 개선하며, 이후 함께 활동해야 하는 사람들 사이에 문제해결을 위한 공동 수행과정을 검토한다. 참여자들은 이를 위해 맡게 될 각자의 역할과 책임을 이해하고 인식하게 된다. 각 당사자는 목표의 비용이나 달성을 정의하고 협력하고, 그들이 성취하였을 때 얻게 될 이익을 공유하며, 양질의 목표와 그 목표를 달성하기 위하여 서로 노력하거나 관련 비용을 명확하게 한다. 또한 그 과정에서 추가 동의나 해결이 요구되는 논의가 있을 수 있다. 일반적으로 파트너링은 이해당사자들 간의 정규적인 조정 회의를 포함한 다양한 방식의 회의들이 있다. 파트너링 또한 협상가나 조정가(인) 등을 활용할 수 있다.

<표Ⅲ-18> 대안적 분쟁해결 방법(절차)별 비교

구분	정의	특징	활용
협상	· 이해당사자들이 타협하거나 이해차원 분쟁에 대해 제3자 없이 사용함으로써 차이를 해소코자 하는 방법	· 다른 기법에 비해 보다 약식이며 비형식적 · 대부분 외부 도움없이 이해당사자 스스로 참여 · 이해당사자들의 집이나 사무실 등에서 가능	· 이해관계 등 쟁점사안이 명백하고 상호 주고받을 수 있는 충분한 쟁점이 존재할 경우에 활용 · 이슈가 현 제도하에 해결가능한 범위이며 법적 논쟁이 적은 비 기술적 쟁점에 활용 · 이해당사자 수가 소수일 경우 · 당사자 간 관계가 양호하거나 긍정적 관계 형성 시 사용 · 갈등수준이 낮은 경우에 활용

대화 촉진	· 회의진행에 능숙한 제3자 도움으로 대안개발과 정보교환 목적의 과정	· 의제와 관련한 3명 이상의 이해관계자가 존재할 경우 · 회의진행과 유사한 분위기와 구조 · 퍼실리테이터는 결정에 영향을 줄 수 없고, 회의진행 방식에 영향 미침	· 문제의 공유, 해결 목표 및 방향성 파악 등을 위해 사용 · 갈등 수준이 낮을 때 활용 · 갈등예방 등을 위한 예비 조사 단계에서 사용
조정	· 이해당사자들 서로가 수용 가능한 합의에 이르기 위한 과정을 설계하고 추진할 객관적이며 중립적인 제3자를 통한 문제해결 방식	· 이해당사자가 최종 의사결정을 하며 조정자는 이들의 정보교환 잠재된 실익을 확인하고 논의에 도움 · 향후 조정자 없이 이해당사자간 협상의 틀을 제공하기도 함 · 조정자는 합의를 이끌어내는데 도움을 주는 행위를 하는 것으로 의사결정권을 갖지는 못함	· 이해당사자간 입장차가 분명하여 대립이 심화되는 경우 · 당사자간 직접 협상에 어려움이 있을 경우 · 이해당사자간 관계가 계속될 필요가 있을 경우 활용 바람직 · 당사자간 협상과정에서 교착상태에 빠졌을 때, 한쪽 당사자가 감적적으로 상처 받았다거나 무시당했다고 느낄 때 유용
사실 관계 조사	· 이해당사자가 중립적 전문가를 의제와 관련한 사건의 진상 및 독립적 조사관 선택하여 사실관계 파악	· 찬성과 반대의 쟁점파악 가능 · 보고 후, 이해당사자들은 협상하거나, 관련 조사 추가 가능	· 협의과정 내 사실관계 파악이 필요할 경우 활용 가능하나 일반적으로 초기에 사용 · 상호 제출의견이나 자료가 상반되거나 불충분할 경우 · 기술적인 이견이나 사실관계 갈등해소를 위해 사용
미니 재판	· 권위를 가진 전문가가 사건을 청취, 결정하는 구조화된 합의과정	· 이해당사자가 중립자를 선정하고 절차의 규칙 등을 설계 · 이해당사자는 관련 증거와 주장을 제출 · 중립자는 결과로서 권고와 조정, 혹은 자문 등을 제공	· 기술자료나 법과 사실이 혼용된 사안에 대한 분쟁 시 활용 · 신속한 결정이 요구되는 사안으로 소수의 이해당사자 존재 시 사용 · 분쟁 시 여러 단계에서 사용 가능
분쟁 검토 위원회	· 소유주와 계약자 사이의 협력을 요하는 논의 과정 · 중립적 전문가는 이해당사자가 결정토록 제공	− 3명의 기술 전문가로 구성 − 분쟁, 지연 및 해결 비용의 최소화	− 상당한 비용, 관련 소송이 복합적으로 진행 중인 사업에 적절 − 기술적 자료에 관한 분쟁 − 분쟁 발생 전, 초기에 추진

중재	• 전문지식을 갖춘 객관적이며 중립적인 제3자가 당사자의 주장을 듣고 증거를 검토한 후 결정하는 과정	• 비교적 구조적이지만, 판결보다 덜 형식적 형태 • 각 이해당사자 대리자는 증거와 주장을 제출 • 이해당사자는 제3자를 선정하여 관련 규칙과 관련 체계 선택가능 • 중재자는 이해당사자의 의견을 청취하고 판단하여 최종 결론 도출 • 법이 정하는 바에 따라 법적 구속력도 가짐	• 신속한 결정이 필요할 경우 사용가능 • 전반적 기준이 요구되는 경우, 법과 사실의 혼합된 사안 활용 • 갈등수준이 높고, 서로 향후 긴밀한 관계가 예상되지 않을 때 사용
파트너링	• 사업추진과정에서 상호의존이 필요한 둘이나 그 이상의 이해당사자가 신뢰와 상호 이해, 수용가능한 목표의 추구를 위한 파트너십을 위한과정	• 자발적이고 관계형성 상 상호 이해에 중심 • 이해당사자들은 상호간 사업완수를 위해 위험을 공유하고 협력을 촉진하는 원칙 충실에 동의	• 분쟁화되기 이전에 모색 • 갈등예방을 목적으로 향후 긍정적 관계 형성 과정에서, 혹은 장기적 진행 사업에 활용

3. 국내 공공갈등 해결을 위한 ADR 활용

1) 갈등해결을 위한 조정기법 활용의 배경

2000년대 이전까지 우리나라에서는 일반적으로 갈등을 해결하기 위하여 법(소송)에 따른 재판을 통해 이루어져 온 것이 사실이다. 그러나 시민의식의 성장과 더불어 정부의 정책 및 사업추진과정에서 이해당사자간 찬반갈등이 격화되고 법적투쟁이 늘면서 공공갈등의 장기화로 많은 갈등비용이 초래되었다. 이를 해결하기 위하여 참여정부는 본격적인 갈등관리에 대한 방법을 검토하면서 이러한 표출된 갈등, 즉 분쟁을 해결하기 위한 대안적 분쟁해결을 검토하는 가운데, 주로 법원에서 판결 전에 당사자 간 합의 절차로 여겨져 왔던 '조정'기법을 주목하게 된다.

이러한 공공갈등에 대한 갈등조정이 국내에 본격적으로 도입된 것은 2002년 당시 갈등으로 촉발된 '한탄강 댐 건설 갈등'으로, 이를 해결하기 위해 대통령 지시를 통해 대통령직속 기구였던 '지속가능발전위원회'가 갈등해결을 위하여 국내 최초의 갈등조정프로세스(한탄강댐 문제조정을 위한 관련 당사자 회의로써 한탄강댐갈등조정소위원회, 2004.2~11)를 진행한 것이 최초의 공공갈등에 대한 조정을 활용한 사례라 할 수 있다.

이처럼 한탄강 댐에서의 갈등조정과 함께 고리1호기 계속운전 여부에 대한 논의 과정 등 여러 공공갈등 사안에 활용되며 일반적으로 승패가 갈리는 법적소송을 진행하지 않고 사전에 이해당사자 참여로 합의형성을 이끌어내는 ADR방법 활용 가능성 여부가 시험대에 올랐으며 이를 계기로 전국적 주목을 끌게 되었다. 이러한 국내 환경에서의 ADR 방법은 2007년 '공공기관의 갈등 예방과 해결에 관한 규정' 제16조~제23조의 갈등조정협의회 및 관련 운영내용 등에 구체적으로 제시됨으로서 우리나라 갈등해결의 대표적인 방법이 되었고 현재 수많은 공공갈등의 해결과정에서 활용되고 있다. 이처럼 갈등조정이 주요 방법이 되었으나 해당 제도가 임의규정이고 그 해결의 권한을 갖고 있지 못한 한계가 있다. 따라서 중재 등은 해당 규정 내에서 법적구속력이 없어 다루지 못하였고 갈등조정협의회를 ADR 활용의 주요 기법으로 설명하고 있다. 국내 공공갈등 해결에 도입된 조정과정은 중립적인 제3자가 역할을 하는 가운데, 당사자 간 협상을 통해 문제해결 노력이 실패한 경우, 갈등이 장기화되거나 심화된 갈등의 경우에 도움이 되었다.

2) 갈등조정의 의미

대안적 분쟁해결 기법중 하나인 갈등조정은 공공갈등 해결을 위해 법적절차로 알려져 있는 '조정'(Mediation)을 활용, 제3자에 도움을 받아 합의를 형성해 가는 과정을 말한다. 일반적으로 국내에서는 조정자와 이해당사자 등이 참여하는 협의체의 형태로 쟁점에 대한 갈등조정프로세스를 진행하도록 되어 있다. 이 과정에서 사용되는 '갈등조정'의 의미는 "공공갈등에 관련하여 이해당사자 사이에 중립적이며 객관적인 제3자가 개입하여 상호신뢰를 바탕으로 동의를 구하는 절차"를 의미하며 여기서 제3자를 '갈등조정인' 혹은 '조정자'라고 부르고 있다.

갈등조정에 대한 국내 제도적 근거로는 앞서 설명한 바와 같이 2007년 마련된 대통령령으로 "공공기관의 갈등 예방과 해결에 관한 규정"이 대표적이다[109]. 이규정에서는 갈등조정에 대해 '갈등조정협의회에 대한 구성·운영'을 중심으로 하고 있고 특히 '당사자' 참여를 전제하고 있는 것이 특징이다. 또한 합의결과에 대해서도 '법령 등에 위배되거나 공익을 침해하지 않아야' 하며 기관의 장은 그 결과가 '이행될 수 있도록 노력'하

---

[109] 서울시 관련 조례로는 2012년에 제정된 '서울특별시 공공갈등 예방 및 조정에 관한 조례'가 있으며 앞서 대통령령과는 달리 해결방식을 '조정'으로 바꾸어 강조하고 있는데, 이처럼 갈등해결의 주요 수단으로 조정이 제시되고 있다.

게 되어 있다. 이처럼 강제조항은 아니지만 합의결과의 이행여부에 대한 우려를 불식시키고자 하는 내용을 담고 있다는 점도 특징이라 하겠다.

<표Ⅲ-19> 갈등관리 규정 상 갈등조정의 주요 내용

구분	주요 내용
제16조 (갈등조정협의회)	① 중앙행정기관의 장은 공공정책으로 인하여 발생한 갈등해결을 위하여 필요하다고 판단되는 경우에는 각 사안별로 갈등조정협의회(이하 "협의회"라 한다)를 구성하여 운영할 수 있다. ② 중앙행정기관의 장은 협의회의 구성과 운영에 필요한 행정적 지원을 하여야 한다.
제17조 (협의회의 구성)	① 협의회는 제19조에 따른 의장 1인, 관계 중앙행정기관 및 이해관계인으로 구성한다. ② 관계 중앙행정기관 및 이해관계인(이하 "당사자"라 한다)은 필요하다고 인정하는 경우 관련단체와 전문가를 협의회에 참석시킬 수 있다. ③ 공동의 이해관계가 있는 다수의 당사자는 그 중 1인 또는 수인을 대표 당사자로 선임할 수 있다.
제21조 (협의결과문의 내용 및 이행)	① 협의결과문의 내용은 법령 등에 위배되거나 중대한 공익을 침해하지 않아야 한다. ② 중앙행정기관은 제1항에 따른 협의결과를 성실하게 이행하도록 노력하여야 한다.

3) 갈등조정협의회와 추진을 위한 필수 조건

(1) 의의

갈등조정협의회는 다수의 이해관계자가 다양한 입장과 견해, 이해관계의 차이로 인하여 갈등이 발생하였으나, 발생한 갈등을 이해관계자 스스로 합의나 협상에 의해 해결하지 못하는 경우에 활용하는 갈등 조정의 한 방법이다. 갈등조정협의회에는 이해관계자간 대화를 촉진하고, 상호 이해를 도모하고, 이해관계자가 합리적인 결과를 도출할 수 있도록 지원하는 객관적이고 공정하고 신뢰할 수 있는 중립적 역할을 하는 조정자가 참여하고 있다.

(2) 사업 대상과 구성

일반적으로 갈등조정협의회를 통한 갈등관리가 필요한 사업은 다음과 같다.

<표Ⅲ-20> 갈등조정협의회를 통한 갈등관리 사안의 예

주요 갈등관리 사안	주요 내용
① 법령에 의해 규정되어 있는 경우	- 토지보상(토지보상법 제82조) 등
② 다양한 이해관계자 집단이 존재하는 경우	- 선형개발 사업, 면형개발 사업 등
③ 가치갈등 혹은 복합갈등의 성격이 강한 경우	- 도로, 철도, 발전소, 송변전시설, 공항, 항만, 도시, 산업단지 등 대규모 국책 사업
④ 시민환경단체 등이 주요 이해관계자일 경우	- 문화, 환경, 종교 등에 영향을 미치는 사업
⑤ 사업의 타당성/필요성이 핵심 이슈일 경우	- 500억 이상 규모의 사업/ 일부 민자 사업
⑥ 기타, 이해당사자 요청이 있을 경우	- 교착상태로 이해당사자 조정 요청

'공공기관의 갈등예방과 해결에 관한 규정' 제16조~제23조(갈등조정협의회)에서는 그 대상과 구성, 기타 운영에 대하여 정해놓았는데 구체적인 내용은 다음과 같다.

<표Ⅲ-21> 갈등관리 규정상 조정협의체 대상, 구성과 운영

구분	주요 내용
조정대상	· 중앙행정기관장은 공공정책에 의거 발생한 갈등해결을 위해 사안별 갈등조정협의회 구성운영가능
정부역할	· 중앙행정기관장은 협의회 구성과 운영에 필요한 행정적 지원을 하여야 함
협의회 구성	· 협의회는 의장 1인, 관계 중앙행정기관 및 이해관계인으로 구성 · 이해관계자는 필요시 관련단체와 전문가가 협의회에 참석시킬 수 있음 · 다수의 당사자는 그 중 1인 또는 수인을 대표 당사자로 선임가능 · 협의회의 구체적인 구성과 운영은 당사자가 정하는 기본규칙에 따름
의장 선출	· 협의회 의장은 중립성과 공정성을 바탕으로 당사자 간 갈등해소를 지원·촉진하며, 이들의 의사를 최대한 존중. 또한 당해 사안과 직접 관련이 없는 자 중 당사자 간 합의에 의해 선정

구분	
협의절차	· 당사자는 상호존중과 신뢰를 바탕으로 대안 창출을 위해 적극적으로 협력 · 협의절차는 비공개를 원칙으로 하되 당사자들이 모두 합의한 경우에는 공개할 수 있음
협의결과	· 중앙행정기관은 협의결과를 성실하게 이행하도록 노력하여야 함 · 협의결과문의 내용은 법령 등에 위배되거나 중대한 공익을 침해하지 않아야 함
보안	· 중앙행정기관장 등은 해당과정에서 알게 된 비밀의 누설이나 직무상 목적 외 사용하면 안 됨

(3) 조정을 통하여 해결이 가능한 범위

갈등조정은 사안에 따라 해결이 가능한 사안이 있고 그렇지 못한 사안도 있다. 당사자가 요구한다고 해서 무조건 되는 것이 아니며 특히 법적 절차에 들어가거나 정치적 이슈와 연결된 사안의 경우에는 갈등조정이 바람직하지 않다. 그 주요 내용은 다음과 같다.

<표Ⅲ-22> 조정을 통해 해결이 가능하거나 불가능한 범위

구분	주요 내용
조정을 통해 갈등 해결이 용이한 사안	- 분쟁해결에는 관심이 있지만 이해당사자간 개인적인 성향이나 대화 부족이 그 원인인 경우 - 분쟁 성격상 협상, 대화 등 전통적인 방식으로는 해결하기 어려운 경우 - 향후에도 당사자 간 관계지속이 필요할 경우 - 협상이 교착상태에 이르고, 당사자들이 실패에 대한 선례를 남기기를 꺼려할 때 - 당사자가 분쟁 중인 사안에 조정프로세스를 밟고자 하는 경우 - 당사자가 전통적인 소송절차에 의한 시간 소모를 원하지 않고 신속한 해결을 원할 때
조정을 통해 갈등 해결이 어려운 사안	- 형사상의 범죄에 해당하는 사안 - 사안이 중대한 법적, 정책적 법적 이슈를 포함하고 있는 경우 - 당사자가 협상에 의해 사안을 해결하고자 할 때 - 이슈가 전 국가적인 영향력을 갖고 있거나 법정 공방과 관련되고 오직 한쪽 이해당사자에 의해서만 해결되어야 할 합당한 이유가 없는 경우 - 이슈가 정치적 이해와 결부되어 있는 경우

(4) 갈등조정의 원칙

갈등조정이 가능하려면 앞서 언급한바와 같이 이해관계자의 동의가 필수적이다. 그리고 이들이 조정자에게 그 절차의 형식과 운영 등을 맡긴 만큼 존중해야 한다. 조정자도 사안에 대해 관련이 없고 중립적 위치에 있어야 하며 이들 간의 이슈에 대하여 공평·공정하게 다루어야 한다. 이처럼 갈등조정을 위한 원칙을 정리하면 다음과 같다.

<표Ⅲ-23> 갈등조정의 원칙

구분	주요 내용
이해관계자의 사전 동의	- 갈등조정을 위해서는 먼저 이해관계자가 조정과정에 동의해야 함
이해관계자의 자기 결정 존중	- 참여자는 스스로 내린 결정(자기 결정권)을 존중하고, 조정자가 결론을 내리거나 자신의 의견을 관철하려 해서는 안 됨
조정자의 공평성	- 조정자는 분쟁 중인 당사자들과 이슈에 대하여 공평, 공정하게 대해야 함 - 조정자의 공평성에 의문이 제기되는 경우, 이해관계자는 언제라도 조정을 중지시킬 수 있음
조정자의 이해관계 배제	- 조정자는 해당 사건과 관련하여 이해관계가 걸려있어서는 안되며, 이해당사자와 안면이 있거나 조직적인 관계가 있을 경우에는 이점을 미리 상대에게 알려주어 상대방의 동의를 구해야 함
조정자의 비밀 유지	- 조정자는 조정과정과 연관하여 논의된 내용에 대하여 비밀을 유지해야 함. 그러나 비밀유지 예외사항도 있음 - 예외사항 · 조정에 대한 동의 · 조정 결과 작성된 합의문 · 당사자가 서명으로 합의한 분쟁해결과정을 기록한 회의록 · 조정에 앞서 대다수의 대중이 알고 있는 내용들 · 법령에 의해 공개하도록 요구된 정보 · 부정 및 법의 위반의 방지 및 공중의 건강과 안전을 도모하기 위하여 법원이 공개하도록 요구한 정보 · 조정절차에 의하지 않아도 다른 과정을 통하여 밝혀질 수 있는 내용

(5) 조정자의 필요성과 역할

조정자 참여는 당사자 간 대화분위기를 이끌어내고 숨겨진 실익을 기반으로 대안마련과 관련 협상할 수 있도록 도움을 준다. 이를 위해서 조정자는 참여자의 관계를 통해 발언 등을 주의 깊게 청취하고, 어려운 이야기를 쉽게 전달할 수 있도록 하며 지속적인 협상분위기를 이끌어내도록 노력해야 한다. 또한 참여자들이 논의되고 있는 내용들을 잘 이해하고 있는지 확인하며, 앞서 정한 사전규칙에 대한 공정한 심판으로서의 역할을 수행하여야 한다. 이처럼 조정자의 필요성과 역할을 정리하면 다음과 같다.

<표Ⅲ-24> 갈등조정자의 필요성과 주요 역할

구분	주요 내용
조정자의 필요성	- 당사자 스스로 원하는 점을 명확히 인식하고 정확히 표현하도록 도움 - 참여자 서로가 하는 이야기를 듣도록 하는 분위기 조성 - 입장이나 행동에 감춰진 실제 이해를 파악하고 협상할 수 있도록 도움 - 참여자들이 이해관계에 초점을 맞추도록 유도 - 참여자가 각 쟁점을 파악할 수 있도록 도움 - 다양한 대안 등을 제안
조정자의 역할	- 참여자의 발언을 주의 깊게 청취하고 요약 - 참여자의 발언속의 감정을 공개적으로 인정 - 표현된 쟁점, 의제, 이해관계를 풀어서 설명 - 참여자의 유화적 표현을 강조하여 협상 분위기를 조성 - 사전에 정해진 운영규칙(사전규칙)이 준수되도록 공정한 심판의 역할 - 말하고 있지 않은 참여자가 잘 듣고 있는지 확인 - 충분한 정보를 유도할 수 있는 적절한 질문 - 입장에 근거한 주장, 감정적 표현 등을 실제 이해로 풀어서 설명

(6) 조정자의 선택

조정자 선택과 관련하여 외부 갈등전문가로 할지 아니면 자체 공무원 등이 수행할지는 사안의 심각성, 이해관계성, 운영 공정성 등 다양한 사안과 관련이 있다. 이를 정리하면 다음과 같다.

<표Ⅲ-25> 갈등조정자의 선택과 유의사항

구분	주요 내용
외부 갈등 전문가 선임	· 해당 분야 갈등조정 경험이 풍부한가?
	· 과거 갈등 조정의 결과는 성공적이었는가?
	· 공정성과 객관성을 유지할 수 있는 위치에 있는가?
	· 해당 분야에서 갈등조정자로서 신망이 있는가?
공무원 등 직접 조정	· 해당 분야 갈등조정 경험이 풍부한가?
	· 과거 갈등 조정의 결과는 성공적이었는가?
	· 공정성과 객관성을 유지할 수 있는 위치에 있는가?
	· 해당 분야에서 갈등조정자로서 신망이 있는가?
기타 공무원 직접 조정이 어려운 경우	· 공공기관이 핵심적인 이해관계자의 하나인 경우
	· 공공기관이 공정성과 객관성을 유지하기 어려운 경우
	· 갈등조정 결과를 정책에 반영하기 어려울 경우
	· 신뢰할 수 있는 갈등조정전문가가 존재하는 경우

4. 갈등조정프로세스 실무

갈등조정프로세스의 실무는 크게 사전단계와 운영단계로 구성된다. 사전단계는 해당 갈등사안이 조정이 가능한 상황인지 참여자의 의지 등을 확인하는 한편, 갈등조정협의회를 추진하기 전 행정지원 등 실무차원의 전반적 사항을 준비하는 단계라 할 수 있다. 운영 단계는 이해관계자가 참여하는 가운데 중립적인 조정자의 조정이 이루어지고 각 쟁점별 합의를 통해 최종 합의가 이루어지는 소위 합의형성과정이다.

1) 사전 단계

갈등조정프로세스를 추진하기 위해 우선해야 할 일은 정보의 수집과 함께 해당 사안을 해결하기 위하여 조정 방식의 활용이 적합한지 여부를 판단하는 것이다. 여기서 정보 수집이 필요한 이유는 해당 사안이 조정을 통해 해결될 수 있는지를 결정하기 위한 것이며, 이를 위해서는 핵심적인 이해관계자를 대상으로 한 인터뷰 등을 실시하는 것이 일반적이며 현재 갈등상황이 제3자 조정을 통한 갈등해결이 적합한지 판단하는데 도움이 된다. 만약 이미 갈등영향분석을 실시하여 조정방식으로 추진이 결정된 경우 본 절차는 생략 가능하다. 실제로 갈등조정이 추진되기 전에 갈등영향분석을 실시하는 것은 이러한 결정에 적절한 방법으로 이를 통해 이해관계자간 입장, 관계, 쟁점, 그리고 논의될 주요 의제 등에 대한 사전 파악이 가능하다. 만약 갈등영향분석 실시가 어렵다면 조정여부 판단을 위한 갈등전문가를 통한 사전 조사를 시행하는 것이 바람직 할 것이다.

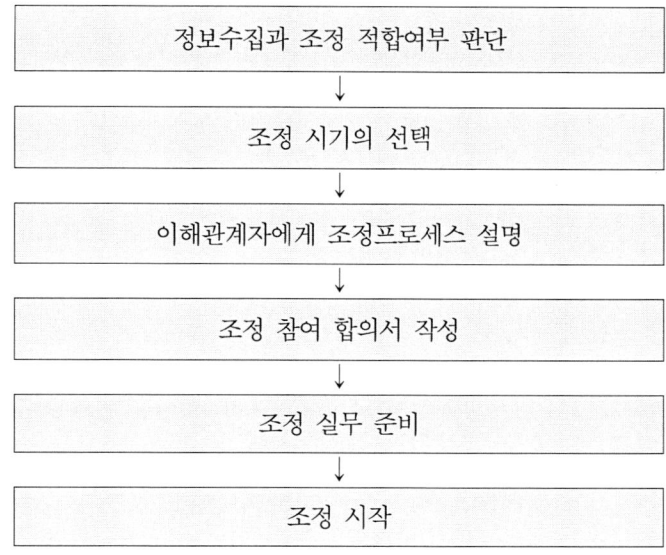

<그림Ⅲ-17> 갈등조정프로세스 상 사전 단계에서의 각 절차

다음은 조정 시기를 선택하는 것이다. 조정 시기는 일반적으로 갈등이 발생 한 이후로 사업단계와는 상관없이 선택 가능하다. 그렇지만 보통 갈등발생 초기에 활용하는 것이 효과적이다. 왜냐하면 갈등이 장기화될수록 이해당사자의 입장이 더욱 견고해지고, 불만과 감정이 악화되면서 관계가 악화되고 또 다른 이슈가 늘어날 수 있으며 대화보다는 힘 대결, 정치적 수단 등을 통해 해결하고자 하는 경향이 커지기 때문이다. 그리고 조정은 이해당사자의 동의가 있으면 언제든지 다시 시작될 수 있기에 형식적으로나 시기적으로도 열려 있는 협의체 운영이 좋다.

이해관계자 참여 동의가 이루어지고 나면 이들에게 조정프로세스에 대한 설명과 함께, 그 내용에 대한 안내를 해야 한다. 이를 통해 조정을 갈등해결방식으로 선택하고자 하는 자는 당사자들에게 조정프로세스 내 각 운영·진행방식 등에 대한 정보를 제공하여 조정에 대한 이해도와 수용성을 제고해야 한다. 그리고 조정을 통한 갈등해결을 추진할 경우, 조정자에 대한 신뢰 확보가 필수이다. 따라서 조정자의 소개하거나 사전에 참여자들로부터 미리 조정자 추천받아 진행하는 것이 바람직하다.

<표Ⅲ-26> 갈등조정프로세스에 관하여 참여자에게 제공되는 주요 정보

구분	주요 내용
조정의 기초	- 조정 신청에 공식적 분쟁해결 과정(예, 소송)과는 별도 진행이라는 정보 - 조정과 다른 대안적 분쟁해결(ADR)의 차이, 이외 방법과의 차이 등에 관련한 정보
참여자 및 운영 과정	- 조정자의 임무와 관련 정보 - 조정 관련 시간 및 일정표 제시 - 조정과정에 참여자(참관인 등)의 범위
기 타	- 합의에 이르지 못할 경우에 대한 사항

이를 통해 조정자가 확정되고 조정프로세스 참여 합의서 작성하게 된다. 이는 조정프로세스에 참여하는 이해당사자에게 해당 갈등을 조정방식을 통해 해결하겠다는 참여의사를 문서를 통해 확인하는 절차이다. 이에 대한 구체적 내용은 <부록>의 해당 양식을 참조하라.

다음으로 해당 지원부서는 조정프로세스를 위한 실무준비절차에 돌입하게 되는데 주요 내용으로는 조정에 대한 관련 정보를 이해관계자에게 전달하고 시간, 장소, 일자 등을 확정하는 것이다. 이를 추진하기 위한 유의사항을 정리하면 다음과 같다.

<표Ⅲ-27> 갈등조정 실무 준비 상 유의사항

구분	주요 내용
회의장소 중립성	- 회의장이 이해당사자가 모두 선호하는 장소인가?
개별 면담장소	- 조정 진행 중 이해당사자와 개별면담 장소가 마련되어 있는가?
전화 및 인터넷	- 이해당사자가 도움이 필요 한 경우 요구되는 장비가 마련되어 있는가?
합의문 작성	- 합의문을 작성할 수 있도록 컴퓨터 프린터 등이 준비되어 있는가?
기 타	- 참여자의 상태(장애 여부 등)에 대한 고려가 되어 있는가?

조정을 위한 사전 준비가 모두 완료되었다면 공공갈등 관련 이해당사자간 상충하는 이견을 해소하고 이들 간의 이해관계를 조정·합의하기 위한 갈등조정협의회를 본격적으로 운영하게 된다.

2) 운영 단계: 갈등조정협의체 운영

일반적으로 갈등조정협의체는 '갈등조정협의회 적용 탐색'에서 '합의안 도출'에 이르기 까지 아래와 같이 총 6단계로 운영된다. 여기서 1~2단계는 '준비단계', 3~4단계는 '조정단계', 5~6단계는 '합의단계'로 이루어져 있다.

1단계	갈등조정협의체의 적용·파악 단계
2단계	갈등조정협의체 구성 단계
3단계	갈등조정협의체 기본운영규칙 마련 단계
4단계	갈등조정협의체 조정 시작 단계
5단계	갈등조정협의체의 조정합의초안 마련 단계
6단계	갈등조정합의안 도출 단계

<그림Ⅲ-18> 일반적인 갈등조정프로세스의 단계

(1) 준비단계(1~2단계)

우선 1단계로 갈등조정협의체의 적용 및 파악을 하는 단계이다. 갈등에 따른 쟁점과 예상되는 논의 의제, 참여하는 이해당사자를 파악하는 것으로 주요 확인 사항은 다음과 같다.

<표Ⅲ-28> 갈등조정 적용 및 파악을 위한 주요 확인사항

구분	주요 내용
전담팀 구성	· 갈등조정협의회의 구성과 진행을 담당할 행정 실무팀을 구성하였는가?
예상의제 파악	· 갈등 쟁점, 논의 의제, 의제별 대안 등을 파악하였는가?
이해당사자 파악	· 이해당사자 및 대표자를 파악하였는가?

다음은 2단계로 협의회 구성 단계이다. 여기서 협의회에 참여하는 이해관계자를 확정하고 이들의 동의를 확보하는 한편 조정자 선정 및 결정하는 것으로 주요 확인 사항은 다음과 같다.

<표Ⅲ-29> 협의체 구성을 위한 주요 확인사항

구분	주요 내용
참여자 구성	· 추가로 포함시켜야 할 이해당사자가 존재하는가?
	· 참여자의 대표성이 있는가?
동의여부	· 이해당사자의 참여의사를 서면으로 확인하였는가?
조정자 선정	· 참여자의 의견을 수렴하여 조정자를 선정하였는가?
	· 선정된 조정자는 참여자로부터 신뢰를 받고 있는가?
공 고	· 협의체 구성에 대하여 공식적으로 알렸는가?

(2) 조정단계(3~4단계)

조정단계는 운영을 위한 사전규칙 마련과 조정운영으로 구분된다. 우선 사전규칙을 마련하기 위한 3단계에서는 운영규칙 마련을 위한 사전 모임이 진행되어 그 구체적인 내용의 얼개를 완성한다. 그리고 논의할 쟁점이 복잡하고 분야별 대응이 필요한 경우 관련 분과, 실무위원회, 소위원회 등의 필요성을 검토한다. 다음은 협의체 운영에 앞서 확인할 내용과 일반적으로 사전규칙에서 정해져야 할 주요 항목을 제시하였다.

<표Ⅲ-30> 협의체 운영을 위한 주요 확인사항

구분	주요 내용
운영규칙 마련	· 협의체를 효율적으로 운영할 수 있는 운영규칙을 마련하였나?
실무위 등 검토	· 참여자들이 관심을 갖고 있는 의제가 다른가? · 실무적이고 전문적 검토가 필요한가?
확정방법	· 충분한 토론과 합의를 통해 운영규칙이 확정되었는가?

<표Ⅲ-31> 협의체 운영을 위한 사전규칙의 주요 항목

구분	주요 내용
일반 개요	· 조정협의체의 목적 · 조정회의의 일정 및 회의진행일정
참여자	· 관련 이해당사자의 범위 · 조정대표자의 선정 · 조정회의의 구성과 운영 · 각 참여자의 역할과 책임 · 참여자 간의 대화를 위한 상호 원칙 · 참관인의 자격과 의무
회의 진행	· 조정회의의 진행방식 · 의사결정, 합의 절차 및 방법 · 언론 취재 등에 대한 대응방법 · 소위원회 설치여부 및 소위원회와 전체회의간 관계 · 문서회람 및 검토방법, 비밀보장 · 최종합의문의 작성 및 분배

사전규칙 등이 합의되면 본격적인 조정회의가 시작되는 4단계로 진입한다. 이 단계에서는 회의일정 및 장소 등이 통보되고 공고 등을 통해 회의가 공식화 된다. 그리고 서로 동의하여 정해진 회의 날짜에 모여 주요 갈등쟁점 제시와 의제별 토론, 각종 질의응답이 이루어진다. 그리고 사실정보 확인 및 추가적 정보 수집이 이루어지는데 필요시 전문가를 통한 사실관계조사 등을 통해 결과를 보고 받을 수 있다. 이처럼 조정자를 중심으로 이해당사자의 입장과 실익을 교환하며 쟁점별 대안의 모색 및 검토(수용성, 합법성, 실행가능성 등) 등을 하게 된다. 논의 순서는 조정자는 상호 합의가 쉬운 의제부터 하는 것이 일반적이며, 그 과정에서 소위원회, 태스크 포스 등을 구성하여 운영하는 등 쟁점에 따라 깊이 있고 시간소비를 경감하는 다양한 방식을 활용할 수도 있다.

<표Ⅲ-32> 조정단계에서의 주요 확인 내용

구분	주요 내용
의제 상정	· 논의할 의제 내용 및 문제에 대해 공유하고 있는가?
회의 진행	· 조정자는 공정성과 중립성을 준수하고 있는가? · 참여자는 성실하고 진지하게 협의에 임하고 있는가?
정보확인 및 수집	· 조정자는 합의 도출에 필요한 증거자료 확보에 노력하고 있는가? · 사실확인조사 등을 실시할 필요가 있는가?
회의일정 및 기간	· 일정한 간격을 두고 규칙적으로 개최되고 있는가? · 기간 결정이 법에 의한 최종시한, 상황심각성, 참여자의 관심 및 의지, 참여자의 지역적 분포, 추가 조사 필요성 등을 고려하였는가?

(3) 합의단계(5~6단계)

합의단계는 각 쟁점별 합의초안 마련과 최종 합의안 도출로 구분된다. 5단계는 쟁점(선정 의제)별 토론 및 조정을 통해 합의초안이 마련된다. 합의초안 마련을 위해 확인할 주요 내용은 다음과 같다.

<표Ⅲ-33> 합의초안 마련을 위한 주요 확인사항

구분	주요 내용
쟁점토론 및 조정	· 조정자는 관련 자료의 객관성을 토대로 조정을 유도하고 있는가? · 조정자와 참여자는 합의 가능한 안건과 합의가 어려운 안건을 분리하는 등, 합의의 범위를 넓히기 위해 노력하고 있는가?
합의 초안 마련	· 각각의 합의안이 참여자 대표와 그들 집단으로부터 인준을 받았는지 확인하였는가? · 운영규칙에 따라 합의초안이 마련되었는가? · 법적 구속력 등의 검토가 완료되었는가?

최종단계인 6단계에서는 합의안 도출이 시도된다. 즉 앞서 각 쟁점별 조정안 초안에 대한 합의를 시도하고 각 합의사항에 대한 최종 합의문을 작성하게 된다. 그리고 최종 합의문 도출되고 참여자들의 서명날인을 통해 갈등조정협의회의 목적이 달성되었으므로 종료된다. 필요시 참여자들은 조정합의안 이행 및 모니터링을 위한 별도의 협의체를 구성할 수 있다.

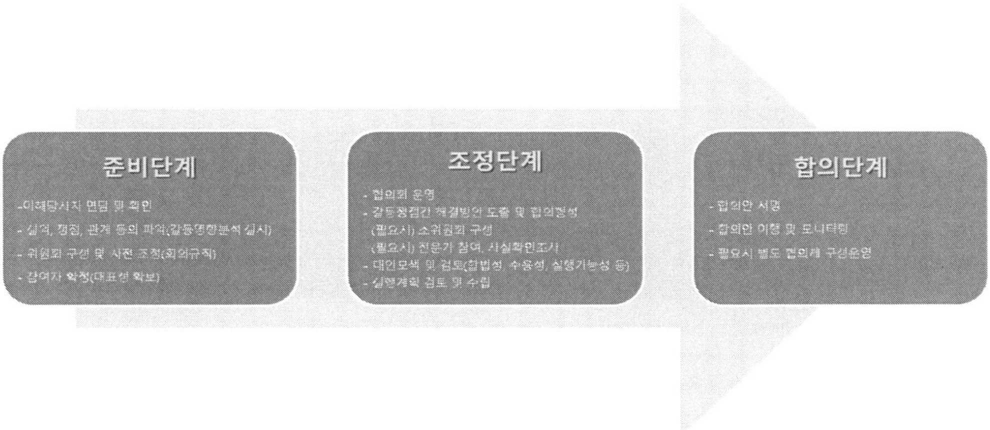

<그림Ⅲ-19> 갈등조정협의체의 각 운영 단계와 주요 내용

이상과 같이 공공갈등의 기초와 더불어, 국내 갈등관리의 주요 수법으로 활용되고 있는 갈등영향분석, 참여적 의사결정, ADR과 그 구체적 방법에 대해서 설명하였다. 다음 장에서는 갈등관리 실무 활용에 도움을 주기 위하여 국내·외 공공갈등, 갈등영향분석, 갈등조정협의회, 참여적 의사결정 사례 등을 알아보고 공공정책 및 사업추진과정에서 갈등관리가 어떻게 활용되었는지 알아보도록 하겠다.

제3절 국내 갈등관리시스템 구축 사례

1. 서울시 갈등관리시스템 개요

1) 조직 및 추진과정

(1) 공공기관의 갈등전담부서 설치 및 담당제 추진

전국적으로 정부차원의 갈등관리는 2011년 인천광역시 부평구에서 공공갈등조정관(6급 팀장급) 제도를 도입하면서 시작되었다. 이후 2012년 서울특별시를 시작으로, 대구광역시, 인천광역시, 경기도 등의 광역자치단체는 물론 수원시, 하남시, 이천시 등의 기초지방자치단체에서도 갈등관리 담당자를 지정하여 시스템을 구축, 운영 중이다[110]. 공사 등 공공기관의 경우에는 기존에 갈등발생이 빈번하거나 우려되는 기관들을 중심으로 운영 중인데 한국수자원공사, 한국전력, 한국수력원자력 등이 대표적이고 팀 단위로 구성되어 있다. 일반적으로 국내 공공갈등에 대한 관리는 각 기관별로 기획, 법무, 소통 등의 부서차원에서 팀 혹은 그 이하 단위로 대부분 갈등업무 담당자 지정(1명)되어 갈등관리심의위원회 대응을 중심으로 운영되고 있는 것이 현실이다. 다만 최근에는 공론화 기능 등도 포함되면서 그 역할과 필요성이 높아지고 있으나 지원·운영체계는 업무의 필요성에 비해 여전히 미흡한 상황이다. 이는 법제도적으로 해당 업무에 대해 강제화 되고 있지 못하고 있는 것과 관련되며 이에 따라 선거나 위정자의 선택에 따라 운영되고 있어 조직적으로 지속성을 갖기 어려운 한계도 가지고 있다[111].

특히 이러한 사례로 서울특별시의 공공갈등관리가 대표적으로 서울특별시는 2010년 전후 뉴타운사업에 따른 갈등이 폭증하던 때 해당 문제 해결 공약을 내세워 선거에 당선된 서울시장이 이 갈등을 해결하고자 2012년 '서울특별시 공공갈등 예방 및 조정에 관한 조례'(이하 갈등관리조례) 제정과 갈등관리 전담부서를 설치·운영하면서 본격화되었다.

---

110) 중앙정부의 경우, 환경부에서도 2019년부터 갈등관리팀을 잠시 운영하였으나 2021년 12월 현재 해체되었다. 그리고 제주해군기지, 사드기지, 비행장 및 사격장 소음 등이 점차 사회문제화 되면서 국방부 산하 각 본부에서는 갈등관리 대응을 시작하였다. 예로 공군본부의 경우, 수원군공항이전 갈등 등을 계기로 2007년 항공우주전투발전단 산하에 갈등관리실을 설치(2021년 현재 정책실 산하)하여 운영 중(과장급)이다. 또한 국방부 육군본부의 경우, 2021년부터 각 군단별 갈등관리 전담부서(4급)를 설치하여 운영 중이다.
111) 다만 공군의 경우에는 관련 업무에 대한 해당 전담부서와 조직구성(갈등관리팀, 갈등관리지원팀) 등을 공군갈등관리 규정을 통해 강제화 하고 있어 참조할 만하다.

<표Ⅲ-34> 광역 지방자치단체 갈등관리 운영 현황(2021년 기준)

광역자치단체	갈등관리 조직	조직 현황
서울특별시	시민협력국-갈등관리협치과(갈등관리 지원팀)	6명 (팀장1,사무관1,주무관4)
부산광역시	행정자치국-협치정책과	4명 (팀장1, 주무관3)
대구광역시	자치행정국-소통민원과	1명 (주무관1)
인천광역시	시민정책담당관	3명 (팀장1, 주무관2)
광주광역시	자치행정국-자치행정과	1명 (주무관)
대전광역시	시민공동체국-시민소통과	2명 (사무관1, 주무관1)
울산광역시	기획조정실-사회혁신담당관	1명 (주무관)
세종특별자치시	없음	-
경기도	소통협치국-민관협치과-갈등조정팀	8명(팀장1, 주무관5, 갈등조정관2)
강원도	없음(사회갈등조정위원회는 권익위원회 형식)	1명(주무관)
충청북도	없음	-
충청남도	공동체지원국-공동체정책과	4명(팀장1, 주무관3)
전라북도	자치행정국-자치행정과	1명(주무관)
전라남도	자치행정과	1명(주무관)
경상북도	자치행정과	1명(주무관)
경상남도	사회혁신추진단-민관협력담당	2명(팀장1, 주무관1)
제주특별자치도	소통혁신정책관-소통담당관-도민소통팀	4명(팀장1, 주무관3)

* 출처: 조성배, 서울시 갈등관리 전담부서 10년의 성과와 의미, 2021 서울갈등포럼 – 서울시 갈등관리, 새로운 10년, 서울특별시, 2021. 10.22.

(2) 서울특별시 전담부서 설치 추진

서울시 갈등관리는 2012년 1월, 광역자지단체 최초로 갈등관리 전담부서(4급)인 갈등조정담당관(2020년 1월 기준 정원 12명, 서울혁신기획관 소속)을 신설하였다. 그리고 그 구체적인 이행을 위해 2012년 갈등관리 조례, 2013년 갈등관리 조례 시행규칙을 제정하여 법제도적 근거를 마련하였다. 이후 갈등예방, 갈등해결, 갈등지원 등을 중심으로 관련 사업이 진행되어왔고 갈등관리 기본계획을 수립하여 체계적 대응이 가능하도록 하였다. 특히 2019년 7월에는 현장 갈등에 대한 맞춤형 조정을 위한 갈등조정관(5급) 3명을 채용하여 적극적인 맞춤형 대처가 가능하도록 하였다. 갈등조정담당관은 갈등조정팀·갈등관리팀으로 구성되어 있고 갈등조정팀이 주무팀으로 일반행정 운영과 관련한 회계, 예산, 서무 기능을 가지고 있고 업무차원에서는 갈등조정팀은 기본계획 수립, 갈등관리심의위원회, 공론화, 갈등경보제, 갈등포럼 운영을, 갈등관리팀은 주로 갈등진단, 실태평가, 갈등교육, 기타 지원업무를 담당하였다. 기타 조정협의체, 갈등영향분석 등은 양 팀이 서울시 전 사업부서에 따라 담당 소관부서 지정(갈등조정관 1명, 6급이하 1명)에 따라 양분하여 탄력적으로 운영하였다. 이를 통해 전 직원은 일정 행정업무를 다루면서 각 담당 사업부서에서의 갈등에 대해 대응하고(갈등조정 요청 등) 관련 대응방침을 수립·시행하며, 필요시 갈등조정관을 중심으로 이해관계자 면담을 추진하여 자체적으로 조정협의체를 운영하는 등의 여러 성과를 내기도 하였다.

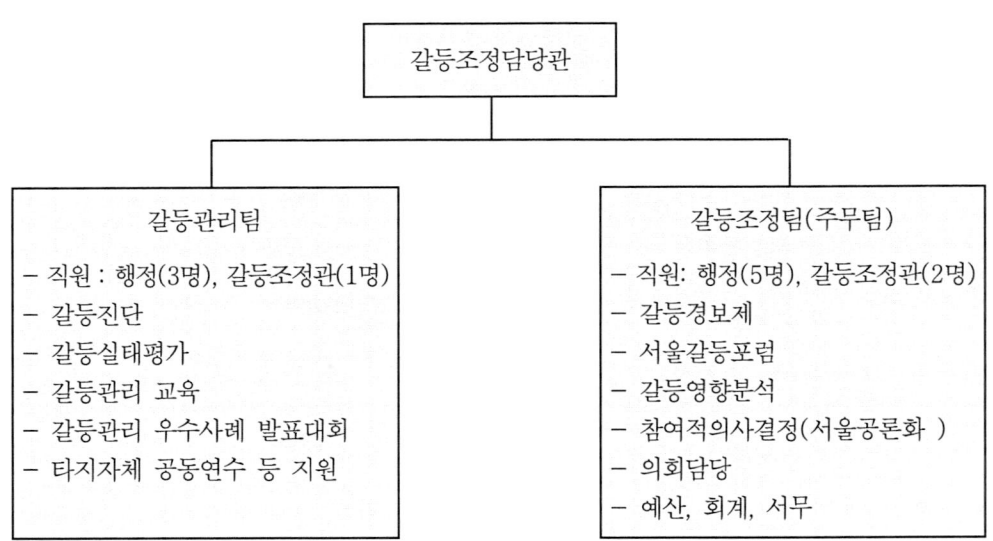

<그림Ⅲ-20> 서울특별시 갈등관리 조직 및 업무 현황(2022년 기준)

그러나 2021년 4월 선거 이후, 조직을 지지하기 위한 제도적 기반이 없는 한계가 결국 드러났다. 즉 조직개편을 통해 해당 부서를 폐지하고 2021년 7월 말 갈등조정담당관을 기존 민관협치담당관과 통합하여 갈등관리협치과 내 갈등관리팀으로 조직 및 인력이 축소(2021년 12월 현재 6명, 기존 갈등조정관 3명은 임기만료 퇴임)되어 운영 중이다. 이에 관련 예산은 물론 업무 축소가 불가피한 상황으로 근 10년간 국내 갈등관리에 있어 의미 있는 결과를 낸 국내 최초의 갈등관리 전담부서 운영은 아쉽게도 미완의 결말을 맞았다.

2) 연도별 주요 업무 및 실적

갈등조정담당관은 2012년부터 부서의 관련 업무와 역할 등을 정하기 위하여 갈등관리조례 및 규칙 제정 준비를 시작으로 각종 계획을 수립하여 나간다. 특히 갈등예방 차원에서의 갈등진단과 문제 해결을 위한 갈등조정 등을 중심으로 첫 매뉴얼을 발간하였고 담당자 교육 등을 통해 갈등관리에 대한 이해를 바탕으로 관련 준비를 시작하였다. 또한 당시에 주요한 이슈에 대한 대응과 새로운 갈등관리 방식의 적용 등을 위해 관련 세미나 전문가 토론, (국내·국제)갈등포럼 등을 개최하여 갈등관리 역량을 강화하였다. 또한 매년 2번 이상의 갈등영향분석과 수십 건 이상의 조정협의체 운영을 통한 합의 성과도 얻었다. 또한 앞으로 공공갈등을 적극적으로 예방하기 위해서는 특정 민원이 갈등으로 촉발·심화확산될 수 있는지에 대한 사전 확인이 필요하고 이를 적극적으로 알리기 위한 갈등경보제를 전국 최초로 시행하기도 하였다.

특히 주목할 실적으로는 2017년 신고리5·6호기 이후 지방자치단체 차원의 참여적의사결정의 실질적 도입과 운영이었다. 갈등예방을 위해 사회적 이슈를 적극적으로 시민들과 논의, 예방·해결방안을 모색하는 것은 무엇보다도 중요한 과제가 되었다. 이에 2018년 광역지방자치단체 최초로 서울형 공론화 방식을 설계, 서울의 균형발전을 첫 번째 의제로 삼은 참여적의사결정이 추진되었다. 약 300여명의 서울시민이 참여하여 수차례의 숙의토론이 진행되었고 시민참여단의 각 제안들은 균형발전 업무를 관장하는 관련부서에 전달되었고 각종 계획수립에 참조하였다. 이는 타 지자체에서 갈등해소를 주요 목적으로 활용된 공론화와는 다른 방식이었고 매우 독창적이었다.

<표Ⅲ-35> 연도별 주요 실적(2012~2021.6)

연도별	주요 실적
2012	• 갈등조정담당관 조직 신설 • 갈등관리 조례 제정 • 추진계획, 교육계획 수립 • 전문기관 MOU 체결 • 갈등관리 매뉴얼 발간 • 갈등진단계획 수립
2013	• 갈등관리심의위원회 구성운영 • 시행규칙 제정 • 수도권매립지 문제해결 세미나 • 서울공공갈등지수 및 관리지표 개발계획 수립 • 첫 갈등영향분석 실시 • 첫 갈등교육 실시 • 층간소음 갈등해결계획 수립
2014	• 첫 백서발간 • 갈등교육 중장기기본계획수립 • 경보체계 구축 • 심야전용개인택시 공급 공론화 • 첫 갈등관리워크숍 및 우수사례 발표회 개최 - 지자체 부서
2015	• 첫 갈등관리카드 개발 및 활용계획 • 첫 갈등관리사업 실태평가 • 표준교재 개발 • 인재개발원 신규교육과정계획 • 첫 시민참여 열린 대화 • 첫 갈등관리 담당 실무자공동연수
2016	• 시민참여열린대화- 반려동물/세대갈등 등) • 첫 이웃분쟁운영협력계획 • 갈등경보체계 개선계획 • 첫 갈등관리교육 동영상 제작 • 첫 국제서울갈등포럼 개최 • 첫 갈등인식조사
2017	• 사전이행절차 개선 계획 • 제2회 서울갈등포럼(국내) 개최 • 갈등예방시스템 구축계획 수립 • 최초 서울 공론화 사업 기본계획 수립

2018	• 서울공론화절차도입 집담회 개최 • 사전이행절차 개선 공무원 토론회 • 이웃분쟁주민자율조정교육 실시 • 2018 서울 균형발전 공론화 실시(광역지자체 최초) • 제3회 서울국제갈등포럼 개최
2019	• 갈등관리전문가 집담회 • 갈등조정관 신설 • 2019서울플랫폼노동공론화 • 제4회 서울갈등포럼 개최 • 새로운광화문광장조성시민대토론회 • 주민자율조정가 네트워크발대식
2020	• 제5회 서울갈등포럼 개최(국제행사였으나 코로나19로 인해 국내행사 개최) • 백년다리 토론회(공공토론) • 예비갈등영향분석-자원회수시설 • 갈등영향분석 및 조정활동(갈등조정가 중심) • 첫 온라인 서울공론화-쓰레기대책 • 부서협력: 자원순환과
2021	• 2021서울공론화-광역자원회수시설 설치 • 제6회 서울갈등포럼 개최

* 출처: 서울특별시, 상생의 힘 - 2020 갈등관리백서, 2020. 12. 31. 수정.

2. 서울시 갈등관리시스템 구성과 운영

1) 서울시 갈등관리 시스템

(1) 전체 구조

서울시는 사업을 추진하는 과정에서 발생하는 공공갈등을 체계적으로 관리하기 위하여 위한 갈등예방차원의 '갈등진단', '갈등대응계획 수립', 갈등해결차원의 '맞춤형 갈등조정', 그리고 역량강화 및 사후대응 차원의 '지속관리'로 환류 하도록 하는 갈등관리시스템을 구축하였다. 그 구체적인 형태와 사업, 그리고 주요 내용은 다음과 같다.

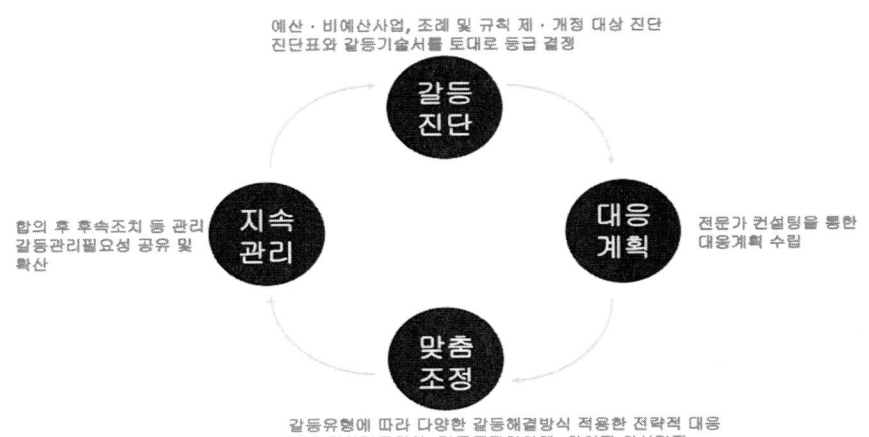

<그림Ⅲ-21> 서울특별시 갈등관리시스템

* 출처: 조성배, 서울시 갈등관리 전담부서 10년의 성과와 의미, 2021 서울갈등포럼 – 서울시 갈등관리, 새로운 10년, 서울특별시, 2021. 10.22.

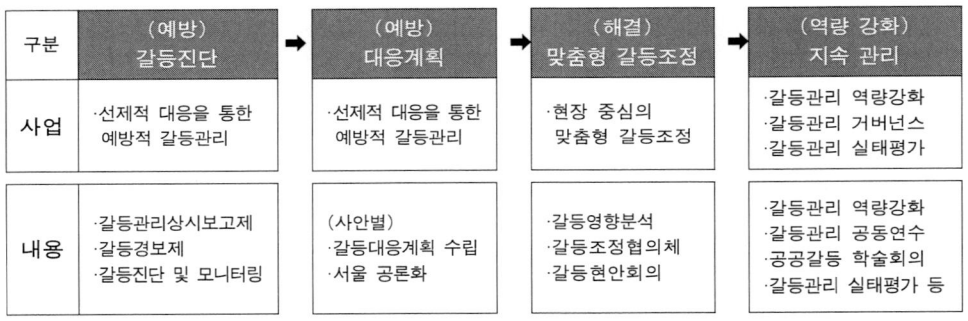

<그림Ⅲ-22> 서울시 갈등관리프로세스 (2021년 기준)

(2) 갈등관리 조직체계와 갈등관리심의위원회 운영

　서울시는 갈등관리 전담부서 운영을 통해 각 사업부서에서 소관하는 갈등 사안에 대해 갈등예방과 해결을 위한 관리행위를 지원하는 한편, 예상되는 갈등이슈를 적극적으로 찾는 등 선제적 대응을 추진하고 있다. 다만 갈등해결의 주체는 중립적인 제3자여야 하고 특히 갈등소통분야의 전문성이 뒷받침되어야 하므로 행정인력 이외의 갈등전문가 영입(5급)을 통해 이러한 문제를 해소하고자 했다. 또한 외부전문가들로 구성된 갈등관리심의위원회를 통해 주요한 갈등관리를 위한 사항을 심의, 자문을 받도록 함으로써 갈등관리 수행에 대해 내부의 자의적 판단이거나 임의적 결정이 되지 않도록 하였다.

제3장 갈등예방과 해결 방법론

<표Ⅲ-36> 서울시 갈등관리심의위원회 개요

구분	주요 내용
구성	- 인원: 총 15인(위촉직 12인, 당연직 : 3인), 위촉직은 의회추천4명(시의원1명 포함), 외부비영리단체추천 4명, 시장추천 4명 - 의장: 민간위원 중에서 호선으로 결정
심의기능	- 갈등영향분석 실시 여부 (향후 갈등 저감을 위해 실시할 예비 갈등영향분석 등) 기타 공공갈등의 예방·해결을 위해 시장이 필요하다고 인정하는 중요 사항
자문기능	- 공공갈등 예방 해결을 위한 종합계획 수립 및 추진에 관한 사항 - 갈등관리 관련 자치법규의 정비 - 공공갈등 조정·관리를 위한 조정협의회 구성 및 운영에 관한 사항 - 공공갈등 해결 방식의 발굴 및 활용에 관한 사항 - 타 공공갈등의 예방·해결을 위해 시장이 필요하다고 인정하는 일반 사항

2) 갈등관리를 위한 대응 방법

(1) 갈등예방의 갈등관리시스템

우선 서울시의 예방적 갈등관리를 살펴보면 다음과 같다. 첫째 갈등관리상시보고제이다. 해당 제도는 갈등관리 조례 제18조[112])에 의거 서울시 본청 전부서, 사업소, 투자기관, 출연기관에 대하여 추진되며[113]) 구체적인 절차는 다음과 같다[114]).

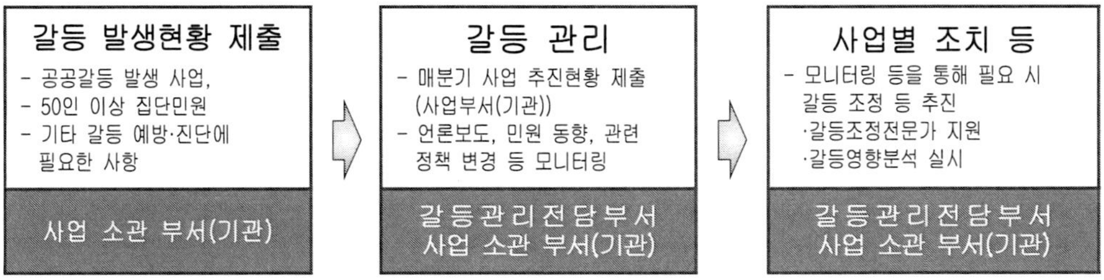

<그림Ⅲ-23> 서울시 갈등관리프로세스(2021년 기준)

---

112) 제18조(갈등관리실태의 평가) 시장은 년 1회 이상 각 부서의 공공갈등관리 실태를 점검·평가할 수 있다.
113) 갈등이 발생한 사업에 대해서는 해당 부서가 갈등관리매뉴얼에서 제시한 갈등사업 현황 카드 서식을 활용·작성하여 갈등관리부서에 제출하게 되어 있다.
114) 갈등조정담당관은 현재 폐과되어 이하에서는 갈등조정담당관을 갈등관리전담부서로 칭하겠다.

둘째, 갈등경보제이다. 갈등경보제는 응답소에 올라온 민원이나 주요 보도사항(현장 시위, 언론 동향 등)에 대한 상시 모니터링을 통해 갈등 징후를 탐지하고 갈등경보대상 선정하는 것을 말한다. 민원 빈도·심각성·확대가능성 등을 고려하여 종합적으로 분석하여 갈등경보 대상을 선정하게 된다. 매월1회 선정된 갈등경보 발령대상에 대한 유형별 분석을 실시하고 그 결과 활용을 통해 갈등사안을 공유·관리하게 된다. 구체적인 단계와 대응 내용은 다음과 같다.

<표Ⅲ-37> 서울시 갈등경보제의 단계별 내용과 대응

단계	주요 내용	대응
관심요청	· 갈등이 수면위로 떠올라 주의집중이 필요한 단계	부서 공문시행 및 통보 - 갈등관리 컨설팅 - 기관 정보체계 구축 - 기관간 대응·협조체계 구축 - 필요시 갈등조정, 갈등영향분석 시행
예비경보	· 집단행동, 언론보도 등 대립되기 시작한 단계	
갈등경보	· 집단행동, 언론보도 등 첨예하고 대립된 단계	

* 출처: 서울특별시, 상생의 힘 - 2020 갈등관리백서, 2020. 12. 31. 수정.

셋째, 갈등진단과 모니터링이다. 갈등관리 조례 제3조에 의거 시행되며[115] 갈등진단과 모니터링은 사업추진 전에 갈등진단을 실시, 전문가 컨설팅에 의한 갈등대응계획을 수립하고 맞춤형 갈등조정을 수행함으로써 원활한 시정추진에 기여하기 위한 목적으로 추진된다.

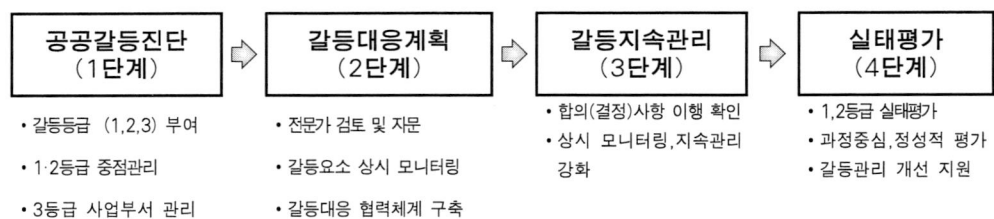

<그림Ⅲ-24> 서울시 갈등진단과 모니터링의 절차(2021년 기준)

* 출처: 서울특별시, 전게서. 2020.12.31.

---

115) 제3조(시장의 책무) ① 서울특별시장(이하 "시장"이라 한다)은 시정 전반의 공공갈등을 예방하고 그 해결 능력을 강화하기 위하여 공공갈등에 대한 진단을 실시하고 종합적인 시책을 수립하여 추진하여야 한다.

1단계, 공공갈등진단은 서울시 주요 예산·비예산 정책사업 및 고질적인 민원이 있는 사업 가운데 중점갈등관리 대상 선정을 추진하면서 시작된다. 여기서 행정운영경비와 재무활동비, 지원·보조사업 등은 제외되며 매년 1~3월경에 이루어진다. 총 4개 등급으로 나누어진 갈등등급 결정 기준과 절차는 다음과 같다.

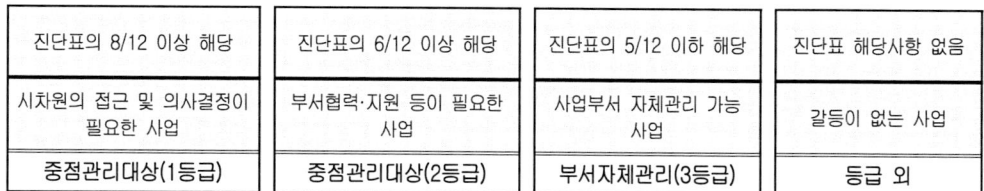

<그림Ⅲ-25> 갈등등급 결정의 기준(2021년 기준)

* 출처: 서울특별시, 전게서. 2020.12.31.

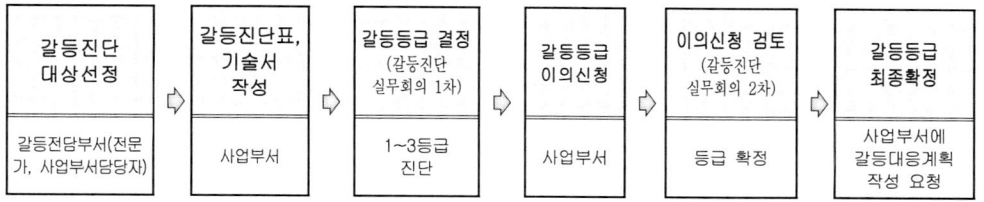

<그림Ⅲ-26> 서울시 갈등등급 결정의 절차(2021년 기준)

* 출처: 서울특별시, 전게서. 2020.12.31.

2단계, 갈등대응계획 수립은 공공갈등 진단결과 중점관리대상(1·2등급)사업을 대상으로 하며 대응계획의 타당성과 실효성을 높이기 위해 전문가 자문을 실시하여 최종 확정하게 된다. 여기서 진단결과 3등급 사업은 소관부서에서 자체 대응계획 수립 후 갈등관리가 진행된다. 이후 갈등지속관리, 실태평가를 통해 해당 부서의 갈등관리 결과를 피드백하게 되며 차 년차 진단 등을 통해 등급이 재조정되도록 되어 있다.

3단계의 주요 내용은 갈등관리 모니터링으로, 분기별로 중점갈등관리사업 등에 대하여 사업추진 부서 담당자 면담 및 갈등현장 방문조사 등을 실시하여 갈등관리카드에 기재하도록 되어 있다. 주요 내용으로는 중점갈등관리사업별 갈등현황의 파악, 갈등대응계획 실행 점검, 갈등상황의 변화추이 분석 등을 통한 적절한 대응방안 협의 또는 지원 등이다. 서울시 갈등관리 카드 양식은 부록에 수록하였으니 참조하기 바란다. 마지막 4단계인 실태평가는 갈등관리가 제대로 이루어지고 있는지 확인·평가하는 단계로,

이후 역량강화를 위한 갈등관리시스템에서 다시 다루도록 하겠다.

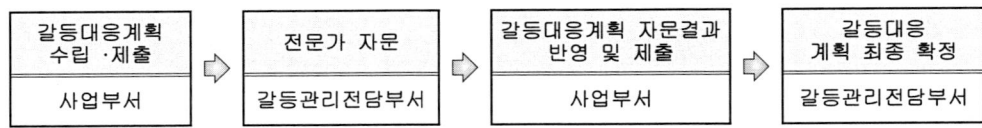

<그림Ⅲ-27> 서울시 갈등대응계획 수립 절차(2021년 기준)

* 출처: 서울특별시, 전게서. 2020.12.31.

<표Ⅲ-38> 서울시 갈등대응계획 기술 내용

구분	기술 내용
사업 현황	추진근거 사업개요 : 사업목적, 사업내용, 사업기간 등 사업추진경과 및 향후 추진일정
갈등 개요	- 사업개요 : 사업목적, 사업내용, 사업기간 등 - 사업추진경과 및 향후 추진일정
대응 계획	- 사업개요 : 사업목적, 사업내용, 사업기간 등 - 사업추진경과 및 향후 추진일정

* 출처: 서울특별시, 전게서. 2020.12.31.

넷째, 참여적의사결정의 일환으로 서울 공론화 사업이다. 공론화 사업은 서울시 갈등관리 조례 제3조, 제11조[116])에 의거하여 추진된다. 추진 목적은 참여자 대표성과 공정성 확보 위에 사업에 대한 충분한 지식 제공과 숙의성에 기반한 시민의견수렴 절차와 토론을 통해 갈등예방 및 정책수용성을 제고하기 위함이다. 여기서 논의되는 이슈는 갈등이 예측되거나 정책 방향 가이드라인 제시가 필요한 사안으로 한정된다.

---

116) 제3조(시장의 책무) ② 시장은 공공갈등을 신속하고 효율적으로 해결할 수 있는 다양한 공공갈등 해결 방식을 발굴하여 적극 활용하여야 한다.
　　제11조(참여적 의사결정방법의 활용) ① 시장은 공공갈등의 예방·해결을 위하여 당사자 또는 전문가 등이 공공정책의 결정과정에 직접 참여하는 의사결정방법을 활용할 수 있다.
　　② 시장은 참여적 의사결정방법의 활용결과를 공공정책 등의 결정과정에 반영하기 위해 노력하여야 한다.

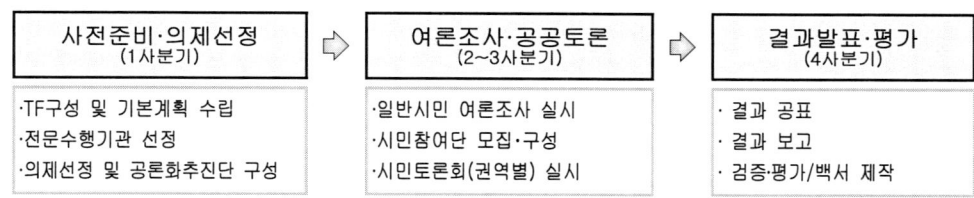

<그림Ⅲ-28> 서울 공론화 추진 절차(2021년 기준)

* 출처: 조성배, 서울시 갈등관리 전담부서 10년의 성과와 의미, 2021 서울갈등포럼 - 서울시 갈등관리, 새로운 10년, 서울특별시, 2021. 10.22.

(2) 갈등해결의 갈등관리시스템

갈등해결을 위한 갈등관리시스템에서는 우선 맞춤형 갈등조정이 있다. 갈등조정에는 직접 조정, 갈등조정협의회 운영, 갈등현안검토회의를 통해 추진된다. 직접 조정은 시정 신뢰도에 직접적 영향을 미치는 중요한 갈등에 대해 관련 실무자와의 검토 및 회의를 통해 갈등담당부서가 직접 조정을 추진하는 경우를 말한다. 필요한 경우 관련 분야 전문가 등과 함께 협업하여 진행 할 수도 있다.

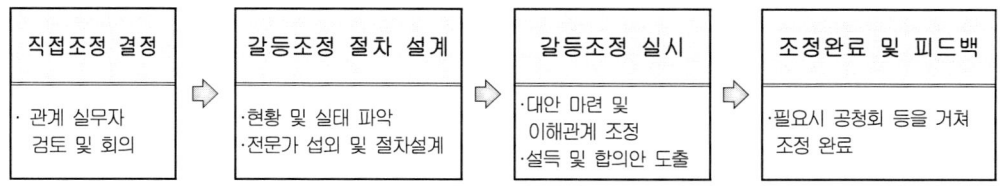

<그림Ⅲ-29> 서울시 맞춤형 갈등조정 절차 - 직접 조정(2021년 기준)

* 출처: 서울특별시, 상생의 힘 - 2020 갈등관리백서, 2020. 12. 31. 수정.

갈등조정협의회는 서울시 갈등관리 조례 제12조[117])에 의거 추진되며 해당 갈등에 대해 중립적인 조정전문가와 이해관계자들이 함께 모여 쟁점을 논의하고 대안을 모색함으로써 참여자들의 자율적 합의형성 노력을 하게 된다. 일반적으로 참여자는 해당사업과 관련된 이해관계자, 중립적인 갈등전문가, 갈등전담부서, 담당공무원으로 구성되며 필요시 변호사 등 해당분야의 전문가 포함된다. 여기서 갈등조정가(인)를 지원하게 되는데 경미한 사안은 갈등조정관과 같은 내부 인력을 통해서 갈등유형에 따라 해당 사안에 적합한 전문가 추천을 통해 추진될 필요가 있을 경우 외부 전문가를 위촉하여 추진한다.

---

117) 제12조(갈등조정협의회) 시장은 공공갈등을 원만하게 조정하고 관리하기 위하여 필요하다고 인정하는 경우에는 사안별로 갈등조정협의회(이하 "협의회"라 한다)를 둘 수 있다.

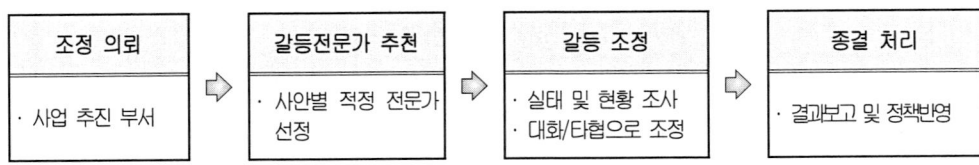

<그림Ⅲ-30> 서울시 맞춤형 갈등조정 절차 - 갈등조정협의체 운영(2021년 기준)

* 출처: 서울특별시, 전게서. 2020.12.31.

갈등현안 검토회의는 사업부서에서 갈등조정 요청 시, 부서 간 입장 확인, 대안 모색을 위한 논의구조로, 조정의 적정성, 대안의 합리성, 조정결과(합의된 대안)에 대한 사회적 수용성 등을 사전 검토가 이루어지게 되는 절차이다. 일반적으로 정책결정자인 시장 혹은 부시장 등이 주재하고 개최하게 된다.

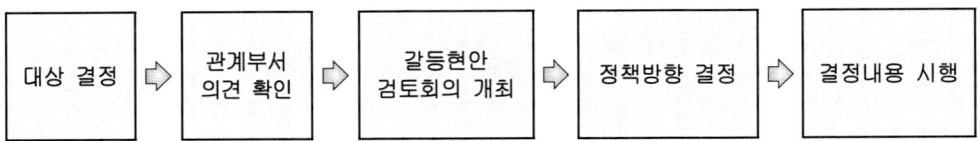

<그림Ⅲ-31> 서울시 맞춤형 갈등조정 절차 - 갈등현안 검토회의 운영(2021년 기준)

* 출처: 서울특별시, 전게서. 2020.12.31.

둘째, 갈등영향분석이다. 갈등영향분석은 서울시 갈등관리 조례 제6조에서 규정하고 있는 내용으로, 주요 분석대상은 공공의 이익을 추구하는 서울시의 공공정책·사업 중 공·사익간 충돌이 있는 갈등, 입지선정에 따른 갈등, 정책추진에 따른 갈등 등이 유발되는 유형으로, 사업지연과 과도한 사회적 비용 지출이 예상되는 정책 혹은 사업이다. 구체적으로는 주로 기피시설, 선호시설, 개인의 재산권 침해가 예상되는 시설, 환경보존 시민 건강 문화유산 보호 등의 가치를 훼손할 우려가 있는 시설, 다수의 이해관계집단이 존재하는 경우, 반복적으로 집단민원이 발생하는 사업 등으로 전문가를 통한 갈등진단을 실시하고 서울시 갈등관리심의위원회 심의를 통해 최종 결정된 사업을 대상으로 하고 있다[118].

갈등영향분석의 주요 내용으로는 다음과 같다. 먼저 예상쟁점 파악, 사업의 영향범위와 이해관계자 분류, 주민설명회 등 개최 운영설계, 사업계획의 입지 또는 정책적 타당성, 갈등배경 및 특성, 갈등발생 예상 강도 및 잠재적 요인, 이해당사자의 입장 및 실익 분석이다. 다음으로 갈등해결에 필요한 요건분석, 갈등완화와 해소방안 가능성 분석,

---

[118] 서울시 갈등관리 조례 제8조(위원회의 기능)에서는 위원회는 다음 각 호의 사항을 심의·자문한다.
4. 제6조에 따른 갈등영향분석 실시 여부

대화 및 협상(조정)협의체 운영설계 등이다.

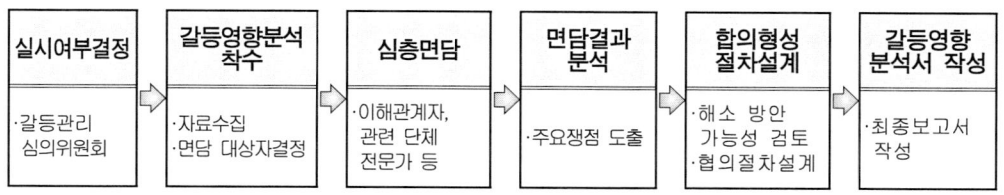

<그림Ⅲ-32> 서울시 갈등영향분석 절차(2021년 기준)

* 출처: 서울특별시, 전게서. 2020.12.31.

(3) 역량강화 등을 위한 갈등관리시스템

공공갈등이 예상되거나 발생하는 정책 혹은 사업에 대한 즉각적인 실행계획 이외에도 적절히 갈등관리가 진행되는지에 대한 확인과 지원, 업무 담당자 등에 대한 적절한 직무교육 등을 통한 역량강화를 통한 각종 업무 수행도 중요하다. 첫째, 갈등관리실태평가이다. 갈등관리실태평가는 서울시 갈등관리 조례 제18조[119])에 따라 추진되며 갈등현안에 대한 실질적 해결 노력 등 과정 중심의 평가를 목표로 하고 있다.

중점갈등관리사업(갈등진단 결과 1·2등급 사업)에 대해 전문가 평가단을 구성·운영하여 매년 10~11월에 평가를 추진한다. 실태평가 결과는 해당 부서에 통보하여 사업별 갈등관리 반영하게 되며, 갈등관리 미흡 시에는 전문가 컨설팅 지원을 우수한 경우에는 표창, 교육자료 활용 등의 조치가 이뤄지고 있다.

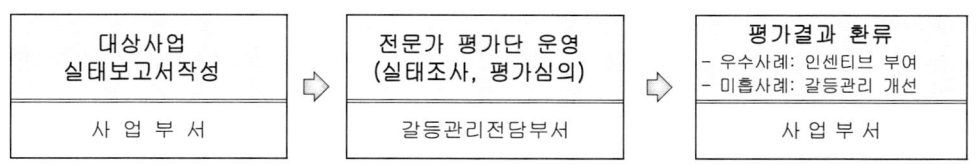

<그림Ⅲ-33> 서울시 갈등관리실태평가 절차(2021년 기준)

* 출처: 서울특별시, 전게서. 2020.12.31.

둘째, 사업 담당자 등에 대한 갈등교육이다. 갈등교육은 시정운영 과정에서 발생하는 공공갈등을 예방하고 신속한 해결 역량을 높일 수 있도록, 갈등유형 사례별 다양한 교육 및 갈등관리 네트워크 구축을 통해 담당자 역량을 강화하기 위해 추진된다. 추진방

---

119) 제18조(갈등관리실태의 평가) 시장은 년 1회 이상 각 부서의 공공갈등관리 실태를 점검·평가할 수 있다.

향은 교육수요를 바탕으로 기관(부서)별 맞춤식 주관 교육과정 운영하고, 갈등해결 사례별 다양한 교육 콘텐츠 발굴 및 갈등현장 활용성 높은 교육을 진행하며, 갈등관리 정보공유 및 네트워크를 통해 갈등관리 역량을 강화하는 것으로 하고 있다. 교육과정은 기관별 수요 중심교육, 서울시 인재개발원 갈등관리 교육 및 이러닝 교육, 갈등관리 컨설팅으로 크게 3가지로 나눠지며 그 대상은 서울시(실, 본부, 국, 사업소 등), 자치구 공무원, 투자출연기관 직원 등이다.

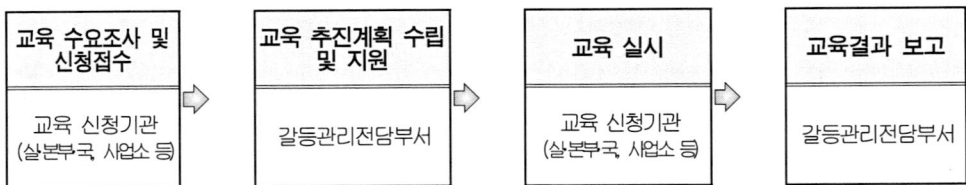

<그림Ⅲ-34> 서울시 수요중심 갈등교육 절차(2021년 기준)

* 출처: 서울특별시, 전게서. 2020.12.31.

교육 내용은 이해 및 심화토론 과정의 경우는 사례 및 실습중심의 갈등교육을 진행하고, 인재개발원에서는 집체교육으로 갈등관리 일반론, 이러닝은 갈등 기초에서 방법론, 사례, 문제풀이 등을 통해 손쉽게 접근할 수 있도록 꾸며져 있다.

<표Ⅲ-39> 서울시 갈등교육의 주요 내용

구분	과정	주요 내용
이해과정	사례중심 갈등관리 이해교육	· 공공갈등이해, 협상·조정, 갈등관리 시스템 등 · 갈등관리 기본 교육/갈등해결사례 분석 교육
심화 토론과정	실습중심 갈등현안 토론교육	· 갈등현안/사례, 조정기법, 롤플레이 등 사례유형별 모의실습
인재개발원 교육과정	e-바로적용가능 갈등관리노하우	· 공공갈등 개념, 갈등관리 매뉴얼, 의사소통 기법, 사례연구 등
	상생협력 위한 갈등관리 교육	· 공공갈등 개념, 의사소통 기법, 갈등조정 프로세스, 사례연구 등
갈등관리 컨설팅 과정	중점갈등관리사업 갈등관리교육	· 중점갈등관리사업 갈등분석 및 갈등해결 컨설팅 교육
	시-자치구 매칭사업 갈등관리교육	· 매칭사업 갈등분석 및 갈등해결 방안 컨설팅 교육

셋째. 기타 갈등관리 네트워크 활동이다. 네트워크 활동에는 우수사례 발표, 서울 갈등포럼, 공공갈등 학술회의 등이 대표적이다. 우수사례 발표는 매년 10~11월, 갈등예방 및 해결 우수사례를 발굴하여 조직 내 갈등관리 정보 공유를 통한 갈등관리 역량 강화를 목적으로 추진되고 있다. 그 대상은 서울시 본청과 사업소, 25개 구청, 그리고 기타 관련 기관 전체이다. 보통 우수사례를 수상한 사례에 대해서는 백서 수록 및 영상 제작 등을 통해 교육 자료로도 활용되고 있다. 다음으로 서울 갈등포럼이다. 서울 갈등포럼은 매년 국제, 국내대회를 격년 개최하고 있으며, 국내·외 갈등관리 전문기관 및 단체, 전문가, 일반시민 등이 함께 모여 국내·외 갈등이슈 및 경향, 갈등해결 사례 등에 대하여 토론하고, 모델을 제시하는 등 정보를 공유하는 자리이다. 2021년까지 6차례가 진행되었으며 국제대회는 이중 2차례 개최되었다.[120] 마지막으로 공공갈등 학술회의는 갈등이슈 및 경향, 현안 등의 주제를 전문가의 분석, 토론 등 연구를 통해 갈등해결 방안 강구하기 위한 자리로서 매년 1회~5회 개최되고 있다. 이를 통해 시정운영 다양한 분야에서 갈등현안 및 이슈에 대하여 선제적 연구 분석 및 토론으로 갈등해결 방안 제시 등이 이뤄지고 있다.

3. 시사점과 한계

서울시는 화장장, 소각장 등의 환경기초시설 추진은 물론 특히 뉴타운재개발 등의 도시개발과정과 같은 다양한 사업추진 과정에서 발생하는 공공갈등에 대해 민원대응으로 대응해왔다. 그러나 2009년 2월 용산참사로 6명의 죽음으로 이어지면서 재개발 갈등이 이슈화된다. 이후 창신·숭인동을 중심으로 뉴타운 재개발 반대가 각 지역으로 번지면서 해당 뉴타운 재개발은 서울시 최초로 결국 좌초된다. 그 계기에는 서울시 차원의 갈등관리 방식 도입이 있었다. 2012년 갈등전담부서가 만들어 지고 재개발 이외에도 다양한 사업추진과정에서의 공공갈등을 적극적으로 예방, 해결하기 위한 제도가 수립되었다. 그리고 이후 공공갈등 관리에 대한 가장 오래된 전담조직으로 활동해왔다. 그 가운데 갈등예방과 맞춤형 갈등조정이 중심이 되며 갈등역량 강화를 위한 갈등교육과 다양한 네트워크 활동을 수행해 왔다. 위에서 설명한 갈등경보제, 공공갈등진단 및 중점관리, 갈등유형별 맞춤형 대응(직접 조정, 전문가지원, 갈등조정협의체 등), 서울형 공론화, 서울갈등포럼, 실태평가 등은 타 기관에는 모범이 되는 갈등관리 모델이었다. 특히 매년 예산을 통해 과제를 진행하고 전문가인 갈등조정관을 임기제5급(일반행정)으로 채용하여 계속 관리토록 함으로써 일반직 공무원의 해당 과제 관리에 대한

---

[120] 2021년은 원래 국제포럼이었으나 코로나19 확산으로 인해 온라인으로 전환되었고 국내대회로 수정 개최되었다.

지속가능성의 어려움을 해소하는데 도움을 주었고 이렇게 축적된 데이터베이스를 통한 서울시 갈등에 대한 시스템적 접근은 사업부서의 갈등관리와 전담부서의 지원으로 상호신뢰를 바탕으로 진행됨으로써 유기적 대응이 가능하도록 하였다. 특히 시민들의 참여의식 제고에 따라 갈등 예방차원의 공론화 방식을 적극 받아들여 시민으로부터 정책의 방향성 제안을 가능토록 하는 제도를 만들었고 이는 타 지자체 공론화 사업 진행에 도움이 되고 있다. 또한 서울시 갈등관리는 발전하여 해당 조례에도 영향을 미쳐 타 지자체에서는 없는 공동체 회복이나 사회에 미친 영향에 대한 평가 등이 추가되기도 하였다.

그러나 이러한 갈등관리에 기반이 되는 법제도는 2007년 대통령령 이후 거의 실질적인 진행이 없어 기본법은 제대로 법제화되지도 못하고 항상 임기만료 폐지되는 사태를 맞았다. 즉 근거법이 임의규정으로 되어 있어 갈등관리 행위나 부서 운용 등은 기관장, 지자체 장 등의 관심에 따라 언제든지 확대, 축소, 개편, 최악의 경우에는 폐지될 수 있는 한계와 함께 유지에 위험성이 항상 상존하고 있다는 것이다. 이는 현재 서울시의 갈등관리에서도 고스란히 드러났다. 2021년 지자체장 선거로 갈등관리 10년간의 노력은 제대로 평가되지 못하고 오히려 부서 및 사업 축소로 이어져 명맥만 이어지는 상황을 맞이한 것이다.

아쉬움은 크나 본 절에서 다룬 서울시의 갈등관리시스템은 향후 갈등관리의 발전을 위해서는 의미 있는 결과물이며 향후 갈등관리를 어떤 방향으로 추진·준비해 나가야 할지 시사점을 주고 있다. 그리고 앞으로 사회갈등으로 다양한 갈등에 대한 대비가 필요한 이 시점에서 기존 서울시의 갈등관리 결과에 대한 재평가는 물론, 지속성을 담보하기 위한 법제정 등 적극적이고 다양한 노력이 필요할 것이다.

제4절 사회변화에 따른 갈등 대응

1. 도시재생사업의 갈등관리

1) 도시재생사업의 변화

2000년대 이후 '도시 및 주거환경정비법'(2002년 제정, 이하 도정법) 추진과정에서 주민과 사업시행자, 구청 및 시청 등 관계기관 간의 많은 갈등으로 사업진행이 어려워 많은 사업들이 오랜 시간 방치되고, 주택재개발 및 재건축이 밀집지역에서 계획 없이 이루어져 도시공간에 또 하나의 난개발로 비판받아 왔다.

이에 광역적으로 도시정비를 추진하기 위해 서울시의 뉴타운사업을 발표(2002년)하고, 뒤이어 총괄관리제도를 중심으로 한 '도시재정비촉진을 위한 특별법'(2006년 제정, 이하 도촉법)이 시행되었으나, 정치·경제적 이해관계뿐만 아니라, 주민들의 삶과 직결되는 복잡한 이해관계로 유발되는 갈등으로 사업지구 지정 이후 사업추진의 가시적인 성과가 이루어지지 못하였다. 이후 도정법과 도촉법의 문제점과 갈등의 원인이 되었던 원주민 재정착률, 주민주도의 개발 등 사업방식개선 등을 감안한 새로운 도시정비사업으로 도시재생활성화 및 지원에 관한 특별법(2013년 제정)이 탄생되었다.

도시재생사업은 문재인정부가 들어서면서 도시재생뉴딜사업으로 도시경제기반형, 근린재생형(중심지시가지, 일반근린형, 주거지지원형, 우리동네 살리기) 등으로 도시재생활성화계획을 수립하고, 공공기관의 공적참여를 위한 인정사업, 혁신지구재생사업, 총괄사업관리자 등으로 영역을 확대해 왔으며, 2021년에 이르러 주택공급활성화를 위해 역세권, 준공업외 노후주거지역에 3080 + 도심복합사업을 적극 추진하고 있다. 이러한 정부 및 공공기관이 주도하는 다양한 사업과 도시재정비와 활성화를 위한 법과 제도의 개정 및 제정이 있음에도 사업과정에서 불가피하게 발생되는 이해관계자 간의 갈등구조로 사업추진에 많은 기간이 필요하고, 정부의 적극적인 재정지원과 노력에 비해 사업성과는 미미한 상황이다.

도시재생의 갈등구조는 일반적인 개발사업에서 발생하는 갈등의 원인과 배경 등은 유사한 상황이나 기존의 개발사업과 달리 주민주도의 사업구조이고 주민중심의 의사결정 구조로 인하여 갈등의 양상은 다소 다르다.

2) 도시재생사업의 갈등구조 및 유형

(1) 다양한 이해와 가치의 충돌

도시재생 사업지역 내에는 일반적인 개발사업과 달리 주민중심으로 이루어지는 사업으로 다양한 이해와 가치의 충돌이 불가피하다. 이에 따라 사업 참여자 간에는 필연적으로 갈등이 발생하며, 갈등은 도시재생사업을 지연시키는 가장 큰 원인으로 지적된다. 특히나 도시재생 사업계획이 가시화되는 사업 초기에 발생하는 주민 간, 주민과 행정기관, 사업자 등과의 주민참여 및 사업방식, 의사결정구조, 보상, 관리처분, 젠트리피케이션(Gentryfication)[121], 사업주변의 소음 및 교통, 일조권 등 갈등은 사업의 착수 자체를 지연시키는 바, 이후에 추진될 단위 사업에도 영향을 주어 해당 도시재생사업 전체의 추진에 차질을 빚게 한다. 따라서 도시재생사업에서 사업 참여자 간 이해를 조정하고 갈등을 최소화하는 것은 사업의 성패와도 직결된다.

(2) 재생사업별 갈등유형과 제도적 변화

2013년 '도시재생 활성화 및 지원에 관한 특별법'이 제정되기 이전에는 재건축·재개발 등 물리적 측면의 전면 철거형 정비사업을 대상으로 해당 사업 추진 중 발생한 갈등사례 연구에서 이슬기 외(2009)는 주거환경정비사업, 주택재개발 및 재건축 등 도시 및 주거환경정비법에 의한 5개 유형 정비사업의 발생한 갈등사례(113건, 2003.7~2008.12)를 분석하여, 사업단계와 갈등주체에 따라 분류하고, 사업단계에서 관리처분인가, 기본계획수립, 조합설립인가, 조합설립추진위원회, 착공 및 분양, 사업시행인가, 정비구역지정, 사업완료 등 순으로 갈등빈도수가 높았음을 분석하고, 갈등 주체를 세분화한 결과 조합(추진위)과 행정관청간 기본계획 수립단계에서 갈등이 가장 빈번함을 밝혔다.

이후 공공사업 시행자 입장에서 도시재생사업(도시재개발중심) 갈등유형을 분석한 한성수(2015)는 선행연구조사 및 공공사업시행자의 사례조사, 주요 일간지 기사자료를 통해 주택재개발사업에서 나타나는 갈등사례를 사업단계별로 유형 분류하였다. 사업단계를 크게 계획단계, 준비단계, 시행단계, 완료단계로 나누었으며 갈등유형은 구조적갈등(41.9%), 이해관계갈등(38.7%), 가치관갈등(22.6%), 사실관계갈등(12.9%)으

---

[121] '신사 계급, 상류 사회, 신사 사회의 사람들'을 뜻하는 gentry와 화(化)를 의미하는 fication의 합성어이다. 중산층 이상의 계층이 비교적 빈곤 계층이 많이 사는 정체 지역에 진입해 낙후된 구도심 지역에 활기를 불어넣으면서 기존의 저소득층 주민을 몰아내는 현상을 말한다. 1964년 영국 사회학자 루스 글래스가 런던 도심의 황폐한 노동자들의 거주지에 중산층이 이주를 해오면서 지역 전체의 구성과 성격이 변하자 이를 설명하면서 처음 사용하였다.

로 구분하여 행정기관 및 조합 간 인허가 등 절차적인 갈등과 보상갈등 등이 높은 갈등빈도가 있음을 분석하였다. 임미화 외(2019)는 도시재생 특별법이 제정된 이후 시작된 사업으로 장기간 진행되어 온 '도시재생 선도지역 사업' 참여하는 여러 이해관계자들 사이에서 발생하는 다양한 갈등과 도시재생 사업제안서 상 갈등관리 계획과 실제 발생하는 갈등을 유형별로 분석하여, 갈등주체별로는 공공-민간 간의 갈등이 가장 빈번 (63.7%)하며, 내용별로 소통부재, 실행력부족, 의견불일치, 대형자본유치 갈등, 예산부족, 젠트리피케이션, 사업지속력 갈등 등 7개 갈등유형을 도출하였다. 이와 같이 주민들의 주도로 시행하는 도시재생사업 갈등양상은 기존의 개발사업에서 발생하는 공공기관이 주도하는 보상과 관련한 이해갈등이나, 사업추진의 정당성과 절차상 문제점 등 사실관계 등에서 주로 일어나는 갈등양상(이승우, 2009)과 달리 사업단계에서 민간(조합)과 행정청(공공기관) 간의 구조적갈등과 더불어 의사결정과 관련된 소통과 협력 등 관계상 갈등 및 젠트리피케이션 등 가치갈등과 실행력부족 등으로 갈등양상이 변화되고 있음을 파악할 수 있었다.

이러한 갈등양상에 따라 국토교통부는 도시재생사업의 갈등관리에 대한 중요성을 감안하여 단계별로, 사업유형별로 가이드라인을 제시하고 있지만, 현장에서 실전적으로 적용할 수 있는 매뉴얼과 교육이 미비한 상황이다. 2014년 도시재생선도지역 가이드라인에서 주민들의 의견을 수렴하고 이견과 갈등을 조정하는 역할을 수행할 주민협의체와 사업 추진에 대한 공감대를 형성하여 이견과 갈등을 조정하는 역할을 위한 사업추진협의회를 구성하면서 갈등관리를 제도화 하였고, 2017년 발표된 「도시재생 뉴딜사업 신청 가이드라인」에서 현장지원센터의 역할을 확대하여 지자체 행정부서, 지역활동가, 주민 등 이해관계자들의 갈등관리·협력을 지원하도록 하였다. 또한 2018년 도시재생 뉴딜사업 경제기반형 도시재생활성화계획 수립 및 사업시행 가이드라인」, 2019년 도시재생뉴딜사업(중심시가지형, 일반근린형) 도시재생활성화계획 수립 및 사업시행가이드라인에서는 필수적으로 주민·상인협의체를 구성하여 이견·갈등조정창구로, 민관협의체를 중심으로 젠트리피케이션 방지, 협력적 거버넌스를 위한 도시재생추진 협의체 구성하는 등 점차 도시재생사업에서 제도적으로 갈등관리에 대한 비중과 중요도가 높아지고 있다.

3) 도시재생에서의 갈등관리 방안

도시재생특별법은 지원법 형태에서 원도심의 공동체 회복 등에 필요한 모든 정책과 사업법을 적용할 수 있도록 확대하여 다양한 도시재생사업이 가능하게 되었다. 따라서 도정법에 의한 사업(주택재개발 및 재건축, 주거환경정비사업 등), 빈집 및 소규모 주택정비에 관한 특례법에 의한 사업(2018,가로주택정비사업, 자율주택정비사업, 소규모 재건축사업 등), 노후주거지 환경개선과 도시경쟁력회복을 위한 다양한 도시재생뉴딜 사업(2017), 공공기관이 참여되는 2030+ 도심공공주택복합사업(2021), 도시재생사업이 타법에 의해 사업이 시행되는 한계를 개선하고 시행력 강화를 위해 공공기관이 참여, 추진되는 총괄관리자, 혁신지구, 인정사업 등 개발관련 법(도시개발법, 공공주택법, 민간임대특별법,산 업단지 및 역세권 관련법 등) 대부분을 적용할 수 있는 사업이 되었다.

도시재생사업에서의 갈등구조는 이해관계자 즉 주민(조합), 사업자(민간 및 공공), 인허가 등 행정기관, 관련 시민단체 등 구조를 가지고 있어 갈등의 프로세스는 기존의 도시개발에서 일어나는 갈등잠재기, 갈등표출, 증폭기, 조정기, 완화기(제2차 갈등표출기)등 유사한 과정을 거치고 있어, 갈등관리는 사전적 예방, 갈등영향분석, 협상, 조정 등으로 일반화될 수 있지만, 도시재생사업은 기존의 정부와 공공기관이 주도하는 사업과 달리 주민주도성과 수용성이 전제되는 사업으로 사업추진과정에서 많은 절차와 과정이 요구되며, 다양한 이해관계자로 인해 갈등양상은 다소 차이가 있다. 일반적인 개발사업에서의 갈등양상은 보상과 관련된 이해관계갈등과 사업의 정당성과 관련된 사실관계의 갈등, 환경훼손과 관련한 가치갈등 등이 주요 원인으로 작용하고 있으나, 도시재생에서는 사업계획 및 시행단계에서 사업허가관련 공공-민간의 구조적인 갈등, 소통부재 관련한 관계상의 갈등, 사업추진과정에서 예산 및 추진력부족, 젠트리피케이션 등 기존의 개발사업과 다른 갈등양상을 보이고 있다.

따라서 도시재생사업은 지역민들의 실질적인 참여와 협력체계가 구축되도록 사업계획에서 사업완료 단계 전 과정에서 갈등주체 간, 즉 주민-주민, 주민-행정기관, 주민-사업시행자(조합,SPC,공공기관 또는 민간 등),행정기관-사업시행자, 주민-행정기관-사업시행자 등 이해관계자 간의 갈등관리가 매우 중요하다. 이러한 과정에서 주민협의체와 도시재생지원체계에서 광역도시재생지원센터, 기초 및 현장지원센터, 빈집 및 소규모주택정비 특례법상의 지원기구, 지속가능한 도시재생사업이 추진되기 위한 마을관리사회적협동조합 등의 운영은 이러한 바탕에서 실질적으로 운영되어야 한다. 다양한 이해관계를 가진 주체들을 어떻게 모으고, 어떤 절차와 과정을 통해 이해와 참여를 모아갈 수 있을지에 함께 고민해야 할 것이다.

국내의 도시재생사업은 아직 초기단계 마중물사업 중심으로 추진되고 있고, 대부분의 사업현장에서 주민들의 기대치와 요구, 행정기관 및 사업시행자 간의 이해충돌 등 이러한 갈등구조에서 사업추진이 매우 부진한 상황이다. 도시재생사업은 주민들의 협력과 주도, 행정력의 지원 등 참여자의 적극적인 의지와 협력이 없이는 많은 시간이 소요되는 사업특성이 있기 때문에, 사업계획단계에서 주민과 공공기관들의 사업을 준비하기 위한 프로그램이 매우 필요하다. 도시재생이 필요한 지역주민들을 대상으로 사전적으로 그리고 추진과정에서 공신력 있고 객관적일 수 있는 지역대학이 중심이 되어 시민대학, 재생대학 등을 개설하여 사업에 대한 이해와 협력 등을 위한 프로그램을 진행시키고, 재생사업을 위한 코디네이터를 양성하는 전문 프로그램 역시 진행하여 주민, 시민단체, 행정기관 간의 협력적 거버넌스를 위한 창구를 만들어 갈등을 예방하고, 완화 및 해소할 수 있는 시스템을 구축해야 할 것이다[122].

사업계획단계에서 발생 가능한 보상 등 이해충돌 등 갈등현안들에 대하여 1차적으로 주민·상인협의체에서 협의 및 조정하고, 사업방법과 절차, 구조 등과 관련된 갈등은 행정기관과 도시재생지원센터, 사업추진협의체 등이 주민(조합)간 소통과 협력하는 방안이 모색되어야 하며, 사업과 관련하여 불가피하게 발생될 수 있는 주변지역의 교통, 소음 및 분진, 일조권, 젠트리피케이션 등 여러 형태의 갈등에 대하여는 전문가, 관련 사회단체, 행정기관 및 지역정치인, 언론기관 등과 함께 거버넌스 형태의 갈등조정협의체를 구성하여 조정과 합의과정이 진행되어야 할 것이다. 필요한 경우 대체적이고 보완적인 조정방안인 ADR 등이 갈등조정협의체에서 조정안으로 나올 수 있을 것이다. 최근 갈등의 범위와 영향이 큰 경우에는 각 분야의 전문가와 시민 등이 참여하는 공론화 위원회를 구성하여 갈등을 해결하기 위한 새로운 방안이 모색되고 있다. 인천광역시의 공론화 및 갈등관리에 관한 조례에서 공론화·갈등관리위원회(2021)를 구성한 것은 좋은 사례가 되고 있다. 갈등관리와 관련한 '공공사업의 갈등예방 및 해결에 관한 규정'은 중앙부처에 적용되는 법령이므로, 지방정부들은 지역 내 갈등해결을 위한 조례를 제정하고 있는 데, 신고리원전5,6호기 공론화 이후 지역갈등을 공론화로 해결하려는 여러 사례가 있었다[123]. 최근 추세에 맞추어 갈등관리와 공론화 관련 위원회 조례가 정비되어 분쟁과 갈등해결을 위한 법적인 체계가 구축되어, 도시재생에서도 참여적 의사결정과정인 주민중심의 '주민공론장' 도입을 기대해 본다.

갈등발생시 많은 노력에도 협의, 조정으로 해결이 되지 않은 경우 대부분 공권력이나 소송에 의해 해결하여 왔다. 이 경우, 주민중심의 도시재생사업은 공권력에 의한 해결이 사실상 어려워 소송을 선택할 수밖에 없으나, 소송은 3심제로 많은 시간과 비용이

---

[122] 인하대학교의 도시재생전문대학원(2020, 석·박사과정), 도시재생전문가 아카데미(2020)가 신설. 도시재생 전문가와 시민단체, 공공기관이 참여하는 전문가양성프로그램과 갈등관리교육과정이 운영되며, 인천도시재생지원센터의 우리마을 도시재생학교, 마을활동가, 코디네이터 교육과정 등과 연계하여 협력적 거버넌스 환경과 갈등관리시스템을 구축 중에 있음.(2021.iH공사 자료)

[123] 서울형 도시재생활성화지역후보지(경제기반형, 중심시가지형)의 공론화(2016),대학입시제도 개편 공론화(2018), 광주도시철도 2호선 건설 공론화(2018),대전시,월평공원특례사업공론화(2018),서부경남 공공의료확충 방안과 정책권고안 마련을 위한 공론화(2020),평택역 광장 조성 시민공론화(2021) 등

소요되는 상황으로 사업전체를 지연하거나 새로운 갈등이 불가피할 것이다. 그러나 법적인 해결은 주민이나 행정기관 및 사업자 모두 바람직하지 못한 선택이 될 수 있을 것이다. 법적인 선택이 불가피할 경우, 소송보다 비용과 기간이 단축되는 단심으로 판정하는 대한상사중재원 국내중재규칙에 따른 중재제도를 활용하는 방안도 새로운 조정방법이 될 것이다.

도시재생은 계획단계에서 완료까지 전 단계에서 갈등표출이 불가피하여, 이를 효율적으로 합리적으로 조정, 협력하는 것이 원가관리이고 공정관리이며 사업관리가 되고 있다. 재생사업에서 갈등관리는 사업계획단계에서 갈등을 사전적으로 저감, 예방하는 것이 필요하며, 부득이 발생한 갈등에 대하여 제도적으로 시스템적으로 대처하고 사회적 합의를 할 수 있도록 협력적 거버넌스와 갈등관리시스템 구축이 도시재생사업의 성패를 판가름 하는 중요한 과제라 할 수 있을 것이다.

2. 농어촌마을지원사업의 갈등관리

1) 농어촌 사회와 갈등

지금까지 농어촌 지역은 1차 산업의 본거지이자 식량 생산기지로서의 역할을 수행해 왔다. 그러나 1990년대 이후 불어 닥친 세계화, 지역개발 요구의 증가, 개인주의의 팽배, 핵가족화 진전 등 사회의 여러 변화 등의 외부 충격이 전통적 농어촌 사회에도 직·간접적인 영향을 주기 시작하였다. 식생활 변화, 국가농어촌정책, 외국과의 협정, 지자체 출범, 국민인식의 변화 등이 대표적이다. 이러한 변화는 농어촌 사회에 영향을 미치고 있다. 그리고 공공사업, 민간사업, 마을공동사업 등의 추진으로 인한 다양한 갈등이 발생하고 있으며, 특히 국내 국책사업 추진과정에서 공공갈등이 발생하는 장소 중 7할 이상이 농어촌 지역이라고 해도 과언이 아니다. 최근 사회적 주목을 받은 밀양송전탑건설, 제주해군기지건설 등의 공공갈등의 사례를 살펴보아도 이러한 현실을 뒷받침한다.

우리 농어촌 지역은 지금까지 경제산업의 기초로서 그 역할을 수행하며 현재의 고도성장과 발전에 적잖은 기여를 해 왔다. 그러나 국내 경제규모에서 농어업이 차지하는 비율은 현저히 낮고, 이들 노동력이 노령화로 인해 앞으로 그 역할은 개발의 대상지로 비춰지는 것이 현실이다. 그러나 최근에는 농어업이 가지는 절대적 비중이 아니라 장소적 가치가 점차 주목받고 있다. 즉 그 장소가 갖는 다원적 기능, 즉 생활 및 경제활동의 공간, 자연환경 및 경관의 공간, 문화·교육의 공간 등이 바로 그것이다[124].

---

[124] 1999년 OECD보고서 『어메니티와 지역개발』 (Cultivating rural amenities: an economic development) 에 의하면 "농촌지역은 풍부하고 다양한 어메니티들의 근원지이다. 순수한 야생지(wilderness)에서부

현재 농어촌 사회 변화에 배경에는 경영능력과 새로운 사업기회로 판단하고 귀농·귀촌한 이주민의 정착과 관련이 깊다. 이들은 농어촌 사회에 새로운 의식의 전파와 각종 주민의식의 향상, 참여의식의 고조 등은 지역사회의 문제를 직접 해결하고자 하는 의지로까지 넓혀 가는데 여러 영향을 미쳤다. 그렇지만 아직 우리 농어촌사회는 계속되는 노령화는 물론 도농 간, 주체 간 상대적 박탈의식도 심화되고 있는 상황이다.

<표Ⅲ-40> 국내 농어촌 사회의 변화 모습

긍정적 변화	부정적 변화
· 참여의식의 향상	· 개인화의 진전
· 절차적 정당성 강조	· 노령화
· 합리주의의 진전	· 부의 격차 심화
· 귀농자의 증가와 활력 제공	· 커뮤니티 결속력 약화

2) 국내 농어촌 사회에서의 갈등발생과 그 배경

농어촌 사회는 지금까지 다양한 갈등을 경험해 왔다. 작게는 커뮤니티 내의 갈등에서 마을 간 갈등, 그리고 정부와의 갈등에 이르기 까지 다양하다. 특히 이 갈등이 본격적으로 일반 사회에 알려지기 시작한 것은 1990년대 중반부터라고 할 수 있으며 주로 공공갈등이었다. 예를 들어 도로·철도건설, 댐건설, 발전소, 방폐장 건설 등의 입지지역이었다. 지방자치화가 진전되면서 지역 내 환경기초시설인 쓰레기매립장·소각장, 화장장 등의 건설에 따른 갈등이 발생하였다. 2000년대에는 각종 마을공동사업 과정에서 갈등이 발생하기 시작하였다. 예를 들어 공동시설활용이나 이익배분, 사업비 사용 등이 대표적이다. 주요 주체로는 공공갈등과는 달리 지역 대표와 주민, 주민과 주민, 이주민과 원주민 등 다양하다.

이와 같이 국내 농어촌사회에서는 다양한 갈등이 발생해 왔다. 그 근본적 배경에는

터 주의 깊게 관리되는 경관에 이르기까지, 고대의 역사 유적에서부터 지금도 살아 숨 쉬는 문화적 전통에 이르기까지 어메니티의 범위는 매우 넓다. 그리고 소득 수준의 향상으로 인해 도시인들이 농촌에서 어메니티를 향유할 수 있는 시간과 돈이 많아지면서 이들 어메니티에 대한 수요가 증가하고 있다. 이렇게 자연과 문화유산에 대한 관심이 증대되면서 도시보다 경제발전이 뒤쳐진 농촌 지역들에 새로운 경제적 기회가 마련되고 있다"고 지적하고 있다.(OECD. 2002. 『어메니티와 지역개발』, 오현석·김정섭 역, 새물결)

첫째, 국민인식의 변화와 관련된다. 1987년 민주화항쟁 이후 시민의식의 고양, 정보화의 진전이 영향을 미쳤다. 실제로 민주 의식 확산은 절차적 정당성에 대한 관심으로 이어졌다. 그리고 지방자치제의 시작은 지역과 마을단위의 이해를 촉발시키는 계기가 되었다. 정보화는 이러한 인식의 확산에 큰 도움을 주었다. 둘째, 농촌사회 구성원의 변화이다. 귀농인 등 외지인의 증가는 새로운 활력을 제공하는 동시에 지역 내 사회적 불안을 가져다주기도 하였다. 예를 들어 이주민들이 주도하는 사업과 성과에 대해 원주민들이 갖는 심리적 상대적 박탈감 등에 기반 한 인식이 이들 간 관계갈등을 초래하기도 하였다. 셋째, 공공사업 추진에 따른 변화이다. 공공사업은 주로 농촌 지역을 대상지로 하여 추진되면서 지역 내 불만과 갈등을 야기하는 기초를 제공해 왔다. 이는 국내의 성장이 완숙단계로 접어들고 도농 간 개발격차가 지가의 격차로 나타난 것과 관련이 깊다. 즉 공공사업의 타당성평가가 경제적·기술적 평가로 이뤄지는 현 제도 하에서 농어촌은 비용차원에서 볼 때 적절한 대상지라 할 수 있었다. 이러한 이유로 공공사업의 추진되었고 농어촌 사회에서 다양한 유형의 갈등이 반복되면서 관련 학습효과를 가져 왔다. 넷째, 마을단위가 갖는 한계에서 비롯된 문제이다. 정부의 각종 사업의 구성, 지원이나 보상기준 등은 행정단위 상 마을을 중심으로 하고 있다. 개인화가 진전되면서 공익이나 사익의 불균형에 민감해지고 있다. 특히 최근 사업추진에 따른 이익과 피해에 따른 보상의 배분이 불분명한 경우에 갈등이 발생하는 경우가 늘고 있다. 이는 최근 원자력발전소 건설 및 운영, 송전탑 건설 등의 사례에서 계속하여 나타나고 있으며 주민 간 갈등이 타 공동사업에 영향을 미치고 있는 실정이다. 이러한 배경 하에 발생하는 농어촌 사회에서의 갈등유형을 정리해 보면 다음과 같다.

3) 농어촌사회에서 발생하는 주요 갈등 유형

(1) 공공 갈등

공공사업 추진과정에서 발생하는 갈등은 크게 2가지로 나누어 볼 수 있다. 첫째, 국책사업 등 공공사업 추진에 따른 갈등이다. 이는 도로, 철도, 댐, 방폐장, 발전소, 군사기지 등의 건설 등 각종 공공의 이익을 실현하는 계획과 정책의 실현과정에서 발생하는 각종 공공갈등을 말한다. 또한 지방자치제 실시 이후 지자체가 추진하는 각종 사업(특히 환경기초시설) 등도 이에 해당한다고 할 수 있다. 그 주요 특징, 원인 등을 정리하면 다음과 같다.

<표Ⅲ-41> 농어촌사회의 공공사업 추진에 따른 갈등

구분	주요 내용
주요 사례	· 송전탑건설: 밀양765kV송전탑 등 다수 · 발전소 건설: 서산태안 가로림조력, 신한울 원전, 신고리원전 등 · 철도 건설: 경부고속철도, 호남고속철도 등 · 댐 건설: 영양댐, 문정댐(지리산댐) 등 · 도로 건설: 주요 고속도로(함양울산 등) · 방폐장 건설: 전북 부안, 경북 경주 · 군사기지 건설(사격장 등): 제주해군기지, 평택미군기지, 포천다락대 등 · 환경기초시설 건설: 관련 법에 의거한 지자체별 사업(쓰레기소각장, 화장장 등) · 기타 농진청 축산연구단지 이전: 전남 함평
특징	· 중앙정부/지자체 등의 공공정책(계획)에 따른 공공사업 실무적 추진과정에서 발생 · 보상 등 이해이슈를 중심으로 한 추진주체(정부)와 주민 간(시민환경단체 포함) 갈등 · 대부분 대책위 결성, 마을간 연대 혹은 외부시민환경단체와의 연대 강화 · 마을 커뮤니티 내 찬반갈등으로의 확산(이해를 바탕으로 한 개별인식의 차이) · 국지적~전국적 갈등(점/선/면 개발)
발생원인	· 대부분 의견수렴없는 추진에 따른 공공갈등 발생(형식적 의견수렴절차) · 보상대상범위 · 재산권(기존 삶)에 영향 여부 · 환경 피해여부

* 출처: 조성배외, 농어촌 지역의 커뮤니티 갈등유형과 해결방안 연구, 공공사회연구 제6권 2호, 2016. pp.5-54.

둘째, 민간사업 추진에 따른 갈등이다. 이는 축산단지, 소규모발전소, 석산개발, 골프장 건설 등 민간자본에 의한 개발행위가 지역사회에 미칠 부정적 영향가능성에 기인하여 발생하는 갈등이다. 정책차원이나 해당 지자체의 인허가가 사업의 추진여부를 결정하게 되므로 공공갈등으로 보기도 한다.

<표Ⅲ-42> 농어촌사회의 민간사업 추진에 따른 갈등

구분	주요 내용
주요 사례	·축산단지 건설 갈등: 봉화, 익산, 함양, 세종시 등 ·소규모발전소(풍력/태양광 등) 건설 갈등: 부안, 태백, 제주, 신안 등 ·석산개발 갈등: 양주, 통영, 경산, 영덕 ·비료야적장 갈등: 횡성 등 ·폐기물소각장: 영월 등
특징	·민간업체의 사업추진과정에서 업체와 주민 간(지역 시민환경단체 포함) 발생 ·지자체는 관련 사업에 대한 인허가권 보유 ·대부분 대책위 결성, 마을간 연대 혹은 외부시민환경단체 간의 연대 강화 ·마을 커뮤니티 내 찬반갈등으로의 확산(이해를 바탕으로 한 개별인식의 차이) ·대부분 국지적 갈등(점/면 개발)
발생원인	·의견수렴 없는 추진과 지자체의 추진을 위한 활동 ·사업체의 이해차원의 보상활동 ·보상대상범위 ·재산권(기존 삶)에 영향 여부 ·환경 피해여부

* 출처: 전게서, 2016. 일부 수정

(2) 마을공동체 갈등

 마을공동체 상에서 발생하는 갈등은 크게 2가지로 나누어 볼 수 있다. 우선, 마을공동사업 추진에 따른 갈등이다. 즉 중앙정부, 지자체의 각종 마을지원(공동)사업 추진과정에서 발생하는 주민(조직) 간 갈등을 말한다. 다음으로는 신구주민 간 갈등이다. 90년대 후반부터 계속 된 이주민(귀농, 귀촌자)와 원주민 간의 가치, 이해 등의 인식 차이에 따라 발생하는 갈등을 말한다. 본 갈등은 해당 사안 자체만으로는 표출되지 못하고 공공갈등과 같은 외부 충격이나 마을사업 추진과정에서 쌓여온 불만이 폭발하면서 발생하는 특징이 있다. 그 주요 대상과 특징, 주요 원인 등을 정리하면 다음과 같다.

<표Ⅲ-43> 농어촌사회의 마을사업에 따른 갈등

구분	주요 내용
주요 사례	· 중앙정부: 농촌마을종합개발사업, 녹색농촌체험마을, 정보화마을, 농촌전통테마마을, 산촌생태마을, 자연생태우수마을, 문화역사마을가꾸기, 어촌체험마을, 산촌종합개발사업, 농촌건강장수마을 등. 현재는 일반농산어촌개발사업, 특수지역지원사업 등 포괄보조제로 통합 · 지방정부: 으뜸마을가꾸기, 새농어촌건설운동, 산촌생태마을, 행복마을 등 · 기관: 농협팜스테이
특징	· 2000년대 전후로 농촌에 대한 정부차원의 마을지원사업이 본격화되고 사업비 지급에 따른 주민간 관계갈등 발생 · 마을지도자와 주민간/ 담당공무원과 주민간 갈등 · 마을지도자간(이장-작목반장-청년회장-노인회장-부녀회장 등)/주민간 갈등 · 광역마을사업의 경우 마을간 갈등
발생원인	· 농촌의 사업은 개인사업체의 성격이나 공동사업에 따른 운영방식으로 의견차 발생 · 수익 배분, 동업자 의식 부족 · 조정 등 갈등 해결자 부재. 소통방법 미흡 · 한정된 자원의 경쟁적 사용, 무임승차 문제 · 구성원 간의 역할 분담의 불명확 · 사업에 따른 인식공유 미흡 · 정부 지원의 행정단위별(읍면리) 지급(조합과 같은 이익공동체에 지급하기 어려운 상황) · 정부(지자체 등)의 관련 해결 역할 부재(사업비 지급 이후에는 관련 관리는 대부분 추진자 혹은 이장 등이 도맡음)

<표Ⅲ-44> 농어촌사회의 신구 주민 간 갈등

구분	주요 내용
주요 사례	· 귀농, 귀촌자와 마을 원주민 간의 이해, 가치차이에 의한 갈등 · 각종 사업 추진 및 운영에 따른 의견 차
특징	· 2000년대부터 귀촌자 증가, 40~50대가 주도하고 있으나 60대 이후 펜션 등의 경영을 위해 귀촌한 경우도 상당 · 대부분 도시거주자였고 주말농장 운영 등을 통해 개별적 텃밭관리. 은퇴 후 각종 개별사업을 통해 이주. 최근 토지를 소유하지 않는 귀촌자도 증가 · 정부의 공공사업에 따른 보상/ 입지 등을 둘러싸고 충돌 표면화 · 귀농인과 주민간의 사업/ 회의/ 마을공동행사 참여 등을 둘러싼 이견 · 정부차원의 귀촌자간의 네트워크 구축/프로그램은 운영 중으로 이들에 대한 관련 노력에 비해 원주민 측에 대한 노력은 부족(관계차원의 해결/ 갈등발생에 따른 대응 등) · 개인차원의 문제로 대부분 판단하고 개입하기를 꺼려함
발생원인	· 개인성향과 단체성향의 충돌 · 마을문화와 개인문화 · 상대적박탈/ 상대에 대한 이해부족 · 인식의 차이

(3) 기타 차원; 재난발생, 국제협약 등

이밖에 재난발생이나 국제협약 등으로 인한 갈등이 있다. 첫째, 재난발생에 따른 갈등은 각종 구제역 파동, 조류독감의 발생 등 질병 확산, 태풍 루사 등의 자연재해로 인한 농가 피해, 태안 허베이스피리트호 침몰과 같은 원유유출에 따른 어장 피해와 이에 따른 보상갈등이 주요 내용이다. 둘째, 각종 국제사회에서의 협정과 이에 따른 농업정책 변화에 따른 갈등이다. 각종 외국국가와의 FTA, WTO, GATT 등과 같은 협정이 농어촌에 미칠 영향에 따라 발생하는 농어민 집단과 정부와의 갈등을 말한다.

<표Ⅲ-45> 농어촌사회의 재난발생에 따른 갈등

구분	주요 내용
주요 사례	· 구제역 파동/ 조류독감 등에 의한 질병 · 태풍, 대설 등에 의한 자연재해 · 원유유출로 인한 어촌 피해, 산불 등 화재에 따른 인재
특징	· 재해자체에 대한 개별차원의 보상 중심 · 질병발생과 집단매립으로 인한 2차 피해우려(혐오). 시민단체 동조 · 복구비 지급에 대한 기관 담당공무원, 마을리더와의 갈등 · 주민 간 보상비 지급 차이에 따른 관계 갈등
발생원인	· 보상비 책정 · 복구비 지급 지연 · 지원금 차이 · 지원절차의 문제(장기화 등), 보상비 이외의 관련 해결절차 부재

<표Ⅲ-46> 농어촌사회의 국제협약과 이행을 위한 정책과정에서의 갈등

구분	주요 내용
주요 사례	· 외국협정체결이나 각종 농업정책 추진을 둘러싼 정부와 농민단체간의 갈등
특징	· 정부(농식품부)와 농민단체 간 생존권 이슈를 둘러싼 갈등
발생원인	· 국제협약 발효 · 정부정책 발표 · 관련 정책발효에 따른 소출 타격 · 정부수매가

4) 정부의 농어촌 정책변화와 갈등

(1) 농촌개발의 역사와 마을지원사업

정부의 농업정책은 2000년대 이전까지는 농업주곡에 대한 안정적 생산지[125]라는

---
125) 주산단지 조성, 농특사업, 새마을소득종합개발사업, 복합영농사업, 지역농업종합개발사업, 농어촌

측면에서 지원의 초점이 맞춰져 있었다. 그러나 국민소득규모가 늘고 여가시간이 늘어나면서 관광수요도 급격히 증가하게 된다. 이에 농어촌은 도시민의 과거 고향에 대한 향수와 교육적 효과 등이 결부되면서 사업적 기회로 바라보기 시작한다. 그리고 이제 농어촌은 단순히 1차 산업의 생산지가 아닌 휴양과 교육, 체험의 입체형 관광지로서 각광 받고 있다. 이러한 노력은 1990년대부터 시작된 개별 도시이주민의 농어촌 정착과 이에 따른 각종 가시적 성과가 점차 나타나기 시작한 것과 괘를 같이 한다.

기존 농어촌 마을에 이러한 새로운 바람은 지역발전과 함께 농어촌의 새로운 활로를 모색하고 있던 해당 지자체와 중앙정부의 관심으로 이어진다. 사실 농어촌은 점차 1차 식량 공급지로서 그 한계에 봉착하고 있었다. WTO, GATT, FTA 등과 같은 국제 협약은 기존 농어촌 사회에 부정적 영향을 미쳤다. 이를 해결하기 위하여 정부는 농어촌에 대한 계속되는 지원정책을 본격화 하게 되는데 1983년 '농어촌소득개발촉진법'을 필두로 1990년 '농어촌발전특별조치법', 1994년 '농어촌정비법' 등 관련 법제도 등이 대표적이다.

이상의 법제도적 근거가 지금과 같은 형태의 마을사업 방식에 적용하기 시작한 것은 2000년대 중반부터이다. 이때의 농어촌 사회는 계속되는 인구 과소화와 노령화 문제, 도시민의 여가생활의 변화, 이주민(귀농인 등)의 증가 등이 본격화된 시기이기도 하다. 이에 정부는 과거 '퍼주기 식'의 외형적 지원에서 마을스스로 문제 해결과정을 찾고 이에 대한 지원을 하는 정책으로 점차 전환하게 된다. 이에 따라 소위 '마을지원사업'이 다양한 형태로 전개되게 되는데 기존의 주체인 농림축산식품부(이하 농식품부) 뿐만이 아니라 그 목적이나 형태에 따라 다양한 부처로 확산되게 된다[126]. 예를 들어, 농촌진흥청, 행정자치부, 산림청, 문화체육관광부 등이 그러하다. 그리고 지자체도 지역 현실에 맞춰 각종 농어촌 지원 사업을 추진하게 되는데 '새농어촌건설 운동'(강원도)[127] 등이 대표적이다.

종합개발사업, 지역특산품개발사업, 신지역농업개발사업 등 농업중심의 농정이 이루어져왔다.
126) 녹색농촌체험마을, 농촌마을종합계획, 삶의질향상계획 등 다원적 기능 중시, 삶의 질 중시하는 농촌 중심의 농정으로 변화하게 되었다.
127) 강원도 새농어촌건설운동사업은 1998년 11월 신지식 농어업인을 육성하고, 변화하는 시대에 걸맞는 21세기 강원도형 살기좋은 농어촌을 건설하고자 전국 최초로 자치단체 차원에서 전개한 사업이다. 구체적인 추진방식은 마을주민 스스로 합심하여 마을발전 계획을 수립하여 실천과제를 선정·추진하고 매년 평가를 통하여 우수마을에는 마을당 5억원(도비 3억, 시군비 2억)을 지원하고 있다.

<표Ⅲ-47> 농어촌 개발의 역사

구분	주요 내용

중앙집권적 농촌개발 (1950~ 1970년대)	• 군사정부 체제 속에서 사회적으로 중앙중심 정책
	  - 1950년대 : 지역개발사업을 도입
	  • 군에 지도원을 파견시켜 분야별 마을 개발사업에 대한 상담과 지도
	  - 1960년대 : 지역개발사업을 확대하여 시범농촌건설사업 추진
	  • 5~10개의 자연부락 단위의 마을을 농촌진흥시범지역으로 선정하여 영농기술의 혁신과 개발계획의 수립·집행에 중점
	  - 1970년대 : 새마을 운동
	  • 근면, 자조, 협동의 정신혁명과 이를 통한 도·농간의 소득균형, 농촌 주민에 의한 조직화와 지역개발 추진

지역종합,마을 단위계획 도입 (1980~ 1990년대)	• 정주권 개발 사업 등 지역을 중심으로 한 종합계획 수립 및 문화마을 사업 등 마을단위 계획을 시작
	  - 1980년대 : 정주생활권개발사업
	  • 제2차 국토종합개발계획에서 지역의 주체성과 지역주의 개발전략을 채택, 지역생활권개발개념 등이 도입
	  • 농촌과 도시의 균형개발 추구
	  - 1990년대 : 농어촌발전특별조치법 제정, 군 농어촌지역발전계획인 면단위 정주권 개발사업 추진, 문화마을조성사업 추진
	  • 면 단위 계획 → 마을 단위 계획으로 변화
	  • 주민 의견수렴 규정 도입 : 상향식 개발사업 형태를 도입했으나 실제 내용적으로는 하향식으로 추진

농어촌 정주가능성에 기반한 마을중심의 상향식 개발 (2000년대 이후)	• 도농 간의 소통과 농어촌 가치에 기반한 정주성 확립을 위한 지원으로 발전
	  - 도시와 농촌간 의식 및 격차 최소화, 상생협력체계 구축
	  • 인터넷을 통한 직거래, 생산이력제 등 실시, 기업과 마을간 MOU
	  • 귀촌, 귀농인의 증가와 관련 지원제도 활성화
	  - 중앙정부, 지자체 등을 중심으로 관련 마을단위지원사업 활성화
	  • 공모방식의 일반화, 컨설팅 업체의 등장 및 지원체계 확립, 포괄보조제 실시
	  - 농촌관광, 어촌관광 등의 등장
	  • 수학여행 권장, 각종 지원체계 확립
	  - 관련 법규 제정을 통한 사회적 경제 본격화
	  • 공동체 사업, 마을단위의 각종 영농조합, 마을기업 등으로 확산

(2) 농어촌사회에서의 마을지원사업 상 주체별 갈등 유형

사업의 대상지로 선정된 마을들은 마을 주민이 주체가 되어 사업의 규모나 유형들을 결정한다. 그러나 사업 추진에서 대표의 리더십 부족, 이장이 주도되는 사업 추진, 기존의 잠재적 불만의 존재, 주민들의 이해부족 혹은 집단보다는 개인 이해에 근거한 결정 등으로 갖가지 갈등을 겪게 된다. 특히 운영과정에서도 공동시설의 주체나 개별적 보조금 사용 의혹 등을 이슈로 한 각종 고소고발, 소송 등이 전개되기도 한다. 이밖에 새롭게 이주한 주민들과의 협력이 어려운 경우 원주민과 이주민간의 갈등도 발생하는 경우도 많다. 농어촌에서의 주요 주체별 갈등상황을 정리하면 다음과 같다.

<표Ⅲ-48> 마을사업 과정에서의 주체별 갈등과 발생 이유의 예

주요 사업 과정	주요 주체	주요 발생이유	해결방법
지원사업 선정 추진	마을리더 VS 담당공무원 마을리더 VS 마을주민 마을리더 간	주민별 인식의 차 마을별 인식의 차(권역별사업) 마을 발전가능성	집체교육 중심
사업내용 선정	마을리더 VS 담당공무원 마을리더 VS 마을주민 마을리더 간 원주민 VS 이주민	마을별 이해의 격차(권역별사업) 주민별 이해의 격차 리더에 대한 오해/의심	컨설팅업체 조력 주민 자체
사업 운영	원주민 VS 이주민 마을리더 간 주민(원주민) 간 원주민 VS 이주민	공동시설 이용 각종 지원/보조금 사용 주체 기존의 불만 등이 비화 리더의 변경 이익 분배의 불만	주민 자체 해당지자체

① 담당 공무원과 주민간의 갈등

관련 공무원에 의해 사업이 추진될 경우에 발생하는 갈등이다. 최근에는 주민참여형으로 추진되면서 이러한 갈등은 많이 줄고 있다. 해당 갈등이 발생하는 이유는 사전에 마을의 특성이 면밀히 검토되지 못했으며 주민의 자발적인 참여의식이 성숙되지 못한 상황에서 발생하는 것이 특징이다. 일반적으로 담당 공무원은 선정 사업의 평가가 자신의 능력을 평가하는 기준이 되기 때문에 급히 사업을 진행시키는 경향이 있다. 주민들은 뒤늦게 사업의 의미와 내용 등을 이해하여 기존 사업내용이나 추진방법 등을 변경

하고자 할 때 갈등이 발생하기도 한다. 또한 사업의 목적과 어긋나는 소득사업을 추진하려고 할 경우에도 갈등이 발생하기도 한다.

② 마을 지도자와 마을 주민 간 갈등

마을 지도자와 주민간의 갈등은 운영 과정에서 발생한다. 최근 마을 내 지도자는 일반 주민들과 비교하여 상대적으로 젊거나 지식을 갖고 있는 경우가 늘고 있다. 또한 기존 농업이 아닌 농촌사업(예를 들어 관광농원 식당, 펜션 등)을 운영하는 경우도 많다. 이러한 상황에서 혹시 지도자에게 유리한 방향으로 끌고 가려는 것 아닌가 하는 오해를 받게 되면 갈등으로 나타난다. 특히 마을 지도자가 외지인인 경우에는 그 정도가 심각하다. 혈연사회의 특성이 강하거나 외지인에 대한 배타심이 강할 경우 외지인이 마을 수익사업을 추진하게 되면 이러한 갈등은 더욱 심각해지는 경향이 있다.

③ 마을 지도자간 갈등

농어촌 공동체 지도자로는 마을이(통)장, 추진위원장, 개발위원장, 부녀회장, 작목반장, 청년회장, 노인회장 등이 있다. 마을지도자간의 갈등은 사업추진결정 및 그 운영과정에서 많이 발생하는데 사업 방향과 목표, 우선순위 선정 등이 다른 경우 지도자와 주민간의 의견불일치가 발생하면서 이에 대한 다른 지도자의 지지가 생기는 경우 충돌이 발생한다. 보통 마을 지도자들은 마을선후배이자 초·중·고등학교 선후배 관계인 경우가 많은데 회의과정에서는 관계로 인해 그 불만이 제대로 표출되지 못하는 경우가 대다수이다. 특히 마을지도자로서의 공적인 입장과 지도자의 역할, 공동체내 주민으로서의 관계가 혼재되어 있는 상황에서 지도자 위상이 정립되지 못한 경우 갈등이 발생한다[128]. 특히 마을 지도자의 임기가 끝나고 새로운 지도자로 교체되면서 사업 진행과정에 충분한 정보가 제공되지 못하거나 이에 따른 이해 부족으로 선임, 후임 지도자 간의 불화가 갈등으로 발전한 경우가 많다.

④ 마을 주민 간 갈등

주민 간 갈등은 지원금의 지급이나 사업이익의 배분에 대한 인식이나 자신에 비해 적극적으로 참여하지 못한 주민에 대한 불평 등으로 부터 비롯된다. 즉 마을 사람들이 사업에서는 책임이나 부담을 적게 지면서 수익의 분배에서는 자기 지분을 충분히 차지하고자 하는 인간 본연의 욕심과 관련이 깊다. 가시적인 수익사업이 변변치 못한 경우, 단기적으로 수입이 보장되지 못한 경우, 사업설명이 불충분한 경우 등은 주민들의 참여의지를 낮추게 되며 이들 간 갈등을 야기하는 근본 원인이 될 수 있다.

---

[128] 김용근, "농촌관련사업 운영상 갈등의 이해와 대책", '농어촌과 환경' 14(3), 2004, pp.24-35. 를 바탕으로 재구성, 수정 및 재작 성하였다.

5) 농어촌사회 내 갈등의 원인과 문제점

이상 갈등사례를 중심으로 각각의 발생원인과 문제점을 제시하면 다음과 같다.

(1) 갈등발생의 근본 원인

① 농어촌사회의 구조적 한계에서 비롯된 문제

마을에서 직면하고 있는 갈등은 농어촌사회가 가진 구조적인 문제에서 기인한다. 현재 농어촌 사회는 현재 구성원의 노령화와 젊은 인력의 부족, 산업화과정에 따라 도시에 비해 상대적인 피해의식(상대적 박탈감 등) 등이 팽배한 상황이다. 또한 계속되는 지역의 어려움을 정부의 지원의존을 통해 해결하려고 하고 있고 이에 따라 변화하는 사회현실에 대한 적응력도 부족하다. 이러한 문제를 해결하기 위하여 각 사업주체들은 사업화 과정에서 마을리더에 대한 다양한 역량강화 교육이 이루어지고 있지만 그 성과는 마을의 특성에 따라, 지도자의 역량에 따라 천차만별이다. 현재의 마을지원사업은 마을리더를 중심으로 한 역량강화교육을 통하여 예방이나 해결을 시도하고 있는데, 이는 기존 성공사례의 대부분이 리더의 역할이 주요했다는 점과도 관련이 있어 보인다. 그리고 지금의 농어촌 사회는 급격한 노령화를 겪고 있다. 이는 이들을 중심으로 사업을 추진하기에는 신규사업에 대한 이해가 떨어지고 관련 교육의 효과도 기대하기 쉽지 않기 때문이다. 따라서 대부분 젊은 층이 리더로서 역할을 하고 있는 것도 이와 관련된다. 게다가 귀농인이 리더의 역할을 하는 경우도 늘고 있다. 이는 결국 원주민이나 특히 노령층 등이 마을공동사업에 적극적으로 참여하지 못하면서 소외층이 되면서 잠재적 불만을 갖게 하는 원인이 되고 있다.

② 집단보다는 개인이해에 기반 한 사고에 기인한 문제

사업 추진에는 참여하는 집단의 구성원이 각자 맡아야 하는 부분이 존재한다. 단순히 시간할애는 물론 자신의 토지나 작목, 자본금 투자 등에 이르기까지 각자의 개인의 역량과 재산을 할애하거나 관련 경비를 부담할 수밖에 없다. 그리고 사업이 활성화될 경우에는 각자의 노력과 투자에 비례하여 수익배분이나 마을공동시설 등에 대한 관리방안 등의 문제를 해결할 필요가 있다.

사실 마을지원사업의 결과는 마을 공동체를 위한 사업이지만 개인은 어쩔 수 없이 자신이 노력에 대한 대가를 얻고자 하는 것은 당연하다. 가능하면 적게 책임지면서 많은 이익을 얻고자 하는 것은 인간이 갖는 욕구에 기반 한 것이다. 이에 따라 사업에 따라 발생한 공동시설의 활용이나 이익부분을 어떻게 관리할지, 누가 그 주체가 될 것인지 하는 문제는 매우 중요하다. 그러나 그 이익에 대한 생각은 각자 다를 수밖에 없으며 공동이익의 활용 우선순위도 그 의견은 다를 수 있다. 그런데 이에 대한 관리가 제대로 이루어지지 않고 실패할 경우, 그 책임문제 등을 둘러싼 공동체 내 갈등을 초래할 수 있다.

③ 마을구성원 특징과 행정체계 상 지도자와의 충돌에 기인한 문제

마을사업은 공동의 이익을 실현하기 위하여 추진되지만 그 목적을 실현하기에 농어촌이 갖는 근본구조가 일반 사회와 다르다는데 갈등의 원인이 되고 있다. 우선 농어촌 공동체에서 이익 추구 행위가 쉽지 않다. 그런데 마을사업이 동업형식으로 진행되면서 충돌이 발생하는 것이다. 특히 마을 구성원들은 공동체에 속하고 있지만 실제 영농 행위 등은 개별 사업체와 같은 형식으로 진행되고 있다. 그러다 보니 도시에서와 같이 이익추구를 위한 이해당사자의 사업이 농어촌 사회에서 적용되기란 무리가 있는 것이다. 단순히 농어촌이 공동체가 발달되어 있으니 마을지원을 통한 공동사업이 쉽게 성공할 것이라고 생각하는 것은 착각이다. 복지나 사회사업도 어려운데 개인사업자 특징의 구성원에게 시간을 할애하라, 투자하라, 공동의 이익을 나눠라 등은 무리한 요구가 아닐까싶다. 특히 현재 마을지원사업이 리더역량강화 중심의 교육이 추진되면서 해당 각종 정보가 이들에게 집중될 수밖에 없다. 마을 주민들은 정보의 불균형에 기인한 갖가지 오해나 의혹을 제기할 수 있으며, 사업과정 혹은 그 결과로 이익이 발생해도 그 분배에 대한 불만이 이어질 수밖에 없을 것이다.

더욱이 보통 마을의 리더는 젊은 층이고 그 역할도 이장(통, 반장)이 하고 있는 것이 현실이다. 그러다 보니 행정단위로서 관련 역할을 수행하는 이장이 마을리더라는 이유로 마을개발의 주도권마저 갖게 된다면 이에 소외층은 이에 따른 불만이나 오해를 갖게 되는 것은 당연할 수 있다. 따라서 최근 행정역할과 사업역할을 구분하고자 하는 마을도 있지만 워낙 관련 인력이 부족한 농어촌 현실에서 쉽지 않다. 이밖에 지도자의 의욕과 지도자간의 명예욕, 새로운 지도자의 옛 지도자의의 개인적인 사업능력과 권한도 인수하려는 욕구 등도 갈등을 유발하는 이유가 될 수 있다

(2) 문제점

① 주민주도라고는 하나 예산, 기간, 실적 등의 이유로 행정 주도

2000년대 이후 농촌개발은 주민이 주도하는 상향식 개발로 전환되었지만 예산배정, 실적관리 등의 이유로 실제 운영은 행정주도로 이루어지고 있는 상황이다. 즉 매년 예산 및 관련 기간을 정하고 이에 모든 관련 주민활동을 맞춰서 제출하도록 하는 등 행정편의에 맞춘 사업추진이 보편화되고 있다. 이에 따라 행정에 밀려 주민의 참여와 역할이 행정일정에 따라 움직일 수밖에 없다. 이에 따라 평가기준과 일정 등에 맞추어져 진

행되므로 실제 사업에 대한 마을 내 공감대 형성이 원만히 이루어질 수 없는 어려움도 발생하고 있다.

② 물리적 환경개선사업이 중심이나 소득사업과 연계함으로서 전체 사업에 영향

행정은 사업추진과 사후 보고가 용이한 물리적 환경 개선 사업에 중심에 있다. 소득사업 또한 무시 못 할 주요 사업으로 포함되고 있는 상황이다. 그런데 이 둘이 하나의 사업으로 연계되어 추진되면서 주민주도권의 싸움이나, 이해에 기반 한 갈등 등이 발생하고 있다.

이는 관련 사업에 대한 정보의 독점, 오해, 지식의 격차, 상대적 박탈 등 다양한 심리적, 제도적, 공동체적 특성이나 한계로 인한 문제이며 대부분의 마을에서 발생되고 있다. 지역의 현실은 그럼에도 불구하고 사업추진과정에서 행정은 시설 운영 등 사후 관리, 후속·연계 지원 사업을 따로 챙길 만한 여력과 창의력을 갖추지 못한 상황이며, 문제 발생 시 주민의 잘못으로 떠넘기기 급급하거나 예산제공여부를 마을갈등 발생여부에 맞춰 사업추진과정에서 갈등이 드러내지 않게 하는 방식을 선택하고 있다. 그 결과 사업추진 말미 혹은 사업이 종료된 이후에 갈등이 폭발하는 경우가 많다.

<표Ⅲ-49> 정부가 민간에 지원하는 기업형 사업 현황(2013년 기준)

구 분	사회적기업	협동조합	마을기업	농어촌 공동체회사	자활기업
사업 시행부처	고용노동부	기획재정부	행정자치부	농림축산식품부	보건복지부
사업 시행연도	2007	2012	2011	2010	2012
주요목적	·일자리 창출 ·사회 서비스 제공	·소득 창출 ·사회 서비스 제공 ·일자리 창출	·소득 창출 ·일자리 창출	·일자리 창출 ·소득 창출 ·지역사회발전	·자활의욕 고취 ·일자리 창출
사업대상	·취약계층 중심	·지역주민 중심	·지역주민 중심	·농어촌주민 중심	·저소득취약 계층 중심
추진전략	·사회서비스 생산에 의한 일자리 창출	·재화 또는 용역의 구매·생산판매 제공을 협동으로 운영하여 소득 창출, 일자리 창출, 사회 서비스 제공	·지역자원 활용을 통한 고용 및 소득 창출	·농어촌자원 활용 ·기업경영방식을 접목하여 소득 및 고용 창출	·자활기업 사업참여를 통한 자활능력 향상과 자활 의욕 고취, 고용 창출
관련법	·사회적기업 육성법	·협동조합기본법	·농어업경영체육성및지원에관한법률 ·마을기업육성 및지원조례	·농업인의삶의 질향상특별법 ·농어업경영체육성및지원에 관한법률	·국민기초생활 보장법
지원내용	·인건비 지급 ·경영·회계·노무 컨설팅 ·세제 지원 ·시설비 지원 ·권역별 통합지원기관 운영	·협동조합 설립 및 컨설팅 ·교육 및 홍보 ·사회적협동조합 설립 및 인가 지원	·마을기업 자문단 운영 ·마을기업 종합 컨설팅 ·사업비 지원 ·판로 지원 ·HACCP 등 인증 지원	·기획, 개발, 마케팅, 홍보 지원	·창업 지원 ·융자 ·사업 우선 위탁 ·판로 개척 지원 ·인건비 지원

* 출처: 조성배외, 농어촌 지역의 커뮤니티 갈등유형과 해결방안 연구, 공공사회연구 제6권 2호, 2016. pp.5-54.

③ 예산 편성 상, 단기사업 위주로 지속가능한 사업형태 어려움

농촌에 대한 마을지원사업은 보통 한 사업 당 2~3년 정도의 단기 사업 위주로 설계 및 집행되는 경우가 일반적이다. 그러나 이러한 기간은 지자체장 교체와 같은 외부상황 변화, 주민 주체(이장 등)의 교체 등 내부 상황 변화 등 주변 환경 변화에 따라 연속성이나 지속 가능성을 담보하기 어려운 기간이다. 따라서 중장기적인 비전과 전략이 부재한 상태로 단위 사업 형태의 단기 사업이 되풀이되고 있다.

④ 시군의 자율성 보장 어려우며 지자체도 단기성과에 급급

지자체의 경우 포괄보조사업으로 추진하면서 해당 사업비를 대부분 중앙정부에 의존하여 지역별로 독자적, 자율적인 사업을 계획하거나 추진할 수 없는 상황이다. 이러한 사업은 지자체 자체 추진사업에 지원하고 있지만 이러한 사업도 단계적 진행보다는 단기적 성과 위주의 사업이 진행되고 있다. 지역 내부에서는 자율적, 창의적 사업을 추진하라는 포괄보조 제도의 도입 취지에 무색하게 시·군의 자율성이 보장되지 못하고 있다.

⑤ 비생산적 사업계획 양산

대부분 마을사업이 기존 사업이나 타 지역의 유사 사례를 모방하고 답습하는 비생산적이고 소모적인 사업계획을 양산하고 있다. 사업만의 고유한 특성을 살린 마을발전계획은 거의 전무하며 형식적이다.

⑥ 마을만들기에 대한 사업 총괄기획 및 전담부서 부재

중앙정부, 지자체 모두 마을만들기 위한 각 분야, 즉 건축, 농정, 도시, 주택 등 부서마다 사업이 분산 추진되고 있는 상황이다. 이에 따라 관련 사업에 대한 총괄·기획 기능과 전담 부서가 부재하다. 최근 이에 대해 관련 정부의 평가과정에서 지자체 등에 대해 관련 전담부서 마련에 높은 평가를 주는 등 변화가 있는 상황이다. 그럼에도 불구하고 계속 발생하고 있는 갈등에 대한 관리는 거의 전무하다. 마을 내 갈등해결을 위한 방법도 부재하다. 외적으로는 주민참여, 주민주도를 내세우고는 있지만 스스로 이해당사자로 갈등해결이 쉽지 않으며, 지금의 마을내부역량만으로는 해결하기 어려운 상황이다. 또한 갈등발생자체가 평가에 매우 부정적 영향을 주기 때문에 사업과정에서 갈등이 발생하고 확산되더라도 이를 그대로 방치하거나 애써 무시, 방치되고 있다.

⑦ 일부 주민 위주로 추진되는 사업이 전체 지역주민 주도로 포장

행정 편의를 위해 위원장 등 일부 주민을 중심으로 사업이 추진되도록 하면서 마을 주민 간 갈등과 공동체 붕괴 빌미를 제공하기도 한다. 주민들이 마을 공동체에 대한 사전 준비와 경험이 없는 상황에서 마을 관련 사업이 선정되는 경우가 많다. 마을이 공동

사업으로 성장하여 자립하려면 오랜 기간이 필요하다. 주민은 학습하고 훈련하면서 그동안 교육, 컨설팅 등 행정이나 외부 지원 조직의 지속적이고 체계적인 관심과 지원을 받아야 하나 마을 만들기 사업에 대한 이해와 경험이 전혀 없는 마을에 수십억 원 규모의 사업을 지원하는 사례도 있었다.

⑧ 전문가의 역할의 한계

마을관련 전문 컨설팅 업체가 양산되면서 농식품부는 컨설팅 업체 등록제, 국가 공인 농어촌개발컨설턴트제 등을 시행하기도 하였으나 법적 구속력도 없고 해당업체의 역량 강화 유도와 시장 공정질서 확립 효과는 미미하다.

업체 선정 과정에서 경쟁 입찰 방식으로 입찰 경쟁에서 이기는 기술과 방법론이 뛰어난 업체들이 선정되는 경우도 발생. 실제로 마을과 함께 중장기적으로 해나갈 수 있는 업체 선정이 쉽지 않다. 특히 농촌 마을 만들기는 단순히 농촌관련 학위만이 아니라 기존의 농촌환경을 이해하고 농민의 삶에 대한 종합적이고 체계적인 지식과 이해를 갖추어야 수행할 수 있다. 따라서 생태, 환경, 조경, 관광, 건축, 도시 계획, 농학, 임학, 식품공학, 농경제학, 농업경영학, 농촌사회학, 갈등학(행정, 심리, 법, 사회, 경제, 커뮤니케이션) 등의 지식과 역량이 있어야 하지만 실제는 그렇지 못한 상황이다. 사업이 대부분 프로젝트 단위로 이어지고 연속적이지 않아 지속가능한 계획수립과 관리가 쉽지 않은 것도 사실이다.

⑩ 마을단위 소득사업의 추진

사회 변화에 따른 마을 내 공동체 의식의 변화 및 하락하고 있다. 외지인 등 새로운 귀농·귀촌자 증가와 이에 따른 주민 간 분란이 발생하고 마을공동사업 자체가 갈등의 이유가 되고 있다. 특히 소득은 함께하고자 하는 마음이 없는데(도시와 같음) 이를 조건으로 내걸면서 사업추진 상에서 계속되는 갈등을 초래하고 있다. 공동체 의식이 생기기 전에 결국 갈등으로 사업추진에 어려움이 발생하고 있다. 공동체 의식은 기본적으로 이익보다는 함께 하는 공익적 발상에서 시작되는 것이나 현 세태 변화에 기존 평가지표 및 사업추진 방식은 맞지 않다. 마을간 조건이 다른 상황에서 이익사업과 공익사업을 동시에 추진하는 것은 그 사업 추진의 원래 목적에도 크게 어긋났다고 판단된다. 도시에서는 오히려 소득사업이 없고 공동체의식을 높이기 위한 사업, 즉 공익사업 위주로 진행되고 있다(행정단위가 아닌 마을내 공동체차원의 마을기업이 추진 중[129]).

⑪ 소득사업에 대한 자부담율이 매우 낮은 상황이며 눈먼 돈이라는 인식

현재 사업에 따라 차이가 있지만 농산어촌개발사업의 경우는 자부담율이 20%이

---

[129] 서울시의 경우 2012년부터 경제공동체로서 마을기업활성화, 상가마을공동체활성화사업을 통해 공동체의 소득사업을 지원하고 있다

다130). 도시지역에서는 대부분 저리융자 개념으로 추진 중이다131). 도시 내 행자부나 지자체가 추진하는 마을기업의 경우가 있으나 대부분 마을 자체라기보다는 기존 전통시장 상인조직이나 일부 주민들이 조직화 하여 추진하고 있고 이들은 어느 정도 경영 마인드를 가진 경우이다. 그러나 단순히 농어촌지역공동체가 있다고 해서 이들 모두가 소득사업에 참여할 수 있다고 보는 것은 현실적으로 맞지 않다. 소득사업에 대한 자부담율을 높일 경우 과연 사업을 하겠냐는 등의 일부 지적도 있지만 소득사업이 과연 농촌사회를 유지, 보전하고 활성화하는데 절대적 가치를 갖는다고도 할 수 없다고 봄. 또한 이 문제를 정리하지 않으면 향후 지속가능 소득사업은 불가능하다.

⑫ 포괄보조제도의 한계

시군구자율편성사업(낙후지역개발사업)과 관련하여 농식품부, 행자부, 국토부 3개 기관에 분배되어 있다. 그러나 실제 지역 상황(농어촌)에 따른 분배가 아닌 행정 편의적 사업배분이 많다. 예를 들어 강원도 인제, 화천지역의 경우 농산어촌이 대부분이지만 농산어촌사업에서는 배제되고 있다. 특수지역에 포함되지만 실제로 이들 지역은 중복 지원되지 않는다는 조건하에 지자체 편의에 의해서 사업이 결정되고 있다. 실제로 국가보조는 농산어촌 7:3, 행자부 사업 8:2인 상황이다. 이들 지역은 오히려 농촌지역에다 특수지역임으로 모두 받을 수 있다고 생각하지만 현실은 그렇지 못하다.

<표Ⅲ-50> 포괄보조사업에 대한 보조율(2015년 기준)

구분	포괄보조사업	보조율	2014년도 대상
국토부	성장촉진지역 개발	100%	· 개촉지구 지원 등(2개)
행자부	특수상황지역 개발	80%	· 접경지역 지원 등(15개)
국토부	도시활력증진지역 개발	50%	· 주거환경 개선 등(16개)
농식품부	일반농산어촌 개발	70%	· 전원마을 조성 등(15개)
	지역행복생활권 협력사업	80~90%	· 56개 행복생활권 대상

⑬ 일정 개인에게 과도한 부담을 가중시키는 현행 제도

마을/권역단위사업의 주체는 사실상 이장이나 현재 일을 하고 안하고를 떠나 20만원의 월급이 전부이다. 사업추진 자체는 마을을 위한 것에 동의하나 이에 따른 리더 개인에 대한 과도한 업무부담, 비용지불에 대한 불만 고조. 즉 개인에 대한 과도한 재정적, 시간

---

130) 행자부 마을기업의 경우는 10%, 농식품부농어촌공동체회사의 경우는 15% 등이다
131) 물론 마을공동수익사업은 존재하나 마을전체가 참여하는 형태의 사업은 아니며 주민 5인 이상이 참여하고 있다(예를 들어 A아파트 3동 주민 일부 등)

적, 업무 부담이 초래되고 있는 상황이다. 이에 따른 보전을 위한 행동이 공금횡령 등의 행위로 나타나거나, 갈등의 불씨가 되기도 한다. 특히 마을마다 차이가 있어 해당 사업에 대해 참여하거나 하지 않거나 여부와 상관없이 동일한 월급제이며, 인센티브조차 없다.

6) 농어촌 사회의 갈등해결을 위한 정책적 제안

이상에서 농어촌 사회의 갈등에 대하여 논한 바와 같이, 향후 정부기관 차원의 마을 지원사업 등에 대한 갈등관리는 물론 기존 사업자체에 대한 변화 등도 필요할 것이다. 향후 농어촌 사회의 갈등에 대한 저감, 선제적 조치, 지역의 발전을 위한 구체적인 해결방안을 제안하면 다음과 같다.

(1) 마을지원사업에 대한 정책적 제언

첫째, 공동체의식 제고 혹은 함양이라는 사업의 본래 목적에 기초한 지원 및 추진이 이루어져야 할 것이다. 현실을 직시하고 중장기적 관점에서의 세대간 형평성, 공간 간 형평성, 기존거주자와 신거주자와의 형평성을 고려한 마을발전정책 및 사업방식을 개발할 필요가 있다. 현재의 농어촌마을이 기본적으로 공동체 의식이 높다고 판단하는 것이 과연 옳은가 하는 고민이 필요한 시점이다. 마을 조건에 따라 다르겠지만 농촌내 공동체가 붕괴되고 있는 상황에서 소득사업의 추진은 갈등발생으로 오히려 공동체 붕괴를 가속화 시키는데 영향을 주고 있다. 오히려 새롭게 신구 공동체를 형성한다는 관점, 공동체를 회복이 오히려 급선무인 마을도 있을 것이다. 지원을 받을 주체가 농어촌내 과거부터 상대적 박탈감속에 살아가는 주민인지, 아니면 새롭게 등장한 주민이 되어야 하는 것인지, 지금의 마을지원제도는 제대로 걸러내기 어려운 상황이다. 농어촌에 여러 불리한 조건을 현재 살아가는 주민으로만 보고 지원하는 제도는 과거와 미래를 제대로 담아낸 지원제도가 되기 어려울 것이다. 세대, 공간, 신구 등 지금의 거주자가 처한 상황과 이들의 상대적 박탈 형평성을 고려한 제도가 제대로 마련되지 못한 상황은 결국 갈등을 초래할 수밖에 없다. 실제로 계속해서 마을에 새로운 계층이 들어오지만 이들이 공동체로서 함께 하게 되는 계기는 각자 다른 소득사업이 아니라 우리라는 공동체문화 형성과정에서 피어나는 의식이 아닐까 싶다. 따라서 신구의 조화, 공동체형성이 필요한 마을에 여러 경관조성 등 공익적 목적을 위해 주민들이 함께 하는 마을공동체를 만들어 가는 노력과 과정을 통해 신구거주자 사이의 새로운 공동체 의식이 생기게 될 것이고 정부는 이를 지원하는 형태가 바람직하다. 이를 위해 중장기적 관점에서 농어촌 사회 변화에 따른 마을발전정책 및 사업, 관련 지원체계 등을 새롭게 계발할 필요가 있다.

둘째, 사업의 단계별 추진방식의 변화가 필요하다. 농어촌 개발사업에 대한 사업추진 단계를 기존의 방식에서 벗어나 기존의 단기적 성과를 위주로 한 사업추진이 아닌 실제 마을상황을 진단하고 이에 적절한 사업방식을 제안하고 추진하는 등을 기초한 단계별 방식으로 변화할 필요가 있다. 예를 들어 전문가 마을진단 및 제안(컨설팅 업체)하고, 다음에는 해당 마을에 적합한 사업방식 결정(해당 지자체; 마을상황에 따라 공동체 의식함양이 필요한지, 소득증대 등의 노력이 필요한지 등 사업방식의 결정)한다. 이후 그 결과에 따른 마을사업 추진(중앙정부; 행재정적 노력, 관련 역량 강화도 포함)하여 해당사업에 대한 성과 평가(해당 지자체; 전문가 참여)한다. 그 성과평가에 따른 재차 마을상황 진단 및 마을에 적합한 사업방식 제안(컨설팅 업체 및 관련 전문가)하고 해당 사업에 대한 성과 평가(해당 지자체)를 통해 마을에 적합한 사업 방식 제안(컨설팅 업체 및 관련 전문가)하여 그에 걸맞는 사업을 추진하게 하는 등의 단계적 방법이다. 즉 어디까지나 마을자체의 기반상황과 마을주민의 관련 역량, 관계 등을 기반으로 진단한 결과에 의해 단계별 지원방식 계발(인센티브 제공 등) 추진하여야 할 것이다.

셋째, 마을리더, 즉 이장의 역할 및 지원이 제고되어야 할 것이다. 현재의 사업추진에는 마을리더, 즉 이장 등에게 관련 역할을 요구하고 있고 이들의 적극적인 활동과 이를 통한 각종 문제 해결 또한 주문하고 있다. 실제로 많은 사업들에서 이들이 추진위원장 등을 맡고 있지만 마을을 위해 바쳐야 할 금전적, 시간적 피해도 커지고 있다. 그러나 이를 보해줄 수 있는 제도는 전무한 상황. 이제는 '리더=마을봉사자' 혹은 '열정'이라는 관점에서 바라볼 것이 아니라 시대 변화에 대응하여 새로운 관계 및 제도를 만들어갈 필요가 있다. 이를 해결하기 위해 이장 등 마을리더에게 과도한 부담을 가중시키는 문제를 해결하기 위한 각종 제도, 즉 인센티브제, 판공비지원, 사업추진 시 관련 실비 청구, 활동 결과에 따른 지원제도, 이후 사업 추진 시 대한 기여 평가 등 여러 해결방안 등을 마련할 필요가 있다.

(2) 농어촌 지역 사업 추진과정에서의 갈등관리 방안

농어촌 사회 내 사업과정에 대하여 갈등관리 차원의 해결방안을 제안하면 다음과 같다.

첫째, 마을갈등관리 전담자 지정이 필요하다. 중앙부처(혹은 담당 산하기관 내)에 마을갈등 전담자를 지정하고 관련 지원의 컨트롤 타워의 역할을 할 수 있도록 한다. 이들 전담자를 중심으로 각 담당부서 및 담당자, 갈등관리 전문가 등과 함께 사업추진에 따른 갈등상황을 체크하고 대안을 마련하는 등의 소위 '마을사업조정회의'를 신설하고 운영한다.

둘째, 농어촌 갈등에 대한 데이터베이스 시스템 구축과 관련 보고체계 확립이다. 각 지정된 전담자 등을 중심으로 기존 해당 부처(서)의 마을사업에 따른 각종 갈등 사례를 수집하고 이를 정리하여 마을에 전파한다. 이는 향후 갈등예방을 위한 토대로 활용될 것이다. 수집 과정에서 각종 갈등이 발생한 곳 혹은 사업추진 의사를 밝힌 마을에 대해 현지 실태조사 등을 실시한다. 가능하면 마을의 요구에 의해 파견하며, 필요시 갈등전문가 등을 활용한다. 이들은 사업과정에서의 주민 간 관계 변화가능성 등 갈등발생 및 심화 등의 가능성을 판단한다. 관련 보고양식 등을 표준화하여 사용함으로서 향후 데이터 축적과 활용에 도움이 될 수 있도록 한다.

셋째, 갈등관리매뉴얼 작성 및 배포, 이에 근거한 마을갈등전문가 양성 및 활용이다. 구축된 데이터베이스는 향후 해당 사업에 특정한 갈등대응매뉴얼 작성에 기초가 될 것이며 최종 작성 후 배포하여 활용하도록 유도한다. 또한 해당 기관 공무원, 컨설팅 업체 관계자 등에 대한 갈등전문교육을 실시한다. 해당 과정을 통해 양성된 갈등전문가를 마을에 파견하여 문제예방 및 해결에 활용할 수 있도록 한다.

넷째, 갈등대응전담 TF 운영과 대응체계 마련이다. 만약 마을사업 추진을 계기로 마을에 주민 갈등이 확산, 심각화 할 경우 해당 마을(권역) 등에 대한 전담자, 갈등전문가, 컨설팅 담당자, 지자체 등이 포함된 갈등대응전담반(TF)을 구성하고 해결을 위해 노력한다. 물론 마을주민의 요구를 통해 추진한다.

다섯째, 장기적으로 마을갈등을 관리 할 전담 지원센터의 설치이다. 장기적으로는 각 관계 부처 등이 합동으로 통합형 마을갈등해결 지원센터를 설치하고 운영하여 종합 갈등관리 대민 서비스가 제공할 수 있도록 한다. 이곳의 주요 업무로는 관련 교육, 전문가 양성 및 파견, 문제 예방 및 해결 등의 서비스 등이다.

여섯째, 마을사업계획 작성 시 갈등대응계획을 수립한다. 사업을 추진하고자 하는 주민들은 자신들의 기존 마을계획과 함께 본 사업에 따라 미치게 될 영향과 이에 따라 발생 가능 한 갈등을 예상 하여 관련 대응계획 수립을 의무화하도록 한다. 특히 공용시설 등에 대해서도 구체적인 활용 계획과 문제 해결방법을 작성하도록 한다. 예를 들어 각종 추진·운영상 예상 문제에 대한 관련 마을규약 작성 및 제시, 사업 추진과정 상의 각자의 역할 분담 계획, 조직적 대응 방안, 갈등예방안 등이다. 원주민과 외지인과의 협력 방안(마을 회의 참여) 등에 대해서도 구체적으로 작성하도록 제시한다. 권역별 사업일 경우에는 마을간 협력 체계와 예상되는 갈등에 대한 조치 방안 등이 기술되어야 할 것이다.

일곱째, 사후관리 등 지속가능한 대응 체계를 구축한다. 일회성 사업이 되지 않도록 이후에도 마을 공동체 회복 등 공생기반을 공고화할 수 있도록 지원한다. 지원 마지막 년차를 중심으로 이후에는 사업을 스스로 진행할 있도록 컨설팅하고 갈등 등으로 인한 커뮤니티가 훼손되었을 경우 이를 회복하기 위한 지원체계를 구축한다. 지속가능한 사업수행뿐 만이 아니라 각종 심리상담도 추진하여 관계회복이 될 수 있도록 지원하는 것이다. 이러한 역할은 지역사회로부터의 신뢰가 매우 중요하므로 가능하면 지역의 시민단체나 전문가, 신망 있는 사람 등을 주민으로부터 추천받아 이들이 그러한 역할을 할 수 있도록 한다. 이상을 갈등관리 차원에서 정리하면 다음과 같다.

<표Ⅲ-51> 마을지원사업에 대한 갈등관리 차원에서의 해결방안 제안

구분	기존의 갈등관리	주요 해결방안
마을갈등 전담자 지정	- 비체계적 갈등관리/ 대응 - 정부 당사자 정책/대형프로젝트 위주의 갈등관리 - 마을갈등은 사인 간 갈등으로 개입 어렵다는 인식	- 각 해당 부처/ 기관은 사업추진과정에서 해당 갈등상황 파악을 위한 노력 - 관련 전담자 지정 - 농어촌 마을 갈등대응 시스템 구축 - 관련 매뉴얼 작성 및 배포 - 전문가 등이 참여하는 마을사업조정회의 신설
갈등데이터 구축 및 관련 보고체계 확립	- 리더교육 위주, 사례 및 패널티 중심의 예방교육 - 리더 중심의 문제 해결요구 - 비전문가의 갈등 대응/지원	- 사업과정별 기존 마을교육에 갈등관리 역량 강화를 위한 기초, 심화 과정마련 - 갈등상황에 대한 지속적인 확인 및 환류/ 평가 - 갈등전문가 양성
갈등대응전담 TF 운영과 대응	- 갈등발생시 사업 패널티 - 종합 대응 어려움 - 주민이 해결주체라는 인식 - 문제해결 중심주체 부재	- 주민요구에 기초한 주민간 갈등해결 지원체계 구축 - 문제발생 시 즉응 해결가능성 상승
장기적으로 마을갈등해결 지원센터 설치	- 종합 대응 어려움 - 중복 사업 추진으로 자칫 갈등 심화 - 갈등에 대한 소극적 대응	- 마을~권역별, 각 사업별 갈등에 대한 통합 지원 체계 구축 - 기관별 갈등조정전문가 육성 및 파견 등에 활용 - 주민 파견요구와 이에 즉응하기 위한 유무선 연락체계 구축
마을계획수립시 갈등대응계획수립 의무화	- 마을사업 갈등관리 계획 부재 - 주민 스스로 문제 발생 시 해결 - 리더에게만 집중되는 해결 요구 - 선제적 대응 어려움	- 사업계획제안 시 관련 계획 수립 의무화(관련 평가는 전문가 판단을 통해) - 마을권역별 추진할 경우에는 지역발전협의체 운영 방안 포함
사후대응체계 구축	- 사후갈등관리 등의 역할 부재 - 연속적인 사업추진 어려움 - 일회성 사업 위주 - 자칫 갈등심화 시 커뮤니티 붕괴(고소고발 등)되나 관의 해결역할 부재	- 사업 종료 후에도 지속 관리하여 관계갈등이 대한 주기적 체크와 갈등으로 커뮤니티가 파괴되었을 경우 회복 노력 - 관계회복을 위한 전문가 지원 - 경우에 따라 지역에 신망있는 시민단체, 어른이 조정자로서 역할 가능

7) 종합 정리

지금까지 농어촌 지역은 여러 사회·구조적 특징 등으로 인해 지금까지 공공·민간사업 추진의 대상지가 되어 왔다. 이러한 사업추진에 따라 발생하는 공공갈등에 대한 추진주체의 주요 대응방법은 주민이 요구하는 개인 직접보상은 제도적 한계로 어려워 보통 마을보상(마을회관, 마을안길도로 등의 방법) 차원에서 해결되는 경우가 대부분이었다. 또한 각종 정책 변화에 따라 운영되는 농어촌 지원제도도 지속가능한 관리 보다는 일회성 지원 등의 방식이 많았던 것도 사실이다. 이러한 마을 내 축적된 경험은 지금 농어촌 추진되는 각종 마을지원사업 과정에서의 갈등의 주요 배경이 되고 있는 상황이다.

일반적으로 마을지원사업은 주민 스스로 상향식으로 제안하는 공모형태로서 이루어지기 때문에 그 과정이 마을주민이 스스로 결정하고 주도하는 형태로 진행되고 있다. 그러나 이들 사업이 개인이익 보다는 공동이익을 추구하는 특징 때문에 대부분의 마을주민들이 자신의 일과 같이 여기고 열심히 참여하기는 쉽지 않다. 그러나 다양한 부처에서 관련 사업이 진행되고 있고 마을발전이라는 차원에서 마을리더의 노력 여하와 그 관련 요건이 갖춰질 경우 선정될 가능성이 많아서 주민들이 능·수동적으로 그 과정에 참여해 왔다. 또한 지자체와 관련 컨설팅 업체의 도움을 통해 기술적 문제도 해결할 수 있었다. 그러나 지원대상마을로 선정된 이후 사업이 대부분 공동시설 중심으로 진행되고, 관리의 구체적인 역할 배분 등을 통한 관리활동은 주민 간 의견 충돌로 쉽게 진행되지 못하였다. 특히 공동이익에 대한 분배 등으로 인한 주민 간 관계갈등으로 비화될 경우 사업자체에 대한 참여나 비협조 등으로 인해 결국 사업이 활성화되지 못하고 지원기간(보통 2~3년) 이후에는 원점으로 돌아가는 경우도 많다. 그 결과 관련 공동시설이 유휴화 되는 문제도 발생하고 있다. 이는 마을이 함께 사업하는 권역별 계획에서도 마찬가지이다. 이러한 갈등의 기저에는 현재의 각종 마을사업이 공동시설 중심으로 진행되고 사업성공이 장기적으로는 개인이익창출에 긍정적으로 미칠 영향도 있겠지만 그것이 현재 자신의 영농활동을 대체할 것이라고 생각하지는 않기 때문이다. 이는 연령층, 지식 및 정보의 격차 등에 따라 다를 수 있다.

지금의 농어촌 사회는 외형적으로는 공동체를 중심으로 관계가 형성되어 왔다. 그러나 내부적으로는 기본적으로 각 농어민 주체가 개별 사업체의 경영자로서 활동해 왔다. 이에 따라 마을 내 문제가 발생할 경우 자신의 사업이 크게 손해되지 않는 상황에서 그 해결을 위해서 함께 노력해 왔다. 그러나 젊은 귀촌 귀농자, 혹은 지식인 등의 이주가 점차 늘면서 기존의 수평적 관계가 약화되기 시작하였다. 실제로 경로우대 등의 전통가치가 아직 주요하게 여겨지고 있는 농어촌 사회에서는 지식보다는 연륜과 경험 등이 좀 더 인정받을 수 있는 구조이다. 따라서 새로운 이주민들이 이를 이해하고 적극적으로 주민들에게 봉사한다는 것은 기존 원주민 측에서 볼 때 기대하고 싶지만 개인주의를 기본으로 하는 현대사회의 구성원들에게는 요구하기란 쉽지 않다[132]. 더욱이 기존 원주민의 노령화는 이들과의 상호 협력적 관계 형성에 어려움을 초래하는 원인이 되고 있다.

또한 정부의 새로운 사업들이 기존에 익숙해 왔던 1차 산업이 아니라 낯선 형태의 융·복합 형태의 관광사업이 많아 이를 수용하기가 쉽지 않고 시행과정에서도 관련 경험이 부족하여 시행착오를 겪을 수밖에 없다. 이는 현재 이해와 수용여지가 많은 마을의 리더가 젊은 층 혹은 지식층, 귀농자 등이 되게 하는 배경이 되고 있다. 이들은 기본지식을 갖추고 있어 사업추진에 따른 관련 고급정보나 역량 강화 교육이 이루어질 경우 일반 주민과 더욱 지식의 격차를 넓힐 수밖에 없다. 결과적으로 공동의 이익을 실현하기 위하여 '마을'이 최소 조건이 되어 추진되지만 이를 통해 마을주체별 정보나 지식 격차가 발생하면서 갈등의 조건이 완성될 수 있다는 것이다. 결국 사업지정이후에는 관련 지식이 풍부하고 이해가 높은 지도자가 주로 노력하게 되고 대부분의 마을주민들은 그 정도의 차가 있겠지만 소극적으로 참여하는 형태로 진행된다. 이러한 상황에서 마을사업의 성공사례는 일반 주민보다는 대부분 마을 지도자의 적극적인 노력과 역할 그리고 역량이 주가 될 수밖에 없을 것이다.

마을 내 갈등상황은 각자의 정보의 격차, 역할의 소외, 이해추구에 기반 한 개인적 욕구의 차 등이 맞물리면서 갖가지 불만 들이 쌓이다가 사업의 주요한 결정상황 등의 어느 시점에서, 운영과정의 미스, 관련 의혹 및 오해가 폭발하게 되면서 발생한다. 갈등 발생 상황에서 부랴부랴 갈등에 대응하고 관리하려고 하면 이미 마을리더가 갈등의 당사자가 되어 있어 문제를 해결하기가 쉽지 않다. 또한 기존의 예방차원의 교육과정에서도 갈등을 어떻게 예방하고 해결해야 하는지 하는 방법론적 교육이 아니라, 갈등발생마을의 사례 전파나, 갈등 등의 발생하면 정부지원을 받을 수 없다는 내용이 많고 이를 사전에 스스로 잘 해결하라고 주문하는 정도이다. 또한 중앙정부나 지자체 등도 사인간의 갈등은 자신들의 영역이 아니므로 주민 스스로가 해결해야 한다고 하고 있어 그 갈등은 한번 발생하면 더욱더 해결하기 어려운 상황으로 빠지는 것이 보통이다. 특히 갈

---

[132] 이주자들은 이주한 곳의 마을회의에 잘 참여하지 않는 것이 보통이다. 그리고 새롭게 경우에 따라서는 이주자간 커뮤니티를 구축하기도 한다. 이에 기존커뮤니티와의 교류를 활성하기 위한 갖가지 귀농귀촌자에 대한 교육을 실시하고 있지만 결국 마을커뮤니티에 참여하는 것은 귀농귀촌자 개인의 판단이며 강제화 할 수 없는 것이 현실이다. 이 경우 마을의 주요한 결정에 참여하지 못하면서 사업추진결정이나 각종 공공사업 등에 의한 찬반 결정에서 소외되어 이주-원주민 간 갈등으로 확산되는 경우가 있다(신가평 345KV 송전선로 건설 사례)

등은 자체 내 문제가 아니라 앞서 언급한 외부 충격(각종 사업추진 결정) 등에 의해 발생할 경우 이들 간의 각자 개인이해에 기반 한 판단과 인식의 차로 인해 더욱 해결이 쉽지 않고 자칫 커뮤니티의 붕괴로 이어질 가능성이 있다.

아직 농어촌 사회의 갈등에 대한 기존의 연구는 거의 전무한 상황이다. 왜냐하면 마을 내 갈등을 밖으로 돌출시키지 않는 것이 우리 농어촌 사회의 특징이기 때문이다. 이에 따라 실제 표출될 경우에는 상당한 커뮤니티 파괴가 진행된 다음으로 그 해결방안을 모색하기란 쉽지 않다. 본 연구는 앞으로 우리사회의 공동체의 지속가능성을 높이고 위기를 지역내 활력으로 바꾸는 공생기반형 사회를 구성하기 위한 기초 연구로서 의의가 있다. 그러나 위 사례로는 드러나지 않는 공동체 갈등의 전반을 파악하기에는 한계가 있다. 따라서 앞으로는 도시공동체 등을 포함하여 지역 공동체 사회 내 갈등사례 데이터 조사가 지역적으로 형태별로 축적되어 연구가 폭넓어져야 할 것이다.

제4장

공공갈등관리 사례 고찰

제1절 갈등영향분석 사례

1. 송전탑건설: 밀양 송전선로 설치 갈등(2011년 기준)[133]

1) 사업 개요

밀양 송전선로 건설 사업은 '765kV 신고리-북경남 송전선로 건설사업'에서 밀양시 구간의 건설 사업을 말한다. 본 사업의 목적은 전력수요증가에 대비하여 현재 시험운행 및 계획 중인 신고리 원자력 발전소의 발전전력을 전국 전력계통에 연결하여 대 전력 수송체계 구축 및 영남지역에 안정적 전력 공급하기 위함이다.

송전선로는 철탑 161기, 길이 90.5km로 부산 기장군, 울산시 울주군, 경남 양산시, 밀양시, 창녕군 관내를 그 경과지로 하고 있다. 2007년 실시계획 승인을 거쳐 2008년 8월 착공되었으나 해당 지역 주민 반발로 인해 공사가 중지, 재개가 반복되다가 결국 2014년 말 완공하였다.

<표Ⅳ-1> 765kV 신고리-북경남 송전선로 건설사업의 개요 (2011년 기준)

구분	주요 내용
명칭	765KV 신고리-북경남 송전선로 건설사업
사업구간	신고리 원자력발전소 ~ 765KV 북경남 변전소
사업위치	울산시, 울주군, 부산시 기장군, 경남 양산시, 밀양시, 창녕군 일원
사업비	5,175억원
사업기간	실시계획 승인(2007. 11) ~ 2011. 5 (선로가압 : 2010. 12)
시설규모	길이 90.535km, 철탑 162기(밀양구간 길이 39.15km, 철탑 69기)
승인	산업자원부고시 제2007-138(2007.11.30)

---

[133] 조성배(2012), '송전선로 건설 갈등의 장기화 원인과 해결 방안에 관한 연구', 공공사회연구제2권2호, pp.128-168의 연구내용을 일부 발췌·정리한 것이다.

2) 갈등분석

(1) 갈등의 배경 및 원인

송전선로 경과지로는 부산시 기장군, 울산시 울주군, 경남 양산시·밀양시·창녕군 5개 지역이며 총 161기 중 69기가 밀양에 건설될 예정이었다. 그러나 지역주민들은 해당 사업 추진에 대한 주민의견수렴이 제대로 이루어지지 않았다며 반발하고 결국 공사추진 과정에서 한전 측과 충돌하게 되었다.

반대측은 2009년 9월, 경남 밀양에서 송전선로 사업에 반대하는 대규모 주민 궐기대회를 열고 갈등이 본격적으로 표면화 된다. 이 과정에서 밀양시도 중앙토지수용위원회의 지역 내 토지수용 결정을 이행하지 않으면서 한전과의 갈등을 빚기도 하였다. 한전은 공사를 일단 중지하고 반대주민과는 갈등조정위원회 등 다양한 협의회에 참여하여 해결에 주력. 특히 국민권익위원회의 중재로 추진된 지경부와 한전, 경남도, 밀양시, 시민대표, 지역 국회의원 등이 참여한 갈등조정위원회는 2010년 11월 16일, 4개항에 걸쳐 합의가 이루어지기도 하였다. 그러나 합의 중 주된 내용 하나는 보상과 지원 등에 대한 명확한 규정이 없는 만큼 근거 마련을 위한 연구용역과 함께 보상관련 법령 제/개정이 필요하다는 공감대가 형성되었다. 이후 제도개선협의회가 2011년 11월 26일에 발족하고 관련 협의를 시작하게 되었다. 이를 통한 다양한 해결 노력으로 본 갈등은 소강상태로 접어드는 듯하였으나 2012년 1월 16일, 밀양시 산외면에 거주하는 이○○ 씨가 분신자살하면서 다시 갈등이 폭발하게 되었다. 그러면서 본 갈등은 전국적인 이슈로 등장하게 되었다.

(2) 갈등의 전개과정

① 갈등 잠재기

2001년 관련 경과지 선정과 2005년 해당 환경영향평가 관련 주민설명회의 개최가 이루어지고 지역주민들의 불만이 고조되는 과정이다. 법적인 절차로 진행되었고 시군 협의 등이 이루어졌으나 주민의견청취는 주민설명회 이외에는 특별히 이루어지지 않았다. 특히 경과지 선정으로 일부 변경이 이루어졌지만 오히려 해당 지역 주민들의 반발을 사기도 하였다

② 갈등 표출기

2008년 7월, 밀양시 상동면에서 주민 반대집회가 개최되었다. 이는 한전 측의 8월 공사착공이 임박했기 때문이다. 이를 계기로 밀양시 주민들의 송전선로 백지화 운동이

본격화 되며, 동월과 8월에 2차례에 걸쳐 백지화 궐기대회가 개최되기도 하였다. 반대 집회는 밀양, 창녕, 양산 등 다양한 이해당사자가 참여하였고 토지강제수용 절차에 대한 반발도 거세지기 시작되고 공사도 중지되었다.

③ 갈등 심화기/ 교착기

2009년 9월, 지역별로 이루어지고 있던 반대운동은 지역시민단체 들이 연합한 범밀양시민연대가 발족하면서 지역의 주요 이슈로 등장하였다. 한전의 공사 재개로 찬반 간의 충돌이 계속되는 가운데 범밀양시민연대는 해결을 위하여 갈등해소협의체를 제안하면서 해결의 새로운 전기가 마련되었다.

④ 갈등 완화기

2009년 10월, 밀양시 주관 제2차 행정지원실무협의회에서 한전에 협의체 참여 권고와 국민권익위원회의 밀양 이동신문고 운영 시 관련 협의체 설치가 제안되었다. 이에 따라 2009년 11월 갈등조정위 사전실무협의 개최- 규정(안) 협의가 이루어지고 확정되었다. 동년 12월에는 밀양지역 갈등조정위원회가 운영됨. 참여자는 경실련 2인, 지역주민대표 3인, 한전관계자 2인, 국회/지경부/경남도/밀양시 관계자 각 1인이 참여하였고, 2010년 6월 28일 합의서에 서명하면서 일단락되었다

⑤ 갈등 소강기

2010년 6월, 갈등해소협의회에서의 합의 이후 갈등은 소강국면으로 전개되었다. 그리고 보상제도개선협의회 등 합의 사항이행이 진행되기도 하였다. 밀양시는 한전으로부터 토지수용열람과 관련하여 직무유기 혐의로 고소당하고 결국 토지수용접견신청에 따른 열람공고를 시행하게 되었다. 한전 측은 계속해서 공사추진을 시도하지만 계속되는 이에 반대하는 주민대치와 국회의원이 중단을 요청하는 등 갈등은 정치적인 해결시도국면으로 점차 이동하였다. 또한 합의 이행에 따라 지역주민과 직접적인 대화위원회를 운영하면서 해결에 노력하고 제3자 중재를 통한 보상협의회도 7차례에 걸쳐 운영하여 일부 지역과의 협상도 종료되기도 하였다. 그러나 부북면 등 일부 지역에서는 공사추진과정에서 공사업체와 반대 주민들과 충돌이 계속되었다.

⑥ 갈등 재표출 및 재심화기

한전 측과 주민과의 보상협의가 진행되었지만 2012년 1월 산외면에서 분신사망사건이 발생하였다. 이 사건을 계기로 밀양 송전선로 갈등은 갈등이 재표출 되면서 전국적인 이슈로 전개되었다.

(3) 이해관계자 분석

① 이해관계자 입장 및 실익

반대단체로는 송전선로반대대책위원회, 765kV 송전선로반대분신대책위원회가 있다. 추진주체로는 중앙정부인 지경부와 산하기관인 한전이 있다. 주요 지자체로는 밀양시가 있으며 지역 시민단체로 밀양송전철탑경남대책위원회 등이 있다. 이들의 입장과 실익을 정리하면 다음과 같다.

<표Ⅳ-2> 765kV 밀양송전탑 갈등 관련 이해관계자별 입장 및 실익 (2011년 기준)

구분	이해관계자		입장	실익
직접 이해관계자	주민 단체	송전선로반 대대책위원회[134]	백지화	다양한 해결방안 모색 필요, 협상을 통한 해결(제도개선협의회를 통한 해결)
		765kV 송전선로 반대 분신대책위원회[135]	백지화	원자력발전소 건립 반대를 통한 밀양 765kV 송전선로 건립 무산 등 국민권익, 민주적 절차, 토건세력, 주민생존권 등
	지역 주민	근접 마을 주민[136]	백지화	적절한 보상(개인보상 포함), 주민생존권, 부동산가치 하락, 농촌기반 파괴
		원거리 마을 주민[137]	백지화	협상을 통한 해결 등
		선하지 등 포함 마을 주민[138]	백지화	관련 법제도를 수정하여 최대한 보상을 받아 원만히 문제 해결 법제도가 바뀌어도 소급적용받기 어려우며 결국 사업 백지화가 문제 해결
간접 이해관계자	한전		사업추진 불가피	사업이익, 전력난 해소, 신고리6/7호기 설치 대비, 백지화 될 경우 이후 송전선로 사업 추진이 어려울 수 있음(한전 생존권)
	송전선로 건설 업체(민간사업자)		찬성	지속적인 송전선로 건립을 통한 사적 이익 추구(업체 생존권)
	지경부(중앙정부)		사업추진 불가피	원전 사업 등 이후 전력계획의 차질 없는 추진
	밀양시 등 지자체		사업추진 반대	결국 막을 수 없는 국책사업이므로 적절한 보상 마련 등을 통해 해결 원함
부차적 이해관계자	밀양송전철탑 경남대책위원회[139]		백지화	지역 시민사회단체의 역할 제고

② 주요 쟁점 및 갈등유형 분석

주요 쟁점으로는 '건설 필요성', '전자계 영향', '설치 대안', '경과지 선정과정', '보상', '지역에 미칠 영향' 등이 있다. 주요 내용은 다음과 같다.

<표Ⅳ-3> 765kV 밀양송전탑 갈등 관련 주요 쟁점 및 이해관계자 (2011년 기준)

상위 쟁점	하위 쟁점	주요 이해관계자	갈등의 성격
건설의 필요성	· 신고리3/4호기 발생전력 수용 · 신고리5/6호기 발생전력 수용	지역 반대주민 VS 한전 시민단체 VS 한전(지경부)	사실관계갈등
전자계 영향	· 유해 전자파 범위 · 단/장기 전자파 영향	시민단체·반대주민 VS 한전	사실관계갈등
설치 대안	· 초전도케이블 설치	시민단체·반대주민 VS 한전	사실관계갈등
	· 마을 이격 설치	지역 반대주민 VS 한전	사실관계갈등
	· 선종 교체(증용량)	시민단체·반대주민 VS 한전	사실관계갈등
경과지 선정 과정	· 정치적/행정편의적 결정 · 주민의견 수렴 절차	시민단체·반대주민 VS 한전	관계갈등 구조갈등
보상제도	· 선하지보상 · 적정피해보상(개별보상 등) · 지가하락분 보상 · 보상의 폭	지역 반대주민 VS 한전(지경부 등)	이해관계갈등
지역 영향	· 경관 영향 · 생태계 영향 · 재산가치 및 지역경제 영향	시민단체·반대주민 VS 한전	이해관계갈등 가치갈등

---

134) 단장면, 산외면, 상동면을 중심으로 한 기존 대책위 대표로 한전이 구성한 기존 보상협의회/조정협의회에 참여하였으며, 과거에는 '765kV북경남백지화투쟁 밀양시 대책위원회'로 사용하였다.
135) 부북면을 중심으로 기존대책위 대표와 다른 마을 반대대책위 대표의 정책에 반기를 든 단장면 상동면 주민들 일부가 지원하고 있다 주장하는 반핵단체 등과 연대하고 있다 이들 단체로는 반핵부산시민대책위, 송전선로를 반대하는 정관주민연대, 천주교 연대 등이 있다
136) 송전선로 반경 500여m 이내 지역. 혹은 가시거리 내 위치하는 마을로, 일반적으로 분신대책위와 함께 반대투쟁 중에 있다
137) 송전선로 500m 이상 지역. 혹은 비 가시거리 위치에 있으며 보상협의에 참여하는 등 근접마을 주민보다는 적극적이지는 않다.
138) 당시 협상파와 협상불가 및 완전백지화파로 나뉘어져 있었다
139) 2012년 2월, 반대주민이 아닌 경남지역 43개 시민사회단체들이 결성한 단체로 분신대책위와 연대하고 있다.

③ 관계도 파악

2012년 7월 현재, 밀양 송전선로 건설을 둘러싼 갈등관계를 살펴보면 한전을 중심으로 한 찬성 측에 대립적인 반대 중심축은 밀양경과지내 분신대책위로 이들은 부산 기장군 정관지역 주민단체인 정관반대대책위와의 지역 간 연합과 외부 시민단체와의 연대로 그 관계가 형성되어 있다.

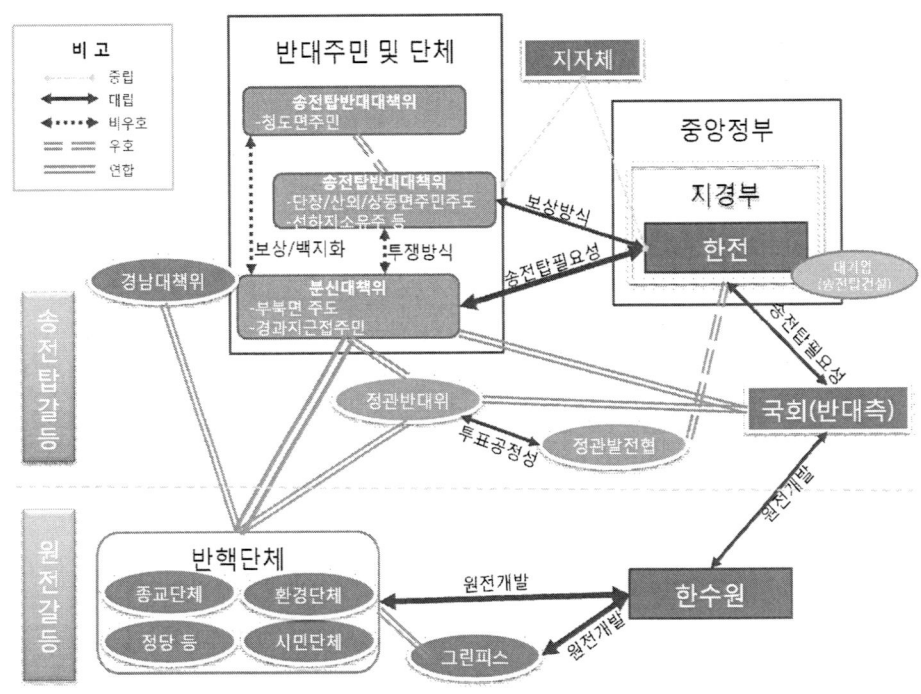

<그림Ⅳ-1> 765kV 밀양 송전탑 갈등 관련 갈등지도 (2011년 기준)

3) 해결방안 제안

첫째, 중앙차원의 해결 노력과 갈등 사안별 대응이 필요하다. 즉, 문제 해결을 위하여 전체적인 갈등조정 등 사안에 대한 복합적인 이해 및 해결을 위하여 국무총리실 급의 갈등 해결 노력이 필요하다. 또한 지경부, 한전본사, 지역한전 등이 각 권한 아래 각각의 쟁점별로 대응하기 위한 관련기구 마련 등의 노력이 필요하다.

둘째, 관련법과 제도의 개선이 필요하다. 제도개선협의회에서 논의되고 있는 바와 같이 현행 전력개발촉진법과 보상관련 제도에 대하여 조기 수정, 신설할 필요가 있다.

셋째, 현재 변화된 상황을 제대로 파악하기 위한 사후 갈등영향분석 실시가 필요하다. 현재 밀양지역을 중심으로 한 송전선로 갈등에 대한 해결방안의 모색과 이후 관련 사업에 따른 갈등을 조기의 예방하기 위한 조치로서의 의미가 있다. 또한 관련단체 간의 연대와 갈등심화 가능성이 있으므로, 앞으로 필요하다고 판단될 시 현재 진행 중인 한수원의 신규원전건설 등에 대하여 관련 조사도 병행되어야 할 것이다.

넷째, 지역 커뮤니티 회복을 위한 지자체의 노력과 지원이 필요하다. 한전 측이 추진 중인 송전선로 공사로 인해 찬반 양측 간의 충돌이 계속 발생 중이다. 한전 측은 공사 추진 중에 자칫 인명사고로 이어지지 않도록 보다 신중하게 판단 및 관리·감독하고 더 큰 사회적 이슈로 만들어지지 않도록 하는 노력하여야 한다. 특히 공사가 중지된 곳은 벌목이 대부분 이뤄진 곳이 많아 장마철 및 여름 우기에 발생할 수 있는 각종 산사태 가능성에 대하여 관련 관리 및 사고 예방 노력도 필요하다.

다섯째, 전원개발 방안, 보상정책 변화에 대한 국민적 여론 수렴을 위하여 국민을 대상으로 한 공론화 위원회 등을 구성, 개최할 필요가 있다. 이를 통해 후쿠시마 사태 이후 국민들의 원전관련 불안감으로 다시 촉발된 원전개발 및 송전선로 건립 등의 사안에 대한 이견에 대한 적극적인 공론화 노력이 필요할 것이다. 사안별 토론으로 원전폐기 및 송전선로 건설이 어려울 경우 앞으로 발생할 수 있는 문제(전기료 상승 등)와 이를 해결하기 위한 국가미래전력 사용에 대한 논의 등이 될 것이다.

2. 도시개발: 위례신도시 개발 갈등(2011년 기준)[140]

1) 사업 개요

위례신도시는 서울시의 동남단에 위치한 위례신도시는 총 678만㎡, 11만5천명을 수용하는 신도시로, 총 4만6천여가구가 공급될 예정이며 2017년 12월을 사업 준공 목표로 추진하였다.

---

[140] 한국토지주택공사사회갈등연구소, 위례신도시 관련 갈등영향분석 연구, 2011의 내용을 발췌·요약 하였다.

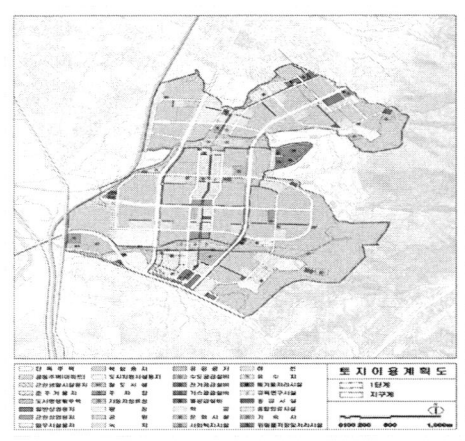 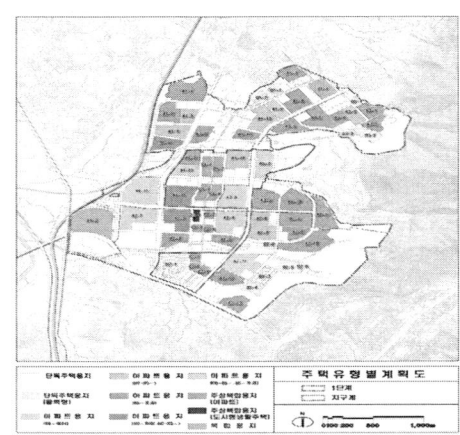

<그림Ⅳ-2> 위례신도시 계획도

<표Ⅳ-4> 위례신도시 사업개요

구분	주요 내용
위치	- 서울시 송파구 거여동, 장지동 - 경기도 성남시 수정구 창곡동, 복정동 - 경기도 하남시 학암동, 감이동
면적	- 약 6,788천㎡
시행자	- 한국토지공사(75%), SH공사(25%)
계획인구	- 108천인(43.8천세대)
기간	- 2008-08~2017-12
주택	- 43,800세대 / 108,000명
지구지정일	- 2006-07-21
개발계획승인일	- 2008-08-05
실시계획승인일	- 2010-01-06

<표Ⅳ-5> 위례신도시 행정구역별 주택공급물량표> (2011년 기준)

(단위: 채)

구분		아파트(㎡)			주상복합	단독주택	총계
	계	60이하	60~85	85초과			
		1만2000	1만1761	1만4329	4162	695	4만2947
송파구	분양	2350	3887	1900	3313	169	1만1619
	임대	2573	2126	-	-	-	4699
성남시	분양	1087	1887	4769	849	421	9013
	임대	4900	2188	565	-	-	7653
하남시	분양	-	1673	7095	-	105	8873
	임대	1090	-	-	-	-	1090

2) 갈등분석

(1) 갈등의 배경 및 원인

위례신도시는 추진주체인 국토교통부와 LH공사, 서울특별시, 경기도, 송파구, 성남시, 하남시가 참여하고 있고 개발지역에 편입되는 기존주민은 소수이다. 사업계획에서 시행단계에 지자체간 이권을 두고 갈등양상이 있었고, 토지보상에서도 주민들과 정부와의 갈등이 계속되고 있다. 예를 들어, 서울시의 경우 서울개발공사의 참여를 요구했었고, 경기도의 경우 분양권에 관해서 불만을 토로했으며, 특히 서울과 차별화되는 디자인을 요구하는 등[141]이 바로 그러하다. 즉 위례라는 하나의 통합적 신도시보다는 각 자치단체에 속해있는 부분과 이권을 추구하고 있다는 점에서 사업 준공 이후에도 다양한 갈등이 표면화 될 우려가 있다.

(2) 갈등의 전개과정

기존의 갈등 상황을 정리하면 다음과 같다.

---

[141] 봉인식, 정책브리핑 NO 40, 경기개발연구원, 2009

① 발표직후(2005년) : 갈등잠재기

정부의 2기 신도시 발표 후, 정부 내는 물론, 야권, 해당지자체를 중심으로 한 전국 지자체, 시민단체 등 각계에서 투기지역화, 균형발전저해, 생태계파괴 등 다양한 이유로 신도시 개발에 우려하는 반응을 보였다. 이 시기 주요 이해관계자로는 건교부, 환경부, 국방부, 지자체, 시민단체 등이 있다. 주요 쟁점으로는 '투기 진원지가 될 가능성'(건교부, 시민단체), '강북 및 강남 균형개발 저해 여부'(건교부, 서울시), '그린벨트 훼손 및 생태계 파괴'(건교부, 시민단체, 환경부) 등이다.

② 초반(2006~2007년): 갈등표면화기

2006년부터 개발과정이 본격화 되면서 그린벨트 해제 등이 추진되고, 이와 관련 주민공람공고 시행여부를 둘러싸고 사업을 반대하는 지자체와의 갈등이 발생한다. 그리고 예정지구(특히 그린벨트지역)에 대한 개발행위제한을 둘러싼 지역주민의 반발도 시작된다. 또한 신도시 개발로 수도권 집중문제를 야기할 것이라는 시민단체의 정책반대도 이어진다. 이 시기 주요 이해관계자로는 건교부, 지자체, 지역주민, 시민단체 등이 있다. 주요 쟁점으로는 '주민공람공고 시행 등 사업주도권'(건교부, 서울시), '개발행위제한'(건교부, 지역주민), '수도권 집중'(건교부, 시민단체) 등이다.

③ 중반(2008~2009년): 갈등심화기/ 일부 해결

군부대 이전과 적정 보상액 산정 등을 둘러싸고 국토부와 국방부와의 갈등이 발생한다. 그리고 예정지구내 사업권을 둘러싸고 서울시(SH), 성남시와 LH공사 간의 갈등이 첨예하게 충돌하면서 갈등이 중앙정부간, 지자체간, 중앙정부와 지자체간 등으로 확산된다. 실제로 국토부, 서울시와 경기도는 위례신도시의 지역우선공급 비율과 개발지분 배분문제를 둘러싸고 갈등이 심화되었다. 이밖에 예정지구내 부지의 감정평가를 위한 지장물조사 등이 진행되었으나 법적인정권(공람공고일) 기준에 들지 못하는 세입자 및 상인들의 반발도 이어지면서 갈등이 복잡해지는 양상을 띄게 되었다. 이 시기 주요 이해관계자로는 국토부, 국방부, LH공사, 지자체, 대책위 주민 등이다. 주요 쟁점으로는 '개발권(사업권)'(국토부, LH공사, SH공사, 서울시, 성남시 등), '군부대이전'(국토부, LH공사, 국방부), '공급비율(지역우선공급)'(국토부, LH공사, 서울시 송파구, 경기도), '보상액산정'(대책위 주민) 등이 있다.

④ 현재(~2011년 8월 현재): 갈등교착기

사업권과 관련하여 성남시가 판교신도시 조성사업에 들어간 비용 5200억원을 LH공사에 갚지 못하겠다며 모라토리엄을 선언하고 LH공사가 2차재개발을 포기하게 되면서

감정적 대응 양상으로 흐르게 되었다. 이에 고등보금자리주택 등 성남시가 자체개발을 하겠다며 환경영향평가 공람을 거부해 9개월 동안 사업 추진이 전면 중단되기도 하였다. 이에 대해 2011년 3월, 국토부는 성남시에 위례신도시의 일부 주택건설 사업 용지 등을 주는 조건으로 고등지구 보금자리주택 사업을 조속히 추진하기로 성남시와 합의하여 해결하기도 하였다. 군부대 이전 및 토지보상가를 둘러싸고 국방부는 LH공사와 계속 협의해 왔으나 난항을 겪었으며, 이에 보금자리주택 본 청약이 계속하여 무산 또는 연기되었다. 이에 사전예약자들은 분양가 증액에 불만을 갖고 연합회를 결성하는 등 반발 중이다. 입주희망자들도 청약 연기에 따른 불만을 표출하고 있는 상황이다. 이와 함께 보상과 관련하여 법적해결이 어려운 창곡동 예정구역 내 세입자 등 주민들은 끊임없이 생활대책용지 등의 제공을 요구하고 있는 상황이다. 이 시기 주요 이해관계자로는 국토부, 국방부, 지자체, LH공사, 사전예약자(연합회), 대책위 주민, 주변지역주민, 입주희망자 등이다. 주요 쟁점으로는 '사업권 참여'(국토부, LH공사, 성남시), '군부대 이전 및 토지 보상가'(국토부, 국방부), '보금자리주택 지구지정'(국토부, LH공사, 주변지역주민), '보금자리주택 본 청약 연기'(입주희망자), '세입자 및 상가세입자 등 보상'(LH공사, 대책위 주민) 등이 있다.

(3) 이해관계자 분석

① 이해관계자 입장 및 실익

우선, LH공사(위례사업본부)의 입장과 실익은 다음과 같다. LH공사는 위례신도시건설 사업시행 주체로서 계획, 조정, 보상, 일부 사후관리까지 참여하는 이해관계자이다. 강남지역의 안정적 주택수급을 위한 부동산 정책 수행이라는 중앙정부(국토해양부)의 입장뿐 만이 아니라 신도시 개발을 통한 영리목적을 추구하는 기관으로서의 입장이 혼재되고 있다.

중앙정부로는 국토부와 국방부 등이 관련된다. 국토부와 국방부는 군부대 이전 보상액을 둘러싸고 '개발이익을 배제한 시가'에 대해서는 합의하였으나 감정평가를 준비하는 단계에서 감정평가사 비율을 각각 '2대1'로 할 지, '1대1'로 할지를 놓고 갈등을 빚고 있는 중이다. 이에 따라 조성원가 산정이 늦어지고 보금자리주택본청약이 연기되고 있어 이에 따른 관련 이해관계자의 반발이 거세지고 있다.

광역자치단체로는 서울특별시와 경기도가 있다. 이들은 기초자치기관의 상위기관이며 복합경계 신도시인 위례신도시에 직접 관련된 이해당사자이나 사업시행단계에서는 기초자치단체에 비해 상대적으로 약하게 참여하고 있다.

기초자치단체로는 송파구청, 성남시청, 하남시청이 있다. 송파구는 부서별로 사업시행자 측과 의사소통하고 있으며, '주거정비과'가 그 중간적 역할을 수행하고 있으며, 실질적인 의견은 각 부서에서 제공하고 있는 구조이다. 사업이 확정되고 난 이후 적극적 의사개진은 안하고 있는 상태이지만 소규모 임대아파트의 배정에 대한 의사개진은 계속 해왔다. 앞으로 추진하려는 논의과정 참여에는 각 부서가 해야 할 사항이라고 판단하는 등 소극적인 태도를 취하고 있다. 성남시는택지지원팀'에서 관련 업무를 담당하고 있으며, 판교 등 다양한 신도시 개발에 참여하여 관련 경험 존재하여 자신감이 넘친다. 그러나 앞으로 진행될 예정인 논의과정 참여에는 소극적인 태도를 취하고 있다. 하남시는 '도시개발과'에서 관련 업무를 담당하고 있으며, 신도시 개발에 적극적이며 의욕적이다. 앞으로 진행될 논의과정 참여에 적극적이며, 포럼 및 주요 의사결정 논의에도 관련 담당자가 참여하는 등 지속적으로 논의에 참여하려는 의지를 나타내고 있다.

지역주민은 원주민과 장래 정착을 원하는 주민으로 구분된다. 우선 원주민은 개발될 택지내의 주민은 없으나, 성남과 송파 일부지역 주민들 존재하고 있다. 대부분 보상을 받고 이주하였으나 성남 창곡동(복정동) 내 세입자들을 위시한 보상혜택을 못 받은 사람들을 중심으로 16개의 소규모 대책위가 활동 중에 있다. 성남시에 거주하는 원주민들은 생활대책위, 세입자 대책위, 축산대책위 등이 있으며 이들은 보상을 둘러싸고 분쟁상태에 있으며 LH공사 위례신도시사업본부 (보상부서)과 관련 논의 중에 있다. 송파구에는 해당 주민은 거의 없지만 일부 보상을 노린 양봉업자 존재하고 있다. 계획예정지 주변(마천동)에 살고 있는 사람들은 오히려 그린벨트 해제 등에 따라 주변 녹지가 감소하였다는 사실에 불만을 가지고 있는 상황이다.

다음으로 장래 정착 주민으로는 사전예약제를 통해 예약이 된 청약가입자들과 일부 분양을 기다리는 시민들을 말한다. 이들은 Daum 카페 (보금자리주택) 등을 통해 분양가를 낮추어달라는 결집된 의사를 표현하는 장래 정착을 희망하는 이해관계자로 존재한다. 그리고 보상을 받고 임시로 이주한 지역주민들 중 다시 위례신도시로 재이주를 표현하는 주민들이 있으나, 아직은 구체화되지 않은 상태이다. 또한 생활대책위, 세입자대책위는 위례신도시가 건설된 이후 재 입주를 목적으로 생활대책용지를 받기를 원하는 상황으로, 장래 정착 주민이 될 가능성이 높다. 향후 본청약이 장기화 되면서 이에 대하여 불만을 갖는 입주희망자 세력도 있다. 이밖에 2010년 위례신도시 보금자리주택에 대한 분양가격 상승에 대한 반대하는 청약자 세력도 존재한다.

<표Ⅳ-6> 위례신도시 관련 주요 이해관계자의 입장과 실익 (2011년 기준)

주요 이해관계자		입장	실익
시행사	LH공사 위례사업본부	- 입주 후 발생할 수 있는 주민 갈등에 대한 대안 필요	- LH공사의 관리영역의 확대 - 새로운 역할 및 사업기회 창출
정부	국방부	- 보상가 산정비율 불만(시가보상)	- 군부대 이전에 따른 최대 효과/실익
	국토부	- 보상가 산정은 토지보상법에 따라 합의문에 명시	- 사업의 성공적 추진 - 본 청약 조기 실시
지자체 (기초)	서울시 송파구	- 필요하나 부서별로 대응	- 사업을 주도하지 못하는 등 불만
	경기도 성남시	- 필요하나 자체적으로 직접 대응	- 사업권을 일부 얻었으며 현 상태에 만족
	경기도 하남시	- 필요하고 적극적 참여 및 대응	- 주변지역 연계개발 등을 통한 새로운 도약의 기회 창출
지역 주민	세입자대책위	- 현재 보상체계 및 금액에 불만	- 생활대책용지 등 확보를 통한 재입주 기회 획득
	생활대책위	- 사업고시일 기준보상 요구	- 영업보상, 생활대책용지 확보를 통한 재입주 기회 획득
	축산대책위	- 사업고시일 기준보상 요구	- 영업보상, 생활대책용지 등의 확보를 통한 재입주 기회 등 획득
예약자	입주자연합회	- 분양가 증액 반대	- 입주를 통한 재산권 형성

② 주요 쟁점 분석

우선 현 단계에서의 쟁점은 다음과 같다. 첫째, 보상(LH공사 위례사업본부, 각종 대책위, 국방부)이다. 이는 기존 반발세력에 대한 보상 문제의 해결(주민공람공고일 or 사업고시, 감정평가, 영업보상비, 생활대책용지, 가이주단지, 불법건축물인정, 철거과정 등), 군부대 부지보상을 둘러싼 감정평가방식 등에 대한 쟁점이다. 둘째 지방자치단체 시설물(환경기초시설 및 복지시설) 설치(LH공사 위례사업본부, 각 지자체)이다. 이는 위치, 예산배분, 이용 등에 대한 쟁점이다. 셋째, 통합적 디자인 등 위례신도시 통합구조(LH공사 위례사업본부, 각 지자체)이다. 넷째, 주변지역 연계개발(LH공사 위례사업본부, 주변 지역주민, 하남시 등) 여부이다. 이는 계획지역 인접한 하천정비나 등산로,

도로포장 등의 혜택(현재 하남시) 등에 따른 쟁점이다. 다섯째, 논의구조(LH공사 위례사업단, 각 지자체, 교육청 등)이다. 이는 사업추진과정에서 발생이 예상되는 각종 갈등사안에 대한 대응구조, 참여방안 등에 따른 쟁점이다. 여섯째, 신도시 사후관리에 대한 제도화(LH공사 위례사업단, 지자체, 중앙정부, 정치인, 관련 학자 등)이다. 이는 신도시 개발 이후 각 시설에 대한 사후관리의 필요성을 둘러싼 이견이다. 일곱째, 분양가격 증액(LH공사 위례사업단, 보금자리주택 사전예약자)이다. 이는 2007년 위례신도시 발표 당시 분양가는 3.3㎡당 997만원으로 정하였으나 지난해 사전예약 입주자 모집공고 때 3.3㎡당 1천280만원으로 수정해 발표함에 따라 관련 사전예약자 불만이라 할 수 있다.

<표Ⅳ-7> 위례신도시 관련 주요 이해관계자간 갈등 쟁점(2011년 기준)

현 단계	주요이해관계자	장래단계	주요이해관계자
보상	LH공사 위례사업본부, 각종 대책위, 국방부	학군	각 지자체, 각 교육청, 입주민
지방자치단체 시설물 설치	LH공사 위례사업본부, 각 지자체	행정서비스 제공	각 지자체, 관련기관, 입주민
위례신도시 통합구조	LH공사 위례사업본부, 각 지자체	환경기초시설 설치 운영	각 지자체, 입주민, 지역 주민
주변지역 연계개발	LH공사 위례사업본부, 주변 지역주민, 하남시 등	공공시설 운영	각 지자체, 입주민, 시설운영주체
논의구조(조정 등)	LH공사 위례사업단, 각 지자체, 관련기관(교육청 등)	주민편의시설(교통관련 위수권역 충돌 등)	지자체, 공공교통 관련 업체
신도시 사후관리에 대한 제도화	LH공사 위례사업단, 지자체, 중앙정부, 정치인, 관련 학자 등	통합(구 혹은 시) 행정권역	각 지자체, 입주자, 지역 정치인, 광역지자체, 중앙정부
분양가격 증액	LH공사 위례사업단, 보금자리주택 사전예약자(입주자연합회)	선거구	지역 정치인, 정당(국회)
		부동산 가치	입주민
		군사용지 및 기존 시설에 따른 환경영향	입주민, 관련 기관 및 단체
		시설운영 사후관리	LH공사, 각 지자체

다음으로 장래 단계에서의 예상되는 쟁점이다. 첫째, 학군(각 지자체, 각 교육청, 입주민)이다. 이는 허위전입 및 부동산 기회비용, 학군배정 등에 대한 쟁점이다. 둘째, 행정서비스 제공(각 지자체, 관련기관, 입주민)이다. 이는 쓰레기봉투 판매, 폐기물 처리비용, 수돗물 공급가, 하수처리비용, 지역난방, 도시가스, 보안, 치안, 소방 및 방재(제설) 등에 대한 쟁점이다. 셋째, 환경기초시설 설치 운영(각 지자체, 입주민, 지역 주민)이다. 이는 분진, 소음 등의 피해 여부, 부동산 가치 하락 등에 대한 쟁점이다. 넷째, 공공시설 운영(각 지자체, 시설운영주체)이다. 이는 운영체계, 시설 운영에 따른 편익/손실의 배분 등에 대한 쟁점이다. 다섯째, 주민편의시설(교통 관련 위수권역 충돌 등; 지자체, 공공교통 관련 업체, 입주자)이다. 이는 주변지역과 위례신도시 개발지역내부의 연결부분, 버스 및 택시 등 공공교통 연결, 버스정류장/요금체계, 택시 운영권, 공원 및 복지시설이용 등에 대한 쟁점이다. 여섯째, 통합(구 혹은 시) 행정권역(각 지자체, 입주자, 지역 정치인, 광역지자체, 중앙정부)이다. 이는 정치적 문제, 주소 및 동명 등에 대한 쟁점이다. 일곱째, 선거구(지역 정치인, 정당)이다. 이는 선거구 통합, 위례신도시의 독자행정구역화 등이 있다. 여덟째, 부동산 가치(입주민)로 지자체별 재산가치의 차이에 따른 주민 불만 등에 대한 쟁점이다. 아홉째. 군사용지 및 기존 시설에 따른 환경영향(입주민, 관련 기관 및 단체)로, 군사용지 주변 기존 토지활용내용에 따른 오염 문제. 시장 등에 따른 악취 및 소음 발생 등에 따른 집단 반발 여부 등에 대한 쟁점이다. 마지막으로· 시설 운영 관련 사후관리(LH공사, 각 지자체 관련 부서)에 따른 쟁점이 존재한다.

③ 갈등유형 분석

현 단계에서의 갈등유형을 정리하면 다음과 같다.

<표Ⅳ-8> 위례신도시 관련 주요 이해관계자간의 갈등 유형표(2011년 기준)

주요 이해관계자		갈등유형
LH공사 위례사업본부	세입자 대책위	- 기본적으로 생활대책용지를 주장하는 등 이익추구 - LH의 철거방식에 대하여 불만을 갖고 있음 - 재산권행사에 구조적인 제한은 LH의 판단여부에 있다고 주장 - 보상비 등에 대하여 적절치 못하다고 주장 - 건물의 무허가 여부 ⇒ 이해관계 갈등 > 사실관계 갈등, 구조적인 갈등, 관계갈등
	생활대책위	- 기본적으로 생활대책용지를 주장하는 등 이익추구 - 사업고시일 기준에 대한 주장 - 보상비에 대하여 적절치 못하다고 주장 ⇒ 이해관계갈등 > 사실관계 갈등
	축산대책위	- 기본적으로 생활대책용지를 주장하는 등 이익추구 - 사업고시일 기준에 대한 주장 - 보상비에 대하여 적절치 못하다고 주장 ⇒ 이해관계갈등 > 사실관계 갈등
	입주자 연합회	- 기본적으로 보금자리주택 분양가증액 반대하는 등 이익추구 - 증액에 대한 이유를 국방부와의 토지보상과 관련 있다고 주장 ⇒ 이해관계갈등 > 사실관계 갈등
	국방부	- 기본적으로 적정한 토지보상을 둘러싼 이익추구 - 감정평가방식에 대한 갈등 ⇒ 이해관계갈등 > 사실관계 갈등
	서울시 송파구	- 송파신도시에서 위례신도시로 바뀌면서 사업의 주도권 위양 ⇒ 구조적인 갈등 > 이해관계 갈등
	경기도 성남시	- 관망적 태도나 적극적인 참여에는 소극적 ⇒ 관계갈등 > 이해관계 갈등
LH공사 위례사업본부 각 지자체	경기도 하남시	- 환경기초시설 설치, 주변지역 연계개발 요구 ⇒ 구조적인 갈등 > 이해관계 갈등
LH공사 위례사업본부 vs 각 지자체		- 지역의 통합 디자인 관련 ⇒ 사실관계 갈등, 관계갈등
세입자대책위 vs 생활대책위 vs 축산대책위		- 과거 연대하였으나 각자 이익(실익) 충돌로 각자 활동 ⇒ 관계갈등

장래 단계에서의 갈등유형을 정리하면 다음과 같다.

<표Ⅳ-9> 위례신도시 관련 장래 예상되는 갈등 유형

주요 이해관계자	갈등 유형
각 지자체 vs 입주자	- 행정서비스의 제공의 차이 발생. 권역별 부동산 가치의 차이 - 기초시설의 운영에 따른 환경영향 ⇒ 구조적인 갈등, 이해관계 갈등
각 지자체 vs LH공사	- 시설운영, 사후관리 ⇒ 구조적인 갈등 > 이해관계 갈등, 사실관계 갈등
각 지자체 vs 정치인	- 선거구 조정, 통합행정구역 논란(법제도적 포함) ⇒ 구조적인 갈등 > 이해관계 갈등, 사실관계 갈등
각 지자체 vs 입주자 vs 공공교통관련업체	- 교통 위수권역, 요금제도의 차이 발생 ⇒ 이해관계 갈등 > 구조적 갈등
각 지자체간, 시설운영주체	- 공동시설 운영권, 운영에 따른 손익 배분, 차이 발생 ⇒ 구조적인 갈등 > 이해관계 갈등, 사실관계 갈등
각 지자체 vs 교육청 vs 입주자	- 학군배정에 따른 갈등. 재산가치의 차이 발생 ⇒ 구조적인 갈등 > 이해관계 갈등
각 지자체 및 관련기관 등 vs 입주자	- 기존 시설에 따른 환경 피해, 악취발생 등 ⇒ 구조적인 갈등 > 이해관계 갈등

④ 관계도 파악

현 단계에서의 갈등관계도를 정리하면 다음과 같다.

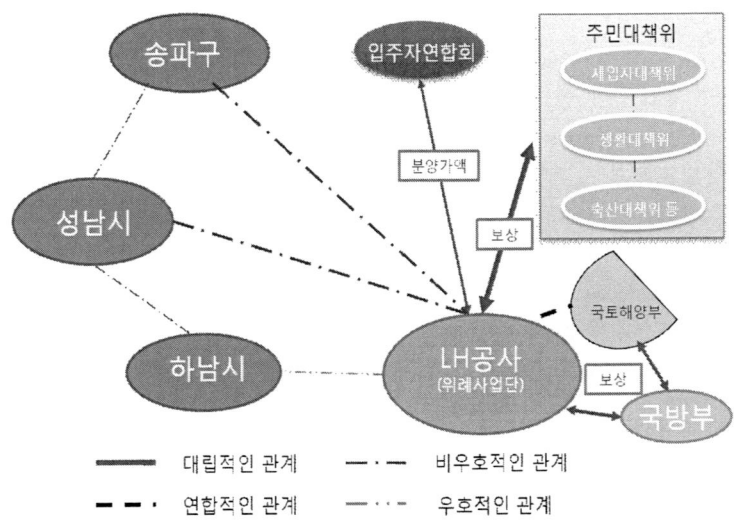

<그림Ⅳ-3> 위례신도시 갈등지도 (2011년 기준)

장래 단계에서의 예상되는 갈등관계도를 정리하면 다음과 같다.

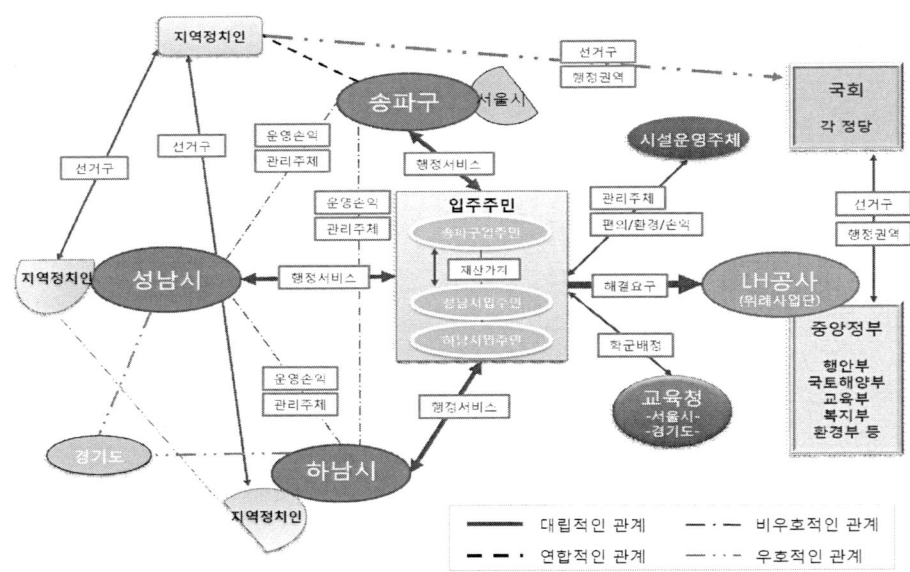

<그림Ⅳ-4> 위례신도시 입주 후 예상 갈등지도 (2011년 기준)

3) 해결방안 제안

(1) 갈등 현안과 갈등 해결을 위한 노력

현재의 갈등현안과 이 문제에 대한 해결을 위한 노력, 대책 등을 정리하면 다음과 같다.

<표Ⅳ-10> 위례신도시 갈등 현안과 해결을 위한 노력(2011년 기준)

현안(쟁점)	갈등주체	현황	LH 갈등 해결노력	예상 및 대책
군부대 부지 보상액	국방부 (군부대), 국토부(LH)	- 보상가 산정 위한 감정평가방식 - 부처간 갈등으로 시간 지연	총리실 중재	총리실 조정 가능성 높음 해소될 것으로 예상
세입자/ 상인 등 법적- 예외자보상	세입자 대책위, 생활대책위, 축산대책위 등	- LH공사에 보상 및 해결 대책 요구	법적구제방안 부재 특별한 대책 없음	공사 시작 후 공권력을 통해 해결 소수의 반발 예상 소규모로 진행될 것
지자체의 소극적 참여와 협의부진	지자체, LH공사	- 송파 및 성남시의 소극적 참여 - 예상되는 현안에 대한 논의부진	포럼 운영 협의회구성운 영예정	통합적인 관리계획 수립 및 갈등관리에 어려움 발생할 것으로 예상
분양가격 증액	LH공사, 입주예정자	연합카페 운영 변경전 분양 가격 요구	변경 분양가격 고수 면담 및 설득	입주 예정자의 요구→ 설득력 부족 갈등으로 심화되는 않을 것으로 예상
주변지역 개발 연계	LH공사, 하남시	낙후된 경계 지역 개발 요구 인접 하천 정비 요구	사업 대상 외 지역으로 법적으로 불가 법적 원칙 고수	건설 기간 중 요구 계속될 것 국토부/하남시 논의에 의해 해결사안 * 단 입주민의 불만이 커질 가능성

(2) 노력에 대한 평가와 제안

주요 쟁점과 이에 대한 평가와 예상쟁점별 해결방안 제안을 하면 다음과 같다.

<표Ⅳ-11> 위례신도시 갈등에 대한 쟁점 대응별 평가와 제안(2011년 기준)

현안(쟁점)	평가	제안
군부대 부지 보상액	총리실 조정에 의해 해결될 것으로 예상	
세입자/상인 등 법적-예외자 보상	특별한 대책이 없어 공사 이후에도 갈등 지속될 것으로 예상되나, 소규모로 진행될 것	- 현황 파악 / 당분간 무시 전략 - Wait and See
지자체의 소극적 참여와 협의 부진	향후 심각한 문제를 일으킬 가능성이 높아, 사전 대책 필요	- 지자체의 참여 대책 수립 - 논의 구조 및 운영 대책 수립 - 협의회 구성에 강제성 부여 방안 (법제화 등)
분양가격 증액	설득력이 낮고 명분이 적어 갈등으로 심화되지는 않을 것으로 예상	- 무시 전략이 타당
주변지역개발 연계	주변지역개발 연계 관련 갈등은 지속적으로 제기될 것이며, 입주민의 주요 불만 사항이 될 가능성이 있음	- 국토부와 하남시간 논의하도록 중개

3. 고속도로건설: 함양-울산간 고속도로 건설 갈등(2011년 기준)[142]

1) 사업 개요

'함양-울산 고속도로'는 '92년 국토해양부에서 수립한 전국간선도로망계획(7×9)상 동서 8축과 9축의 간격(70km)이 동서간선도로망 평균 간격(30~40km) 보다 넓어 이를 보완하는 고속도로를 구축하여 상대적으로 낙후된 경남 북부지역 개발촉진, 익산~장수 고속도로와 연계하여 영호남을 연결하는 산업·관광 동맥역할을 담당하기 위한 목적으로 추진되었다. 함양-울산 고속도로의 추정사업비는 5조8,913억원으로, 경상남도 함양군 지곡면 마산리~울산광역시 울주군 청량면 삼정리에 이르는 연장 144.8Km, 설

---
142) 한국도로공사사회갈등연구소, 함양-울산 실시설계 갈등영향분석, 2011에서 발췌, 요약하였다.

계속도 100Km/hr, 차로수 4차로(폭 23.4m)의 고속국도로서 한국도로공사가 그 시행을 맡고 있다. 주요시설로는 북함양JCT, 거창JCT, 남거창IC, 합천호IC, 합천IC, 의령IC, 창녕JCT, 영산IC, 서밀양IC, 밀양JCT, 남언양JCT, 울주JCT 등이 있다.

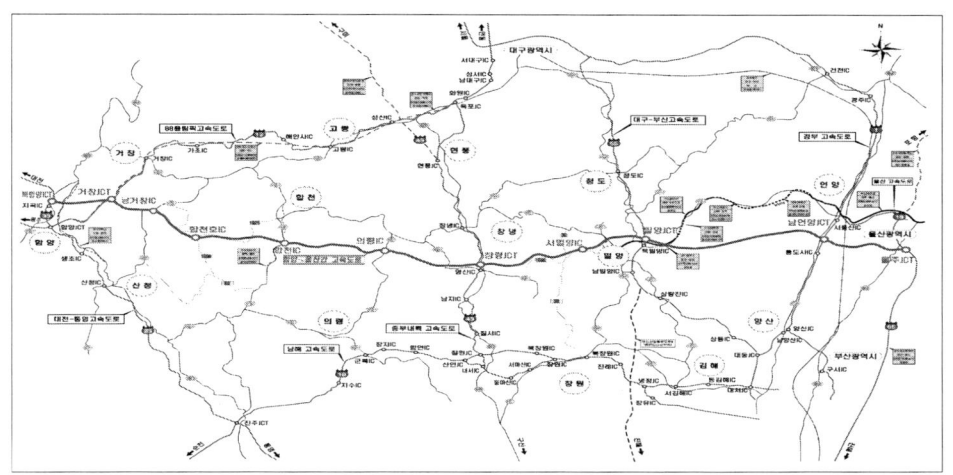

<그림Ⅳ-5> 함양-울산고속도로 노선도 (기본설계안)

2) 갈등분석

(1) 갈등의 배경 및 원인

이처럼 전국간선도로망 계획을 보완하고, 경남권 낙후지역을 전국 네트워크에 연결하여 관광자원 및 산업자원 개발을 도모함을 목적으로 추진되었으나 2009년 기본설계과정에서 밀양시 단장면과 양산 통도사 6.24Km구간이 울산시 관내 배내골(울주군 상북면)과 양산시 관내 배내골(양산시 원동면) 통과 대안을 두고 정부와의 갈등과 찬반 주민/지역주민 간의 갈등이 발생하였다.

(2) 배내골 통과구간 갈등 개요

주민들이 반발하고 있는 고속도로 건설 구간은 울산~함양 간 고속도로 기본설계 노선 중 밀양시 단장면과 양산 통도사 6.24km구간(특히 27공구)으로 대부분이 가지산과 신불산을 관통하는 터널로 계획되고 있다. 원래 타당성조사(2005년)에서는 배내골 통과구간이 울산시 울주군 상북면 배내골 지역으로 되어 있었다. 따라서 관련 협의가 과정에서 양산시를 제외하고 이루어졌다. 그러나 울산~함양 간 고속도로 노선이 기본설계과정에서 양산시 원동면 배내골(타당성 노선안으로 부터 아래지역)로 결정되고, 길이 190m, 높이 50m 가량의 교량이 양산시 배내골 계곡을 가로지르는 방안이 포함되었다. 이 구간은 가지산(도립공원)과 신불산 사이 배내골 지역을 가로지르는 노출구간이다. 이에 따라 양산시 배내골 지역 주민(태봉마을, 대리마을, 장선마을, 선리마을)들은 교량이 건설될 경우 주변 경관이 크게 훼손된다고 반발. 2009년 후반 기본설계과정 후반기부터 노선 통과에 대한 주민반대운동이 시작되었다[143]. 이 과정에서 양산시는 타당성 조사 시 관련 협의에도 참여하지 못한 관계로 관련 고속도로 건설 사실조차 알지 못했고, 게다가 이후 도로공사의 협의요청과 관련하여 담당공무원이 IC 안을 추가적으로 넣었다가 이곳 지역 주민 반발을 확산시키기도 했다. 게다가 당시 양산시 국회의원 활동이 2년간 없는 상태에서 울산시 울주군 국회의원(강길부)이 건설위 소속으로 활동하면서 양산시 쪽으로 노선을 바꾸었다는 유언비어가 돌고 있는 가운데 사안은 더욱 악화되었다. 이에 당시 양산시 지역구 국회의원으로 당선된 박희태의원이 주민반발에 따른 해결 방안을 요구하자 한국도로공사가 결국 노선 변경 검토에 들어가게 되었다고 한다. 검토 결과 도로공사는 실시설계 단계에서 고속도로 노선을 계곡 상류쪽인 울주군 상북면 방향으로 우회시키는 방안을 검토하겠다고 발표하였다. 그러나 기존 타당성 노선으로 검토된 상북면 노선은 당초 밀양 표충사 보호를 위해 불가 결론이 내려진 상태였으나 정치적 고려에 의해 다시 노선이 틀어지게 되었다. 상북면 노선은 당초 노선보다 공사비가 400억~1000억 이상 늘어나는 것으로(공사측 의견) 판단하고 있으며, 상북면 지역주민들은 건설이 불가피할 시 나들목 건설을 요구하고 있는 상황이다. 또한 고속도로 배내골 통과구간의 기본설계안과 대안을 둘러싸고 배내골 내 이해관계집단인 양산시 원동면과 울산시 울주군 상북면 두 지역 주민들 간의 갈등으로 비화될 가능성이 있는 상황이다. 고속도로 배내골 통과 관련 기본설계 안에 반대하는 단체는 양산시 원동면의 배내주민자치위원회가 있다. 이들 원동면 내 조직은 4개 마을(태봉마을, 대리마을, 장선마을, 선리마을) 이장이 부위원장으로 활동하는 주민단체이다. 이 단체는 과거 밀양댐 갈등, 760kV 신고리-북경남송전선로 갈등에 이어 이번 고속도로건설 갈등에도 공동으로 대응하고 있다.

(3) 인터뷰 조사의 실시

한국도로공사는 이미 갈등이 발생안 배내골 갈등 이외에도 실시설계과정에서 다양한 갈등발생을 사전에 예측하기 위하여 전 구간에 대한 갈등영향분석(공사추진 이전 갈등 예방 목적)의 실시를 결정하게 되었다.(2011년 5월)

---

[143] 양산시 원동면 '배내골주민자치위원회'가 주도하는 '울산~함양간 고속도로 배내골 관통 반대추진위원회'(울산~함양 간 고속도로 배내골 노출구간 노선변경대책위원회)

① 공구별 1차 현장방문·인터뷰 조사

1차 현장 방문 대상은 전체 30개 공구에 대하여 현재까지 민원 및 갈등현황을 확인하고, 설계사측의 의견과 관련 도면 등을 검토하여 추가하여 선정하는 방식을 택하였다. 이를 위하여 우선 공구 현장 방문 및 인터뷰조사에 대한 대상지 선정을 위한 내부회의 개최하였다. 그 결과를 토대로 1차 현장 방문 및 인터뷰를 실시하였다. 현장에는 전 30개 공구에 대하여 각 담당설계사와 동행하여 실시하였다. 사전에 방문 시 행정적 협조를 구하기 위하여 시 혹은 군, 면에 공문을 발송했으며, 관련 행정 담당자가 참여할 수 있도록 하였다. 1차 방문에 따른 주요 개요를 정리하면 다음과 같다.

<표Ⅳ-12> 제1차 현장 방문 및 인터뷰 개요

구분	주요 내용
방문기간	- 2011년 5월30일 ~ 2011년 6월10일
방문마을	- 약 50여내외 이해관계자(40여개 마을 등 포함), 해당 시·군·면담당자 - 각 공구별 설계사 동행
방문목적	- 기본설계 및 현재 추진내용에 관하여 관련 이해관계자에 대한 1차 의견 수렴 및 청취 · 지역의 일반적 현황 · 이해관계자의 구성 · 주요 이해관계자의 기본설계 노선에 대한 입장 · 이해관계자의 주요 요구사항 · 이해관계자(설계사 포함) 간 이견 등 - 이해관계자 의견 청취를 통하여 해당지역 및 이해관계자의 특징과 현황, 갈등발생가능성 등을 파악

② 공구별 2차 현장방문·인터뷰 조사

2차 현장 방문 대상은 1차 방문 이후 30개 공구에 대하여 현장상황을 종합하고, 현재까지 민원 및 갈등현황을 확인하고, 설계사측의 의견 등을 재검토하여 추가 선정하였다. 2차 현장 방문 및 인터뷰는 30개 공구 중 일부 이해관계자에 대하여 추진하되 1차 방문과 마찬가지로 각 공구 담당설계사와 동행하여 실시하였다. 또한 방문 시 행정적 협조를 구하기 위하여 시 혹은 군, 면에 2차 방문 관련 공문을 발송했으며, 관련 행정 담당자가 참여할 수 있도록 하였다. 2차 방문에 따른 주요 개요를 정리하면 다음과 같다.

<표 IV-13> 제2차 현장 방문 및 인터뷰 개요

구분	주요 내용
방문기간	- 2011년 7월5일 ~ 2011년 7월7일(3일간)
방문마을	- 약 10여 곳 이해관계자(10여 내 마을 등 포함), 해당 시·군·면담당자 - 각 공구별 설계사 동행
방문목적	- 기본설계 및 현재 추진내용에 관하여 관련 이해관계자에 대한 1차 혹은 2차 의견 수렴 및 청취 · 지역의 일반적 현황 · 이해관계자의 구성 · 주요 이해관계자의 기본설계 노선에 대한 입장 · 이해관계자의 주요 요구사항 · 이해관계자(설계사 포함) 간 이견 등 - 이해관계자 의견 청취를 통하여 해당지역 및 이해관계자의 특징과 현황, 갈등발생 가능성 등을 파악

③ 공구별 3차 현장방문·인터뷰 조사

3차 현장 방문 대상은 2차 방문 이후 전체 공구에 대하여 현장상황을 종합하고, 공사측과 설계사측의 의견 등을 재검토하여 추가 선정하였다. 3차 방문 지역을 선정 및 추가 주민의견청취를 위하여, 관련 공구 설계사와 공사감독관이 참석한 가운데 갈등영향분석 2차 회의가 2011년 7월 13일 오후 1시 30분부터 한국도로공사 본사 회의실에서 개최되었다. 3차 현장 방문 및 인터뷰는 갈등이 극심할 것으로 예상되는 이해관계자에 대한 방문으로 일부 현장방문과 심층인터뷰 실시를 목적으로 하여 공구 담당설계사와 동행 실시하는 것으로 결정하였다. 또한 방문 시 행정적 협조를 구하기 위하여 일부 행정관청에 3차 방문 관련 공문을 발송했으며, 관련 행정 담당자가 참여할 수 있도록 하였다. 3차 방문에 따른 주요 개요를 정리하면 다음과 같다.

<표Ⅳ-14> 제3차 현장 방문 및 인터뷰 개요

구분	주요 내용
방문기간	- 2011년 8월2일 ~ 2011년 8월3일(2일간)
방문마을	- 약 8개 마을 방문. 5개 마을 이해관계자(이장 등) 의견 청취 - 울산시담당자(건설도로과, 투자지원단) - 각 공구별 설계사 동행
방문목적	- 기본설계 및 현재 추진내용에 관하여 관련 이해관계자에 대한 1차 혹은 2·3차 의견 수렴 및 청취 · 지역의 일반적 현황 · 이해관계자의 구성 · 주요 이해관계자의 기본설계 노선에 대한 입장 · 이해관계자의 주요 요구사항 · 이해관계자(설계사 포함) 간 이견 등 - 이해관계자 의견 청취를 통하여 해당지역 및 이해관계자의 특징과 현황, 갈등발생 가능성 등의 추가 파악

(4) 이해관계자 분석

① 이해관계자 입장

각 공구별, 주요 이해관계자와 이들의 입장을 정리하면 다음과 같다.

<표Ⅳ-15> 각 공구 및 주요이해관계자별 입장(2011년 기준)

구분	주요 이해관계자	입장
1공구	- 함양군 지곡면 ○○마을 주민	찬성
	- 함양군 지곡면 ○○마을 주민	조건부* 찬성
	- 함양군 지곡면 ○○마을 주민	조건부 찬성
2공구	- 함양군 안의면 ○○마을 주민, 축산농장주 등	조건부 찬성(일부반대)
3공구	- 거창군 남상면 ○○마을 주민	조건부 찬성
	- 거창군 남상면 ○○마을 주민	찬성

4공구	- 거창군 신원면 ○○마을 주민	찬성
5공구	- 합천군 대병면 ○○마을 주민, 축산농가	조건부 찬성
6공구	- 합천군 대병면 ○○2리마을 주민	찬성
7공구	- ○○조경	찬성
	- ○○초등학교, ○○중학교	반대
	- 펜션단지	조건부 찬성
	- 합천군 대병면 ○○○마을 주민	찬성
	- 합천군 대병면 ○○마을 주민	찬성
8공구	- 합천군 대병면 ○○○마을 주민	찬성
9공구	- 합천군 용주면 ○○○마을 주민	찬성
10공구	- 합천군 대양면 ○○마을 주민	찬성
11공구	- 합천군 대양면 ○○마을 주민 - ○○마을 축산농장 등	조건부 찬성
12공구	- 합천군 대양면 ○○마을 주민	찬성
13공구	- 의령군 부림면 ○○마을 주민	찬성
14공구	- 의령군 낙서면 ○○마을 주민, 축산농장주인 - ○○○마을 주민	조건부 찬성
15공구	- 창녕군 장마면	조건부 찬성
	- 창녕군 장마면 상강○○ 주민	찬성
16공구	- 창녕군 계성면	찬성
	- 창녕군 계성면 ○○마을	찬성
	- 창녕군 계성면 ○○마을	결사 반대**
17공구	- 창녕군 영산면 ○○마을 주민	찬성
18공구	- 밀양시 무안면 ○○마을 주민	찬성
19공구	- 밀양시 무안면 ○○마을 주민	조건부 찬성
	- 밀양시 무안면 ○○마을 주민	찬성
20공구	- 밀양시 무안면 ○○마을 주민	조건부 찬성
	- 밀양시 무안면 ○○마을 주민	조건부 찬성
	- 밀양시 무안면 ○○○마을 주민	반대

21공구	- 밀양시 부북면	조건부 찬성
	- 밀양시 부북면 ○○마을 주민	조건부 찬성
	- 밀양시 부북면 ○○마을 주민	찬성
22공구	- 밀양시 산외면 ○○마을 주민	찬성
	- 밀양시 산외면 ○○마을 주민	조건부 찬성
23공구	- 밀양시 단장면 ○○마을 주민	반대
	- 밀양시 단장면 ○○요양원	반대
24공구	- 밀양시 단장면	조건부 찬성
	- 밀양시 단장면 ○○마을 주민	결사 반대
25공구	- 밀양시 단장면 ○○마을 주민	다수 반대
26공구	- 양산시 원동면 ○○ 마을 주민	결사 반대(기본안)
27공구	- 울주군 상북면 ○○ 마을 주민	조건부 찬성(추진안)
28공구	- 울산시/울주군	찬성
	- 울주군 삼남면 ○○마을 주민	결사 반대
	- 울주군 삼남면 ○○마을 주민	결사 반대(조건부찬성)
	- 울주군 ○○산단	조건부 찬성
29공구	- 울주군 삼동면	반대
	- 울주군 삼동면 ○○○마을 주민	다수 반대
	- 울주군 삼동면 ○○○마을 주민	조건부 찬성
30공구	- 울주군 청량면 ○○마을 주민	찬성

* 조건부 : 요구조건이 관철되는 경우를 말함(단순히 소음저감 등의 요구는 제외)
** 결사 반대 : 제시한 설계안대로 노선이 결정되는 경우, 반대 의사를 표명하는 정도를 넘어, 공사저지를 위해 시위, 농성 등 행동을 통한 강력히 반발이 예상되는 경우

② 주요 쟁점 및 갈등유형 분석

각 공구별 주요 쟁점과 이에 대한 갈등유형(성격)을 정리하면 다음과 같다.

<표Ⅳ-16> 각 공구 및 쟁점별 갈등의 성격(2011년 기준)

공구	주요 이슈	갈등의 성격
1공구	농지 회피 노선 변경	이해갈등
	교량 낮춤 설계	이해갈등
2공구	신당못 이격 설치	이해갈등
3공구	공사시 식수 오염 등에 주의	이해갈등
	묘지 편입 반대	가치갈등
4공구	IC 설치	이해갈등
5공구	방음저감 시설 설치	이해갈등
6공구	최대 이격 설치	이해갈등
	방음저감 시설 설치	이해갈등
7공구	중간분할 통과 반대	이해갈등
	묘지 편입 반대	가치갈등
	최대 이격 설치	이해갈등, 가치갈등, 구조갈등
	집단 이주	이해갈등
8공구	방음저감 시설 설치(양봉피해)	이해갈등
9공구	이동 통로 개설	이해갈등
10공구	방음저감 시설 설치	이해갈등
11공구	교량경관설계	이해갈등
	농로개설	이해갈등
	방음저감 시설 설치	이해갈등
12공구	방음저감 시설 설치	이해갈등
13공구	노선 변경(가족묘 이격)	가치갈등
	이동 통로 개설	이해갈등
	IC 주변 부지 매입	이해갈등
14공구	사토 매립	이해갈등
	마을 인센티브(보조교설치)	이해갈등
	방음저감 시설 설치	이해갈등

15공구	이동 통로 개설(농로 및 인도)	이해갈등
	생태통로 조성	가치갈등
	등산로 조성	이해갈등
16공구	JCT 조정 또는 변경	관계갈등, 이해갈등, 사실갈등, 구조갈등
	마을 관통(교량) 반대	관계갈등, 이해갈등
17공구	상수원(원지) 보호	가치갈등
18공구	방음저감 시설 설치(축사)	이해갈등
19공구	토공구간 교량 설치	이해갈등
20공구	나들목 이격	이해갈등
	토공구간 교량 설치	이해갈등
	노선 변경(기본안으로)	이해갈등
	축사 등 편입 요구	이해갈등
21공구	토공구간 교량 설치	이해갈등, 관계갈등
22공구	교량 보다 높게 설치	이해갈등, 사실갈등
	노선 변경	이해갈등
	톨게이트비 이중부과	이해갈등
23공구	노선 변경(기본안으로)	이해갈등, 관계갈등
24공구	노선 변경 및 터널화	가치갈등, 이해갈등
25공구	종친산 이격(노선변경)	가치갈등, 이해갈등, 관계갈등
26공구	노선 변경(울주군 배내골 통과)	관계갈등, 가치갈등, 이해갈등
	IC설치	사실갈등, 이해갈등
27공구	노선 변경(양산시 배내골 통과)	관계갈등, 가치갈등, 이해갈등
	IC설치	사실갈등, 이해갈등
	터널 통과	사실갈등
28공구	노선 변경(기본안으로)	이해갈등, 가치갈등, 관계갈등, 구조갈등, 사실갈등
29공구	노선 변경(기본안으로)	이해갈등
	최대 이격 설치	이해갈등
30공구	이동 통로 개설	이해갈등

3) 해결방안 제안

(1) 각 공구별 갈등해법

인터뷰 조사를 바탕으로 도출된 분석결과를 종합하여 공구 및 각 쟁점별 특징과 유형에 따른 해결방안을 제안하면 다음과 같다.

<표Ⅳ-17> 함양-울산고속도로 주요 갈등 쟁점 및 갈등 해법(2011년 기준)

순위	공구	주요 쟁점	갈등의 성격	이해관계자 특성	갈등 해법
1	26	울주군 배내골 노선변경	관계,가치,이해,사실,구조	단일/이질/대책위	협의체+합의
	27	노선변경 및 IC 설치 등	관계,가치,이해,사실,구조	단일/이질/대책위	협의체+조사+합의
	28	노선변경 및 JCT 설치 등	관계,가치,이해,사실,구조	다양/이질/대책위	협의체+조사+다자간협상+합의
2	16	JCT 조정 또는 변경	관계>이해, 사실, 구조	다양/이질/민원	협의체+다자간협상+합의
	24	노선변경 및 터널화	가치>이해, 구조	단일/동질	협상단+조사+합의
3	2	신당못 이격 설치	이해, 가치	단일/동질	협상단+합의
	16	마을 관통(교량)	이해>관계	단일/이질/민원	협상단+협상
기타	1	농지회피노선변경	이해	단일/대체로동질	설득
		교량낮춤설계	이해	단일/대체로동질	설득
	3	공사시 식수 오염	이해	단일/대체로동질	설득
	6	마을 최대 이격 통과	이해	단일/대체로동질	설득
	7	최대 이격 통과(학교)	가치>이해, 구조	단일/동질	설득
		묘지 편입 통과	가치	단일/동질/민원	설득 or 수용
		집단 이주(펜션)	이해	단일/동질/민원	설득 or 수용
	19	토공구간 교량 설치	이해	단일/동질	설득 or 수용

	20	토공구간 교량 설치	이해	단일/동질/민원	설득 or 수용
		기본안으로 노선변경	이해	다양/이질	설득 or 수용
		축사 편입	이해	단일/동질	설득 or 수용
	21	토공구간 교량 설치	이해>관계	단일/대체로동질/민원	설득 or 수용
	23	기본안으로 노선 변경	이해>관계	다양/대체로동질	설득 or 수용
	25	기본안으로 노선 변경	가치>이해, 관계	다양/동질	설득 or 수용, 협의
	29	기본안으로 노선 변경	이해	다양/대체로동질/민원	설득

※ 단일 / 다양: 이해관계자의 의견 및 입장, 집단 등
  동질 / 이질: 이해관계자간의 관계
  대책위/민원: 갈등을 표출하여 집단화 대응/ 민원제기

(2) 논의테이블의 구성 안

 각 공구별로 논의 구조를 형성하게 될 경우, 예상되는 주요 이해관계자는 도로공사, 각 공구별 담당업체, 피해예상 주민대표, 지자체 등이며, 논의 구조의 형식은 갈등의 이슈별 성격 등에 따라 달라진다. 특히 28공구의 ○○마을 및 ○○마을과 도로공사가 입장이 충돌하는 '교량통과 및 JCT 설치' 이슈와 같이 이해관계자가 다수이고 이슈가 복잡할 경우(이해갈등+가치갈등+사실관계 이견 등)에는 다자간 협의체를 구성하여 운영하는 것이 바람직할 것이다. 16공구의 ○○마을과 ○○마을간, 또한 도로공사의 입장이 충돌하는 'JCT 조정 또는 변경'과 같이 만약 이해관계자가 다수이나 쟁점이 비교적 단순하고 내부적 의견이 달리하는 경우에는 이해관계자로 다자협상단을 구성하여 운영하는 것이 바람직하다. 27공구의 울주군 배내골과 도로공사가 입장이 충돌하는 '노선변경 및 IC 설치요구'와 같이 만약 이해관계자가 비교적 단일집단인 경우에는 도로공사와 해당주민 간에 단순협상테이블을 구성하여 운영하고, 필요에 따라 지자체와 결합하는 방안을 제안한다.

<표IV-18> 함양-울산고속도로 주요 쟁점에 따른 논의 테이블 종류(2011년 기준)

순위	공구	주요 쟁점	갈등의 성격	이해관계자 특성	논의 테이블 종류
1	27	울주군 배내골 노선변경	관계,가치,이해,사실,구조	단일/이질/대책위	2자 협상
1	27	노선변경 및 IC 설치 등	관계,가치,이해,사실,구조	단일/이질/대책위	2자 협상
1	28	노선변경 및 JCT 설치 등	관계,가치,이해,사실,구조	다양/이질/대책위	협의체/다자간 협상
2	16	JCT 조정 또는 변경	관계>이해, 사실, 구조	다양/이질/민원	협의체/다자간 협상
2	24	노선변경 및 터널화	가치>이해, 구조	단일/동질	2자 협상
3	2	신당못 이격 설치	이해, 가치	단일/동질	2자 협상
3	16	마을 관통(교량)	이해>관계	단일/이질/민원	2자 협상

4. 댐건설: 영양다목적댐 건설 갈등(2013년 기준)[144]

1) 사업 개요

영양다목적댐 건설 사업은 낙동강 중상류지역 생·공 용수 공급, 이상강우로 인한 영양군 홍수피해 저감 및 하천환경 개선을 목적으로 2008년 영양군의 요청으로 추진되었다. 본 댐 건설로 정부는 '낙동강 중상류지역 생·공 용수 공급', '홍수조절을 통한 홍수피해 저감', '임하댐 상류 반변천 하천환경 개선', '갈수기 영양군, 청송군 취수안정성 확보' 등을 기대하고 있다. 주요 사업내용을 정리하면 다음과 같다.

---

[144] 국토교통부·사회갈등연구소, 행정능률 향상을 위한 갈등관리시스템 개선방안 마련 연구, 2014 중 국토부 갈등영향분석서 작성 사례(영양다목적댐 건설)에서 발췌 및 요약하였다.

<표Ⅳ-19> 영양다목적댐 사업 내용

구분	주요 내용
사업수행주체	국토교통부(수자원개발과), 한국수자원공사
댐 위치	경북 영양군 수비면 송하리(반변천-장파천)
총저수량	57.1백만㎥(높이 76m × 길이 480m)
저수면적	2.2㎢
사업비	3,139억원
사업기간	2010 ~ 201?년(2013년 11월 현재, 타당성조사 중지 상태)
용수공급	27.0백만㎥/년 · 영양군: 생활용수(3천㎥/일), 농업용수(4천㎥/일), 　　　　　　하천유지용수(27천㎥/일) · 경산시: 공업용수(40천㎥/일)
목적	홍수조절: 5.9백만㎥ 수력발전: 2,877MWh/년(시설용량 365kW)

2) 갈등분석

(1) 갈등의 배경 및 원인

영양군은 70% 이상이 산악지형으로 홍수에 취약하고 강수량이 적어 가뭄피해가 자주 발생한 지역이다. 특히 1994년, 1995년, 2001년. 2008년, 2009년 제한급수를 실시하는 등 가뭄피해를 겪었고, 2002년 태풍 '루사', 2003년 태풍 '매미' 등으로 인한 홍수로 사망 3명, 이재민 1304명의 인명피해, 재산피해 1395억 원의 재산 피해 등이 발생하였다.

계속되는 홍수에 대한 예방과 물의 안정적 공급과 함께, 전국에서 도서지역을 제외하고 가장 인구가 적고 낙후된 지역의 발전계기를 마련하기 위하여, 영양군은 국토부에 영양댐 건설을 건의(2008년 7월)하면서 관련 논의가 시작되었다. 이에 대해 국토부가 이러한 건의를 수용하면서 댐건설이 추진되었다. 또한 본 댐 건설은 민선5기 군수 선거 공약이기도 하였다. 2008년 12월, 국토부는 '영양댐(안) 분석 및 예비설계'에서 예비타당성조사 우선순위로 선정하고 '영양다목적댐 건설사업 기본계획구상(보완)' 보고서에서 영양군과 구미제5국가산업단지를 생활·공업용수 수요처로서 계획하게 되었다. 그러나 수몰예정지역 주민들의 반발로 국토부와의 갈등이 발생하였다.

국토부는 2013년 초 댐건설장기종합계획(2012-2021)을 발표하고 함양 임천 문정 댐을 비롯하여 전국 한강·낙동강·금강·섬진강 수계에 6개 대형댐과 8개 소형댐 등 14개를 2021년까지 건설할 계획을 밝힌다. 이에 따르면 낙동강 상류 2곳(경북 영양 장파천 영양댐, 영덕 대서천 달산댐)과 금강 수계 2곳(충남 청양 지천댐, 전남 구례 피아골 내서천댐)은 다목적댐이며, 남한강 상류 오대천과 함양 문정댐은 홍수조절 댐이다.

이 계획에 반대하는 지역주민과 시민·환경단체 등이 일제히 반발하면서 전국적인 이슈로 등장 하였다. 이 과정에서 국토부와 환경부 간에 전략환경영향평가 협의와 관련한 이견이 존재하기도 하였다[145]. 그러던 중 영양댐 타당성 조사과정에서 해당 주민과 조사용역업체 간 물리적 충돌 등이 발생하였다. 이와 함께, 추진을 찬성하는 단체가 본격적으로 등장하면서 갈등이 격화되기도 하였다. 결국 국토부는 2013년 6월 개선안 발표와 타당성 조사를 중단하게 되었다. 이후 갈등은 소강상태에 접어들었으나 당시 물리적 충돌에 따른 법적 소송이 진행되기도 하였으며, 정부의 사전검토협의체를 통한 향후 댐 건설 추진여부 결정에 따라 갈등 재발 가능성이 높은 상황이다.

(2) 갈등의 전개과정

① 갈등 잠복기(2008~2010)

2000년대 후반까지 영양군 지역에 지형적 특성 등에 따른 가뭄 및 홍수 피해가 발생하였다. 영양군은 삶의 문제(수질 문제 등)가 존재하는 한편 오랜기간 개발에 소외되는 등 대표적인 낙후지역이다. 이러한 문제를 해결하고자 2008년, 영양군수는 댐 건설 공약을 내세웠고 이를 국토부에 제안하면서 사업추진이 본격화되었다. 2009년 국토부는 이 제안을 검토·수용하였고 2010년에는 관련 기본구상과 예비타당성조사를 실시하였다.

② 갈등 표출기(2011)

2011년, 경산지역을 공업용수 공급이 포함된 KDI의 예비타당성 조사결과가 발표되고 타당성 조사가 추진되었다. 그러나 수몰예정지 반대 주민들은 반대대책위를 결성하고 환경운동연합 등 시민·환경단체와 연대활동도 이어진다. 이러한 상황에서 2012년에는 추진에 찬성하는 단체의 결성과 본격적인 활동이 시작되었고 찬성 서명운동도 전개

---

[145] '09년 수도정비기본계획에는 영양댐을 건설하여 영양군과 구미시에 용수를 공급하는 것으로 계획하였으나 구미시가 수원을 변경함에 따라 경산시가 공업용수로 전환하고자 하는 것으로 수도정비기본계획에 부합하지 않음. 또한, 영양군에서 필요한 용수(골프장 등 2.8천톤/일)는 지하수 등 대체수자원 개발을 통해 공급하고 경산시 공업용수는 대구에서 공급하거나 낙동강 본류에서 취수하는 방안이 타당한 것으로 판단되므로 댐 계획에서 제외하여야 함(환경부 협의 의견 중 수계별 의견)

되었다. 이에 따라 주민 내부의 찬반 간 갈등도 점차 우려되기 시작되었다.

③ 갈등 심화기

2012년 11월에 타당성 조사 예산이 통과되었다. 그리고 그해 12월에는 정부의 댐건설장기계획이 발표되었다. 이에 환경부는 협의의견서를 통해 일부 댐에 대해 이견을 제시하고 보완 요청을 하였다. 2013년 1월에는 영양댐 건설이 포함된 댐건설장기계획이 확정 발표되었고 환경부는 협의내용 이행 요청하면서 부처 간 갈등으로 나타나기도 하였다.

④ 갈등 교착기

2013년 2월, 사업추진이 본격화 되면서 시민·환경단체의 반대 기자회견 등 반발이 가속화되었다. 이러한 가운데 수자원공사 등이 타당성 조사를 위한 현지조사를 행하는 과정 중에 수몰예정지 반대주민 측과 물리적 충돌이 발생하였다. 그 결과 고소·고발이 이루어지고 관련 민사소송이 진행되게 되었다. 2013년 3월에는 이 지역 추진위의 찬성 결의대회도 개최되었고 5대 종교단체는 반대성명서를 발표하면서 갈등이 점차 심화되었다. 2013년 4월 반대위는 금식기도회를 개최하기도 하였고 전국 14개 단체로 구성된 전국연대가 출범하기도 하였다. 특히 정치권(진보정의당)에서 백지화를 요구하는 성명서도 발표되었고, 공급처로 예정되어 있던 경산시대책위에서도 반대 성명을 하는 등 단순한 영양댐 건설 차원의 이슈에서 전국적 현안으로 자리매김하게 되었다.

⑤ 갈등 완화기(잠재기): 2013년 11월 현재

2013년 6월, 전국적으로 댐건설에 대한 반대와 함께 4대강 사업에 대한 반발여진이 계속되는 가운데, 국토부는 이를 해결하기 위하여 댐사업절차 개선방안 을 발표하게 되었다. 그리고 기존에 추진되었던 영양댐 등의 타당성 조사절차를 중단한다고 선언하였다. 그러나 지역 댐건설 반대 및 전국연대 측은 이러한 계획을 신뢰할 수 없다며 반대 입장을 계속하여 고수하였다. 그러나 타당성 조사 등 공식적인 절차가 중단되면서 반대 측에서도 정부의 결정을 기다리기로 결정하는 등 갈등상황은 점차 소강상태로 접어들게 되었다. 정부는 계속하여 그해 7월, 댐사업절차 개선을 위한 민학관 TF 출범시키고 이후 사전검토협의체를 구성·운영하여 현재에 이르고 있다. 2013년 타당성 조사 중 발생한 충돌, 영양군청과의 충돌 등(4월 18일, 8월 7일 등)대하여 용역업체 측에서 반대주민을 고소·고발 건(10명)에 대해서는 검찰 측 조사(형사)와 민사 소송이 진행되었다. 그 결과 2014년 10월 형(징역6개월~2년, 집행유예1~3년, 벌금형 등)을 확정한 상황이다.

(3) 이해관계자 분석

① 이해관계자 입장 및 실익

이해관계자에 대한 각자의 입장과 실익을 정리하면 다음 표와 같다.

반대 측의 경우, 영양댐반대대책위원회(영양댐건설추진반대공동위원회)가 있으며 찬성측의 경우, '영양댐추진위원회'와 '영양댐수몰지추진위원회'가 있다. 중앙정부는 정책추진주체로 국토교통부가 있으며, 사업추진주체로는 한국수자원공사가 있다. 환경부는 전략환경영향평가의 주체이다.

<표Ⅳ-20> 영양댐 건설 갈등 관련 주요 이해관계자 입장 및 실익(2013년 기준)

구분	이해관계자	주요 입장	실익
1차 이해관계자	국토교통부	· 건설되어야 함 광역상수도정비기본계획 반영 · 태풍, 홍수 등에 따른 관련 피해 예방 · 영양군 숙원사업	· 합리적 물 관리 · 홍수예방 등의 국 가정책적 목표 실현 · 지역의 형평성 있는 발전방안 모색
	추진위	· 건설되어야 함 · 지역발전에 긍정적 효과 · 홍수예방효과 · 주민 숙원사업	· 지역계획과 연계 · 지역개발의 시발점 · 낙후된 지역 발전 · 주민공동체 파괴 우려
	반대위	· 백지화되어야 함 · 환경 및 생태계에 악영향 · 주민생존권 영향 · 홍수조절편익 낮음(기존 저수지로 충분) · 경제성 평가 결과 낮음 · 환경영향평가법 위반	· 주민공동체 파괴 우려 · 지역특산물 등의 피해 · 귀농에 따른 편익가치 산정 불가 · 이주 후 주민의 삶 불안정
2차 이해관계자	수자원공사	· 건설되어야 함 · 안정적 용수공급 · 태풍, 홍수 등에 따른 관련 피해 예방	· 환경훼손 등 반대여론 극복 · 합리적 물 관리 · 용수공급을 통한 수익 극대화 · 용수수요 및 공급처 확보

	영양군	· 건설되어야 함 · 지역발전의 계기 · 태풍, 홍수 등에 따른 관련 피해 예방	· 댐 건설로 인한 관련 용수를 활용한 개발사업, 관광사업 등 추진과 지역발전 기대 · 발주법에 의한 지역에의 이익창출 · 지역개발 소외 해소
	환경부	· 백지화되어야 함 · 생태환경파괴 가능성 · 용수수요처에 적절성 · 전략환경영향평가의 협의 이행	· 국토부 댐건설 정책에 대한 의사결정 영향력 발휘 · 환경부의 역할 제고
	정치인	· 찬반 양분	· 군의원의 경우, 내년 지자체 선거 의식 · 국회의원의 경우, 정책수행 역할 제고
부차 이해관계자	시민 환경 단체	· 백지화되어야 함 · 환경파괴 가능성 · 용수수요처에 적절성 · 경제성 평가 결과 낮음(AHP 의문) · 하천법 근거한 사업이 아님 · 환경영향평가법 위반	· 국토부 댐건설 정책에 대한 의사결정 영향력 발휘 · 시민사회의 관련 역할 제고 · 환경가치의 향후세대의 전달
	종교 단체	· 백지화되어야 함 · 생태환경파괴 가능성 · 동학유적지 파괴 가능성	· 환경가치의 향후세대의 전달 · 주민공동체 파괴 우려 · 역사문화적 가치의 보전

지자체로는 댐 예정지인 영양군과 물 공급예정지역인 경산시가 있다. 기타 시민환경단체로는 환경운동연합이 대표적이며 '생명의 강을 위한 댐 백지화 전국연대'를 결성하여 공동대응 중이다.

② 주요 쟁점 및 갈등유형 분석

주요 핵심쟁점으로는 건설의 필요성, 사업의 타당성, 피해여부, 해결방안, 해결노력 등으로 나타났으며, 하부쟁점으로는 수자원계획(혹은 법적 근거), 환경영향평가법에 의한 전략환경영향평가 협의이행, 수자원관리(이수) 필요성, 치수의 필요성, 사업 타당성, 홍수조절효과/경제성 평가, 공동체에 미칠 영향, 농촌지역경제, 건강 등의 영향, 생태환경/지역문화재, 경관피해, 해결방안, 절차적 신뢰성 등으로 나타났다. 이에 대한 각 이해관계자간 입장을 정리하면 다음과 같다.

<표Ⅳ-21> 영양댐 건설 갈등을 둘러싼 주요 쟁점(2013년 기준)

구분		국토부(수공)	반대위	추진위	영양군	시민/종교단체	환경부
건설 필요	관련 수자원계획	적절	부적절	–	–	부적절	부적절
	전략환경 영향평가	타당성조사후 협의	위반	검증되지 않은 주장	–	위반	협의 이행
	수자원관리 필요성	있음	없음	있음	있음	없음	있음
	홍수 등 치수 필요성	루사 등 태풍피해	통계적 오류/산사태	루사 등 태풍피해	루사 등 태풍피해	통계적 오류/산사태	–
	사업 타당성	인정	강하게 반대	강하게 인정	강하게 인정	강하게 반대	반대
사업 타당성	홍수조절효과	있음	없음(0.8)	있음	있음	없음	–
	경제성	경산신단 수요 AHP0.579	없음(0.93)	지역발전 계기	지역발전 계기	없음(0.93) AHP 조사 신뢰성없음	–
완공후 미칠 영향 (피해)	지역공동체	파괴 최소화	파괴 우려	파괴 (갈등최소화를 위한 빠른 추진)	최소화 (집단이주지 역개발)	파괴 우려	파괴 우려
	농촌경제	미미	있음 (일조량감소에 따른 고추/사과 작황 영향)	–	–	있음 (일조량감소 등)	–
	건강 등	미미	있음 (호흡기 등, 향수병)	–	–	있음 (호흡기 등)	–
	생태환경/문화재등	최소화 노력	있음 (야생동물 서식지파괴)	–	최소화 노력	있음 (야생동물 서식지파괴)	있음 (야생동물 서식지파괴)
	자연경관	최소화 노력	있음	–	–	있음	있음
	보호구역지정	없음	있음	–	–	–	–
해결방안		댐 건설	기존 댐/수로 등 활용(저수지 97개)	댐 건설	기존 댐/수로 등 활용 (사방댐 등)	기존 댐/수로 등 활용	대체수자원 활용
해결 노력	정보제공 노력	노력 중	없었음 (타당성조사 강행)	있었음 (주민설명회)	노력 중	없었음 (타당성조사 강행)	–
	절차적 신뢰성 (댐사업절차개선)	노력 중	매우 불신함 (국토부 관할)	신뢰함	신뢰함 (절차에는 의문)	매우 불신함	참여 중

쟁점분석 결과 영양댐 건설 갈등은 홍수예방 및 안정적인 용수공급력 확보, 관광 등 지역발전에 따른 경제적 효과를 위한 찬성, 환경파괴 및 주민 생존권 위협 등에 따른 반대로 분리되어 있다. 이를 유형(원인에 근거한 성격)별로 살펴보면 다음과 같이 이해·사실관계·관계·구조갈등·가치갈등 등이 중첩되어 있음을 알 수 있다. 타당성조사 등 정책 초기과정이기 때문에 대부분 국토부와 반대위 간의 갈등으로 나타나고 있으며 유형별로는 '사실관계갈등'이 압도적인 상황이다. 각 이슈별 갈등을 유형별로 살펴보면 다음과 같다.

<표IV-22> 영양댐 건설 갈등의 유형(2013년 기준)

주요 쟁점	갈등유형	주요 이해관계자
관련 수자원계획	사실관계 갈등, 구조갈등	국토부 VS 환경부(환경단체)
전략환경영향평가	사실관계 갈등, 구조갈등	국토부 VS 환경부(환경단체)
수자원관리 필요성	사실관계 갈등	국토부(수공) VS 시민환경단체, 환경부(반대위)
홍수 등 치수	사실관계 갈등	국토부(수공,추진위,영양군) VS 반대위(시민환경단체)
사업 타당성	사실관계 갈등, 관계갈등, 가치갈등	국토부(수공,추진위,영양군) VS 반대위(시민환경단체, 종교단체, 환경부)
홍수조절효과	사실관계 갈등	국토부(수공,추진위,영양군) VS 반대위(시민환경단체)
경제성	사실관계 갈등	국토부(수공) VS 반대위(시민환경단체)
지역공동체	관계갈등, 이해갈등, 구조갈등	영양군(추진위) VS 반대위
농촌경제	사실관계 갈등, 이해갈등	국토부(영양군) VS 반대위
건강 등	사실관계 갈등, 이해갈등	국토부 VS 반대위
생태환경/문화재 등	사실관계 갈등, 가치갈등	국토부(수공) VS 반대위(시민환경단체, 종교단체)
자연경관	사실관계 갈등, 가치갈등	국토부(수공) VS 시민환경단체(반대위)
해결방안	사실관계 갈등, 관계갈등	국토부(수공,영양군) VS 반대위(시민환경단체, 환경부)
보호구역 지정	사실관계 갈등, 구조갈등	국토부(영양군) VS 반대위(수물지 주변지역주민)
정보제공 노력	사실관계 갈등, 관계갈등,	국토부(수공, 영양군) VS 반대위
절차적 신뢰성 (댐사업절차개선)	사실관계 갈등, 구조갈등, 관계갈등	국토부 VS 반대위(시민환경단체)

③ 관계도 파악

 2013년 11월 현재, 반대위는 환경운동연합을 중심으로 한 시민환경단체와 연대하고 있는 상황으로 국토부와 대립관계에 있다. 반대위는 이 사업을 요구한 영양군과도 대립관계에 있다. 시민환경단체는 국토부와의 정책적 대립관계를 유지하기 위하여 댐건설에 비판적인 환경부와 우호적 관계를 유지하고 있는 상황이다. 영양군은 추진위를 포함한 찬성세력을 주도하고 있으며 정책결정의 역할을 하는 국토부와도 우호적 관계에 있다. 그러나 영양댐 건설에 비판적인 환경부와는 대립관계에 있다. 중앙의 야권 정치세력 등은 댐건설정책에 비판적으로 영양댐 건설 등과 관련하여 국토부와 비우호적 관계를 유지하고 있는 상황으로 환경부의 비판적 견해에 동조하거나 힘을 실어주고 있는 상황이다. 이를 정리한 영양댐 이해관계자 관계도는 다음과 같다.

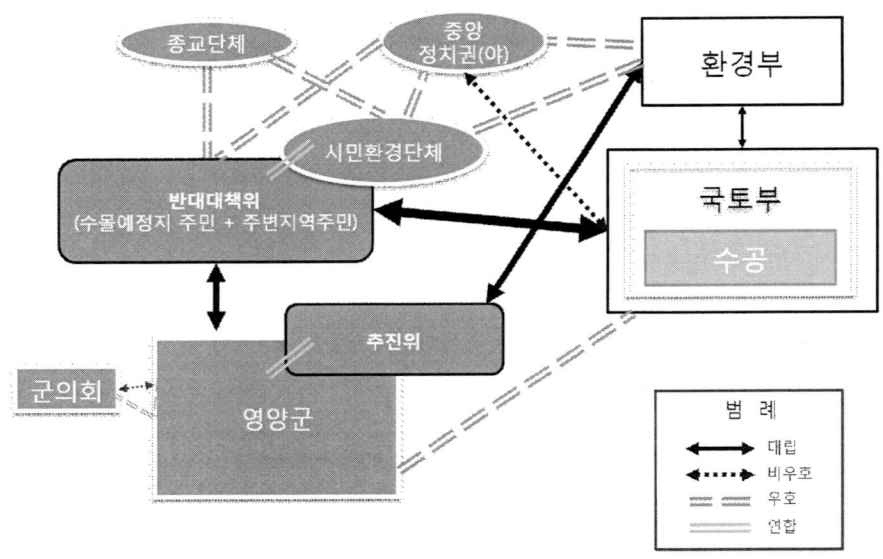

<그림Ⅳ-6> 영양댐 건설 갈등의 주요 이해관계자 간 관계도(2013년 기준)

3) 해결방안 제안

(1) 평가

① 추진하는 것으로 결정될 경우

국토부 및 수공은 관련 절차 및 결과의 정당성을 토대로 사업추진을 위한 행정절차를 진행할 것이며 이들은 발표대로 주민의견 수렴을 위한 협의체 구성을 추진할 것이다. 이에 대해 반대위 등 주민들은 국토부 등의 관련 활동에 반발하며 시민환경단체와의 계속적인 연대와 내년 선거를 겨냥하여 중앙 정치권을 압박하여 정책추진이 되지 못하도록 하는 관련 활동을 확대 전개해 나갈 것으로 판단된다. 특히 사전협의체에 대한 불신이 있는 상황에서 주민의견 수렴과정을 단순히 협의체 위원이 의견수렴 등 조정활동을 강행할 경우 오히려 제3자(당사자가 아닌)를 통한 설득과정으로 판단해 더욱 거세게 반발할 가능성이 있다. 시민환경단체 등도 종교단체와 연대하여 댐건설의 부당성을 주장하게 될 것이며, 환경부를 압박하고 향후 환경영향평가가 접수되더라도 반려를 요구할 것이다. 영양군이 현 사업추진을 지지하는 가운데 특별한 공동체 유지 등에 대한 대책을 세우지 않을 경우 추진위와 반대위, 찬반 주민 내 갈등이 격화되면서 이들 간 충돌로 이어지고 자칫 공동체 붕괴가 진행될 것으로 예상된다. 특히 찬성주민측은 오히려 빠른 추진만이 갈등을 해소하고 공동체를 회복할 수 있을 것이라는 주장을 계속하면서 정부를 압박할 것이다.

② 추진하지 않는 것으로 결정될 경우

국토부 등은 관련 사업추진에 대한 백지화를 선언하고 향후 물 관리 대책을 마련하거나 관련 발표를 하게 될 것이다. 찬성입장인 영양군 등 추진위는 이에 대하여 반발할 것이며 관련 대책을 요구할 것이다. 특히 타당성 조사가 진행되는 과정에서 이미 정책적 타당성은 확보된 상황에서 사전협의체 운영이나 결과가 법제도적 절차가 아님을 강조하고 영양군의 숙원사업 요구를 수용하라는 입장을 표명할 것으로 예상된다. 특히 일부 주민(일부 보상 목적으로 투자한 자를 중심으로)은 이 결과에 반발하고 관련 민원 등을 제시할 것이며, 이 결과가 반대위 및 시민환경단체 등의 반대운동과 관련이 있다고 판단하여 점차 수물지역 내 주민 간 갈등으로 확산될 가능성도 배제할 수 없다. 이에 대한 대비책이 마련되지 않을 경우 추진할 경우와 마찬가지로 마을내 공동체 붕괴가 진행될 가능성이 높으며 특히 주민이주가 없기 때문에 그 심화 가능성이 더욱 높을 것으로 예상된다.

(2) 제안

현 갈등 상황에 대한 진단을 통해, 이후 갈등해결을 위하여 갈등 현안 별 주요 해법과 구체적인 방안을 제안하면 다음과 같다.

<표IV-23> 영양댐 건설 관련 주요 갈등현안에 대한 해법 제안(2013년 기준)

쟁점		주요 내용	주요 이해관계자	갈등성격	갈등해법
정책적 추진 타당성		관련수자원/댐건설계획/전략환경영향평가 등 정책타당성	· 국토부 · 환경부 · 국무조정실	사실관계 갈등 구조갈등	· 국무조정실을 통한 부처 간 갈등조정 · 내부 토론회 개최 · 필요시 공론화
		치수 및 이수/홍수조절효과/경제성 등	· 국토부(수공) · 경북도 · 시민환경단체 · 관련전문가 (경제,공학) · 찬반주민대표	사실관계 갈등	· 관련 전문 토론회 개최 · 전문가 협의체 구성 및 운영 · 제3자 전문가 중심의 공동조사 · 주민의견 수렴 (설명회/마을간담회)
지역에 미칠 효과		지역 공동체 회복/농촌에 미칠 영향/건강 등에 미칠 효과/보상대책/보호구역 지정	· 국토부(수공) · 경북도 · 영양군 · 찬반수몰지주민대표 · 수몰예정지주변지역 주민대표 · 시민환경단체 · 관련전문가 (갈등,경제 등)	사실관계 갈등 관계 갈등 이해 갈등	· 주민의견 수렴 (설명회/마을간담회) · 방안모색을 위한 협의체 구성 및 운영(각 사안별 참여, 구성/운영 별개) · 재차 주민의견 수렴(설명회/마을간담회)
		자연경관/생태환경/문화재/종교시설 등	· 국토부(수공) · 영양군 · 시민환경단체 · 관련전문가 (환경/생태/문화) · 종교단체	사실관계 갈등 가치 갈등	· 관련 단체 의견 수렴 · 관련 전문 토론회 개최 · 방안모색을 위한 협의체 구성/ 운영 · 주민의견 수렴 (설명회/마을간담회)
해결 방안		댐건설/천변저류지/저수지 등 다양한 대안을 모색하고 갈등은 물론 종합적 해결 방안 모색	· 국토부(수공) · 환경부 · 경북도 · 영양군 · 찬반수몰지주민대표 · 수몰예정지주변지역 주민대표 · 시민환경단체 · 관련전문가(갈등, 경제,공학/환경 등)	사실관계 갈등 관계갈등	· 위 결과를 종합하는 형태로 전체적 의견 합의에 의거한 구성, 운영 · 향후 사후관리방안 포함 (국토부 주도)

5. 발전소건설: 가로림만조력발전소 건설 갈등(2013년 기준)[146]

1) 사업 및 갈등의 개요

(1) 사업의 개요

가로림조력발전(주)은 한국전력 자회사인 서부발전(49.0%)을 포함해 포스코건설(32.13%), 대우건설(13.77%), 롯데건설(5.10%) 등이 주주로 참여하여 2007년에 설립되었다[147].

<표Ⅳ-24> 가로림조력발전소 건설사업 개요

구분	주요 내용
사업명	가로림조력발전소 건설사업(사업자, 가로림조력발전(주))
위 치	충남 태안군 이원면 내리 ~ 서산시 대산읍 오지리
발전방식	단류식 낙조발전(썰물시 발전)
입지현황	- 최대조차 : 8.14m - 조지면적 : 96㎢ - 총저수량 : 6.1억㎥
사업규모	- 설비용량 : 520MW(26MW*20기) - 연간 발전량 : 950GWh (18만 가구 사용량)[148] - 방조제 연장 : 2,020m
공사기간	83개월(대비공사 8개월, 본공사 75개월)
총사업비	약 1조 22억원(2007년도 기준)

* 출처: 한국서부발전 홈페이지(검색일; 2013년 6월)

본 발전소는 서산시 대산읍 오지리(벌말~태안군 이원면 내리만대간의 가로림만 입구부를 단류식 낙조발전방식[149]의 조력발전 시설을 설치하도록 설계되었다. 또한

---

146) 조성배, 가로림조력발전소 건설 갈등의 장기화 원인 분석과 해결방안에 관한 연구, 공공사회연구제 4권2호, 한국공공사회학회, 2014, pp.36-79에서 발췌 및 요약하였다.
147) 한국서부발전은 건설사업관리(CM), 운영 및 유지관리(O&M)을 맡고, 타 업체는 설계 구매 및 시공을 담당하고 있다.
148) 충남(85만가구) 가정용 사용량 39.2%

2020년까지 1조22억 원의 사업비를 들여 조력발전소를 짓고 연간 950GWh의 전력을 생산할 계획이며, 만 입구에 총연장 2,020m의 방조제와 수문 16련, 대형통선문 등을 설치하고 주변지역(태안지구/서산지구)에 관광단지 조성을 포함하고 있다.

(2) 갈등의 개요

2007년, 가로림조력발전소 건설 사업이 추진되면서 해당 지역인 충남 서산시, 태안군을 중심으로 경제성, 환경성, 생존권 등에 대한 이견이 표출되고 주민 간 찬반 갈등이 발생하였다. 조력발전소 건설이 미치는 영향을 둘러싸고 지자체, 정치권, 지역 시민사회단체의 의견도 나뉘면서 갈등은 확산되는 가운데 신재생에너지 개발 필요성에 공감하는 정부의 의지는 제6차 전력수급기본계획에 반영하면서 더욱 추진 가속화되었다. 2011년에는 환경영향평가 통과 여부가 주요 이슈로 등장하고 중앙부처 내에서도 이견이 발생하였고, 결국 수차례 제출·반려·보완제출이 이어지며 논란확산의 계기가 되었다.

2014년 현재, 환경영향평가보완서가 제출되어 관련 행정절차가 진행 중이나 지자체의 반발 등으로 통과여부가 불투명한 상황이다[150]. 현재 해당 지역은 갈등이 장기화되면서 사실관계와 이해에 대한 이해당사자 상호 간 오해와 억측이 심화되고 있으며, 진행 과정에서 폭력사태가 발생하는 등 관련 마을 공동체 및 마을 간 관계에 부정적인 영향이 미치고 있다.

2) 갈등분석

(1) 갈등의 배경 및 원인

① 지리적 특성

가로림만은 행정구역상으로 태안군과 서산군에 포함된 지역으로 충남태안반도 중북부에 위치하고 있다. 남쪽으로는 천수만이 만입하고 동쪽으로는 서산 팔봉면 지곡면 및 대산면이, 서쪽으로는 태안 이원면 원북면 및 태안읍이 둘러싼 호리병 모양의 반 폐쇄성 내만이다. 입구 폭은 2.02km 정도이며 만안 면적은 약 112㎢으로 고파도·웅도 등의

---

[149] 조력발전방식은 일반적으로 조지(潮池)의 수에 따라 단조지식과 복조지식으로 구분되며, 조석의 이용횟수에 따라 단류식과 복류식으로 나누어진다. 단류식에는 창조(밀물)시에 수문을 개방하여 조지내의 해수를 고조위까지 채운 후 수문을 닫고 외해와 일정이상의 수위차가 발생할 때 그 낙차를 이용하여 발전하는 낙조식(落潮式)과 낙조(썰물)시에 수문을 개방하여 수위를 저조위까지 낮춘 후 외해 수위가 어느 정도 상승하면 조지로 물을 채우면서 발전하는 창조식(漲潮式)으로 분류된다(출처, 한국서부발전 홈페이지).

[150] 2013년 당시 기준. 2015년 현재, 2014년 10월 결국 환경영향평가서가 반려되고 공유수면매립계획도 5년 시효가 만료되면서 결국 원점으로 돌아간 상황이다.(추진 주체였던 가로림조력발전주식회사도 해체되었다)

유인도와 율도·조도·대우도 등의 무인도가 있다. 가로림만 안으로 유입되는 담수와 퇴적물의 양은 적지만 만 안쪽에는 매우 광활한 펄질 갯벌이 형성되어 있다. 만 입구에 있는 두 개의 수로와 섬 등 돌출해안에는 자갈과 모래의 퇴적상이 분포하고 있다.

② 사회·정치적 특성

가로림만은 15개 어항이 밀집해 있고 어업 생산량이 연간 4000톤에 달하는 충남 지역 양식 및 연안 어업의 중심지로 2000여 가구, 5000여명이 이 일대 어업으로 생계를 이어가고 있다. 이 지역은 전형적인 농어촌 마을로 21개의 어촌계가 존재한다. 특히 만 내 여러 섬들 가운데 3곳(태안-고파도·우도, 서산-웅도)에는 어업을 주생계로 하는 어업인들이 살고 있다. 주요 유형으로는 연안어업, 맨손어업, 양식어업 등 다양하다.

관련 지자체는 서산시와 태안군이 있고 서산시에 19명, 태안군 8명의 기초의원이 있다. 이들 민선자치단체장, 지역정치인들은 찬·반으로 양분된 지역 여론에 따라 입장을 취하고 있는 상황이다. 대표적인 지역시민단체로는 서산태안환경운동연합, 서산풀뿌리 정치시민연대 등이 있다. 서산태안환경운동연합은 무분별한 개발로 인한 환경파괴로 이뤄지고 있는 오염 행위의 근절과, 삶의 터전을 건강하게 만드는 각종 운동을 전개하고 있는 단체이다. 이들은 1990년대에는 안면도반핵운동, 2000년대에는 천수만보전운동, 최근에는 가로림조력발전소 건설 문제에 토론회, 관련 조사활동, 반대 운동 등에도 적극 개입하고 있다. 서산풀뿌리정치시민연대는 지역민의 삶의 질을 높여가는 시민운동을 전개하고자 하는 목표로 서산시의 다양한 지역이슈를 공동 대응하여 해결하는 역할을 목적으로 구성된 단체이다. 2013년 최근 서산지역 32개 시민단체들이 결성한 '가로림만 조력댐 백지화를 위한 서산태안 연대회의'를 그 중심축으로 활동이 이루어지고 있는 상황이다.

③ RPS 제도 도입과 가중치 부여

정부는 기존의 원전 및 화력발전에 의한 기존 에너지수급정책에서 국제협약에 의거한 CO_2 저감을 위한 신재생에너지원 개발 정책으로 수정 중이다. 이를 위해 정부는 2012년부터 공급의무할당제인 RPS(Renewable Portfolio Standard; 신재생에너지 공급의무화 제도)[151]를 도입하였다. 이에 따라 공급의무 대상에 포함된 한국서부발전을 비롯한 13개 발전회사들은 매년 2%의 발전량을 신·재생에너지원으로 공급해야 하는 상황이다. 정부는 또한 2020년에 공급의무비율을 20%로 정하고 있고, 의무이행을 하지 못할 경우 관련 업체들에게 업무정지 및 과징금을 부과하는 정책을 실시하고 있다.

---

[151] 발전사업자에게 총발전량에서 일정비율을 신재생에너지로 공급하도록 의무화하는 제도로, 국내에서는 2012년 1월 1일부터 시행되었다.

따라서 관련 발전회사들은 신재생에너지원 중 가중치와 발전량이 높은 에너지원 공급에 관심을 갖고 사업추진 중에 있으며 그 대표적인 것이 해상풍력과 조력(방조제 없는) 발전소 건립이다. 이 두 에너지원은 2013년 현재 2.0의 가중치로 산정되어 있다. 이에 따라 많은 관련 발전회사들이 이 두 종류의 발전소 건립에 더욱 관심을 보이고 있는 상황이다.

(2) 갈등의 전개과정

① 갈등 잠재기 - 제3차 전력수급기본계획에서 후보지 선정

1980년 1월, 정부는 경제장관회의에서 가로림만 지역을 조력발전소 후보지로 결정하였고 1992년까지 2회에 거쳐 가로림만조력발전소 건설에 대한 타당성 조사용역이 시행되었다. 이후 10년 뒤인 2002년 12월, 산업자원부는 국가에너지기본계획에 가로림만 지역 조력발전소를 포함시켜 발표하였고 2005년 3월, 가로림조력 연안관리계획 반영을 요청하였다. 2006년 12월, 산업자원부는 제3차전력수급기본계획에서 신재생에너지 설비부문으로 반영하게 됨으로서 추진이 본격화 되었다. 당시 갈등상황은 조력발전소 건설계획 자체는 구체화되지 않은 상황이었기 때문에 주민반발이나 갈등이 표면화되지 못하고 잠재된 상태였다.

② 갈등 표출기 - 반대주민, 반대대책위 결성. 추진을 위한 SPC 설립

사업에 반대하는 주민들은 2007년 3월, 가로림만조력발전소 건설 반대투쟁모임을 결성하였다. 2007년 8월, 산업자원부와 한국서부발전은 환경교통영향평가 초안을 공고하고 주민설명회를 통하여 의견 수렴을 추진하였다. 그러나 이 과정에서 서산시와 반대 주민 등이 발전소 건립 백지화를 요구하면서 갈등은 표면화되기 시작되었다. 이 시기 찬성 측 주민들도 각 지역에서 단체를 결성하였다.

2007년 10월, 사업비가 계속 증액되면서 한국서부발전(주)은 포스코건설, 대우건설, 롯데건설과 업무협약을 통해 SPC회사인 가로림조력발전(주)을 설립하면서 본격적으로 사업을 추진한다.

③ 갈등 심화기/ 교착기 - 찬반 주민 간 갈등으로 확산

2008년 5월, 서산과 태안 주민으로 구성된 기존 찬성단체들은 '가로림조력발전소건설대책위원회'로 연합하는 한편 국토해양부와 청와대 등에 조기추진 청원서명서를 제출하면서 추진 운동을 본격화 한다. 이러한 가운데 2008년 9월 지식경제부가 조력발전소를 조기착공하기로 결정하였으나 해양수산부는 가로림만의 환경가치평가 용역연구결과 환경비용을 포함하면 비용대비 편익이 0.81배에 불과해 경제성이 없다며 건설 반대의사

를 표명하는 등 정부 간 의견충돌도 발생하였다. 가로림조력발전주식회사는 2008년 10월부터 사전환경성검토를 위한 협의체를 구성하고 관련계획서를 심의한다. 또한 2008년 제4차 전력수급기본계획에도 반영되는 등 사업추진이 탄력받기 시작한다. 이러한 가운데 추진 업체는 보상업무의 성공적 추진을 위해 찬성측과 MOU와 보상협상 등을 체결하기도 하였다.

이에 대하여 반투위의 활동도 점차 강화되었다. 우선 전체 조합원 1,922명 중 반대의견에 있는 어촌계원 등 1,159명의 서명을 받아 청와대와 국토해양부에 건설반대 서명서를 제출하는 등 추진위 운동에 대응하였다. 또한 2009년 4월, 사전환경성검토 초안에 대한 주민공청회가 개최되었지만 추진 측과의 물리적 충돌이 발생하여 파행되었고 찬반 주민간 갈등으로 비화된 결과만을 낳았다.

2009년 11월, 공유수면매립기본계획에 대하여 유보 입장을 취하던 국토해양부도 중앙연안관리심의위원회 공유수면 매립기본계획심의회의에서 환경파괴를 최소화한다는 조건으로 가로림만 건설계획을 통과시킨다. 이에 가로림조력발전주식회사는 2010년 3월 보상대책위와의 보상업무개시를 위한 약정서를 체결하고 서산시와 지역 어촌주민들을 방문하여 발전소 건설에 대한 대면 접촉을 시작하였다. 또한 지식경제부에 전원개발사업 실시계획 승인을 신청하였고 정부는 이를 허가하였다.

④ 갈등 교착기/소강기 - 환경영향평가서 본안 제출과 보완, 그리고 반려

2011년 6월, 환경영향평가서 본안이 환경부에 제출되면서 반투위와 시민환경단체들은 '가로림만 조력 댐 백지화를 위한 서산·태안연대회의'로 연대투쟁을 결의하고 각종 반대 활동을 전개하게 되었다. 이후 가로림조력발전주식회사는 해당 조력발전소 건립에 대한 환경영향평가 수차례에 걸친 보완서를 환경부에 제출하였다. 반대 측은 발전소 건설에 대한 부당성을 주장하며 대국민 홍보 등을 위해 2012년 2월 11일부터 17일까지 사업계획 백지화 도보행진을 실시하는 등 대 국민 운동으로 전개하기 시작하였다. 갈등 해결을 위한 노력이 없는 가운데 갈등은 교착상태에 접어드는 가운데, 결국 2012년 4월, 환경부는 내부 격론 속에 가로림만조력발전소 환경영향평가서를 최종 반려하였다. 이로서 사업추진은 일단 다시 1년의 환경영향평가서 재검토시간을 가지며 갈등도 소강상태로 접어든다.

⑤ 갈등 재표출 및 재심화기 - 환경영향평가 보완서 재제출

2013년 2월, 지식경제부는 제6차 전력수급기본계획에 가로림만 조력발전소 추진을 포함시킨 사실일 알려진다. 이처럼 조력발전소 사업이 계속 진행형으로 가닥이 잡히면서 2012년에 환경영향평가서 반려로 인해 보류된 사업이 재추진 근거가 마련되었다.

그리고 2013년 12월, 가로림조력발전주식회사는 환경부에 환경영향평가를 다시 제출하였다. 그리고 반대 단체는 이를 강하게 반대하고 찬성단체는 이를 지지하면서 다시 주민갈등이 발생한 상황이다. 그러나 과거와는 달리 추진주체는 주민수용성을 높이기 위한 각종 계획을 발표하고 주민갈등 해소 방안을 제시하는 등 각종 활동을 전개하고 있다. 그리고 2014년에 환경영향평가서 결과에 따라 사업 추진여부가 결정될 것으로 판단된다.

(3) 이해관계자 분석

① 이해관계자 입장 및 실익

가로림만 조력발전의 주요 찬성 집단은 산업통상자원부, 가로림조력발전(주), 태안군, 어촌계원으로 구성된 서산태안보상대책위원회 등이다. 가로림만 조력발전의 주요 반대 집단은 서산·태안환경운동연합을 비롯한 지역 시민사회단체, 가로림만조력발전소건설반대투쟁위원회 등이 대표적이다. 충청남도와 서산시의 경우, 역내 갈등 상황을 고려하여 공식적으로는 찬반의 입장 표명을 하고 있지는 않고 있다. 이들의 입장과 실익을 정리하면 다음과 같다.

<표Ⅳ-25> 가로림조력발전소 갈등 관련 주요 입장 및 실익 분석 결과(2013년 기준)

찬반	이해관계자	주요 입장	실익
찬성	산업통상자원부	• 건설되어야 함 • 가로림만 지역은 조력발전소 최적의 입지 • 6차전력수급기본계획에서도 추진 명시	• 원활한 에너지 수급 • 고효율의 신규 신재생에너지원 개발
	가로림조력발전	• 건설되어야 함 • 절차상 문제가 없으며, 안정적 에너지 수급, 친환경에너지 확보 차원 • 조력발전소 건설에 따른 생태변화 최소화 노력	• 환경훼손 등 반대여론 극복 • 향후 조력발전 건설에 유리한 고지 확보 • RPS제도에 따른 과징금 저감
	추진위	• 건설되어야 함 • 기존 석유화학단지와 태안화력발전소 가동에 따른 수질오염으로 어족자원 감소 • 인건비 등의 상승으로 생계곤란 • 지역주민에게 실질적인 보상이 돌아가야함 • 지역발전의 호재	• 발전소 건설에 부차적인 교량설치로 인한 관광업 부흥 등에 따른 지역발전 기대 • 어업보상과 개인/집단의 이익 추구 • 지역개발의 소외

	태안군	· 신재생에너지로 산업발전에 긍정적 효과 · 관광어촌 등의 지역개발 효과	· 지역계획과 연계 · 교량건설 가시화 · 관광지 개발의 시발점 · 낙후된 지역 발전
반대	반투위	· 백지화되어야 함 · 갯벌 파괴 등 해양생태계에 악영향 · 주민생존권 영향 · 경제적 효과가 높고 피해는 최소화라는 주장은 잘못(편익과다 추산) · 지역내 갈등 폭발 가능성	· 건설에 따른 어민소득 감소 · 어업보상에 대한 낮은 기대 · 교량건설 혜택에 대한 낮은 기대 · 지역개발의 소외
	시민 환경단체	· 백지화되어야 함 · 환경파괴 가능성 · 연간전력량이 상대적으로 미미 · 소중한 자원의 후손에게 전달할 책임 · 비경제성 등	· 안면도 방폐장, 태안기름유출, 천수만 환경과 생태관련 축적된 역량으로 의사결정 영향력 발휘 · 관련 역할 제고
중립	충청남도/ 서산시	· 갯벌 등 해양생태계 파괴 · 발전소에 따른 환경피해 최소화 및 생태계복원방안 마련 후 추진	· 향후 지역발전에 영향 · 지역 계획에 영향
	해양 수산부	· 가로림만 조력발전소 건립지역은 양식장 등 어업의 보고	· 해수부 본연의 역할
	환경부	· 환경영향평가서에 환경의 가치에 대한 조사 결과가 미흡 · 타 조력발전소 건설계획의 전례가 될 수 있어 신중히 판단 필요성	· 계속되는 신규 조력발전소 설치 가능성 · 환경부 본연의 역할

② 주요 쟁점 및 갈등유형 분석

가로림조력발전 관련 주요 갈등 쟁점은 건설 필요성, 가로림만의 조건, 운영에 따른 영향, 절차적 정당성, 해결 방안 등이 있다. 각 쟁점별, 이해관계자 입장을 정리하면 다음과 같다.

<표Ⅳ-26> 가로림조력발전소 갈등 관련 이해관계자별 주요 쟁점 (2013년 기준)

구분		중앙정부 (산업부)	중앙정부 (환경부)	중앙정부 (해수부)	가로림조력 (서부발전)	추진위 (지역주민)	반투위 (지역주민)	지역시민 환경단체	충청남도	서산시	태안군
건설 필요	건설 필요성	매우 필요 (갈등저감)	갈등 저감필요	갈등 저감 필요	매우 필요	매우 필요	불필요	불필요	갈등저 감필요	갈등저감 (불필요)	필요
	전력생산가능성	있음	낮음	낮음	있음	있음	없음	없음	-	낮음	있음
	RPS 제도	관련 있음	관련 있음 (가중치등)	관련 있음	관련 있음	관련 있음 (과징금)	관련 높음 (가중치/과징금)	관련 높음 (가중치/과징금)	관련 있음	관련 높음 (가중치/과징금)	관련 있음
	국가사업	공공사업	공공사업	민간사업	국책사업	국책사업	민간사업	민간사업	-	민간사업	국가사업
	신재생에너지원	신재생에너지	일부 인정	일부 인정	신재생에너지	신재생에너지	동의 못함	동의 못함	-	-	신재생에너지
	국내외 사례 비교	긍정적	부정적	부정적	긍정적	긍정적	부정적	부정적	부정적	부정적	부정적
가로림 조건	가로림만 생존조건	-	긍정적	긍정적	-	부정적 양식등생 산악화 (관광어촌화)	긍정적 생계가능 (이익창출)	긍정적 생계가능 (이익창출)	-	긍정적 이익창출	부정적 양식등생 산악화 (관광어촌화)
	대산공단 등 플랜트건설	-	-	-	-	부정적 영향 큼 (오염)	-	영향 있음 (오염)	영향 있음 (국가사업)	영향 있음 (국가사업)	부정적 영향 큼(오염)
	기존 지역개발	-	-	-	-	이뤄지지 못함	이뤄지지 못함 (자체노력 중)	-	-	노력 중 (항구건설)	노력 중 (조력필수)
완공 후 미칠 영향	갯벌영향	일부 있음	높음	있음	일부 있음	일부 있음	높음	높음	있음	있음	일부 있음
	생태계 영향 (물범 등의 생존영향)	긍정적 (-)	부정적 (-)	부정적 (-)	긍정적 (거의 없음)	긍정적 (거의 없음)	부정적 (높음)	부정적 (높음)	-	부정적 (-)	긍정적 (-)
	산란장/ 어족 자원영향	거의 없음 (새로운 어장형성)	있음	높음	거의 없음 (새로운어 장형성)	거의 없음 (새로운어 장형성)	높음	높음	-	높음	거의 없음

	담수화 영향	-	-	거의 없음	거의 없음	있음	높음	높음	-	있음	거의 없음
	해수유통 등 영향	-	있음	있음	-	거의 없음	높음	높음	있음	높음	거의 없음
	지역경제 영향	지역경제 이익	지역경제 피해	-	지역경제 이익	지역경제 이익	지역경제 피해	지역경제 피해	-	지역경제 피해	지역경제 이익
	지역발전 영향	긍정적	부정적	-	긍정적	긍정적	부정적	부정적	-	부정적	긍정적
절차적 정당성	행정절차	절차의거 진행	형식적 (의견수렴 X)	-	절차의거 진행	절차의거 진행	형식적	형식적	형식적 (논의 없음)	형식적	-
	위임장 등 주민동의과정(내용)	충분 (가로림 지역 어민)	-	-	충분 (가로림지역어민)	충분 (가로림지역어민)	불충분 (어촌계 전체)	불충분 (어촌계 전체)	-	-	-
	주민공청회 충돌 과정	-	폭력배 동원	-	무혐의	반대측 충돌야기	폭력배 동원	폭력배 동원	-	폭력배 동원	-
해결방안	사후관리(평가) 필요성	-	-	-	있음 (갈등관리)	필요함 (보상평가)	필요함 (환경모니터링)	필요함 (환경모니터링)	필요함 (환경모니터링)	필요함 (환경모니터링)	-
	갈등 해소방안	주민의견 수렴	주민의견 수렴	주민의견 수렴	주민의견 수렴 및 갈등관리 노력	주민간 끝장토론	백지화 공동체회복노력	백지화	관련대책수립 (사후관리/보상)	관련대책수립 (사후관리/보상)	-
	조류발전/방조제형 조력 등 방식 전환	어려움 (방조제형 별개 사안)	긍정적	-	부정적	부정적	긍정적 (방조제형)	긍정적 (방조제형)	긍정적 (방조제형)	긍정적 (방조제형)	부정적
	보상 방안 (대상자 범위 등)	발주법 근거	-	-	가로림만 전체 법제도적 근거 선지급+ 피해보상	가로림만 전체 수력발전 준함 선지급(위임장기준)	보상근거 전무 피해보상 근거 선지급 불가능	보상 근거 전무	보상 근거 불명확	보상 근거 불명확	적절한 보상안 마련

각 이해관계자간 쟁점을 갈등 유형(성격) 별로 살펴보면 아래와 같다. 이들 모든 쟁점들이 이해·사실관계·관계·구조·가치 측면의 갈등이 중첩된 사실을 알 수 있다.

<표Ⅳ-27> 가로림조력발전소 갈등유형(2013년 기준)

구분		갈등유형	주요 이해관계자
건설 필요성	전력생산가능성, RPS 제도, 국가사업, 신재생에너지원	사실관계 갈등	추진측 VS 반대측 (산업부·가로림조력 VS 지역시민환경단체)
가로림 조건	가로림만 생존 조건 / 기존 지역개발 등의 여파 여부	사실관계 갈등 이해 갈등 구조 갈등	찬성주민 VS 반대주민 (추진위 VS 반투위)
완공후 미칠 영향	갯벌 및 환경 생태계 영향(물범 등의 생존 영향)	사실관계 갈등 가치 갈등	추진측 VS 반대측 (가로림조력 VS 지역시민환경단체)
	산란장/어족자원, 담수화, 해수유통 등 영향	사실관계 갈등 이해 갈등	가로림조력 VS 연대회의 찬성주민 VS 반대주민
	지역경제/ 발전 영향	이해 갈등	찬성주민 VS 반대주민
절차적 정당성	행정절차와 주민의견 수렴	구조 갈등	추진측 VS 반대측
	위임장 등 주민동의과정(내용)	사실관계 갈등 관계 갈등	찬성주민 VS 반대주민
	주민공청회 충돌	관계 갈등 사실관계 갈등	찬성주민 VS 반대주민 추진측 VS 반대측
해결 방안	사후 관리(평가) 및 갈등해소 필요성 등	구조 갈등 관계 갈등	추진측 VS 반대측 찬성주민 VS 반대주민
	조류발전 / 방조제형 조력 등 방식 전환	사실관계 갈등	추진측 VS 반대측 (산업부·가로림조력 VS 지역시민환경단체·지자체)
	보상 방안	이해 갈등	찬성주민 VS 반대주민 가로림조력 VS 찬반 주민

③ 관계도 파악

2013년 현재, 각 이해관계자간 관계를 정리하면 다음과 같다.

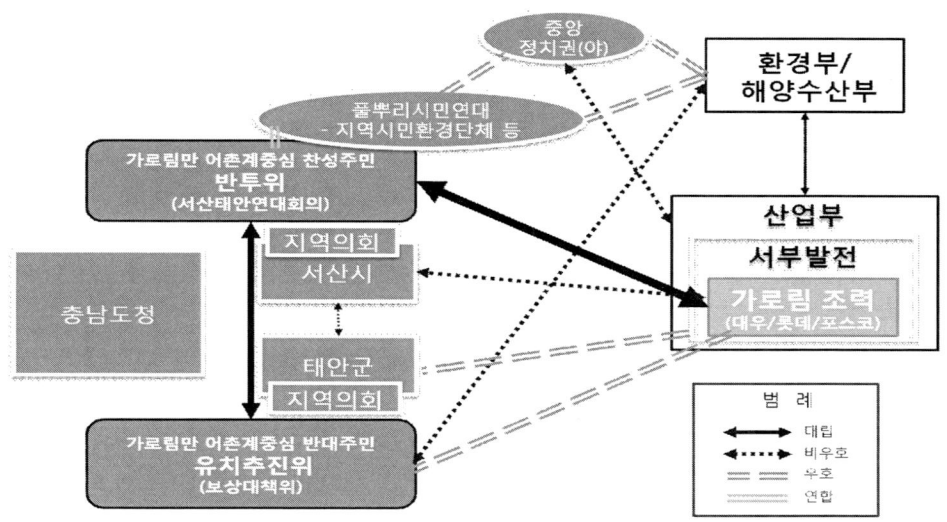

<그림Ⅳ-7> 가로림조력발전소 건설 관련 갈등지도(2013년 기준)

3) 해결방안 제안

(1) 평가

 갈등분석 결과를 토대로 갈등이 해결되지 못하는 이유를 정리하면 다음과 같다. 첫째, 책임 있는 갈등해결 주체의 부족하다. 가로림 조력발전 건설 문제로 지역사회 갈등이 6년 이상 지속되고 있으나, 중앙정부, 광역지자체, 기초지지체, 발전사를 포함하여 누구도 갈등해소와 문제해결을 위한 주체적 나선 적이 없다. 둘째, 사업이 추진되나 여전히 해소되지 않는 우려와 불만이 계속되고 있다. 사업은 지속적으로 추진되고 있으나, 반대주민 및 지역주민의 우려와 불만은 여전히 해소되지 않으면서 찬성-반대측 주민, 발전사-반대측 주민간 불신이 높아가고 있다. 셋째, 사업의 필요성 등, 근원적 의문 해소 공간이 부재하다. 주민들의 생활에 미칠 영향에 대한 명확한 근거와 대책이 제시되지 않고 있다. 이에 따라 다수 주민이 사업의 필요성에 대한 근원적 질문을 제시하고 있으나, 이를 논의하고 결정할 공간이 마련되어 있지 않다. 넷째, 판단에 필요한 신뢰할 수 있는 정보가 제공되지 못하고 있다. 발전소 건립에 따른 환경생태에 미칠 영향, 어업생산 및 어획량에 미칠 영향, 주변 농업에 미칠 영향, 예상되는 피해 정도와 보상 대책 등에 대한 정보가 제대로 제공되고 있지 못하고 있는 상황이다. 다섯째, 주민 설득할 수 있는 대안 제시가 이루어지고 있지 못하다. 발전사는 아직 주민을 설득할 수 있는 근거 있는 대안을 제시하지 못하고 있다.

(2) 제안

2013년 현재 가로림조력발전소 갈등이 장기화되면서 지역사회 발전과 주민관계에 치명적 영향을 끼칠 수 있는 상황이다. 특히 부안사태 및 제주 강정해군기지 갈등 사례와 같이 주민 내부의 찬반 갈등은 훨씬 심각한 영향을 줄 수 있다. 가로림조력발전 갈등의 이해관계자는 다양하나 결국 갈등의 최대 피해자는 찬반주민을 포함한 지역 주민이라 할 수 있다. 이들은 자신들이 의도하지 않은 사안으로 서로 대립하고 반목하고 있으며, 지역적 분열을 경험하고 있다. 갈등이 장기화되면서 경제적인 어려움뿐 아니라, 사회적 관계의 단절, 공동체 해체에 따른 심리적 충격 등 다양한 경제적, 사회적, 심리적 고통을 경험하고 있다. 특히 정부의 책임 있는 해결 노력이 부재한 상황은 본 사업의 추진여부와 상관없이 지역주민 간 갈등으로 이어져 장기간 지역공동체 파괴 등 다양한 후유증이 우려된다. 따라서 본 갈등을 해결하기 위하여 다음과 같이 제안하고자 한다.

첫째, 산업부와 충남도는 갈등관리 책임을 다해야 할 것이다. 산업부와 충남도는 공공사업으로 지역사회가 장기간 갈등으로 고통을 받아왔음에도 갈등저감과 해소를 위해 노력하지 않은 책임으로부터 벗어날 수 없다. 따라서 갈등관리 책임주체인 산업부와 역내 갈등에 책임이 있는 충남도가 갈등관리에 적극 나서야 한다. 둘째, 지역주민이 참여하는 합리적인 논의 기구 구성이 요구된다. 찬반 주민대표를 포함하여, 조력발전과 관련된 지역조직과 인사가 참여할 수 있는 논의 공간이 마련되어야 할 것이다. 여기서 쟁점이 정리되고, 쟁점 해소를 위한 구체적인 방안이 마련될 필요가 있다. 당사자간 협의가 어려울 것으로 보이므로 갈등해결을 위해 신뢰할 수 있고, 책임 있는 조정주체가 요구된다. 셋째, 갈등해결과 공동체 회복의 근원적인 책임은 지역주민과 지역리더들에게 있다. 찬반이 대립하는 현실에서 외부에 의한 어떤 결론도 갈등을 근원적으로 해결하지 못하고 있다. 이들의 합의 형성 역량이 갈등해결에 주요한 열쇠가 될 것으로 보인다. 넷째, 지역 공동체 회복과 지속발전을 위한 논의기구 구성이 요구된다. 가로림 조력발전 갈등의 근본적 원인에는 사업자체에 대한 이견도 존재하나, 가로림 지역의 장기간에 걸친 어획량 감소, 노령화, 발전으로부터 소외 등과 같은 사회경제적 요인도 관련된다. 따라서 해당 갈등 해소 노력뿐만 아니라, 공동체 회복에서 향후 가로림 지역의 장기적 발전이라는 큰 틀에서 검토·논의하는 지속가능발전협의회와 같은 기구 구성도 필요할 것이다.

6. 공항개발: 동남권신공항 입지 갈등(2012년 기준)[152]

1) 사업 개요

동남권 신공항은 90년대부터 기존 김해공항의 포화를 우려한 가운데 부산시를 중심으로 추진된 공항이다. 이후 대구공항의 민항기능을 통합하면서 영남지역 항공수요를 처리하는 지역 거점공항으로 변화되었다. 추진 당시 신공항의 시설규모는 활주로(3,200m X 45m 2본)와 유도로, 터미널, 계류장, 지원시설 등이 포함되었다. 2000년대 최종 후보지로는 가덕도와 밀양이 있었다. 이들 후보지별 건설비는 가덕도 8.4조원, 밀양 8.9조원이었고, 경제성 분석 결과 두 후보지의 BC는 0.7수준이며, 가덕도 0.70, 밀양 0.73으로 나타났다.

<표Ⅳ-28> 동남권 신공항의 시설규모(2011년 기준)

구분	1단계 건설 시		2단계 건설 시	
	시설 규모	수용 능력	시설 규모	수용 능력
활주로	3,200m X 45m 1본	170,000회/년	3,200m X 45m 2본	210,000회/년
계류장	660,000㎡	44대	830,000㎡	55대
여객터미널	180,000㎡	2,500만인/년	230,000㎡	3,000만인/년
화물터미널	70,000㎡ (150,000㎡)	120만톤/년 (250만톤/년)	87,500㎡ (190,000㎡)	150만톤/년 (310만톤/년)
항행안전시설	공항운영기준 CAT-Ⅱ 적용			

그러나 각 후보지역 지지가 다른 지자체별 갈등이 격화되면서 정부는 입지평가위원회를 통해 해결을 꾀한다. 그 결과 2011년 3월 30일 정부는 국무총리 주재로 관계 장관회의를 열고 동남권 신공항 후보지 2곳 모두 신공항입지평가위원회의 부적격 판정을 받았다고 발표하였다. 평가회의 발표는 가덕도 38.3점, 밀양 39.9점으로 기준 평점인 50점에 미달한 것으로 평가한 것이다. 구체적으로 살펴보면 2곳의 후보지 모두 불리한 지형조건으로 인한 환경 훼손과 사업비가 과다하고 경제성이 미흡하여 공항 입지로서는 적합하지 않다는 결론을 도출하였다.

---

152) "국토교통부·사회갈등연구소, 공항관련 갈등영향분석 연구, 2014"에서 발췌 및 요약하였다.

2) 갈등분석

(1) 갈등의 배경 및 원인

동남권 신공항 후보지 선정 갈등은 김해공항의 포화 가능성을 시작으로 각 지자체 간 신공항 유치를 둘러싼 대립관계를 말한다. 2009년 이후 지역 간 갈등으로 표출되기 시작하였는데 그 계기는 가덕도와 밀양으로 후보지가 압축되고 이에 대한 지자체간 이해관계에 따라 이합집산이 이루어졌기 때문이다. 입지후보가 압축된 이후 부산시와 가덕도 찬성 시민단체, 대구를 중심으로 한 울산·경북·경남과 밀양입지에 찬성하는 시민단체 간 갈등으로 확산되었다. 이러한 관계는 2011년 3월 말 정부의 공식 발표 이후 정부결정에 대한 반발로 전환되었다. 실례로 대구시와 밀양시는 700만 서명 운동을 전개하고, 대구시의회에서는 삭발식을 거행하기도 하였으며, 부산에서도 시민단체를 중심으로 정부발표에 대한 불만과 반발의 강도는 점차 강해지기 시작. 또한 철회를 요구하는 궐기대회가 계속 진행되고 밀양 혹은 가덕도를 지지하는 현수막이 거리에 내걸리는 등 지역 간 갈등이 재 표출하게 되었다.

(2) 갈등의 전개과정

우선, 갈등의 잠재기는 2005년까지로 이 시기는 '90년대 영남지역의 지자체들이 공항건설 필요성을 제기한 가운데, 2002년 김해공항 돗대산 추락사고 발생을 계기로 부산을 중심으로 공항 개발 요구가 본격화된 시기를 말한다.

다음은 갈등의 표출기로 지자체간 공항설치지역에 대한 이견이 발생하기 시작한 시기이다. 2006년 제3차공항개발중장기종합계획에서 공항권역 및 체계가 기존의 소규모 지역별 7개 권역을 4개 권역으로 광역화하고 이를 통해 대구·경북지역이 동남권 권역에 포함되면서 김해공항 차원의 문제에서 영남권 전역을 커버하는 공항으로 확장되었다. 이에 따라 정부는 공항건설여건 조사를 시작하고, 2007년 11월 "김해공항은 2025년 연간 활주로 운항횟수가 포화상태에 이르러 새 공항에 대한 검토가 필요하다"는 의견을 제시하기도 하였다. 이에 대하여 영남지역 5개 시·도는 지속적으로 공항건설에 대한 각각 의견서를 건교부에 제출하면서 합의된 대안을 찾지 못한 채 대립 상황이 계속되었다.

이러한 가운데, 2008년 국토연구원은 '신공항 타당성과 입지조사' 2차 용역에 착수하게 되었다. 당시 국토연구원은 영남권 지자체로부터 추천받은 35개 후보지에 대한 검토를 통해 부산 가덕도와 경남 밀양으로 압축하였고 입지타당성 조사결과를 발표하였다. 그 결과 부산광역시는 부산 가덕도를, 나머지 대구광역시, 울산광역시, 경상북도,

경상남도 등은 밀양을 각각 지지를 선언하였고 지역별로 관련 추진단체 등이 결성되어 본격적인 유치활동에 돌입하는 등 그 경쟁이 점차 가열되면서 입지선정을 둘러싼 지자체간 갈등도 점차 심화되기 시작한다.

이러한 가운데 2010년, 국토해양부는 2개 후보지의 여건이 공항으로서 쉽게 결정하기 어렵다는 판단 하에, 2010년 7월부터 공정한 입지평가를 위하여 항공·교통·지역개발·환경 등 관련 전문가 20인으로 입지평가위원회를 구성·운영하기로 결정한다. 입지평가위원회는 이후 7개월간 20여 차례 회의를 거치면서 기존의 조사와 타당성검토 결과를 검증하고, 국제기준과 국내공항 개발사례 등을 감안하여 평가항목과 평가방법, 가중치 및 평가단 구성방안과 후보자들을 결정하고 3월 27일, 평가단 27인을 선정하여 마무리 평가를 하였다. 그 결과 밀양은 39.9점, 가덕도는 38.3점의 평가를 받아 2개 후보지 모두 공항 입지로서는 적합하지 않다는 평가가 나왔고, 정부는 이 평가결과를 수용키로 하였다.

정부가 동남권신공항을 더 이상 추진하지 않기로 발표하였고 이에 영남권 각 지자체는 즉각 반발하였다. 이후 각 지역에서는 기존 유치 추진단체를 중심으로 사업의 재추진을 요구하는 집회를 개최하는 등 관련 활동이 전개되고 있는 상황이다. 결국 정부는 영남권 신공항 건설을 재추진하기로 하고 2015년 현재 관련 입지선정 절차를 밟고 있는 상황이다.

(3) 이해관계자 분석

① 이해관계자 입장 및 실익

가덕도 건설에 찬성하는 집단은 부산시, 지역 시민환경단체, 지역 전문가 등이 있다. 이들의 주장을 정리하면 다음과 같다.

<표Ⅳ-29> 신공항 가덕도 건설 찬성 집단의 주장(2011년 기준)

구분	주요 내용
가덕도의 장점	- 해상공항으로 장애물이 없어 안전 - 소음 피해가 적음 - 부산신항과 연계, 복합 물류 체계 가능 - 24시간 이용 가능
밀양 하남읍의 단점	- 열악한 건설조건 · 부지조성을 위한 산봉우리 26곳 절취 필요(4.3억㎥토사 운반) - 공항입지의 기상조건 불량 · 가덕도 안개일수가 11일인데 비해 32일 - 주변 민가 다수 소재(5700여 세대) 및 집단이주 문제. 소음문제 - 환경피해 가능성 · 주변에 철새 도래지인 창원 주남저수지 소재)
밀양 찬성 주장에 대한 반박	- 접근성 관련하여 국제선과 국내선을 이용하는 승객 대부분은 부산지역 사람(김해공항 포화를 분담하기 위해 시작됨) - 군사공항 겹치는 문제와 관련하여 전체의 4%정도로 순차접근절차를 통해 해결 가능

밀양 하남읍 건설에 찬성하는 집단은 대구시, 울산시, 경상남북도, 지역 시민환경단체, 지역 전문가 등이 있다. 이들의 주장을 정리하면 다음과 같다.

<표Ⅳ-30> 신공항 밀양 하남읍 건설 찬성 집단의 입장(2011년 기준)

구분	주요 내용
밀양의 장점	- 접근성 좋음 - 시설 인프라가 이미 구축되어 추가투자가 필요 없음 - 절취한 산의 흙으로 지반공사를 할 수 있어 공사비 하락 - 유사시 인천공항을 보완할 수 있는 내륙공항
가덕도의 단점	- 낮은 접근성과 부족한 항공수요 · 접근교통시설설치 비용 2조 8천억원 - 열악한 건설조건 · 일부지역의 경우 새로운 인프라 구축이 필요해 관련 비용 증가. 연약지반으로 부등침하 우려, 2.2억㎥의 토사 필요 - 독자적인 24시간 공항운항 불가: 군사공항과 비행영역이 겹침 - 안전운항 위험 요인 다수: 조류충돌가능성, 선박항로, 태풍 등 - 환경피해 가능성(주변에 을숙도 철새도래지 위치)
가덕도 찬성 주장에 대한 반박	- 시공이 어려운 점과 관련하여 신공법(컨베어벨트)을 사용하면 공사기한 단축 가능 - 소음 관련하여 이주대책은 계획이 수립된 이후에 논의가능

　지역차원에서 살펴보면 전반적으로 유치에 찬성하고 있지만 실제 이해당사자인 부산시 강서구 가덕도 거주 주민들은 대부분 어업을 생계로 하고 있는 가운데 공항건설이 자신들의 기존 삶의 영향을 미칠 것으로 보고 있어 반대입장이나 명확한 사업 결정이 되고 있지 않아 찬반이 엇갈리고 있는 상황이다. 이와 마찬가지로 이해당사자인 밀양시 하남읍 주민들도 보상을 받아 타지로 이주할 지라도 미래에 대한 두려움 등 삶에 미칠 영향가능성을 이유로 반대의견이 많지만 공식적으로 결정된 사실이 없어 내부 찬반입장이 엇갈리고 있는 상황이다.

　공항 및 환경 관련 전문가들은 신공항 추진과 관련하여 사업 추진의 경제적/환경적 타당성과 관련하여 입장에 따라 긍·부정적 의견을 제시하고 있다. 또한 김해공항확장 가능성, 환경파괴 여부 등에 대한 대안 여부에 대해서도 의견을 달리하고 있다. 구체적인 내용은 다음의 표와 같다.

<표Ⅳ-31> 신공항 공항 전문가의 입장(2011년 기준)

구분	주요 내용
부정적 의견	- 양양공항, 울진공항과 같이 건설당시 예상과는 달리 적자 혹은 폐쇄된 상황 - 실제 국내 공항중, 김포, 김해, 제주공항을 제외하고 대부분 적자 - 환경파괴 가능성
긍정적 의견	- 김해공항의 경우 높은 성장 중으로 수요도 높아 대체해도 문제없음
기타 의견	- 김해공항의 확장 및 대체 가능성 등

<표Ⅳ-32> 신공항 환경 전문가의 입장(2011년 기준)

구분	주요 내용
밀양 입지	- 지하수맥 교란 · 고도 유지로 20여 개의 산봉우리를 절토할 경우 해당지역 지하수맥 교란 - 소음 피해/ 민원 발생 · 밀양 하남읍·초동면, 김해시 생림·한림면 거주자에 대한 소음피해 가능성 - 철새 등에 영향 · 4.2km~7km 인접 주남저수지가 있어 '버드 스트라이크' 가능성 · 월동 고니·재두루미 등의 멸종을 가속화 가능성 · 동아시아~호주를 오가는 철새의 이동경로이며 중간기착지인 낙동강이 인접하여 세계적 철새이동경로의 파괴로 국제 환경분쟁 가능성 · 창원 대산지역 공항 배후단지로 개발 시 철새서식지인 주남저수지 악영향
가덕도 입지	- 바다생태계 파괴 가능성 · 공유수면 매립과 매립토 확보에 욕지도의 모래를 채취시 바다생태계 파괴 - 낙동강 하구지역 생태계 영향 · 가덕도 예정지 북쪽 낙동강하구가 공항 활주로 방향으로 생태계파괴 우려 - 소음 피해/ 민원 증가 · 신호·명지주거단지 등에 거주 부산시민 등에 대한 소음피해 가능성

② 주요 쟁점 분석

동남권 신공항 후보지 선정 갈등에 따른 주요 이슈로는 '각 후보지의 적합성', '사업 타당성' 등으로 크게 분류할 수 있으며 각 이해관계자별 입장을 정리하면 다음과 같다.

<표Ⅳ-33> 동남권 신공항 후보지 갈등의 주요 쟁점(2011년 기준)

구분		사업타당성			2개 후보지 적합성			
		찬반	경제성	환경영향	찬반	경제성(+)	건설조건(+)	부정적영향
중앙정부		-	낮다	-	모두 부정적	모두 낮다	기존공항 폐쇄	-
주민	가덕도	부정적	-	높다	가덕도 반대	-	-	거주불안
	밀양 하남	부정적	-	높다	밀양 반대	-	-	소음/거주불안
지자체	부산	긍정적	있다	크지 않다	가덕도 찬성	가덕>밀양	가덕>밀양	가덕<밀양
	그 외	긍정적	있다	크지 않다	밀양 찬성	밀양>가덕	밀양>가덕	밀양<가덕
지역단체·전문가	부산 시민단체	긍정적	있다	-	가덕도 찬성	가덕>밀양	가덕>밀양	가덕<밀양
	대구등 시민단체	긍정적	있다	-	밀양 찬성	밀양>가덕	밀양>가덕	밀양<가덕
환경단체		부정적			모두 부정적	모두 낮다	김해공항확장	모두 높다
공항 관련 전문가		긍정적	있다	-	중립	중립	중립	중립
		부정적	낮다	소음피해 보상비 등				

③ 관계도 분석

2011년 현재, 각 이해관계자별 관계를 정리하면 다음과 같다.

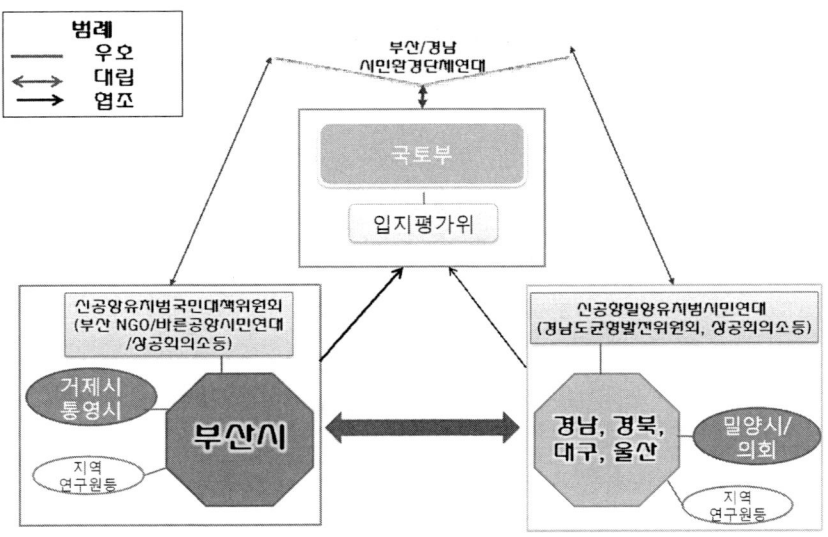

<그림Ⅳ-8> 동남권 신공항 건설에 따른 이해관계자간 갈등지도(2011년 기준)

3) 해결방안 제안

갈등분석을 통해 향후 신공항 건설 재추진에 따른 갈등을 예방하기 위한 대안을 제시하면 다음과 같다.

우선, 대안논의와 참여자를 확대해 나가야 할 것이다. 정부는 논란을 사전에 차단하기 위해서라도 관련 종합계획 수립과정에서 공항개발의 대안 등에 대하여 공식적으로 조사하고 그 결과를 수용할 수 있도록 하는 등의 노력이 필요하다. 이를 위해 각 분야별 전문가는 물론 시민환경단체 등의 참여할 수 있도록 하는 것이 바람직하다. 입지 대상으로 최종 압축된 경우(2~3곳)에는 해당 기초지자체, 지역주민의 대표자 등이 참여하여 이해당사자가 배제되지 않도록 배려할 필요가 있다.

둘째, 관련 정보의 투명한 공개가 필요하다. 진행되고 있는 협의내용과 관련하여 결정사항 등은 참여자가 공개여부를 결정하되, 객관적이며 공정성을 유지하기 위하여 가능한 한 정보를 공개하여 국민들에게 투명하고 신뢰할 수 있는 절차로 인식 될 수 있도록 할 필요가 있다.

셋째, 향후 갈등해결의 주체는 광역지자체이며 책임의식이 필요하다. 공항 후보지가 결정될 경우 피해보상여부 등을 둘러싸고 정부와 주민 간 갈등이 예상된다. 그러나 공항개발은 기본적으로 지자체 차원의 요구로부터 시작된 만큼 갈등예방과 해결에 책임의식을 갖고 노력해야 할 것이다. 특히 해당 지자체는 후보지 지지를 위한 노력만큼 지역주민을 대상으로 사전에 갈등관리 방향과 구체적 실천 방안을 마련하는 등 관련 노력이 요구된다.

넷째, 중앙정부의 중심적 역할 수행이 요구된다. 일반적으로 공공갈등이 장기화되지 않고 원만하게 해결되기 위한 기본조건으로 정치이슈화와 최종결정에 영향 여부가 있다. 이는 공공정책 혹은 사업 추진의 기술·경제·환경 등의 타당성의 지표 외에 정치적 이해와 판단이 포함 될 경우 객관성을 상실하거나 해결의 접점을 찾기 어려워지기 때문이다. 따라서 절차의 투명성과 객관성 유지와 공정하고 합리적인 결과 도출은 이를 예방하기 위한 전제조건으로서 반드시 요구된다.

다섯째, 공·사익 형평성 제고를 위한 제도개선 노력이다. 공항개발은 이를 바라보는 집단(개인)의 인식에 따라 님비 혹은 핌피시설이라 할 수 있다. 공항개발 시 직접적 편익을 얻는 측은 개발자 등이고, 철도·도로 등과 같은 사회인프라시설, 주변 배후도시 건설, 관련 산업단지 조성 등의 개발은 물론 상업적 이해 등은 간접적 편익으로 해당 지자체가 그 수혜 주체라 볼 수 있다. 그러나 해당지역에 거주하는 주민 들은 집단이주가 불가피하므로 삶의 터전을 잃고 고향을 떠날 수밖에 없는 피해자이다. 따라서 정부는 공항 개발에 따라 편익과 비용의 차이가 발생하고 전체의 이익에 대해 지역의 피해가 과도하지 않도록 하는 각종 노력이 요구된다. 이를 위해 관련 제도(보상 등)가 공·사익 간 균형을 잃지 않고 있는지 확인하고 필요시 제도개선이 필요할 것이다.

여섯째, 중앙정부의 갈등관리 노력이다. 공항건설은 광범위한 지역에 영향을 주는 개발인 만큼 후보지 결정과정보다 개발부지와 실제 공항운영에 따른 영향성 등을 감안하여 향후 예상되는 갈등의 이해관계자를 예상하고 갈등전개과정에 따라 적절히 대응케 하는 갈등관리 방안을 마련하여야 한다. 현재 추진되고 있는 공항개발에 대해서는 이미 지역에 주요 이슈화 되어 있으므로 이를 감안하여 기존의 법·제도적 공식 절차 이외에 지자체 및 주민요구에 따라 탄력적으로 운용할 필요가 있다. 특히 협의체와 관련하여 정부가 조정·중재 역할이 어렵다고 판단될 경우 객관적이며 상호신뢰를 갖춘 제3자가 그 역할을 할 수 있도록 하는 등 문제 해결이 다양한 차원에서 이루어 질 수 있도록 노력 할 필요가 있다.

일곱째, 정책적 고려의 필요성이다. 현재의 갈등은 실제 공항 건설이나 기존공항에서 비롯된 문제와 함께, 국책사업의 유치와 이를 통한 지역발전가능성에 대한 고려 등의 지역의 실익적 차원도 중요한 원인이 되고 있다. 따라서 사업의 입지자체의 선정 이외에도 다양한 대안마련 등의 정책적 고려가 필요할 것이다. 즉 사전에 최종결과 각 지역의 요구가 받아들여지지 않았을 경우에 이를 상쇄하거나 서로 충분히 인정할만한 대안 마련이 요구된다.

7. 원전계속운전: 월성1호기 계속운전 갈등(2012년 기준)[153]

1) 사업과 갈등의 개요

(1) 월성원자력 발전소의 개요

국내 총 발전량의 약 36%를 차지하고 있는 원자력발전은 2012년 8월 현재, 21기(1871만kW)의 원자력발전소가 가동되고 있다. 이 중 5기가 건설 중이며(660만kW), 2024년까지 추가로 6기가 건설될 예정에 있다. 2012년 현재 월성원자력발전소는 4기가 가동 중(2기는 신월성)이다. 주요 시설현황을 살펴보면 다음과 같다.

<표Ⅳ-34> 월성원자력 발전소 시설 현황

구분	설계 용량	건설 소요기간	원자로형	사용 연료	기기공급		건설방식
					원자로	터빈 발전기	
월성1호기	67.8만 kW	5년 10개월	가압 중수로형 (PHWR)	천연 (0.72%) 우라늄	캐나다 원자로 공사	PARSONS	계약자주도형
월성2호기	70만 kW	5년 8개월				두산중공업/ GE	한전 주도형
월성3호기		4년 10개월					
월성4호기		6년 1개월					
신월성 1,2호기	개선형 한국표준 경수로원전(100만kW × 2기)						

(2) 월성 원자력발전소 1호기의 개요

월성1호기는 고리1호기에 이어 국내 두 번째 원전이며 국내 첫 번째 중수로 원전이다. 가동 방식은 가압중수로 원전으로 물에 경수(H2O)가 아닌 중수(분자식은 D2O이고 분자량은 20)로 냉각시키는 방식이다. 현재 경북 경주시 양남면 나아리에 위치하고 있으며 1983년 4월 22일 상업운전을 시작하였다. 설비용량은 67만9,000kW이며 설계수명 만료예정일은 2012년 11월 20일이다. 발전소 운영에 따라 지원을 받는 발전소주

---

[153] "사회갈등연구소·피알원, 월성1호기 계속운전관련 갈등영향분석 연구, 2012"에서 발췌 및 요약하였다.

변지역으로는 경주시 양남면과 양북면, 감포읍이 있다. 주변에는 방사성폐기물관리센터(양북읍)와 한수원 본사 이전 예정지역(양북읍)이 위치하고 있다. 2012년 8월 현재, 월성1호기는 원안위 및 한국원자력안전기술원 등에서 계속운전 관련 심사과정과 인허가 과정에 있다154).

(3) 갈등의 개요

1982년 가동을 시작한 월성1호기는 2012년 11월 20일 부로 설계수명 30년이 다되고 있는 상황이다. 이에 한수원은 2000년대 중반부터 '주기적 안전성 평가'(Periodic Safety Review; PSR)와 2009년에는 월성1호기 계속운전을 위한 운영변경허가 신청을 교육과학기술부(원안위)에 제출해 심사를 받고 있는 상황이다. 또한 2012년 5월 28일부터 6월 8일 까지 IAEA(국제원자력기구)로 부터 안전 점검을 받는 등 계속운전을 위한 준비를 진행하였다. 그러나 2011년 3월에 발생한 일본 후쿠시마 원전 사고는 월성1호기 계속운전 여부는 물론, 국내 원전 건설에 부정적 영향을 주었다. 이에 따라 월성1호기의 계속운전 여부와 관련하여 해당 지역주민들의 반발도 점차 거세지고 있는 상황이다.

2) 갈등분석

(1) 갈등의 맥락분석

① 기존 지역 내 갈등에 대한 이해

첫째 한수원 본사 도심권 이전을 둘러싼 갈등이다. 2005년 11월, 경북 경주시 양북면 봉길리에 중저준위 방사성폐기물매립장(방폐장) 유치가 확정되었고, 한수원 본사 이전은 정부의 관련 인센티브 중 하나였다. 2006년 12월, 경주시와 한수원은 한수원 본사를 경주시 양북면 장항리 일대 15만㎡(4만5300여평) 부지로 이전하기로 하고 토지보상 등 관련 작업을 진행하였다. 그리고 경주시와 한수원은 방폐장 특별법에 따라

---

154) 2015년 2월 27일, 원안위는 월성1호기에 대한 계속운전을 2024년까지 허가하였다. 이에 따라 한수원, 경주시, 동경주대책위 등의 3자 협의가 진행되었고 동경주대책위는 2,810억원, 한수원은 1,100억원을 제안하였으나 1310억으로 잠정합의하였고 5월 4일 체결식을 하기로 결정하였다 (2015년 5월). 지역발전상생협력에 관한 기본합의문에는 '지원금 총액 1,310억원(지원법률에 따른 사업자지원비63억원 포함)', 지역배분비율 6:4(60% 동경주, 40% 경주 기타지역)로 되어 있다. 그러나 동경주대책위 임시대의회에서 이 잠정합의안에 대해 감포읍과 양남면이 반대하면서 체결식이 무산되기도 하였다. 반대 이유는 '주민 대상 공청회와 설명회 불충분', '주민단체 대표성 적합여부', '안전 대책 미비' 등이었다. 이후 추가 노력끝에 한수원과 경주시, 동경주대책위원회는 2015년 6월 8일 경주시청에서 월성 1호기 계속운전 관련 지역상생방안에 대한 삼자합의안에 공동서명하면서 갈등은 종료되었다.

2007년 1월 1일 까지 본사이전계획을 수립하고 부지매입 착수, 문화재지표조사 등을 추진하는 등 본사 이전에 필요한 작업을 본격적으로 추진하게 되었다. 당시 일부 경주시민들은 본사를 시내로 이전해야 경주 전체가 발전할 수 있다는 주장이 있었다. 또한 장항리 일대가 도심권과 원거리에 있어 불편을 초래할 수 있다는 의견이 나오면서 경주 도심권으로의 재배치 논의가 급물살을 타게 되었다. 결국 2009년 8월 31일, 한수원 본사 재배치와 관련하여 경주시와 시의회, 한수원, 지역 국회의원 등이 참석한 가운데 4자회담을 가졌으나 결론을 내리지 못하였다. 이에 한수원은 본사이전 예정 기한인 2010년 7월까지 건물 준공 등이 불투명해지자 2007년 7월 19일 법인 등기를 경주시로 이전하였고 2010년 7월, 경주시 KT건물에 임시사무실을 마련하였다. 2011년 신임 경주시장은 기자회견을 통해 경주시 전체 발전을 위해 한수원 본사 도심권 배치 의사를 밝히면서 양북면 주민과의 갈등이 표면화하게 되었다. 양북면 주민 등은 경주시청 등에서 '한수원 본사 사수 및 방폐장 건설 중단'을 촉구하는 등 원안대로 처리할 것을 요구하는 집회를 수차례 개최하였고 이전에 찬성하는 도심권 시민들은 환영 현수막을 내걸면서 지역 내 갈등으로 확산되었다. 이에 경주시장은 한수원 본사 이전과 관련 하여 '황남동 배동지구 내에 2016년까지 본사 이전을 완료하는 대신, 기존 이전 예정지 포함 동경주 지역에 방폐장 특별지원금 등을 합쳐 총 8600억원의 예산을 투입한다'는 계획을 발표하였으나 소용없었다. 결국 2011년 말, 지경부와 한수원은 "2012년 1월 말까지 '본사 도심권 이전'에 대한 양북면 주민들의 동의를 얻지 못한다면 기존 이전 예정지에 본사 사옥을 짓기 위한 구체적 절차를 밟아나가겠다"는 입장을 경주시에 통보하였다. 이에 2012년 2월 경주시장은 관련 계획을 포기한다고 발표함으로써 갈등이 해소되었다. 그러나 그 과정에서 경주시 각 지역의 이해관계에 따라 불만은 잠재되어 있는 상황이다.

둘째, 월성원전 운용에 따른 온배수 피해와 어업권 소멸 보상 갈등이다. 2003년, 한수원과 지역 어촌계 주민들은 경주시 양남면 읍천리 죽전해안의 모래 유실과 기존 원전 4개기의 온배수 피해보상을 요구하였고, 신월성 1.2호기 온배수 관련 피해 예측 등에 대하여 합의하였다. 이후 한수원은 부경대 수산과학연구소에 해안침식 원인조사 용역을 의뢰하여 2004년 초까지 조사활동을 이루어졌다. 또한 한수원과 온배수 피해보상 대책협의회는 온배수 피해조사를 위해 한국해양연구원과 서울대 등 조사기관에 의뢰하였고, 이들은 2004년 말까지 피해조사 등을 진행하였다. 이 결과에 따라 한수원은 어업권 소멸에 대한 보상권역을 월성원전 반경 8km 이내인 양남면 수렴리에서 감포읍 전촌리까지의 양식업과 정치망 어업으로 정하고, 217건의 각종 면·허가어업권자들을 이해당사자로 한정하였다. 온배수 피해 보상액은 월성원전 4개 각 호기에 따른 273억원과 신월성 원전1,2호기, 방폐장의 중첩피해보상금 713억원 등 모두 986억 원으로 결정. 한수원은 이들에게 보상비를 지급하는 대신 이 지역 어업권의 소멸을 요구하였다. 이후 2006년 9월부터 기존 4개 각 호기에 따른 보상과 2007년 4월부터 중첩 피해보상에 들어갔다. 그러나 일부 주민들은 한수원이 보상을 조건으로 영구 어업권 소멸을 주장하는 것에 대해 마을 등 공동어장을 중심으로 보상 수령을 거부하여 갈등이 발생하였다. 또한 보상금을 둘러싸고 일부 주민과 어촌계 간의 소송이 일어나기도 하였다. 이에 한수원은 보상에 따른 어업권 소멸시한을 2008년 1월 10일까지로 하였으나 주민반발로 마을어장 및 협동어장에 대해 9월 1일까지 8개월 동안 소멸유예기간을 연장해주었다. 그러나 주민들의 재차 연장요구로 경주시 및 어민들과 한수원은 2009년 6월 30일까지 재연장하기로 합의하면서 갈등은 종료되었다. 2009년 말, 한수원은 앞서 갈등에 대한 후속조치로 경주시와 월성원전 한정 어업면허와 관련한 협약을 진행하였다. 이에 따라 월성원전 온배수에 따른 피해보상으로 어업권이 소멸한 수역에서의 마을어업 및 협동양식업이 가능하게 되었다. 또한 경상북도도 '경주 온배수 활용형 연안바다목장 조성사업'을 추진하는 등 후속조치가 계속해서 진행 중인 상황이다.

② 지역 내 상황

월성1호기 계속운전과 관련하여 동경주 3개 읍면 외 일반 경주시민들은 적극적인 관심을 표현하고 있지 못한 상황이다. 그 이유를 정리하면 다음과 같다. 첫째, 1995년 행정구역개편으로 경주시는 월성군과 통합되었지만 지리적으로 [구]월성군은 [구]경주시와 상당 거리(시청기준점으로 약 15km~25km, 4번국도로 약1시간 내외거리)로 이격하고 있고, 물리적으로도 토함산이 이들 사이를 막고 있어 지역 간 유대관계가 적기 때문이다. 실제로 양남면의 경우는 오히려 경주시보다 울산시와 가까워(31번국도 20분 내외) 생활권이 울산권에 있기도 하다. 둘째, 2011년 현재, 경주시의 자립도는 24.8%에 지나지 않는다. 이러한 열악한 시 재정상황에서 방폐장의 양북면 유치에 따라 총규모 3조 4천억에 달하는 예산지원은 경주시의 숙원사업 해소와 지역발전에 상당한 견인차 역할을 할 것으로 예상되고 있다. 그러나 동경주 주민들은 원전에 따른 지역발전 저해 피해를 받고 있는 상황에서 경주시는 물리적으로 동경주와 분리되어 있어 큰 피해가 없는 상황에서 원전지대인 [구]월성군과의 통합에 따라 방폐장의 유치에 따른 이익과 지원사업으로 인한 효과를 향유하는 대해 불만을 갖고 있다.

(2) 갈등의 전개과정

① 갈등의 잠재기

1982년 11월 월성1호기는 원자로 최초 임계에 도달, 다음해 4월 22일부터 상업운전을 본격화하였다. 2006년 2월, 월성3호기에서 중수로가 유출되어 사회문제화 되면서 양남면 주민과 이 사실을 언론에 공개한 경주시와의 마찰이 발생하기도 하였다. 당시 지역주민들은 중수유출의 문제보다도 지역 경제에 미칠 영향을 우려하는 등 원자력 발전소 안전성 보다는 삶의 영향 가능성에 크게 관심을 보였다. 실제로 2005년도에는 신월성 1·2호기 건설에 대하여 보상과 원전주변 지역 경기활성화를 요구하는 지역주민 민원이 발생하기도 하였다. 2008년 1월부터 1년 간 월성1호기에 대한 안전성 평가가 진행되었고 안전성 증진이 필요하다는 평가결과가 도출되었다. 이에 따라 2011년 7월까지, 관련 설비개선 공사가 진행되었다. 그리고 2009년 11월과 12월에 한수원은 월성1호기 계속운전 신청을 위한 주민설명회를 개최하려 하였으나 주민반발로 무산되면서 갈등이 표면화 된다. 또한 계속운전을 기정사실로 판단한 지역주민들은 반대 대응기구 마련에 착수하였다. 그 결과 2010년 8월, 양남면 반대주민들은 양남면 발전협의회장을 위원장으로 하며 양남면 22개 마을 이장을 포함하는 '양남면 월성1호기 수명연장 반대 대책위원회'(이하, '양남면 반대위')를 발족하고 양남면발전협의회 산하 기구로 편성함으로서 반대운동의 구심점을 마련하게 되었다.

② 갈등의 표출기

후쿠시마 원전사고를 기점으로 원전과 주변지역에 대한 안전성에 대한 국민의혹이 불거지고, 반대 주민들도 안전성이 담보되지 않는 경우 원전을 폐로해야 한다는 입장을 표명하면서 갈등이 본격화 되었다. 2011년 4월, 양남면 반대위는 지역주민 약 80여명과 함께 월성1호기 계속운전 반대 상경 집회를 개최하였다. 그리고 그해 6월에는 월성 본부 남문 주차장에서 월성1호기 완전폐쇄를 촉구하는 대규모 집회를 마을주민 약 900여명이 참여한 가운데 개최하였다.

③ 갈등의 심화 및 교착기

월성1호기에 대한 설비개선이 종료되고 재가동되는 가운데 2012년 1월 12일, 월성1호기의 중지가 발생하였다. 또한 2월 9일에도 고리1호기의 운행중지 사건의 은폐시도 및 한수원내 부품비리 사건이 연이어 발생하였고, 삼중수소 논란이 가해지면서 시민단체는 물론 지자체, 지역의회 등도 반대에 가세하는 등 갈등이 확산되었다. 즉 원자로 냉각펌프 온도를 감지하는 센서 이상에 따른 원전가동이 중단된 것으로 지역 환경운동연합, 경주시민연대 등은 수명이 종료되는 월성1호기를 폐로해야 한다고 주장하기도 한다. 경주시의회도 월성1호기에 대해 즉각 폐로를 주장하였다. 또한 '원전·방폐장 안전에 관한 경주지역 정당 사회단체' 측도 경주시청 대회의실에서 기자회견을 열고 반대입장을 밝힌다. 결국 한수원은 월성1호기에 대해 안전성 검증을 위해 IAEA의 관련 평가를 통해 해결안을 제시하기로 발표하였다.

④ 갈등의 완화/잠복 단계

한수원(월성본부)은 2012년 3월, 양남면 반대위가 참여하는 가운데 '월성1호기 현안 협의 전체회의'를 개최하고 문제 해결방안을 논의하였다. 그리고 그해 4월, '제3차 월성1호기 현안 협의 전체회의'에서 해당 사안에 대한 구체적 협의를 위한 '상임실무위원회' 운영방안이 논의되었고 관련 위원회를 개최하기로 합의하였다. 관련 '제1차 월성1호기 현안 협의 실무위원회'에서 반대위는 협의창구의 일원화와 현장 사무실의 설치를 요구하였고, 5km이내 양남면 거주민들의 외곽 이주를 요구하고 반경 5km 주민 거주 기초조사 방안에 대하여 협의하였다. 이처럼 지속적인 협의가 계속되는 가운데 2012년 5월에는 월성1호기 계속운전 관련 협의 창구 일원화 협약을 체결하였다. 즉 이를 통해 양남면 발전협의회는 계속운전 관련 사항에 대해 우선 협의 당사자가 되었다. 그리고 감포읍과 양북면을 포함한 3개 읍면 전체 협의체 구성·운영 시, 협의 당사자는 전체 협의체로 승계하기로 하였다. 그리고 관련 사무소 운영과 방안 등이 논의되었다. 그 과정에서 IAEA 조사결과에 대한 반대위 측의 불만으로 6월과 7월에 신임 한수원사장과의 간담회가 개최되기도 하였다. 반대위는 이때 보상금액, 계속운전 반대와 발전소 반경 5km 집단이주를 요구하였다. 그러나 이 요구에 대해 한수원 결정이 어려우니 우선 지역 상생방안 등을 지속적으로 협의하자고 답하면서 이에 대한 한수원과 반대위 간의 갈등 전개에 귀추가 주목받고 있다. 물론 대화는 계속되는 상황에서 반대위는 지속적으로 반대집회를 개최하였다.

또한 그 과정에서 경주핵안전연대 등은 계속운전 반대입장을, 원전보유 지방자치단체 행정협의회에서도 안전성이 충족되지 않으면 고리1호기, 월성1호기를 폐로해야 한다는 입장을 밝혔다. 이밖에 부산 기장군, 경주시, 울주군, 영광군의회 등 전국 5개 시·군의회로 구성된 '원전소재 시·군 의회 공동발전협의회'는 부산 기장군에서 정기회의를 열고 노후원전 폐쇄를 요구하는 대정부 공동건의문을 발표하기도 하였다.

(3) 이해관계자 분석

① 이해관계자 입장 및 실익

주요 이해관계자로는 지역주민(양남, 양북, 감포)와 한수원, 행정기관으로는 중앙정부, 광역·기초지자체(경북도, 경주시), 정치인으로는 시의회(원전특위), 전문가 및 시민환경단체(핵안전연대, 경주환경운동연합 등)가 있다. 이들의 입장·실익을 분석한 결과는 다음과 같다.

<표Ⅳ-35> 월성원자력발전소 계속운전 이해관계자별 입장과 실익(2012년 기준)

구분	단체 명	입장	실익
이해 당사자	감포읍 주민	· 조건부 찬성 (안전성 담보) · 반대(1호기 폐로)	· 협상을 통한 최대한의 보상 · 지원금의 지역분배 극대화 · 30년간 소외와 피해에 대한 최대보상
	양남면 주민단체대표 (발전협의회/반대대책위원회)	· 조건부 찬성 (집단이주 혹은 최대보상) · 반대(타원전피해보상협상)	· 삼중수소 등 다양한 피해에 대한 보상 · 지역경제 활성화 · 협상의 주도권과 지역지원금의 극대화 · 생활 안전성의 보장(지역소외, 삼중수소 등 다양한 피해)과 관련 보상 · 근접지역에 대한 우선 지원 · 원전전체와 관련 삶의 피해에 대한 직접보상
	양북면 주민	· 조건부 찬성 (안전성 담보)	· 협상을 통한 최대한의 보상 · 지원금의 지역분배 극대화
	한수원	· 추진 찬성 (협상을 통한 해결)	· 3개읍면 공동협의체와의 협상 · 계속운전을 통한 영업이익극대화 · 국가전력수급 충족
정부 및 지자체	경주시 월성 담당자	· 조건부 찬성 (안전성 담보) · 반대 (철거 후 재건설)	· 협상을 통한 최대한의 보상 · 지방공무원 역할에 대한 소외감 · 대화창구의 부족
	경주시 원자력 담당자	· 조건부 찬성 (안전성 담보)	· 협상을 통한 최대한의 보상 · 제대로된 중앙정부지원/우선순위보장
	정치인; 경주시의회 원전특위	· 조건부 찬성 (안전성 담보) · 반대 (철거 후 재건설)	· 협상을 통한 최대한의 보상 · 제대로 된 정부지원과 경주시전체발전 · 의회의 역할 제고

	정치인; 경주시의회 지역구의원	· 반대 (안전성 담보 안 되므로 철거 후 재건설)	· 지역에 대한 지원책 강구 · 지역구의원으로서의 역할 제고
	광역지자체; 경북도청 담당자	· 조건부 찬성 (안전성 담보)	· 협상을 통한 최대한의 보상
	중앙정부; 지경부 원전 담당자	· 조건부 찬성 (안전성 담보) · 유보 (한수원 결정 사항)	· 주민소통을 통한 원만한 합의, 추진 · 원활한 전력공급과 수급난 해소
전문가 및 활동가 등	시민단체; 경주경실련 (핵안전연대/원전정책연구소)	· 조건부 찬성 (안전성 담보) · 반대(1호기 폐로)	· 지역시민사회의 역할 제고 · 지역시민사회의 참여와 발언권 강화
	시민단체; 경주환경운동연합	· 반대(1호기 폐로)	· 탈핵 사회로의 진입 · 지역시민사회의 역할 제고
	지역전문가; 민간 환경감시기구	· 조건부 찬성 (주민의견·상황 최대 참작)	· 민간 환경감시기구의 역할·신뢰성제고

② 주요 쟁점 분석

이상의 입장·실익을 분석한 결과를 토대로 쟁점을 정리하면 다음과 같다. 우선 핵심쟁점으로는 계속운전의 필요성, 안전성, 사회적 수용성, 정보제공과 신뢰성, 해결방안 등으로 유형화할 수 있다. 일부 핵심쟁점은 하위쟁점을 두고 있고, 이들은 각각 이해관계자 별로 충돌하고 있는 것으로 보이나 실질적으로 계속운전 필요성으로 연결되는 특징이 있다.

354 공공갈등관리 개론

<표Ⅳ-36> 월성1호기 계속운전 관련 쟁점 분석 결과(2012년 기준)

구분		한수원	지역주민	지자체/의회	지경부	시민단체	전문가
계속 운전 필요	전력예비율	절대 부족	-	-	절대 부족	매우 충분	-
	관리비용 (설비한계)	비용투입 해결	-	-	-	노후설비 한계	-
	폐쇄비용 (계획)	전기요금 포함	-	-	-	폐쇄계획 없음	-
	계속운전 필요성	강하게 인정	안전성 전제 인정	안전성 전제 인정	인정	강하게 반대	안전성 전제 인정
안전성	장기가동원전 고장 (설계수명)	장기가동과 관련없음	노후화와 관련있음 국내기술 신뢰안됨	노후화와 관련있음	내부 유통기한 아님	노후화와 관련있음	-
	부품교체	주기적 안전점검 안전성 높아짐	계속운전 전단계 이외부품 교체필요	계속운전 전단계	-	계속운전 전단계	-
	삼중 수소발생	기준치 이하 문제 없음	삶의 안전성 영향 암발생 등 신체영향	기준치 이하 문제 없음	-	근본 위험성 제기 암발생 등 신체영향	기준치 이하 영향성 파악 필요
	중수로 (CANDU)	매우 안전	위험	-	안전	매우 위험	-
	계속운전	안전함 (외국사례)	불안함	불안	안전함	불안함 (외국사례)	-
	안전성 확보의 의미	과학기술적 안전성	과학기술적 안전성 생활 안전성	과학기술적 안전성	과학기술적 안전성	과학기술적 안전성 신뢰 불가	과학기술적 안전성 생활 안전성

	사회적수용성 (설명회 등)	충분히 노력	의견수렴 없음	의견수렴 없음	한수원 역할	의견수렴절차 없음 국민의견 수렴	필요
정보 공개와 신뢰성	추진은 기정 사실	사실이 아님	사실	사실	사실이 아님	사실	사실
	IAEA 조사 신뢰	매우 신뢰함	매우 불신함	불신함	매우 신뢰함	매우 불신함	신뢰함
	정보 공개	매우 노력	미흡	미흡	노력	매우 미흡	노력 필요
	상호 신뢰성	신뢰함	매우 불신함	불신함	–	매우 불신함	정부 신뢰노력 필요
해결 방안	기술안전 조사	IAEA 등 충분	지역주민 참여	지역주민/의회참여	IAEA 등 충분	외부 3자 참여	–
	삶의 안전성 보장	협의 (3개읍면) 합의 법이외 보상 어려움 지역에 실질적 도움	협의 (3개읍면) 합의 법이외 보상 필요 지역에 실질적 도움	협의 (3개읍면) 합의 법이외 보상 필요 시의 역할 필요	협의를 통한 합의 법이외 보상 어려움 제도 개선 필요	–	협의를 통한 합의 제도 개선 필요

③ 관계도 분석

이들의 입장과 실익, 그리고 쟁점을 통해 2012년 현재 이해관계자 간의 관계를 살펴보면 다음과 같다. 이들은 앞서 발생된 기 갈등 사안들로 인해 이미 갈등을 경험했고, 이번 사안에서도 그러한 관계를 기반으로 복잡하게 얽혀 있는 상황이다.

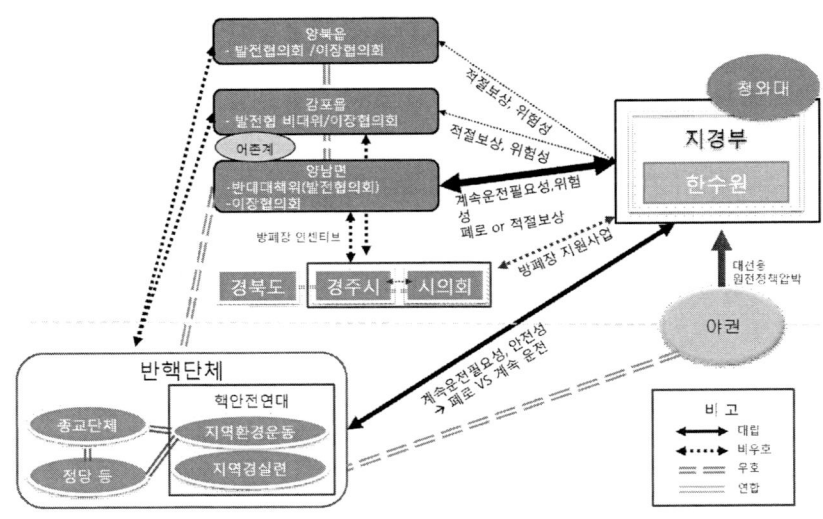

<그림Ⅳ-9> 월성1호기 계속운전 관련 갈등지도(2012년 기준)

④ 갈등의 성격 분석

이상의 분석결과를 통하여, 월성1호기와 관련한 여러 쟁점(계속운전의 필요성, 안전성, 사회적수용성, 신뢰성 등)들은 기존에 발생한 갈등으로부터 영향을 주고받고 있는 사실을 알았다. 이에 따라 기존 갈등과 월성1호기 계속운전 갈등을 인과관계에 따른 각각의 성격으로 분류하면 다음과 같다. 구체적으로 살펴보면, 분석결과 5가지의 갈등유형이 각각의 쟁점과 이해관계자에 따라 중복적으로 결합되어 있는 사실을 알 수 있다. 또한 앞으로의 전개 상황에 따라 언제든지 이들 쟁점이 결합할 수 있어 이후 갈등이 더욱 심화될 가능성이 높은 상황임을 알 수 있다.

<표Ⅳ-37> 월성1호기 계속운전을 둘러싼 갈등성격 정리(2012년 기준)

주요 쟁점		주요 이해관계자	갈등 성격	주요 내용과 이유
기존 갈등	방폐장 정부지원	중앙정부 vs 시/시의회	관계	· 정부지원의 시기 및 지연
			구조	· 정부지원 제도와 과정
		시/시의회 vs 동경주 주민	이해	· 정부지원금(사업)의 배분(실질지원)
	한수원 본사 재배치	시/시의회 vs 동경주 주민 양북 vs 양남/감포 주민	관계	· 주도권 인정 관련 · 투쟁비용 배분
		시/시의회 vs 동경주 주민	구조	· 동경주와 서경주의 지리적 분리 · 지역별 주요 생활권의 차이
			이해	· 정부지원금의 지역배분
월성 1호기 계속 운전 갈등	전력 예비율 확보	한수원(정부) vs 시민단체	사실 관계	· 월성1호기 계속운전 혹은 폐로에 따른 국가 전력예비율 확보 가능성
		한수원 vs 정부	이해	· 국가예비전력 확보 필요성과 경제적 타당성
	폐로시 관련 비용 규모	한수원(정부) vs 시민단체	사실 관계	· 월성1호기를 폐로할 경우 관련 비용여부, 준비 및 대응
	유지시 관리 비용 규모	한수원(정부) vs 시민단체	사실 관계	· 월성1호기를 계속운전할 경우 한수원의 추가적 관리비용의 규모 등
	원전의 필요성	한수원(정부) vs 지역주민 한수원(정부) vs 시민단체	가치	· 경주지역의 역사성 · 세계평화 · 비용편익에 대한 세대간 형평성
		한수원(정부) vs 시민단체	구조	· 새로운 대체에너지 개발 필요성
		한수원(정부) vs 시민단체	사실 관계	· 방사성폐기물 처리. 고준위처리장
	장기가동 원전의 안전성	한수원(정부) vs 시민단체 한수원(정부) vs 지역주민 한수원(정부) vs 시/시의회	사실 관계	· 외국과의 비교/ 위험성과 탈핵 · 후쿠시마 사태

	부품교체와 안전성 확보	한수원(정부) vs 시민단체 한수원(정부) vs 지역주민 한수원(정부) vs 시/시의회	사실관계	· 월성1호기 계속운전을 위한 부품교체 혹은 주기적안전성확보 노력 · 일반소모성 부품의 수급 가능성 · IAEA 조사 결과
	삼중수소의 안전성	한수원(정부) vs 시민단체 한수원(정부) vs 지역주민	사실관계	· 발생가능성과 기준(수준) · 인체 및 생태계 영향 가능성
		한수원(정부) vs 지역주민	구조	· 영향지역의 범위
			이해	· 영향에 따른 보상과 대응
	중수로의 타당성	한수원(정부) vs 시민단체 한수원(정부) vs 지역주민	사실관계	· 설치의 장단점 · 외국과의 비교와 안전성
		한수원 내부	이해	· 경제적 타당성과 기술안전성
	계속운전의 안전성	한수원(정부) vs 시민단체 한수원(정부) vs 시/시의회	사실관계	· 과학기술적 안전성
		한수원(정부) vs 지역주민	구조	· 생활의 안전성(안정성)
			이해	· 지역발전가능성과 원전지대(재산권) · 고리1호기 보다는 높은 수준 보상
	사회적 수용성	한수원(정부) vs 시민단체 한수원(정부) vs 지역주민	사실관계	· 계속운전 관련 주민의견수렴 여부
	정보공개 노력과 신뢰	한수원(정부) vs 지역주민	관계	· 한수원의 입장(정보)변화와 주민과의 신뢰
		한수원(정부) vs 시민단체 한수원(정부) vs 시/시의회	사실관계	· 정보제공 노력 여부 · IAEA의 조사 결과 제공

3) 해결방안 제안

(1) 평가

지역주민들은 방폐장 인센티브와 관련하여 정부와 경주시에 대한 불만을 토로하고 있다. 그 이유로는 앞서 진행된 원전운영에 따른 각종 지원사업의 효과가 해당 지역주민들에게 피부로 와 닿지 못했다는 점이 그 근원에 있다고 판단된다. 한수원 본사 재배치 사안으로 인해 시 및 시의회와 동경주 지역주민과의 갈등, 경주시내 주민과 양북면 주민과의 갈등, 동경주 3개 읍면 내 주민 간의 갈등으로 파급되고 있으며 잠재적인 갈등상황에 있다고 진단 할 수 있다.

(2) 제안

① 총괄

각각의 갈등이슈별 갈등해소 전략은 이슈별 성격과 이해관계자 특성 등을 고려하고 기본방안은 다음과 같다. 우선 사실관계 갈등 사안의 경우에는 이해관계자가 동의하는 가운데 토론회, 공동조사 등의 방법을 통한 해결한다. 이해갈등의 경우에는 주민 등 이해당사자가 동의하는 가운데 주민의견 수렴, 협의체 구성, 협상테이블을 마련한다. 관계갈등의 경우에는 신뢰 회복을 위한 정부 및 한수원의 상생방안 등의 모색한다. 기타 내부의 의견 충돌에 대해서는 다양한 내부 이해관계자가 참여하는 전략회의를 마련한다. 이를 바탕으로 월성1호기 계속운전에 대한 대안을 제안하면 이하와 같다.

<표Ⅳ-38> 월성 1호기 계속운전 관련 주요 갈등현안에 대한 해법(2012년 기준)

주요 쟁점	주요 내용	이해관계자	갈등 성격	갈등해법
전력 예비율 확보	·월성1호기 계속운전 혹은 폐로에 따른 국가 전력예비율 확보 가능성	·한수원(정부) ·시민단체	사실 관계	토론회, 공론화
	·국가예비전력 확보 필요성과 경제적 타당성	·한수원 ·정부	이해	공동전략회의
폐로시 비용 규모	·월성1호기를 폐로 할 경우 관련 비용여부, 준비 및 대응	·한수원(정부) ·시민단체	사실 관계	토론회, 공론화
유지시 비용 규모	·월성1호기를 계속운전 할 경우 한수원의 추가적 관리비용의 규모 등	·한수원(정부) ·시민단체	사실 관계	토론회, 공론화

원전 필요성	· 경주지역의 역사성 · 세계평화 · 비용편익에 대한 세대간 형평성	·한수원(정부) ·지역주민 ·시민단체	가치	설득 or 수용
	· 새로운 대체에너지 개발 필요성	·한수원(정부) ·시민단체	구조	토론회, 공론화
	· 방사성폐기물 처리. 고준위처리장		사실 관계	토론회, 공론화
장기가동 원전의 안전성	· 외국과의 비교/ 위험성과 탈 원전 · 후쿠시마 사태	·한수원(정부) ·시민단체 ·지역주민 ·시/시의회	사실 관계	토론회, 공론화 공동조사
부품교체 와 안전성 확보	· 월성1호기 계속운전을 위한 부품교체 혹은 주기적 안전성확보 노력 · 일반소모성 부품의 수급 가능성 · IAEA 조사 결과	·한수원(정부) ·시민단체 ·지역주민 ·시/시의회	사실 관계	공동조사 토론회, 공론화
삼중수소 안전성	· 발생가능성과 기준(수준) · 인체 및 생태계 영향 가능성	·한수원(정부) ·시민단체 ·지역주민	사실 관계	토론회, 공론화 공동조사
	· 영향지역의 범위	·한수원(정부) ·지역주민	구조	협의체+합의
	· 영향에 따른 보상과 대응		이해	협상+합의
중수로 타당성	· 설치의 장단점 · 외국과의 비교와 안전성	·한수원(정부) ·시민단체 ·지역주민	사실 관계	토론회, 공론화
	· 경제적 타당성과 기술안전성	·한수원 내부	이해	내부전략회의
계속운전 안전성	· 과학기술적 안전성	·한수원(정부) ·시민단체 ·시/시의회	사실 관계	공동조사 토론회 등
	· 생활의 안전성(안정성)	·한수원(정부) ·지역주민	구조	협상
	· 지역발전가능성과 원전지대(재산권) · 고리1호기 보다는 높은 수준 보상		이해	협상
사회적 수용성	· 계속운전 관련 주민의견수렴 여부	·한수원(정부) ·시민단체 ·지역주민	사실 관계	토론회 등
정보공개 노력과 신뢰	· 한수원의 입장(정보)변화와 주민과의 신뢰	·한수원(정부) ·지역주민	관계	설득 상생방안모색
	· 정보제공 노력 여부 · IAEA의 조사 결과 제공	·한수원(정부) ·시민단체 ·시/시의회	사실 관계	설득 or 수용

② 갈등해결을 위한 협의체 구성 등의 방안

조직의 명칭은 [가칭] '월성지역공동발전협의회'로 하며, 협의회에서 해결해야할 과제로는 계속운전의 안전성 확보와 신뢰구축, 원자력 발전으로 인한 주변지역의 피해에 대한 연구 및 조사, 주변지역 발전을 위한 중장기 종합 계획의 수립과 지역 상생 방안 모색 등이다. 그 구성과 구조를 정리·제시하면 다음과 같다.

<표Ⅳ-39> 협의체 주요 참여자의 예(2012년 기준)

구분	소속	비고
지역주민	양남면 주민대표	주민 자체적으로 선출
	양북면 주민대표	주민 자체적으로 선출
	감포읍 주민대표	주민 자체적으로 선출
시의회	양북면 지역구 의원	
	감포읍 지역구 의원	
시청	원전 관련 담당자	과장급 이상
중앙정부	지경부 관련 담당자	사무관급 이상
경상북도	원전 관련 담당자	과장급 이상
한수원	본사 업무 담당자	부장급 이상
	월성발전소 계속운전 담당자	부장급 이상
시민환경단체*	경주지역 원전 관련 단체	사무국장 이상
지역전문가	핵심이해관계자의 합의에 의해 결정	중립성과 객관성
원자력전문가	핵심이해관계자의 합의에 의해 결정	중립성과 객관성
갈등전문가	핵심이해관계자의 합의에 의해 결정	중립성과 객관성

* 시민단체의 참여여부는 한수원과 지역주민의 합의에 의해 결정

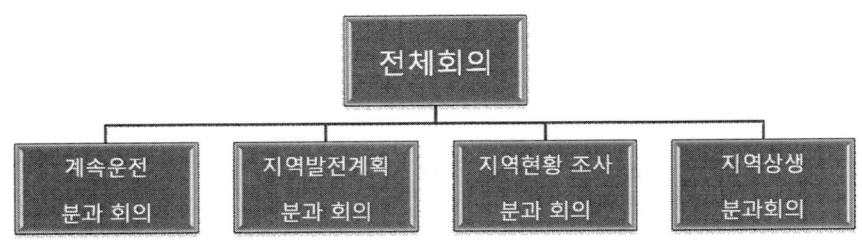

<그림Ⅳ-10> 가칭 월성지역공동발전협의회의 조직 구조

8. 자원순환시설설치: 은평광역자원순환센터 설치 갈등(2019년 기준)[155]

1) 갈등의 개요

(1) 갈등의 배경

은평광역자원순환센터 건립 사업은 2013년부터 본격 추진되기 시작되었다. 이미 인천시가 2025년까지 수도권매립지 사용 종료를 선언하였고 사용해왔던 양주소각장은 2020년 이후 반입이 불투명한 상태여서 향후 폐기물 대란의 예방 차원에서 은평광역자원순환센터의 건립이 필요한 상황이었다. 2018년 인근 서대문구, 마포구와의 협력체계 구축 협약을 맺고 처리 분야별(재활용, 생활폐기물, 음식물폐기물)로 각 지자체에 관련 시설을 설치하는 방식으로 광역화를 추진하게 되면서 속도가 붙는다. 여기서 은평구는 재활용시설 설치를 추진하게 되었고 기존 수색동에 위치한 시설을 진관동 76-40번지 일대로 이전하기로 하고 추진을 본격화된다.

(2) 갈등의 원인

2016년 은평구가 시설 건립 타당성 조사와 기본계획 수립을 시작하면서 주민 등과의 갈등이 시작된다. 해당 지역 주변에는 관내에 은평뉴타운은 물론, 고양시 내 삼송지구, 지축지구, 향동지구 등이 위치하고 있어 반대운동이 일어나게 된다. 이들 주민들의 주장은 시설 설치 후 쓰레기 처리과정에서 발생하는 악취와 비산먼지로 인한 주민 피해, 인근 하천 오염 가능성과 폐기물 수거차량들의 운반과정에서 발생할 악취, 분진 등의 환경문제, 도로파괴가능성 등이 있다. 특히 고양시 지축지구 입주예정자들을 중심으로 입주 이후 피해발생을 우려하여 2017년에 '은평광역자원순환센터 백지화 투쟁위원

---

[155] "한누리갈등관리조정센터, 은평광역자원순환센터 건립 관련 갈등영향분석컨설팅, 2019"에서 발췌 및 요약하였다.

회'(이하 은백투)가 결성되었다.

(3) 갈등의 대응

이에 2018년 국무조정실 주재로 은평구와 경기 고양시 관계자들이 156)갈등조정회의를 열어 해당 시설을 고양시 난지물재생센터 부지로 이전하여 설립하는 방안이 논의되었지만 결국 '가용 부지가 없음'으로 무산되었다. 그 대신, 해당 시설을 전면 지하화하고 지상에는 축구장, 배드민턴장, 족구장 등의 체육시설 건립을 추진하는 것으로 최종 확정하였다. 이 대안은 자치단체장 선거에서 해당 뉴타운아파트 동대표연합 등에서 요구한 대안 중 하나이기도 했다.

그러나 이에 대해 대표성의 문제, 사업 필요성에 대한 견해 차이 등의 문제로 인해 은백투를 중심으로 반대 주민들은 전면 백지화를 요구하고 있다. 이에 은평구청장 및 관계 직원들은 2019년 2월 25일부터 4월 22일까지 진관동 40개 아파트단지 중 20여 개 단지를 직접 찾아 간담회를 실시하는 등의 해결방안을 모색하였으나, 두 차례 진행된 사업설명회 중 2차 설명회는 은백투의 반대로 정상적으로 개최되지 못하는 등 갈등이 해소되지 못한 상황이다.

2) 갈등의 주요 전개과정

(1) 갈등 전 단계

2000년 8월 도시계획시설 결정 이후 2012년 5월 음식물에너지화시설 취소까지이다. 이 시기는 은평구 기초자치단체 주도로 진관동 부지에 대해 폐기물처리를 위한 관련 센터 건립계획 수립 등이 진행되었다. 다만 당시 민간투자방식으로 추진되던 음식물처리시설은 취소되었다. 계획 단계에서 결국 예산확보가 되지 않아 은평구청도 적극적으로 추진하지 못하게 되었다.

(2) 갈등 잠재기

2012년 6월 자원순환센터 광역화 변경에서 2016년 6월 타당성 및 기본계획 수립 용역이 진행된 시점의 기간이다. 이 시기는 2012년 하반기부터 은평구 추진 개별사업에

---

156) 회의 결과문 주요 요지는 다음과 같다.
- 대체부지 이전문제를 더 이상 논의하지 않음
- 은평자원순환센터 건립에 관계기관은 관련 행정절차 진행에 협조
- 지상부 문화체육시설 등은 인근 고양시 주민도 함께 활용
- 국무조정실, 환경부, 서울시, 은평구, 고양시 등 관계기관은 발생하는 갈등해결을 위해 적극 협력

서 광역화 사업으로 변경되고 이에 따른 각종 협약과 준비가 진행되었다. 동일 부지 내 환경기초시설 사업 내용의 변화가 발생되었는데 서대문구, 마포구, 은평구가 음식물, 생활폐기물, 재활용처리 공동 분담을 통해 안정적 협력체계 구축을 위한 협약을 체결한 것이 그것이다. 진관동 주변 지역(특히, 경기도 삼송지구, 지축지구)이 개발되면서 갈등의 불씨가 시작되었다.

(3) 갈등 표출기

2016년 7월 자원순환센터 건설 사업설명회 실시에서 2018년 7월 자원순환센터 완전 지하화 계획 확정까지 이다. 사업이 본격화 되면서 이와 관련한 주변 지역주민들의 반발이 발생하는 시기이다. 지축지구 입주예정자를 중심으로 한 반대운동을 계기로 은백투가 결성되어 갈등이 표면화되었다. 특히 당시 지방선거에 따라 동대표연합 측의 자원화시설 전면지하화, 체육시설 등 공원화를 공약을 수용하고 당선되었다.

(4) 갈등 심화기

2018년 8월 은백투의 은평구 내 백지화 장외집회 본격화되고 2018년 9월 국무조정실 대체부지 확보를 위한 노력이 있었으나 결국 실패한 기간까지이다. 이 시기 은백투는 자원화시설 완전지하화 반대와 전면백지화를 요구하며, 장외 집회를 개최하며 대립이 격화되었다. 은평뉴타운동대표연합회가 자원화시설 전면지하화를 지지하면서 은평뉴타운동대표연합회와 은백투의 공조체제도 무너졌다. 결국 은백투-은평을 별도로 조직하게 된다. 이러한 가운데 2018년 9월 국무조정실 차원의 갈등조정협의회에서 대체부지 확보 노력이 있었지만 결국 조정에 실패하였다.

(5) 갈등 교착기

2018년 10월 은평구청장과 은백투 간 2차 면담 무산되고 2020년 12월 현재까지의 상태이다. 은백투와 은평구청 간의 대화가 단절된 상황에서 은백투에 의한 사업설명회 무산, 장외 집회, 서울시 갈등조정 개입 요청 등이 이어진다. 은평구측은 행정절차 및 지역주민 의견수렴이라는 투트랙 대응이 이루어졌다[157]. 이후 은평구 자체 해결이 어렵다는 판단 하에 서울시에 갈등조정 요청이 있었으나 서울시도 해당 은평구와 같이 예산지원을 하는 당사자로서 직접 조정은 어려우나 외부 갈등조정전문가를 파견하는 것으로 결정하면서 이후 은평구 자체적으로 갈등조정이 추진되었다.

---

157) 당시 반대 주민의 요구 사항은 다음과 같다. 자원순환센터 건설 계획 전면 백지화, 서울시의 갈등조정 개입 요구, 은평구청장, 고양시장, 반대 주민들이 참여하는 공개 토론회 개최이다.

<표Ⅳ-40> 은평광역자원순환센터 건립의 주민반대 이유(2019년 기준)

구분	주요 내용
진관동 부지 적절성	- 은평구와 고양시 경계지역으로서 고양시민에게 피해 전가 - 환경피해 시설로 악취 소음 등 환경 파괴와 지가하락 우려 - 은평뉴타운에 이미 진관동 소각장이 있어 폐기물에 대한 책임 감당 중 - 타구 차량 통행으로 인해 교통, 소음 등 가중 우려
지하화 결정 적절성	- 은평뉴타운입주자동대표회장은 임의조직으로 주민대표로 지하화 요구 권한 없음
자원순환센터 필요성	- 현재 사용 중인 수색 재활용선별시설에 대한 개선여부에 대한 검토 없음 - 자체 시설 아닌 광역시설 신설 이유가 설득력 부족
건설 후 유지관리 의문	- 구로구 항동 등 관리실패 사례를 볼 때, 건설 백지화 필요

<표Ⅳ-41> 은평광역자원순환센터를 둘러싼 주요 갈등 일지

주요 일자	주요 내용	비고
	갈등 전 단계	
2000년 8월	· 도시계획시설(폐기물 처리시설) 결정고시	은평구
2000년 10월	· 은평폐기물처리시설 실시계획 인가 - 폐기물 압축시설 결정(폐기물압축시설 지상1층, 지하2층)	은평구
2008년 8월	· 종합환경센터추진(음식물시설 100톤, 폐기물압축 180톤, 재활용 30)	은평구
2008년 12월	· 은평환경종합센터 건립계획 수립 - 음식물에너지화시설(민간투자사업) 100톤, 생활폐기물압축 180톤, 재활용선별 30톤	은평구
2012년 5월	· 은평환경종합센터 내 음식물에너지화시설(민간투자사업) 취소	은평구
	갈등 잠재기	
2013년 10월	· 광역 재활용처리시설로 부지활용 계획 수립 - 부분지하화, 음식물시설 제외	은평구
2014년 2월	· 서대문·마포구에서 광역시설 사업참여 동의서 제출	은평구
2014년 2월~	· 도시계획 용도지역 변경 추진완료	은평구

2015년 2월	- 변경사항 : 자연녹지지역(건폐율 20%) → 제2종일반주거지역(건폐율 60%)	
2016년 4월~12월	· 타당성조사 및 기본계획 수립용역	서울시
갈등 표출기		
2016년 7월~2017년 11월	· 고양시 관계자 등 대상 사업설명회 실시(5차례)	은평구
2017년 1월	· 은평광역자원순환센터 건립 기본계획 수립(부분지하화)	은평구
2017년 1월	· 참여구(은평, 서대문, 마포) 공동처리협약체결	은평, 서대문, 마포
2017년 1월 13일	· 은평구 폐기물처리시설 민관상생협의체(6자협의체) 구성 - 고양시 환경친화사업소장, 서울시 은평구 담당국장, 고양시 시민대표 1인, 은평뉴타운 시민대표 1인, 경기도와 서울시의 과장급 공무원 각 1명 등 6명	은평구, 고양시, 경기도, 서울시, 시민대표
2017년 3월~8월	· 서울시 투자심사 및 중앙투자심사	서울시
2017년 5월	· 은평구의회 의회발언에서 인근지역 동대표들이 전면지하화 요구 발언	은평구의회
2017년 8월	· 서울시 중앙투자심사 완료 - 부분지하화, 재활용 150톤, 생활폐기물 옮겨 싣기 140톤	서울시
2017년 9월~12월	· 2018년 사업비 확보(당초)	은평구
2017년 9월 20일	· 은평뉴타운동대표회장 연합회 개최, 대체부지 확보 요구. 불가능 시 전면지하화 및 지상공원 요구	은평뉴타운동대표회
2017년 9월	· 고양시 지축지구 등 분양 등으로 인해 관련 입주예정자 반발 - 은평광역자원순환센터백지화투쟁위원회(이하 은백투) 결성	은백투
2017년 11월 10일	· 주민설명회 개최(진관동주민센터), 일부주민에 의해 중단 - 은백투 백지화 촉구 집회 개최	은평구
2017년 12월 15일	· 은평뉴타운동대표회장 연합회 회장 교체	은평뉴타운동대표회
2018년 1월~5월	· 민원최소화를 위한 갈등관리 추진 - 고양시 및 지축은평뉴타운 주민간담회 3회 실시	은평구
2018년 2월 13일	· 은평구청장과 은평뉴타운동대표회장 연합회 회장단 간 간담회 개최	은평구 등
2018년 3월 23일	· 은평뉴타운동대표회장 연합회 숙원사업 공약을 위한 설문조사 실시 - 은평뉴타운내 자원회수시설 대체부지 확보, 전면지하화, 공원설치	은평뉴타운동대표회

2018년 5월 10일	· 은평뉴타운동대표회장 연합회, 각 후보에게 숙원사업 공약 요청서 송부 – 전면지하화 및 지상체육공원 공약(당시 김미경 후보 해당 요청 공약으로 수용)	은평뉴타운 동대표회
2018년 7월 10일	· 은평구 체육회, 김미경 구청장의 체육시설 확충 공약 대환영 의견	은평구 체육회
갈등 심화기		
2018년 8월 25일	· 은백투, 구파발 인공폭포앞 백지화 촉구 촛불시위 개최(매주 토요일) – 진관초 5학년 학생 성명서 발표	은백투
2018년 9월 1일	· 은백투, 은평구청앞 집회 개최. 건립계획 백지화 및 고양시 대체부지 확보 요구	은백투
2018년 9월 13일	· 은백투, 은평구청앞 집회 개최	은백투
2018년 9월 15일	· 은백투, 구파발역앞 집회 개최 등 9차례 백지화 집회 개최	은백투
2018년 8월~9월	· 국무조정실 주관 갈등조정을 위한 회의 3차례 실시	중앙정부 및 각 지자체
2018년 9월 20일	· 은평구청장, 은백투 간 1차면담 실시	은평구
2018년 9월 27일	· 국무조정실 갈등조정 회의결과문 채택(대체부지 문제 종결) – 국무조정실, 환경부, 서울시, 은평구, 고양시	중앙정부 및 각 지자체
갈등 교착기		
2018년 10월 6일	· 은백투, 구파발역앞 백지화 축제 개최	은백투
2018년 10월 12일	· 은평구청장, 은백투에 서한문 발송	은평구청
2018년 10월 15일	· 은평구청장 및 은백투 간 2차면담 추진하였으나 은백투 측 불참으로 취소	은평구
2018년 10월 18일	· 은백투, 서울시청 앞 집회 개최, 은평구청에 생방송공개토론회 요구 제안(2차11월6일 공문, 3차12월11일 공문)	은백투
2018년 12월 1일	· 은백투, 서울서북3구 발전포럼책임위원 박주민 의원에게 갈등조정협의회 구성 요청	은백투
2018년 12월 21일	· 고양시 제227회임시회의, '서울시 은평광역자원순환센터 설치계획철회 촉구건의안' 통과	고양시의회
	· 은백투, 반대 기자회견	은백투
2018년 12월 24일	· 은평구청 도시경관과, '공동주택 단지내 법규위반 현수막에 대한 자진정비 사전 안내' 공문발송 논란	은평구청 은백투

	- 은평뉴타운 단지별 관리사무소장과 입주자 대표회장들에게 공문 발송 - 은백투, 현수막 정비 반대 관련 발표(12월26일 공문)	
2019년 1월 31일	· 2019년 진관동업무보고회 은백투 집회 및 반발로 파행	은평구청
2019년 2월 25일 ~4월 24일	· 은평구청장, 아파트주민 간 주민간담회 개최(20여개 단지)	은평구청
2019년 3월 12일	· 참여구(은평, 마포, 서대문) 폐기물 공동처리 재협약 - 완전지하화 계획변경에 대한 참여구 협약체결	은평구
2019년 3월 14일	· 은백투, 은평구에 간담회 요청	은백투
2019년 3월 15일	· 지방행정연구원 타당성 조사 용역 완료 - 완전지하화 변경용역 준공	서울시
2019년 3월 23일	· 은평광역자원순환센터 건립계획 변경 기본계획 · 은백투, 주민설명회 요일 및 시간 변경 요구, 생방송토론회 재 요구	은평구, 은백투
2019년 4월 4일	· 은평광역자원순환센터 사업 1차설명회 개최	은평구
2019년 4월 6일	· 은백투, 구파발역 앞에서 시설 반대집회 개최	은백투
2019년 4월 27일	· 은평광역자원순환센터 사업 2차설명회 개최, 은백투 집회로 조기종료	은평구
2019년 5월 1일	· 은백투, 갈등관리업무를 서울시가 맡을 것을 요구	은백투

3) 이해관계자 쟁점 분석

(1) 은평구 관내

① 은평구청

폐기물처리사업은 20여 년 전부터 추진해온 정책 사업으로 폐기물의 안정적인 처리는 지자체 책무이며 안정성 확보 위해 필요하며 도시기능을 정상적으로 유지하기 위해 반드시 필요한 시설이다. 자원순환센터 완전지하화는 주민의 요구를 반영한 결과이다.

② 은평뉴타운아파트입주자대표

완전지하화도 많은 노력을 통해 얻어낸 것이다. 완전지하화 추진에 주민들 의견수렴 방식이 유효했는지에 대해 이견이 있었다. 사업에 원천적으로 찬성하는 것은 아니나, 시설의 완전 지하화를 하더라도 주민들이 인정할 만한 환경피해 없는 시설로 건립해야 수용 가능할 것이다. 공동체에 필요한 시설에 대하여는 한발씩 양보하는 지혜가 필요하다.

③ 은백투(은평구 주민)

은평구민들은 해당 시설에 대해 오히려 잘 몰랐다. 완전지하화의 동대표연합회를 통한 주민의견 수렴은 인정할 수 없다. 사업주체인 은평구가 갈등 조정하는 것은 맞지 않고, 3개구가(마포·서대문·은평) 관여되어 있으니 서울시 차원에서 갈등조정 바람직하다. 주민들과 공개토론회를 하길 원하며 성공사례 시설과 실패한 시설에 대한 분석이 필요하다.

④ 은평구 시민사회

지역에 필요한 시설임에 공감한다. 공적인 시설이므로 주민들의 협조가 절실하며 열린 자세로 이해당사자와 은평구민을 포함하는 논의 구조 형성 필요하다. 은평뉴타운만 중심에 놓을 것이 아니라, 은평구 다른 곳에 사는 주민들도 생각해보았으면 한다. 주민들과의 소통과 갈등관리의 역량이 더 커질 필요가 있으며 이번 기회가 은평구의 갈등해결의 모범이 되길 바란다.

⑤ 은평구의회

은평구의회 차원에서 건립촉구를 결의 하였다. 반지하시설에서 완전지하화로의 전환 과정 자체가 주민 의견 수렴이다. 시설 계획을 알고 입주하는 것이므로, 반대의 명분 약하다. 고양시는 지역주민들을 설득할 책임이 있다.

(2) 은평구 관외

① 은백투(지축입주예정자)

자원순환센터 백지화 주장은 일부 주민들의 님비가 아니라, 환경권 보장을 위한 정당한 권리이다. 완전지하화는 주민동의 없이 이루어진 것이므로 정당성이 없다. 주민 대다수가 원하는 것으로 백지화 반대 투쟁을 이어갈 것이다. 건립 위치가 주택가와 학교 인근에 위치하고 있어 문제이다. 성공사례만 봐서는 안 되고 실패한 사례도 살펴봐야 할 것이다. 은평구는 사업추진자로 갈등 조정 권한이 없으니 서울시에서 갈등을 조정하기 원한다. 안되면 환경부에 요구할 것이다,

② 은백투(삼송 주민)

주민 대다수가 사업에 반대하고 있다. 은백투의 반대 운동은 주민의 의사를 직접 확인하는 절차를 거쳐 진행하고 있다. 은평구는 자원순환센터의 필요성, 운영과 관리에 대하여, 공개토론을 통하여 주변 주민들을 설득하여야 할 것이다. 이를 위해 타구의

유사 시설에 대한 성공, 실패 사례 모두 분석이 필요하다.

③ 중앙정부(국무조정실, 환경부)

대체부지 확보가 어려운 상태로 더 이상 논의하지 않기로 하였다. 관련 행정기관들이 적극 협조하여 갈등을 해결하기를 바란다.

④ 서울시

광역 자원순환시설의 모범 사례가 되었으면 좋겠다.

⑤ 마포구, 서대문구

완전지하화로 비용이 증가해도 안정적 처리를 위해 필요한 시설이다.

⑥ 고양시

자원순환센터 건립에 따른 소음, 미세먼지, 교통 혼잡, 폐수유출에 대한 주변지역 주민에 대한 피해가 우려된다. 고양시 주민들에게 피해가 가지 않는다면 적극적으로 반대하지는 않겠다.

⑦ 고양시 의회

고양시의회 차원에서 백지화 촉구 결의하였다. 고양시 인접지역에 주민기피시설 설치를 반대한다. 고양시민들의 피해(악취, 소음, 교통체증 등)에 대한 피해 대책을 마련하기 바란다.

<표Ⅳ-42> 은평광역자원순환센터 건설 갈등의 주요 쟁점

쟁점		은평구청	은평광역자원순환센터 백지화투쟁위원회	은평뉴타운 입주자대표	은평 시민사회 (구의회 포함)
시설 건립의 필요성		· 안정적 처리 위해 필요 · 폐기물처리시설 설치, 운영은 지자체의 의무	· 필요성 검증되지 않음	· 필요성 인정	· 필요성 인정
3개구 MOU체결의 정당성		· 처리 안정성 확보 · 예산절감 (중복투자방지) 효과 · 폐기물 대란의 사전 예방	· 현재 처리에 문제없음 · 은평의 부담만 증가 · 수색 시설 확장하면 충분	–	· 협력적 문제 해결 필요 · 긍정적 효과 기대
센터건립의 절차적 정당성		· 선거에서 주민요구 수용 · 공약으로 주민과의 약속 · 20년 전부터 추진해온 은평구의 정책사업	· 대표성없는 안에 의한 추진 · 필요성에 대한 의견수렴 부재 · 대안에 대한 논의 검토 필요 · 구청 설명회 일방적, 문제 해결 도움 안 됨	· 지하화는 주민요구 수렴 결과 · 당시 주민 다수동의 · 공약 확정 사안	· 센터 건립 필요 · 주민의견(공론) 과정미흡
입지선정의 형평성		· 현 입지는 오래 전 결정 · 대체부지 마련 어려움	· 소각장, 열병합발전소, 바이오매스 처리장으로 이미 피해 · 센터 건립 중복 피해	· 주민 기피시설 · 대체 부지 마련 어려울 것	· 이전 결정 사항 · 대체부지 부재
삶의 질 악화 우려	악취	· 재활용 시설로 환경오염 상대적으로 적을 것 · 지자체 시설 벤치마킹 · 피해 최소화 기술기법 적용	· 장기적 관리 불신 · 실패 사례 적지 않음 (구청-편파적) · 폐기물 증가로 악화가능성 · 시설개선 없음	· 관리 지속성에 대한 우려	–
	소음 및 교통 혼잡	· 운행시간 조정 · 주민 피해 최소화 운영 · 교통량 증가 많지 않음 · 교통 분산 노력	· 폐기물량 증가로 혼잡 불가피 · 체계적인 관리 한계 · 주민 피해 가중 우려	· 소음교통혼잡 우려 · 구청의 적절한 대책 필요	–
갈등해결 대안		· 설명과 설득 주민이해 구함 · 갈등조정위원회 구성 · 서울시 등 기관과 협력	· 공개 토론회 개최 · 갈등 해소를 위한 논의 공간	· 삶의 질 보장 대책 · 피해주민 적절한 대책 마련	· 대화필요 · 갈등해소 노력 · 공감대 형성 노력

4) 이해관계자간 갈등유형 분석

(1) 갈등유형

갈등쟁점 분석을 토대로 갈등유형을 정리하면 다음과 같다.

<표Ⅳ-43> 은평광역자원순환센터 건설 관련 쟁점별 갈등유형

구분		갈등유형	핵심 및 주요 이해관계자	주요 내용
시설 건립의 필요성		사실관계 갈등	은평구청, 은백투, 은평뉴타운 입주자대표회, 은평시민사회	- 은평구의 쓰레기 처리 문제 개선의 시급성 - 수색 재활용선별장의 활용 가능성
3개구 MOU체결의 정당성		사실관계 갈등	은평구청, 은백투, 은평뉴타운 입주자대표회, 은평시민사회	- 3개구 분담 방식의 효율성 유무 - 3개구 분담 방식의 예산 절감 효과 유무
센터건립의 절차적 정당성		사실관계 갈등 가치 갈등	은평구청, 은백투, 은평뉴타운 입주자대표회	- 은평구의 정책 전환 과정에서 주민 의견 수렴과 공감대 형성이 적정했는지 여부 - 주민참여와 의견개진 기회 충분히 제공 여부 - 현재의 은평구청에 의해 진행되고 있는 의견수렴절차가 바람직한지 여부 - 정보제공이 충분한지 여부 - 완전지하화 관련 주민의견 수렴 필요성
입지선정의 형평성		이해관계 갈등 사실관계 갈등	은평구청, 은백투, 은평뉴타운 입주자대표회, 은평시민사회, 고양시(삼송, 지축)	- 현재 입지가 유일한 대안인지 여부 - 환경적으로 주민 피해 가중 시설인지 여부
삶의 질 악화 우려	악취 소음 및 교통 혼잡	이해관계 갈등 사실관계 갈등	은평구청, 은백투, 은평뉴타운 입주자대표회, 은평시민사회, 고양시(삼송, 지축) 및 고양시 의회	- 시설의 환경적 피해와 대책 - 차량 운행 시간과 횟수로 인한 피해 예상과 대책 차량운행 경로의 적정성 및 대책
갈등해결을 위한 대책		이해관계 갈등 가치 갈등 사실관계 갈등	은평구청, 은백투, 은평뉴타운 입주자대표회, 은평시민사회, 고양시(삼송, 지축) 및 고양시 의회	- 서울시 갈등관리 위임 가능성 - 주민 소통의 개선 방안 검토 주민이 요구하는 공개 토론회가 적절한지 여부 일반 은평 주민들의 의견 수렴 여부

(2) 갈등지도

은백투 은평뉴타운은 은평구 주민이면서 은백투에 소속되어 있는 이중적 성격을 가지고 있다. 은평구청의 활동 방향은 은백투 전체를 향하고 있어서 정확한 도달점이 없다. 은백투 3개지구와 고양시 의회의 결속력이 강하며 이들의 힘이 은평구로 쏠리고 있다. 2019년 현재 은평뉴타운은 은평뉴타운동대표들과 은백투-은평주민을 중심으로 의견 대립이 있으며, 동대표 선거를 계기로 세력 경쟁이 이루어지고 있는 상황이다. 이를 갈등지도로 정리하면 다음과 같다.

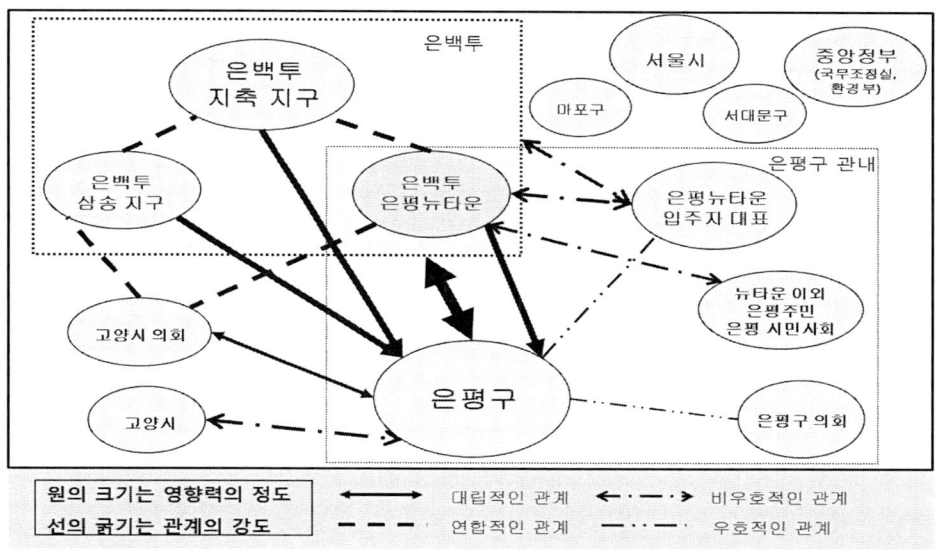

<그림Ⅳ-11> 은평광역자원순환센터 갈등지도

5) 갈등진단

은평광역자원회수시설 건설은 추진 초기와는 달라진 주변 환경 변화 (대규모 아파트 단지 입주 등)가 주요 갈등의 배경이 되었다. 시설 부지 선정은 오래 전에 이루어졌지만, 은평뉴타운 입주, 고양시 인접지역의 대규모 개발(삼송 지구, 지축지구 등)으로 인하여 유입인구의 급격한 증가가 갈등을 유발하게 되었다. 또한 폐기물 처리 관련 국제 환경 악화와도 관련된다. 즉 중국의 폐기물 수입전면 금지 등으로 인해, 발생국에서 자체적으로 처리해야하는 상황이 되었다. 또한 기존 사용해오던 수도권매립장 제3매립지를 끝으로 더 이상 타 지역의 쓰레기를 반입하지 않겠다는 인천시의 발표가 사업 추진을 서두르게 된 계기가 되었다. 도시화 및 주거시설 확대로 폐기물 관련 도심 민간위탁 시설에 대한 반감 증가이 증가되는 가운데 도심 혹은 시도 경계에 있던 민간 위탁 처리 시설들이 더 먼 곳으로 이동하면서, 운송비가 상대적으로 상승하고, 안정성이 떨어지게 되었다.

반대 주민들은 생활환경 악화(교통, 악취, 미세먼지, 수질 오염 등)로 인한 삶의 질 하락에 대한 우려하고 있으며 자원순환센터 설치시 이곳에서 발생할 악취, 미세먼지, 침출수 등과 운송 차량의 이동으로 교통 악화가 발생할 것을 근거로 삼고 있다. 또한 시설 설치로 지가 및 아파트 가격 하락 가능성을 우려하고 있다. 이에 대한 대안으로 대체부지 마련 방안이 강구되었으나 결국 무산되었다.

이 사안 갈등 해결이 어려운 이유는 먼저 사안을 바라보는 관점의 차이에 있다. 은평구청과 반대주민과의 사안에 대한 인식의 차이로 은평구청은 주민 필요 시설, 반대 주민은 기피시설 혹은 혐오시설이라는 입장차이다. 주민 내부의 의견 차이도 존재한다. 지하화 찬성하는 주민들은 이를 대안이자 차선책으로 수용할 만하다고 주장하나 지하화 반대 주민은 사업 전체의 백지화만이 유일한 해결방안이라고 주장하고 있다. 이는 은평구와 고양시 주민들간의 인식차와도 연계되면서 갈등해결을 위한 중심을 잡기 어려운 복잡단한 문제를 야기하고 있다.

둘째 복잡한 인적 구성과 대표성 확보의 어려움이다. 개발계획에 따라 입주예정자, 입주자 등 지역주민의 복잡한 인적 구성과 관련된다. 입주 시기, 입주 위치, 정보 취득 시기에 따라 사안을 바라보는 관점과 이해의 차이가 있는 것이다. 또한 나이와 성별 등에 따른 인식의 차이도 존재한다. 젊은층, 여성, 최신입주자, 근거리 주민일수록 해당 시설에 대해 민감한 편이다. 이처럼 복잡한 이해관계가 형성되어 있으므로 대표성 확보와 논의구조 형성이 용이하지 않다. 일반적으로 갈등해결을 위해서 참여자의 대표성 확보가 필요하다. 반대 집단의 경우, 지자체와 관계없이 입주예정지를 중심으로 구성 (은평·지축·삼송 등) 되어 있다. 공식적인 조직인 아파트입주자 대표 외에, 반대 운동과정에서 형성된 은백투 대표가 있다.

셋째로 이견 해소할 공식적 공간의 부재이다. 주민 이견을 해소할 공식적 논의 공간을 말하며 반대 주민들은 토론회, 설명회를 은평구청의 입장과 취지를 전달하는 일방적 공간으로 인식하고 있다. 넷째, 신뢰·동의할 수 있는 정보 기반 취약하다. 은평구에서 제공하는 정보에 대한 불신이 있고 자신에게 유리한 정보만을 주장한다고 말한다. 다섯째, 이해관계자 구성과 구성의 권한 범위의 불일치이다. 즉 지축과 삼송 아파트 주민, 핵심적인 이해관계자이지만 은평구 권한 밖 지역으로 은평구의 대화 및 관리 대상이 되기 어려운 것도 한계이다.

6) 갈등해결을 위한 대안

(1) 선택 대안

이상의 진단결과를 토대로 갈등해결을 위한 대안을 제시하면 다음과 같다.

<표Ⅳ-44> 은평광역자원순환센터 건설 관련 갈등해결 대안

구분		주요 내용

2차 논의테이블
(은평구, 은백투)
		· 핵심적 이해관계자간 (은평구청, 은백투) 논의 시작은 가능
		· 의제 설정에 합의하지 못하는 경우 대화 결렬 가능성이 많음
		  - 사업의 필요성 및 위치설정의 타당성 검토, 삶의 질에 대한 우려 등에 대한 논의
		  - 참여 대상 등을 둘러싼 이견 표출 가능성
		  - 은평구청의 사업 지연 및 사업 추진의 불확실성 증가 우려

다자 논의 테이블	은평구 주도	· 은평구청, 은백투, 은평뉴타운입주자대표회, 시민단체 등이 참여 · 은평뉴타운입주자대표회, 시민단체 조정 역할 기대 · 다자 중심 논의를 은평구가 주도하는 경우 - 은평구의 일방적 진행이라 생각하여 반대 주민과 논의 어려움 · 핵심 이해관계자가 동의할 수 있는 공정성이 확보된 제3의 조정인 참여를 통한 갈등조정이 필수 요건
	서울시 주도	· 은백투에서 요구하는 방식으로 서울시가 다양한 재원과 권한 갖고 있어 문제해결의 선택지 높을 것으로 기대 · 문제해결을 위해 은평구에 추가재원 투입 등을 높일 여지가 있음 · 시설의 건설 책임 주체가 서울시가 아니고 은평구라는 점과 현재 서울시 재활용 담당부서는 '갈등관리의 주체는 은평구' 라고 입장 · 서울시 갈등관리 담당부서와 재활용 담당부서 간의 협조가 필요 · 서울시 직접 갈등조정, 제3자 조정인 선정하여 갈등 조정 가능 · 대화의 재개를 위해 서울시의 긍정적 기능 활용 가능 - 대화의 재개를 위해 서울시의 일정한 역할은 긍정적으로 보여짐

(2) 갈등해결의 논의테이블 방식 제안

① 논의 구조

우선 참여자와 관련하여서는 다음과 같이 고려하여야 한다. 자원순환센터 건립과 관련해서 직접적 이해관계가 발생하는 사람(대표)은 참여시켜야 한다. 의견에 있어서 차이가 있는 사람(대표)는 참여시켜야 한다. 만약 서울시 주도로 갈등관리를 추진할 경우에는 서울시와 고양시, 환경부 간의 협조 구조를 만들도록 요청하여야 한다. 잠재적인 참여자 집단으로는 은평뉴타운 입주자대표회, 은백투 내 은평뉴타운 참여자 대표, 은평 시민단체(환경 또는 폐기물 관련 단체), 은평구청이 있다. 참고인으로는 서울시 재활용 담당자, 마포 서대문 재활용담당자, 고양시 폐기물 관리 담당자, 고양시 은백투(지축, 삼송), 관련 전문가 등이 있다. 참관자로는 수색재활용선별장 관리 업체, 은평광역자원순환센터 설계용역업체 등이 바람직할 것이다.

② 논의 주제

논의주제로는 이해관계자들 간에 의견이 충돌하는 내용 모두로서 다음과 같다. 은평자원순환센터 건립의 필요성, 환경과 삶에 미치는 영향, 자원순환센터 건립의 효과, 문제해결 방법 등이다. 또한 반대 주민들의 공개토론회 개최 요구에 관한 의견과 관련하여 갈등조정을 위한 협의체 내에서 쟁점 사항에 대한 검토 방법의 하나로 채택할 수 있다. 은백투에서 주장하는 갈등조정협의회 회의 자체를 공개토론회로 하자는 주장은 '갈등조정협의회'와 '쟁점 토론회'의 기능을 정확히 구분하지 않은데서 오는 혼돈으로 이해된다. 갈등조정협의회에서 '쟁점토론회'를 제안 검토할 수 있고, 갈등조정협의회의 결정으로 '쟁점 해소를 위한 토론회'를 결정할 수 있음. 이 때, 방식은 공개로 할 수도 있고, 비공개로도 할 수 있을 것이다. 만약 갈등조정협의회 결정으로 쟁점토론회를 개최하는 경우에는 논의 방식, 참여자, 논의 대상이 되는 쟁점 정하기, 공개여부 등의 세부적인 사항을 모두 갈등조정협의회에서 사전에 결정해야할 것이다.

③ 은평구청과 반대 주민과의 대화 개선 방안

반대 주민들은 대체적으로 3~40대의 젊은 세대들임을 충분히 인식할 필요가 있다. 다수의 민주적 의사결정 경험을 가지고 있어, 다양한 민원 소통 방식이 필요하다. 단절된 대화의 재개를 위해 서울시의 일정한 역할은 긍정적으로 보여지며, 서울시는 갈등조정협의회 전에 '은평구, 은평뉴타운입주자대표, 은백투 은평 대표 등 3자'가 사전에 대면할 수 있는 기회를 만들어주기를 희망하고 있다. 이밖에 은평뉴타운이나 신규 건설되는 대규모 공동주택 신설로 인한 주민 구성의 변화에 대응할 수 있어야 할 것이다.

④ 협의체 구성 절차에 대한 제안

이상의 내용을 토대로 갈등조정협의체 구성과 관련하여 다음과 같이 제안할 수 있다.

<표Ⅳ-45> 은평광역자원순환센터 건설 관련 갈등조정협의체 방안

구분		주요 내용
사전 모임	목적	· 향후 협의회 구성을 위한 조건 형성 및 신뢰 구축
	구성	· 핵심 이해관계자 (상호 합의된 조정인 참여) - 은평구 주관 : 은평구청 관계자, 은백투 대표, 은평뉴타운입주자대표회 간 3자 모임 - 서울시 주관 : 서울시 관계자, 은평구청 관계자, 은백투 대표, 은평뉴타운입주자대표회 간 4자 모임
	논의 주제	· 협의회 구성 및 운영 관련 핵심 사항 - 협의회 구성 방안 논의 : 참여자의 범위, 참여 인원 등 - 논의 주제의 범위 : 협의회에서 논의할 논의 주제의 범위 - 협의회 운영 원칙 : 정보 관련 사항, 전문가 구성 방식, 의사결정 방식, 운영 비용 등
	횟수	· 보통 2-3차례 모임을 통해 합의
	합의	· 사전 합의문 작성 (참여자 서명)
	사전 합의문 공유 등	· 협의회 구성 단체와 사전 합의문 공유 · 향후 협의회에 참여 여부 확인 · 참여 단체로부터 추가적인 요청 사항 발생할 경우 - 수용 가능한 내용: 향후 협의회에서 논의 - 수용 불가능한 내용: 핵심 이해관계자간 논의를 통해 참여 여부 결정
협의회 개최	구성	· 사전 합의에 근거하여 협의회 구성
	목적	· 상호 인사 및 향후 협의회 구성을 위한 세부 운영규정 합의
	진행	· 임시 진행자 선정 - 사전 합의문 재확인 - 세부 운영규정 관련 논의 등
	논의	· 대표(단) 구성 · 논의 의제 결정 (논의 주제 및 논의 순서 등) · 의사 진행 관련 논의 · 정보 및 자료 공유 방식 · 의사결정 방식 (합의 방식 등에 관한 논의) · 협의회 운영 기간 및 회의 횟수 등
	규정 확정	· 보통 1-2차례 회의를 통해 확정 · 운영규정에 관한 합의 · 합의문 작성 및 서명 날인

제2절 참여적 의사결정 사례

1. 국내 사례

1) 중앙정부 사례: 신고리 5·6호기 공론화

(1) 추진 개요

문재인 대통령은 지난 대선에서 신고리 5·6호기 공사 중단을 공약하였으나, 종합공정률이 높고(28.8%, 2017년 5월말 기준), 지역경제에 큰 도움을 주는 점을 고려, 문재인 대통령은 고리 1호기 영구정지 기념행사에서 사회적 합의 도출 의지를 표명하였다. 이후 대통령 주재 국무회의(2017년 06월 27일)에서 공론화방안 집중적 논의 진행. 국무회의 결과를 바탕으로 '신고리 5·6호기 공론화위원회'(이하 위원회)를 구성하고, 공론화 기간 중 신고리 5·6호기 공사 잠정 중단하게 되었다. 정부는 이를 위한 '신고리 5·6호기 공론화 준비 T/F'를 국무조정실에 설치하고 지원하였다.

(2) 해결 과정

신고리56호기 공론화는 2017년 7월 24일 공론화위원회 출범을 시작으로 참여자 모집 등 의견을 확인하기 위한 1차 조사에서 부터 학습 및 종합토론회를 거쳐, 10월 20일 최종 정책권고에 이르는 약 3개월에 걸쳐 진행되었다. 공론화위원회 조직은 위원장 이하 4개의 분과위원회(법률, 조사, 숙의, 소통) 당 2인의 분과위원 구성되었다. 매주 1회 정기회의를 개최하여 총 13회의 정기회의가 개최되었다(임시포함 총14차례 회의). 여기서 논의된 의안은 ①의결사항(위원회 결정 또는 방침이 필요한 사안)과 ②보고사항(각종 동향, 회의록, 토론회 결과 등 단순 보고사항)으로 구성되었다. 의결된 안건에 대해서는 공개를 원칙으로 하나, 수정을 거쳐 의결된 경우에는 수정사항을 반영한 수정본을 위원회에 보고 후 공개하도록 하였다.

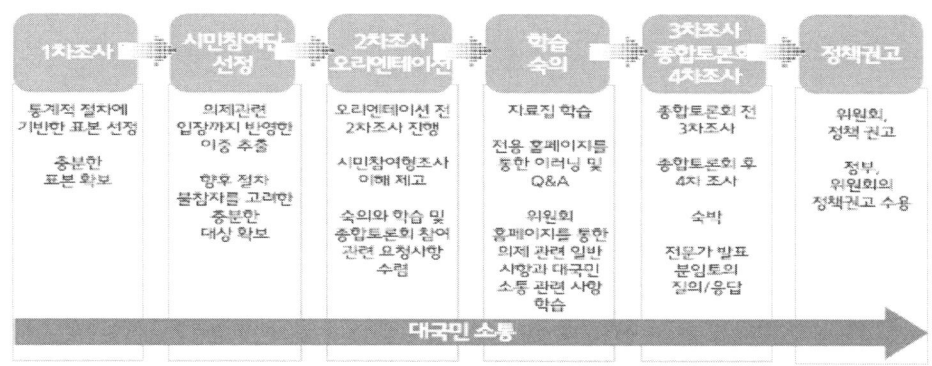

<그림Ⅳ-12> 신고리5·6호기 공론화 진행과정

* 출처: 신고리 5·6호기 공론화위원회, 2017년 신고리 5·6호기 공론화 백서, 2017.12.

그리고 '신고리 5·6호기 공론화위원회 구성 및 운영에 관한 규정'을 두어 본 위원회 주요 기능, 구성과 운영, 위원회 업무를 지원하기 위한 공론화지원단의 설치 및 다양한 의견 수렴을 도모하기 위한 절차 등을 명시하여 위원회의 구성과 운영에 대한 법적 근거를 마련하였다.

또한 4개의 분과위원회를 운영하였는데 각 분과위원장 주재 하에 자율적인 분과위원회 회의를 개최, 특히 행정지원을 제공하기 위하여 지원단 담당팀장을 간사로 위촉하였고 때때로 자문위원을 분과위원회 회의에 참여시키는 일도 있었다. 분과위원회는 다음과 같다.

<표Ⅳ-46> 신고리56호기공론화위원회 분과위원회

구분	주요 내용
법률분과	- 법률자문을 서면으로 받는 형태로 운영
조사분과	- 총 9차례 회의 개최 - 조사설계 밑그림, 차수별 설문 문항 설계, 조사용역 설계 및 계획 - 용역사로 선정된 OO리서치의 자문도 적극적 청취·수용, 2차~4차에 걸친 설문 문항 합의는 자문위원, 조사분과, 용역사가 논의 함께 진행
숙의분과	- 11회 회의 개최 - 자료집, 오리엔테이션, 종합토론회 관련 사안 논의
소통분과	- 5회 회의 개최 - 홈페이지 관리, 공론화 홍보 등 논의. 토론회 및 간담회 진행

공론화지원단은 공론화위원회 업무지원, 공론화에 대한 국민들의 이해도를 제고, 백서 발간 등의 후속조치를 지원하기 위해 설치 및 운영되었다. 지원단 초기에는 '총괄운영팀', '공론화관리팀', '소통팀'으로 나뉘어 조직을 설계하였다. 그러나 운영과정에서 업무가 증가하는 등의 상황이 발생하여 6개 팀으로 나누어 업무를 할당하여 늘어났다. 이들 지원에 있어서도 공정성 확보를 위해 원자력 관련 인력은 배제하였고, 관계부처 파견 공무원으로 운영되었다.

공론화위원회는 '대표성', '숙의성', '대국민 소통'의 3대 원칙을 천명하고 3대 원칙 중 하나라도 지켜지지 않을 시 공론화 결과의 수용성이 지켜지지 않을 것으로 판단하여 한국형 공론화 기법인 '시민참여형조사' 방법론을 개발하였다.

시민참여형조사는 공론조사와 비슷한 방식으로 4번의 설문조사를 통해 마지막 4번째 설문조사에서 도출된 결과를 최종의견으로 활용하는 방식이다. 최종선발된 시민참여단 대표 500명이 사업추진에 대한 찬반 양측의 전문가(혹은 이해관계자)들의 주장의 핵심 근거 등이 포함된 발표와 상호토론, 질의응답 등을 통해 얻어진 다양한 정보를 시민참여단 내 숙의토론 과정을 반복하고, 최종정책을 결정하였다. 조사의 주요 내용은 다음과 같다.

<표Ⅳ-47> 시민참여형조사의 내용

구분	주요 내용
1차 조사	- 대표성을 가진 표본인 시민참여단 선정
2차 조사	- 시민참여단의 지성과 의견 파악
3차 조사	- 지식상승여부, 의견 변화 여부 파악
4차 조사	- 최종 종합토론회에서 분임토론과 질의응답 등 숙의과정 수행 - 4차 조사 진행 - 도출된 결과를 토대로 권고안을 작성하여 정부에 제출

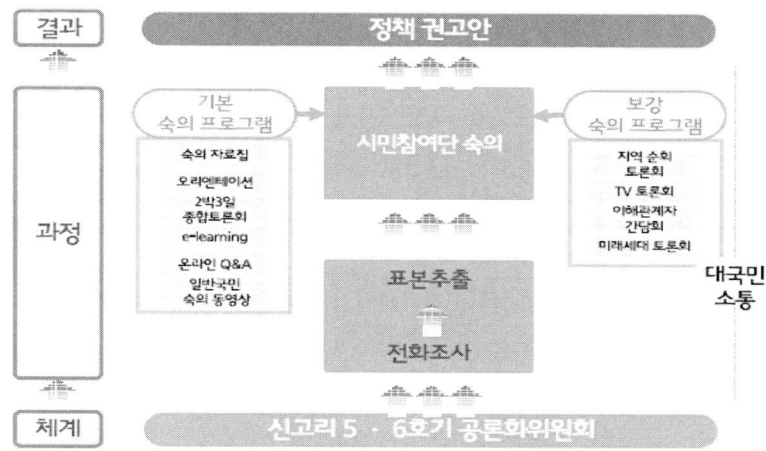

<그림Ⅳ-13> 시민참여형조사 운영 개요

* 출처: 신고리 5·6호기 공론화위원회, 2017년 신고리 5·6호기 공론화 백서, 2017.12.

500명의 시민참여단을 선정하기에 앞서, 표본의 대표성 확보를 위하여 기존 공론조사는 단순무작위추출(random sample)을 진행하지만 무작위추출 과정 이전에 층화추출을 시행하여 표본추출오차를 감소시켰다. 1차 조사 대상자 중 최종 숙의토론회에 참여할 시민참여단을 뽑는 방식에서도 층화 이중추출법을 도입, 선택편향(selective bias)을 최소화하기 위해 노력 하였다. 여기서 가상번호를 활용하여 전화조사응답률 상승, 부재중인 응답자 대상으로 최대 14회까지 반복적으로 시도하였고, 1차 조사 응답자에게 5,000원의 사례비 지급 등을 통해 응답률의 향상을 도모하였다. 그 결과 1차 조사 응답률은 50.1%로 나타나 일반의 전화조사의 응답률보다 3배가 넘는 효과가 나타났다. 참여자수는 최초 500명이었고 여기서 오리엔테이션에서는 478명, 최종 종합토론회에 참여자가 471명으로 조금씩 줄었지만 총 94.2%의 참여율로 이는 다른 나라의 공론화와 비교해 볼 때[158] 매우 높은 수치라 할 수 있다.

숙의과정에서는 홈페이지 운영, 오리엔테이션과 2박 3일간의 토론회, 양 측 전문가의 공방과정, 국민소통 등이 있었으며 구체적 내용은 다음과 같다.

---

[158] 일반적으로 공론조사의 경우 불참율은 30%라고 전해짐. 다만 당시 금전적 보상이 약 1인당 85만원 정도(하루 2시간 15만원 지급, 기존 온라인 학습 등 포함)로 자발적 여부 등에 대한 논란이 있었음. 일본의 에너지 정책공론조사(2012)의 경우, 최초 의견을 표명한 1,400명 가운데 2일간 개최한 숙의토론회인 토론포럼에는 286명이 참석, 이중 1명이 귀가하여 최종 285명이 되었음. 일반적으로 이후 비슷한 기법의 국내 토론회의 참여율은 90% 내외로 나타나고 있음.

<표Ⅳ-48> 신고리5·6호기의 숙의과정

구분	주요 내용
홈페이지 운영	· 건설 중단, 재개 양측의 입장을 담은 동영상 운영 · 참여단의 학습활동 지원 · 참여단 질의사항에 양측 모두 1회씩 답변을 통해 편향성 감소
종합토론회	· 1일 시민참여단 오리엔테이션 개최 · 2박 3일 시민참여단 종합토론회 (숙의토론) 개최
전문가 발표 및 토론	· 방송토론회 · 종합토론회 참석 및 양측 발표 및 참여단 질의에 대한 응답
대국민소통	· 공론화위원회 활동 과정 언론에 공개 · 정기 언론 브리핑 및 수시 보도자료 배포 · 일반 시민 관심도 제고 등

신고리56호기공론화는 이미 공사 등 사업이 진행되고 있는 사안에 대한 공론화로 해당 지역에서도 찬반양론으로 나뉘어 갈등이 확산되고 있었다. 가동 중인 밀양송전탑에 대한 철거 요구와 함께 부울경 지역의 탈원전 운동에 따라 관련 공약의 추진 여부를 묻는 정치적 성격도 있었기에 일반적인 갈등 예방차원에서 진행되는 공론화와는 차이가 있다. 따라서 해당 공론화에서는 이들 찬반 간의 소통이 공론화 진행에 필수적이었다. 이에 이해관계자 소통협의회를 두어 그 진행과정에서의 갈등을 저감하는 한편 이해당사자를 분석하여 이해관계와 대립구도를 이해하기 위하여 설치되었다. 협의회는 공사재개 측과 공사중단 측이 참여하였고 2017년 7월 위원회 출범 이후 이해관계자와 총 7차례에 걸쳐 정례·수시적 개최로 여러 쟁점사항에 대한 합의와 토론회에서의 발표, 관련 자료 조율을 진행하였다. 또한 그 과정에서 현장의 주민간 갈등이 증폭되고 있는 가운데 수용불가의 목소리도 강한 만큼, 찬반주민들의 의견을 시민참여단의 최종 토론과정에 반영할 수 있도록 설득작업도 병행하였다. 이처럼 이해관계가 첨예한 사안에 대한 소통협의회의 운영과 역할은 매우 의미가 컸다.

<표Ⅳ-49> 소통협의회 구성

구분	재개 측	중단 측
참여자	· 한국원자력산업회의 · 한국원자력학회 · 한국수력원자력(주)	· 안전한 세상을 위한 신고리 5·6호기 백지화 시민행동

* 출처: 신고리 5·6호기 공론화위원회, 2017년 신고리 5·6호기 공론화 백서, 2017.12.

2박 3일간 진행된 시민참여단의 종합토론회 결과, 추진 59.5% 반대 40.5%로 나타났고 건설 재개가 ±3.6% 오차범위를 넘어 통계적으로 유의미하게 인정되었다. 이에 따라 공론화위원회는 정부에 신고리 5·6호기 건설 재개 권고안을 제출하게 된다. 다만 이를 위해 시민참여단은 원자력발전의 축소·유지·확대 중 축소하는 방향을 제시하여 이를 함께 권고하였다. 또한 건설 재개 시 필요한 보완조치에 대한 권고로서 '원전의 안전기준 강화', '신재생에너지 투자 확대', '핵연료 후처리 해결방안 마련' 순으로 제시되었다. 시민참여단은 이번 공론화에 참여하면서 그 과정에 대해 90.4%가 공정하였고 88.8%가 만족하였다고 평가하는 등 갈등관리에 있어 본 과정에 대한 활용에 대해서도 긍정적으로 답변하였다.

이후 정부는 이러한 위원회의 정책권고를 수용하여 신고리 5·6호기 건설 재개 및 후속조치 신속 추진 결정하였다. 그리고 정부의 에너지 전환 정책 추진 예고하고 각종 보완조치 권고를 향후 정부 정책에 충실히 반영하겠다는 의지를 표명하였다.

(3) 시사점

2000년대 들어 국내 곳곳에서 공공사업현장에서 발생하는 문제를 해결하기 위한 방법으로 당사자가 참여하는 갈등조정협의체가 주로 사용되었다면, 2010년 이후는 정책결정의 문제를 시민들에게 묻는 참여적 의사결정 방식이 점차 사용되게 된다. 원전이나 방사성폐기물처리장 정책, 교육정책 등과 같은 장차 우리사회에 미칠 문제를 예방하기 위한 공론화 방식이 시민의식의 성장과 함께 더불어 지지받고 있다. 2000년대 중반에도 이미 중저준위 방폐장 입지선정과 관련하여 국민투표법을 통해 정한바가 있었지만 2017년의 신고리56호기 공론화는 원전정책에 대해 선발된 일반국민에게 물어보는 방식으로 그 차이가 있다. 국민전체에 대한 투표로 추진할 경우, 사회적 비용, 갈등의 확산가능성 등이 우려되었고 이를 해결하기 위한 공론조사와 같은 참여형 여론조사 기법을 사용했다는데 의의가 있다. 특히 참여자의 대표성과 절차의 공정성을 확보하고 기존 찬반 집단에 대한 갈등이 있는 만큼 충돌하는 의사결정을 소통협의회를 통해 합의, 해결함으로써 최종 종합토론회에서의 숙의과정이 충실히 진행될 수 있도록 했다는데 의의가 있을 것이다.

신고리5·6호기 공론화 이후, 교육부, 산업부 등 비슷한 고민을 갖고 있던 중앙정부는 정책 방향성을 정하기 위한 공론화를 추진하게 되었다. 또한 2018년에 들어서는 제주도, 서울시 등을 시작으로 수많은 광역·기초지방자치단체에서 공론화를 활용한 정책결정, 혹은 갈등해결이 추진되었다. 그 방식은 당사자 참여, 일반시민과 당사자 참여, 일반시민 참여 등으로 정책내용이나 상황에 따라 활용되었다.

다만 정부가 행한 공론조사의 방식의 후폭풍이었을까. 공론화를 추진한 대부분이 이러한 최종결정을 요구하는 형식의 공론화를 활용하였다. 이에 누군가는 공론화가 정책결정자들이 해결하기 쉽지 않은 골치 아픈 현안이나 정책결정을 회피하기 위한 수단으로 활용되고 있고 있다는 우려가 있다. 또한 갈등예방을 위한 참여적 의사결정이 사용자가 임의로 유행을 따라서 갈등회피를 위한 공론화로 활용하면서 조정협의회와 같이 당사자를 통한 문제 해결이 필요한 사안에 대해서도 일반시민 다수의 힘을 통해 결정하도록 함으로써, 자칫 기울어진 운동장을 조장하는 것 아닌가 하는 우려 또한 있다. 그리고 이후 수년간 공론화의 의미가 쟁점화, 사회문제화 등 다양하게 확대·재생산되면서 기존에 갈등예방·해결방식으로 활용되던 공론화 그 본래의 의미를 퇴색시키고 있는 것 같아서 아쉽다.

그럼에도 불구하고 참여적 의사결정에서의 공론화 자체는 예방적 갈등관리에 매우 적절한 수법이라는 데에는 이견이 없다. 특히 그간 설명회나 공청회와 같은 일방적 방식과 자문·평가회의와 같은 전문가 활용방식이 아니고 일반시민이 참여하여 상호 숙의 토론 과정을 통해 쟁점에 더 깊숙이 접근하고 구체적 해결방안(혹은 방향성)을 제안하는 방식은 민주주의 성장과 더불어 시민참여의 보다 진전된 형태라 할 수 있다. 1987년 이전에는 간접민주주의가 가진 병폐와 함께 공정성과 대표성 논란은 결국 체육관 투표라는 오명을 뒤집어썼고, 국민들의 6월 항쟁은 지금의 직선제를 이뤄냈다. 이를 비추어 볼 때 지금의 정책(방향성 등)결정을 위한 공론화는 직접민주주의의 한 방식이라는 주장도 있다. 왜냐하면 정책추진과정에서 일반시민의 의사결정이 직접 반영된다는 점이 그렇다. 특히 최근 불고 있는 주민공론화와 같이 지역사회, 마을 등의 의사결정을 작은민주주의를 실현하기 위한 구체적 수단으로써 활용할 수 있다는 것이다. 그럼에도 앞서 제기한 공론화가 갖는 우려와 한계를 극복하고 한 단계 더욱 발전하기 위해서는 참여자의 대표성과 적차의 공정성 등의 준수가 필요할 것이다.

1) 지방정부: 서울 공론화(2019 서울 플랫폼노동 공론화)

(1) 추진 개요

서울시는 2018년부터 참여형여론조사 방식을 활용한 서울공론화를 추진하고 있다. 의제는 2018년 균형발전, 2019년 플랫폼노동, 2020년 쓰레기대책, 2021년 광역자원회수시설 주민수용성 관련 등이다. 서울시의 공론화는 기본적으로 특정정책이나 사업 추진을 위한 예산편성을 통해 하는 것이 아닌 매년 의제를 선정하고 이에 대한 정책적 방향성을 제시하는 형식으로 추진되었다.

보통 서울공론화 과정은 의제선정, 추진단 구성, 여론조사, 참여단선정, 시민토론회, 정책 권고의 순으로 진행되는데 여기서 참여단 규모는 100명~250명 사이로 선정하고 있다. 코로나19에 여파와 예산 규모에 따라 참여단 규모는 변동성이 있다.

여기서 사례로 들고자 하는 2019년 서울플랫폼노동 공론화는, 디지털 플랫폼 경제 가속화에 따라 플랫폼노동과 관련한 사회적 화두가 등장함에 따라 이를 의제로 한 공론화를 진행하게 되었다. 서울시는 서울시민의 의견을 정책에 반영하는 시민공론화를 통해 플랫폼노동 관련 갈등을 선제적으로 예방하고자 하였으며, 플랫폼노동 확산에 따른 서울시민의 이해 증진 및 서울시 대책 마련을 위한 의견을 수렴하고자 하였다. 이를 위해 우선 2019 서울형 공론화 사업 기본계획을 수립(2019.07.12.)[159] 하고 같은 해 8~9월 의제선정자문단을 통해 최종 토론 의제를 선정하였고, 9월 공론화추진단을 구성한 후 10월 여론조사와 시민참여단을 모집한 뒤, 11월~12월 숙의토론을 추진하고 12월 최종 결과를 제안하면서 마무리 되었다.

(2) 해결 과정

서울시는 갈등예방차원에서 추진되는 본 공론화 과정이 객관성과 중립성을 보장하기 위하여 전문가로 구성된 '서울 플랫폼노동 공론화 추진단'(이하 추진단)을 학계, 연구원, 그리고 플랫폼노동과 관련한 전문가 등 총 7명으로 구성하였으며, 공론화 전 과정을 이들 추진단이 주도토록 함으로써 절차적 공정성을 담보하였다. 추진단의 역할은 공정한 공론화 절차의 기획 및 운영, 공론화 추진 절차별 주요 사안에 관한 결정이며, 차후 모든 숙의과정이 마무리된 이후 자문과 결과에 따른 권고(제안)안을 작성하여 보고하게 되었다. 이들 추진단은 공론화 과정 운영을 위한 주요 6대 원칙, 즉 대표성, 숙의

---

[159] 추진목적은 다음과 같다. 1) 플랫폼 노동 확산에 따른 서울시민의 이해 증진 및 관련 노동자의 권익 보호와 서울시 차원의 대책마련 필요. 2) 전문가 및 참여 시민의 숙의를 통해 서울 시민이 제안하는 '서울시 플랫폼 정책 방향(가이드라인)' 도출

성, 포괄성, 공정성, 투명성, 자발성 등을 설정하였다.

<표Ⅳ-50> 2019 서울공론화 과정 운영을 위한 원칙

구 분	주 요 내 용
대표성	- 서울시 지역(권역)별, 성별, 연령별 인구구성비를 고려하여 시민참여단을 구성하고 1·2차 숙의 250명의 시민참여단이 지속참여하도록 함
숙의성	- 학습과 토의를 중심으로 숙의토론 및 온라인 숙의를 진행하고, 퍼실리테이터 지원을 통해 10인 내외 분임별 토의를 진행함
포괄성	- 일반시민 1,000명 인식조사 결과를 통해 숙의과정 환류 및 전문가와 이해관계자의 1·2차 워크숍 개최에 대한 숙의과정 환류
공정성	- '2019 서울 균형발전 공론화 추진단'을 구성하여 독립적이고 객관적인 공론화 운영
투명성	- 숙의과정을 언론 및 홈페이지 등을 통해 공개
자발성	- 숙의과정에서 동원과 강요가 아닌 자발적 참여

시민들이 논의하게 될 의제를 선정하기 위하여 2019년 7월부터 9월까지 3차례 사전 전문가 자문회의와 추진단 구성 후 3차례 의제선정 자문회의를 통해, 플랫폼 노동과 플랫폼 경제를 구분하였고 실제 의제선정 자문회의에서 플랫폼 노동에서 논의하고 확인해야할 주요한 이슈들을 정리하였다.

이를 통해 도출된 핵심의제는 '플랫폼 경제와 노동의 미래'였으며, 이를 심화논의하기 위하여 1차 숙의 안건으로는 '플랫폼노동, 무엇이 문제인가?'를 선정하였다. 그리고 2차 숙의 안건으로 '지속가능한 플랫폼노동을 위한 주체별 1차 숙의안건의 세부 주제로 플랫폼노동의 현황과 특징, 플랫폼노동의 소득·안전·건강수준의 합리성, 플랫폼노동의 리뷰 시스템과 분쟁 해결 수단의 합리성을 선정하였다. 또한 2차 숙의안건의 세부 주제로는 플랫폼노동의 업계와 종사자의 역할, 플랫폼노동의 시민과 서울시의 역할, 플랫폼노동 사회의 역할을 선정하였다.

핵심의제	플랫폼 경제와 노동의 미래
	• 플랫폼노동, 무엇이 문제인가? 　- 플랫폼노동, 현황과 특징/ 장·단점은 무엇인가? 　- 플랫폼노동, 소득·안전·건강수준 합리적인가? 　- 플랫폼노동, 리뷰시스템, 분쟁 해결 수단 합리적인가? • 지속가능한 플랫폼노동을 위한 주체별 역할과 대책은? 　- 지속가능한 플랫폼노동, 업계와 종사자는 무엇을 해야 하나? 　- 지속가능한 플랫폼노동, 시민과 서울시는 무엇을 해야 하나? 　- 지속가능한 플랫폼노동, 우리 사회는 무엇을 해야 하나?
설문의제	플랫폼노동 이슈 관련 인식에 대한 의견 수렴
	• 플랫폼노동 활용여부와 확산에 대한 인식 • 플랫폼노동의 긍·부정적 요인관련 우선순위 • 리뷰시스템 및 분쟁해결수단에 대한 인식 • 서울시의 대책마련 필요성 등

<그림Ⅳ-14> 2018 서울 플랫폼노동 공론화의 의제

이상 확정된 의제에 대하여 여론조사(2회), 전문가 워크숍(2회), 시민토론회(2회), 총 3가지 형태의 공론화 절차가 진행되었다. 여기서 여론조사 및 전문가 워크숍의 결과는 시민토론회 과정에서 숙의자료로 제공되었다.

2019 서울 플랫폼노동 공론화는 온라인과 오프라인을 통하여 의견수렴이 이루어졌으며, 온라인은 민주주의 서울의 '서울시가 묻습니다'를 통해 일반시민 누구라도 참여·의견을 개진할 수 있도록 하였고, 오프라인은 전문가·이해당사자와 시민참여단이 참여하는 시민토론회를 열어 숙의토론이 가능토록 하였다.

오프라인 토론회에서 활동할 시민참여단은 먼저 서울시의 인구학적 특성(자치구별/연령별/성별)을 반영하여 19세 이상 1천 명을 대상으로 의견을 수렴하였고 다시 인구학적 특성을 감안한 무작위 추출로 이 중 250명을 선발하였다. 그리고 민주주의 서울 플랫폼의 시민참여단은 자발적으로 플랫폼노동 고객평점제와 관련하여 의견을 개진한 시민들로 330명이 참여하였다

또한 전문가 워크숍이 다른 공론화 과정과 다른 점인데, 플랫폼노동 의제는 노동자와 사용자가 이해당사자로 존재하므로 관련 전문가와 이해관계자가 참여하는 전문가 워크숍은 2번에 걸쳐 각 의제에 대해 관련 전문가 발제와 이해당사자간 토론을 진행하는 방식으로 진행되었다. 당시 전문가워크숍에는 각각 약 40여명이 참석하였다.

숙의과정으로서의 시민토론회는 2번에 걸쳐 발제, 질의응답, 참여단 토론의 순으로 반복하여 이루어졌으며 플랫폼 노동의 문제점, 개선방안, 노동자, 시민, 사용자, 관의

역할 등에 대해 심도 깊은 토론이 진행되었다.

<표Ⅳ-51> 2019 서울 플랫폼노동 공론화의 주요 추진 경과

구분	주요 내용
2019.7.12	- 2019 서울 공론화사업 기본계획 수립
2019.7.10.~8.6.(3회)	- 의제 선정을 위한 사전 전문가 회의 개최 · '플랫폼경제와 노동의 미래'를 의제로 결정
2019.8.29.~9.16(3회)	- 의제선정 자문회의 개최(8명) · 의제 타당성과 쟁점검토, 의제 최종 제안
2019.9.30.~11.26.(5회)	- 2019 서울 플랫폼노동 공론화추진단 구성·운영(7명) · 공론화 방식, 숙의과정, 결과 공표 등 전 과정에 대한 관리 및 결정 · 시민사회, 노동/법률, 갈등/소통, 통계/경제 분야
2019.10.6.~11.8(2회)	- 일반시민 여론조사(각 1,000명)
2019.10.16.~11.12(2회)	- 전문가 워크숍
2019.11.3.~11.17(2회)	- 시민토론회(시민참여단 250명)

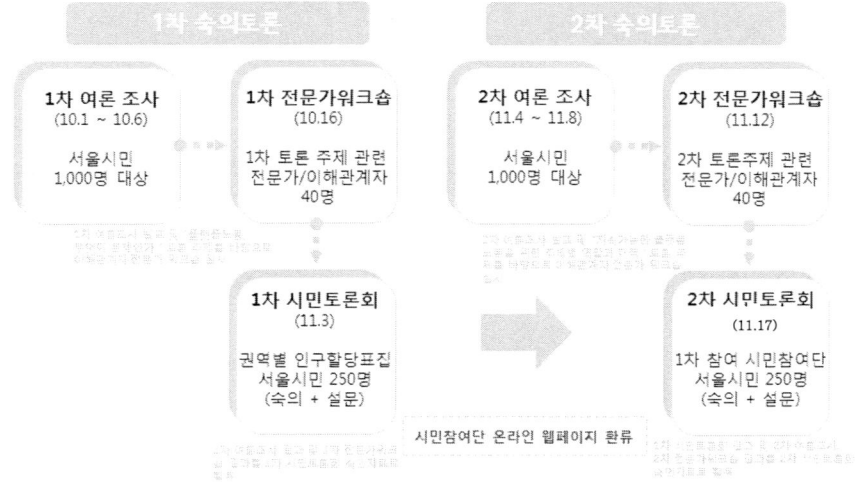

<그림Ⅳ-15> 2019 서울 플랫폼노동 공론화 과정

* 출처: 서울시, 2019 서울 플랫폼노동 공론화 백서, 2019.

시민참여단 모집은 서울시 5대 권역별(도심, 동남, 동북, 서남, 서북) 인구현황(권역/연령/성별 인구구성비 고려 할당추출)을 반영하여 대표성있는 총 250명을 선발하였다. 이들은 2차례 시민토론회에 참석하여 숙의토론을 진행하였으며 1, 2차 전체 시민토론회 최종참석률은 95.2%(250명 기준)으로 나타났다. 그리고 이들의 시민토론회 참여 만족도도 8~90%로 높게 나타나 향후 이러한 방식의 공론화의 활용 필요성에 힘을 실어 주었다.

<표Ⅳ-52> 2019 서울 플랫폼노동 공론화 시민토론회 참석자 수 및 참석율

구분		모집	1차(11/3)		2차(11/17)	
			참석	참석율	참석	참석율
		250명	244명	97.6%	238명	95.2%
성별	남성	123	116	94.3	112	91.1
	여성	127	128	100.8	126	99.2
연령별	19~29세	53	50	94.3	47	88.7
	30~39세	53	49	92.5	49	92.5
	40~49세	52	55	105.8	55	105.8
	50~59세	52	52	100.0	49	94.2
	60~69세	40	38	95.0	38	95.0
권역별	도심권	10	14	140.0	13	130.0
	동북권	78	75	96.2	73	93.6
	서북권	29	29	100.0	29	100.0
	서남권	79	76	96.2	73	92.4
	동남권	54	50	92.6	50	92.6

* 출처: 전게서, 2019.

<표Ⅳ-53> 2019 서울 플랫폼노동 공론화 시민토론회의 의제와 개요

구분		주요 내용
1차 시민토론회	일시	· 2019.11.3.(일) 10:30~18:30
	장소	· 코엑스 그랜드볼룸
	참석자수	· 244명 참석(97.6%)
	숙의내용	· 플랫폼노동 무엇이 문제인가
	발표·토론	· '디지털 플랫폼노동, 기회인가, 장애인가?'
2차 시민토론회	일시	· 2019.11.17.(일) 10:30~18:30
	장소	· 세종문화회관 세종홀
	참석자수	· 238명 참석(97.5%/ 1차 참여자 244명 중)
	숙의내용	· 지속가능한 플랫폼노동위한 주체별 역할과 대안
	발표·토론	· '디지털 플랫폼 노동: 현황과 과제' · '플랫폼에서 노동의 미래는?' · '디지털경제와 플랫폼 노동'

공론화추진단은 플랫폼노동에 대한 시민참여단의 의견을 정리하여 11월 26일 다음과 같이 최종결과문을 발표하였다.

첫째, 지속 가능한 플랫폼노동을 위해 서울시는 플랫폼노동관련 운영자·종사자(노동자) 등 이해당사자가 참여하는 협의기구를 마련하여 쟁점별 논의가 가능토록 하고 사회적 협약 체결을 제안합니다.

둘째, 지속 가능한 플랫폼노동을 위해 서울시는 서울시의회와 협력하여 관련 조례 제정을 제안합니다.

셋째, 지속 가능한 플랫폼노동을 위해 서울시는 시민의식 캠페인 및 중앙정부 차원의 제도적 뒷받침을 위한 노력을 경주하길 제안합니다.

또한 서울시의 역할로는 플랫폼 노동 운영자 및 종사자가 참여하는 협의 기구를 구성하여 표준계약서, 산재보험 등에 관한 지침 마련과 플랫폼 노동 관련 행동 규범 마련 및 분쟁 조정 등에 대한 자율적인 사회적 협약 체결을 제안했다. 또한 조례 제정에 있어서도 서울시가 선도적으로 추진하여 다른 지방자치단체의 참여를 견인하고 국회 차원에서의 논의를 활성화할 수 있도록 노력해야 한다고 제안하였다. 마지막으로 정책 추진 및 조례 제정에 앞서 시민 인식 제고를 위한 홍보 및 캠페인이 필요하다고 제안했다. 이를 위한 방법으로는 플랫폼노동의 현실을 알 수 있도록 대중 미디어 활용 광고 및 '빨리빨리' 등 배달 재촉 자제 캠페인, 플랫폼 노동자의 신체적 안전 문제와 정신적 피해 문제 등에 대해 소비자에게 알리는 노력 등이다.

(3) 시사점

서울시는 2017년 9월, 플랫폼 경제 성장에 따라 발생하는 다양한 노동 문제의 대안을 찾는 가운데 특히 플랫폼 노동과 이에 따른 새로운 문제에 관심을 갖고 해당의제를 선정하였다. 그 과정에서 공론화 과정 전반을 담당할 공론화추진단을 구성하였다. 공론화추진단은 분야별 전문가로 구성된 독립적인 주체로 대표성·숙의성·포괄성·공정성·투명성·자발성의 원칙에 기반하여 공론화 방식, 숙의 과정, 결과 공표 등 공론화 전 과정을 주도했다. 그리고 대표성에 따라 선발된 시민참여단 238명은 플랫폼 노동자의 권익보호를 넘어 시민들의 인식 개선 및 서울시 차원의 해법을 찾기 위해 숙의 과정을 진행하였고, 추진단은 다시 이들 의견을 정리·작성하여 「2019 서울 플랫폼노동 공론화 정책 제언」을 서울시에 제출했다.

서울시의 이러한 제안은 중앙정부 차원에서 진행되고 있는 논의와 별개로 현재 플랫폼노동이 갖는 법·제도적 한계 내에서 서울시민들이 먼저 해법을 제안하고 이를 토대로 서울시가 선도적 역할을 수행함과 동시에, 지방자치단체로는 최초로 관련 정책 및 제도화를 위하여 실현 가능한 방법을 본격적으로 모색했다는 점에서 의미가 있다.

2. 해외 사례

1) 공항: 프랑스 낭트 국제공항(Nantes Atlantique Airport) 신설

(1) 추진 개요

프랑스 중서부 중심도시이며 세계적 관광지이자 6번째 도시인 낭트에는 현재 낭트국제공항(Nantes Atlantique Airport)이 있고 해당 국제공항은 낭트 시에서 8km 거리에 위치하고 있음. 현재 국제공항에는 활주로 1본(2,900m), 여객터미널 1동이 있다. 기존 공항 시설의 최대 운송용량은 연간 300만 명 수준이었다. 하지만 2016년 운송여객은 478만 명(전년도에 비해 8.7% 증가)으로 한계용량의 160%에 달할 정도로 포화상태로 매년 증가 추세에 있다. 이러한 현실에서 낭트공항은 이미 포화상태에 이른 반면 여객수요는 계속 증가하는 추세에 부응하고 지역경제를 활성화하기 위해 당국은 낭트 시 외곽에 새로운 국제공항 건설을 추진하기 시작하였다. 기존 국제공항은 낭트 시내에 너무 가까이 있어 소음문제 등으로 인해 확장해 사용하는 방안은 추진하기 힘들기 때문에 새 국제공항으로 대체하는 방안을 추진하고 새로운 국제공항(Grand Ouest Airport)을 낭트에서 30km 떨어진 '로테르담 랑드'(Notre-Dame-des-Landes)에 건설해 서부 프랑스의 관문 역할을 하도록 하는 계획 수립하게 된 것이다.

사실 1965년부터 사업은 추진되었지만 진전이 없다가 2000년대 들어 다시 공론화되기 시작한다. 이를 위해 '국가공공토론위원회'(Commission Nationale du Débat Public, CNDP)는 '공공특별토론위원회'(Commission Particulière du débat Public, CPDP)를 통해 2002년 12월부터 2003년 5월까지 의견수렴 및 공공토론을 진행하였으나, 낭트 공항 이전 필요성 정도로 머물러 유의미한 결과를 도출하지 못하고 같은 해 7월 지속적인 과제로 의견을 표명하는 것으로 여지가 남게 되었다. 이런 상황에서 당시 프랑스 정부(Lionel Jospin)는 2012년 착공해 2014년 개항을 목표로, 2008년 총 사업 예산 5억8,000만 유로(약 7,830억원), 활주로 2본을 설치하고 최대 연간 900만 명의 여객을 운송 가능한 신국제공항 건설계획을 승인하였다. 또한 민관협력이 장려되고 신공항은 자동차도로와 철도 등 육상교통망과 연계되도록 하였다. 이에 사회당은 신국제공항 건설계획에 지지 입장을 표명하였으나[160], 노테르담 랑드 지역 주민, 농민 등의 이해당사자, 그리고 환경단체 등은 자연환경 파괴, 온실가스 배출, 소음피해 등의 문제를 이유로 반발하였다. 지역 주민과 농민들은 ACIPA(Association Citoyenne Intercommunale des Populations Concernées par le Projet d'Aéroport de Notre-Dame-desLandes)를 조직하였고, 특히 시민·환경단체들은 신공항 건설 저지를 위해 ZAD(Zone A Defendre, 방어지대)라는 연대기구를 결성, 항의시위, 농성, 단식투쟁, 소송 등 모든 방법[161]을 동원해 격렬한 반대운동을 전개하게 된다. 이에 따라 프랑스 정부는 2013년 4월 사업추진의 무기한 연기를 발표하였다[162].

---

160) 사회당 지지자들은 프랑스의 대서양 연안 근처에 위치하여 빠르게 성장하는 도시 낭트의 발전과 일자리 창출에 중요하다고 주장(Loire-Atlantique의 사회주의자 상원의원 Yannick Vaugrenard는 적절한 기반 시설이 없으면 이 지역은 유럽의 '최서단'이 될 것이며 중요한 신공항은 환경을 존중하게 될 것임)
161) 쪼그리고 앉기 활동(squatting) 등
162) ejatlas.org/conflict/zad-at-notre-dame-des-landes-aeroport-du-grand-ouest-france

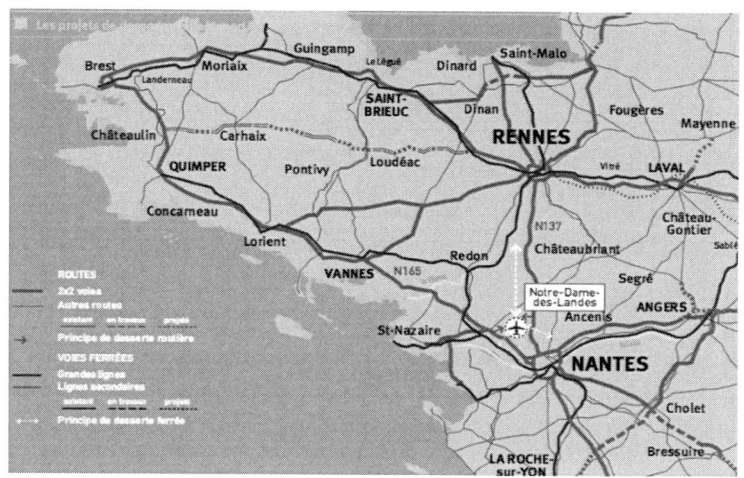

<그림Ⅳ-16> 낭트 국제공항의 위치

* 출처: Dossier du projet d'aéroport de Notre-Dame-Des-Landes
(cpdp.debatpublic.fr/cpdp-aeroport-ndl 검색일 2021.10.29.)

특히 2014년 2월에는 수만 명의 반대시위대가 경찰과 충돌해 최루탄, 물대포로 강경 진압하는 사태까지 이르렀다. 반대 단체들은 기존 낭트공항을 잘 활용하면 연간 400만 명 운송 가능하게 될 것이며 굳이 새로운 공항을 건설하지 않아도 될 것이라 입장을 견지하며 반대운동을 지속한다. 2016년 2월, 당시 프랑스 정부(François Hollande)는 2월 낭트의 국제공항 건설에 대한 오랜 공개 토론과 일련의 갈등을 해결하기 위해 지역 주민들이 10월까지 주민투표를 통해 결정하게 될 것을 밝힌다[163]. 결국 2018년 1월 17일, 프랑스 정부는 결국 사업추진을 포기하게 되면서 일단락되었다.

(2) 해결 과정

프랑스는 갈등예방과 해결에 관하여 국가공공토론위원회가 주된 역할을 하고 있다. 즉 기반시설 등 대규모 공공사업을 둘러싸고 갈등이 벌어졌을 때 프랑스에서는 주로 공공토론위원회의 주관 하에 추진되고 있으며, 시민참여에 의한 토론 및 여론수렴 등을 통해 해결을 도모하는 방식을 취하고 있다.

CPDP는 2001년부터 낭트 신공항 관련 사안에 관심을 기울이다가 12월 위원 중 한 명(Jean BERGOUGNOUX)에게 위임하기로 결정하고 2002년 1월 해당 사업과 관련한 총 15개의 집단이 모인 연구 추진단 모임이 구성되었다[164]. 이들은 사업추진에 앞서

---

[163] www.france24.com/en/20160211-france-notre-dame-des-landes-referendum-hollande
[164] Pays de la Loire 지역(대표 12명, 30%) 및 Brittany 지역(대표 7명, 17.5%), Loire-Atlantique(6

다양한 연구를 수행하고 자치단체 간 협력 구조를 만드는 것이 목표였다. 그리고 2002년 12월부터 2003년 5월까지 집중적인 공공토론 전개한다.

이 기간 동안 16번의 공공회의(public meetings)에 7,420명(약 70시간)이 참석하고, 405건의 e메일 의견서, 1,860건의 질의서·의견서 등이 제출돼 공공토론이 활발하게 진행되었다. 그리고 2003년 5월 공공토론위원회는 위와 같은 5개월간의 집중토론을 통해서도 유의미한 결론에 이르지 못하자, 2003년 7월 CPDP는 본 토론을 연장해서 계속해나간다는 의견발표로 마무리 된다.

<표Ⅳ-54> 낭트 국제공항 관련 공공토론-사전회의(Cycle Inaugural)[165]

일시	공공토론 장소	참석자	토론시간
'03.01.09	낭트 라 보조아르(Nantes La Beaujoire)	1,500	4H00
'03.01.11	노틀담 데 랑드1(Notre-Dame-des-Landes 1)	1,000	4H00
'03.01.11	노틀담 데 랑드2(Notre-Dame-des-Landes 2)	600	4H00
'03.01.15	낭트, 의회센터(Nantes, Centre des congrès)	1,000	5H00
종 합		4.100	17h00

<표Ⅳ-55> 낭트 국제공항 관련 공공토론- 의제회의1: 접근성(De Proximité)

일시	공공토론 장소	참석자	토론시간
'03.03.26	부게네 레제(Bougenais-Rezé)	450	4H30
'03.03.27	부브론(Bouvron)	200	4H30
종 합		650	8H30

명, 15%), Maine-et-Loire(1명, 2.5%), Mayenne(1명) 대표), Vendée(대표 1인), Sarthe(대표 1인), Ille-et-Vilaine(대표 1인), Morbihan(대표 1인) 대표), 낭트 도시공동체(대표 4명, 10%), 도시공동체 Nazaire 지역(대표 1명) 및 Rennes 대도시 지역(대표 1명), 지방 자치 단체의 커뮤니티 d'Erdre와 Gesvres(대표 1명)와 Blain 지역(대표 1명), Notre-Dame-des-Landes 공항 부문 연구 및 개발(대표 1명) 등임
165) 주요 의제는 다음과 같음 1) 토론회 구성 및 진행, 2) 새로운 공항의 필요성, 3) 입지선정, 4) 사업, 5) 단점, 6) 토지이용계획 결과, 7) 기타 질문 및 주장

<표Ⅳ-56> 낭트 국제공항 관련 공공토론-의제회의2: 분권화(Décentralisées)

일시	공공토론 장소	참석자	토론시간
'03.01.21	르네(Nantes La Beaujoire)	450	4H30
'03.02.19	킴퍼(Quimper)	62	3H00
'03.02.28	반(Vannes)	130	2H45
'03.03.04	라 로슈 쉬르용(La Roche sur Yon)	78	4H00
'03.03.07	앙제(Angers)	110	3H45
'03.04.18	브레스트(Brest)	40	2H30
종 합		870	20H30

<표Ⅳ-57> 낭트 국제공항 관련 공공토론-의제회의3: 주제별(Thématiques)

일시	논의 별	참석자	토론시간
'03.04.01	주제1: 낭트 교통개발전망, 포화상태, 대응 방안	300	5H00
'03.04.22	주제2: 공항 필요성, 비용과 자금조달 조건 등	320	5H30
'03.04.29	주제3: 소음, 환경문제, 토지문제, 지역일자리 및 농촌 영향, 지역의 미래 등	330	6H15
종 합		950	16H45

<표Ⅳ-58> 낭트 국제공항 관련 공공토론-의제회의3: 최종(Synthèse)

일시	논의 별	참석자	토론시간
'03.05.27	낭트, 의회센터(Nantes , Centre des congrès)	850	7H,0
종 합		850	7H305
최종 합계		7,420	70H15

<표Ⅳ-59> CPDP 공공토론을 통한 최종 제안

1. 현재 낭트공항의 포화에 대한 가설로 노트르담 혹은 다른 곳에 대한 새로운 공항사업은 '불필요하고 위험' 합니다.
2. 서부의 새로운 대규모 플랫폼 공항을 고려하기 전에 특히 낭트생나제르 플랫폼 개발 가능성 속에서 기존 공항을 사용 가능성을 보다 고려하십시오.
3. 의심할 여지없이 서쪽 지역에 대한 신공항은 필요합니다. 해당 낭트 입지가 더 멀리 있으므로 현 부지 외 다른 입지를 찾기 위해 더 노력하시기 바랍니다.
4. 토론회를 통해 해당 노트르담 랑드는 좋은 입지라는 것은 알았습니다. 그러나 이러한 결정을 내리기는 너무 이르지 않나 싶습니다. 낭트 공항이 존재하므로 낭트 외각에 부여된 제약을 볼 때 새로운 낭트나 서부 프랑스에 있어 대형 플랫폼에 대한 접근이 필요하다고 판단됩니다.

2003년 10월 프랑스 국토교통부(Ministre del'Équipement et des Transports)는 관련 미래 공항 설치계획에 대한 연구와 현장조사를 진행하게 되었다. 그 상황에서 지역주민 등의 반대(AICPA)로 갈등이 고조되고 결국 2006년 10~11월까지의 공개조사는 차질이 발생하기도 한다. 조사 종료 후 2007년 4월 해당 조사결과에 대하여 호의적 의견이 제시되는 등 계속적으로 사업추진에 긍정적인 의견이 지배적이었고 이에 당국은 2008년 6월에는 미래공항 건설 및 운영에 대한 신청을 공모하고, 10월 27일에 4곳의 후보166)가 선정되었다.

그러나 2009년 초, 해당사업에 반대하는 낭트에서는 당시 정치인(당시 선출된 무원 등) 320명이 반대단체 CEDPA(Collectif des Élus Doutant de la Pertinence du projet d'Aéroport)를 결성(이후 500명 이상이 참여)하고 이들은 기후변화와 연계되면서 반대운동이 점차 확산되었고 특히 ZAD 연대기구가 본격적으로 활동하는 계기가 되었다.

2011년 까지 해당 갈등이 심각한 상황에 이르자 갈등을 해소하고자 추진에 찬성론자였던 Jean-Marc Ayrault 총리167)는 2012년 11월 말 '대화위원회'(commission de dialogue, 위원장 Claude Chéreau)를 설치하기로 결정하고 추진하였다. 그리고 2013년 9월 대화위원회는 제출된 보고서를 통해 2017년까지 도시의 남쪽에서 북쪽으로 약 30km 떨어진 해당 입지에 "사업 관련성에 대해 의심의 여지가 없다"며 신공항 필요성

---
166) Véolia, Vinci, SNC-Lavallin, Bouygues.
167) 그는 1989년부터 2012년까지 낭트 시장을 역임 했고 1997년부터 2012년까지 국회에서 사회당을 이끌었다.

을 재확인하였다168). 그리고 현재 터미널의 포화 가능성이 있어 가능한 한 많이 줄여서 해당 사업계획을 개선하기를 권장하였다. 따라서 논란의 여지가 있는 사업추진의 유용성에 대해서는 긍정적으로 밝힘으로써 해소되지는 못하였다169).

결국 CPDP의 권고로 2016년 6월 26일 광역 지자체(낭트와 신공항 지역을 포함 Loire-Atlantique 지방 전역) 차원의 주민투표 시행하게 되었다. 그 결과 이들 지역 총 96만여 명의 등록 유권자 중 51%가 투표 참여, 신공항 건설 찬성 55.17% / 반대 44.83%로 나타났다. 다만 주민투표는 지역주민의 의견수렴을 위해 실시된 것으로서 법적 구속력이 없었기에 과반수 찬성이란 투표결과가 실제 사업 집행으로 이어지지 않았으며 갈등을 해결하는 데에도 별다른 효력은 미치지 못하였다. 특히 지역주민 과반수의 찬성에도 불구하고 환경단체들은 여전히 신공항 건설에 반대 입장을 지속 고수하였다. 결국 20년 가까이 오랜 갈등으로 부담을 느낀 프랑스 정부는 2018년 1월 17일, 해당 사업추진을 백지화 하게 되면서 종료된다.

(3) 시사점

낭트 신국제공항 건설은 원래 2012년에 착공할 계획이었으나 주민, 농민, 환경단체, 정치인 등 다양한 반대운동이 현장 점거, 시위 등에 따른 폭력진압 등이 점철되며 저항이 격화되어 오랜 기간 갈등이 확산, 심화된 사안이다. 특히 프랑스 국가갈등 관리기구인 CNDP에서 2000년대 사업초기부터 이 사안에 관심을 갖고 결합하였고 또한 대화협의체 등의 방식을 통해 해결방안도 모색하였으나 이러한 토론이나 여론수렴 등의 방법으로 근본적 갈등 해결에 한계를 드러냈다. 결국 96만여명의 해당 지역 주민들이 참여하는 신공항 건설 여부를 묻는 대규모 주민투표를 시행하였지만 과반수 찬성의 결과를 얻었지만 법적 구속력이 없어 이 결과 조차 갈등 해결의 궁극적 수단이 되지 못하였다.

국내에서도 계속 갈등이 이어지는 제주신공항건설과 비슷한 결과로 이어지고 있어 관심을 가질만하다. 제주신공항의 경우 2010년부터 본격화하기 시작하여 2014년 이후 갈등이 발생하고 이를 해결하기 위해 여러 방식의 시민토론회, 협의체 구성과 운영, 갈등영향분석, 전문가집단을 통한 대안모색(갈등관리 매뉴얼화), 최근 여론조사 실시 등

---

168) www.liberation.fr/france/2013/04/09/notre-dame-des-landes-la-commission-de-dialogue-rend-son-rapport_894744
169) www.lepoint.fr/societe/notre-dame-des-landes-la-comission-du-dialogue-justifie-l-utilite-du-projet-09-04-2013-1652611_23.php
대화위원회는 이와 관련 "미래공항의 전체 면적을 줄이는 것과 관련이 있다. 이는 특히 주차장 면적과 공항 주변 경제 활동을 위한 면적을 줄여 농지에 미칠 영향을 "가능한 한 많이" 줄일 필요가 있다. 특히 대중교통 측면에서 신공항에 서비스를 제공할 전망을 명확히 해야 한다고 덧붙였다. 또한 그 영향을 정확하게 평가하기 위해서는 "현재 및 미래 공항에 대한 소음 노출 계획"이 "항공운항 횟수 및 진행상황에 대한 예측에 대한 항공기 기술을 고려한 새로운 추정치를 기반으로 업데이트되어야 한다."는 입장을 표명함

을 통해 문제해결을 모색했지만 결국 사업추진이나 갈등해결이나 요원한 상태로 갈등관리 해법에도 해당 실패사례가 도움이 될 것으로 본다.

2) 발전소: 프랑스 쿠르셸쉬르메르(Courseulles-sur-Mer) 해상풍력

(1) 추진 개요

2011년 7월 프랑스 정부는 재생에너지 개발을 위한 420~750MW의 정격 전력을 가진 5개의 해상 풍력 발전소 건설을 추진하고 이중 '쿠르셸쉬르메르'(Courseulles-sur-Mer) 등 4개의 프로젝트가 결정되었다. 이러한 정부의 재생 에너지 목표와 해상풍력발전의 이 정책에 대한 기여는 2020년까지 재생 에너지에서 발생하는 전력 소비 비율을 23%로 늘리겠다는 정부 약속을 반영한 것이다. 이 약속은 EU가 20%의 재생 에너지를 달성해야 한다는 의무에 대한 프랑스의 대응이기도 하였고 여기서 프랑스의 풍력발전을 선택한 것은 공공토론을 진행 하게 된 이유가 되었다. 당시 국가 에너지정책으로 제시되었던 전반적인 목표는 논쟁의 여지는 없었고 오히려 이 사업의 지지자들에 의해 가능한 유일한 미래 대응으로 옹호되었으나 풍력발전에 대한 선택이 100%로 받아들여지진 것은 아니었으며, 즉 해상풍력 터빈 설치에 대한 해당 입지에 관한 문제와 관련되며 지역사회로부터 반대하는 목소리도 우려될 수 있기 때문이다.

이에 CNDP는 2012년 7월 4일 해당 사업에 대한 공공토론을 조직하고 Claude BREBAN 의장의 거주지 아래에 있는 특별공개토론위원회(CPDP, 5명)[170]에 이 프로젝트를 진행하기로 결정함. 이후 2012년 9월부터 2명으로 구성된 사무국을 설치하였다. 그리고 CPDP를 통해 해당 토론 지역과 영향이 우려되는 이슈와 이해당사자(지역주민, 어업인, 해양수산, 항만 관련, 노르망디 역사유적 관련자 등) 등을 선정하였고 2013년 3월부터 7월까지 총 11번의 각 쟁점별 공공토론이 진행되었다.

(2) 해결 과정

해상풍력 신규 설치문제를 지역 시민들과 논의하기 위하여 사무국을 개설한 2012년 9월 전후로, CPDP는 본 토론에 앞서 향후 공공토론의 전략과 계획수립, 일정 및 장소 등을 정하기 위하여 준비 단계 차원의 15차례의 회의를 개최하였다. CPDP 의장의 첫 번째 업무는 준비 단계에서 주요 지역 이해당사자와 사업 관계자와의 사전 협의였고 두 번째 업무는 CPDP 각 위원들에 의해 수행되었다. 2012년 8월 30일부터 2013년 3월 20일까지 CPDP는 거의 100명의 이해당사자 들과 접촉하였다. 이 단계는 관련 청중

---

[170] Claude BREVAN, Jean-Louis CHEREL, Mireille LETEUR, Laurent PAVARD, Roger SILHOL

을 식별하고 주제 및 지리적 관심사를 중심으로 공공토론을 구성하는 데 도움이 되었다. 또한 2013년 1월 할리아드 150 풍력터빈이 설치된 카넷 지역(Carnet)을 방문하고 향후 설치하게 될 모델의 생산공장(Alstom de Saint-Nazaire) 등도 방문하였다. 그리고 2013년 2월 6일 회의를 통해 CNDP에 제시된 논의에 대한 운영과정 등을 결정하는 데 중요한 요소였다. 공공토론은 2013년 3월 20일부터 시작되어 7월 20일까지 진행되었다. CPDP는 토론과 관련하여 다음과 같은 차원으로 구분되어 진행되도록 하였다. 첫째, 지역차원이다. 지역은 예상되는 경제적 영향과 풍경과 환경에 미치는 영향과 관련되는 것으로 사업의 산업적 측면을 다루는 사전 회의는 카부르(Cherbourg)[171]에서 열렸고 해양 및 양식 고등학교 학생들이 참여하는 회의도 개최되었다. 둘째, 전국적 차원이다. 노르망디 지역 경계를 넘는 에너지전환 문제에 대하여 국가별 당사자들을 초청하여 국가 및 유럽 에너지 정책(예: 에너지 및 기후 총국, 환경 및 에너지 관리청, 에너지 관리청, 에너지 관리청 등)에 대한 문제를 논의하였다. 셋째, 국제적 차원이다. 주변 해변과의 접근성이 있어, 노르망디 기념 협회와 참전용사 협회, 그리고 다양한 연합 국가(영국, 캐나다, 미국)의 관광객들을 초청하여 토론에 참여케 하였고 영어로 진행되었다.

칼바도스 강(Calvados) 북쪽에 위치한 곳에는 풍력 발전소와 관련된 시각적 영향을 받는 해안가 코뮌(communes, 가장 작은 행정단위, 마을), 그랜드 캠프 마이(grandcamp Maisy)에서 카부르(Cabourg)에 있는 코뮌, 그리고 베이외(Bayeux)와 캉(Caen)에 있는 코뮌 들이 포함되었다. 여기에 13개의 지역자치단체, 119개의 코뮌, 127,000명 이상의 사람들이 모여 살고 있다. 그리고 서쪽에는 영국 해협 바르플라워(Barfleur), 동쪽은 혼플뢰르(Honfleu)까지 확장된 경계선을 확인하였다. 이에 총 190개의 코뮌이 공론화 대상지역에 포함되었다.

CPDP는 3월부터 7월까지 11차례에 걸친 공공토론은 모든 사람이 참여가능 하도록 밤 8시부터 11시까지 진행토록 구성하였다. 그리고 어업, 수상 활동, 해양 및 항공 안전 관련 회의 등을 제외하고, 어업 대표들의 요청에 따라 오후 6시부터 9시까지 회의를 개최하였다. 토론회 회의 구성은 우선 공공토론의 전반적 형식과 해당 사업의 특징을 제시하는 착수토론회, 그리고 사업에 따른 경제, 에너지 문제 및 시각적인 측면에 대해 참여자의 의견이 제시될 수 있도록 하는 세 차례의 사업 발표 및 회의, 각각의 이슈에 대한 문제 해결을 논의하기 위한 5가지 주제토론, 그리고 사업의 쟁점과 관련하여 참여자가 자신의 입장을 설명하고 토론할 수 있는 공청회, 4개월에 걸친 토론회 과정을 정리하고 최종의견 기회를 제공하는 폐회토론 등이 그러하다. 회의장소의 선택은 세 가지

---

[171] 프랑스 칼바도스 주(노르망디Normandie 지방)의 도시로, 인구는 4,026명

를 감안하여 추진되었는데, 충분한 크기와 가용성, 영역 전체에 걸친 균형있는 지리적 분포, 그리고 논의된 주제와의 토론장소의 적합성 등이다.

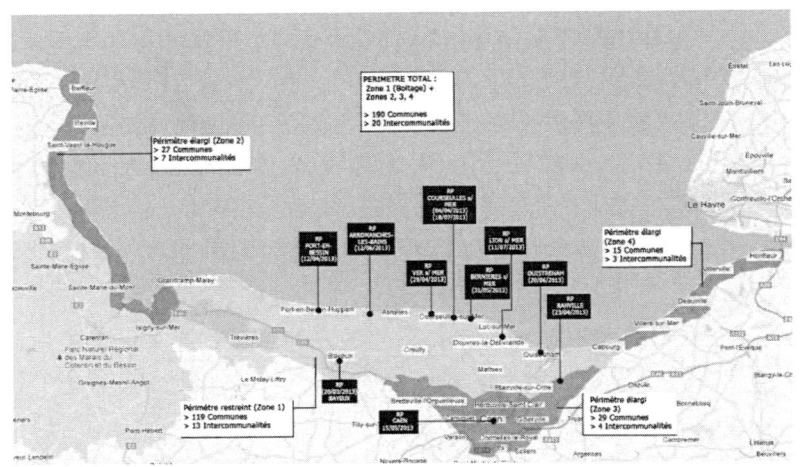

<그림Ⅳ-17> 해상풍력 관련 공론화의 대상지역

* 출처: cpdp.debatpublic.fr/cpdp-courseulles/DOCS/CR_BILAN/cpdp-cr-courseulles.pdf

 어업 및 해양 활동에 관한 공공토론은 바세 노르망디의 첫 번째 어항이자 프랑스의 7번째 어항인 포트앙베신후팡(Port-en-Bessin-Huppain)에서 개최되었다. 그리고 랜빌(Ranville)에서 풍력 발전소를 전력망으로 연결하는 토론회가 개최되었다. 광범위한 지리적 영역에 대한 경제적, 일자리 및 산업 영향에 대해서는 지역 수도인 캉에서 토론회가 열렸다. 유적지, 경관, 환경에 관한 토론회는 항구의 유적이 남아 있는 아로만치-레-베인스(Arromanches-les-Bains)에서 개최되었다. 설치, 운영, 해체 및 건설 단계에 대한 회의는 풍력발전 사업자가 풍력 발전소의 유지보수 항구로 구상한 위스트레햄(Ouistreham)에서 개최되었다. 마지막 공개 총회는 7월 11일 나크르(Nacre) 해안 관광 코뮌인 라이온쉬르메흐(Lion-sur-Mer)에서 개최되었다. 그리고 이 사업의 이름을 딴 공원과 가장 가까운 코뮌 중 하나인 쿠르쉴르 슈르 메흐(Courseulles-sur-Mer)에서 발표회와 폐회식이 개최되었다.

 이밖에 회의일정 선택에 대해서도 여러 대중 참여를 독려하기 위해 기념식을 고려하여 정하였다. 예로 1944년 6월 6일 노르망디 상륙작전 기념식에 참석한 시민들이 토론에 참여시키기 위해 6월 12일 일정을 선택하기도 하였고 학생들의 경우, 봄방학(4월 29일 베르수르메르Ver-sur-Mer), 여름방학(7월 11일 라이온수르메르 Lion-sur-Mer, 7월 18일 코스울수르메르 Courseulles-sur-Mer) 등에서 3차례 공개 토론회가 개최되었다. 이러한 토론회들은 주민 이외의 거주자들과 휴가객들이 본 토론에 참여할 수 있도록 하기 위한 것이었다.

언론대응과 관련해서는 현지 언론[Cotté Caen(주간, 35,000부)]과 Western France (Courseules-sur-Mer 출판)을 통해 공공토론 일정과 관련 정보를 시민에게 전달할 수 있게 하였다. 그리고 관련 방송파트너 700개소와 관련 단체 1,290곳에도 관련 뉴스레터, 토론자료집, 사업설명자료 등을 우편을 통해 보냈으며 이메일을 통해서도 토론 포스터, 웹사이트 게시용 배너, 보도자료 등도 송부하였다. 지역 주민들에게는 3월 11일부터 15일까지 뉴스레터, 토론자료집, 사업설명자료 등이 포함된 내용을 각 우편함(약 56,000개, 주민 123,028명)에 배포하였고, 인터넷 전용사이트를 3월 14일에 개설하여 관련 자료 등을 직접 확인할 수 있고 온라인을 통한 질의응답이 가능토록 하였다. 이밖에 토론회 개최를 알리는 포스터를 지역 상점, 관광지, 음식점, 주변 해안도로 등에 300여 곳에 부착하고 시장, 역 주변 등 1,300개의 전단지를 배포하는 등 적극적인 홍보활동을 전개하였다.

이상과 같이 16주에 걸쳐 11개의 공공토론과 35시간의 논의과정, 2개의 학교를 방문하고 총 1,742명의 시민참여가 이루어졌다. 참여자는 해당 지역 주민, 해당 이슈에 관심이 있는 시민, 그리고 전 회의에 참석한 지지자 등이다. 이들로부터 제기된 질문 228개는 다음과 같은 주제로 나뉘어졌고 이에 따른 답변이 각 질문자에게 보내졌음. 또한 인터넷홈페이지에는 22,110명이 방문하기도 하였다. 이와 함께 16개의 발제(토론) 등이 이우어졌고 이에 각종 경제계는 7개 발제에 대해 의견을 개진하는 등 다양한 의견과 토론 등이 진행되었다.

<표IV-60> 해상풍력 관련 해당 토론 주제별 질문 수

해당 주제	질문 수
공공토론 절차	23
사업특성	107
해상풍력	23
어업 및 기타 해양 용도	26
경관 영향, 유적지와 관광	22
환경	42
경제와 산업	41

<표Ⅳ-61> 해상풍력 관련 공공토론 주제별 일정 및 참여자 등

일시·장소	주요 내용	참여자 및 논의 시간
2013년 3월 20일 (Bayeux)	개회토론(발제토론)	− 180명, 29개 의견 − 발언 시간 · CPDP 34분, 사업체 103분, 시민 32분
4월 4일 (Courseulles-sur-Mer)	개회토론 (프로젝트 개요 – 풍력 발전소 위치, 에너지 믹스, 에너지 전환, 법률적 측면, 프로젝트의 전반적인 경제)	− 300명, 24개 의견 − 발언 시간 · CPDP 30분, 사업체 75분, 시민 30분, 기후환경 등 전문가 75분
4월 12일 (Port-en-Bessin-Huppain)	수산어업, 해양활동, 해상보안, 대기 등	− 160명, 21개 의견 − 발언 시간 · CPDP 30분, 사업체 30분, 시민 35분, 해양활동 당사자 50분, 토론자 40분
4월 23일 (Ranville)	육상연결 및 항만 개선	− 116명, 35개 의견 − 발언 시간 · CPDP 20분, 사업체 30분, 시민 20분, 해당 분야 담당·전문가 135분
4월 29일 (Ver-sur-Mer)	공공 토론(개요)	− 131명, 37개 의견 − 발언 시간 · CPDP 40분, 사업체 95분, 시민 40분, 해당 분야 담당·전문가 135분
5월 15일 (Caen)	경제적 영향, 고용, 산업 등	− 150명, 18개 의견 − 발언 시간 · CPDP 25분, 사업체 65분, 시민 23분, 토론자 50분
5월 31일 (Bernières-sur-Mer)	공청회	− 70명, 11개 의견 − 발언 시간 · CPDP 20분, 사업체 40분, 시민 15분, 토론자 95분
6월 12일 (Arromanches-les-Bains)	역사 유적, 환경 영향 (피해)	− 180명, 21개 의견 − 발언 시간 · CPDP 30분, 사업체 30분, 시민 50분, 토론자 135분
6월 20일 (Ouistreham)	설치, 개발, 붕괴, 건설현장, 탄소균형	− 145명, 29개 의견 − 발언 시간 · CPDP 40분, 사업체 110분, 시민 45분, 토론자 20분

7월 11일 (Lion-sur-Mer)	공공토론 설명, 사전회의, 총론, 환경문제 질의	- 100명, 25개 의견 - 발언 시간 · CPDP 50분, 사업체 110분, 시민 30분, 토론자 20분
7월 18일 (Courseulles-sur-Mer)	공공토론 종료	- 210명, 12개 의견 - 발언 시간 · CPDP 66분, 사업체 43분, 시민 24분, 지자체장 26분, 토론자 20분, 기타 6분

* 출처: cpdp.debatpublic.fr/cpdp-courseulles/DOCS/CR_BILAN/cpdp-cr-courseulles.pdf

(3) 시사점

본 사례는 탄소저감을 위한 프랑스 정부의 에너지 정책 중 하나로 해상풍력을 선택하고 이에 따른 지역설치 추진에 따라 CNDP는 입지에 따른 지역수용성 문제와 관련하여 추진에 앞서 여러 제기될 이슈와 이해당사자를 선정하고 공공토론을 진행한 사례이다. 탄소중립을 위한 과제로 프랑스는 2020년까지 신재생에너지 비율을 23%까지 높이기 위해 해당 사업을 추진하게 되었고 실제 많은 지지를 얻었다. 그러나 입지는 관련 지역에 어업행위, 수상레저와 같은 직접 이해당사자 이해와 더불어, 노르망디 상륙작전과 같은 역사유적지나 경관에 미칠 영향 기타 산업, 경제적 긍부정적 효과 등 다양한 이슈와 연결되고 있어 충분한 정보제공과 의견 수렴이 필요한 사안이었다.

CNDP는 CPDP를 구성하여 적극적인 갈등예방활동을 전개하고 각종 지역 홍보와 의견개진을 독려하고 미디어를 통한 안내, 홈페이지 운영등 약 3개월간 토론회를 11차례에 걸쳐 진행하면서 관련 정책은 물론 이슈별 토론, 해상풍력의 이해 등이 포함된 공론화가 이루어 졌다. 물론 본 형식은 설명회- 토론회 - 의견수렴 및 개진 등의 방식으로 이루어진 형태로 우리나라에서 보편적으로 추진되는 원탁회의나 대표성을 부여하여 추진하는 공론조사와 같은 방식은 아니었고 참여자도 한정적이며 대표성을 부여하기 어려운 형태였으나 장기간 다양한 의견을 취합하고 수용성을 높이기 위한 예방적 갈등관리 노력으로서 의미가 있다고 생각한다.

앞으로 국내에서도 현재 탄소중립을 위해 각종 재생에너지 확대, 기존 석탄화력발전소 폐쇄, 메탄가스 저감 등의 노력이 각 부처별로 진행 중에 있다. 그러나 탄소발생 관련 산업과 각 이해당사자가 존재하는 상황에서 제대로 된 의견수렴이나 절차 없이, 즉 수용성을 높이기 위한 예방차원의 갈등관리 노력은 거의 전무한 상황임. 이러한 현실에서 본 사례는 국내에 시사하는 바가 크다 하겠다.

제3절 갈등조정협의체 사례

1. 국내 사례

1) 한탄강댐 건설

(1) 갈등의 개요

한탄강 댐은 2006년 12월 당시 건설교통부가 임진강 하류의 홍수조절능력 확보와 홍수피해경감을 위하여 추진하고 있는 총사업비 1조 1,124억 원의 홍수조절목적용 댐이다. 댐 건설의 영향을 받는 지역을 살펴보면, 입지지역을 중심으로 하는 상류부와 하류부로 나누어진다. 댐건설은 지역의 광범위한 토지를 수몰시키게 되며, 그 지역의 생활기반을 지탱하고 있는 지역사회와 그 주변지역으로의 파급효과가 있다. 그러나 그 반대로 그 편익은 대부분 하류지역으로 미치는 관계로 인하여 상류·하류지역 간 혹은 반대 측과 건설추진 측과의 갈등이 일어나고 있다.

<표Ⅳ-62> 한탄강댐 건설 사업 개요

구 분	주 요 내 용
사업위치	- 경기도포천시창수면, 연천군연천읍고문리
유역면적	- 1,279 ㎢(임진강 유역 8,118㎢ 15.7%)
규 모	- 댐높이 83.8m, 댐길이 694m
총저수용량	- 2.7억㎥(홍수조절용량 2.7억㎥)
사업면적	- 15.5㎢(수몰지 14.8㎢ 공사부지 0.7㎢
수몰세대	- 286세대 (연천 71, 포천 215, 철원 0)
총사업비	- 1,124,437백만원 (공사비 365,282백만원, 보상비 680,747백만원, 정비사업비40,980백만원, 시설부대비37,458백만원)[172]
사업기간	- 2006년 ~2012년

---

[172] imjin.kwater.or.kr/(검색일 2008.2) 한국수자원공사 임진강건설단 홈페이지

특히 상류부에는 부담이 크다는 점은 기존연구에서도 지적되고 있는 것이 사실이다. 한탄강 댐 건설의 관련지역으로 구분하여 보면, 상류지역은 경기도의 포천시와 연천군, 그리고 강원도의 철원군의 3개 지역으로, 하류지역으로서는 임진강 하류지역인 파주시 등이 관련되어 있었다.

<표Ⅳ-63> 한탄강 댐 건설에 따른 피해지역의 개요

지역구분	행정구역	지역특성	수몰면적	세대 및 인구
직접피해지역	경기도 연천군	건설예정지역 수몰예정지역	3.7㎢ (25.4%)	· 71세대(총 18,461세대중) · 수몰예정지역주민 184명 · 보상대상 약1000지번
	경기도 포천시	수몰예정지역 농촌지역	10.5㎢ (71.9%)	· 215세대(총 61,555세대중) · 수몰예정지역주민 802명 · 보상대상 약 3000지번
간접피해지역	강원도 철원군	농촌지역	0.4㎢ (2.7%)	· 0세대(총 18,016세대중) · 보상지번 약 50지번

(2) 갈등의 해결과정

1996년과 1998년에 걸친 하류지역의 대홍수에 대한 홍수조절을 목적으로 2000년 12월 '한탄강댐기본설계보고서'가 완료되고, '수자원장기종합계획(2001~2020)'에서 한탄강댐 건설계획이 포함되고 2001년 8월 설명회가 무산되면서 입지예정지역 등 상류지역을 중심으로 한 갈등이 시작된다. 이에 따라 건설주체는 2003년에 주민 대응책으로서 주민공청회(사업타당성, 경제성 및 환경 분야 주민토론)를 열었지만 반발은 쉽게 가라앉지는 못하였다. 갈등문제의 심각성을 깨달은 정부는 당사자 참여에 의한 해결을 대통령으로부터 지시받고 '지속가능발전위원회'(President's Council on Sustainable Development; 이하 PCSD)내 갈등조정위원회가 주도되는 '사회적합의형성과정'이 우리나라 최초로 2004년 6월부터 8월까지 2달간 시도되게 된다. 주요내용으로는 당해지역의 홍수문제 해결을 위한 적절한 대안을 모색하고 합의하는 자리였다. 그러나 각 대안에 따른 찬반양론으로 치닫게 되고, 대안을 제3자 조직에 의해서 마련하는 것으로서 합의하게 된다. 이후 법적구속력이 없는 조정과정은 당사자의 대표성이나 당사자 합의와 지역 내 주민합의도출을 얻지 못하게 된다. 따라서 국회의 요구에 따른 감사원 감사가 5개월간 열려(2005.1.5~5.23), 홍수조절능력의 과대평가, 댐 규모의 적절성, 댐건설 절차기준에 따르지 않은 문제 등이 지적되어, 기존 댐건설 사업계획은 백지화가 본 문제가 국무조정실로 이관되게 된다(2005.5.23). 이후 이해당사자가 배제되는 제3자 전문가의 '임진강유역홍수대책특별위원회'가 설치되어, 2006년 8월 '홍수조절용댐+천변저류지'의 안이 결정된다. 이후 백지화 수순이라고 생각했던 이해지역단체간의 찬반시위가 격렬히 발생하게 되었다. 그 후 큰 변화 없이, 2006년 12월 댐 기본계획이 발표되고 건설지역에 대한 보상이 시작된다. 현재에는 이에 환경단체주도로는 2006년 11월 감사원에 국민감사청구와 반대주민 주도의 2007년 3월부터의 행정소송(한탄강 댐 고시 취소소송)이 제기되기도 하였다[173]. 그러나 각하되면서 2018년 한탄강 댐은 완공되어 현재 운영 중이다.

① 조정협의체에서의 합의결과

조정협의체에서는 전문가가 제시하는 근거에 의해 100년 홍수(19,800톤/초) 방어를 위한 방안으로 '천변저류지와 새로운 홍수조절용댐(제6안)'을 결정하였다. 여기서 홍수조절용댐이란 기존 한탄강댐보다 축소된 규모의 댐으로 한탄강에 홍수조절용댐이 필요하다는 사실을 인정하였다. 기존의 한탄강댐은 무효화 된 것으로 새로운 댐을 건설하기 위해서는 법적 제도적 절차를 밟아야 하며 중립적 전문가들로 하여금 공동협의회를 구성하고 1년 이내에 댐규모 등 절차를 마무리하여야 한다고 정했다. 그리고 2개소에 1,200만톤 규모의 천변저류지를 건설하며, 천변저류지의 저류용량만큼 홍수조절용량의 규모를 축소하였다. 협의체에서 제시된 각 대안을 정리하면 다음과 같다.

---

[173] 2008년 2월, 적정성, 안전성, 경제성에 문제가 있음을 지적하고, 사회갈등의 해결을 위해 댐의 규모를 2.7억 톤에서 1.3억 톤으로 줄이라는 조정권고안이 서울행정법원 내려진 상태이지만 건설주체는 다시 항고하여 갈등은 장기화 될 것으로 예상되고 있다.

<표Ⅳ-64> 조정협의체에서 논의된 한탄강댐 건설 대안

구 분	제안기관	주요 문제점 및 주장		
		조정소위주장	반대측주장 (환경단체+주민)	정부측주장
<제1안> 천변저류지 (5개)+ 제방	환경단체제안	· 홍수조절효과 불확실 · 150km의 길이로 환경성, 안전성, 사회수용성측면이 약해 배제	· 제4안보다는 경제적, 차후 정밀 검토 필요 · 건교부, 지속위에서 비환경적, 비안전성을 들어 배제시켰지만 치수대책의 근간은 제방이며 비용추가하면 충분히 환경적이고 안전적 제방을 구축가능	· 홍수조절효과 불확실 · 제방길이가 커서 환경성, 안전성, 사회수용성이 없어 배제
<제2안> 제방		· 제방길이가 커 안전성, 환경성문제 · 소하천의 부정적 영향 · 많은 비용		· 홍수조절효과 불확실 · 제방길이가 커서 환경성, 안전성, 사회수용성이 없어 배제
<제3안> 분수로+ 천변저류		· 제방길이가 커 안전성, 환경성문제 · 역류와 수질악화 우려, 많은 비용		· 제방길이가 커서 환경성, 안전성, 사회수용성이 없음 · 갈수기 건천화 등 생태계 악영향
<제4안> 기존 한탄강댐	정부제안	· 건교부측 자료 신뢰성 부족하여 도출결과도 수용불가	· 기존에 기준미달 제방 증고 · 당초 단가에서 제방단가는 증가, 댐단가는 변경하지 않아 신뢰상실	· 홍수조절효과 확실, 환경성 미미, 안전성좋음 · 공사비저렴
<제5안> 천변저류2개소 +한탄강댐 축소		· 기존 한탄강댐 규모에 천변저류량 효과만큼을 축소하여 배제	· 천변저류지추가건설 필요 · 제방 혹은 댐증고 · 기존 기준미달제방 증고	· 철원주민이 반대함을 이유로 조금 축소시킨 안
<제6안> 천변저류2개소 +한탄강댐 축소	조정소위제안	반대측이 선호한 천변저류 2.5% 정부측이 선호한 97.5%를 채택하여 결정	· 정부제시 제5안/4안과 동일 · 축소안이 아님(17cm축소) · 자료 신뢰하지 않는다는 5안을 그대로 받아들인 사실	-

② 합의형성과정에서의 문제점

본 합의결과는 최초의 공공갈등에 대한 합의형성결과라는 점에서는 의미가 있지만 다음과 같은 여러 문제들을 제기할 수 있다.

첫째, 장기화되고 복잡한 사안으로 합의하기 어려운 논의 구조와 시간촉박성에 쫓긴 프로세스 추진이다. 본 사업은 국책사업과 같이 기술성, 환경생태성, 사회수용성 등의 검토자료를 통해 합리적 의사결정 절차에 의해 종합적으로 결정해야 하는 문제였다. 검토자료를 마련하는 과업참여자의 정직성과 합리성이 전제가 되어야 하나 그렇지 못했고, 부처의 이기주의(환경부-건교부-수자원공사), 조직해체위기, 지역발전저해, 수몰주민의 유불리 등이 겹쳐져 결국 의사결정결과에도 불복을 가져왔다. 결국 이러한 복잡한 사안을 정부는 1년 안에 조정 해결하려 했다는 것이 문제였고 구성을 찬반으로 나누어 논의하면서 이해당사자간의 의견이 극과 극으로 협의가 진행되어 조정 여지가 없어 사실규명에 그 짧은 협의체 시간마저 허비하게 만들었다.

둘째, 참여자의 대표성 문제이다. 참여자는 정부측 3명, 반대측 환경단체 3명, 찬성측 수몰주민 4명, 반대측 4명으로 총 4개 그룹 14명을 이해당사자 대표로 구성하였다. 이들 간 이루어진 합의는 지역주민과의 공유나 합의가 진행되었어야 했지만 그렇지 못했고 결국 정부의 최종발표로 또다시 갈등이 발생한 원인이 되었다.

셋째, 참여한 조정위원의 분야에 대한 전문성 문제이다. 사실규명에 집중되어 대부분 기술적·전문적 문제로 찬성측은 유명학회의 전문가 검토를 받아 이론적으로 옳다는 주장이 계속되었고 반대 측은 이를 전문가가 정부 측과 공생관계로 이러한 편향된 결과로 이어졌다는 반박이 계속되면서 쟁점해소가 잘 이루어지지 못하였다.

넷째, 조정위원의 중립성 논란이다. 정부 측이 한탄강댐에 대한 고급정보, 동원인력자원, 물적자원을 가지고 있었지만 반대 측은 그렇지 못하였다. 오히려 일부는 반대 측에 대한 의견은 충분히 귀 기울이지 않았고 정부측 옹호발언도 하는 등 중립성 논란이 이어졌다.

다섯째, 전문가 자문의 한계성이다. 풍부한 자문이 이루어진 찬성측에 비해 반대측은 그 입장을 대변해줄 전문가의 부족하였다. 그래서 반대측은 대부분 정부측에 대한 의견 (지적시 계속 수치를 변경하는)을 지지하는 전문가 집단에 대한 불신을 가질 수 밖에 없었다.

여섯째, 합의결과는 조정소위에 최종 결론 위임이었다. 반대측에 대해 대안자료 제시를 하라는 심리적 압박(10년간 정부가 준비한 댐 개발을 2개월안에 댐에 상당한 대안을 제시하라는 압박)이 계속되면서 과거의 과오 등은 논의되지 못하고 댐이나 문제 해결의 필요성을 상정한 채 대안 찾기를 위한 회의를 진행하면서 반대 측의 불만이 계속되었다. 당시 반대측은 한탄강댐 갈등은 진실규명의 문제라 주장하였지만 받아들여지지 못하였다. 결국 논의의 내용은 정부는 반드시 댐을 건설하여야 한다고 했고, 반대 측은 기존계획의 백지화와 다른 대안으로 하여야한다고 맞서게 되었으며, 조금씩 양보한 뒤 1달기간 동안 대안 중 재검토하자고 합의하게 되었다. 결국 검토에 대해서 찬성측은 어렵지 않았으나 반대측은 이를 검토할 전문가가 거의 없어 결국 이 과정을 포기하고 중립적으로 신중한 판단을 내려줄 것으로 기대하며 일임하는 것으로 합의하게 된 것이다.

(3) 시사점

당시 노무현 정부는 방폐장 건설에 따른 부안사태, 한탄강댐 건설에 따른 주민반발, 각종 도로, 철도 등의 건설과정에서 갈등이 각 지자체별로 폭발하고 있는 상황이었다. 이는 지방자치 10년이 가져온 시민사회의 확장과 주민주권이 어느 정도 안착단계에서 나타난 당연한 결과라고 할 수 있다. 이러한 문제를 해결하고자 각종 제도를 구상하고 시범 운영하게 되었다. 이중 갈등조정협의체라는 방식에 주목하였다. 이 방식은 선진국에서 갈등이 발생한 후 적용하는 갈등해결 제도 중 하나로서 정부로서는 당시 추진하려던 갈등관리법제 내 방법으로 제시하고 있었고 그 효용성 검증이 필요했다. 이를 위해 여러 국책사업 갈등 중 그 해결가능성이 있는 사안에 적용을 검토하는 가운데, 강원도를 방문한 대통령의 해결 지시가 있었다. 이는 시범사업의 첫 사례로 한탄강댐 문제가 결정된 이유가 되었다.

당시 갈등조정협의체의 운영은 어찌 보면 모두 아마추어에 진배없었다. 주민들 스스로도 그렇고 이를 이끌어가는 조정자나 국가기관도 마찬가지였다. 이들이 모여 협의체는 시작되었지만 그라운드 룰은 지역상황이나 실제 실익 등이 고려되지 못한 채 마련되었다. 즉 갈등영향분석과 같은 상황판단을 위한 기초적이며 중립적 결과물 없이 추진되면서 각각의 이슈가 아닌 찬반이라는 형태로 운영되었다. 이는 끝까지 협의체가 서로 물러날 수 없는 찬반 격론의 장으로밖에는 그 역할을 할 수 없었던 한계를 드러냈다. 그리고 반대 측이 주장한 바와 같이 정부와 찬성 측 주민과의 협력관계 및 정보제공의 편파성 의혹도 협의체가 삐걱댈 수밖에 없는 상황을 제공하기도 하였다. 사실 정부는 어떤 방식으로 사업을 하면 좋을까에 관심이 있었고 그것이 의제가 되길 바랐다. 그러나 반대 측은 사업 백지화로 어떤 방식도 필요 없다는 인식 속에 참여하였다. 이는 타협은 처음부터 쉽지 않음을 반증하는 결과이기도 했다. 결국 정부 측의 생각대로 대안으로 모아지긴 하였지만 최종 대안결정은 이루어지지 못했고 합의는 그 결정을 전문가에 위임한다는 합의로 결론 내려졌다. 지금 생각해보면 합의의 원칙은 어디까지나 당사자가 결정한다는 점으로 상기할 때 그때의 합의결과가 얼마나 이해하기 어려운 내용이었는지 알 수 있다. 그만큼 합의가 어려웠다는 반증이기도 하였고 행정절차상 시간에 쫓겨 진정한 합의를 도출할 수 없는 한계를 드러낸 결과이기도 하다. 또한 법제도가 없는 상황에서 협의체의 위상이나 합의 결과는 그만큼 보호받기 어려운 상황이라는 점도 일깨워준 사례이기도 하다.

2. 해외 사례: 오스트리아 빈 공항(Flughafen Wien-Schwechat) 확장

1) 갈등의 개요

오스트리아는 유럽 중앙에 위치한 국가로 동쪽은 헝가리, 체코, 슬로바키아, 슬로베니아, 서쪽은 독일, 스위스, 이탈리아와 접해 있어 동서유럽의 관문 역할을 하고 있다. 특히 동구 사회주의국가들의 체제전환과 함께 서구자본주의국가들과의 경제협력이 급속히 증가하였고, 이에 따라 오스트리아의 경제적 중요성이 더욱 증가하고 있는 상황이다.

빈 공항은 수도 비엔나에 소재한 오스트리아 최대 공항으로 비엔나 도심에서 남동쪽으로 18km 떨어진 곳에 자리잡고 있다. 1938년 군공항으로 처음 건설되었으며 제2차 세계대전 중에 Heinkel 회사의 남부군용 항공기 설계 및 생산단지 또는 Heinkel-Süd 시설로 사용 되었고 이후 1959년 확장, 1972년에 두 번째 활주로 건설이 이루어졌으며(제1활주로 3.5km, 제2활주로 3.6km), 1992년 민영화되었다. 전체 지분 중 50%는 민간 소유, 비엔나 시, 주(Lower Austria) 정부가 각각 20%씩 소유하고 있다.

'빈 국제공항 주식회사'(Flughafen Wien Aktiengesellschaft)는 이러한 지정학적 위치를 고려하여 항공승객 및 물동량이 매년 6%정도 증가하고 늦어도 2015년에는 새로운 활주로가 필요하다고 보았다. 빈 공항 주식회사의 계산에 따르면 현재의 두 개의 활주로를 최적으로 운용해도 시간당 72회가 최대 이·착륙회수이지만, 2015년에는 예측 승객 수 및 물동량을 처리하기 위하여 최소한 80회의 이·착륙이 필요하다는 것이었다. 이에 따라 빈 공항은 1998년 제3활주로 건설을 포함하는 빈 공항 확장 마스터 플랜("Masterplan 2015")을 수립·발표하였다.

공항확장계획이 발표되자 항공교통량의 증가로 이미 소음공해에 시달리던 인근지역 주민들과 지자체는 제3활주로의 건설이 기존의 항공소음을 악화시키고 지역의 발전을 저해할 것이라고 우려하였다. 이에 해당 계획을 반대하고 활주로 건설을 저지하기 위해 다양한 주민 연대를 구성, 시민단체와 자치단체장들은 야간비행 금지 등을 요구하며 새 활주로 건설에 반대하는 결의서 제출하는 등 조직적 행동으로 저항하였다. 공항대표자들이 예측치의 '과학적' 타당성을 설명하고 항공기 소음저감을 위한 보완대책을 수립해 설득을 시도하였지만 지역주민들은 이를 일종의 도발로 간주하여 받아들이지 않았고 반대운동의 강도는 오히려 강화되었다. 이에 빈 공항 주식회사 측은 활주로 신설 및 소음문제에 관한 '미디에이션(Mediation)'을 중립적인 제3자에게 의뢰하게 되었다.

2) 갈등의 해결과정

빈 국제공항 주식회사는 2000년 3월 커뮤니케이션 상담역으로 변호사인 프레이더

(Dr. Thomas Prader)를 지명하고 공항확장 반대자들과 미디에이션 절차를 준비하도록 위임하였다. 프레이더는 공항운영사 이사회, 시민단체, 지역사회 대표, 정당 관계자 등과 접촉하고 난 뒤 그해 5월 갈등해결을 위해 미디에이션 절차를 진행할 것을 제안하였다. 프레이더를 중심으로 빈 공항 주식회사, 인근지자체, 시민연대, 빈(Wien) 및 니더외스터라이히(Niederösterreich) 주정부 및 양 주의 환경보호청의 대표들로 준비모임인 미디에이션 추진단을 결성[174]하고 국제공모를 통해 그해 가을 4명(최종 3명)으로 이루어진 미디에이션 팀을 선정하여 다음 단계의 절차를 이끌도록 하였다[175]. 미디에이션을 진행하는 데 드는 모든 비용은 궁극적으로 비엔나 국제공항 측에서 부담토록 하였다.

빈 공항 주식회사 측은 제3활주로 건설문제만이 아니라 현재의 항공기소음저감대책도 조정 대상에 포함시킴으로써 활주로 신설 반대자들에게 협상의 동기를 부여하였다. 이러한 준비 과정을 거치는 동안 참여 그룹은 정당, 지역상공회의소, 지역 노동자대표 등 관련 협회, 주말농장 소유자연합 등 총 50개로 늘어났고, 이 그룹에서 총 300여의 대표가 참여하는 최종 의사결정기구인 미디에이션 포럼이 구성되었다.

<표Ⅳ-65> 미디에이션 포럼의 주요 참여집단

구분	주요 참여집단
핵심 그룹 (Core Group)	- 비엔나 국제공항, 인근 지역 공동체, 비엔나시, 주(州) 정부 - 비엔나와 주 환경단체들, 항공소음 관련 시민단체들
기타 참여 단체 (Extended Core Group)	- 노동자협회, 상공회의소, 농민협회 - 비엔나 공항 운영사(Vienna Airport AG), 오스트리아항공 - 오스트리아 항공관제사단체, 지역 정당, 여행사협회 등

* 출처: Austrian Federal Ministry of Environment (2006), Case Study of Vienna International Airport Mediation(www.partizipation.at 검색일 2021.10.28.)

미디에이션 포럼의 구성 후 미디에이션 팀은 이해당사자 그룹의 구조, 상호관계 등을 이해하기 위해 합의 전까지 이해당사자들과 약 60회의 면담을 하였다. 이러한 '갈등분석' 후에 조정절차의 설계가 이루어졌다.

---

[174] 비엔나공항 대표 2명, 시민단체 대표 2명, 공항 인근지역 자문위원회 4명, 비엔나 시 대표 1명, 주(Lower Austria) 정부 대표 1명, 지역 환경당국 1명 등으로 구성되었다.
[175] 미디에이터 팀은 국제적 선정 절차를 거쳐 Dr. Thomas Prader, Mag. Gerhard C. Fürst, Dr.Ursula König, Prof. Dr. Horst Zillessen 등 총 4명으로 구성되었다.(Mag. Fürst는 2003년 도중하차)

조정과정은 2000년 5월부터 사전 미디에이션(Pre-mediation)을 시작으로 2005년 6월까지 5년간 진행되었으며 50개 그룹에서 60여명의 대표 참석한 2001년 1월 18일 첫 회의와 같은 해 3월 1일 모든 참석자들은 비엔나 국제공항 확장사업 문제, 기존 두 활주로의 항공기 운항 및 소음문제 두 의제에 대한 미디에이션 절차 진행하여 실행 가능하며 구속력 있는 결론을 도출하기로 합의 하는 등 이후 조정과정의 본질적인 절차에 합의하였다. 여기서 프레이더는 절차 촉진자 및 조정포럼의 참여자들의 대변인의 역할로 전제 조정 과정을 미디에이션 팀과 함께 이끌었다.

해당 의제에 대한 본격적인 조정 시작되고 실질적인 것들은 작은 각 분과에서 이루어졌으며 총 15회의 회의가 개최되었음. 당시에는 소음, 발전 시나리오, 생태, 여론 활동 등 4개의 분과가 있었고 필요에 따라 각 분과는 특정주체에 대해 작업반을 운영하였다176). 예를 들어 소음분과에서는 소음기준, 착륙각도, 측정계획을 주제로 작업반이 구성되었다. 분과나 작업반에는 항상 주요 갈등 당사자들이 같이 참여하였다177).

2002년 초반까지 작업은 크게 세 가지 측면에서 이루어졌다. 우선 공항의 발전으로부터 영향을 받는 영역들을 추려내는 작업이 이루어졌다. 미디에이션 포럼에서만이 아니라 300명 이상의 주민들이 참여한 공청회를 통해서도 모아진 100여개의 개별 영역들은 지속가능발전의 세가지 축(생태, 경제, 사회)에 따라 분류하였다. 경제적인 측면에서 소음방지, 보상, 세수, 지자체의 발전가능성, 소득변화, 지가, 관광산업, 입지경쟁력, 기업유치, 일자리, 기업의 경쟁력, 농업의 생존 등이, 사회적 측면에서는 사회구조, 인구변화, 거주구조, 외부위험, 혜택과 부담의 지역적 편차, 건강 등이, 생태적 측면에서는 쓰레기, 하수, 지하수, 에너지사용량, 토지이용, 토착생물, 기후변화, 오염물질 배출, 육상교통 유발요인, 교통 분산, 소음 등이 거론되었다. 두 번째 작업은 위와 같은 각 쟁점 영역별로 지표와 평가기준을 마련하고 시나리오에 고려해야 할 기본 가정의 항목들을 결정하는 것이었다. 세 번째 작업은 이러한 기준 및 가정에 기초하여 현재 소음상황의 개선책을 제시하고 미래의 시나리오별 평가를 통해 제3활주로의 건설여부를 결정하는 것이었다. 이를 위해 2002년 1월 소음분과와 시나리오분과를 '현안대책' 분과와 '시나리오 2010/2020' 분과로 대체하였다. 현안대책 분과에서는 제3활주로 건설여부와 상관없이

---

176) 절차운영소위원회 : 주로 핵심그룹 대표 20명으로 구성되어 총 49회 모임 진행
　　실무그룹 : 주제 별로 다양한 실무협의그룹이 구성돼 100회 이상 회의 개최
　　이밖에 진행 과정의 모든 기록은 참석자들의 승인을 거쳐 전용 웹사이트에 게재하였다.
177) 2001년 가을에는 시민연대, 빈 공항 주식회사, 항공기관제회사, 지자체단체장, 두 주정부로 구성된 운영위원회를 추가로 설치하였다. 변호사를 위원장으로 하는 이 기구는 개별 분과 및 작업반의 작업을 조정하고 조정팀과 함께 조정절차를 매끄럽게 운영하는 것을 과제로 하였다. 분과 및 작업반을 절차문제로부터 해방시켜 실질적인 내용문제에 집중하게 하려는 것이었다.(김종호 외, 2004).

현재의 항공기 소음문제를 해결하기 위한 대책을 강구하는 것을 목적으로 하였고, '시나리오 2010/2020' 분과는 활주로 건설과 관련하여 시나리오별로 평가하고 그 대응대책을 마련하기 위해 설치되었다. 하지만 계획했던 것 이상으로 조정기간이 길어지자 미디에이션 포럼은 2002년 11월 다시 조정구조의 개편을 단행하였다[178]. 운영위원회의 권한을 확대하여 작업반의 설치 등 절차에 대한 모든 의사결정권을 운영위원회에 위임하였다. 당시의 구조개편의 목표는 2003년 3월에 당면소음문제에 대한 대책을 제시하고 그해 가을까지 조정을 종결한다는 것이었다.

<표Ⅳ-66> 오스트리아 빈 공항 확장 관련 의제별 단계적 논의 진행

구분	주요 논의 내용
1단계 (2001년 3월 ~ 2003년 5월)	- 기존의 항공소음 문제를 집중 논의하여 확실한 저감대책 수립
2단계 (2003년 가을 ~ 2005년 6월)	- 새 활주로 건설 등 공항확장사업과 이에 따른 소음대책, 환경문제, 지역사회와의 관계 등에 대하여 협의

2003년 3월, 현안대책 분야에서 합의가 이루어져 부분 계약을 체결하고 이·착륙경로의 변경, 심야 이·착륙횟수의 감축, 활주로별 이·착륙분산 등을 통해 인근주민들의 소음피해 저감을 도모하였다. 하지만 제3활주로 건설과 관련된 부분에서는 구체적인 대안을 둘러싼 갈등이 심화되어 2003년 가을이라는 일정을 지키지 못하였다. 이후 몇 번에 걸친 장기간의 토론을 통해 결국 2004년 여름, 대부분의 쟁점분야에서 기본적인 합의를 이루어냈고, 2005년 중반에는 마지막 난제였던 심야 이·착륙분야에 대한 합의를 이루어 2005년 6월 22일 마침내 조정 최종안이 체결되기에 이른다.

조정안을 보면 2007년 이후 심야 이·착륙횟수를 줄이고 특정 방향의 심야 이·착륙은 금지되었다. 또 소음기준을 넘어서는 인근마을주민에게는 빈 공항 주식회사가 주택방음개선에 자금을 지원하기로 하였음. 빈 공항 갈등의 조정과정은 일반시민들에게 공개된 과정이었다. 모든 공식회의의 회의록이 홈페이지를 통해 공개되었고, 연 2~3회씩 총 10회의 뉴스레터를 통해 조정과정에 대한 정보가 제공되었다.

---

[178] 분과의 규모가 너무 크고, 논의해야할 쟁점분야가 너무 많아 두 개의 분과에서 해결하기에는 어렵다는 인식하에, 분과를 해체하고 대신 12명 정도로 구성된 작업반을 쟁점별로 구성하였다.(김종호 외, 2004)

<표Ⅳ-67> 오스트리아 빈 공항 확장 관련 조정결과 : 주요 합의 내용

구분	주요 논의 내용
1단계 합의	- 기존 공항의 소음문제에 대한 저감 대책 · 소음 피해를 입는 주민들 숫자가 줄어들도록 할 것 · 소음피해를 가장 심하게 받는 지역을 위해 그 지역을 지나는 항공기 운항시간 제한 및 야간비행 횟수 감축으로 소음발생 저감 · 야간에 남쪽 방면에서의 착륙 금지 · 상대적으로 소음피해가 덜한 지역으로 항공기 운항을 고르게 분배 · 소음 저감을 위해 항공기 이착륙 노선 조정 · 공항측은 소음피해 지역 주택에 방음창호 설비를 위한 재정 지원 · 상시적인 소음 측정 및 모니터링 체제 구축 등
2단계 합의	- 활주로 증설 등 공항 확장사업 및 그와 관련된 문제 · 공항 측이 당국에 제출하는 새 활주로 건설 사업계획서 및 환경영향평가서에는 미디에이션 과정에 합의된 모든 규정이 포함되도록 할 것 · 경제적 이해관계를 고려하되 건강과 삶의 질이 반드시 보호되도록 할 것 · 특히 야간 소음피해를 줄이기 위해 기술적 대책과 함께 야간비행을 제한하도록 할 것 · 공항 확장으로 인해 소음피해 지역이 늘어나지 않도록 하고 인근 지역이 고도 제한 등의 피해도 받지 않도록 할 것 · 공항 확장으로 농토 상실 등 피해를 입는 농민들을 위해 새로운 도로망 개설 등 영농 및 판로 지원대책 수립 · 공항 측은 환경기금을 조성해 공항 확장으로 소음피해를 받는 지역에 재정적 지원. 공항측과 인근 지역 대표들로 재단 이사회를 구성해 기금 운영 · 환경기금의 지원금액은 연간 300만 유로(약 40억원)로 하고 다음과 같이 할당 　* 37.5% : 공항 확장으로 지역발전에 부정적 영향을 받게 된 지역 　* 37.5% : 소음피해 지역에 소음 정도에 따라 배분 　* 25.0% : 인근 지역의 지속가능한 발전을 위한 사업에 지원 · 현 상태에서 해소가 안되거나 제기되지 않은 문제에 대해서는 앞으로 모든 관련 이해 당사자들의 참여 하에 건설적인 방식으로 해결하도록 할 것 · 향후 공항 확장 및 운영 등에 따른 제반 문제를 협의하고 해결하기 위해 '비엔나 국제공항 대화포럼(Dialogue Forum)'을 설립해 상설 운영 · 대화포럼 이사회는 공항측과 항공사, 인근 지자체, 지역 협회와 주민대표 등으로 구성하고, 중요 사안에 대해 합의가 안 될 경우를 대비해 중재단(Arbitral Tribual)을 만들기로 함

3) 시사점

빈 공항 사례가 주는 시사점은 첫째, 합의가 쉬운 부분과 어려운 부분으로 나누어 진행할 필요가 있다는 점이다. 빈 공항 조정의 경우, 상대적으로 쉬운 현재의 항공기 소음대책을 활주로 추가신설 문제와 독립적으로 처리함으로써 상호신뢰 형성에 도움을 주었고, 이를 통해 갈등의 폭을 줄이는 데 기여하였다. 사실 시민연대 등이 조정에 참여한 것은 현재의 소음문제도 조정 대상이었기 때문으로 현안해결 이 학습과정으로 작용, 미래 소음문제에 대한 조정과정을 용이하게 하였다.

둘째, 피해에 대한 적절한 보상이 조정 과정을 용이하게 하였다. 활주로의 신설로 인한 경제적 이익의 일부를 피해 받는 지역 사회에 환원함으로써 일종의 타협이 이루어졌다. 물론 다양한 기술적인 방안을 통해 소음의 감소와 균등한 배분을 달성하고 민감시간대인 심야에 이·착륙횟수를 제한하는 소음대책을 수립하였지만, 환경기금을 만들어 일정 부분 재정적 보상을 하는 방안도 합의안 도출에 기여하였다.

셋째, 투명성이 조정과정에서 발생하는 대리인 문제를 완화하는 데 도움을 주었다. 빈 공항의 경우, 조정 과정을 공개적으로 진행함으로써 조정의 쟁점들이 모집단에서 지속적으로 논의될 수 있었다. 이에 따라 대리인과 모집단간의 견해 차이가 최소화될 수 있는 계기가 되었다.

넷째, 조정안의 사후관리가 중요하다는 점이다. 조정안의 대부분의 조항이 미래에 실현되는 대책들을 담고 있어 이 대책들이 실제로 시행되는가에 따라 조정의 효과가 달려있다. 따라서 빈 공항 조정의 경우 사후 갈등관리 구조인 대화포럼의 구성을 조정안에 포함시켰고, 갈등의 발생 시 갈등을 중재할 중재인을 선임하였다. 이러한 시스템은 조정 참여집단들의 지지도를 높일 수 있었다.

다섯째, 쟁점의 단순화가 필요하다는 점임. 빈 공항 조정의 경우, 지역의 지속가능한 발전을 목표로 하다 보니 지속가능발전의 모든 차원을 다룰 수밖에 없었다. 따라서 원래 계획했던 2년의 절반이 순수한 준비 작업에 소요되었다. 따라서 쟁점들을 단순화시켜 집중적인 협상과 합의 도출이 필요할 것이다.

제4절 사회변화에 따른 갈등 사례

1. 주거환경개선사업 갈등: 인천 송림파크푸르지오 건설

1) 사업 개요

인천의 동인천역 북동쪽에 위치한 송림파크푸르지오 주택건설사업은 기반시설 열악과 노후불량 건축물 밀집구역으로써 시급한 주거환경개선을 위해 총 73,629㎡의 면적에 2,562세대의 주택을 건설·공급할 예정으로 2022년 8월을 사업 준공 목표로 추진하였다.

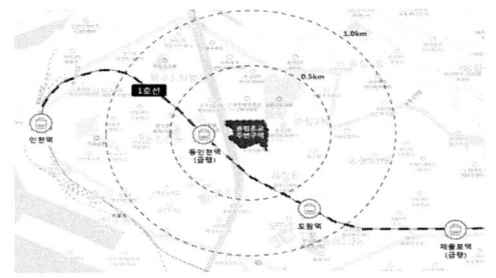 

<그림Ⅳ-18> 송림파크푸르지오 위치도 및 조감도

<표Ⅳ-68> 송림파크푸르지오 사업개요

구분	주요 내용
위치	- 인천광역시 동구 송림동 185번지 일원
면적	- 73,629㎡
시행자	- 인천도시공사(iH)
세대수	- 2,562호(원주민 395호, 공공임대 167호, 민간임대 1,997호)
사업기간	- 2006 ~ 2022
사업비	- 5,127억원
공사규모	- 지하 4층 ~ 지상 48층, APT 12개동
사업방식	- 관리처분방식
사업유형	- 공공지원민간임대주택연계형 주거환경개선사업
정비구역 지정일	- 2008-04-14.
사업시행 인가일	- 2009-10-09.
사업시행 변경 인가일	- 2016-12-28.
관리처분계획 인가일	- 2017-12-29.

2) 갈등의 배경 및 원인

송림파크푸르지오는 도시 및 주거환경정비법에 따른 주거환경개선사업으로 iH가 인천시로부터 2008년 4월 정비구역을 지정 받아 사업을 추진하였다. 그러나 2008년 시작된 글로벌 금융위기로 부동산 경기 침체에 따른 사업성 결여와 iH의 재정여건 악화로 2010년 12월 행정안전부의 경영개선명령으로 사업이 중단되었다. 이후 주민들의 지속적인 사업추진 요구로 사업성 개선 및 사업비 조달을 위해 사업방식을 뉴스테이 사업으로 변경하고, 2016년 1월 인천시, 동구, 주민, iH 4자간에 뉴스테이 사업협약을 체결하면서 사업이 재개되었다. 2019년 1월 원주민 이주를 완료하고 2019년 5월 11년 만에 공사를 착공하였으나 송림파크푸르지오 북쪽에 인접한 솔빛마을주공1차 아파트 입주민들과의 일조권 갈등으로 2020년 7월 공사가 중단되었다[179]

---

[179] 건축법상 전용주거지역이나 일반주거지역에서는 신축 시 인접 건축물의 일조 등의 확보를 위하여 신축 건물을 정북방향으로부터 이격시켜 건축물의 높이를 제한함. 공동주택의 경우, 동지일 기준으로 오전 9시~오후 3시 중 일조시간이 연속 2시간 이상 확보되거나 오전 8시~오후 4시 중 일조시간을 통틀어 최소한 4시간 이상 확보, 준주거지역은 외부 일조권에 대한 별도 규정이 없다.

418 공공갈등관리 개론

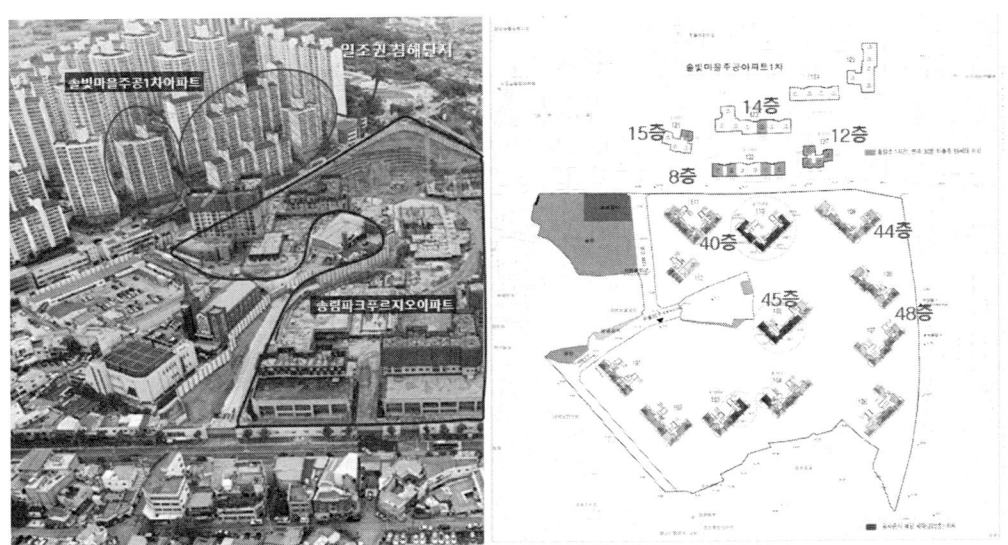

<그림Ⅳ-19> 솔빛마을주공1차 아파트 일조권 침해지역 위치

3) 갈등의 전개과정

(1) 갈등잠재기(2016.01.~2019.05.)

본 사업지구와 같은 사업 지연 장기화를 해소하기 위하여 도시 및 주거환경정비법 시행령이 개정되어 공공지원민간임대주택(구, 뉴스테이)를 200세대 이상 공급하려는 경우 준주거지역으로 종상향이 가능해 짐에 따라 사업을 재개할 수 있었다. 그러나 이러한 용도지역 변경은 갈등의 원인이 되었다.

<그림Ⅳ-20> 송림파크푸르지오 정비계획(안)

(2) 갈등표출기(2019.05.~2020.04.)

건축물이 2019년 5월에 공사가 착공되면서 본격적으로 올라가자 솔빛마을주공1차 아파트 입주민들이 2019년 9월 공사금지가처분 신청을 하고, 2020년 4월 인천지방법원에서 총 2,562세대 중 220세대에 대한 공사금지가처분을 일부 인용하였다. 이에 언론에서 심층적으로 일조권 문제를 다루기 시작하였고, 사회적으로 관심을 갖는 계기가 되었다.

(3) 갈등심화기(2020.07.)

공사금지가처분 일부 인용에 따라 iH는 해당 건축물의 9층까지 공사를 시행한 후 2020년 7월 공사를 중단하고, 원주민 수분양자들은 추가분담금 발생을 우려하여 인천광역시장에게 소송 중재 요청을 하였으며, 이로써 이해관계자가 원주민 수분양자들과 인천시까지 확대되었다.

(4) 갈등 교착기(2020.08.~2020.10.)

iH의 공사금지가처분 취소 신청에 따라 인천지방법원에서는 2020년 8월 화해 조정 결정을 내리고, 솔빛마을주공1차 아파트의 시가 하락분을 감정하였다. 9월 감정결과서에 따라 일조권 침해에 따른 가치하락분 상당의 금액과 이에 대한 위로금을 입주민들에게 iH가 지급할 것을 권고하였다. 그러나 해당 솔빛마을주공1차 입주민들은 가치하락분 상당의 금액과 추가된 위로금과 피해보상금으로 지급할 것을 요구하며 화해권고결정에 대한 이의신청을 하였다. iH에서는 갈등을 해결하고자 구의원과 협력하여 솔빛마을주공1차 입주민 대표, 원주민 수분양자 대표, 시의원, 구의원 등 관련 이해관계자와의 갈등협의 간담회를 개최하였다. 간담회에서 적절한 양보와 조속한 합의가 필요하다는 입장을 표명하였으나 갈등은 교착기로 접어들게 되었고, 이해관계자는 지역 정치권까지 확대되었다.

(5) 갈등 완화기(2020.10.~2021.2.)

갈등협의 간담회 이후, 동구의회에서는 iH와 솔빛마을주공1차 아파트 입주민대표에게 화해권고안 제시 및 화해권고 요청을, 동구청장은 iH 사장과의 면담을 통해 조속한 갈등해결을 촉구하는 등 민원해결을 위해 노력하였다. 이에 iH에서는 적극적으로 갈등해결을 위한 합의안을 검토하고, 인천지방법원의 2차 화해권고를 통해 가치하락분 상당의 금액과 조정된 위로금과 피해보상금을 제시하였고, 2020년 11월 주민설명회를 통해 그동안의 갈등과정과 iH의 합의안을 설명하였고, 솔빛마을주공1차 입주민들은 iH 와의 조정된 합의안을 수용하였다. 2020년 11월 동구의회, 원주민 수분양자 대표, 솔빛마을주공1차 입주민 대표, iH 등 모든 이해관계자가 참석하는 갈등해결 최종간담회 개최 이후 솔빛마을주공1차 입주민들이 법원에 공사금지가처분 신청 취하 및 집행 해제 신청서를 제출하였으며, 이에 공사금지가처분 집행이 해제되어 중단되었던 공사는 4개월 만에 재개되었다. 최종적으로 iH는 해당 솔빛마을주공1차 입주민들에게 2021년 2월 화해권고 결정금을 지급함으로써 갈등 출현 약 16개월 만에 갈등은 해결되었다.

<표Ⅳ-69> 송림파크푸르지오 관련 주요 이해관계자별 입장

이해관계자 갈등과정	직접이해관계자		간접이해관계자	부차적 이해관계자
	솔빛마을 주공1차 입주민	iH	원주민 수분양자	구청장, 시·구의원
일조권 침해 문제 제기	송림파크푸르지오 4개동 5층 초과 신축공사 금지 신청	공익 목적 사업 조기 추진 필요 (관련법 적법 이행)	갈등 해소 촉구 (추가분담금 발생)	갈등 해소 촉구 (정치적 이해관계)
피해대책/소송	공가금지가처분 신청	공사금지가처분 철회 및 협의 제안	소송 중재 요청	화해권고안 제안 등 갈등 적극 중재 노력
피배 보상	가치하락분+위로금+피해보상금	가치하락분+조정된 위로금 및 피해보상금	-	가치하락분+위로금+피해보상금 보상금일부 사회공헌발전기금 사용
의견 수렴	갈등 해결을 위한 이해관계자 간담회 참석	갈등 해결을 위한 이해관계자 간담회 참석	갈등 해결을 위한 이해관계자 면담 참석	iH, 솔빛마을주공1차 입주민간 갈등해결 간담회 추진
갈등 해소	2차 화해권고안 수용, 공사금지가처분 신청 취하	화해권고 결정금 지급	-	

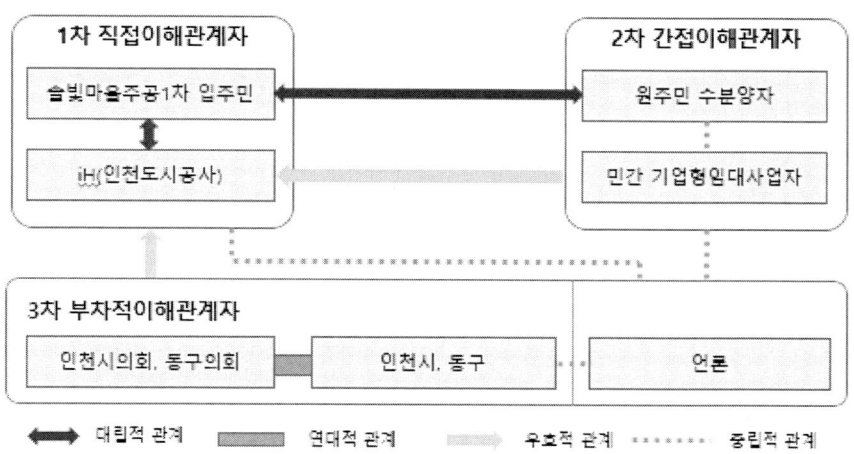

<그림Ⅳ-21> 송림파크푸르지오 이해관계자 및 관계도

4) 시사점

송림파크푸르지오 주택건설사업의 일조권 침해 관련 갈등을 조정하고 해결할 수 있었던 배경을 보면 다음과 같은 특별한 노력을 평가 할 수 있었다. 첫째, 무엇보다 사업시행자인 iH가 갈등해결을 위해 적극적으로 대화하고 조정하려는 의지가 있었다. 둘째로는 구의회, 주민, iH 등 관련 이해관계자들이 협력적 거버넌스를 통해 갈등을 해결하고자 노력한 것이다. 세번째는 인천지방법원이라는 대외적 기관을 통해 합리적으로 화해조정 근거를 마련하여 갈등을 해소했다는 것이다.

본 사례의 시사점은 첫째, 적법하게 관련법의 절차를 이행하여 사업을 추진했다하더라도 주민의 수용성을 우선시 하는 사회적 가치판단의 변화를 엿볼 수 있다. 둘째, 다양한 관련 이해관계자들의 거버넌스 등 사회적 합의 및 합리적 근거마련을 통하여 갈등을 해결하는 것이 중요함을 알 수 있다. 셋째, 갈등관리의 중요성이다. 도시재생사업은 다른 개발사업과 달리 복잡한 이해관계자가 있고, 주민의 수용성이 우선되는 사업인 만큼 사업계획단계에서 주민협의체 구성 및 사업절차 등에 대하여 갈등영향분석을 하여 초기단계에서 일어날 수 있는 갈등을 예방하고, 일어난 갈등에 대하여 거버넌스체제의 갈등조정협의체를 구성하여 합리적인 갈등조정이 필요하며, 필요할 경우 첨예한 갈등이슈를 공론화하여 사회적 합의를 통해 해결하고, 시간이 오래 소요되는 소송보다 대한상사중재원의 중재제도를 활용하는 등 갈등관리에 대한 사회적 시스템과 제도, 법령 제정이 필요하겠다.

2. 농촌 마을사업 갈등: 속초 ○○마을사업 갈등

1) 갈등의 개요

속초 ○○마을은 2001년부터 정○○을 추진단장으로 50가구(불참 17가구)의 마을주민이 참여하여 추진단을 구성하여 새농어촌건설운동 사업을 추진하였다. 그 결과 2003년 11월 3일, 강원도로부터 2003년 새농어촌건설운동 우수마을로 선정되었다. 같은 해 12월 24일, 속초시는 ○○마을 대표에게 보조금 교부결정 통지 및 자금을 교부하였다. 해당 마을은 수령한 상사업비 5억원을 바탕으로 2004년 7월 마을주민 전원(67가구)이 참여한 '○○○○○마을 영농조합법인(영농조합)'을 설립한다[180]. 이에 따라 영농조합은 농촌체험시설, 야생화사업장, 순두부공장 건설·운영사업을 본격 추진하였다[181]. 이 밖에 영농조합은 새농어촌건설운동 관련 사업 외에도 녹색농촌체험마을 등 타 보조금을 지원받아 사업을 지속 추진하게 되었다.

2) 갈등의 전개과정

해당 마을에 갈등이 본격화 된 것은 2006년 영농조합법인 운영과정에서 일부 주민이 국비 등의 개인사용 등을 문제 삼아 영농조합법인대표를 속초지검에 고발하면서 부터이다. 그 발단은 2005년 1월, 마을총회에서 녹색농촌체험마을 선정과 관련하여 자부담금 개인공지에 따른 불만이 계기가 되었다. 그 결과 2005년 2월, 20여명의 주민이 영농조합법인에서 탈퇴가 시작되었다[182]. 이후 2006년부터 2007년까지 영농조합법인 대표에 대한 주민의 고소·고발이 발생하는 등 다양한 이슈를 둘러싸고 주민 간 갈등이 계속되었다(표Ⅳ-65 참조). 또한 2008년 이후에는 해당 고소고발의 주체가 마을회 대표(통장, 2008-2011)가 되면서 10여건 이상의 각종 고소·고발 등 발생하였다. 대부분의 사건은 영농조합법인 대표에 대한 '무혐의' 또는 고소고발자 등에 대한 '벌금형' 등의 판결이 확정되었다. 그러나 사업비 횡령 및 손해배상 청구, 업무방해, 명예훼손 등과 관련된 일부 사안에 대해서는 아직 소송이 진행 중이다. 이에 주민갈등에 대하여 속초시는 중재노력과 함께 마을재산과 법인재산을 분리하려 하였지만 협의가 결렬되면서 관련 민원과 소송이 계속되고 있는 상황이다.

---

180) 자금집행의 투명성 및 재산관리를 위해 법인 결성을 마을총회에서 의결하였다
181) 농산물가공시설, 콩생력 재배기계 구입, 농촌관광숙박시설 설치, 휴시설 설치, 마을발전기금, 장학기금 등
182) 이후에도 계속하여 주민들이 탈회하였고 '12년말 기준 조합원은 13명이다.

<표Ⅳ-70> 사례 마을 갈등의 주요 이슈

구분	주요 내용	결과
2006	· 마을주민, 영농조합법인 대표에 국비, 도비, 시비 등의 지원금을 개인용도 사용 · 한전 송배전선로 지중화를 위한 주민 동의서 허위 작성에 대해 진정 수사요청183)	무혐의 (속초지청, 2007.5.10)
2006.7	· 마을주민, 영농조합에 미시령도로 마을표지판 ○○마을 표시 불만제기	-
2007.1	· 마을주민, 영농조합법인대표에 직무집행정지가처분 신청	기각결정 (속초지청, 2007.3.26)
2007.6	· 마을주민, 영농조합법인대표에 마을회관을 영농조합법인 자산으로 등록 자산을 부풀려 대출 주장, 사문서 위조 수사 의뢰	혐의없음 처분(속초지청) 마을회관 아닌 두부제조설비
2011.2	· 영농조합법인, 마을주민에 '두부공장 불법손괴에 따른 피해보상' 청구소송	대법원 판결 진행 중
2013.	· 마을주민, 영농조합법인대표에 '새농어촌건설운동보조금등편취의혹' 권익위 민원	강원도, 담당공무원 문책조치

* 출처 : 조성배·황현, 농어촌 지역의 커뮤니티 갈등유형과 해결방안 연구, 공공사회연구 제6권 2호, 2016. pp.5-54.

(1) '영농조합법인 두부공장 불법손괴에 따른 피해보상 청구소송' 관련

2008년, ○○마을 통장으로 선출된 권○○은 같은 해 9월 '새농어촌건설운동 지원대상 및 사업비로 취득한 재산의 관리주체'에 대해 강원도에 질의하여 '마을회로 지급된 보조금이라는 취지'의 답변을 받는다. 2009년 속초시는 마을회관 신축을 이유로 영농조합법인의 두부공장이 있는 마을회관에 대한 대부계약을 해지하였다. 이에 영농조합법인대표는 두부공장 투자 및 이전비를 마을회에 요구하면서 이전을 거절하였다. 이에

---

183) 1996년 한국전력은 국립공원 설악산을 경유하는 속초~간성간 154KV 송전선로를 건설 당시 향후 국립공원 노선에 대한 지중화 약속에 따라 2006년 65억원의 사업비를 들여 '노학동 한화콘도 사거리~시 경계지역' 약 1.7㎞ 구간의 지중화에 나섰다. 또한 노학동 콩꽃마을(순두부마을)을 경유하는 노선이 채택되면서 도·시비 9억원을 포함, 21억원을 들여 주변지역 배전선로의 지중화 사업을 동시에 추진하기로 했다. 그러나 콩꽃마을 주민들이 반대의견을 제시하면서 난항을 겪었다.(강원도민일보, 속초 송전선로 지중화 난항, 2006.8.11)

2010년 11월, 권OO 등 주민 3명이 마을회관 내 영농조합법인 두부공장의 기계가 마을회 소유임을 내세우며 철거하고 속초시 농업기술센터 앞마당에 적치하게 된다. 이에 영농조합법인 대표는 2011년 2월, 철거 주민들에 대하여 '두부공장 강제철거 관련 손해배상 청구 소송'을 진행하였다. 그 결과 1심은 피고에게 손해배상 책임을 묻되, 새농어촌건설운동 보조금의 귀속주체는 '마을회'이므로 두부공장기계 소유권도 마을회에 있다고 판결하였다. 그러나 2심판결에서는 피고에게 손해배상 책임(금액) 가중, 새농어촌건설운동 보조금의 귀속주체는 '마을회'이나, 마을회와 생활개선개선회가 보조금으로 원고(영농조합법인)를 설립하였음으로 두부공장기계 소유권은 영농조합법인에 있다고 판결되면서 갈등이 해결되고 있지 못한 상황이다.

(2) '새농어촌건설운동 보조금 등 편취 의혹' 관련

2013년, 일부 마을주민은 영농조합법인대표를 상대로 '새농어촌건설운동 보조금 등 편취 의혹'을 제기하면서 국민권익위에 민원을 신청하였다. 주요 내용은 '새농어촌건설운동 상사업비 등 5억원 상당 보조금에 대한 편취 의혹', '2004 농촌관광 민박시설확충사업비 등 보조금 허위정산 의혹', '고속도로 건설공사로 편입된 토지 등의 손실보상금 편취 의혹' 등이다. 이에 대하여 영농조합법인대표는 'OO마을 새농어촌건설운동추진단'은 현재 OO마을 영농조합법인의 전신으로 상사업비 5억원은 강원도가 'OO마을 새농어촌건설운동추진단'에 지급한 보수의 개념이므로 이에 따른 자산은 영농조합법인에 귀속된다고 주장하였다. 그러나 권익위는 해당 민원에 대해 충분한 사유가 있다고 판단하여 '공공기관의 예산 편취 등의 수사 및 전반적인 보조금 사업실태 점검, 보조금 환수 검토 등을 위해 대검찰청과 강원도에 이첩'하였다. 그 결과 강원도는 해당 사안에 대해 관련 공무원들을 보조금 등 관리 소홀로 문책 조치하는 것으로 일단락되었다.

3) 시사점

해당 마을은 2003년 영농조합법인이 설립된 이후, 일부 마을주민 등이 불만을 가져 조합을 탈퇴하는 일이 발생하였고 현재 해당 영농조합법인에는 10여명의 주민이 참여하고 있는 상황이다. 조합 탈회가 본격화 된 2005년부터 현재까지 신청인과 일부 주민 간 갈등으로 인해 약 20여건의 고소·고발, 진정 등이 발생하였다[184]. 2010년 일부 마을주민이 강원도의 공문(상사업비가 마을회에 지급된 보조금이라는 내용)을 근거로 마을회관 내 영농조합법인 두부공장의 기계가 마을회 소유임을 내세우며 철거하고 이를 속초시 농업기술센터 앞마당에 적치한 사건이 발생하면서 갈등은 양극단으로 치닫게

---

[184] 이밖에도 2012년에는 영농조합법인과 상관없이 마을회관 사용과 관련하여 전 현직 통장 간, 마을회와 개인 간 갈등으로 번지기도 하였다.(2012년 4월, 속초지원 '열쇠반환청구소송')

된다. 이처럼 본 마을은 새농어촌건설우수마을 선정 이후 10여 년간 계속된 주민 간 각종 민원과 소송 등으로 해당마을에는 사업 자체는 물론, 공동체와 지자체 등에 부정적 영향으로 끼치는 등 마을 안팎으로 막대한 피해를 입었다.

이상의 갈등사례는 주민주도의 마을사업이 그 수행과정에서 정부지원금 등의 사용방안에 대한 주민간의 인식 공유 등이 제대로 이루어지지 못한 상황에서 이들 간 오해와 불만이 갈등으로 표출할 경우에 대한 마을 갈등의 전개과정을 여실히 보여주는 사례라 할 수 있다.

부록

부 록

1. 갈등분석의 연습

1) 갈등의 유형 파악 실습

(1) 일반 사례

다음 문장을 읽고 갈등의 성격 (인과적 원인에 따른 갈등으로 '사실관계 갈등', '이해관계 갈등', '구조적 갈등', '관계상 갈등', '가치관 갈등')을 구별하라

나는 지금 계약일로부터 1개월을 말하고 있는데 당신은 계약한 다음날로부터 1개월을 말하는 군요!	
우리가 말하는 연평균 성장률은 1년 4분기 성장률을 평균한 것을 말하는데, 당신은 지금 1년 12달 성장률을 평균한 것을 의미하는 군요!	
우리 동네에 들어서는 쓰레기소각장에 대하여, 구청에서는 완벽한 처리시설을 갖추고 있어서 안전하다고 하지만, 환경단체들은 완벽한 처리는 불가능하다고 반박하고 있어!	
주변 땅값이 그동안 3배나 올랐는데, 5년 전에 감정 평가한 토지가격을 기준으로 보상한다니 말이나 되는 소리야!	
이번 임금단체협상에서 우리는 임금인상 마지노선이 7%인데, 회사는 죽어도 5% 이상은 못 주겠다네..	
우리도 보상을 해주고 싶지만, 관련 규정이 없어서 어쩔 수 없습니다.	
잘 아시면서 그러세요. 우리나라는 미국과는 달라요. 간통은 범죄입니다!	
니가 알아서 뭐해?! 내가 알아서 할꺼니까 신경꺼!	
이건 우리 일인데 당신이 알 필요는 없잖아?!	
신문에 벌써 공고를 했는데, 또 설명을 해달라고?	
암탉이 울면 집안이 망해!	
개같이 벌더라도 정승처럼 쓰면 되는거지!	

(2) 공공갈등 사례

다음 예문을 읽고 각 이해관계자간 갈등의 유형을 파악하라.

흑석리 마을 사람들은 이 지역산림청과 지역시민단체인'환경보호연합'이 멸종위기에 처한 조류 오색딱따구리를 보호하기 위하여 사람이 숲에 들어가는 것을 제한하기로 결정하였다는 말을 이웃마을 사람들로부터 전해 들었다. 환경보호연합'은 이 새의 둥지를 보호하고, 사냥꾼에 의해 이 새가 포획되는 것을 막기 위해 흑석리 마을을 둘러싸고 있는 숲에 사람이 접근하는 것을 제한할 필요가 있다고 지역산림청에 요구하였고 지역산림청이 이를 받아들이면서 숲에 대한 접근을 제한하기로 한 것이다. 그러나 마을 사냥꾼들은 아직도 그 새를 숲에서 매우 자주 보기 때문에 그 새가 멸종 위기에 빠져있다는 이들의 주장에 동의하지 않았다. 마을 여자들은 집안 가재도구와 전통적인 약용식물을 이 숲에서 채집해왔기 때문에 이 지역을 통제하는 것은 자신들의 생활에 막대한 영향을 주게 될 것이라고 주장하면서 화가나 있다. 또한 흑석리 마을 사람들은 숲에 대한 접근을 제한하면 매년 열리는 이 마을 축제에 전통적으로 사용해왔던 파랑새 깃털을 구할 수 없게 될 것이라고 걱정을 하고 있다. 마을 사냥꾼과 여자들은 지역산림청에 숲에 대한 접근을 철회해 달라고 계속 요구해 왔으나, 지역산림청은 아직 제한하기로 한 입장을 고수하고 있다.

사실관계 갈등	
이해관계 갈등	
구조적 갈등	
관계상의 갈등	
가치 갈등	

2) 입장과 실익 파악 실습

(1) 일반 사례

다음 예문을 읽고 김 주무관과 부인의 입장과 실익을 구별하라.

김 주무관은 부인은 요즘 사이가 별로 좋지 않다. 어제 저녁에도 한바탕 붙었다. 김 주무관이 11시가 다되어 집에 들어서자 부인이 기다렸다는 듯이 버럭 화를 내며, "당신은 도대체 뭐하는 사람이에요, 맨날 술만 퍼먹고 다니고, 이렇게 살거면 이혼합시다!", 이 말을 들은 김 주무관은 화가 치밀어 올라 "그래 나도 너 바가지 긁은 것 때문에 더는 못살겠다, 이혼하자, 이혼해"하며 대들었다. 다행이 애들이 징징 울며 뜯어말려 상황은 진정되었지만 김 주무관은 김 주무관대로, 부인은 부인대로 서로에 대해 서운한 마음이 아직 가시지 않았다.

사실 김 주무관은 요즘 무척 괴롭다. 저번 소각장 일을 잘못 처리하는 바람에 지역주민들 항의가 연일 빗발치고, 군수도 입장이 난처해서 김 주무관을 '면'으로 보낼 생각이다. 김 주무관도 이런 상황을 눈치 채고 있다. 그렇게 되면 다음번 승진 기회를 놓치게 될 가능성이 크다. 어제도 이 일 때문에 속이 상해서 혼자 술을 먹고 들어오는 길이었다. 마누라가 이런 사정을 이해하기는 고사하고 바가지만 긁는다. 외롭고 괴롭다.

김 주무관 부인 역시 요즘 죽을 맛이다. 아이가 셋인데, 큰 애가 고 3인데 학원비가 이만저만이 아니다. 거기다가 5개월 전 시아버지가 입원을 하는 바람에 예상치 못한 돈이 매달 30만원이나 더 들어간다. 하는 수 없어 동네 마트에 시간제로 아르바이트를 시작했지만, 몸은 몸대로 피곤하고 돈벌이도 시원찮다. 아이들 뒷바라지도 제대로 못하고 있어 마음이 괴롭다. 남편이라도 일찍 집에 와서 가사를 도왔으면 좀 좋으련만 연일 술만 먹고 가사에는 신경을 쓰질 않는다. 미치겠다.

구 분	입 장	실 익

(2) 공공갈등 연습

다음 예문을 읽고 흑석리 찬반 주민의 입장과 실익을 구별하라.

흑석리 마을에는 기성면에 있는 기성초등학교 분교가 있다. 흑석리 분교는 역사가 100년 이상되었다. 이 분교는 마을 사람들이 수대에 걸쳐 다닌 학교일뿐 아니라, 마을의 작고 큰 행사가 열리는 장소이기도 하다. 한때 이 학교에는 학년 평균 40명 이상이 되었으나, 10년 전부터 학생수가 줄어들기 시작하더니 작년에는 5명이 입학하였다. 기성면에서는 분교를 폐쇄하고 학생들을 시설 좋고, 학생이 많은 기성초등학교로 학생을 보내자고 주장을 하고 있다. 흑석리까지는 통학버스를 이용하면 될 것이라고 말하였다. 그러나 분교 폐쇄 문제는 흑석리 마을 사람들의 동의가 있어야만 가능한 일이다. 분교 폐쇄문제에 대해 흑석리 마을 사람들은 두 집단으로 갈라졌다. 한 집단은 분교를 폐쇄하고 학생들을 면으로 보내야 한다는 주장인 반면, 다른 사람들은 폐쇄해서는 안 된다는 주장이다.

폐쇄를 주장하는 사람들은 기성면 소재 학교가 시설 면에서나 학생의 수준면에서 분교보다 훨씬 좋기 때문에 학생들 장래를 위해서도 좋고, 폐쇄된 분교는 마을 회관으로 사용하면 훨씬 실용적일 것이라고 주장하고 있다. 반면에 폐쇄를 반대하는 사람들은 마을에 있는 학교는 마을 공동체를 유지하는 구심체 역할을 해왔으며, 100년 이상 전통을 유지하는 것이 동문들 간 인간적인 관계를 유지하기 위해서도 바람직하다고 주장하고 있다.

구 분	입 장	실 익

3) 갈등상황 파악 실습

이하에서 표출된 갈등상황을 잘 읽고 갈등의 원인 및 배경, 이해관계자의 입장 및 실익, 쟁점, 갈등의 유형을 파악하고 갈등지도를 그려라.

(1) 국립호국원 건설

산촌군 둔성면에는 우리산이라는 물 맑고 공기 맑기로 유명한 산이 있다. 이 산을 중심으로 약 북동쪽으로 4km 떨어진 곳에는 '벼슬마을'이라고 하여 약 500년 된 정주촌이 있으며 이곳에서는 유명한 관리, 선비, 학자들이 나오기로 유명하다. 특히 최근에는 박사마을로 알려지기 시작하여 젊은 부부들의 방문이 많을 정도이다. 또한 남쪽으로는 이해마을이라고 하여 20년 전 '북강댐' 건설 이후 수몰된 마을이 그 윗쪽으로 이주하여 형성된 마을이 있다.

그런데 정부는 이 우리산 산자락에 새로운 국립 호국원을 설치하기로 결정하고 주민들의 이해를 구하고 있다. 호국원은 2015년을 완공목표로 하고 있으며 화장장은 설치되지 않고 순수한 납골시설이다. 약 5천기 정도를 수용가능하며 주변에 환경피해를 최소화 하겠다는 의견이다.

이에 대하여 벼슬마을은 반대하고 있다. 왜냐하면 호국원이 우리나라에 명산이자 역사 있는 이곳 고을의 500년 정기를 끊을 것을 걱정하고 있는 것이다. 또한 그 마을을 대표하고 신성시 하는 장수하늘소가 살고 있는데 매년 이와 관련한 '장수축제'가 열리고 있는데 이에 영향을 받을 것으로 우려하기 때문이다.

반면에 이해마을의 생각은 다르다. 기존에 국립 호국원의 유치를 한 마을은 정부에서 매년 15억원의 마을발전기금을 받고 있으며, 최소한 그 이상을 받을 수 있다는 견해이다. 또한 이 지역 젊은이들의 시설 취직을 보장하겠다면 막을 이유가 없다고 주장한다.

(2) 생태수목원과 생태자연관 건립

'맑은 군' '흥하리'에는 오랫동안 이웃하며 살아온 A, B, C 세 마을이 있다. 마을의 크기, 인구구성이 비슷하고, 주 산업도 농업으로 비슷하다. 단지 'A 마을'은 평지에 있고, 'C 마을'은 해발 100m쯤 되는 언덕지역, 'B 마을'은 그 중간에 위치하고 있다는 차이가 있다.

그런데 '정부'에서는 2008년2월 'C 마을' 주변의 산림이 우수하다고 판단하여 'C 마을' 일대를 30분 떨어진 중앙시민의 여가와 관광을 목적으로 하는 '생태 수목원'으로 개발 예정임을 발표하였다. 이에 따라 개발이 시작되면 'C 마을' 주민은 일정액의 보상금을 받고 정부에서 'A 마을'에 마련한 공동주택으로 집단 이주할 예정이다. 그런데 'C 마을' 주민은 보상액도 부족하고, 오랫동안 살아온 마을을 등져야 한다는 부담 때문에 정부 정책에 반발하여 2008년 3월 대책위가 결성되었고 첫 집회를 C마을회관 앞에서 열었다. 정부는 'B 마을'에 '생태자연관'을 지을 예정이나 마을 사람들이 이주할 필요는 없다고 하였다. 'B 마을'은 생태자연관이 만들어지면 주변 지가의 상승은 물론 주민 가운데 일부는 일자리를 얻게 되고, 관광객이 몰려들면 수입이 발생할 것으로 예상되기 때문에 일부 주민은 생태자연관 건립을 찬성하고 있으나, 일부 마을 어른들은 마을이 관광객들로 소란해지고 인심이 나빠질 것을 우려하고 있다. 'A 마을' 주민은 'C 마을' 주민의 입장을 이해는 하지만 'C 마을' 주민이 자기 마을로 몰려올 경우 마을이 분주해지고, 생활의 질이 떨어질까 우려하고 있으며, 정부에서 자기 마을에는 불이익만 주고 아무런 혜택도 주지 않는다고 불만이다.

지역의 '환경단체'들은 'B 마을'에 원칙적으로는 생태자연관을 짓는 것에는 동의하고 있으나, 'C 마을' 산림을 훼손하여 '트레킹 코스' 등을 개발하는 것에는 반대하는 입장이다. 이후 '환경단체'들은 '생태자연관' 건립에 관여할 예정이다. '정부'로부터 개발 용역을 맡은 '도루묵 기업'은 보상이 아직 이루어지지 않았지만 벌써 'C 마을'에 들어가 주민들에게 이주할 것을 강요하고 있는 상황으로 주민들의 불만이 거세지고 있다.

(3) 강룡군 골프장 건설

강룡군은 대부분 농지와 산촌으로 구성되어 있으며, 군민 대다수가 전통적인 농부이다. 지역에 특별한 소득원이 없다보니 강룡군의 재정 자립도는 전국에서도 최하위다. 작년에 선출된 군수는 지역발전을 주요 공약으로 내세웠다. 때마침 강룡군 출신인 김사장이 고향인 희망리에 18홀 규모의 골프장을 짓고 싶다는 의견을 강룡군에 제시했다. 대박그룹 김사장이 희망리에 골프장을 짓고 싶어하는 이유는 주변 경관이 훌륭하여 골프장을 건설할 경우, 서울과 경기, 대전에서 손님이 많이 찾을 것으로 예상하고 있기 때문이다. 대박그룹은 주변에 이만한 적지가 없다고 판단하고 있다. 대박그룹은 골프장이 건설이 고용, 세수 증대, 주변환경 정리 등으로 지역 발전에 도움이 클 것이라고 주장하고 있으며, 주민들의 소득 증대를 위해 별도의 노력을 하겠다고 말하고 있다.

강룡군 역시 희망리에 골프장이 들어서는 경우, 개발이익환수금, 법인세, 기타 소득세가 적지 않을 것이며, 잔디뽑기 등에 지역주민을 고용할 수 있고, 주변에 상가 등이 들어설 수 있기 때문에 주민 소득 향상과 고용에도 기여할 것으로 기대하면서 골프장 건설을 긍정적으로 검토하고 있다. 그러나 동시에 강룡군에서는 일부 반대 주민과 환경단체 등의 반발을 무시할 수 없는 처지이다.

  대박그룹에서 희망리에 골프장을 건설하려 하고 있으며, 군이 이를 긍정적으로 검토하고 있다는 소식이 희망리에 알려지자, 주민들은 찬반으로 의견이 나뉘었다. 매입 예정 부지에 땅을 갖고 있는 사람들은 자신의 땅을 높은 값에 매입할 것이라는 기대 때문에 긍정적인 반면, 그 땅에서 소작을 하던 사람들은 이후 생계를 걱정하며 반대하는 입장이며, 이들은 이런 계획을 자신들과 사전에 상의한번 없이 진행하고 있다고 불만을 떨어놓고 있다.

  또한 일부 상인들은 골프장이 들어서면 장사가 나아질 것으로 기대하고 있으나, 일부 주민들은 골프장이 들어서면 마을 인심이 변하고, 매일 고급자가용이 들락거리면서 마을에 좋지 않는 분위기가 생길 것으로 예상하면서 반대하고 있다. 또한 골프장 인근에서 유기농 채소를 재배하는 농민들은 골프장이 들어서면 농약 살포와 수질 오염 등으로 주변이 오염되고 '청정 농산물'이라는 브랜드에 좋지 않은 영향을 미칠 것으로 예상하며 반대하고 있다. 반대주민들은 골프장이 들어선다고 해도 지역주민 몇 사람만 '풀뽑기'정도의 질 낮은 노동에 고용되는 정도이고, 지역경제 발전에 별 도움이 되지 않을 것이며, 지역 이미지만 나빠질 것이라고 주장하고 있다.

  강룡군 환경보호연대는 골프장 예정지역의 생태계가 매우 우수하고(생태등급 8등급), 무당개구리, 도룡뇽 등 보호종이 서식하고 있으며, 천연기념물인 오색딱다구리가 서식하고 있는 지역이기 때문에 골프장 건설에 결사적으로 반대하고 있다. 환경보호연대는 강룡군이 골프장 건설을 계속 추진할 경우, 법률상의 공청회를 개최하지 않을 것을 들어 감사원에 감사청구 및 법원에 '공사중지 가처분신청서'를 제출할 예정이다. 또한 문화연대는 골프장 예정지역에서 5년전 조개무덤이 발견되는 등, 역사적으로 매우 보존 가치가 높은 지역이라고 주장하면서 건설 계획이 추진되면 문화재청에 문화재 조사와 문화재 보전 신청을 할 예정이다. 환경보호연대, 문화연대는 반대주민과 연대하여 이번주 군청 앞에서 항의집회를 개최할 예정이다.

  지역환경청은 골프장 예정지역 인근에 대한 사전환경성 검토를 통하여. 예정지역은 생태계 보전가치가 높은 지역이므로, 골프장을 건설하지 않는 것이 바람직하나, 불가피한 경우, 보호종과 천연기념물을 보존할 수 있는 별도의 방안이 마련되어야 한다고 조건부 승인을 한 상태이고, 군에서는 조만간 개발제한구역 내 골프장 건설을 위한 관리계획승인 신청서를 작성하고, 원강도 도시계획심의위원회에 제출할 계획이다.

  강룡군은 골프장 건설 문제로 지역사회가 분열되고, 갈등의 골이 깊어지자, 우선 지역 주민의 의견을 수렴한 다음, 사업 추진 여부를 결정하겠다고 희망리 주민에게 약속한 상황이다.

(4) 오색딱따구리 보호를 위한 입산금지

'홍하리' 내 500년이 넘는 역사를 가진 30여 가구의 오씨 집성촌인 파랑마을의 주민들은 이지역산림청과 지역시민단체인 '환경보호연합'이 멸종위기에 처한 조류 오색딱따구리를 보호하기 위하여 영산인 군악산에 사람이 들어가는 것을 제한하기로 결정하였다는 말을 이웃 돌꽃마을 사람들로부터 전해 들었다.

'환경보호연합'은 이 새의 둥지를 보호하고, 사냥꾼에 의해 이 새가 포획되는 것을 막기 위해 '홍하리' 마을을 둘러싸고 있는 군악산에 사람이 출입하는 것을 제한할 필요가 있다고 지역산림청에 요구하였고 지역산림청이 이를 받아들이면서 군악산에 대한 출입을 제한하기로 결정한 것이다. 그러나 이 지역 사냥꾼들은 아직도 그 새를 군악산에서 매우 자주 보기 때문에 그 새가 멸종 위기에 빠져있다는 이들의 주장에 동의하지 않았다.

파랑마을 여성들은 전통5일장에서 판매하고 있는 약용식물과 가재도구를 군악산에서 채집해왔기 때문에 이 지역을 통제하는 것은 자신들의 생활에 막대한 영향을 주게 될 것이라고 주장하면서 화가나 있다. 또한 '홍하리' 지역 사람들은 군악산에 대한 출입을 제한하면 500년 동안 매년 이곳에서 열리는 마을 축제에 전통적으로 사용해왔던 파랑새 깃털을 구할 수 없게 될 것이라고 걱정을 하고 있다. 지역 사냥꾼과 마을 여자들은 지역산림청에 군악산에 대한 출입금지를 철회해 달라고 계속 요구해 왔으나, 지역산림청은 아직 제한하기로 한 입장을 고수하고 있다.

2. 사회갈등영향평가의 개요

본 자료는 2010년 사회통합위원회(사회갈등연구소)에서 보고된 '한국 사회갈등 영향평가'의 결과를 정리한 것이다.

1) 사회갈등영향평가의 의의

사회갈등영향평가는 정부 정책을 대상으로 정책 수행과정에서 발생한 갈등에 의한 사회적 영향과 이런 정책을 계획하고 집행하는 과정에서 정부가 행한 갈등 예방 및 해결을 위한 노력과 정부의 갈등관리 역량을 평가하는 방법이라 할 수 있다. 갈등영향분석과의 차이는 그 평가대상이 공공 정책 및 사업의 주체라는 점과, 공공갈등에 따른 결과 평가라는 점이다.

2) 평가의 목적

최근 우리 사회는 민주화, 정보화, 세계화, 지방화와 함께 국민의 삶의 질에 대한 요구가 높아지고, 이해관계자의 발언력이 높아지면서 계급·계층간 갈등, 세대간 갈등, 이념 갈등, 지역 갈등을 포함하여 다양한 갈등이 표출되고 있다. 우리가 직면한 갈등은 부정적인 측면만 있는 것은 아니다. 갈등으로 상대의 존재를 새롭게 인식하게 되고, 상호 정보를 공유하면서 해결해야할 문제를 보다 선명하게 하고 해결의 필요성을 인식하게 되기도 한다. 갈등을 통해 민주적인 논의와 의사결정이 가능해지고, 갈등을 통해 사회가 발전하는 측면을 부정하기 어렵다. 그러나 우리 사회 현실은 갈등의 이런 긍정적 측면을 넘어서고 있다. 갈등이 논의와 합의를 통해 해결되지 못하면서 장기화되고, 관계 악화로 이어지고, 갈등을 힘과 권위에 의해 해소하면서 새로운 갈등을 낳기도 하고 있다. 이런 현상이 누적되면서 사회적 비용이 증가하고, 공동체 구성원간 결속력 약화로 이어지고 있다.

이에 정부는 공공정책(사업)을 추진하는 과정에서 갈등을 사전에 예방하고 발생한 갈등을 협력적이고 평화적으로 해결하기 위하여 '국가의 의한 체계적인 갈등관리'와 '공무원의 갈등 관리 역량 강화'의 필요성이 있다. 이를 위해 국가가 정책(사업)을 추진하는 과정에서 국가가 행한 갈등관리 실태를 점검하고, 갈등 관리에 대한 주민 및 이해관계자의 반응을 조사하고, 국가에 의한 갈등관리가 사회 통합에 끼친 영향을 평가할 필요가 있다.

3) 평가의 모형

(1) 이론적 토대

사회통합은 정부를 포함한, 계층, 지역, 이념, 세대 간 이해당사자들의 관계 개선과 신뢰도의 증가, 즉 사회적 자본의 축적을 의미할 수 있으며, 그 결과 구성원 간 협력이 활발해 짐으로써 정책 효율성 및 국가 경쟁력이 제고될 수 있다. 갈등관리시스템과 사회통합 간의 논리적 관계 모델은 아래와 같이 표현될 수 있으며, 정책 활동의 절차적 행위 평가, Outcome 평가, 사회통합 영향(Impacts) 평가로 나눌 수 있다.

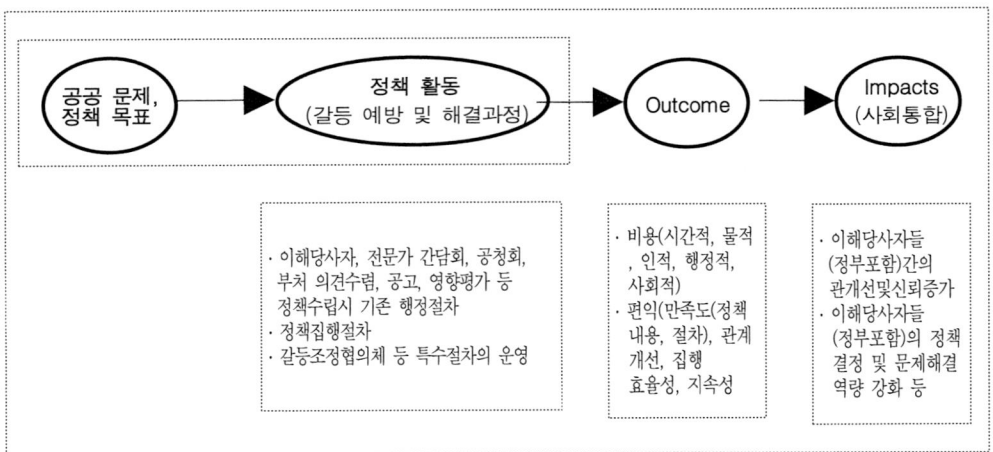

<그림. 갈등관리시스템과 사회통합간의 관계모델>

* 출처: 김동영 외, 한국 사회갈등의 영향평가 모형개발, 사회통합위원회, 2010.

(2) 평가 지표

평가 지표는 갈등관리와 사회통합과의 인과관계 모델에 따라, 첫째, 갈등관리 절차 지표(Output), 둘째, 갈등관리 결과(Outcome) 지표, 셋째, 사회통합 영향 지표(Impacts)로 나누고 각 지표의 총합을 총점으로 정의한다. 전문가에 의한 평가(정성적 평가)와 설문조사 평가(정량적 평가)를 종합한 결과가 최종적인 평가가 된다. 가중치의 합계는 총 100점이며, 평가를 위한 외부 전문가 팀에 의한 비계량평가(6등급 평가)와 주요 민간이해당사자와 일반국민에 대한 만족도(인식)에 대한 계량평가(설문조사)의 가중치 비율은 50:50을 유지한다. 평가지표의 구성 및 평가방법은 다음과 같다.

<평가지표의 구성>

평가범주 (%)		평가지표	평가 방법	가중치	등급	평가의 틀
갈등관리절차 (40)	예방 (20)	(1) 갈등 예방을 위한 사전 준비와 활동	6등급평가	20		전문가에 의한 평가 (체크리스트에 의한 비계량 평가)
	해결 (20)	(1) 갈등 해결을 위한 사전 준비와 활동	6등급평가	20		
갈등관리결과 (30)	관리 효율 성과 (10)	(1) 정책 이행 실적	6등급평가	3		
		(2) 관리 비용	6등급평가	2		
		(3) 사회적 비용의 최소화	6등급평가	5		
	만족도 (20)	(1) 주요 이해당사자들에 의한 정부 신뢰도	설문조사 점수	-8 ~ 8		설문 조사에 의한 평가 (계량평가)
		(2) 주요 이해당사자들에 의한 갈등관리 절차 만족도	설문조사 점수	-6 ~ 6		
		(3) 주요 이해당사자들에 의한 정책 결과 만족도	설문조사 점수	-6 ~ 6		
사회통합영향 (30)	통합 (25)	(1) 민간 주요 이해당사자간 관계 개선	설문조사 점수	-15 ~ 15		
		(2) 일반적 계층, 지역, 이념, 세대간 통합에의 영향	설문조사 점수	-10 ~ 10		
	역량 개선 (5)	(1) 주요 민간 이해당사자들의 갈등해결 역량 개선	설문조사 점수	3		
		(2) 주요 민간 이해당사자들의 정책 내용 학습 및 관심 증가	설문조사 점수	2		

* 출처: 전게서, 2010.

4) 평가 방식

(1) 평가 체크리스트

전문가에 의한 비계량 평가는 갈등관리 절차와 결과적인 측면에 대하여 조사한다. 주요내용으로는 다음과 같다. 첫째, 기본적인 문헌조사 (정부 보고서, 공식 기록, 신문 기사, 논문 등)를 한다. 둘째, 필요에 따라 실무자 및 주요 이해당사자들에 대한 심층 면담, 갈등 사례의 특수한 상황 및 성격 (이념, 신념, 가치의 차이의 존재, 이해당사자 수가 넓고 크게 분포, 이해당사자 간, 또는 정부에 대한 불신이 존재, 과학적, 기술적, 경제적 불확실성 존재 등)을 다면적, 종합적으로 검토한다. 셋째, 계량화하기 어려운 평가항목을 6등급 (S, A, B, C, D, E)으로 구분, 득점 평균을 중심으로 표준편차를 이용하여 등급 구간 설정한다.

비계량지표 평가결과의 객관성과 신뢰도를 제고하기 위하여 구체적인 체크리스트에 기반을 두고 복수 평가자에 의한 평가를 적용한다. 갈등관리 절차 항목의 경우, 세부적인 평가 체크리스트들의 구성을 갈등관리를 실질적으로 수행하는 공무원의 행위 중심으로 구성한다. 이는 평가의 궁극적 목적이 평가 결과의 환류를 통하여 효과적인 갈등 관리가 되도록 공무원의 생각과 행위의 변화를 유도하기 위한 것이기 때문이다. 따라서 평가의 내용이 해당 부처관계자의 생각과 행위가 평가의 대상이 되는 방식으로 평가 지표를 구성한다.

갈등관리 절차 및 결과에 대한 주요 민간 이해당사자들이 느끼는 만족도와 그것이 실제 사회통합에 미친 영향을 소수 전문가들의 평가만으로는 완전히 평가하기 어렵다. 그러므로 중립적인 여론 조사 기관에서 주요 이해당사자와 일반 국민에 대한 설문 조사를 실시하여 인식과 만족도를 척도화 하여 할당된 가중치로 환산할 수 있도록 하고, 그 이유를 주관식으로 기입하도록 하여 형성평가에 활용한다. 이해당사자와 일반 국민 대상 특정 설문문항의 경우, 부정적인 인식과 부정적인 영향을 반영하기 위하여 마이너스 점수를 도입한다. 다음은 세부 평가지표에 대한 평가체크리스트의 구성과 평가 방식이다.

<세부 평가지표에 대한 평가체크리스트의 구성과 평가방식>

갈등관리 절차	평가자료 및 방식	가중치
갈등 예방을 위한 준비와 활동		20
관련 정보의 습득 및 구성		5
□ 정책 및 사업으로 인하여 영향을 받는 이해당사자들의 범위, 실익, 입장의 정확한 파악	관련문서, 관계자면담	
□ 당사자의 정부에 대한 신뢰도, 이해당사자들 간 상호 신뢰도 수준의 파악	관련문서, 관계자면담	
□ 정책 및 사업의 결정 및 집행에 필요한 과학적, 기술적, 경제적 사실관계의 현황	관련문서, 관계자면담	
□ 이해당사자들이 속한 지역, 사회, 문화적 특성에 대한 충분한 이해	관련문서, 관계자면담	
□ 발생할 수 있는 갈등 유형의 예측	관련문서, 관계자면담	
□ 정책 및 사업에 대한 효과적인 홍보 자료의 구축	관련 문서	
□ 유사 갈등 사례에 대한 정보수집	관련 문서	
이해당사자들과의 소통		15
□ 필요에 경우 (예컨대, 이미 정부에 대한 신뢰가 미흡한 경우 등), (중립자를 활용한) 갈등영향분석 (이해당사자 분석) 등을 통한 이해당사자와의 간접적인 소통 시도	관련 문서	
□ 사업과 정책의 내용이 확정되기 전, 주요 이해당사자들에 대한 관련 정보의 투명하고 실질적인 전달	관련문서, 관계자면담	
□ 사업과 정책의 내용이 확정되기 전, 주요 이해당사자들의 의견의 적극적인 청취 및 반영	관련문서, 관계자면담	
□ 필요에 의해 참여적 의견수렴, 의사결정 기법(예컨대, 공론조사 등)의 진행	관련 문서	
갈등 해결을 위한 준비와 활동		20
갈등 해결에 적합한 절차 파악 및 설계		5
□ 필요에 의해 (중립자에 의한) 갈등영향분석을 실시하여 상황에 적합한 갈등해결절차의 설계 도모	관련 문서	
□ 공권력, 민사, 형사 소송, 행정심판, 직권적 중재 등의 방식을 사용하기 전에 주요 이해당사자들과 충분한 대화의 선행	관련 문서	

☐ 주요 이해당사자들과의 대화 (일종의 협의체)를 통한 갈등 해결 절차가 부적합한 상황(예컨대, 해당 이슈와 관련된 중요한 법적인 판결이 조만간 예상되는 경우, 핵심 주요 이해당사자가 대화를 거부하는 상황, 주요 선거를 앞둔 상황, 등)의 고려를 통한 적절한 수단의 선택 (예컨대, 법적인 판단이나 선거가 끝날 때까지 기다림, 중립적인 조정자의 활용, 대화 참여 조건 파악 노력 등)	관련문서, 관계자면담	
대화 및 협상의 준비		5
☐ 갈등이 발생한 이후, 주요 이해당사자들의 범위, 실익 및 입장, 쟁점들의 정확한 파악	관련문서, 관계자면담	
☐ 갈등 사안의 유형 및 특성의 파악	관련문서, 관계자면담	
☐ 갈등으로 인해 사업이 지연되거나 이해관계자간 협상이 결렬될 경우를 대비한 최적인 대안 (BATNA: Best Alternative to Negotiated Agreement)의 파악 및 개선	관련문서, 관계자면담	
☐ 이해당사자들의 다양한 실익을 충족시켜줄 수 있는 대안 및 합의안의 구상	관련문서, 관계자면담	
☐ 정책 및 대안 결정을 위한 객관적 기준의 마련	관련문서, 관계자면담	
☐ 조직내 효과적인 협상팀의 구성	관련문서, 관계자면담	
다자간 대화(협의체)를 활용하는 절차의 적절한 운영		10
☐ 주요 이해당사자들로 신뢰를 받는 협의체의 주관자 (Convenor)의 활용 (경우에 따라 해당 기관 (부처)가 제안자 역할이 가능)	관련 문서	
☐ 파악된 주요 이해당사자(집단)의 대표성 있는 대표들의 자발적 참여 유도	관련문서, 관계자면담	
☐ 논의할 쟁점의 구성, 논의 순서, 협의체의 목적, 협의 기간, 의사결정방식 등에 대한 공동의 논의	관련문서, 관계자면담	
☐ 필요한 경우 중립적인 (모든 주요 이해당사자들이 거부하지 않는) 조정자나 촉진자 (facilitator)들의 활용	관련 문서	
☐ 과학적, 기술적, 경제적 사실관계 및 예측에 불확실성이 있고 논란이 있는 경우, 대국민 또는 이해당사자에 대한 적절한 의사소통	관련 문서	
☐ 사실관계 및 예측의 불확실성을 최소화하기 위한 공동 조사 (Joint Fact-Finding)의 효과적인 운영	관련문서, 관계자면담	
☐ 효과적인 의사소통 역량의 발휘 (예컨대 사람과 문제의 분리)	관련문서, 관계자면담	
☐ 각 이해당사자 집단의 대표들과 그 구성원 간의 원활한 의사소통의 점검 및 확인	관계자 면담	
☐ 이해당사자(집단)간 이념 및 가치의 깊은 대립이 존재하는 경우, 각각의 핵심 가치를 건드리지 않고 공통된 주변 가치들을 발견 및 공동 실현 노력	관련문서, 관계자면담	
갈등관리 결과		30
관리효율성과		10
정책이행실적		3
☐ 정책이나 사업의 계획된 집행 시한내의 원활한 달성 (단, 집행이 지연된 이유가효과적이지 못한 갈등관리 때문이 아니라 외부적 요소 (예컨대, 경제적 위기, 정치적 변화)에 의한 것인 경우를 고려)	관련문서, 관계자면담	
적절한 관리 비용		2
☐ 갈등관리 과정에서 행정 비용의 효율적 사용 (낭비의 최소화) (예컨대, 각종 영향평가의 재시도, 사업 설계의 재시도, 소송 비용 등)	관련 문서	
사회적 비용 최소화		5
☐ 갈등 과정에서 민간 이해당사자의 집회 규모, 집회 빈도, 구속자, 부상자, 사망자의 수	관련 문서	
만족도		20
주요 이해당사자들의 정부에 대한 신뢰도의 변화		-8~8
☐ 갈등의 주요 이해당사자들이 해당 정책 및 사업으로 인한 갈등관리 과정과 결과 이후 정부에 대한 신뢰도의 변화 (적절한 협의체가 구성된다고 가정할 때 광범위하게 포괄할 수 있는 주요 이해당사자 집	설문 조사	

단 대상의 조사) 　　- 매우 불신하게 됨 (-3), 불신하게 됨 (-2), 약간 불신하게 됨 (-1), 잘 모름 (0) 약간 신뢰하게 됨 (1), 신뢰하게 됨 (2), 매우 신뢰하게 됨 (3) 　- 추후 가중치 -8~8로 환산함 　- 위와 같이 대답한 이유를 구체적으로 언급하도록 함		
주요 이해당사자들에 의한 갈등관리 절차 만족도		-6~6
□ 갈등의 주요 이해당사자들의 정부가 진행한 갈등관리 절차에 대한 만족도 　- 매우 불만족 (-3), 불만족 (-2), 약간 불만족 (-1), 모름 (0), 약간 만족함 (1), 만족함 (2), 매우 만족함 (3) 　- 추후 가중치 -6~6로 환산함 　- 위와 같이 대답한 이유를 구체적으로 언급하도록 함	설문 조사	
주요 이해당사자들에 의한 정책 결과 만족도		-6~6
□ 갈등 주요 이해당사자들의 갈등관리 이후 최종 결정된 해당 정책 및 사업 내용에 대한 만족도 　- 매우 불만족 (-3), 불만족 (-2), 약간 불만족 (-1), 모름 (0), 약간 만족함 (1), 만족함 (2), 매우 만족함 (3) 　- 추후 가중치 -6~6로 환산함 　- 위와 같이 대답한 이유를 구체적으로 언급하도록 함	설문 조사	
사회통합 영향		30
통합		25
민간 주요 이해당사자간 관계 (신뢰도) 개선		-15~15
□ 갈등 주요 이해당사자들 간에 해당 정책 및 사업으로 인한 갈등관리 과정과 결과 이후 관계 (신뢰도)의 변화 　- 관계가 매우 악화됨 (-3), 관계가 악화됨 (-2), 관계가 약간 악화됨 (-1), 모름 (0), 관계가 약간 개선됨 (1), 관계가 개선됨 (2), 관계가 매우 개선됨 (3) 　- 추후 가중치 -15 ~ 15 로 환산함 　- 위와 같이 대답한 이유를 구체적으로 언급하도록 함	설문 조사	
일반적 계층, 지역, 이념, 세대 간 통합에의 영향		-10~10
□ 해당 정책이나 갈등에 대해 어느 정도 지식이 있는 일반 국민들의 경우, 해당 정책이나 사업에 대한 정부의 갈등관리가 사회통합에 미친 영향에 대한 인식 　- 매우 부정적 영향 (-3), 부정적 영향 (-2), 약간 부정적 영향 (-1), 모름 (0), 약간 긍정적 영향 (1), 긍정적 영향 (2), 매우 긍정적 영향 (3) 　- 추후 가중치 -10~10으로 환산함 　- 위와 같이 대답한 이유를 구체적으로 언급하도록 함	설문 조사	
역량개선		5
(정부 포함) 주요 이해당사자들의 갈등해결 역량 개선		3
□ 갈등 이해당사자들이 갈등관리 과정과 결과 이후 향후 비슷한 유형의 갈등이 발생한다면 적용할 수 있는 갈등해결 역량의 개선 　- 역량 개선 없음 또는 모름 (0), 약간의 역량 개선이 이루어졌음 (1), 어느 정도 역량이 개선되었음 (2), 역량이 매우 개선되었음 (3) 　- 위와 같이 대답한 이유를 구체적으로 언급하도록 함	설문 조사	

주요 이해당사자들의 정책 내용 학습 및 정부 정책에 대한 관심 증가		2
□ 갈등 이해당사자들이 갈등관리 과정과 결과 이후 정책 내용 및 과학적, 기술적 사실 관계 등에 대한 학습을 통한 관련 정책에 대한 관심도 증가 　- 학습 및 관심 개선 없음 또는 모름 (0), 약간의 학습과 관심이 증가함 (1), 어느 정도 학습되었고 관심도 증가하였음 (2), 학습이 매우 많이 되었고 관심도 매우 증가함 (3) 　- 추후 가중치 2으로 환산함 　- 위와 같이 대답한 이유를 구체적으로 언급하도록 함	설문 조사	

* 출처: 김동영 외, 한국 사회갈등의 영향평가 모형개발, 사회통합위원회, 2010.

(2) 평가의 틀

① 전문가 평가

전문가 평가단을 구성하여 전문가 평가를 실시하며 이들은 평가의 기초자료로 참고할 보고서를 작성한다. 보고서는 해당 사례에 관련된 정부자료, 연구보고서, 신문자료 등의 문헌자료들을 검토한 내용과 이해관계인들을 면담한 내용을 기반으로 하여 작성한다. 또한 찬반의 의견을 균형 있게 제공함으로써 객관적인 평가가 이루어질 수 있도록 한다.

<전문가 평가의 주요 내용>

평가범주 (%)		평가지표	평가 방식
갈등관리 절차 (40)	예방 (20)	(1) 갈등 예방을 위한 사전 준비와 활동	전문가평가
	해결 (20)	(1) 갈등 해결을 위한 사전 준비와 활동	전문가평가
갈등관리 결과 (30)	관리 효율 성과 (10)	(1) 정책 이행 실적	전문가평가
		(2) 관리 비용	전문가평가
		(3) 사회적 비용의 최소화	전문가평가

* 출처: 사회통합위원회·사회갈등연구소, 한국 사회갈등의 영향평가, 2010.

② 설문조사 평가

전문 조사기관에서 전화설문을 실시할 수 있도록 지원한다. 사례별로 이해관계인이나 일반인의 의견 수렴을 위한 설문지를 작성한다.

<일반인 설문조사의 주요 내용>

평가범주 (%)		평가지표	평가방식
갈등관리 결과(30)	만족도 (20)	(1) 주요 이해당사자들에 의한 정부 신뢰도	설문조사
		(2) 주요 이해당사자들에 의한 갈등관리 절차 만족도	설문조사
		(3) 주요 이해당사자들에 의한 정책 결과 만족도	설문조사
사회통합 영향(30)	통합(25)	(1) 민간 주요 이해당사자간 관계 개선	설문조사
		(2) 일반적 계층, 지역, 이념, 세대간 통합에의 영향	설문조사
	역량 개선(5)	(1) 주요 민간 이해당사자들의 갈등해결 역량 개선	설문조사
		(2) 주요 민간 이해당사자들의 정책 내용 학습 및 관심 증가	설문조사

* 출처: 사회통합위원회·사회갈등연구소, 한국 사회갈등의 영향평가, 2010.

3. 중재의 이해

1) 중재의 개념

'중재'(Arbitration) 란 당사자 간의 합의로 재산권의 분쟁 및 화해가능성이 있는 비재산상의 분쟁을 법원의 재판에 의하지 아니하고 중재인의 판정에 의하여 해결하는 절차를 말한다(중재법 제3조). 즉 중재는 사인간의 분쟁을 법원의 판결에 의하지 아니하고 당사자의 합의로 사인인 '중재인'(Arbitrator)에게 의뢰하여 구속력 있는 판정을 구함으로써 분쟁을 최종적으로 해결하는 방법이다. 중재인은 중재절차에서 판정을 하는 자를 말한다. 중재라는 단어는 일상적으로는 "다른 사람이 분쟁에 개입하여 화해시킨다"는 의미로도 사용되고 있어, 중재는 중재인이 당사자들 사이의 분쟁에 개입하여 조정이나 화해와 같이 타협할 수 있는 방안을 마련하여 주는 것으로 오해하는 경우가 더러 있다. 그러나 중재는 분쟁해결의 원칙적인 수단인 법원에서의 소송을 대체하는 점에서 조정이나 화해와 함께 대표적인 대체적인 분쟁해결수단에 해당하지만, 당사자들이 중재인이 내린 중재판정에 구속된다는 점에서는 오히려 소송과 유사하고, 제3자가 제시하는 구속력이 없는 타협안을 기초로 당사자들이 합의를 하도록 하는 조정이나 화해와는 구별된다.

2) 중재의 특징

(1) 중재합의

'중재합의'는 계약상의 분쟁인지의 여부에 관계없이 일정한 법률관계에 관하여 당사자 간에 이미 발생하였거나 장래 발생할 수 있는 분쟁의 전부 또는 일부를 중재에 의하여 해결 하도록 하는 당사자 간의 합의를 말한다(중재법 제3조 제2호). 중재합의는 원칙적으로 서면에 의한 합의를 인정하며(제8조 제2항), 계약체결 단계에서 미리 계약서에 중재조항의 형식으로 정할 수도 있고, 구체적인 분쟁이 발생한 이후에 별도의 독립된 문서로 합의할 수도 있다(중재법 제8조 제1항).

별도의 합의가 없더라도 당사자 간에 분쟁이 발생한 경우 관할법원에 소를 제기하여 법원으로부터 분쟁에 대한 판단을 받을 수 있으나, 분쟁을 중재에 의하여 해결하기 위해서는 현재 발생하고 있거나 장래 발생할 수 있는 분쟁을 중재에 의하여 해결하기로 하는 당사자 간의 별도의 약정이 필요하다. 이러한 약정을 '중재합의'라고 한다. 당사자들이 어떠한 계약에 관하여 중재합의를 하면, 해당 계약과 관련한 분쟁이 발생할 경우 법원의 재판을 통하여 이를 해결할 수 없는 것이 원칙이다. 즉 중재합의가 있음에도 불구하고 당사자가 법원에 소를 제기한 경우, 상대방이 중재합의가 있다는 항변을 하면 법원이 원칙적으로 그 소를 각하하게 된다(중재법 제9조 제1항 본문).

(2) 단심제

중재판정은 분쟁당사자 사이에 있어서는 법원의 확정판결과 동일한 효력이 있다(중재법 제35조). '확정판결과 동일한 효력'이라 함은 중재판정에 대하여 더 이상 불복신청을 할 수 없어 당사자들에게 최종적인 구속력을 갖는 판단이라는 의미이다. 즉 중재판정에 대해서는 당사자들이 불만이 있더라도 법원의 재판처럼 불복하여 상급심의 판단을 구할 수 있다.

이처럼 중재는 '단심제'로 운영되므로, 법원의 소송과 비교할 때 당사자가 한 번에 주장과 입증에 필요한 조치를 다 할 필요가 있다. 또한 본인에게 유리한 주장과 입증 방법을 최대한 신속하게 정리하고, 본인의 입장과 모순되는 내용으로 상대방과 교신이 이루어지지 않도록 하는 등 분쟁 초기 단계에서의 대응에도 유의할 필요가 있다. 한편 중재판정에 대하여 상급심의 판단을 다시 구할 수는 없으나, 중재판정에 법률상 정하고 있는 일정한 취소사유가 있을 경우 당사자는 중재판정의 정본을 받은 날로부터 3개월 이내에 관할법원에 중재판정의 취소를 구하는 소를 제기할 수 있다(중재법 제36조).

(3) 신속한 분쟁해결

중재법(제1조)과 대한상사중재원 국내중재규칙(제1조)은 '신속한 분쟁의 해결'을 중요한 이념으로 천명하고 있다. 중재는 소송과 비교할 때 더 빠른 기간 내에 분쟁을 해결할 수 있다.

소송의 경우 대법원의 2016년 사법연감에 따르면, 민사본안사건 1심 절차에 관하여는 평균 143.4일이, 항소심과 상고심 절차에 관하여는 평균 239.2일과 평균 132.3일이 각각 소요된다고 한다. 즉 법원에서 소송을 진행할 경우 대법원 판결을 받기까지 평균 약 515일이 소요되고, 특히 합의부의 심리 대상인 사건은 거의 2년의 기간이 소요된다. 반면 대한상사중재원(중재를 통한 분쟁해결, 2018)에서는 중재의 경우, 국내중재사건을 기준으로 약 170일이 소요되고, 1억 원 이하의 국내중재사건의 경우 약 115일이 소요되며, 당사자가 신속절차(대한상사중재원 국내중재규칙 제45조)에 의하여 중재를 진행하기로 합의하는 경우 이 기간은 더욱 줄어들 수 있고, 4~5개월 내에도 분쟁해결이 가능하다.

이밖의 특징으로 중재는 단심제이기 때문에 3심제인 소송에 비해 소요되는 비용이 저렴한 장점, 소송은 사건을 재판부에 배당하므로 당사자가 분쟁에 대한 판단의 주체를 지정할 수 없지만, 중재의 경우 당사자들이 자신의 분쟁에 관하여 판단할 중재인을 직접 지정할 수 있다. 또한 법원재판의 심리가 원칙적으로 공개되고 판결의 선고는 반드시 공개되는 것과 달리, 중재는 당사자들이 합의하거나 기관중재에서 중재규칙상 비공개에 관하여 정하고 있는 경우 중재심리는 비공개로 진행되며, 중재판정은 확정판결과 동일한 효력이 있고(중재법 제35조), 원칙적으로 승인과 집행이 보장된다.(중재법 제35조)

3) 국내중재절차의 진행

대한상사중재원 국내중재규칙에 따른 중재는 아래와 같은 순서로 진행된다.

(1) 당사자들의 중재합의
(2) 일방 당사자가 신청인으로서 사무국에 중재신청을 하고 사무국의 안내에 따라 중재 비용을 예납
(3) 사무국이 각 당사자에게 사건 접수에 관하여 통지
(4) 상대방 당사자가 피신청인으로서 답변서를 제출
(5) 중재인 선정 절차를 통하여 중재인을 결정하고 사무국이 당사자들에게 중재판정

부의 구성을 통지
(6) 중재판정부가 중재심리 절차를 진행
(7) 중재판정부가 중재판정서를 작성하고 사무국이 이를 당사자들에게 송달

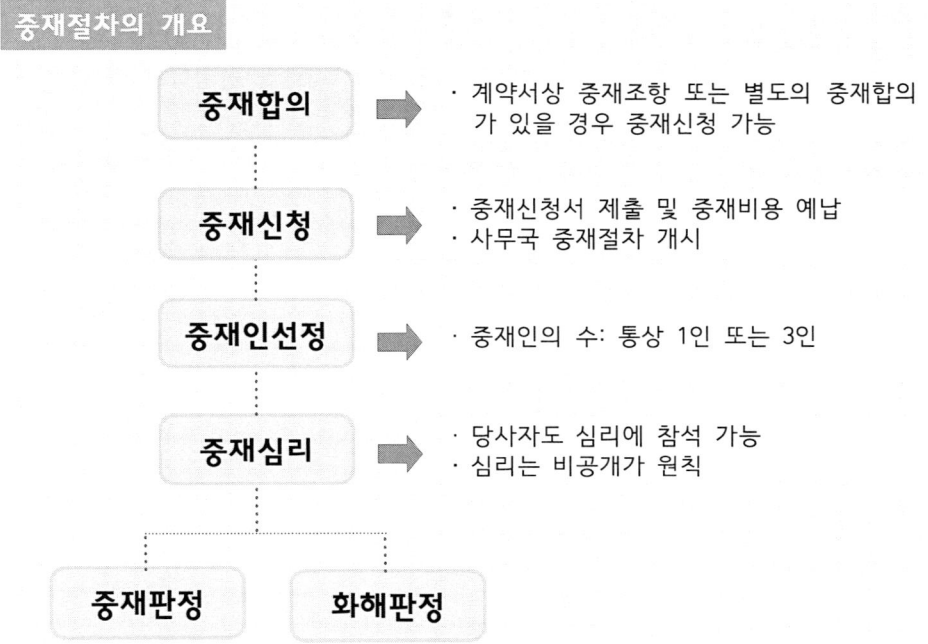

중재절차의 개요

- 중재합의 → · 계약서상 중재조항 또는 별도의 중재합의가 있을 경우 중재신청 가능
- 중재신청 → · 중재신청서 제출 및 중재비용 예납
  · 사무국 중재절차 개시
- 중재인선정 → · 중재인의 수: 통상 1인 또는 3인
- 중재심리 → · 당사자도 심리에 참석 가능
  · 심리는 비공개가 원칙
- 중재판정 / 화해판정

4) 중재판정

중재판정부는 심리를 종결하면 당사자가 신청한 사항에 대하여 신속하게 판정을 내려야 합니다. 다만, 중재판정부는 필요한 경우 중간판정 및 일부판정을 할 수 있으며(국내중재규정 제40조 제1항), 중재판정부는 당사자 간에 별도의 합의가 없는 한 심리가 종결된 날로부터 30일이내에 판정을 하여야 한다(동조 제2항). 3인 이상의 중재인으로 구성된 중재판정부의 경우 중재인 과반수의 찬성으로 판정한다. 이때 중재인 중 일부가 정당한 이유없이 중재판정을 위한 합의에 불참하더라도 과반수에 해당하는 나머지 중재인들만의 합의로 판정한다(동조 제3항). 중재판정은 서면으로 작성하고 당사자의 성명 또는 명칭과 주소, 중재지, 판정주문, 신청취지, 판정이유, 작성날짜를 기재하여 중재인이 서명하는 방식으로 이루어진다. 다만 당사자가 합의하거나 신속절차에 의한 중재 사건의 경우 중재판정부는 판정의 근거가 되는 이유를 생략할 수 있다(국내

중재규칙 제41조 제1항 내지 제3항). 사무국은 중재판정 정본을 당사자 또는 대리인에게 송부하고, 중재판정의 원본을 보관하고, 당사자의 신청이 있는 경우에는 중재판정 원본과 당사자에게 중재판정 정본을 송달한 사실을 증명하는 서면을 관할 법원에 송부하여 보관할 수 있다(동조 제2항). 중재판정은 당사자 간에 있어서는 법원의 확정판결과 동일한 효력이 있다(중재법 제35조). 중재판정은 당사자를 구속하고, 당사자들은 중재판정을 지체없이 이행하여야 한다(국내중재규칙 제41조 제7항). 당사자가 중재판정을 이행하지 아니할 경우 상대방은 법원에 중재판정의 집행을 신청할 수 있다(중재법 제37조, 제38조).

4. 조정과정 필수 양식의 예

● 조정참여 동의서의 예

조정 참여 동의서

1. 본인(_____)은 상대(_____)와의 갈등을 해소하기 위해 '_____'가 주관하는 조정에 참여하는 것에 동의한다.

2. 본인은 이번 조정을 위해 조정자로 ○○○○○○ ○○○ 외 ○인(총 ○인)을 조정인으로 선임하는 것에 동의한다.

3. 본인은 조정 과정에서 조정인의 의사를 존중하고, 조정에 필요한 모든 사항은 조정인과 협의하여 결정한다.

4. 본인은 조정 과정에서 나온 모든 내용에 대해 비밀을 지킬 것이다.

5. 본인은 조정 과정에서 나온 내용을 만약 있을 법적 소송 등에 활용하지 않을 것이다.

6. 본인은 이번 조정 과정에 참고인(_____)을 참석시킬 예정이다. (또는 아니다)

7. 첫 번째 조정은 20 년 월 일   시, ○○○○ ○○○○○에서 개최한다.

20 년 월 일

구분	성명	주소	연락처	E-mail	서명
참여자					
대표조정인					

● 조정운영규칙의 예

OOO 건설 관련 OO을 위한 조정협의체 규칙(안)

제1조(목적) 이 규칙은 'OOO 사업'과 관련하여 OO을 위한 결정에 대하여 조정절차를 정함으로써 OO 문제의 원활한 해결을 도모함을 목적으로 한다.

제2조(관련 당사자) 조정회의에 참여하는 당사자는 OOOO기관, 이 지역의 주민 및 광역(기초)지자체 등으로 한다.

제3조(조정 대표자) 관련 당사자의 의견과 입장을 대변할 관련 당사자별 대표자(이하 "조정대표자"라 한다)는 다음과 같으며, 조정대표자는 관련 당사자로부터 대표성을 인정받은 것으로 한다.

관련 당사자	조정대표자	직 위
담당기관	○○○	
산하기관(담당부서)	○○○	
광역(기초)지자체	○○○	
주민대표	○○○	
시민단체 등	○○○	

제4조(조정회의) ① OO결정에 대한 합의를 도출하기 위하여 조정대표자 및 관련 전문가가 참여하는 조정회의를 구성한다.
② 관련 전문가는 주민대표, 관계기관 등이 추천하되, 조정대표자의 동의를 받아 결정하고, 조정회의에서 "조정자"로서의 역할을 수행한다.
③ 사실 확인이나 합의의 도출을 위하여 필요한 경우 조정대표자간 합의를 거쳐 분야별 전문가가 조정회의에 참여하여 발언하도록 할 수 있다.

제5조(참관인) 관련 당사자는 조정회의에 참관인을 둘 수 있으며, 참관인은 다음과 같다. 단, 참관인은 다른 조정대표자의 동의를 얻어 필요시 조정대표자를 지원할 수 있다.

제6조(조정대표자와 참관인의 변경) 조정대표자와 참관인은 조정회의에서의 합의에 의하지 아니하고는 이를 변경하지 못한다.

제7조(조정회의의 운영) 조정회의는 투명하고 공정하게 진행하되, 비공개 개최를 원칙으로 한다.

제8조(조정자의 비밀유지의무) 조정자 및 조정자가 속한 기관은 조정회의에서 다루어지고 있는 내용들에 대해 비밀을 유지하여야 하며, 이의 공개는 조정회의에서의 합의를 전제로 한다.

제9조(회의결과의 전달) ① 조정대표자는 각각이 대표하는 관련 당사자에게 조정회의의 경과와 내용을 전달하는 것을 원칙으로 한다. 단, 전달내용은 조정회의에서 합의된 사항으로 한다.
② 조정회의의 경과 및 내용 중 홍보가 필요하다고 인정되어 조정회의에서 합의된 사항은 담당기관의 조정대표자가 대표로 발표하거나 보도 자료를 배포하는 등의 방법으로 홍보할 수 있다.

제10조(참여자의 준수사항) 조정회의에 참여하는 조정대표자, 관련 전문가 및 참관인은 다음 각 호의 사항을 준수하여야 한다.
1. 상호간에 예의를 지키고 상대방을 존중할 것
2. 인신공격성 발언과 욕설을 하지 아니할 것
3. 조정자의 회의 진행을 방해하지 아니할 것
4. 조정기간 집회나 시위 등 비신사적인 일체의 행위를 삼가고, 다음 각목의 사항을 이행한다. 단, 조정회의에서의 논의내용 및 진행상황 등에 대한 관련 당사자 설명회는 인정한다.
   가. 관계기관은 조정회의 기간 중 정책 등 사업진행 결정과 관련한 모든 행정행위를 중지한다.
   나. 조정대표자는 노선결정과 관련된 사항을 언론에 발언하는 것을 자제한다. 언론에 보도된 사항에 오류가 있을 경우에는 보도경위를 우선 파악한 뒤 정정 보도를 요청한다.

제11조(조정회의의 진행방식) ① 조정회의에서 주어지는 발언기회 및 시간은 관련 당사자별로 동일하게 함을 원칙으로 한다.
② 조정대표자에게 주어지는 반론기회 및 시간은 관련 당사자별로 동일하게 함을 원칙으로 한다.
③ 발언순서는 상호협의에 의해서 첫 번째 순서를 정한 후 그 순서가 "갑→을→병→정"이면 다음부터는 "을→병→정→갑"의 순으로 함을 원칙으로 한다.
④ 조정회의에서의 발언은 관련 당사자별 각 1인의 조정대표자가 하는 것을 원칙으로 한다.
⑤ 조정자가 필요하다고 판단하는 때, 또는 조정대표자의 전부 또는 일부의 요청을 받아 조정자가 필요하다고 판단하는 때에는 조정대표자는 조정자의 참여하에 개별회의를 열 수 있다. 단, 조정대표자의 요청에 의하여 열리는 개별회의의 경우, 조정자의 참여 여부는 조정대표자가 결정한다.
   1. 개별회의의 내용은 비밀을 원칙으로 한다. 단, 조정자는 개별회의를 가진 조정대표자와 합의하여 개별회의의 내용의 일부 또는 전부를 공개할 수 있다.
   2. 개별회의의 기회(횟수) 및 시간은 관련 당사자별로 동일하게 함을 원칙으로 한다. 단, 조정자가 필요하다고 판단하여 열리는 개별회의의 경우는 이 원칙의 적용을 받지 않는다.
⑥ 조정대표자는 조정자의 조정회의 진행에 적극 협조하여야 한다.
⑦ 조정자는 조정회의의 진행상의 필요(예 : 사실확인, 대안검토 등)에 따라 조정대표자와 합의하여 소회의체를 구성할 수 있다.
⑧ 제7항에 의하여 구성되는 소회의체는 필요에 따라 그 성격이 다를 수 있으며, 소회의체에서 도출된 결과에 대한 합의는 조정회의에서 한다.

제12조(녹음 및 기록) ① 조정자는 회의결과의 투명성과 객관성 및 역사성을 위하여 조정회의에서의 발언을 녹음하고 기록함을 원칙으로 한다.
② 이를 위하여 OOO 담당 직원은 조정회의에 참여하여 회의내용을 기록하고 정리하여야 한다.

제13조(개최주기 및 시간 등) ① 조정회의는 월 O회 개최하되, O요일에 동일한 장소에서 개최함을 원칙으로 한다. 단, 조정대표자가 합의하는 경우에는 이를 변경할 수 있다.
② 조정회의는 1회당 8시간 이내로 개최한다. 단, 조정대표자가 합의하는 경우에는 개최시간을 변경할 수 있다.
③ 차기 회의의 개최일시 및 장소 등은 조정회의에서 정한다.

제14조(증거자료의 활용) ① 조정대표자는 모든 증거자료(각종 보고서, 기록문, 관계전문가의 증언 등)를 활용할 수 있다. 단, 그 증거자료는 타 조정대표자가 받아들일 때에 그 효력을 갖는다.
② 조정자와 타 조정대표자가 요구하는 경우에는 조정대표자가 증거자료로 제시한 정보를 조정자와 타 조정대표자에게 제공하여야 한다.
③ 조정대표자는 타 조정대표자로부터 관련 자료의 제출을 요청받는 경우에 이에 성실히 응하여야 한다.

제15조(합의의 절차) ① 조정대표자간에 합의하고자 하는 사항에 대하여는 합의문 작성 전에 반드시 조정대표자가 대표하는 관련 당사자의 동의를 구하여야 한다.
② 조정대표자가 합의한 결과는 조정대표자가 대표하는 관련 당사자가 동의한 것으로 본다.
③ 조정대표자는 최종합의안의 이행을 확약하고 그 이행에 필요한 조치를 취하여야 한다.
④ 조정회의 종료시에는 당 회의에서 합의된 사항을 정리하고 관련 당사자별 조정대표자 1인과 조정자가 서명한다.
⑤ 합의는 조정대표자단의 만장일치로 한다.

제16조(최종합의문 작성 및 분배) ① 조정대표자가 합의한 사항은 이를 합의문으로 정리하여 조정대표자와 조정자가 서명날인한 후 각 조정대표단과 조정자가 각각 1부씩 나누어 가진다.
② 조정대표자 또는 조정자가 합의문에 대한 공증을 받기를 원하는 경우는 조정대표자간 합의에 의하여 이를 공증 받을 수 있다.

● 조정과정 안내문

조정과정에 대한 안내문

날짜

우편/팩스로 전송

민원 신청인/ 의뢰인 주소 / 민원 관리인 주소

저는 이 편지의 마지막에 적은 시간과 장소에서 조정을 실시할 것입니다. 조정은 보통 4-6시간 소요될 예정입니다. 이 시간이 적정하지 않다고 생각되면 즉시 알려주시면 시간을 재조정하겠습니다.

가. 조정의 의미와 방법

조정은 법적인 절차가 아닙니다. 또한 조정자는 법적으로 효력 있는 자문이나 조언을 제공하지 않습니다. 조정에 합의한다고 해서 공식적이고 법적인 분쟁해결 절차의 진행과 관련된 당신의 권리가 훼손되지 않습니다. 만약 민원을 해결하기 위한 시간상의 문제가 있거나 일정이 불확실한 경우에는 당신의 조언자나 관계공무원 등에게 일정과 관련하여 상의하십시오.

1. 조정회의 절차
조정회의는 중립자로서 저의 역할과 관련하여 '여는 말'로 시작됩니다. 저의 여는 말이 끝나면, 당신이 말을 시작하면 됩니다. 민원 사항이나 어떤 방식으로 문제가 해결되기를 바라는 지 등에 대하여 말할 수 있습니다. 대리인이 있는 경우 그들의 입장에서 분쟁을 설명할 수 있는 기회를 줄 것입니다. 여는 말이 끝나면, 당신과 당신의 파트너는 함께 서로 질의응답을 하고, 잠재적인 해결책을 논의하고 모색하게 될 것입니다.
이 지점에서, 저는 각각의 참석자들과 한차례 이상 개별적인 면담(코커스)을 하게 될 것입니다. 당신이 면담 동안 저에게 제공한 정보는 누구와도 공유하지 않게 될 것입니다.
면담 이후에, 다시 회의가 열리게 되고, 이슈에 대하여 합의할 부분이 있는지를 확인하게 될 것입니다. 합의점을 찾기 어려우나, 이해당사자들이 협상을 계속 진행하고자 하면, 회의를 통해 해결방안이 마련될 것인지 아닌지를 보다 명확하게 하기 위하여 면담을 다시 하게 됩니다. 이해당사자는 그들에게 법적인 권리를 알려줄 수 있는 참고인으로부터 자문을 받을 수 있습니다.
합의에 도달하면, 모든 이해당사자가 수용할 수 있는 해결 합의문 초안을 작성하게 될 것입니다.

2. 비밀 유지
비밀유지는 조정과정의 핵심적인 부분입니다. 사적으로 대화를 나누고 비밀을 유지할 것을 요구받은 것에 대해 조정자는 해당 정보를 자의적으로 발설할 수 없도록 법에 규정되어 있습니다. 이런 규칙에 예외가 있으나, 이번 조정과정에서 이런 예외가 발생할 것으로 기대하지 않습니다. 예를 들어, 당신이 내게 이번 사안과 관련하여 사기나 직권남용, 등을 계획하고 있다고 알리거나, 폭력을 사용할 것이라고 말하는 경우, 나는 이를 관련 기관이 알려야 합니다.
제가 기밀을 유지하는 것은 조정과정 동안 여러분이 제게 비밀을 유지해 줄 것을 말이나 글로 요구한 내용에 한정됩니다. 또한 조정합의문과 해결에 대한 합의사항은 비밀로 지켜지지 않을 것입니다

3. 대표권
당사자는 조정회의에 혼자 오거나 대리인과 함께, 또는 법적 변호인, 등 협상과정에 도움을 받을 수 있는 사람을 선택하여 데리고 올수 있습니다. 그런 사실을 미리 조정인이 알도록 해주고, 다른 당사자가 이에 상응하여 준비할 수 있도록 하는 것이 중요합니다. 만약 이런 과정이 순탄하게 이루어지지 않게 되면, 조정에 어려움이 발생할 수 있을 것입니다.

나. 결론

종합적으로 말해서, 조정은 진행을 돕는 3자의 노력을 포함하여 모든 이해당사자들이 동의할 수 있는 해결책을 모색하기 위해 설계된 일련의 과정입니다.

● 합의문 양식

<h2 style="text-align:center;">갈등조정회의 합의문</h2>

조정자 :
관련당사자 :

'사업명' '갈등명' 해결을 위한 갈등조정회의 규칙에 의거하여 다음 대표자들은 현재 갈등을 빚고 있는 사항들에 대한 충분하고 공정한 조정절차를 거친 후 다음과 같은 내용에 대하여 관련당사자를 대표하여 합의합니다.

1.
2.
3.

년 월 일(협의회 개최일) 조정에 응한 관련당사자(조정대표자)들은 상기 사항에 합의하며 합의사항의 이행에 최선을 다할 것임을 약속합니다.

년 월 일

조정자 : 서명
조정대표자 : 서명
: 서명
: 서명
: 서명

5. 갈등관리카드 양식

갈등관리카드

1. 갈등 현황

(현행화 일자 :   )

① 관리 코드	년도 - 관리연번 -			⑤ 최초 작성일자			
② (예산서)사업명 (갈등명)				⑥ 최초 갈등 발생일자			
③ 사업기간				⑦ 최종 갈등 종료일자			
④ 갈등내용 분류				⑧ 주요 갈등관리 방식			
⑨ 표출 규모 및 형태	개인 (1~4)	5인 이상 집단	50명 이상 집단	서면	방문	시위	언론보도	기타
⑩ 갈등의 진행 단계	예상		발생		심화·확산		완화	해소

⑪ 이해관계자	구 분	주요 주장(요구) 내용
	지역주민	○
	해당 자치구	○
	담당부서	○
	시민단체	○
	기 타	○

⑫ 갈등관리	대응내용 (일자 등)	대응계획 수립 (공론화, 조정)	논의체 구성 (위원회, 협의체 등)	논의체 운영 (회의,토론,협의)	논의체 운영 종료 (합의, 권고, 제안 등)
	대응주체 및 인원 등				

⑬ 갈등종결 유형	합의	제안수용	법적해결	사업중단	사업완료	기 타

2. 사업 갈등관리

⑭ 사업개요	○ 위치 및 규모 / 추진근거 / 사업목적 / 사업기간 / 사업비 / 공정률 ○ 사업내용 / 추진내용 (경과포함) / 기타 향후 추진일정
⑮ 갈등개요	○ 갈등배경 및 원인 / 갈등 진행 경과 / 갈등유형 등
⑯ 갈등관리 및 해결 수단	○ 갈등의 쟁점사항 / 갈등의 해소방안 / 이해관계자 등 의견 사업계획 반영 ○ 갈등해결을 위한 방식 / 회의 및 협의체 개최·운영 ○ 기타 갈등관리 방안 검토 등
⑰ 갈등관리 대응 현황	○ 갈등관리 및 대응 현황 기술
⑱ 담당자 의견	○ 해당부서(과) 담당자 의견

● 갈등관리카드 작성 요령

갈등현황	① 관리코드	- 갈등관리 분류코드에 따라 순서대로 기재
	② 사업명	- 예산서 상 사업명(갈등특징의 명칭은 괄호 안에 기재)
	③ 사업기간	- 대상사업의 (계획)기간. 기간의 변경사항은 추가 기재
	④ 갈등내용 분류	- 갈등내용 분류 코드에 따라 선택 기재
	⑤ 최초작성일자	- 갈등관리카드 최초 작성일자
	⑥ 최초 갈등발생일자	- 갈등이 발생된 시점
	⑦ 최종 갈등종료일자	- 갈등이 해소된 시점
	⑧ 주요 갈등관리 방식	- 갈등예방(공론화), 갈등해결(조정) 등 목적에 따른 갈등관리 방식 기재
	⑨ 표출규모 및 형태	- 당사자(집단)의 수, 지역크기, 서면, 인터넷, 방문, 시위 등 모두 기재
	⑩ 갈등의 진행 단계	- 작성 또는 추가기재 시점의 갈등상황(5단계) 기재
	⑪ 이해관계자	- 갈등의 직·간접 이해당사자 모두 기재. 쟁점에 대한 각 당사자의 주장 모두 기재
	⑫ 갈등관리	- 갈등관리 관련 세부 사항(관리·운영, 해당 일자 등)을 기재
	⑬ 갈등관리 종결 유형	- 종결 형태별 선택 기재. 기타인 경우 그 내용 기재
사업갈등관리	⑭ 사업개요	- 갈등발생 대상사업의 주요 내용 기재(양식 참조)
	⑮ 갈등개요	- 갈등의 배경이나 원인이 된 사건, 사업, 시책 등의 현황과 개요를 자세히 기록 - 갈등유형(이해,가치,사실관계,구조,관계갈등)에 따라 기재(중복 가능)
	⑯ 갈등관리 및 해결수단	- 갈등관리를 위해 활용한 수단을 모두 기재 　(개별면담, 집단면담, 협의체, 공론화, 주민설명회, 공청회, 기타)
	⑰ 갈등관리 대응현황	- 갈등전개과정, 분쟁해결을 위해 추진한 사항 등을 상세 기재
	⑱ 담당자 의견	- 갈등관리 담당자의 분석 및 향후과제에 대한 의견 등을 기재

● 갈등내용 분류 코드

1차 분류(사업내용 중심)	2차 분류(요구내용 중심)
1. 자원순환(재활용, 소각, 매립 등) 2. 에너지(발전소, 송전선로 등) 3. 수자원(저류조, 배수지, 하수종말처리) 4. 복지시설(노인, 장애인, 아동 등) 5. 교통(도로·교량·철도, 역사, 정류장 등) 6. 공원·체육시설 7. 도시계획 및 개발(신도시, 도시재생) 8. 주택(청년, 임대, 기숙사 등) 9. 기타(　　　)	1. 지역발전 영향(부동산 가치 등) 2. 피해 및 보상(배상) 3. 인·허가 여부(신규, 확장 등) 4. 주민 간 분쟁(임대차, 이웃 등) 5. 관리 운영(소음, 안전, 운영일반 등) 6. 기타(　　　　)

6. 숙의토론에서의 준비 및 유의사항의 예

1) 분임토의 시 퍼실리테이터(모더레이터) 주요 역할의 예

구 분	주요 내용
분임토의실 이동	- 이동 통솔 및 참여자 확인
규칙 제안 및 동의	- 참여자에 대한 토론규칙·유의사항 확인과 동의
기록 공지	- 기록(녹음, 녹화 등)에 대한 양해
역할 소개	- 퍼실리테이터의 역할(사회자) 등을 소개, 회의 주도권 확보
상호 인사	- 참여자 소개 및 상호 인사
내용 정리 및 전달	- 각 참여자 의견 및 토론내용 정리, 전달 등

2) 숙의토론의 규칙과 유의사항의 예

구 분	주요 내용
토론 규칙	- 참여자의 모든 생각은 타당하다.
	- 말할 때와 들을 때 서로 존중한다.
	- 다른 참여자가 말할 때는 끼어들지 않고 듣는다.
	- 상대와 생각이 다르더라도 끝까지 마음을 다해 듣는다.
	- 다른 참여자도 충분히 말할 수 있도록 주어진 발언시간을 준수한다.
	- 생각나누기, 질문하기, 듣기 등에 적극적으로 참여한다.
	- 원활한 토론회 진행을 위해 사회자의 안내를 잘 따른다.
유의사항	- 어느 누구도 여러분이 전문가이길 바라지 않는다.
	- 어떠한 의견이나 주장도 중요하다.
	- 다른 참여자들의 생각에 동의하지 않을 수도 있다.
	- 강하게 반대하는 참여자의 의견도 존중하고 경청한다.
	- 자신의 생각도 변할 수 있다는 마음으로 토론에 임한다.
	- 질문 외 조별 차원에서 공동으로 내려야 할 결정은 없다.
	- 질문 외 투표 또는 거수로 의사결정을 하지 않는다.

7. 공공정책 및 사업 추진절차에 따른 갈등관리 적용 예

1) 일반적인 도시건설 절차에 따른 갈등관리 적용 예

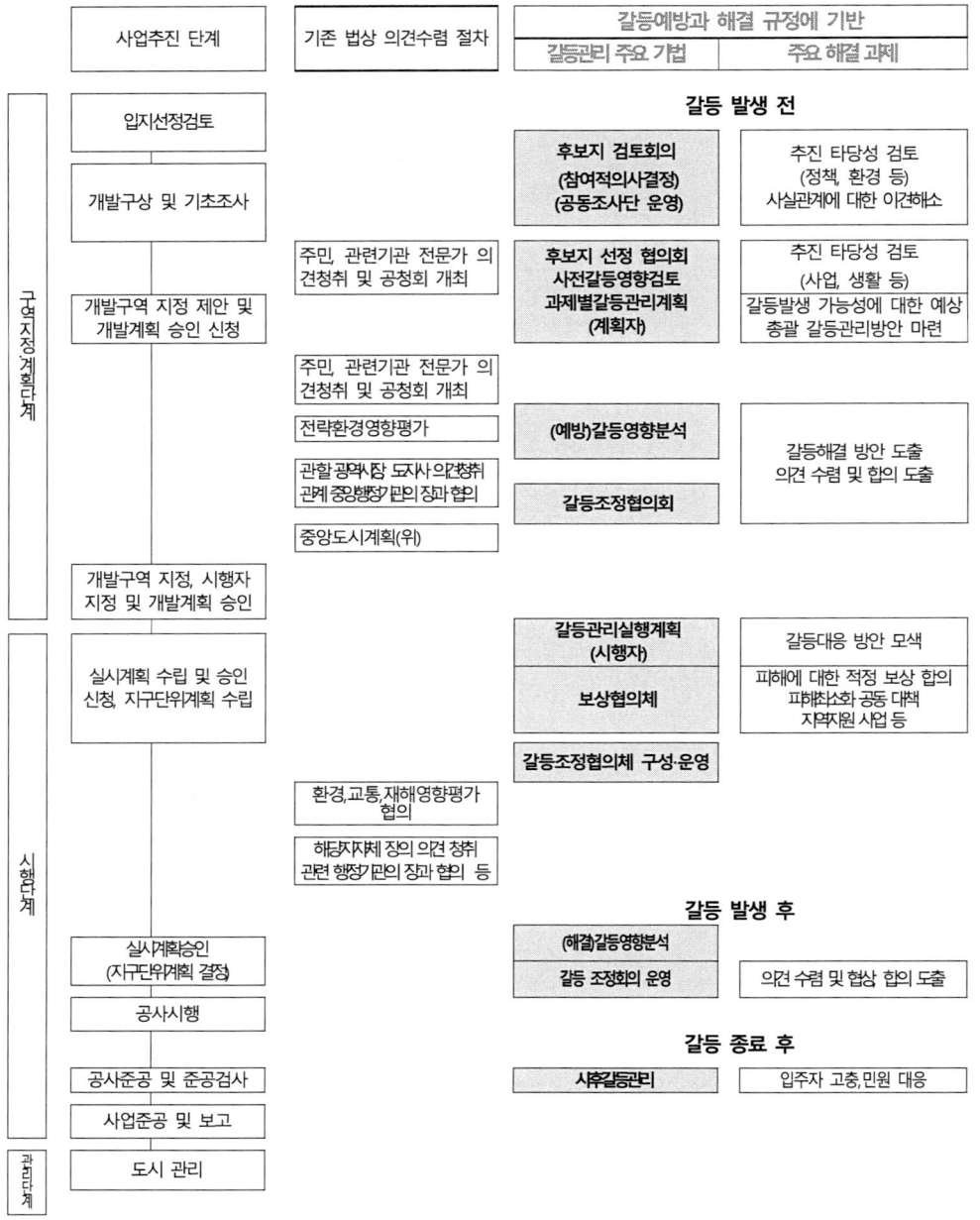

* 출처: 국토교통부 등, 행정능률향상을 위한 갈등관리시스템 개선방안마련 연구, 2014.4.

2) 일반적인 주택건설 절차에 따른 갈등관리 적용 예

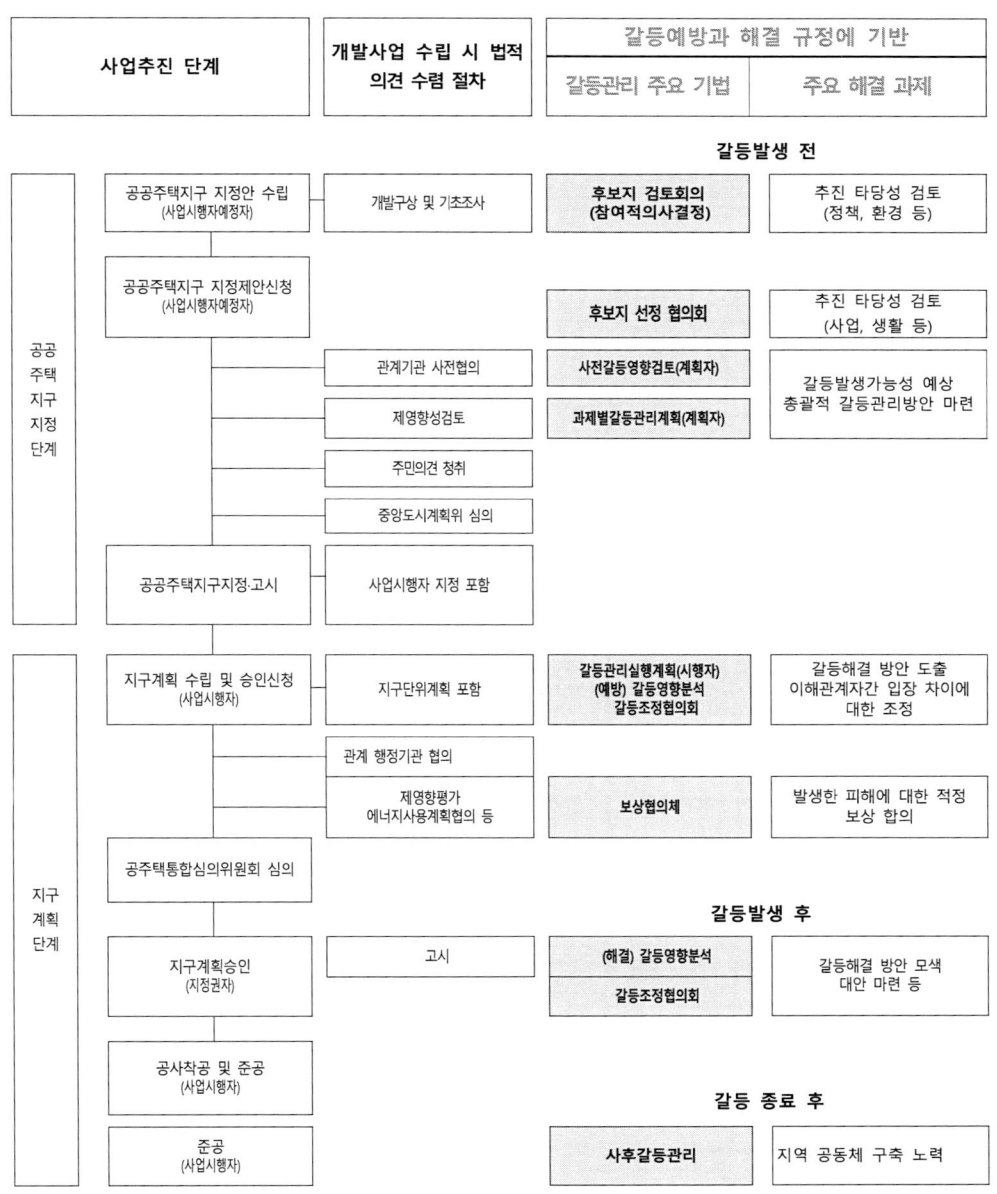

* 출처: 국토교통부 등, 행정능률향상을 위한 갈등관리시스템 개선방안마련 연구, 2014.4.

3) 일반적인 공항건설 절차에 따른 갈등관리 적용 예

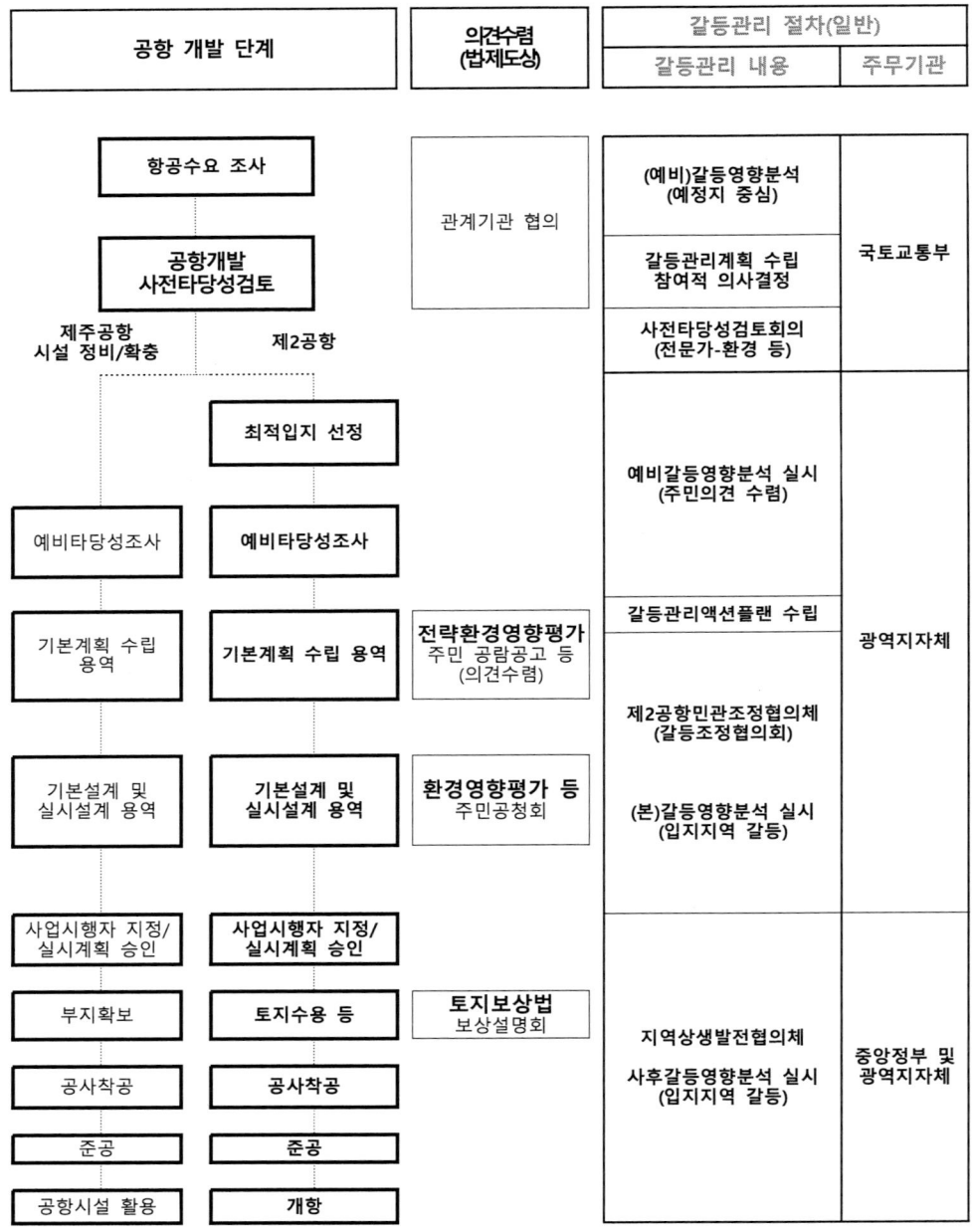

* 출처: 터디앤씨(공생기반연구소), 제주 제2공항 관련 지역상생방안 연구, 2016.12.

부록 459

4) 일반적인 도로건설 절차에 따른 갈등관리 적용 예

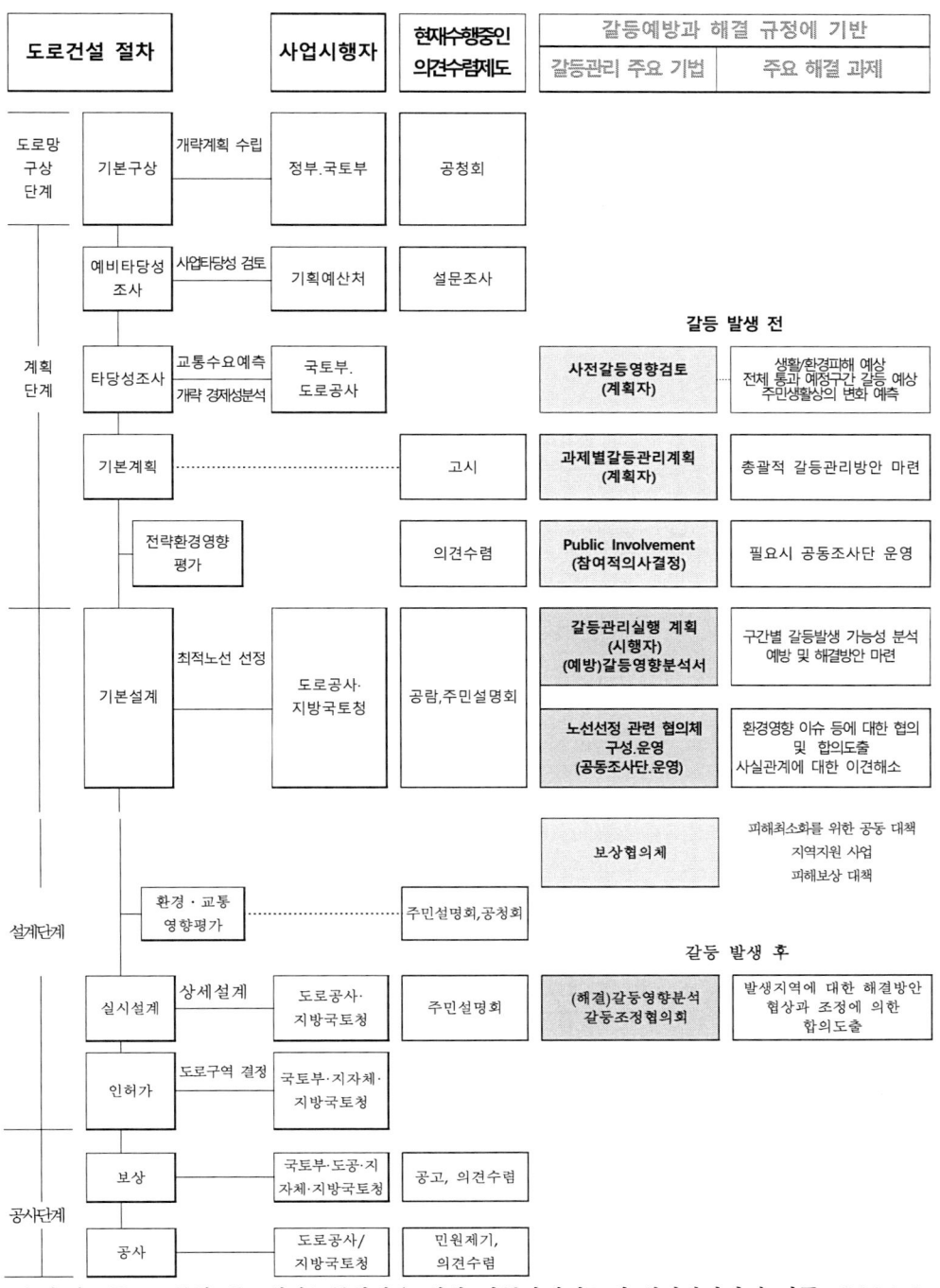

* 출처: 국토교통부 등, 행정능률향상을 위한 갈등관리시스템 개선방안마련 연구, 2014.4.

5) 일반적인 철도건설 절차에 따른 갈등관리 적용 예

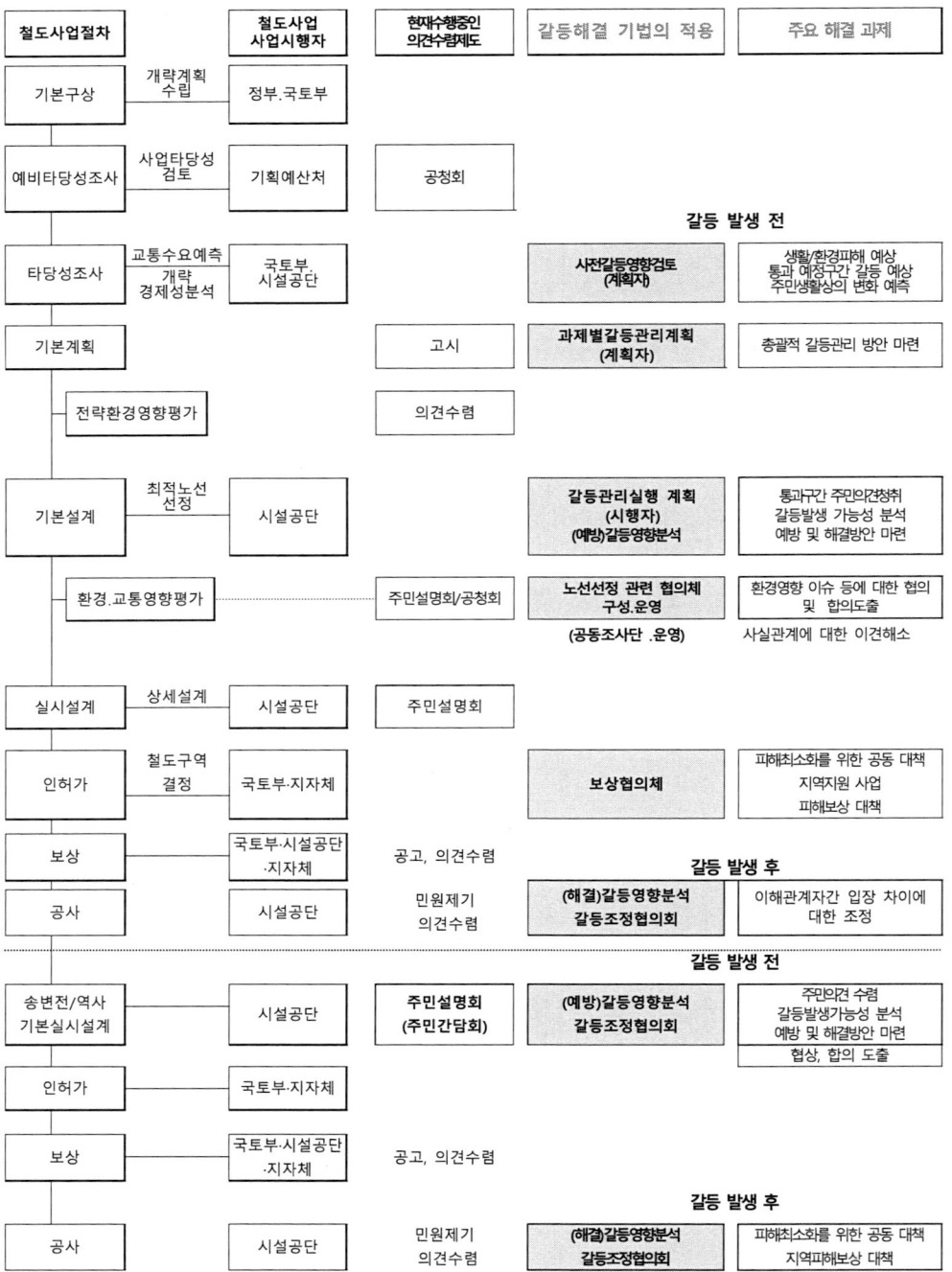

* 출처: 국토교통부 등, 행정능률향상을 위한 갈등관리시스템 개선방안마련 연구, 2014.4.

6) 일반적인 산업단지 건설 절차에 따른 갈등관리 적용 예

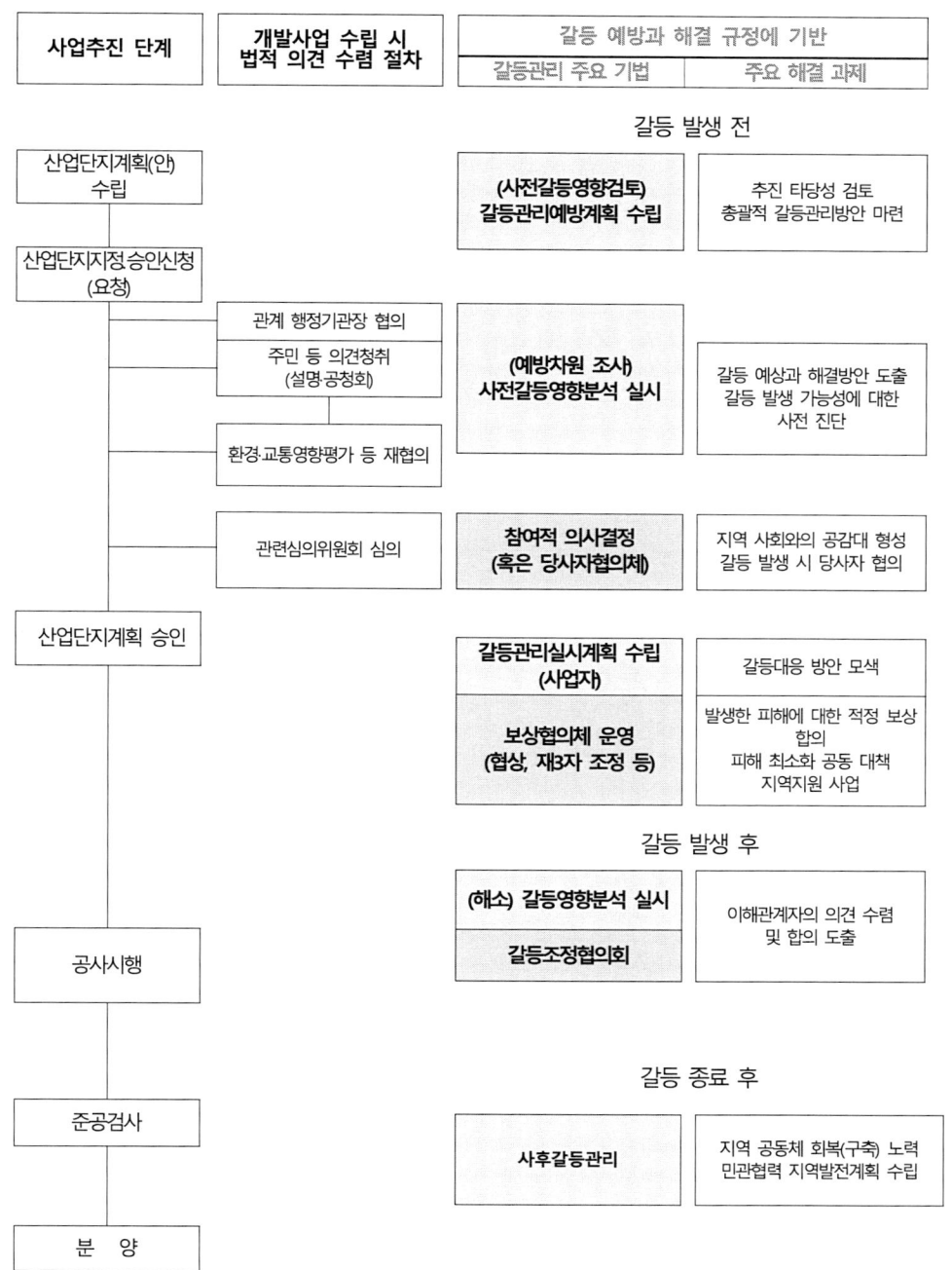

* 출처: 한국갈등학회, 용인 반도체클러스터조성 사업 갈등영향분석 연구, 2019.11.

7) 일반적인 댐건설 절차에 따른 갈등관리 적용 예

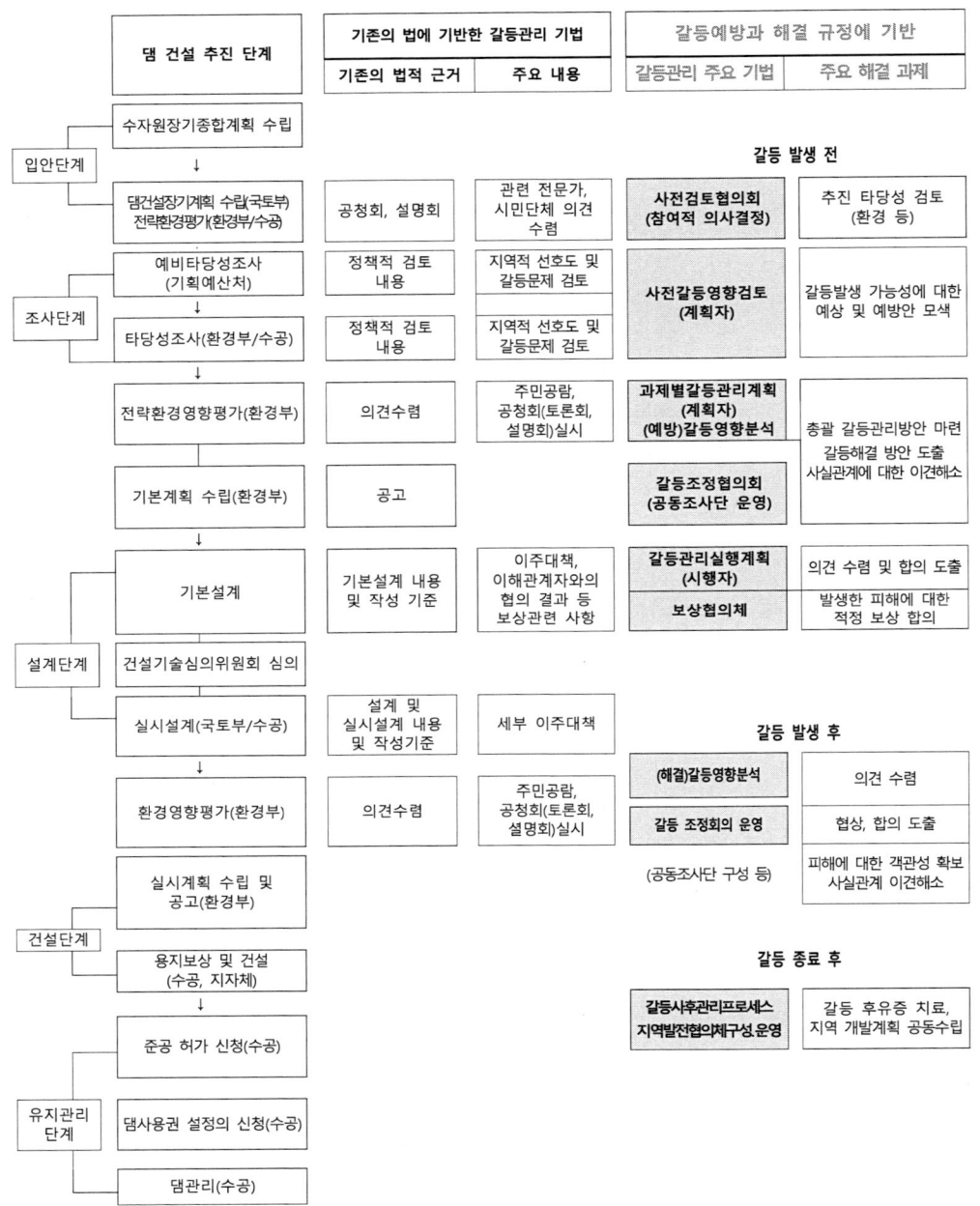

* 출처: 국토교통부 등, 행정능률향상을 위한 갈등관리시스템 개선방안마련 연구, 2014.4.(수정)

부록 463

8) 일반적인 자원회수시설 건설 절차에 따른 갈등관리 적용 예

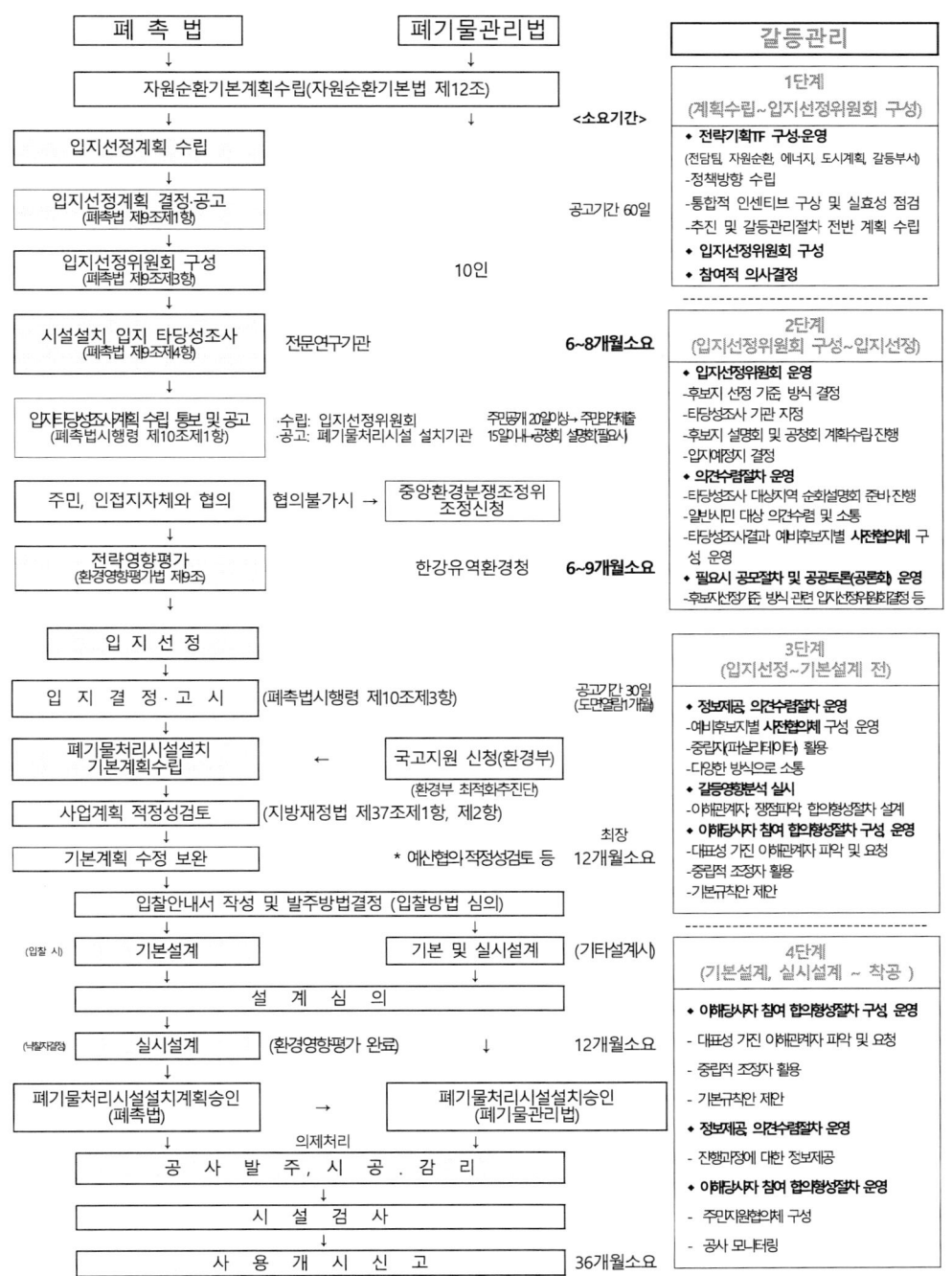

* 출처: 서울특별시, 서울시 광역자원회수시설 입지관련 갈등영향분석, 2020.10.(수정)

8. 국내 갈등관리 관계 법령

1) 공공기관의 갈등 예방과 해결에 관한 규정
- 대통령령 제26928호(환경영향평가법 시행령) 일부개정 2016. 1. 25.

제1장 총칙

제1조(목적) 이 영은 중앙행정기관의 갈등 예방과 해결에 관한 역할·책무 및 절차 등을 규정하고 중앙행정기관의 갈등 예방과 해결 능력을 향상시킴으로써 사회통합에 이바지함을 목적으로 한다.

제2조(정의) 이 영에서 사용하는 용어의 정의는 다음과 같다.
1. "갈등"이라 함은 공공정책(법령의 제정·개정, 각종 사업계획의 수립·추진을 포함한다. 이하 같다)을 수립하거나 추진하는 과정에서 발생하는 이해관계의 충돌을 말한다.
2. "갈등영향분석"이라 함은 공공정책을 수립·추진할 때 공공정책이 사회에 미치는 갈등의 요인을 예측·분석하고 예상되는 갈등에 대한 대책을 강구하는 것을 말한다.

제3조(적용대상) ①이 영은 중앙행정기관(총리령으로 정하는 대통령 소속기관 및 국무총리 소속기관을 포함한다. 이하 같다)에 적용함을 원칙으로 한다.
②지방자치단체, 그 밖의 공공기관은 이 영과 동일한 취지의 갈등관리제도를 운영할 수 있다.

제4조(중앙행정기관의 책무) ①중앙행정기관은 사회 전반의 갈등예방 및 해결 능력을 강화하기 위하여 종합적인 시책을 수립·추진하여야 한다.
②중앙행정기관은 갈등의 예방 및 해결과 관련된 법령 등을 지속적으로 정비하여야 한다.

③중앙행정기관은 갈등을 신속하고 효율적으로 해결할 수 있는 다양한 수단을 발굴하여 적극 활용하여야 한다.

④중앙행정기관은 소속 직원을 대상으로 갈등을 예방하고 갈등 해결 능력을 향상하기 위한 교육훈련을 실시하고 갈등관리능력을 기관의 인사운영의 중요한 기준으로 설정·반영하여야 한다.

제2장 갈등 예방 및 해결의 원칙

제5조(자율해결과 신뢰확보) ①갈등의 당사자는 대화와 타협을 통하여 자율적으로 갈등을 해결할 수 있도록 노력하여야 한다.

②중앙행정기관의 장은 공공정책을 수립·추진할 때 이해관계인의 신뢰를 확보할 수 있도록 노력하여야 한다.

제6조(참여와 절차적 정의) 중앙행정기관의 장은 공공정책을 수립·추진할 때 이해관계인·일반시민 또는 전문가 등의 실질적인 참여가 보장되도록 노력하여야 한다.

제7조(이익의 비교형량) 중앙행정기관의 장은 공공정책을 수립·추진할 때 달성하려는 공익과 이와 상충되는 다른 공익 또는 사익을 비교·형량하여야 한다.

제8조(정보공개 및 공유) 중앙행정기관의 장은 이해관계인이 공공정책의 취지와 내용을 충분히 이해할 수 있도록 관련정보를 공개하고 공유하도록 노력하여야 한다.

제9조(지속가능한 발전의 고려) 중앙행정기관의 장은 공공정책을 수립·추진할 때 지속가능한 발전을 위한 요소를 고려하여야 한다.

제3장 갈등의 예방

제10조(갈등영향분석) ①중앙행정기관의 장은 공공정책을 수립·시행·변경함에 있어서 국민생활에 중대하고 광범위한 영향을 주거나 국민의

이해 상충으로 인하여 과도한 사회적 비용이 발생할 우려가 있다고 판단되는 경우에는 해당 공공정책을 결정하기 전에 갈등영향분석을 실시할 수 있다.

②중앙행정기관의 장은 제1항에 따른 갈등영향분석서를 작성하여 제11조에 따른 갈등관리심의위원회에 심의를 요청하여야 한다.

③제2항에 따른 갈등영향분석서에는 다음 각 호의 사항이 포함되어야 한다.
1. 공공정책의 개요 및 기대효과
2. 이해관계인의 확인 및 의견조사 내용
3. 관련 단체 및 전문가의 의견
4. 갈등유발요인 및 예상되는 주요쟁점
5. 갈등으로 인한 사회적 영향
6. 갈등의 예방·해결을 위한 구체적인 계획
7. 그 밖에 갈등의 예방·해결을 위하여 필요한 사항

④중앙행정기관의 장이 「환경영향평가법」 제9조 및 제27조에 따른 전략환경영향평가 및 환경영향평가 또는 「도시교통정비 촉진법」에 따른 교통영향평가 등을 실시하면서 이 영이 정한 갈등영향분석 기법을 활용한 경우에는 제1항에 따른 갈등영향분석을 실시한 것으로 본다. <개정 2008. 12. 24., 2012. 7. 20., 2016. 1. 22.>

제11조(갈등관리심의위원회의 설치) 중앙행정기관은 소관 사무의 갈등관리와 관련된 사항을 심의하기 위하여 갈등관리심의위원회(이하 "위원회"라 한다)를 설치하여야 한다. 다만, 갈등이 많이 발생하지 않는 기관으로서 총리령으로 정하는 기관은 당해 기관의 장이 판단해 위원회를 설치하지 않을 수 있다.

제12조(위원회의 구성·운영) ①위원회는 위원장을 포함한 11인 이내의 위원으로 구성한다.

②중앙행정기관의 장은 소속 직원 또는 갈등의 예방과 해결에 관한 학식과 경험이 풍부한 자 중에서 위원을 임명 또는 위촉하되, 공무원이 아닌 위원이 전체위원의 과반수가 되도록 하여야 한다.

③위원회의 위원장은 민간위원 중에서 호선하여 선출한다.

④위원의 임기는 2년으로 하고 보궐위원의 임기는 전임자의 잔임기간으로

한다. 다만, 공무원인 위원의 임기는 당해 직에 재직하는 기간으로 한다.

⑤위원회는 재적위원 과반수의 출석으로 개의하고 출석위원 과반수의 찬성으로 의결한다.

⑥위원은 중립적이고 공정한 입장에서 활동하여야 한다.

⑦그 밖에 위원회의 운영에 관하여 필요한 사항은 위원회의 의결을 거쳐 위원장이 정한다.

제13조(위원회의 기능) 위원회는 다음 각 호의 사항을 심의한다.
 1. 제4조제1항에 따른 종합적인 시책의 수립·추진에 관한 사항
 2. 제4조제2항에 따른 법령 등의 정비에 관한 사항
 3. 제4조제3항에 따른 다양한 갈등해결수단의 발굴·활용에 관한 사항
 4. 제4조제4항에 따른 교육훈련의 실시에 관한 사항
 5. 제10조에 따른 갈등영향분석에 관한 사항
 6. 갈등의 예방·해결에 관한 민간활동의 지원에 관한 사항
 7. 그 밖에 갈등의 예방·해결에 관하여 중앙행정기관의 장이 필요하다고 인정한 사항

제14조(심의결과의 반영) 중앙행정기관의 장은 정당한 사유가 있는 경우를 제외하고는 제13조에 따른 위원회의 심의결과를 공공정책의 수립·추진과정에 성실히 반영하여야 한다.

제15조(참여적 의사결정방법의 활용) ①중앙행정기관의 장은 제13조제5호에 따른 갈등영향분석에 대한 심의결과 갈등의 예방·해결을 위하여 이해관계인·일반시민 또는 전문가 등의 참여가 중요하다고 판단되는 경우에는 이해관계인·일반시민 또는 전문가 등도 참여하는 의사결정방법을 활용할 수 있다.

②중앙행정기관의 장은 공공정책을 결정함에 있어 참여적 의사결정방법의 활용결과를 충분히 고려하여야 한다.

제4장 갈등조정협의회

제16조(갈등조정협의회) ①중앙행정기관의 장은 공공정책으로 인하여 발생한 갈등해결을 위하여 필요하다고 판단되는 경우에는 각 사안별로 갈등조정협의회(이하 "협의회"라 한다)를 구성하여 운영할 수 있다.
 ②중앙행정기관의 장은 협의회의 구성과 운영에 필요한 행정적 지원을 하여야 한다.

제17조(협의회의 구성) ①협의회는 제19조에 따른 의장 1인, 관계 중앙행정기관 및 이해관계인으로 구성한다.
 ②관계 중앙행정기관 및 이해관계인(이하 "당사자"라 한다)은 필요하다고 인정하는 경우 관련단체와 전문가를 협의회에 참석시킬 수 있다.
 ③공동의 이해관계가 있는 다수의 당사자는 그 중 1인 또는 수인을 대표당사자로 선임할 수 있다.

제18조(의장의 역할) 협의회 의장은 중립성과 공정성을 바탕으로 당사자간의 갈등이 해소될 수 있도록 지원·촉진하는 역할을 수행하며, 당사자의 의사를 최대한 존중하여야 한다.

제19조(의장의 선임) 협의회 의장은 당해 사안과 직접 관련이 없는 자 중 당사자간의 합의에 의해 선정하는 것을 원칙으로 한다.

제20조(협의회의 기본규칙 등) ①협의회의 구체적인 구성과 운영은 당사자가 정하는 기본규칙에 따른다.
 ②협의회의 기본규칙은 다음 각 호의 사항을 포함하여 작성할 수 있다.
 1. 협의회의 목적
 2. 당사자의 범위
 3. 협의회 의장의 선정
 4. 진행일정
 5. 협의의 절차
 6. 협의결과문의 작성

7. 협의회 운영과정에서 발생하는 비용 분담에 관한 사항
　　8. 그 밖에 협의회 운영에 필요하다고 당사자가 합의한 사항
　③당사자는 상호존중과 신뢰를 바탕으로 공동의 이익이 되는 대안을 창출하기 위하여 적극적으로 협력하여야 한다.

제21조(협의결과문의 내용 및 이행) ①협의결과문의 내용은 법령 등에 위배되거나 중대한 공익을 침해하지 않아야 한다.
　②중앙행정기관은 제1항에 따른 협의결과를 성실하게 이행하도록 노력하여야 한다.

제22조(협의회 절차의 공개) 이 영에 의한 협의절차는 비공개를 원칙으로 하되 당사자들이 모두 합의한 경우에는 공개할 수 있다.

제23조(비밀유지) 중앙행정기관의 장과 관계공무원은 협의회 과정에서 알게 된 비밀을 타인에게 누설하거나 직무상 목적 외에 이를 사용하여서는 안 된다.

제5장 보칙

제24조(갈등관리연구기관의 지정·운영) ①국무조정실장은 갈등관리와 관련해 다음 각 호의 업무를 수행하도록 하기 위해 갈등관리관련 연구기관 또는 단체를 갈등관리 연구기관으로 지정할 수 있다. <개정 2008. 2. 29., 2013. 3. 23.>
　1. 갈등의 예방·해결을 위한 정책·법령·제도·문화 등의 조사·연구
　2. 갈등의 예방·해결 과정과 관련된 매뉴얼 작성·보급
　3. 갈등의 예방·해결을 위한 교육훈련 프로그램의 개발·보급
　4. 갈등영향분석에 관한 조사·연구
　5. 참여적 의사결정방법의 활용방법에 대한 조사·연구
　6. 그 밖에 갈등의 예방·해결에 필요한 사항
　②국무조정실장은 제1항에 따라 지정된 기관 또는 단체에 대하여 그 활동

에 필요한 경비의 일부 또는 전부를 예산의 범위 안에서 지원할 수 있다. <개정 2008. 2. 29., 2013. 3. 23.>
　③제1항에 따른 연구기관의 지정·운영 등에 관하여 필요한 사항은 총리령으로 정한다.

제25조(갈등관리매뉴얼의 작성 및 활용) ①국무조정실장은 제24조제1항제2호에 따른 갈등관리매뉴얼을 중앙행정기관의 장에게 통보하여야 한다. <개정 2008. 2. 29., 2013. 3. 23.>
　②중앙행정기관의 장은 소관정책을 추진함에 있어 갈등관리매뉴얼을 활용하여야 한다.
　③중앙행정기관의 장은 제1항에 따라 배부된 매뉴얼에 각 부처의 특성을 반영한 내용을 추가·보완할 수 있다.

제26조(갈등관리실태의 점검·보고 등) ①국무조정실장은 중앙행정기관에 의한 갈등관리의 실태 등을 점검·평가하여야 한다. <개정 2008. 2. 29., 2013. 3. 23.>
　②국무조정실장은 제1항에 따른 점검·평가를 위하여 중앙행정기관의 장에게 갈등관리 실태 등에 관한 자료의 제출을 요구할 수 있다. <개정 2008. 2. 29., 2013. 3. 23.>
　③중앙행정기관의 장은 제2항에 따라 자료 제출을 요청받은 경우 특별한 사유가 없는 한 관련 자료를 제공하여야 한다.
　④국무조정실장은 제1항에 따른 점검·평가결과를 국무회의에 보고 할 수 있다. <개정 2008. 2. 29., 2013. 3. 23.>
　⑤갈등관리에 대한 관계부처간의 협의 등을 위하여 제11조에 따라 위원회를 설치한 중앙행정기관으로 구성되는 갈등관리정책협의회를 국무조정실에 둔다.
　⑥제1항에 따른 점검과 제5항에 따른 갈등관리정책협의회 운영에 관하여 필요한 사항은 총리령으로 정한다.

제27조(지속가능발전위원회와의 협의 등) 「지속가능발전위원회 규정」제2조제1호 및 별표와 관련된 정책에 관한 계획을 수립하거나 다수

부처가 관련된 정책을 수립하는 과정에서 중앙행정기관의 장이 갈등의 예방과 해결을 위하여 필요하다고 판단하는 경우에는 「지속가능발전위원회 규정」 제3조의2에 따른 지속가능발전위원회의 갈등조정특별위원회와 협의하거나 자문을 요청할 수 있다.

제28조(갈등전문인력의 양성 등) 중앙행정기관은 갈등관리에 관한 전문인력을 양성하기 위한 교육훈련, 자격제도의 도입 등 필요한 시책을 수립할 수 있다.

제29조(수당지급 등) ①중앙행정기관은 제11조에 따라 설치된 위원회 위원 또는 제20조제2항제7호에 따라 발생한 비용에 대해 예산의 범위 내에서 수당·여비 그 밖에 필요한 경비를 지급할 수 있다.
  ②중앙행정기관은 갈등관리에 필요한 조사·연구·교육훈련과 민간부문의 자발적인 갈등관리 활동을 촉진하기 위하여 예산의 범위 내에서 필요한 재정지원 등을 할 수 있다.

부칙 <제26928호, 2016. 1. 22.> (도시교통정비 촉진법 시행령)

제1조(시행일) 이 영은 2016년 1월 25일부터 시행한다.
제2조 및 제3조 생략
제4조(다른 법령의 개정) ① 및 ② 생략
  ③ 공공기관의 갈등 예방과 해결에 관한 규정 일부를 다음과 같이 개정한다.
제10조제4항 중 "교통영향분석·개선대책"을 "교통영향평가"로 한다.
  ④부터 ⑳까지 생략
제5조 생략

2) 공공기관의 갈등 예방과 해결에 관한 규정 시행규칙
- 총리령 제1417호 일부개정 2017. 08. 10.

제1조(목적) 이 규칙은 「공공기관의 갈등 예방과 해결에 관한 규정」에서 위임된 사항과 그 시행에 관하여 필요한 사항을 규정함을 목적으로 한다.

제2조(적용대상) 「공공기관의 갈등 예방과 해결에 관한 규정」(이하 "영"이라 한다) 제3조제1항에서 "총리령으로 정하는 대통령 소속기관 및 국무총리 소속기관"이란 다음 각 호의 기관을 말한다. <개정 2008. 7. 2., 2013. 3. 23.>
  1. 대통령 소속기관 : 방송통신위원회
  2. 국무총리 소속기관 : 국무조정실, 금융위원회

제3조(갈등관리심의위원회의 임의적 설치기관) 영 제11조 단서에서 "총리령으로 정하는 기관"이란 다음 각 호의 어느 하나에 해당하는 기관을 말한다. <개정 2008. 7. 2., 2013. 3. 23.>
  1. 법무부
  2. 법제처
  3. 국무조정실
  4. 통계청
  5. 기상청
  6. 검찰청
  7. 특허청

제4조(참여적 의사결정 방법의 활용) 중앙행정기관의 장은 갈등을 예방하고 신속하게 해결하기 위하여 갈등영향분석을 실시하지 않은 사안의 경우에도 영 제15조제1항에 따른 참여적 의사결정 방법을 활용할 수 있다.

제5조(갈등관리연구기관의 지정) ① 국무조정실장은 영 제24조제1항에

따라 하나 이상의 연구기관 또는 단체를 갈등관리연구기관(이하 "연구기관"이라 한다)으로 지정할 수 있다. <개정 2008. 7. 2., 2013. 3. 23.>

② 제1항에 따라 연구기관을 지정하고자 하는 경우에는 연구기관 지정 사실을 관보에 게재하고, 국무조정실 홈페이지 또는 국내에서 발간하는 일간지 등을 통해 공고하여야 한다. <개정 2008. 7. 2., 2013. 3. 23.>

제6조(연구기관의 요건) 국무조정실장은 갈등관리에 관한 전문가 또는 조직을 보유하고 있는 기관으로서 다음 각 호의 어느 하나에 해당하는 기관 중에서 연구기관을 지정하여야 한다. <개정 2008. 7. 2., 2013. 3. 23.>
1. 「정부출연연구기관등의 설립·운영 및 육성에 관한 법률」에 따라 설립된 연구기관
2. 「고등교육법」 제2조에 따른 학교에 설치된 부설연구소
3. 「민법」 제32조에 따른 비영리법인 또는 그 부설연구소
4. 기업부설 연구소

제7조(지정신청) ① 연구기관으로 지정받고자 하는 자는 별지 서식의 지정기관 신청서와 다음 각 호의 서류를 국무조정실장에게 제출하여야 한다. <개정 2008. 7. 2., 2013. 3. 23.>
1. 영 제24조제1항 각 호에 대한 사업계획서
2. 법인등기부 등본(법인에 한한다)
3. 신청기관 일반현황(조직체계, 주요업무 및 인력현황 등)
4. 그 밖에 지정심사에 필요한 서류

② 제10조제1항에 따라 연구기관 지정기간이 종료된 연구기관도 지정신청을 할 수 있으며, 이 경우에도 제1항에 따른 서류를 제출하여야 한다.
③ 연구기관 지정신청 접수기간은 최소 30일 이상으로 하여야 한다.
④ 지정신청서는 전산접수와 우편접수 방식으로 접수한다.

제8조(심사위원회 구성 및 운영) ① 국무조정실장은 연구기관을 지정하기 위하여 위원장 1명을 포함한 7명 이내의 위원으로 심사위원회를 구성하여야 한다. <개정 2008. 7. 2., 2013. 3. 23.>

② 심사위원회의 위원은 관계 공무원과 관련분야에 대해 풍부한 경험과 지식을 가진 민간 전문가로 구성한다.

③ 심사위원회의 위원장은 국무조정실 국정운영실장이 되고, 관계 공무원은 고위공무원단에 속하는 일반직공무원 또는 이에 상당하는 공무원 중에서 국무조정실장이 지명하는 자가 된다. <개정 2008. 7. 2., 2013. 3. 23.>
④ 삭제 <2009. 1. 2.>
⑤ 심사위원회는 재적위원 3분의 2 이상의 출석으로 개의하고, 출석위원 과반수 찬성으로 의결한다.

제9조(지정사실의 통지) ① 국무조정실장은 제8조제5항에 따라 연구기관이 지정된 경우 다음 각 호의 사항을 관보에 게재하고 홈페이지 등을 통해 공개하여야 한다. <개정 2008. 7. 2., 2013. 3. 23.>
1. 지정된 연구기관의 명칭과 주소
2. 지정연월일 및 지정기간
3. 주요 기능 및 역할
② 국무조정실장은 연구기관이 지정된 날로부터 7일 이내에 연구기관 지정사실을 해당 연구기관의 장에게 통지하여야 한다. <개정 2008. 7. 2., 2013. 3. 23.>

제10조(지정기간) ① 연구기관의 지정 기간은 3년을 원칙으로 한다. 다만, 국무조정실장이 과제수행 기간의 연장, 과제의 일관성 유지 등을 위해 지정기간 연장이 필요하다고 판단하는 경우에는 최대 2년까지 기간을 연장할 수 있다. <개정 2008. 7. 2., 2013. 3. 23.>
② 국무조정실장은 제1항에 따른 지정기간이 만료되기 전 3개월까지 지정된 연구기관의 장에게 기간의 종료 통지나 기간 연장에 관한 통지를 하여야 한다. <개정 2008. 7. 2., 2013. 3. 23.>

제11조(경비의 지원과 관리) ① 연구기관의 장은 영 제24조제2항에 따라 지원되는 경비를 해당 사업수행에 필요한 용도에 한하여 사용하여야 한다.
② 국무조정실장은 연구기관의 경비사용 내역을 확인할 필요가 있다고 판단하는 경우 연구기관의 장에게 경비사용 내역을 제출하도록 요구할 수 있다. <개정 2008. 7. 2., 2013. 3. 23.>

③ 제2항에 따라 경비사용 내역 제출을 요구받은 연구기관의 장은 이를 지체없이 국무조정실장에게 제출하여야 한다. <개정 2008. 7. 2., 2013. 3. 23.>

제12조(시정요구) 국무조정실장은 연구기관으로 지정된 자가 과제수행 내용을 위반하거나 제11조제1항을 위반하는 경우에는 시정을 요구할 수 있다. <개정 2008. 7. 2., 2013. 3. 23.>

제13조(연구결과물의 제출) 연구기관으로 지정된 자는 매년 12월 31일까지 연구실적, 교육훈련실시 결과 등을 국무조정실장에게 제출하여야 한다. <개정 2008. 7. 2., 2013. 3. 23.>

제14조(갈등관리실태의 점검 등) 국무조정실장은 영 제26조제1항에 따라 중앙행정기관의 갈등관리실태 등을 점검하고자 하는 경우에 특별한 사유가 없는 한 미리 다음 각 호의 사항을 명시하여 관계 행정기관에 통지하여야 한다. <개정 2008. 7. 2., 2013. 3. 23.>
1. 점검사항
2. 점검일정
3. 점검자 인적사항
4. 그 밖에 점검에 필요하다고 판단되는 사항

제15조(갈등관리정책협의회 구성 및 운영) ① 영 제26조제5항에 따른 갈등관리정책협의회(이하 "정책협의회"라 한다)는 위원장 1명을 포함한 25명 이내의 위원으로 구성한다.
② 위원장은 국무조정실장이 되고, 위원은 기획재정부차관, 교육부차관, 과학기술정보통신부차관, 국방부차관, 행정안전부차관, 문화체육관광부차관, 농림축산식품부차관, 산업통상자원부차관, 보건복지부차관, 환경부차관, 고용노동부차관, 여성가족부차관, 국토교통부차관, 해양수산부차관, 방송통신위원회 부위원장, 소방청장, 문화재청장, 산림청장, 그 밖에 위원장이 필요하다고 인정하는 관계부처 또는 청의 차관, 차장 또는 청장이 된다. 이 경우 복수차관이 있는 기관은 해당 기관의 장이 지정하는 차관으로 한다. <개정 2013. 3. 23., 2017. 8. 10.>
③ 정책협의회는 다음 각 호의 사항을 심의·조정한다.

1. 공공갈등 예방과 해결을 위한 법령정비 등 제도개선에 관한 사항
2. 공공갈등과 관련된 교육·홍보에 관한 사항
3. 그 밖에 위원장이 공공갈등과 관련하여 정책협의회의 심의가 필요하다고 인정하는 사항

④ 정책협의회의 사무를 처리하기 위하여 간사 1명을 두되, 간사는 국무조정실 국정운영실장이 된다. <개정 2008. 7. 2., 2013. 3. 23.>

제16조(회의) ① 위원장은 정책협의회의 회의를 소집하며 그 의장이 된다.
② 정책협의회의 회의는 재적위원 과반수의 출석으로 개의하고, 출석위원 과반수의 찬성으로 의결한다.

제17조(관계기관 등에의 협조요청) 정책협의회는 직무수행을 위하여 필요한 때에는 전문지식과 경험이 있는 관계공무원 또는 관계전문가를 참석하게 하여 의견을 듣거나 관계기관·단체 등에 대하여 자료 및 의견의 제출 등 필요한 협조를 요청할 수 있다.

제18조(수당 및 여비) 제8조에 따른 심사위원회 및 제15조에 따른 정책협의회에 출석한 위원 및 관계전문가 등에 대하여는 예산의 범위 안에서 수당·여비 그 밖에 필요한 경비를 지급할 수 있다. 다만, 공무원이 그 소관업무와 직접 관련하여 출석하는 경우에는 그렇지 않다.

부칙 <제1417호, 2017. 8. 10.>

이 규칙은 공포한 날부터 시행한다.

<참고문헌>

〈보고서〉

가로림조력주식회사·사회갈등연구소, 가로림조력발전소 건설 갈등영향분석 연구, 2013.
건설교통부, 건설교통 공공갈등관리 매뉴얼, 2005.
건설교통부, 사회간접자본시설사업(SOC)의 사업유형별 갈등관리모형구축 및 실무매뉴얼 작성연구, 2007.
건설교통부, 철도분야 갈등관리 실무매뉴얼, 2007.
건설교통부, 도로분야 갈등관리 실무매뉴얼, 2007.
건설교통부, 수자원분야 갈등관리 실무매뉴얼, 2007.
건설교통부, 도시건설 및 지역개발분야 갈등관리 실무매뉴얼, 2007.
국무조정실, 공공기관의 갈등관리 매뉴얼, 2013.
국민권익위원회, 지방옴부즈만 운영 가이드라인, 2014. 3.
국회 정무위원회 수석전문위원 정순영, 공공기관의 갈등관리에 관한 법률안」검토보고서, 2005.11.
국회 정무위원회 수석전문위원 구기성, 사회통합을 위한 정책갈등관리법안(임두성의원 대표발의), 공공정책 갈등예방 및 해결을 위한 기본법안(권택기의원 대표발의) 검토보고서, 2010.9
국토교통부, 국토교통부 갈등관리 매뉴얼, 2014.
국토교통부·사회갈등연구소, 공항관련 갈등영향분석 연구, 2014.
국토교통부·사회갈등연구소, 행정능률 향상을 위한 갈등관리시스템 개선방안 마련 연구, 2014.
국토교통부·사회갈등연구소, 국토부 갈등영향분석서 작성 사례(영양다목적댐 건설), 2014.
국토연구원, 「국책사업 갈등관리와 합의형성 세미나 - 네덜란드 사례」, 국토연구원, 2005.
국토교통부, 신공항 갈등관리 결과보고서-신공항 건설 관련 갈등사례 조사·연구(한국공항공사), 2018.07.12.
농식품부, 2015 농어촌취약지역생활여건개조사업 지침.
사회갈등연구소, 호남고속철도 송변전설비 갈등예방 및 갈등조정 방안, 2011.
사회갈등연구소, 가로림조력발전소 건설 갈등영향분석 연구, 2013.
사회갈등연구소·피알원, 월성1호기 계속운전 관련 갈등영향분석 연구, 2012.
사회갈등연구소, 부안방폐장관련주민운동백서, 2010.
사회갈등연구소·피알원, 월성1호기 계속운전 관련 갈등영향분석 연구, 2012.
사회통합위원회·사회갈등연구소, 한국 사회갈등의 영향평가, 2010.
산업통상자원부, 신·재생에너지 공급의무화제도 관리 및 운영지침, 2013.
서울특별시, 2018 서울 균형발전공론화 결과보고서, 2018.

서울특별시, 2019 서울 플랫폼노동 공론화 결과보고서, 2019.
서울특별시, 2019 서울 공론화 프로세스 평가 용역, 2019.
서울특별시, 2020 서울 쓰레기대책 공론화 결과보고서, 2020.
서울특별시, 2020 서울 공론화 프로세스 평가 용역, 2020.
서울특별시, 상생의 힘 – 2020 갈등관리백서, 2020. 12. 31.
서울특별시, 2020 갈등관리매뉴얼, 2020. 1.
서울특별시, 서울시 광역자원회수시설 입지관련 갈등영향분석, 2020.10.
시화지구지속가능발전협의회·사회갈등연구소, 송산그린시티토취장 갈등해결백서, 2010.
신고리56호기공론화위원회, 2017년 신고리 5,6호기 공론화 백서, 2017.12.
제주특별자치도·사회갈등연구소, 지역특성을 반영한 갈등관리 매뉴얼, 2015.
제주상공회의소·터디앤씨(공생기반연구소), 제주 제2공항 관련 지역상생방안 연구, 2016.12.
한국도로공사, 함양-울산 실시설계 갈등영향분석, 2011.
한국도로공사·사회갈등연구소, 부산외곽순환 고속도로 갈등영향분석, 2009.
한국토지공사, 갈등조정위원회 운영매뉴얼(안), 2006.
한국토지주택공사·사회갈등연구소, 위례신도시 관련 갈등영향분석 연구, 2011.
한국수자원공사, 갈등관리 가이드북, 2013.
한국정책과학학회, 공론화 해외사례 분석 및 운영 매뉴얼 마련, 2021.1.
한국정책학회, 2018 서울 균형발전 공론화 프로세스 평가 보고서, 서울시, 2018.12.
한국정책분석평가학회, 2019 서울 플랫폼노동 공론화 프로세스 평가 보고서, 서울시, 2019.12.
한누리갈등관리조정센터, 은평광역자원순환센터 건립 관련 갈등영향분석컨설팅, 2019.5.
한국갈등학회, 용인 반도체클러스터조성 사업 갈등영향분석 연구, 2019.11.
행정안전부, 숙의기반의 주민참여 운영모델, 2020.2.

〈연구논문 및 저서〉

김대영, 공론화와 정치평론-닫힌 사회에서 광장으로, 서울: 책세상, 2005
김대영, 공론화를 위한 청치평론의 두 전략: 비판전략과 매개전략. 한국정치학회보, 38(2), 2005, pp. 117-141.
김동영 외, 한국 사회갈등의 영향평가 모형개발, 사회통합위원회, 2010.
김민정·이아림, 핀란드의 민주적 갈등 관리 메카니즘: 한히키비 원전 건립 사례를 중심으로, 정치·정보연구 제22권 3호, 2019. 10. 31. pp.1~28
김성훈, "참여와 분권을 위한 정부조직과 운영 : 제4회의 ; 코포라티즘 의사결정과정의 다이나믹스: 투레벨 게임이론 접근", 한국행정학회, 2004년도 하계학술대회 발표논문집, 2004.
김수석외 1인, 농업농촌부문 공공갈등사례와 갈등관리방안 연구, 한국농업경제연구원, 2010.

김범준, 정책실패의 원인과 대응에 관한 연구-새만금간척종합개발사업을 중심으로, 성균관대학교 행정대학원 석사학위논문, 1999.
김용근, "농촌관련사업 운영상 갈등의 이해와 대책", 농어촌과 환경 14(3), 2004, pp.24-35.
김용근, 마을공동사업의 가치이해와 사업운영상 갈등- 농촌체험관광의 비전과 1사1촌 운동의 이해를 중심으로-, 지역상생발전민관협력포럼, 고산지역 6개면 리더십학교 3차 교육, 2007.
김정인, 정책결정 과정에서의 공론화 적용 가능성에 관한 연구: 공론조사의 국가적 특수성, 대표성과 집합적 합리성을 중심으로. 정부학연구, 24(1), 2018, pp. 343-375.
김종호 외, "환경분야 갈등 유형 및 해결방안 연구 : 해외사례를 중심으로", 한국환경정책·평가연구원, 2004.
김태호의원대표발의, 공공정책 갈등관리에 관한 법률안, 2013.12.18.
김향자, 향토자원을 활용한 관광프로그램 정책사업 추진방안, 한국문화관광연구원, 2011.
대법원, 2016년 사법연감, 2016.
대한상사중재원, 중재를 통한 분쟁해결, 2018.
대통령자문 지속가능발전위원회, 공공갈등관리의 이론과 기법, 2005.
문경민, 새만금 리포트, 중앙M&B, 2000.
박경원, "지역발전을 위한 거버넌스 구축-협력적 계획모형을 중심으로", 월간국토, 국토연구원, 2003, pp.44~53.
박대식외 1인, "농촌사회의 양극화 실태와 시사점", 한국농촌경제연구원 농정포커스 제20호, 2012.
박순열, "새만금을 통해서 본 한국생태통치체제에 대한 연구", 환경사회학회 추계학술대회 자료집, 한국환경사회학회, 2001, pp. 68~70.
박진도, "한국농촌사회의 장기비전과 발전전략-내발적 발전전략과 농촌사회의 통합적 발전", 농촌사회 제20집 1호, 2010, pp.163-194.
박태순, 갈등해결 길라잡이, 해피스토리, 2010.
박태순, 고리1호기 계속운전 갈등영향분석, 사회갈등연구소, 2007.
박태순, "한국사회 공공갈등에 대한 인식과 갈등해법의 변천과정에 관한 연구", 한국위기관리논집, 제2권 제2호, 2006, pp.87~96.
박형서, "공공시설의 외부효과와 입지갈등에 관한 연구", 국토연구원, 2003.
박호숙, 지방자치단체의 갈등관리 : 이론과 실제, 다산출판사, 1996.
봉인식, 정책브리핑 NO 40, 경기개발연구원, 2009.
부좌현의원대표발의, 국책사업국민토론위원회의 설립 및 운영에 관한 법률안, 2013.2.4.
신창현, "공공갈등 예방을 위한 몇 가지 제언", 사회통합을 위한 갈등관리 정책 워크숍, 2003.
이강원·김학린, '한국 사회 공론화 사례와 쟁점', 박영사, 2020.
이민수 외 2인, 농촌창업지원체계구축방안-지역공동체회사 창업을 중심으로, 전북발전연구원, 2011.
이준구, 미시경제학, 법문사, 2002.
이성규 외, "러시아의 동북아 에너지사업과 일,중간 협력가능성 연구 : 게임이론을 적용하여", 사회과학연구, 서강대학교 사회과학연구소, 2007, pp. 10~17.
이승우, 공공사업에서의 갈등관리 연구; 용인죽전지구 택지개발사업 사례를 중심으로, 단국대학교대학원박사졸업논문, 2009.
이수경, 온산병과 온산주민의 집단이주, 그 다음에…, 환경과 공해연구회, 2001.
이슬기외, 도시재생사업에서의 갈등사례 유형분석, 한국건설관리학회 논문집 제10권. 제6호, 2009, pp.83~85.
이재광외 3인, 경기도 공공정책 갈등관리 시스템 구축방안 연구, 경기개발연구원, 2014.
임미화 외, 도시재생사업에서 발생하는 갈등과 갈등관리 계획상의 갈등유형간 차이에 관한 연구, 대한국토도시계획학회지「국토계획」제54권 제1호, 2019, pp.8~12.
은재호, 정책논단: 신고리 원전 공론화가 남긴 것: 평가와 전망. The KAPS, 52, 2018, pp. 18-31.
오승규, "지역개발사업과 갈등관리를 위한 공법적 과제", 부동산법학회 자료집, 2015, pp.51~65.
유해윤 외, 「환경갈등과 님비이론」, 선학사, 1997.
윤순진, 원자력발전정책을 둘러싼 사회갈등 해결을 위한 쟁점과 과제: 신고리 5·6호기 공론화에 대한 평가를 중심으로.「경제와사회」, 118호, 2018, pp. 49-98.
윤종설, 갈등관리심의위원회 운영의 활성화 방안에 관한 연구, 한국행정연구원, 2014.
장세훈, "도시생활환경을 둘러싼 국가-주민관계의 변화와 전망-혐오·위해시설 기피현상(NIMBY)에 대한 국가정책을 중심으로", 공간과 사회통권11호, 1999, pp. 170~210.
전재완·최동원·김성진, 환경·에너지 시설의 입지문제 해결방안, 산업연구원, 2014.12.
정갑식, "시화호간척지 개발계획과 참여적 의사결정", 공공갈등과 참여적 의사결정 포럼 자료집,지속가능발전위원회 편, 2005.
정태영, "국책사업의 환경갈등 예방을 위한 주민참여 방안 연구", 서울시립대학원 행정학 석사학위논문, 2005.6.
정회성·이창훈, 환경갈등 현황 및 정책과제, 경제·인문사회연구회 협동연구총서, 2005.
주재복외 4인, 지역갈등의현황및정책과제, 한국여성정책연구원, 2005.
趙誠培(a), 公共事業におけるコンフリクト・アセスメントに關する實証硏究-韓國のハンタン江ダム建設を事例として-, 北海道大學博士學位論文, 2009.
조성배(b), "서울시 도시재정비사업에 대한 갈등분석 연구-종로구 창신·숭인재정비촉진지구를 사례로", 공공사회연구 제2권1호, 한국공공사회학회, 2012, pp.131-164.
조성배(c), "강원도 골프장 갈등에 관한 갈등영향분석 연구-강릉시 구정 골프장을 중심으로", 강원논총5호 VOl.5, 강원발전연구원, 2012, pp.27-56.

조성배(d), "송전선로 건설 갈등의 장기화 원인과 해결 방안에 관한 연구", 공공사회연구 제2권2호, 한국공공사회학회, 2012, pp.128-168.
조성배(e), "공공사업에 대한 갈등관리의 현황과 개선방안에 관한 연구", 공공사회연구 제3권1호, 한국공공사회학회, 2013, pp.74~117
조성배(f), "가로림조력발전소 건설 갈등의 장기화 원인 분석과 해결방안에 관한 연구", 공공사회연구제4권2호, 한국공공사회학회, 2014, pp.36-79.
조성배(g), "시민참여를 통한 갈등관리와 해결방안에 관한 연구-제3기 제주도특별자치도 사회협약위원회를 중심으로-", 한국지방자치학회 동계학술대회 제1권, 2015, pp.409~430.
조성배(h), "국내전원개발 사업에 따른 갈등사례 고찰과 해결방안 제안", 한국부동산법학회 춘계학술대회자료집, 2015, pp.29~50.
조성배(i), "공공기관의 갈등관리 실태와 개선방안에 관한 연구: 국토교통부 산하기관을 중심으로", 공공사회연구 제5권 1호, 한국공공사회학회, 2015, pp. 153-197.
조성배(j), 서울시 갈등관리 전담부서 10년의 성과와 의미, 2021 서울갈등포럼 - 서울시 갈등관리, 새로운 10년, 서울특별시, 2021. 10.22.
조성배·이승우, 갈등영향분석 개론, 우공출판사, 2015. 7.
조성배·황현, 농어촌 지역의 커뮤니티 갈등유형과 해결방안 연구, 공공사회연구 제6권 2호, 2016. pp.5-54.
조영석, "갈등 조정기제로서 바람직한 지역거버넌스에 관한 연구 : 주민기피시설의 갈등사례를 중심으로", 연세대학교 대학원, 2003.
조중현외 2인, "농촌체험마을의 갈등 원인과 유형에 관한 연구", 농촌사회 제18집 1호, 2008, pp. 91-125
최지훈, "개발제한구역제도의 문제점과 제 (諸) 논의 : 영국의 그린벨트경계조정을 둘러싼 중앙과 지방정부간의 갈등을 중심으로", 도시연구 제3호, 한국도시연구소, 1997, pp. 295~300.
하동현·은재호·김주환, 서울 균형발전 공론화 프로세스 평가 보고서, 한국정책학회, 2018.
하혜영, "정부의 공공갈등 관리방식에 대한 실증분석", 행정논총 제45권2호, 2007. pp.309~310.
한노덕, 공공갈등관리제도 실태분석 및 개선방안, 국회예산정책처, 2014.
한성수, 도시재생사업의 갈등유형분류 및 중요도 산정, 2015, pp.22~33.
홍성만, "대포천 수질개선을 둘러싼 정부-주민간 협력적 로컬 거버넌스 분석", 2004 행정학회 하계학술대회 발표논문집, 한국행정학회, 2004, p. 4.
홍욱희, 3조원의 환경논쟁 새만금, 지성사, 2004.
최상철, 한국개발제한구역제도의 개선방안, 개발제한 구역의 보전과 이용에 관한 국제세미나, 국토개발연구원·건설교통부, 1998.

〈외국 논문 및 저서〉

Airport Expansion Consultation, HEATHROW AIRPORT EXPANSION - CONSULTATION DOCUMENT, 2019.6.

Aubert, V. "Competition and Dissensus; Two Types of Conflict and of Conflict Resolution," *The Journal of Conflict Resolution* Vol.7(1),pp.26-42, 1963.

Austrian Federal Ministry of Environment (2006), Case Study of Vienna International Airport Mediation

Amason, A.C. "Distinguishing the Effects of Functional and Dysfunctional Conflict on Strategic Decision Making: Resolving a Paradox for Top Management Teams," *Academy of Management Journal*, Vol. 39, pp.123-148, 1996.

Arnstein, S.R. "A Ladder of Citizen Participation," *Journal of the American Planning Association*, Vol.35(4), pp.216-224, 1969.

Aubert, V. "Competition and Dissensus; Two Types of Conflict and of Conflict Resolution," *The Journal of Conflict Resolution*, Vol.7(1), pp.26-42, 1963.

Awakul, P. and S.O. Ogunlana "The Effect of Attitudinal Differences on Interface Conflict on Large Construction Projects; The Case of the Pakmun Dam Project," *Environment Impact Assessment Review*, Vol. 22, pp.311-335, 2002.

Barron, P., R. Diprose and M. Woolcock, Local Conflict and Development Projects in Indonesia; Part of the Problem or Part of a Solution?, *World Bank Policy Research Working Paper 4212*, 2007.

Baxter, Mary. "The Future of Wind Turbines Is Being Debated in Rural Ontario." TVO.org, www.tvo.org/article/the-future-of-wind-turbines-is-being-debated-in-rural-ontario

Bird, J. "A Global Water Policy Arena; The World Commission on Dams," Globalization and Water Resources Management; the Changing Value of Water. (Session1-Formulating Water Policy during Rapid Globalization), *AWRA/IWLRI-University of Dundee International Speciality Conference*, 2001.

Burgess, H. and B. Spangler "Consensus Building," in G. Burgess and H. Burgess ed. Beyond Intractability, *Conflict Research Consortium*, University of Colorado, Boulder. Posted: 2003. 9.

Christidis, Tanya, and Jane Law. "Annoyance, Health Effects, and Wind Turbines: Exploring

Cross, Colleen. "Turbidity and Turbines." Ground Water Canada. June 16, 2019. magazine.groundwatercanada.com/publication/?i=595616&p=10

CPDP, Débat public sur le projet d'aéroport de Notre-Dame-des-Landes, 2003.7.

Daniel, E. I. "Siting Noxious Facilities; Are Markets Efficient?," *Journal of Environmental*

Economics and Management, Vol. 29, pp.20-33, 1995.

Douglas, J.A. "Environmental Mediation: An Alternative Approach to Policy Stalemates," *Policy Sciences*, Vol. 15, pp.345-365, 1983.

Dounia Khallouki, JOURNÉES DOCTORALES SUR LA PARTICIPATION DU PUBLIC ET LA DÉMOCRATIE PARTICIPATIVE, 2015.11.

D'Souza, R. "The Democracy-development Tension in Dam Projects; The Long Hand of the Law," *Political Geography*, Vol. 23, pp.701-730, 2004.

Ducsik, D.W. "Citizen Participation in Power Plant Siting Aladdin's Lamp or Pandora's Box?," *Journal of the American Planning Association*, Vol. 47(2), pp.154-166, 1981.

Fennovoima, Environmental Impact Assessment Report for a Nuclear Power Plant, 2014.2. p.38.

Gastil, J., & Levine, P. (Eds.). (2005). The deliberative democracy handbook: Strategies for effective civic engagement in the twenty-first century (p. 308). San Francisco: Jossey-Bass.

Jensen, C, B, Citizen Projects and Consensus-Building at the Danish Board of Technology: On Experiments in Democracy, Volume 48 issue 3, pp.221-235, 2005. 9.

John Burton and Frank Dukes, *Conflict: Practices in Management, Settlement and Resolution*, New York: St. Martin's, Ombudsmanry, 1986.

Katrina, S.R. "River Disputes as Sources of Environmental Cooperation," *Environment and Conflicts Project International Project on Violence and Conflicts Caused by Environmental Degradation and Peaceful Conflict Resolution, Occasion Paper*, No.14, Center for Security Studies and Conflict Research, pp.117-140, 1995.

Libiszewski, S. *What is Environmental Conflict?*, Center for Security Studies (CSS), ETH Zurich, 1982.

Likert, R. and J.G. Likert., *New Ways of Managing Conflict*, McGraw-Hill Inc, 1976.

Martinez, J. and L. Susskind, "Parallel Informal Negotiation; An Alternative to Second Track Diplomacy," *International Negotiation*, Vol.5(3), pp.1-18, 2000.

Matsuura, M. and H. Yamanaka, "Planning Through Assisted Negotiation: Consensus Building for Traffic Safety," *Journal of the Eastern Asia Society for Transportation Studies*, Vol. 7, pp.1546-1558, 2007.

McKearnan, S. and D. Fairman. "Producing Consensus," in L. Susskind, S. McKearnan and J. Thomas-Larmer ed. *Consensus Building Handbook*, SAGE Publications, pp.325-373, 1999.

Moore, C. *The Mediation Process: Practical Strategies for Resolving Conflict (3rd edition)*, Jossey Bass Publishers, 2003.

Moore, C. and Delli Priscoli. J, Alternative Dispute Resolution(ADR) Procedures, US Army corps of Engineers, 1989.

Omega Centre, PROJECT PROFILE - Netherlands HSL-Zuid.

Ontario's Planning Processes." Canadian Journal of Urban Research, vol. 21, no. 1, 2012, pp. 81-105. ProQuest,

Ostrom, Elinor, Gardner. Roy & Walker. James, "Rules, Games and Common-Pool-Resous", Ann Arbor : *The university of Michigan Press*, 1994, p. 54.

S. J. Brams, *Game Theory and Politic*, New York: The Free Press, 1975.

Pondy, L.R. "Managing Conflict Making Friends and Making Enemies-Organizational Conflict; Concepts and Models," in L.R. Leavitt, L.R. Pondy and D.M. Boje ed. *Readings in Managerial Psychology* (3rd ed.), University of Chicago Press, pp.473-492, 1980.

Rabe, B.G. *Beyond Nimby; Hazardous Waste Siting in Canada and the United States*, 1994.

Riker.W. & Ordeshook. P. C., "An Introduction to Positive Political Theory", *Englewood Cliffs*, NJ: Prentice- Hall, 1973, pp. 8~16

Ronald, C.G., *Water Resource Economics*, MIT Press, 2006.

Rummel, R.J. "The Process of Conflict," in R. J. Rummel, *Understanding Conflict and War*, Vol. 2, The Conflict Helix, Sage Publications, 1976.

Runciman, W.G. *Relative Deprivation and Social Justice*, Routledge and Kegan Paul, 1966(3rd ed.).

Savage, R. and K. Deutsch. "A Statistical Model of the Gross Analysis of Transaction Flows," *Econometrica*, Vol. 28(3), pp.551-572, 1960.

Susskind, L. and C. Jeffrey, *Breaking Robert's Rules : The New Way to Run Your Meeting, Building Consensus, and Get Result*, Oxford University Press, Inc., 2006.

Susskind, L. and J. Thomas-Larmer "Conducting a Conflict Assessment," in L. Susskind, S. McKearnan and J. Thomas-Larmer ed. *Consensus Building Handbook*, SAGE Publications, pp. 99-136, 1999.

Susskind.L & Ozawa.C, "Mediated Negotiation in the Public Sector : Mediator Accountability and the Public Interest Problem", *American Behavioral Scientist*, Vol .27. No, 2, 1983, p 255.

Susskind, L. "An Alternative to Robert' Rule of Order for Groups, Organizations, and Ad Hoc Assemblies that Want to Operate by Consensus," in L. Susskind, S. McKearnan and J. Thomas-Larmer ed. *Consensus Building Handbook*, SAGE Publications, 1999, pp.2-57.

Wilson1*·Carmen·Krogh·Paula C. Peel, Déja vu and Wind Turbines: A Review of Lived Experiences after Appeals of Ontario Industrial-Scale Wind Power FacilitiesJane, Open Access Library Journal, Vol.7 No.5, 2020.5.

Zagare, Frank, *Game Theory : Concepts and Applications*, London: Sage Publications, 1988.

Zinn R. (2008). "America Speaks: Who Is Listening? Analyzing the Impacts of Town Hall Meetings", Journal of Development and Social Transformation, 5: 43-51.

平井宜雄, 『現代不法行爲理論の一展望—現代民法學の課題』, 一粒社, 1980.

船橋晴俊「協働連關の兩義性」(現代社會問題研究會編『現代社會の社會學』, 川島書店, pp.209-231, 1980.).

船橋晴俊·長谷川公一·畠中宗一·勝田晴美『新幹線公害―高速文明の社會問題』, 有斐閣, 1985.

船橋晴俊·長谷川公一·畠中宗一·梶田孝道『高速文明の地域問題―東北新幹線の建設·紛爭と社會的影響』, 有斐閣, 1988.

石割信雄·北原鐵也·瀨田史彦「米國オレゴン州輪送計畵のPIプロセス分析―熟議民主主義的視点から」『計畵行政』第31卷第1号, pp.89-97, 2008.

角一典『受益圈·受苦圈概念再考―千歲川流域對策問題を手がかりに』, 第25 回環境社會學會セミナー自由報告, 2002, 6.

唐木芳博·山田哲也·山形創一·渡眞理諒·森山弘一·吉田純士『社會資本整備の合意形成円滑化のためのメディエーション導入に關する研究』(國土交通省政策研究第70号), 國土交通省政策研究所, 2006.

木下榮藏, 鈴木聰士, 田村担之, 中西昌武, 高野伸榮, 谷本圭志, 藤井聰, 谷口守, 山中英生, 石田健一, 岸邦宏, 安藤良輔「参加型計畵における集団意思決定手法の課題と展望」『土木計畵學研究·講演集』第23卷第1号, pp.801-808, 2000.

淸水修二, 廢棄物處理施設の立地と住民合意形成, 福島大學地域創造 第14卷 第1号 2002.6.

帶谷博明『ダム建設をめぐる環境運動と地域再生―對立と協働のダイナミズム』, 昭和堂, 2004.

趙誠培, 公共事業におけるコンフリクト·アセスメントに關する實證研究－韓國のハンタン江ダム建設を事例として－, 北海道大學博士學位論文, 2009,9.

岡田憲夫·キース W ハイプル·ニル M フレイザー·福島雅夫『コンフリクトの數理―メータゲーム理論とその擴張―』, 現代數學社, 1988.

瀨本浩史·奧原崇·南衛·渡眞理諒『社會資本整備における第三者の役割に關する研究』(國土交通省政策研究第43号), 國土交通省政策研究所, 2005.

菅原郁夫·サトウタツヤ·黑澤香編『法と心理學のフロンティアⅠ卷―理論·制度編』, 北大路書房, 2005.

新潟帚工場が完成. 目標より１０年遲く, (www.asahi.com/articles/ASLD146PWLD1UZHB008.html)

〈인터넷 사이트〉(검색일 2021년 11월 기준)

www.americanspeaks.org, 2014
www.debatpublic.fr
cpdp.debatpublic.fr/cpdp-aeroport-ndl
cpdp.debatpublic.fr/cpdp-courseulles/DOCS/CR_BILAN/cpdp-cr-courseulles.pdf
friendsoftheearth.uk/climate-change/heathrows-third-runway
ejatlas.org/conflict/zad-at-notre-dame-des-landes-aeroport-du-grand-ouest-france
pro.hanhikivi.net

southkentwind.com
www.avfallskedjan.se/public/index.php
www.dorsch.de ; Successful Environmental Impact Assessment for the 3rd Runway on the Vienna Airport
www.gov.uk/government/collections/heathrow-airport-expansion
www.hanhikivi1.fi/en/article-page/construction-fennovoima-administration-building-has-started
www.lib.uwo.ca/cgi-bin/ezpauthn.cgi?url=http://search.proquest.com/docview/1443469081?accountid=15115
www.mccarthy.ca/en/insights/blogs/canadian-energy-perspectives/nation-rise-wind-farm-ontario-court-quashes-ministers-decision-revoke-key-approval
www.osthammar.se
www.power-technology.com/projects/south-kent-wind-farm-ontario/
www.tvo.org/article/wind-energy-may-be-green-but-the-water-in-chatham-kent-is-brown
www.waterwellsfirst.org
www.yamagata-koiki.or.jp/sisetu.html

저자 소개

○ 조성배(趙誠培)

2022년 현재 공생기반연구소 소장으로 근무하고 있음. 일본 홋카이도대학 공생농업자원경제학과에서 박사학위(공생기반학 전공)를 취득하였음. 사회갈등연구소 선임연구위원, 서울특별시 갈등조정담당관 갈등조정관 등을 역임. 그 과정에서 한탄강댐갈등, 용산참사, 제주해군기지 및 제2공항 갈등, 밀양송전탑 갈등, 월성 등 원전갈등, 영남권신공항 갈등, 가로림조력발전소 갈등 등 국내 주요 공공갈등 현장에서 갈등관리 및 각종 관련 연구를 수행함. 주요 논문 및 저서로는 '공공사업의 합리적 의사결정을 위한 PFI의 도입방안에 관한 연구(2002), '公共事業におけるコンフリクト・アセスメントに関する実証研究'(공공사업의 갈등영향분석에 관한 실증연구, 2009)과 일본의 중심시가지 활성화 방안, 갈등영향분석 개론 등이 있으며, 주요 활동으로는 강원도사회갈등조정위원회 위원, 제주도 현장소통자문관 및 사회협약위원회 위원, 한국전력 갈등관리 전문가, 한국철도시설공단 갈등상생협력위원, 서울특별시 갈등조정 코디네이터는 물론 현재 하남시 갈등관리심의위원, 인천도시공사 공론화·갈등관리위원 등이 있음.

○ 이승우(李承雨)

2022년 현재 iH(인천도시공사) 사장으로 근무하고 있음. 단국대학교 도시 및 부동산학과에서 박사학위(부동산학 전공)를 취득하였으며, 한국토지개발공사(현,LH 공사)로 입사하여 일산·동탄·검단·위례신도시 등 국내 주요 신도시개발 및 경제자유구역 사업을 계획, 실행하는 인천 청라·영종사업단장, 신도시계획처장, 위례사업본부장 등을 역임하고 LH토지주택대학 전임교수(기술학과), 인하대학교 초빙교수로 재직하였음. 주요저서 및 논문으로 공공사업에서의 갈등관리연구, 갈등영향평가 개론, 도시재생의 이해 등이 있으며, 주요활동으로 대한상사중재원 중재인, 한국공론포럼 상임이사, 국민대통합위원회 자문위원(갈등예방 및 조정분과), 갈등포럼위원, 국방부갈등관리심의위원, 군공항이전사업 자문위원 등이 있음.

■ 공공갈등관리 개론

인 쇄: 2022년 02월 26일
발 행: 2022년 02월 28일
저 자: 조성배 · 이승우
발행인: 안병준
발행처: 우공출판사
주 소: 서울 중구 을지로14길 12
전 화: 02-2266-3323
팩 스: 02-2266-3328
등 록: 301-2011-007
등록일: 2011.01.12.

값 35,000원
ISBN 979-11-86386-24-8 93330
이 책의 무단복제를 금합니다.